中华人民共和国海船船员适任考试培训教材

交通运输类“十四五”创新教材

符合《海船船员培训大纲（2021版）》《海船船员考试大纲（2022版）》要求

船舶结构与货运

（二/三副）

中国海事服务中心 组织编审

田佰军　代其兵　周兆欣　吴金龙 ◎ 主编

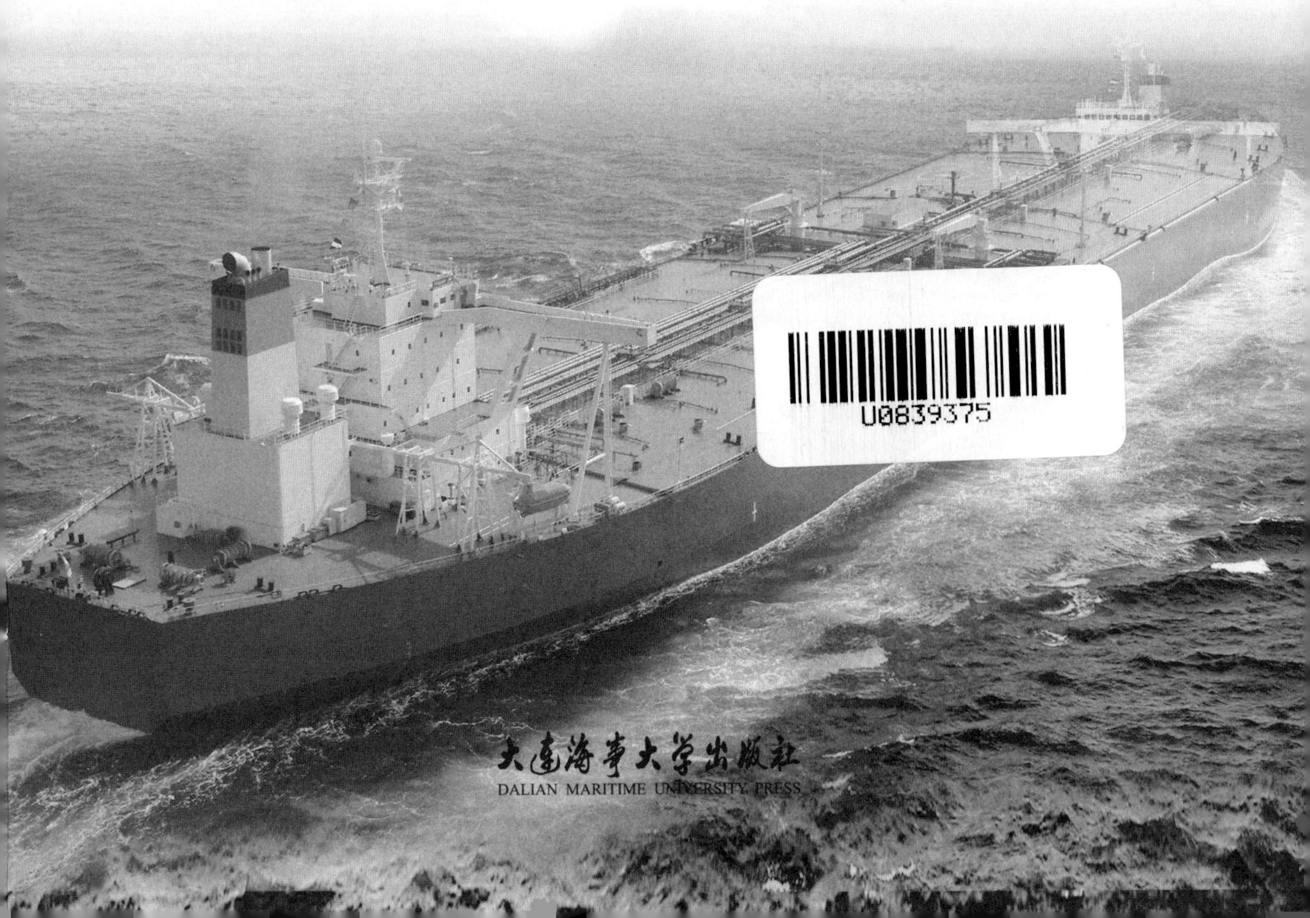

大连海事大学出版社
DALIAN MARITIME UNIVERSITY PRESS

图书在版编目(CIP)数据

船舶结构与货运：二/三副 / 田佰军等主编. — 大连：大连海事大学出版社，2021.12(2025.11 重印)
中华人民共和国海船船员适任考试培训教材
ISBN 978-7-5632-4236-8

Ⅰ. ①船…　Ⅱ. ①田…　Ⅲ. ①船舶结构—结构设计—资格考试—教材②水路运输—货物运输—资格考试—教材
Ⅳ. ①U663②U695.2

中国版本图书馆 CIP 数据核字(2021)第 269734 号

大连海事大学出版社出版

地址:大连市黄浦路523号　邮编:116026　电话:0411-84729665(营销部)　84729480(总编室)
http://press.dlmu.edu.cn　E-mail:dmupress@dlmu.edu.cn

大连金华光彩色印刷有限公司印装　　大连海事大学出版社发行

2021 年 12 月第 1 版　　2025 年 11 月第 12 次印刷
幅面尺寸:184 mm×260 mm　　印张:37.5　　字数:909 千

出版人:余锡荣

责任编辑:杨　洋　　责任校对:张　华
封面设计:解瑶瑶　　版式设计:解瑶瑶

ISBN 978-7-5632-4236-8　　定价:113.00 元

中华人民共和国海船船员适任考试
培训教材编审委员会

审定委员会

编写委员会

前言

为有效履行经修正的《1978 年海员培训、发证和值班标准国际公约》(STCW 公约)等国际公约,进一步规范海船船员培训行为,确保船员培训质量,根据《中华人民共和国船员条例》《中华人民共和国船员培训管理规则》,交通运输部编制了《海船船员培训大纲(2021 版)》,自 2021 年 10 月 1 日起施行。

为了更好地指导帮助船员进行适任考试前的培训,促进高素质船员队伍建设,中国海事服务中心组织全国有丰富教学、培训经验和航海实践经验的专家共同编写了本套教材。本套教材严格按照《海船船员培训大纲(2021 版)》编写,符合培训大纲对船员适任培训的要求,具有权威、准确、系统、实用的特点,重点突出船员适任和航海实践需掌握的知识,旨在培养船员具备在实践中应用知识的能力,可作为船舶工具书使用。

本套教材包括:

《船舶管理(船长/大副)》《船舶操纵与避碰——船舶操纵(船长/大副)》《船舶操纵与避碰——船舶避碰与值班(船长/大副)》《航海英语(船长)》《航海英语(大副)》《航海学——天文、地文、仪器(船长/大副)》《航海学——航海气象与海洋学(船长/大副)》《船舶结构与货运(大副)》《船舶操纵与避碰——船舶避碰与值班(二/三副)》《船舶操纵与避碰——船舶操纵(二/三副)》《船舶管理(二/三副)》《船舶结构与货运(二/三副)》《航海学——航海气象与海洋学(二/三副)》《航海学——天文、地文、仪器(二/三副)》《航海英语(二/三副)》《值班水手业务》;

《GMDSS 英语阅读》《GMDSS 综合业务》《GMDSS 英语听力与会话》《GMDSS 设备操作》;

《轮机英语(轮机长/大管轮)》《船舶动力装置(轮机长)》《船舶管理(轮机长/大管轮)》《主推进动力装置(大管轮)》《船舶辅机(大管轮)》《轮机工程基础(大管轮)》《船舶电气与自动化(船舶电气)(大管轮)》《船舶电气与自动化(船舶自动化)(大管轮)》《轮机英语(二/三管轮)》《船舶管理(二/三管轮)》《主推进动力装置(二/三管轮)》《船舶辅机(二/三管轮)》《轮机工程基础(二/三管轮)》《船舶电气与自动化(船舶电气)(二/三管轮)》《船舶电气与自动化(船舶自动化)(二/三管轮)》《值班机工业务》;

《电子电气员英语》《船舶电气(电子电气员)》《船舶机舱自动化》《信息技术与通信导航系统》《船舶管理(电子电气员)》《电子技工业务》《电子技工英语》《电子电气员英语听力与会话》《电子技工英语听力与会话》。

本套教材的编写、出版工作,得到了各海事管理机构、航海教育培训机构、航运企业等单位的关心和大力支持,特致谢意。

中国海事服务中心

2021 年 11 月

扫码学习《深入学习贯彻党的二十大精神　加快建设交通强国当好中国式现代化开路先锋》

编者的话

本书根据《1978年海员培训、发证和值班标准国际公约马尼拉修正案》对货物装卸和积载的培训要求，并以《海船船员培训大纲(2021版)》的具体规定设置全书章节及内容，力求知识点全面，针对性、实用性强，图文并茂，易于学员学习、理解，旨在帮助学员顺利通过海船船员适任考试。

船舶结构与货运是研究船舶结构及与船舶货运有关的船舶设备，研究各类货物的海运特性、各类船舶的货运性能、货物在船上装载的基本规律以及编制和实施货物积载计划的程序和方法的一门应用学科。作为船舶驾驶员，必须掌握海上货物运输中船舶结构及货物管理的相关理论、技术和方法。

本书共分18章。第一章为船舶常识，介绍了船舶的基本组成和主要标志、船舶种类及特点；第二章为船体结构，介绍了各类船体构件的组成、特点和作用；第三章为船舶管系，介绍了主要船舶管系的构成及作用；第四章为船舶装卸设备，介绍了吊杆和起重机的构成、特点及操作要求；第五章为舱盖、货舱及压载舱，介绍了货舱设备、舱盖分类和特点，对货舱、舱盖及压载舱的检查要求；第六章为船舶系固设备，介绍了标准、半标准和非标准货物单元系固设备的组成及特点；第七章为船舶与货物基础知识，介绍了与货运相关的船舶基础知识和货物基础知识；第八章为船舶稳性，介绍了初稳性、大倾角稳性和动稳性的衡量指标及其计算，稳性规范要求，稳性检验和调整；第九章为船舶吃水差，介绍了吃水差的计算及调整；第十章为船舶强度，介绍了船舶总纵强度和局部强度的校核及保障措施；第十一章为船舶抗沉性，介绍了破舱进水类型、破舱稳性计算方法及破损控制手册；第十二章为包装危险货物运输，介绍了危险货物分类及特性、包装和标志、积载与隔离；第十三章为普通杂货运输，介绍了普通杂货船配载图编制原则、流程和要求及货物安全装运；第十四章为特殊杂货运输，介绍了货物单元、重大件货物、木材甲板货、钢材货物、冷藏货物及滚装货物的安全运输要求；第十五章为集装箱运输，介绍了集装箱的分类和标志，集装箱船配载图编制原则、流程及要求，集装箱安全装运；第十六章为散装谷物运输，介绍了散装谷物的特性、安全装运要求和稳性核算要求；第十七章为固体散装货物运输，介绍了海运固体散货的分类和特性、配载计划编制及安全装运要求；第十八章为液体散装货物运输，介绍了石油产品、散装化学品及液化气的安全运输要求。

本书由田佰军、代其兵、周兆欣、吴金龙担任主编，周连国、伊善强、张泉、王文新、王启友担任副主编，刘景升、刘长青担任主审。王仙冰、王超、冯宏祥、朱建和、孙世虎、严丹、孝建伟、李士国、李志、李忠俊、周海振、陈洪波、郑云峰、赵宇、赵贵竹、宫国宝、高亮、郭睿参与了本书的编写。全书由田佰军统稿。

本书适用于海船船员(二/三副)适任考试培训，也可作为航海院校师生的教学参考书及航运管理相关人员的工作参考书。

航海科技日新月异，新理论、新技术、新航法、新设备不断涌现并投入航海实践，相关国际公约、各国法律法规、行业标准和规定也随之不断进步完善，本书未尽之处，敬请广大同仁和读者批评斧正，不吝赐教。

编　者

2021 年 11 月

目录

第一章 船舶常识

经济全球化的主要特征之一是全球贸易量的快速增长,而其中90%以上的货物流动是通过水上运输完成的。因此,水上运输具有其他任何运输方式所无法替代的特殊地位和重要作用。了解和掌握船舶种类的划分与各自特点、性能及相关的常识性知识对于从事船舶管理及船舶驾驶的人员而言是至关重要的。

第一节 船舶的基本组成及主要标志

一、船舶的基本组成

船舶是由主船体(main hull)、上层建筑(superstructure)及其他配套设备所组成的。

1.主船体

主船体结构是指由上甲板(upper deck)、船底(bottom)、舷侧(broadside)及首尾(fore and aft)等所组成的水密的空心结构,为了布置各种管系(piping)及分隔货物,用甲板(deck)和舱壁(bulkhead)将整个主船体分成数个舱室以满足船舶营运的不同需要。

主船体结构各部位名称

(1) 图1-1-1(a)中,位于船首轮廓线向前倾斜的构件叫首柱(stem)。位于船尾轮廓线向后倾斜的构件叫尾柱(stern post)。

(2)图1-1-1(b)中,船的前端称为船首(head),船的后端称为船尾(stern),中间部分称为船中(midship),船首的线性弯曲部分称为首舷(bow),船尾的线性弯曲部分称为尾舷(quarter),经过船首、船尾,将船体分成左、右对称两部分的直线叫首尾线(fore and aft line)或纵中线(midship line),在主船体的最大船宽处垂直于首尾面的方向叫正横(abeam)。

(3)甲板是主船体垂向上成上下层,并沿船长方向水平布置的大型纵向连续板架。

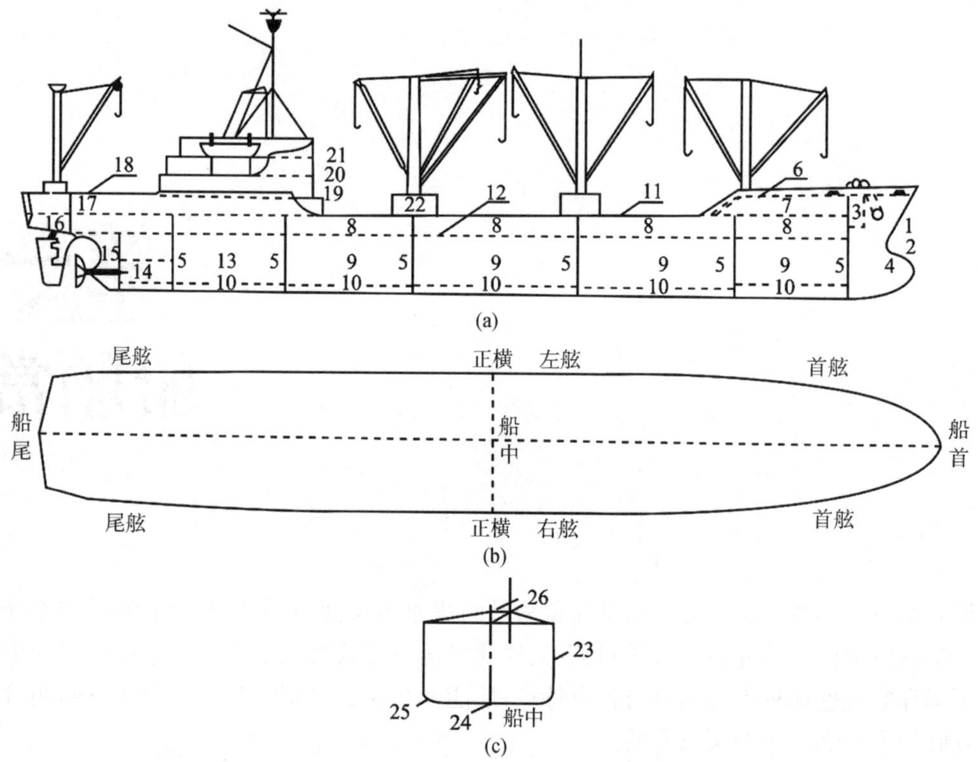

图 1-1-1　主船体主要部位、舱室名称

1—首柱；2—球鼻首；3—锚链舱；4—首舱；5—水密舱壁；6—首楼甲板；7—首楼；8—甲板间舱；9—货舱；10—双层底；11—上甲板；12—下甲板；13—机舱；14—轴隧；15—尾尖舱；16—舵机舱；17—尾楼；18—尾楼甲板；19—艇甲板；20—驾驶甲板；21—罗经甲板；22—桅屋；23—舷侧；24—平板龙骨；25—舭部；26—梁拱

位于主船体最上层的首尾纵通甲板叫上甲板（upper deck），即主甲板（main deck）。这层甲板的所有开口都能密封并保证水密。

各层甲板中受力最大的一层甲板称为强力甲板。

平台甲板为强力甲板下沿船长方向布置，但不计入船体总纵强度的不连续甲板，如舵机间的甲板为平台甲板。

上甲板以下的甲板统称为下（层）甲板（lower deck），自上而下分别称为二（层）甲板（tween deck）、三（层）甲板（third deck）等。

（4）位于船体最下层的部分称为船底，只有一层船底板的称为单底（single bottom），有两层船底板的称为双层底（double bottom）。

（5）舱壁是主船体内垂向上布置的结构，分为横舱壁和纵舱壁两种。

沿船长方向将船内空间分隔成若干舱室的竖壁称为横舱壁（transverse bulkhead），由于它通常是不透水的，也称为水密横舱壁（transverse watertight bulkhead），其中最前端的一道水密横舱壁称为防撞舱壁（collision bulkhead），又称为首尖舱舱壁。将舱室纵向分为数个分舱的纵向竖壁称为纵向舱壁，一般在液货船和大型散货船中布置，其主要作用是可以减少自由液面对稳性的影响，并参与总纵弯曲强度。

（6）图 1-1-1（c）中，两侧直立部分叫舷侧（ship side），位于船底中心线的船底板叫平板龙骨（plate keel），舷侧与船底交汇处的圆弧部分叫舭部（bilge）。

2.舱室名称

主船体由各甲板与舱壁将其分隔成若干舱室,这些舱室按其用途分为:

(1)首尖舱与尾尖舱。主船体最前端削尖部位的舱室称为首尖舱(forepeak tank),最后端的称为尾尖舱(afterpeak tank),首、尾尖舱通常用作淡水舱或压载水舱。

(2)机舱(engine room)。安装主机、辅机、锅炉等设备的舱室。机舱在船中部的称为中机型船,又称为"三岛式"船("three-island" ship)。机舱在船尾部的称为尾机型船。机舱在船中偏后的称为中尾机型船。

(3)货舱(cargo hold)。用于装载货物的舱室。货舱和机舱由垂直于首尾线的水密舱壁(watertight bulkhead)分隔而成。普通货船的货舱还常用下层甲板分隔成上、下两部分。上层的称甲板间舱(tweendeck space),即二层舱;下层的称为底舱(lower hold)。

(4)液舱(liquid hold)。指用来装载液体的舱室,如燃油、淡水、液货、压载水等。干货船一般设在船的低处,有利于船舶稳性。为了减小自由液面对稳性的影响,其横向尺寸都较小,且对称于船舶纵向中心线布置。

①燃油舱(fuel oil tank)是储存供主、辅机所用燃油的舱,一般都布置在双层底内,大型船舶也有将深舱作为燃油舱使用的。

②滑油舱(lubricating oil tank)一般为设在机舱下部的双层底内,为防止滑油污染,四周设有隔离空舱。

③淡水舱(fresh water tank)是饮用水、锅炉水舱的统称,生活用水一般设置在靠近生活区下面的双层底内,也有布置在尾尖舱内的。锅炉水舱多设在机舱下的双层底内,是为机舱机器设备专用的。

④污油水舱(slop tank)是供贮存污油用的舱,舱的位置较低,以利于外溢、泄漏的污油能自行流入舱内。

⑤压载舱(ballast tank)。专供装载压载水用以调整吃水、纵横倾和重心,双层底舱,首、尾尖舱,深舱、散货船的上、下边舱,集装箱船与矿砂船的边舱等都可以作为压载水舱。

⑥深舱(deep tank)为双层底以外的液舱(例如压载舱、船用水舱、货油舱)及按闭杯试验法闪点不低于 60 ℃的燃油舱等。深舱由船舶中纵剖面处设置的纵舱壁或制荡舱壁分隔为左右对称的舱室,以减小自由液面的影响。

⑦液货舱(liquid cargo hold)。有些杂货船设有一两个装运液体货物的深舱。

(5)隔离空舱(caisson)。用于隔开油舱与淡水舱、油船的货油舱与机舱的专用空间。隔离空舱一般仅有一个肋骨间距的狭窄空舱,故又称为干隔舱,其主要作用是防火、防爆、防渗漏。

(6)锚链舱(chain locker)是位于锚机下方首尖舱内、用钢板围起来的两个圆形或长方形的水密小舱,并与船舶中心线对称布置,底部设有排水孔,主要用于存放锚链。

(7)轴隧(shaft tunnel)是中机型和中尾机型船,推进轴系要穿过机舱后的货舱,从机舱后壁至尾尖舱之间设置的一个水密的结构,保护轴系不受损坏,并防止水从尾轴管进入货舱内。

(8)舵机间(steering gear room)是布置舵机动力的舱室,位于舵上方尾尖舱的顶部水密平台甲板上。

3.上层建筑

上层连续甲板上,由一舷伸至另一舷的,或其侧壁板离舷侧板向内不大于船宽(通常以符

号 B 表示船宽）4%的围蔽建筑物，称为上层建筑，包括首楼、桥楼和尾楼。其他的围蔽建筑物称为甲板室。

（1）长上层建筑及短上层建筑：长度大于 $0.15L$，且不小于其高度 6 倍的上层建筑为长上层建筑。不符合长上层建筑条件的为短上层建筑。

首楼（forecastle）：位于船首部的上层建筑，称为首楼。首楼的长度一般为船长的（通常以符号 L 表示船长）10%左右。超过 $25\%L$ 的首楼，称为长首楼。首楼一般只设一层。首楼的作用是减少船首上浪，改善船舶的航行条件，首楼内的舱室可作为贮藏室。

尾楼（poop）：位于船尾部的上层建筑，称为尾楼。尾楼的作用可减小船尾上浪，保护机舱，并可布置船员住舱等舱室。现代船舶基本都为尾机型或中尾机型船，桥楼直接设在近船尾处，故无尾楼。

桥楼（bridge）：用来布置驾驶室及船员居住与活动处所的上层建筑称为桥楼。

（2）长甲板室及短甲板室：长度大于 $0.15L$，且不小于其高度 6 倍的甲板室为长甲板室。不符合长甲板室条件的为短甲板室。

（3）上层建筑各层甲板：上层建筑各层甲板根据船舶种类、大小的不同，其层数及命名方法均有所不同。如有的船舶从上层建筑下部的第一层甲板向上按 A、B、C……的方式命名各层甲板；有的船舶则按各层甲板的使用性质不同而命名，如罗经甲板（compass deck）、驾驶甲板（bridge deck）、艇甲板（boat deck）、起居甲板（accommodation deck）等。

4.其他配套设备

其他配套设备主要包括主机、辅机、电气、管系、操纵设备、装卸设备、安全设备、通信导航设备及各种生活设施。

二、船舶的主要标志

船舶根据具体使用需要及满足船舶管理机关为加强对船舶的管理而制定的相关规定，在其船体外壳板上、烟囱及罗经甲板两侧均勘划着各种标志，主要标志如下。

1.吃水标志

船舶的吃水标志（draught mark）叫水尺。它勘划在船舶首、尾及船中两侧船壳上，俗称六面水尺。

船舶靠离码头，通过浅水水域及锚泊时，都需要准确掌握当时的吃水。另外，船舶吃水大小是反映船舶装载货物多少的一个标志。准确测量水位及其变化的大小，可以计算出货物的装载量及其变化量。具体的标记及读取方法见第七章第二节。

2.甲板线和载重线标志

详细内容见第七章第六节。

3.其他标志

（1）船名和船籍港标志

每艘船都要在船首两侧的明显位置写上船名。船名一般写在首楼中部，字的高度根据字的多少及船的大小确定，5 000 t 左右的船，中文字高为 1 m 左右，并在船名下面加注汉语拼音。每艘船在船尾明显位置写上船名和船籍港，船名高度比船首小 10%～20%，船籍港字高为

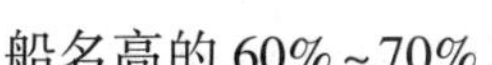

船名高的 60%~70%。

（2）烟囱标志

烟囱标志是用来表示船舶所属公司的标志。船舶所有人将烟囱标志向船籍港船舶登记机关申请登记，并按照规定提供标准设计图纸。船公司规定本公司所有船舶烟囱颜色与标志图案，并且往往还规定船体各部分统一的油漆颜色，便于互相识别。已经登记的船舶烟囱标志属登记申请人专用，其他船舶或者公司不得使用。

（3）球鼻首（bulbous bow）和侧推器标志（side thruster mark）

有球鼻首的船舶，在船首两侧满载水线以上的船壳上绘有球鼻首标志，有首侧推器的船舶在球鼻首标志后面绘有侧推器标志，如图 1-1-2 所示，以引起靠近船舶的注意。

图 1-1-2　球鼻首和侧推器标志

（4）分舱标志（subdivision mark）及顶推位置标志（push mark）

有的船在货舱与货舱之间的舱壁两侧舷外船壳上，绘有表示各货舱位置的分舱标志，如图 1-1-3（a）所示。有的绘有顶推位置，表示拖船可以在此处顶推，如图 1-1-3（b）所示。

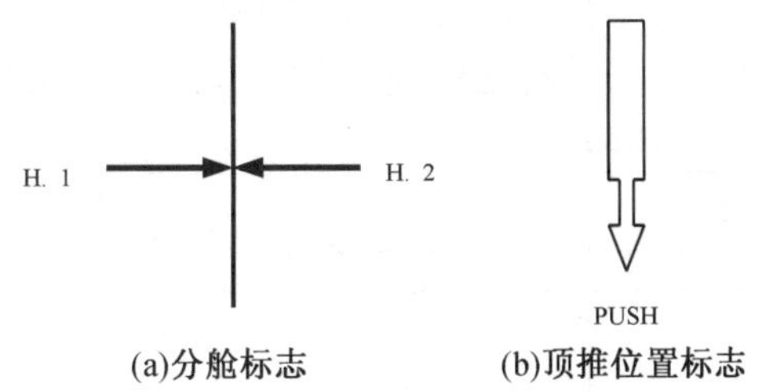

(a)分舱标志　(b)顶推位置标志

图 1-1-3　分舱标志及顶推位置标志

（5）暗车标志

某些双车船在船尾两侧推进器上方明显位置绘有车叶状的标志，并加上简单的中文或英文警句，以引起船舶对水下螺旋桨的注意。

（6）IMO 识别号

按国际海事组织规定，100 总吨及以上的所有客船和 300 总吨及以上的所有货船均应有一个符合国际海事组织通过的IMO船舶编号体系的识别号,即船舶识别号(ship identification number),用于识别船舶身份。该识别号除应按规定载入相应证书中外,应在船舶适当位置永久清晰地勘划。船舶识别号的勘划位置有:船尾船籍港标志的下方、桥楼正前方的上部、机舱明显处、客船可从空中看见的水平表面、油船货油泵舱明显处及滚装船滚装处等,但较普遍的勘划位置是船尾船籍港的下方。图1-1-4所示为IMO识别号。

图1-1-4 IMO识别号

第二节 船舶尺度

一、船舶尺度

船舶尺度(ship dimension)主要是指表示船体外形大小的尺度,即船的长、宽、深和吃水等。它是根据各种船舶规范和船舶在营运中使用上的要求定义的。按照不同的用途和计量标准,船舶尺度主要可分为三种:船型尺度、最大尺度和登记尺度,如图1-2-1所示。

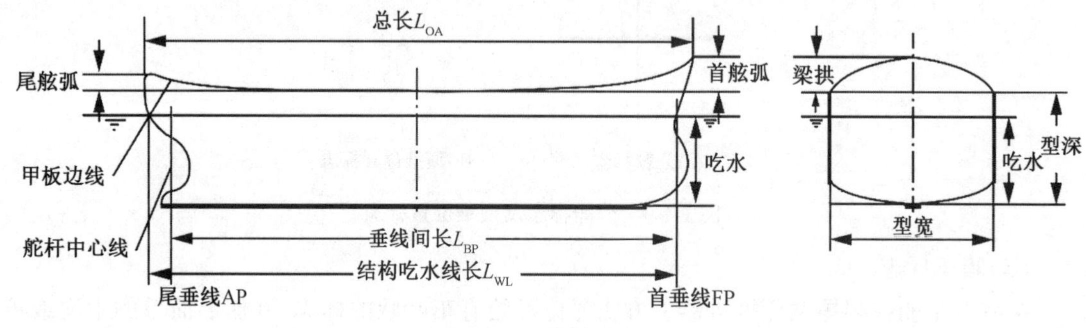

图1-2-1 船舶尺度

1.船型尺度

船型尺度是从船体型表面上量取的尺度,又称型尺度或主尺度。钢质船舶的型表面为其外板的内表面，即不包括船壳板和甲板板厚度在内的船体表面；木质船舶的型表面则为船壳的外表面。船型尺度包括船长、型宽、型深和型吃水，主要用于船舶航海性能和船体强度计算，在不同的公约、规则或规范中，船型尺度中具体参数的定义也有所区别。图 1-2-1 所示的船型尺度是依据我国《钢质海船入级规范》中的定义确定的。

(1)船长

船长即规范船长，又称垂线间长、两柱间长，可用 L、L_{BP} 或 L_{PP} 表示。船长是指沿结构吃水处水线，由首柱前缘量至舵柱后缘的长度；对无舵柱的船舶，由首柱前缘量至舵杆中心线的长度；但均不应小于结构吃水处水线总长的 96%，且不必大于 97%。对于箱形船体，L 为沿结构吃水处水线自船首端壁前缘量至船尾端壁后缘的长度。对于无舵杆的船舶，L 为结构吃水处水线总长的 97%。

①首垂线：指通过结构吃水线与首柱前缘交点的垂线。

②尾垂线：指通过结构吃水线与舵柱后缘或舵杆中心线交点的垂线。

(2)型宽

型宽即船宽，用 B 表示，是指在船中结构吃水处，由一舷肋骨外缘量至另一舷肋骨外缘的横向水平距离。

(3)型深

型深用 D 表示，是指在规范船长中点处，沿船舷由平板龙骨上缘量至上层连续甲板(上甲板)横梁上缘的垂直距离；对甲板转角为圆弧形的船舶，则由平板龙骨上缘量至横梁上缘延伸线与肋骨外缘延伸线的交点。

(4)型吃水

型吃水即结构吃水，用 d 表示，是指在规范船长中点处，由平板龙骨上缘量至结构吃水处水线的垂直距离。该吃水是满足船舶尺度的强度要求并反映满载工况的吃水，且应不小于核定干舷对应的吃水。

此外，在船舶装载手册和船舶总布置中还包括船舶总长的数据。船舶总长用 L_{OA} 表示，是指包括两端上层建筑在内的船体型表面的最前端与最后端之间的水平距离。

2.最大尺度

最大尺度(overall dimension)又称为全部尺度或周界尺度，是船舶靠离码头、系离浮筒、进出港、过桥梁或架空电缆、进出船闸或船坞以及狭水道航行时安全操纵或避让的依据。

最大尺度包括：

(1)最大长度(extreme length)

最大长度又称全长，是指从船首最前端至船尾最后端(包括外板和两端永久性固定突出物)之间的水平距离。

(2)最大宽度(extreme breadth)

最大宽度又叫全宽，是指包括船舶外板和永久性固定突出物在内并垂直于纵中线面的最大横向水平距离。

(3)最大高度(maximum height)

最大高度是指自平板龙骨下缘至船舶最高桅顶间的垂直距离。最大高度减去吃水即得到船舶在水面以上的高度，称净空高度(air draught)。

3.登记尺度

登记尺度(register dimension)为《1969 年国际船舶吨位丈量公约》中定义的尺度。它是主管机关登记船舶、丈量和计算船舶总吨位及净吨位时所用的尺度，载明于船舶的吨位证书中。

(1)登记长度 L_R(register length)

登记长度 L_R是指量自龙骨板上缘的最小型深 85%处水线总长的 96%，或沿该水线从首柱前缘量至上舵杆中心线的长度，取两者最大值。国际海事组织 IMO 颁布的《1966 年国际载重线公约》中定义的载重线船长 LL(干舷船长)、《1974 年国际海上人命安全公约》、《国际防止船舶造成污染公约》及《2008 年国际完整稳性规则》中定义的船长与登记长度一致。

(2)登记宽度 B_R(register breadth)

登记宽度 B_R是指船舶的最大宽度，对金属外板的船舶，其宽度是在船长中点处量到两舷的肋骨型线，对其他材料外板的船舶，其宽度在船长中点处量到船体外表面。

(3)登记深度 D_R(register depth)

登记深度 D_R是指从龙骨上缘量至船舷处上甲板下缘的垂直距离。对具有圆弧形舷边的船舶，则是量至甲板型线与船舷外板型线之交点。对阶梯形上甲板，则应量至平行于甲板升高部分的甲板较低部分的引申线。

二、主尺度比

船舶的主尺度只能表达船舶单方向的尺度大小，而不能反映船体的肥瘦程度和相关航海性能，尺度比(proportions)能够反映船舶的肥瘦程度和某些航海性能的好坏。常用的尺度比如下：

L/B——长宽比，与船舶快速性和操纵性有关，该比值大表示船体狭长，阻力较小，快速性好，航向稳定性好，但港内操纵不灵活。通常高速船的长宽比大于低速船的长宽比。

B/d——宽吃水比，与稳性、摇荡性有关。该比值越大，稳性越好，但阻力也较大。该比值过大时容易造成过快的摇摆，不利于船上人员的生活和工作。一般内河船的宽吃水比大于海船的宽吃水比。

D/d——深吃水比，与船舶大角度横倾时的稳性和抗沉性有关。该比值大，干舷高，储备浮力大，抗沉性好，大倾角稳性好。一般客船的深吃水比较大，而油船的深吃水比较小。

B/D——宽深比，与船体结构强度有关，该值越大，则船体横向强度越差，一般干货船的 $B/D \leqslant 2.5$。

L/D——长深比，与船体结构强度有关，该值增大，对纵向强度不利，一般干货船的 $L/D \leqslant 17$。

L/d——长吃水比，该值越大，船舶的操纵回转性能越差。

在船舶静力学中，常用的尺度比有长宽比(L/B)、宽度吃水比(B/d)、型深吃水比(D/d)。

第三节　船舶种类及其特点

随着科学技术的迅猛发展，代表人类智慧结晶的新技术、新观念不断被应用到造船领域，船舶种类较以往有了很大的变化。目前世界上的船舶种类不下数百种。按船体材料分，有木船、金属船、水泥船和玻璃钢船等;按航行区域分,有远洋船、近海船、沿海船和内河船等;按动力装置分,有蒸汽机船、内燃机船、汽轮机船、电动船和核动力船等;按推进方式分,有明轮船、螺旋桨船、平旋推进器船和风帆船等;按航行方式分,有自航船和非自航船;按航行状态分,有排水型船和非排水型船。以下按船舶的用途进行分类。

一、运输船舶(transport ship)

1.客船

客船(passenger ship)是运送旅客及其所携带行李和邮件的船舶。兼运汽车及其所载货物的客船称为滚装客船(ro-ro passenger ship);具有全通甲板结构,适用于短途、定班期车辆和/或乘客摆渡,往返于海峡两岸的客船称为渡船(ferry)。客船多为定期、定线航行,故也称为班轮或邮轮。《国际海上人命安全公约》(SOLAS 公约)规定,凡载客超过 12 人的船舶应视为客船。

客船的主要特点有:①一般航速较高(速度在 20 kn 以上);②上层建筑高大,用于布置旅客住舱;③救生、消防设备数量多,生活设施齐全;④通常采用双车双舵,具有良好的航行性能,舒适平稳、易操纵;④抗沉性好,多设计为二舱或三舱不沉制。在沿海或内河的一些短途客运航线上,出现了水翼艇(hydrofoil craft)、双体船(catamaran ship)和气垫船(hover craft)等。水翼艇航行时依靠水下机翼板的升力将船体托离水面,大大降低了水阻力,从而使航速达到 40 kn以上。双体船具有并立的两个船体,其上部通过上层建筑连接在一起,从而获得较大的甲板面积,便于布置旅客舱室。每一个船体有一只螺旋桨和舵,操纵性、快速性和横稳性均良好。图 1-3-1 所示为豪华客船,图 1-3-2 所示为滚装客船,图 1-3-3 所示为双体客船。兼运货物的客船中,以载客为主,载货为辅称为客货船,多设计成二舱不沉制;以载货为主,载客为辅的客船称为货客船,一般采用一舱不沉制。

图 1-3-1 豪华客船

2.集装箱船

集装箱船(container ship)系指其构造在货舱内和在甲板上专门装载集装箱的船舶,于 20 世纪 60 年代后期迅速发展起来。它以专门的集装箱作为货物运送单元,通常以载运集装箱 TEU(Twenty-foot equivalent unit)的数目表示其装载能力,目前国际上广泛应用的标准箱有

图 1-3-2　滚装客船

图 1-3-3　双体客船

1A、1AA、1AAA、1C、1CC 五种。船舶设计中多采用 ISO 系列的 1AA 和 1CC 两种类型,即长度为40 ft(40 ft×8 ft×8 ft 6 in)和 20 ft(20 ft×8 ft×8 ft 6 in)两种规格。

集装箱船的特点有:①货舱和甲板均能装载集装箱,货舱盖强度大;②大多为单层甲板,舱口宽且长,舱口总宽度可达船宽的 0.7~0.8 倍,舱口总长度为船长的 0.75~0.8 倍;③为保证船体强度、提高抗扭强度、保证货舱内方正及提高船舶的抗沉性,船体设计为双层船壳;④同时为了防止货箱移动和固定货箱,货舱内设有格栅式货架[箱隔导轨系统(cellguide system)];⑤甲板上设有固定集装箱用的专用设施;⑥主机马力大、航速高,远洋高速集装箱船的方形系数 C_b 小于 0.6;⑦通常不设起货设备,而利用码头上的专用设备装卸;⑧半集装箱船因货源不稳定而在部分货舱装运集装箱,其他货舱装运杂货或散货,船上通常设有起货设备。图 1-3-4 所示为集装箱船。

3.散货船

散货船通常是指在装货处所具有单甲板、双层底、顶边舱和底边舱,且主要用于装运散装干货的船舶。其特点是:①不怕挤压,通常只设单甲板;②船体结构强,适应集中载荷要求;

图 1-3-4　集装箱船

③为适应舱内作业和提高装卸效率,采用大舱口;④通常采用尾机型;⑤常常是单程运输,因此设有较大容积的压载水舱,以保证稳性;⑥船上一般不设起重设备。

散货船通常分为以下几个级别:①载重量在 15 万吨以上的好望角型散货船(capesize bulk carrier),目前世界最大的散货船是 Valemax 型散货船,载重吨位为 40 万,船长为 360 m,船宽为 65 m,型深为30 m,满载吃水为 22 m,共有 7 个货舱,如图 1-3-5 所示。②载重量在 60 000~75 000 t 的巴拿马型散货船(panamax bulk carrier)。巴拿马老船闸适用最大尺寸的船舶,长为 294.13 m,宽为 32.31 m,吃水为12.04 m;新船闸适用最大尺寸的船舶:长为 366.0 m,宽为 49.0 m,吃水为 15.2 m,载重吨位为 18 万吨左右。近年来出现了一种新的船型:卡姆萨尔型散货船(kamsarmax bulk carrier),该船载重吨为82 000以上,长为 229 m,宽为 32.36 m,型深为 19.9 m,结构吃水为 14.35 m,也能通过巴拿马运河。③载重量在 20 000~50 000 t 的轻便型散货船(handysize bulk carrier),其中超过 4 万吨的船舶又被称为大灵便型散货船(Handymax bulk carrier)。④经由圣劳伦斯水道航行于美国、加拿大交界处的五大湖区的大湖型散货船,该型船一般在 3 万吨左右,大多配有起卸货设备。

谷物、煤炭和矿砂等的积载因数(每吨货物所占的体积)相差很大,对货舱容积的大小、船体的结构、布置和设备等方面的要求都有所不同。为适应各种散货运输要求,现已发展了各种专用散装船。

(1)通用型散货船:指装运谷物、煤炭等普通散货的船舶。这类船时常为单程运输,因而需要较多的压载舱;有时还需要选定某一货舱在空载时兼作压载舱。其特点是:通常要装设止移板,舱口围板高大;货舱横剖面设置成菱形,不仅减少了平舱与清舱工作,又可防止航行中因船舶横摇而造成散货流动危及船舶稳性;货舱四角的三角形舱柜作为压载舱柜,可以用于调节吃水和船舶的稳性高度。货舱的典型特征如图 1-3-6(a)所示。

(2)矿砂船(ore carrier):是专运矿砂的散货船。矿砂的密度大,所需的舱容小,为了提高船舶重心以减小横摇频率,双层底设置得较高(一般可达型深的 1/5),而且货舱两侧的压载舱也比通用型散货船压载舱大得多,如图 1-3-6(b)所示。另外,矿砂船普遍采用高强度钢建造。

(3)自卸式散货船(如图 1-3-7 所示):是一种采用自卸系统的散货船。其货舱底部呈 W 形,下面尖顶部位有开口,可将货物漏到下面的纵向传动皮带上,再经垂直提升机和悬臂运输皮带输送到码头上,如图 1-3-8 所示。这种船不仅显著地缩减了停港时间,而且对码头的要求

图 1-3-5 Valemax 型散货船

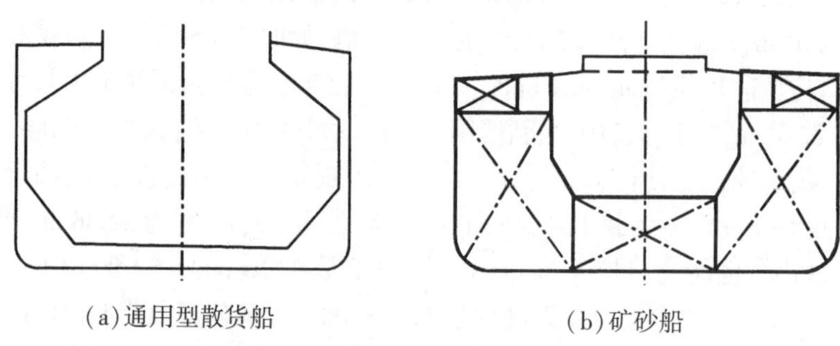

(a)通用型散货船 (b)矿砂船

图 1-3-6 散货船货舱的典型特征

不高，对需要中转的航线，也可避免码头的再装卸。图 1-3-8 所示为自卸式散货船。

图 1-3-7 自卸式散货船

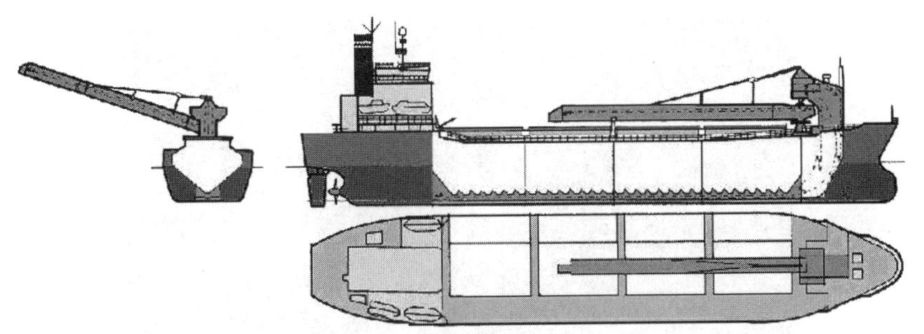

图 1-3-8 自卸式散货船示意图

4.多用途船

多用途船(multi purpose ship)是指为了争取往返货载以减少空放，提高船舶营运率,将船舶设计成能够满足多种用途的船型,常见的种类有矿/油两用船、矿/散/油三用船、集装箱/杂货船、杂货/散货船、杂货/重大件货船等。通常,将矿/油两用船、矿/散/油三用船称为兼用船(指所有用于装运散装油类和固体货物的船舶的总称;除污油舱内残留的含油混合物外,这些货物不同时装运。);将集装箱/杂货船、杂货/散货船、杂货/重大件货船称为多用途干货船。

矿/油两用船(ore/oil ship)用于运输矿砂和原油,简称为 O.O 船。这种船的中间货舱比较窄,占整个船舶货舱舱容的 40%~50%。运输矿砂时装在中间货舱内;而运输原油时,装在两侧边舱和中间舱内。

矿/散/油船(ore/bulk/oil ship)用于运输矿砂、较轻的散货和原油,简称为 O.B.O 船。这种船货舱的形状和散装船的货舱类似,设有上、下边舱,并且设有双层船壳,因此,形成中间货舱和两侧边舱,且中间舱比较宽大,占整个船舶货舱容积的 70%~75%。中间货舱用来装运散货和矿砂,由于舱容较大,为了提高船舶重心,要隔舱装货。装载原油时,要装在中间货舱和两侧边舱及上边舱。图 1-3-9 所示为矿/散/油船货舱横剖面示意图。

图 1-3-9 矿/散/油船货舱横剖面示意图

5.杂货船

运送成包、成箱、成捆、成扎和桶装等件杂货物的船舶称为杂货船(general cargo ship)。为避免货物堆码过高而压损及便于分隔货物,通常是多层(2~3 层)甲板结构,舱口尺寸较大以便于装卸,并配有吊杆或起重机。图 1-3-10 所示为杂货船。

图 1-3-10　杂货船

6.滚装船

滚装船(roll on/roll off ship, ro/ro ship)是多层甲板、双层底、能装载车辆或使用车辆装卸集装箱或托盘货的船舶。采用水平方式装卸(也称为“带轮”方式装卸),滚装运输将传统的垂直上下装卸作业变成水平方向的滚动作业,是装卸作业的一个重大改革。滚装船的装卸效率比集装箱船更高,是普通货船的 10 倍。主要用来运送车辆或装载固放在车辆上的集装箱或托盘货物。一般在船侧或船的首、尾有开口斜坡连接码头,汽车或者拖车通过跳板直接开进或开出船舱。

滚装船的特点有:①结构较特殊,上层建筑高大,上甲板平整,无舷弧和梁拱,露天甲板上无起货设备。②甲板层数多(一般有 2~4 层),货舱内支柱极少,一般为纵通甲板,主甲板以下设有双层船壳,两层船壳之间可作为压载水舱。③为了便于拖车开进、开出,货舱区域内不设横舱壁,采用强横梁和强肋骨保证横强度。④在各层甲板上设有升降平台或内跳板供车辆行驶。⑤滚装船多数在尾部开口,即尾门;尾门跳板靠机械或电动液压机构进行开闭,并保证水密;尾门跳板分尾直跳板和尾斜跳板,为保证装卸作业的安全,尾直跳板的工作坡度应小于 8°(跳板与水平面的夹角),通常为 4°~5°,尾斜跳板可向船的一个舷侧方向偏斜 30°~40°(跳板与水平面的夹角);另外还有尾旋转跳板、舷侧跳板和首门跳板,其结构不同,工况也有差异;装卸作业时,跳板与码头的坡度不能太大,要求船舶吃水在装卸过程中变化不能太大,因此,必须用压载水来调节吃水、纵横倾和稳性等。⑥滚装船装卸效率高,船速快,大多数滚装船装有首侧推装置,以改善靠离码头的操纵性。⑦滚装船的方形系数 C_b 不大于 0.6。⑧滚装船舱容利用率低、造价高。另外,滚装船为纵通甲板,抗沉性较差,不能满足“一舱不沉制”,航行安全问题突出。1994 年瑞典滚装船“爱沙尼亚”号船门被风浪打坏,锁定机构失灵,在波罗的海沉没,182 人丧生;1999 年我国滚装客船“大舜”号在渤海翻沉,都与滚装船的结构特点有密切关系。现代滚装船都采取相应的措施以确保航行安全。图 1-3-11 所示为滚装船的货舱装货情况。图 1-3-12 所示为滚装船。

7.运木船

运木船(lumber carrier)是专门运输原木和木材,备有系固设备的普通货船。其特点是:①为方便装卸和堆放,要求货舱长且大,且舱内无支柱;②为防止甲板木材滚落舷外,木材船的两舷均设有支柱,并且舷墙也较高;③船舷两侧排水口大且多;④为不影响货物堆放和人员操

图 1-3-11　滚装船的货舱装货情况

图 1-3-12　滚装船

作，起货机均安装在桅楼平台上；⑤甲板强度高。图 1-3-13 所示为木材船。

8.冷藏船

冷藏船（refrigerated ship）是指专门运输肉类、水果、蛋品之类的易腐鲜货的船。船上设有制冷系统和良好的隔热设备，货舱口较小，吨位不大。航速较快。为防止运输货物被压坏，常设置多层甲板，一般有 3～4 层。冷藏集装箱的发展部分地代替了冷藏船的运输功能。图 1-3-14所示为冷藏船。

9.液货船

液货船（liquid cargo ship）是指其构造主要适用于载运散装液体货物的货船。它包括油船（oil tanker）、液体化学品船（liquid chemical tanker）和液化气船（liquefied gas carrier）。

（1）油船（oil tanker）是运输原油或石油产品的船舶。石油是重要的能源之一，属于战略性物资，为各工业大国争夺与控制的对象。目前，在世界上各种类型船舶中，油船船队的载重

图 1-3-13　木材船

图 1-3-14　冷藏船

吨数是最大的。油船类型按所载货油成分可分为原油船和成品油船两大类型。图 1-3-15 所示为 30 万吨原油船,图 1-3-16 所示为成品油船。

图 1-3-15　30 万吨原油船

图 1-3-16　成品油船

油船的特点有:①一般采用纵骨架式船体结构以减轻船体重量,如单甲板、尾机型船;②双

船壳结构,即货油舱为双层底、双层舷侧结构(旧船中有的仍为单层底、单舷侧结构);③为降低货油自由面对船舶稳性的影响,货舱内设纵向水密舱壁,把油舱划分为并列的两列或三列油舱(对 $L>90$ m 的油船,要求在其货油舱区域内设置两道纵向连续的水密舱壁);④货油舱在甲板上无大的开口,只有小的开口,称为膨胀井,井口上有盖板;⑤上甲板布设很多油管和阀门,货油装卸通过管路、阀门完成,由设在泵舱内的货油泵来驱动,上甲板设置的起重机作吊放输油软管之用;⑥油船的船长、宽度比(L/B)较小,而船宽吃水比(B/d)和方形系数(C_b)较大,因此,油船的船型较肥;⑦防火防爆设施完备,防火防爆要求高,在货油舱区域的前后两端设隔离舱,与机炉舱、居住舱室等隔开,以防止油类的渗漏和防火、防爆;⑧设置专用压载舱(为防止排放的压载水含有油分造成海洋污染,MARPOL 73/78 规定新造油船必须设置专用压载舱);⑨航速一般在 15 kn 左右。

油船设置专用压载舱的优点是:防止海洋污染;减轻货油舱因装载压载水而对结构的腐蚀;提高船舶的结构强度和抗沉性;在装卸油的同时可打入或排出压载水,从而缩短在港停泊时间。其缺点是:减少了有效载货舱容;船体重量和造价均增加。图 1-3-17 所示为货油舱的内部结构。

图 1-3-17 货油舱的内部结构

(2)液体化学品船

液体化学品船的外形与内部结构同油船相似,其装运的液体化学品多为有毒、易燃和强腐蚀性物质(如醚、苯、醇、酸等)。为了便于装载和防止泄漏,液舱分得较小,且均设置双层底。液舱部分或全部采用不锈钢材料制造,以增强抗腐蚀能力。图 1-3-18 所示为化学品船。

图 1-3-18 化学品船

(3)液化气船

液化气船有液化石油气船(liquefied petroleum gas carrier, LPG carrier)和液化天然气船

(liquefied natural gas, LNG carrier)两大类型。

①液化石油气船是运输液态石油气的专用船,最早出现于20世纪30年代。因LPG液化方式及液货舱结构之不同,液化石油气船可以分为全压式、半冷半压式和全冷式三种类型。

全压式(又称为常温压力型)LPG船是将加压液化石油气充于压力容器中,在常温下运输。压力容器通常是球形的或圆柱形的,被放置在船舱内。其特点是:船体结构比较简单,压力容器舱与其他类型LPG货舱相比,更容易建造;由于压力容器舱是球形或圆柱形的,在船舱角部有较大空隙,舱容利用率较低;压力容器因为耐压强度要求必须达到足够的壁厚,所以重量大。图1-3-19所示为全压式LPG船。

图1-3-19　全压式LPG船

半冷半压式(又称为低温加压型)LPG船是将液化石油气装在低温压力罐中运输。低温压力罐大多为球形的或圆柱形的。罐内设计压力一般为0.3~0.7 MPa。其特点是:罐体与船舱结构之间设有隔热保护层;运输过程中会有少量液体汽化,故船上设再液化装置;舱容利用率较低;船型比全压式的船型大一些。图1-3-20所示为半冷半压式LPG船。

图1-3-20　半冷半压式LPG船

全冷式(又称为低温常压型)LPG船是将冷冻液化石油气装在低温液货舱内运输。货舱内压力为常压。其特点是:液货舱横剖面呈棱柱形,与船舱横剖面形状基本吻合,故舱容利用率高;设有再液化装置;液舱规模基本不受限制,适合于建造大型LPG船。图1-3-21所示为全冷式LPG船,图1-3-22所示为乙烯液化气船。

图1-3-21　全冷式LPG船

图1-3-22　乙烯液化气船

②液化天然气船是运输液态天然气的专用船舶。天然气的主要成分是甲烷,如果在常温

下加压,无论施加多大压力都不能使甲烷液化,必须把温度降到-82.6 ℃以下再加压方可。因为甲烷液化难度很大,所以 LNG 船的出现要晚于 LPG 船。图 1-3-23 所示为采用球型货舱的 LNG 船,图 1-3-24 所示为采用薄膜型货舱的 LNG 船。

图 1-3-23 采用球型货舱的 LNG 船

图 1-3-24 采用薄膜型货舱的 LNG 船

目前 LNG 船均为全冷式,液货舱温度控制在-165 ℃以下。在这样的低温下,普通的船用钢材会变脆,因此 LNG 船的液货舱均采用含镍不锈钢或铝合金材质建造,并且建造难度非常大。货舱类型有薄膜型、球型和棱柱型三种。

10.活鱼运输船

活鱼运输船(live fish carrier; wellboat)是运输活鱼的专用船舶。其运送的活鱼有两种类型:一是供食用的商品鱼,二是养殖用的鱼苗。这种船也可以运送活虾等其他鲜活海产品。图 1-3-25 所示为活鱼运输船。

按照活鱼舱内水循环方式划分,活鱼运输船有开式循环和闭式循环两种类型。采用开式循环系统的活鱼运输船其中部设有 1~2 个活鱼舱,舱壁设有进水口和出水口,以使舱内水与外部海水交换、循环。其优点是建造与运输成本较低;缺点是受季节、海水温度影响非常大,因

图 1-3-25　活鱼运输船

而只适合短途运输。采用闭式循环系统的活鱼运输船，舱内水不与外部海水交换，而只在本舱内循环、过滤、增氧，冬天可以加温，夏天则降温。同时，货舱采用隔热保温结构，这样就使活鱼运输不受季节、区域、水质等外界条件影响。因此，这种类型的船最适合于长途运输。

11.牲畜运输船

牲畜运输船(livestock carrier)是指专门运输牛、羊等牲畜的海洋船舶。船上设有多层甲板(有开敞式和封闭式两种)，每层甲板上又设有许多围栏，用于安置牲畜。目前这种船主要运营于澳大利亚、新西兰等畜牧业大国至欧洲、北美以及中东地区的航线上。图 1-3-26 所示为现代化的牲畜运输船。

图 1-3-26　现代化的牲畜运输船

牲畜运输船的主要特点是：上层建筑高大；设有多层甲板以安置数量巨大的牲畜；通风能力强，为牲畜提供良好的生存环境；设有大容量淡水舱和饲料舱，并设有海水淡化装置；现代化船上供水、供饲料均为自动操作；航速一般在 18 kn 左右。

12.载驳船

载驳船(barge carrier)是运输载货驳船的专用船舶,又称为子母船。通俗地讲,就是先将货物装到驳船上,再将驳船装到大船(母船)上一起运输,这个母船即称为载驳船。每艘载驳船可同时运载数10艘以上的驳船,每艘驳船一般可以装载数百吨货物。载驳船通常有三种类型:①驳船靠母船尾部的龙门吊进行装卸的LASH中型载驳船;②驳船由母船尾部的升降平台从水中托起,再由输送机运到舱内的Sea-bee型载驳船;③驳船靠拖船直接浮进浮出,以浮船坞原理进行装卸的Baco型载驳船。三种类型载驳船的特点各不相同,但共同特点是:装卸效率高;不需要码头;非常适合海、河联运;桥楼、驾驶台位于船首;船型瘦长;航速在15~20 kn;造价高;货驳集、散组织复杂。正是由于这个原因,载驳船的发展受到了限制。图1-3-27所示为Sea-bee型载驳船,图1-3-28所示为Baco型载驳船,图1-3-29所示为LASH型载驳船。

图1-3-27 Sea-bee型载驳船

图1-3-28 Baco型载驳船

图 1-3-29 LASH 型载驳船

13.渡船

渡船(ferry)是指具有全通甲板结构,载运乘客(不设卧铺)和/或车辆往返于海峡两岸或岛屿间作定班期营运的船舶。渡船分为客渡船(passenger ferry)、汽车渡船(car ferry)和火车渡船(train ferry)。

客渡船是专门用于旅客横渡海峡和江海的船舶,一般也归类于客船。客渡船通常适用于短途航行,客舱只设座位,乘客分布在多层甲板。

汽车渡船的特点是甲板平直,首尾对称,两端均设有推进器、吊架和跳板。两端均可靠岸,航行时船舶不用掉头,汽车上、下不必开倒车。驾驶室设于船的一舷。有的汽车渡船也同时搭载少量旅客。

火车渡船是以船载火车的联运方式运作,大大缩短了铁路运输的距离。2006 年 11 月开始试营运的烟大火车轮渡的开通将东北、黄渤海与长江三角洲连在一起,为这三大经济板块注入新的发展动力。烟大火车轮渡采用上、下两层纵通甲板,下层为封闭式火车甲板,上层为遮蔽式汽车甲板。滚装汽车通过汽车栈桥在尾部右舷采用侧进、侧出方式进入上甲板,旅客通过全封闭人行栈桥在船中部上、下船,火车采用尾进、尾出的方式上、下船,做到了火车、汽车、旅客的安全隔离。图 1-3-30 所示为烟大火车轮渡。

二、工程船和工作船舶

通常将从事航道保证、救助打捞、海上施工、水利建设、港口作业和船舶修理的船舶称为工程船舶(engineering ship),包括挖泥船(dredger)、起重船(floating crane)、敷缆船(cable ship)、航标船(navigation mark ship)等。工程船舶常配备成套相关的专用设备,专业性强,技术先进。为船舶航行安全提供服务或从事与航行直接相关的专业工作的船舶称为工作船舶(working ship),包括拖船(tug)、供应船(supply boat)、海难救助船(rescue ship)、破冰船(icebreaker)、消防船(fire boat)等。

图 1-3-30 烟大火车轮渡

(1)破冰船

破冰船用于在冰封水域开辟航道和救助被冰封的船舶。其船首呈前倾状并予以特别加强,首尾的左右两舷均设有大容积压载水舱。其横向和纵向可调节水的总量约占船舶总排水量的 15%。破冰时使船首先冲上冰层,再将尾部压载水打到首压载舱,靠重力或船身左右晃动将冰压碎。图 1-3-31 所示为破冰船。

图 1-3-31 破冰船

(2)敷缆船

敷缆船主要用于敷设海底电缆或从事电缆修理工作。敷缆船通常采用尾机型,中部为大型电缆舱,并设大容积压载水舱,在电缆敷设后用海水压载。船首两侧前端突出处设数个大直径导缆滑轮,其侧面有吊架和操作指挥台,在首部甲板处设有鼓轮敷缆机。敷缆船的操纵性和定位精度要求较高。海底布缆耗资巨大,有逐渐被卫星通信取代的趋势。图 1-3-32 所示为敷缆船。

(3)挖泥船

挖泥船是专门用来挖掘水底泥、沙、石块、清理水底污杂物,以疏浚航道及锚地,或开掘运河

图 1-3-32　敷缆船

的工程船。按挖泥设备的不同,挖泥船分为抓斗式、链斗式、铲扬式及吸扬式。目前巨型吸扬式挖泥船排水量已达到 3 万吨。图 1-3-33 所示为挖泥船,图 1-3-34 所示为挖泥船舱内情况。

图 1-3-33　挖泥船

图 1-3-34　挖泥船舱内情况

(4)消防船

消防船专门用于扑灭营运中的船舶、油井、水上或临水建筑发生的火灾。消防船分为专用消防船和多用途消防船两种类型。其主要消防设备有设在机舱内的大排量高压离心泵1~2 台,桅顶部设有 1~2 个水枪,驾驶室顶部设有 2~4 个水枪,舱面上设有 6~8 个用于在进行营

救灭火时起安全防护作用的喷淋水枪。对于油井、油船及化学品船的灭火工作，船上还需配备1个泡沫灭火舱，用喷枪喷射灭火剂。多用途消防船常兼作拖带、浮油回收和清除港口垃圾。图1-3-35所示为消防船。

图1-3-35 消防船

(5)拖船

拖船(tug)按用途分为运输拖船、港作拖船和救助拖船；按航区分为海洋拖船和内河拖船。海洋拖船又可分为远洋拖船和沿海拖船。大型海洋拖船的发动机功率可达20 000马力以上，排水量超过5 000 t，可用于海上救助、拖带巨型船舶及其他大型水上构筑物(如海上平台和浮船坞)等。大型海洋拖船尾部装有大功率拖缆机，在风浪中能随着拖缆张力的变化而自动收放拖缆。内河拖船多为双机，发动机功率为数十马力至数千马力不等。图1-3-36所示为拖船。

图1-3-36 拖船

三、海洋开发用船舶

海洋开发用船舶(ocean exploit ship)包括海洋调查船(hydrographic vessel)、海洋资源开采

用船(marine resources exploit ship)、钻井平台(drilling platforms)、海洋防污保护船(ocean pollution prevention ship)、浮油回收船(oil recovery ship)等。

(1)海洋调查船

海洋调查船用于考察研究海洋表面状态、水流结构、水文气象、地球重力场和磁场、海底地理状况、海水中声传播规律和海洋生物等内容,是一座活动的海洋研究基地。海洋调查船一般都配备先进的各类专用调查测量设备,具有良好的稳性、耐波性、操纵性和准确的定位能力。新型的海洋调查船还配备直升机、深潜器和可拖带或布放的测量平台及遥测浮标。图 1-3-37 所示为海洋调查船。

图 1-3-37 海洋调查船

(2)钻井平台

钻井平台是在海上开采海底资源的作业平台,它具有生产和生活多种功能。海上钻探比陆地钻探难度更大。目前常见的钻井平台有地接式和浮动式两大类。图 1-3-38 所示为钻井平台。

图 1-3-38 钻井平台

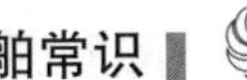

(3)浮油回收船

浮油回收船专门从事港口和海上油田等发生溢油、造成浮油大面积污染时进行浮油回收和消除污染工作。船上的回收系统中设有不同形式的伸出装置。伸出装置可根据风力、浮油油膜厚度、回收船的运行速度等因素进行调解,使其能在较宽的范围内(30~250 m)截住浮油并收集到舷侧接收口,提高清污效率。图 1-3-39 所示为浮油回收船。

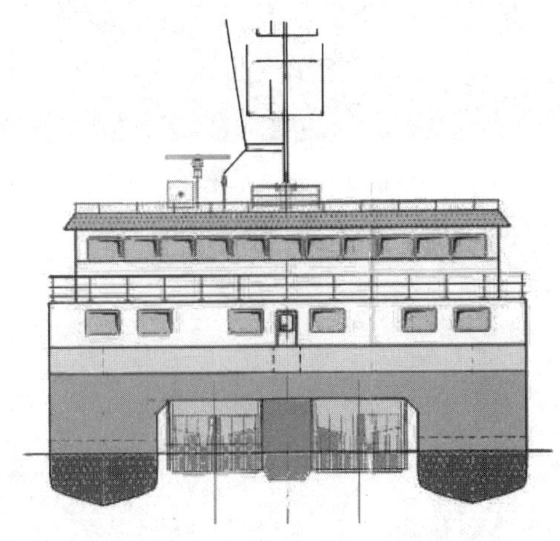

图 1-3-39 浮油回收船

四、高速船(high-speed ship)

高速一直是大部分船舶追求的目标,但当速度达到一定程度后,水面上的兴波阻力急剧增加,主机的功率无法承受时,只有通过大幅度地提高主机功率才能满足船舶高速的要求,因此,经过造船界不断地探索和努力,新型的、超出常规设计观念的高速船舶已被陆续开发出来。高速船应用流体力学理论,使船舶在高速航行时全部或部分脱离水面,以减少水的阻力,尤其是兴波阻力,同时大幅度地减轻由波浪造成的船体摇摆,有效提高了船舶的航速和耐波性。

(1)水翼船(hydrofoil craft)

水翼船底部装有前后各一对水翼,船在高速航行时,水翼产生的升力将船体托出水面,因而能减小水对船的阻力,并能减少波浪对船的作用。水翼船有浮航和翼航两种航行状态,在速度很低时,水翼船处于浮航状态;达到一定速度后,转为翼航状态。水翼船具有速度快、航行平稳的优点。水翼的制造工艺和控制系统都很复杂。一般不适合在浅水航道航行,图 1-3-40所示为水翼船。

(2)气垫船(air-cushion vehicle)

气垫船是利用船上的大功率风机产生高于大气压的压力,把空气压入船底并与水面或地面之间形成气垫,将船体全部或大部分托出水面而高速航行的船只。气垫船按航行状态分为全垫升气垫船和侧壁式气垫船两种。图 1-3-41 所示为气垫船。

(3)地效翼船(ground-effect wing ship)

地效翼船是一种在水面低空飞行的新型交通运输工具。它贴水飞行,使升阻比高于飞机,产生除了普通意义上的升力之外的“地(水)面效应力”。

图 1-3-40　水翼船

图 1-3-41　气垫船

它的显著的优越性包括：

①安全性：地效翼船在距离水面 0.5~5 m 的高度低空飞行，一旦出现紧急情况，可随时在水面降落。

②经济性：建设费用均比飞机低，售价一般为同级飞机的 50%~60%。地效翼船在水面起降，不占用土地资源，运营成本明显低于飞机。

③高速性：地效翼船的速度为 120~550 km/h。

④舒适性：地效翼船在水面以上飞行，不直接受海浪冲击，也没有高空强气流造成的颠簸，所以颠簸程度比船舶小得多。

⑤适航性：地效翼船不受空中管制的限制，出航方便。可以到达一般船舶和飞机难以到达的岛屿和水域。

除了水面之外，地效翼船还可以在平坦的冰雪原、草原、滩涂、沼泽上飞行。可以说，地效翼船是继车辆、船舶、飞机之后的第四大交通运输工具。图 1-3-42 所示为地效翼船。

（4）多体船（multi-hull ship）

多体船指具有两或三个片体的船舶（如图 1-3-43 所示）。其特点是宽长比大、水线面面积小，并具有优良的耐波性能。

图 1-3-42　地效翼船

(a)水线面双体船

(b)水线面三体船

图 1-3-43　多体船

五、渔船

渔船(fishing vessel)是指用于商业性捕捞鱼类或其他海洋生物资源等的船舶。按捕鱼的方法和捕捞对象的不同,常见的渔船有拖网渔船(trawler)、围网渔船(purse seiner)、流网渔船(drift net vessel)和延绳钓渔船(longline fishing boat)等。

第二章
船体结构

为实现船舶安全营运，船舶必须按照《钢质海船入级规范》的技术要求进行建造，并需要经主管机关授权的船级社按照规范检验合格入级后方可投入营运。作为船舶驾驶人员，应掌握船体结构的形式、构件的名称和作用、布置特点以及有关的基本要求等。

第一节　船体结构的形式

船体结构是组成主船体、上层建筑、甲板室等各种具体构件的总称。钢质海船船体结构是由钢板和骨架组成的，如图 2-1-1 所示，如果它仅由钢板组成，需要通过增加钢板的厚度来达到强度要求，就会使船体重量增大。而在钢板上装设骨架支撑，就会大大增加结构的强度和刚性，使钢板厚度减小到最低限度，节省钢材，减轻了结构重量。

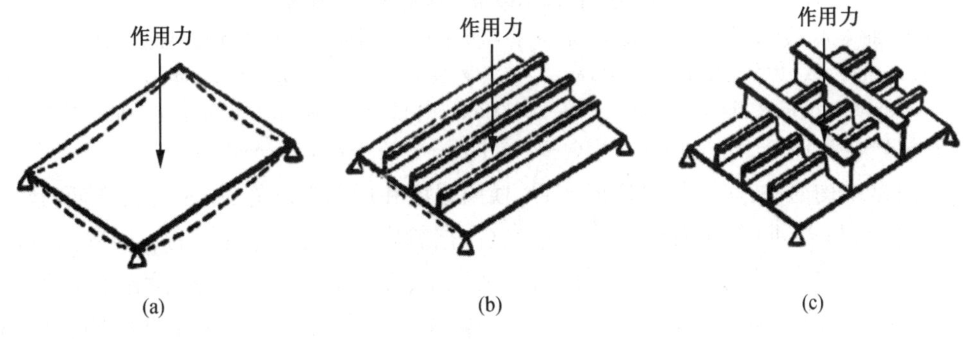

图 2-1-1　受力作用的板架

钢板是船体结构的主要组成部分，占 60%～65%，如船壳板、甲板板及舱壁板等。支承外板、甲板、舱壁、内底板等的一切桁材与骨材的统称为骨架，较小的骨材数目多而间距小，如扁钢、球角钢、角钢等；较大的桁材数目少而间距大，如 T 形材、折边板、工字钢、槽钢等。板与骨架统称为构件。

据《钢质海船入级规范》规定，船体的主要支撑构件称为主要构件(primary member)，即支持多根小骨架并(或)支持其他大型骨架的构件，如强肋骨、舷侧纵桁、强横梁、甲板纵桁、实肋板、船底桁材、舱壁桁材等。板的扶强构件称为次要构件(secondary member)，即支持板载荷的小型骨架，如肋骨、纵骨、横梁、舱壁扶强材、组合肋板的骨材等。若从所承担的强度不同可分为纵向构件和横向构件。承担着船体总纵强度的构件称为纵向构件(longitudinal member)，如甲板板、甲板纵桁、甲板纵骨、船底纵桁、船底纵骨、内底板、纵向舱壁、船体外板等。承担船体横向强度的构件称为横向构件(transverse member)，如横梁、强横梁、肋板、横梁肘板、舭肘板等。

根据构件的排列形式，船体结构可分为横骨架式、纵骨架式和纵横混合骨架式三种结构形式。同一船体的各个组成部分可以是横骨架式或纵骨架式结构，整个船体也可以是横骨架式或纵骨架式结构，但纵横混合骨架式结构仅是针对整个船体而言的。

一、横骨架式船体结构

横骨架式船体结构(transverse framing system)是指在船体结构中的横向构件排列间距小、尺寸小，纵向构件排列间距大、尺寸大的骨架结构，如图 2-1-2 所示。

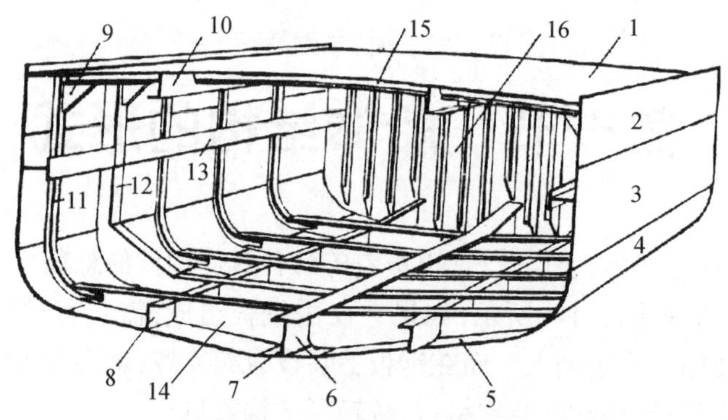

图 2-1-2　内河小型货船横剖面船体结构

1—甲板板(deck plating)；2—舷顶列板(sheer strake)；3—舷侧板(side plating)；4—舭列板(bilge strake)；5—船底板(bottom plating)；6—中内龙骨(center keelson)；7—平板龙骨(plate keel)；8—旁内龙骨(side keelson)；9—梁肘板(beam knee)；10—甲板纵桁(deck girder)；11—肋骨(frame)；12—强肋骨(web frame)；13—舷侧纵桁(side stringer)；14—肋板(floor)；15—横梁(beam)；16—横舱壁板(transverse bulkhead plating)

其优点是结构简单，多数骨材横向布置，横向强度和局部强度好，施工比较方便，建造成本低；横向构件数目多，肋骨和横梁尺寸较小，故占据舱内空间较小，舱容的利用率高且便于装卸。其缺点是纵向构件数目少，在同样的受力情况下，船体总纵强度主要靠增加外板、甲板板的厚度来保证，从而增加了船舶的自重。对总纵强度要求不是很高的中小型船舶常采用这种形式的船体结构。

二、纵骨架式船体结构

纵骨架式船体结构(longitudinal framing system)是指在船体中的纵向构件排列间距小、尺寸小,横向构件排列间距大、尺寸大的骨架结构,如图 2-1-3 所示。

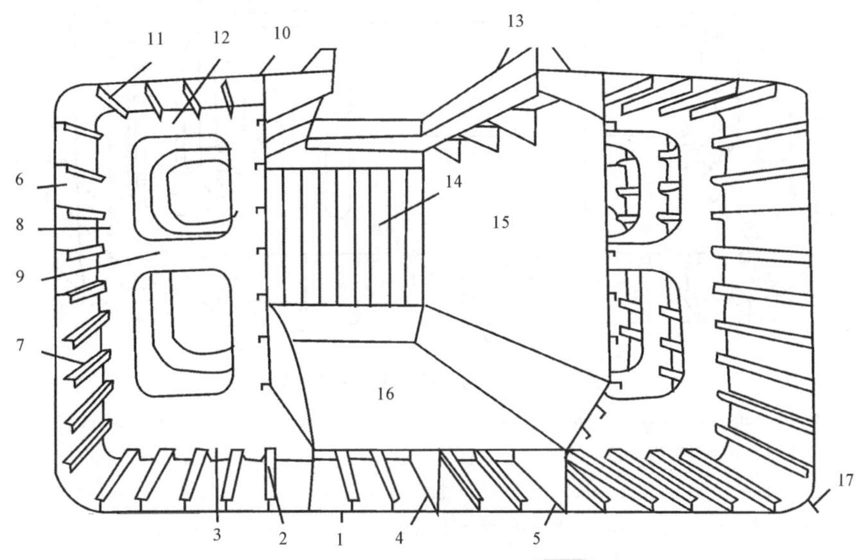

图 2-1-3　矿砂船横剖面船体结构

1—船底板(bottom plating);2—船底纵骨(bottom longitudinal);3—肋板(floor);4—中桁材(center girder);5—旁桁材(side girder);6—舷顶列板(sheer strake);7—舷侧纵骨(side longitudinal);8—强肋骨(web frame);9—撑杆(strut);10—甲板(deck);11—甲板纵骨(deck longitudinal);12—强横梁(web beam);13—舱口围板(hatch coaming);14—横舱壁(transverse bulkhead);15—纵舱壁(longitudinal bulkhead);16—内底板(inner bottom plating);17—舭龙骨(bilge keel)

其优点是小尺寸纵向构件因数量多而间距小,骨材参与船体梁抵抗纵向弯曲的有效面积大,提高了船体梁的纵向抗弯能力,增加了船体的总纵强度。并且由于纵向骨材布置得较密,可以提高板对总纵弯曲压缩力作用时的稳定性,因而相应地,船壳板和甲板板可以选用较薄的板材,使船舶自重减轻。缺点是小尺寸纵向构件数量多,焊接工作量大,施工比较麻烦。船体结构的横向强度主要靠少数横向构件来保证,因而尺寸很大,占据舱容较多,且装卸不便。大型油船和矿砂船常采用这种形式的船体结构。

三、纵横混合骨架式船体结构

纵横混合骨架式船体结构(combined framing system)是指在船体中有一部分结构采用纵骨架式而另一部分结构则采用横骨架式的骨架结构。通常船中部位的强力甲板和船底结构中因所受总纵弯矩大故采用纵骨架,而下甲板、舷侧、在受总纵弯矩较小及建造施工不便和波浪冲击力较大的首尾部位则采用横骨架式结构,如图 2-1-4 所示。

从船体各部位受力特点来看,这种结构形式是合理的。它既保证了总纵强度的要求,又有较好的横向强度;同时减轻了结构重量,简化了施工工艺,建造也较容易;因为舱内突出的大型

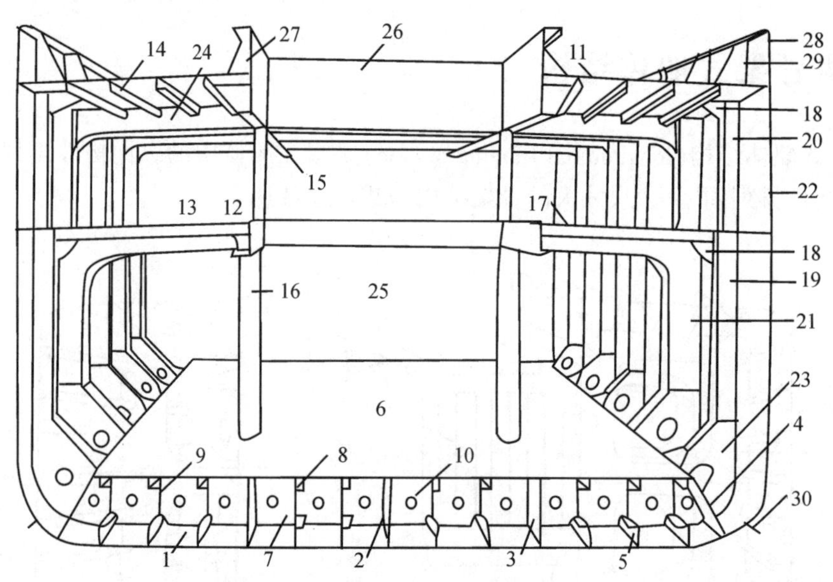

图 2-1-4　杂货船横剖面船体结构

1—船底板(bottom plating);2—中纵桁(center girder);3—旁纵桁(side girder);4—内底边板(margin plate);5—船底纵骨(bottom longitudinal);6—内底板(inner bottom plating);7—实肋板(solid floor);8—内底纵骨(inner bottom longitudinal);9—加强筋(stiffner);10—人孔(manhole);11—上甲板(upper deck);12—舱口端梁(hatch end beam);13—横梁(beam);14—甲板纵骨(deck longitudinal),15—甲板纵桁(deck girder);16—支柱(pillar);17—二层甲板(tween deck);18—梁肘板(beam knee);19—船舱肋骨(hold frame);20—甲板间肋骨(tween deck frame);21—强肋骨(web frame);22—舷侧列板(side strake);23—舭肘板(bilge bracket);24—舱口端梁(hatch end beam);25—横舱壁(transverse bulkhead);26—舱口围板(hatch coaming);27—舱口围板肘板(hatch coaming bracket);28—舷墙板(bulwark plating);29—舷墙扶强材(bulwark stiffener);30—舭龙骨(bilge keel)

构件少,所以舱容利用率较高,也方便装卸。但是,在纵横构件交界处(如舷侧与甲板、船底的交接处)结构的连续性不太好,连接处容易产生较大的应力集中。大中型干散货船和油船采用这种形式的船体结构。

第二节　外板和甲板板

外板和甲板板是船体结构最主要的组成部分,外板围成船体的外壳,甲板板则封闭船体的上部。

一、外板

外板(shell plating)又叫船壳板,是指构成船体底部、舭部及舷侧外壳的板。外板的作用是保证船体水密,参与船体的总纵强度,并与船底及舷侧骨架一起,承受并传递各种横向载荷,共同保证船体的局部强度和刚性。外板的基本组成单位是列板(strake)。

1.列板的概念和名称

外板由一块块钢板焊接而成,钢板的长边沿船长方向布置,长边与长边相接叫边接,其纵向焊缝叫边接缝;短边与短边相接叫端接,其横向焊缝叫端接缝,如图 2-2-1 所示。钢板逐块端接而成的沿船长方向的连续长条板被称为列板,若干列板组成船体外板,这样既能减少船长方向焊缝的数目,又可以根据船体上下位置的受力情况来调整列板的厚度。

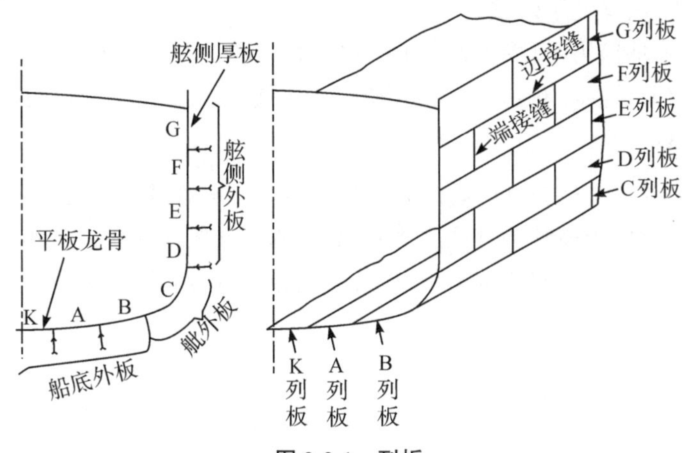

图 2-2-1 列板

位于船体纵中线的一列船底板称为平板龙骨(plate keel),习惯上定为 K 列板。由船底过渡到舷侧的转圆部分称为舭部(bilge),该处的列板称为舭列板(bilge strake)。舷顶列板(sheer strake,与强力甲板连接的一列舷侧外板)、由平板龙骨至舭列板之间的外板称为船底板(bottom plating)。舭列板以上的列板称为舷侧列板(side strake),其中与上甲板甲板边板(deck stringer)连接的这一列板称为舷顶列板(sheer strake)。在首尾部,由于船体瘦削,某两列板会合并为一列板,这列板称为并板(stealer strake)。

2.外板的厚度分布

外板上的各块钢板因其所在位置的不同,受力也不同,为了在保证船体强度的前提下减轻结构重量,外板的厚度在受力大的部位取厚一些,在受力小的部位取薄一些。

(1)沿船长方向的变化

总纵弯矩的最大值通常在船中 $0.4L$(L 为船长)的区域内,向首、尾两端逐渐减小。因此,外板在船中 $0.4L$ 范围内厚度较大,向首、尾两端可逐渐减薄。但考虑到首、尾端局部受到波浪的冲击力、冰区航行时冰块的挤压力、螺旋桨的振动力等,局部强度要求较高,故首、尾部受力较大区域的外板不能太薄。

(2)沿船宽方向的变化

平板龙骨受总纵弯曲应力、坞墩反力和磨损等作用,在船底最低处易于积水腐蚀。规范规定,其厚度不得小于船底板厚度加 2 mm,且均应不小于相邻船底板的厚度,其宽度在整个船长范围内应保持不变,但其宽度不必大于 1 800 mm。

舷顶列板与上甲板相连接,又起着舷侧与甲板之间力的传递作用,距总纵弯曲中性轴远,承受总纵弯矩作用较大。规范规定,其宽度不得小于 $0.1D$,且在船中 $0.4L$ 区域内,其板厚在任何情况下不得小于强力甲板边板厚度的 80%,也不得小于相邻舷侧列板的厚度。

其余各个列板,随着水压力减小而逐渐减薄。

二、甲板板

甲板板(deck plating)由许多钢板并合焊接而成,钢板的长边通常沿船长方向布置且平行于甲板中线,这样的布置方式只有甲板边板的舷侧边缘须加工成曲线边,其余的板均可保持直线边缝,既省加工工序,又便于焊接。

当船体受总纵弯曲应力时,受力最大的一层甲板被称为强力甲板(strength deck),如上层连续甲板。与舷顶列板连接的强力甲板边缘的一列甲板板被称为甲板边板(deck stringer)。

1.甲板板的布置

甲板边板因需保持一定的宽度,故沿舷边呈折线状。从舱口边至舷边的甲板板,钢板的长边沿船长方向布置,这些板通常是首尾连接的,对船体总纵强度有利。此外,在舱口之间及首、尾端的甲板,由于不参与总纵弯曲且面积狭窄,甲板板列的数目也要相应地减少,也可以将钢板沿横向布置。

2.甲板板的厚度分布（见图 2-2-2）

(1)沿船长方向的变化

船中 0.4*L* 范围内受总纵弯矩作用最大,因此该区域甲板板的厚度最大,强力甲板(包括端部甲板)的最小厚度应不小于 6 mm 且厚度保持不变,向首、尾两端逐渐减薄。在首、尾端,由于局部受力大,故厚度又有所增加。

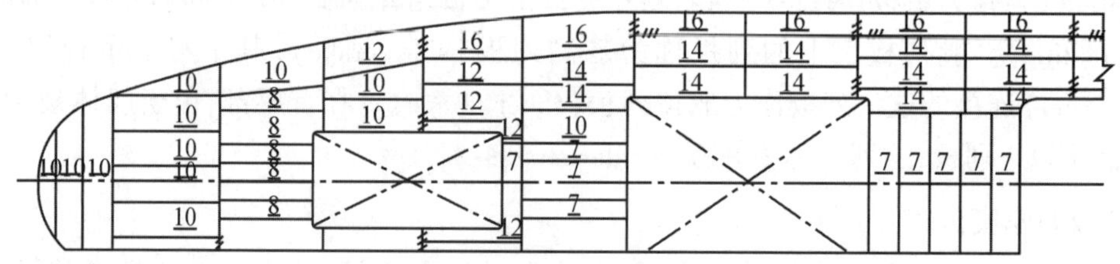

图 2-2-2　甲板板厚度分布

(2)沿船宽方向的变化

甲板边板首尾连续,参与总纵弯曲,受船体横向变形力的作用,与舷顶列板连接易产生应力集中,并且容易被甲板积水腐蚀,因而厚度最大。在舱口之间的甲板板,由于甲板被舱口切断,不参与总纵弯曲,其厚度较其他甲板板薄。

第三节　船底结构

船底结构(bottom construction)位于船体的最下部,承受总纵弯曲拉压应力、水压力、机械设备和货物的负载及进坞时坞墩的反力等。它是保证船体总纵强度、横向强度和船底局部强度的重要结构。船底结构主要有双层底结构和单层底结构两种。

一、双层底结构

双层底结构是船底、内底两者之间结构的总称。它除了船底板外，还有一层内底板，可增加船体结构强度；万一船底板破损，水密内底板仍能阻止海水进入舱内，从而提高了船舶的抗沉性，对液货船还可提高船体抗泄漏能力；内部空间可用作油水舱，装载燃油、滑油和淡水，也作为压载水舱以改善船舶的航海性能。

除液货船外，双层底的设置应在适应船舶设计及船舶正常作业的情况下，尽实际可能自首尖舱舱壁延伸至尾尖舱舱壁。双层底的高度应使主管机关满意，其内底应延伸至船舷两侧，以保护船底至舭部弯曲部位。

按骨架结构形式的不同，双层底可分为横骨架式（见图 2-3-1）和纵骨架式（见图 2-3-2）两种。其主要由船底板、肋板、舭肘板、桁材、纵骨、内底板及内底边板等组成。

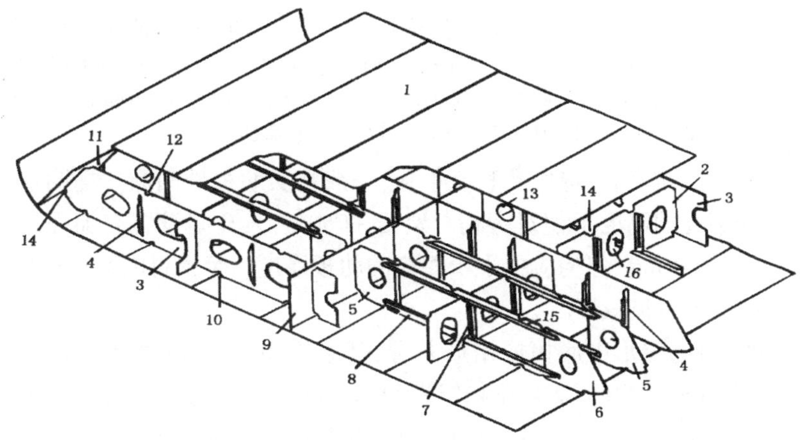

图 2-3-1　横骨架式双层底结构

1—内底板（inner bottom plating）；2—旁桁材（side girder）；3—实肋板（solid floor）；4—加强筋（stiffener）；5—肘板（bracket）；6—组合肋板（bracket floor）；7—扶强材（rib）；8—船底横骨（bottom frame）；9—中桁材（center girder）；10—流水孔（drainhole）；11—内底边板（margin plate）；12—透气孔（air hole）；13—减轻孔（lightening hole）；14—切口（incision）；15—内底横骨（inner bottom frame）；16—人孔（manhole）

1.纵向构件

纵向构件主要承受船舶的中拱和中垂变形、坞墩反作用力、拍击力及局部的剪力。

（1）中桁材（center girder）

中桁材又称为中底桁，是双层底中线处的纵向桁材。它由一系列垂直钢板和其加强筋组成，与平板龙骨、中内底板组成工字形纵向强力构件，俗称龙骨（keel）。规范规定，在船中 0.75L区域内中桁材保持连续，不得开孔，其他区域（舱壁前后 1 个肋距内除外）内可以开孔，但开孔的高度应不大于该处中桁材高度的 40%。中桁材应尽量向首、尾柱延伸，且与之牢固连接。

（2）旁桁材（side girder）

旁桁材又称为旁底桁或旁龙骨，是双层底中除中桁材以外的其他由船底直达内底的纵向

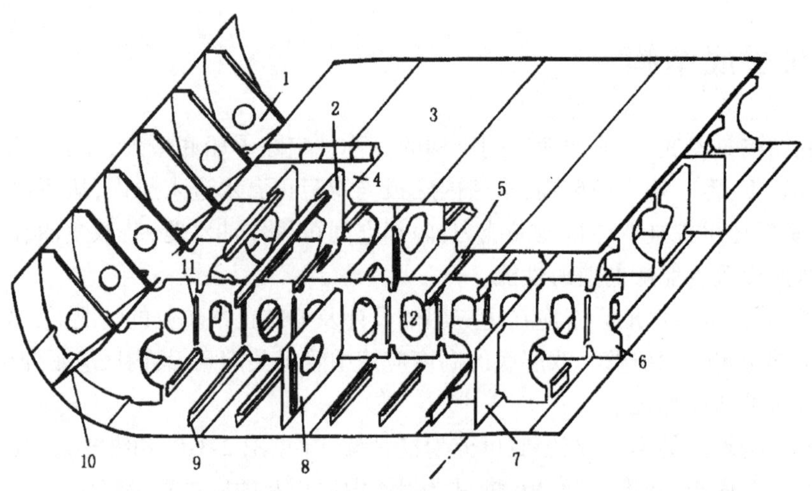

图 2-3-2　纵骨架式双层底结构

1—舭肘板(bilge bracket);2—肘板(bracket);3—内底板(inner bottom plating);4—水密肋板(watertight floor);5—内底纵骨(inner bottom longitudinal);6—实肋板(solid floor);7—中桁材(center girder);8—旁桁材(side girder);9—船底纵骨(bottom longitudinal);10—内底边板(margin plate);11—加强筋(stiffener);12—人孔(manhole)

桁材。其上开有人孔、减轻孔、透气孔和流水孔,一般在实肋板处间断。椭圆形人孔应能使人体通过,人孔或减轻孔的高度不超过旁桁材高度的 50%,人孔间设置有加强筋。旁桁材的厚度可比中桁材厚度薄 3 mm,但均应不小于相应的肋板厚度。旁桁材的数量根据船宽而定。

(3)箱形中桁材(duck keel)

箱形中桁材又称为箱形中底桁或箱形龙骨,其结构如图 2-3-3 所示。箱形中桁材一般设置在机舱舱壁与防撞舱壁之间,起到中桁材所起作用的同时,还能用于集中布置各种管路和电气线路,以便于维护和维修这些设备,避免管路穿过货舱而妨碍装卸货,故又称为管隧。

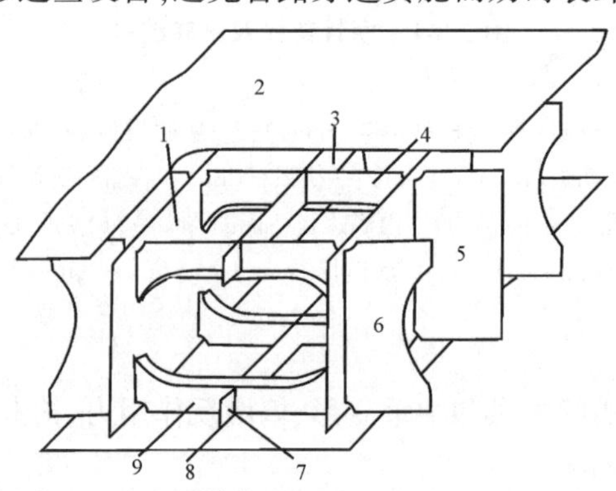

图 2-3-3　箱形中桁材

1—水密纵桁(watertight longitudinal girder);2—内底板(inner bottom plating);3—内底纵骨(inner bottom longitudinal);4—内底横骨(inner bottom frame);5—主肋板(solid floor);6—肘板(bracket);7—船底纵骨(bottom longitudinal);8—船底中心线(bottom center line);9—船底横骨(bottom frame)

水密纵桁的厚度应与水密肋板相同,为了在进坞时布置墩木,两水密纵桁的间距一般应不大于 2 m,对船长 150 m 及以上的船舶,应不大于 3 m,故要占去一部分双层底舱容。箱形中桁

材内不设肋板，在每个肋位上应设置船底骨材和内底骨材，并在内外底板上设置间断的纵骨。水密纵桁外侧每一肋位（指无肋板处）应设置与实肋板等厚的肘板，并与船底和内底纵骨连接。

在机舱前端壁设有水密的人孔，便于人员进入其间检查，此外，还应设有通向露天甲板的应急出口，其出口的关闭装置能两面操纵，围壁结构与水密舱壁要求相同。

（4）纵骨（longitudinal）

纵骨是仅在纵骨架式结构中设置的纵向构件，一般由尺寸较小的不等边角钢或球扁钢做成，大型船舶也有用T形钢制成的。船底板上面的纵骨叫船底纵骨，内底板下面的纵骨叫内底纵骨，上下对应设置，且船底纵骨的最大间距应不大于1 m。它们都是保证船体总纵强度的重要构件。

2.横向构件

位于船底肋位上并连接内底板和船底板的横向构件称为肋板（floor），起着支撑纵骨，支持船底板和内底板的作用，同时与舷侧及甲板横向构件组成坚固的横向框架，是保证船体横向强度和船底局部强度的重要构件。横向构件按结构与用途的不同可分为：

（1）实肋板（solid floor）

实肋板是指船底横向竖立板材，又称为主肋板，如图2-3-4所示。其间断于中桁材并焊接在其上。为了减轻结构重量、便于人员进出及舱室之间空气、油水的流动，其上开有减轻孔、气孔和流水孔，有些减轻孔专门设计成便于人员通过的人孔，人孔的高度应不大于该处双层底高度的50%，且其位置在船长方向上应尽量按直线排列，以便人员出入。在两个人孔之间设置垂直加强筋，以保证实肋板的刚性。

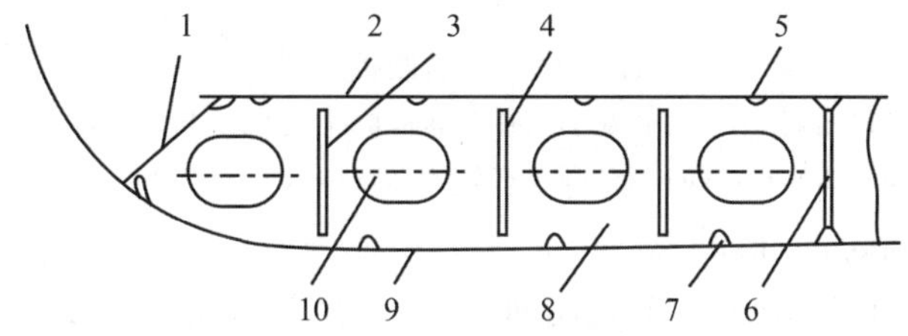

图2-3-4 实肋板结构

1—内底边板（margin plate）；2—内底板（inner bottom plating）；3—加强筋（stiffener）；4—旁桁材（side girder）；5—透气孔（air hole）；6—中桁材（center girder）；7—流水孔（drainhole）；8—实肋板（solid floor）；9—船底板（bottom plating）；10—减轻孔（lightening hole）、人孔（manhole）

在需要对船底加强的部位，如机舱、锅炉座下、推力轴承座下等，应在每个肋位上设置实肋板。其余区域应按照规范规定，每隔几个肋位设置一道实肋板。

（2）水密肋板（watertight floor）

水密肋板是指在规定水压力下，保持不渗水的横向竖立板材，如图2-3-5所示。它与水密中桁材一起将双层底舱分隔成若干个互不相通的各个舱室，也可用来分隔不同用途的双层底舱。一般在水密横舱壁下均设有水密肋板，它可能在单面受到局部液体压力，垂直加强筋应设置得密一些，其间距一般不大于900 mm，其厚度比实肋板厚度增加2 mm，但一般不必大于15 mm。

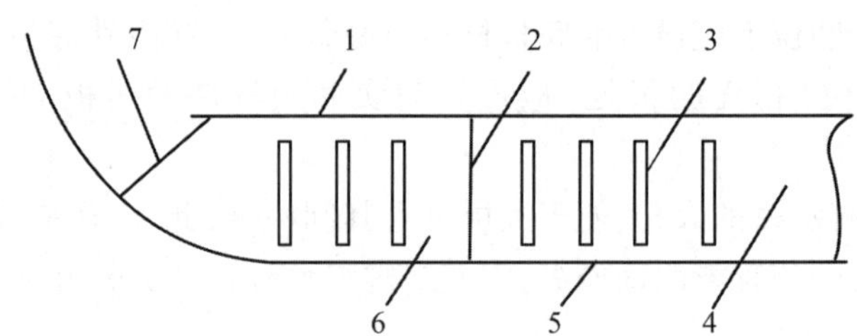

图 2-3-5 水密肋板结构

1—内底板(inner bottom plating);2—旁桁材(side girder);3—加强筋(stiffener);4—中桁材(center girder);5—船底板(bottom plating);6—水密肋板(watertight floor);7—内底边板(margin plate)

(3)组合肋板(bracket floor)

组合肋板是由内底横骨、船底横骨、撑材和肘板组成的船底横向组合桁架,又称为框架肋板。船底横骨是组合肋板下缘与外板连接的横向骨架,内底横骨是组合肋板上缘与内底板连接的横向骨架,一般用不等边角钢制成并用肘板与中桁材及内地边板连接。横骨架式双层底在不设置实肋板的肋位上,如图 2-3-6 所示。它可以节省钢材,但由于其装配、加工、焊接、校正变形等工作量远多于实肋板,为了简化工艺,目前已较少采用。

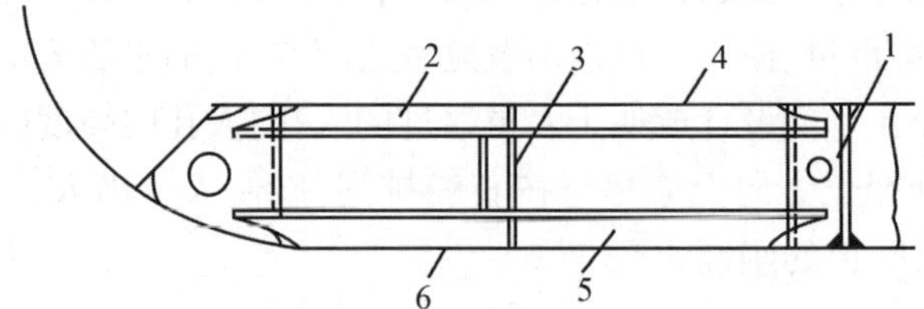

图 2-3-6 组合肋板结构

1—肘板(bracket);2—内底横骨(inner bottom frame);3—旁桁材(side girder);4—内底板(inner bottom plating);5—船底横骨(bottom frame);6—船底板(bottom plating)

(4)轻型肋板(lightened floor)

轻型肋板是厚度和高度都与实肋板相同,但具有较大开孔的肋板。横骨架式双层底不设置在实肋板的肋位上,可用轻型肋板代替组合肋板。其结构如图 2-3-7 所示。与组合肋板相比,其施工更方便。

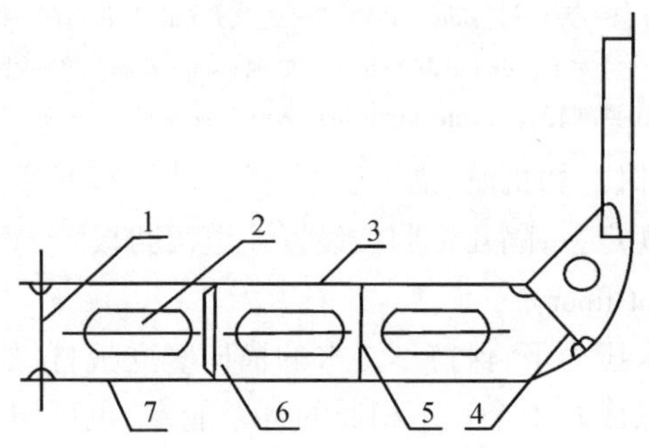

图 2-3-7 轻型肋板结构

1—中桁材(center girder);2—减轻孔(lightening hole);3—内底板(inner bottom plating);4—内底边板(margin plate);5—旁桁材(side girder);6—加强筋(stiffener);7—船底板(bottom plating)

(5)舭肘板(bilge bracket)

舭肘板是连接各种肋板与各种肋骨的舭部大肘板,俗称污水沟三角板,应在每个肋位上设置。其宽度与高度相同,厚度与实肋板相同。其上有面板或折边以增强其刚度,并开有圆形的减轻孔和污水孔。舭肘板的作用是保证舭部的局部强度和船体的横向强度。

3.**内底板**(inner bottom plating)

内底板是双层底的水密顶板,与船体外板相交的内底边缘列板称为内底边板(margin plate)。钢板的长边沿船长方向布置。为了便于人员进入双层底舱进行施工、清舱和检修,并从有利于通风的角度出发,在每一个双层底舱的内底板上至少开设两个呈对角线布置的椭圆形或圆形人孔,如图 2-3-8 所示,其上配有水密的人孔盖,封盖时应对角来回拧紧螺母。

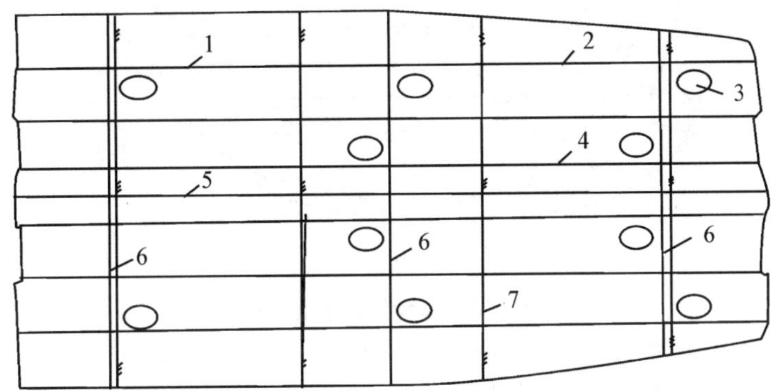

图 2-3-8 内底板的布置

1—边接缝(seam);2—内底边板(margin plate);3—人孔(manhole);4—内底板(inner bottom plating);5—中桁材(centre girder);6—水密肋板(watertight floor);7—端接缝(butt)

内底板的厚度分布特点与船底板相似,而中内底板因与中桁材相接,受力较大,其厚度稍厚。内底边板受力较复杂,且易积水、腐蚀,故比内底板厚些。还应考虑到锈蚀和磨损余量,如货舱舱口下未铺设木铺板,应将舱口下内底板至少增厚 2 mm;如采用抓斗或其他类似机械卸货而又未铺设木铺板,内底板至少应增厚 5 mm。

内底边板的形式有下倾式、上倾式、水平式和曲折式四种,如图 2-3-9 图所示。

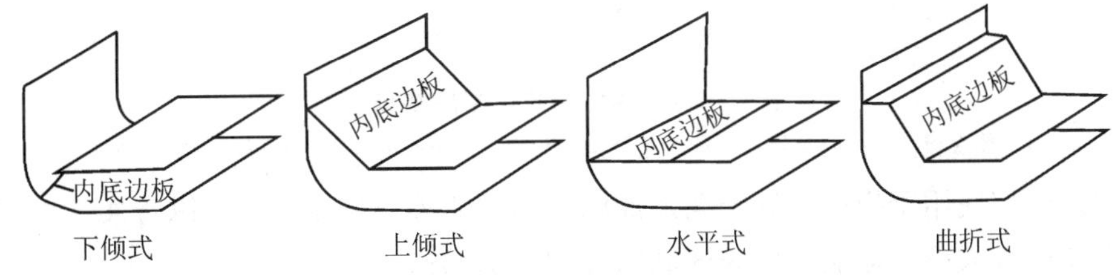

图 2-3-9 内底边板的形式

下倾式内底边板与舭列板可形成污水沟,有利于收集污水和集中排水,但不利于装货且易腐蚀,破损高度较低,普通干货船多采用此种形式。散货船多采用上倾式,以利于散货的装卸。水平式施工方便,舱内平坦且强度高,但在内底板上易积聚污水,一般客船和近首、尾区域较多采用。曲折式内底边板的易破损高度较高,提高了船舶的抗沉性,用于经常航行在复杂水域的船舶。

除下倾式内底边板外,其他三种均需在舭部设置污水井来收集舱底污水。

二、单层底结构

单层底结构(single bottom construction)是没有内底的单层船底。其结构简单,施工方便,但抗沉性和防泄漏能力差。单层底结构按骨架形式又可分为横骨架式单层底结构(见图 2-3-10)与纵骨架式单层底结构(见图 2-3-11)两种。

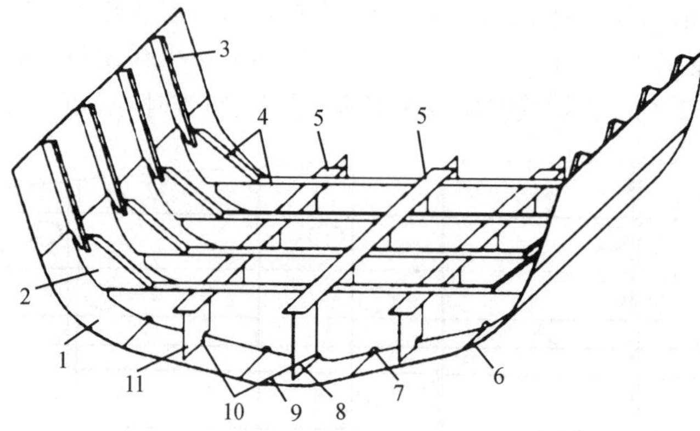

图 2-3-10 横骨架式单层底结构

1—舭列板;2—舭肘板;3—肋骨;4—折板;5—面板;6—焊缝;7—流水孔;8—中内龙骨;9—平板龙骨;10—焊缝切口;11—旁内龙骨

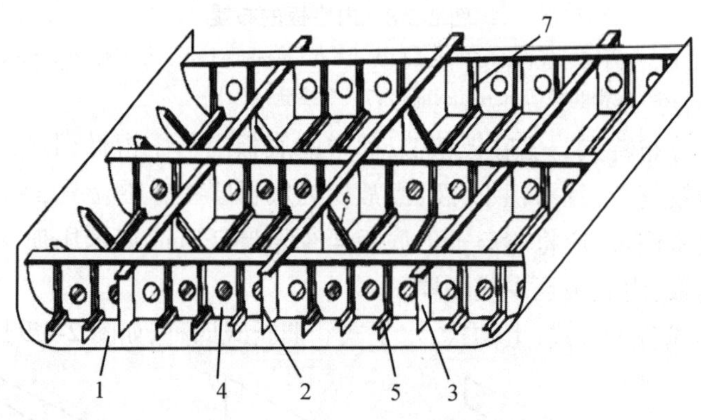

图 2-3-11 纵骨架式单层底结构

1—船底板;2—中内龙骨;3—旁内龙骨;4—肋板;5—船底纵骨;6—肘板;7—加强筋

横骨架式单层底用于拖船、渔船、老式油船及内河船等小型船舶上。纵骨架式单层底结构常见于小型船舶及大中型船舶双层底区域以外的底部结构。

单层底结构主要由船底板、中内龙骨(center keelson)、旁内龙骨(side keelson)、船底纵骨(bottom longitudinal)和肋板(floor)等组成。中内龙骨是单层底中线处的纵向桁材。旁内龙骨是单层底结构中除中内龙骨以外的其他纵向桁材。

三、舭龙骨和船底塞

1.舭龙骨（bilge keel）

舭龙骨是装设在船中舭部外侧，沿着水流方向的一块长条板，长度为船长的1/4~1/3，其作用是减轻船舶横摇，故又称为减摇龙骨。

在横剖面方向，舭龙骨外缘不能超过船底基线和舷侧外板型线所围成的区域，如图2-3-12所示，以免靠离码头时碰损。舭龙骨不参与船体总纵弯曲，仅承受船舶横摇时的水动压力。为避免舭龙骨损坏时引起舭部外板受损，一般将舭龙骨连接在一根连续的扁钢上，此扁钢焊接在舭列板上。

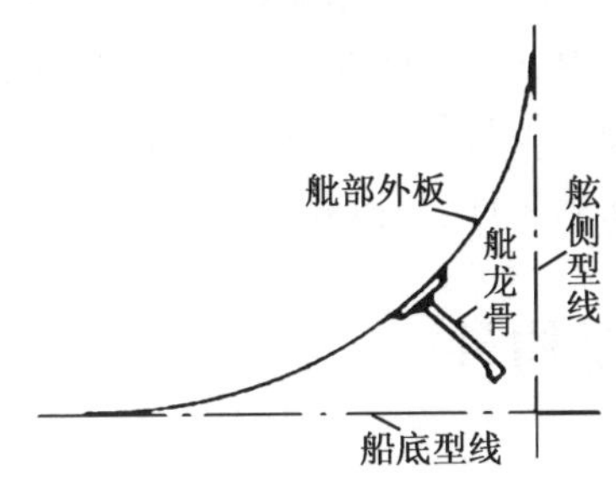

图2-3-12 舭龙骨

舭龙骨的结构形式主要有两种：一种为连续式，结构简单，其上往往开有减轻孔，适用于航速不是很高的船舶；另一种为间断式，优点是对船舶的航行阻力较小，而对外侧的横摇阻力较大。对冰区加强型船舶，一般将舭龙骨设计成分段的非连续构件，其目的是避免造成连续损坏。

除舭龙骨外，减摇鳍、减摇水舱也能起减摇作用，但它们的缺点是需要设置专门的自动控制系统且价格昂贵，减摇水舱会使船舶损失一部分载货能力，因此，除豪华邮轮（或游艇）采用外，普通货船几乎不用。

2.船底塞（docking plug）

为了便于在坞修时排除舱内积水，船舶一般在双层底舱，首、尾尖舱及其他紧靠船底的每个水舱内至少设置一个船底塞。通常它设置在每一个水舱后部的水密肋板前一挡肋距处，平板龙骨的两侧，并距离舱壁一段距离，以免进坞时被坞墩堵塞而无法拆装。首、尾尖舱的船底塞设在填塞水泥层的上方。由于船底塞开孔不大，故一般在外板上不予加强，如图2-3-13所示。

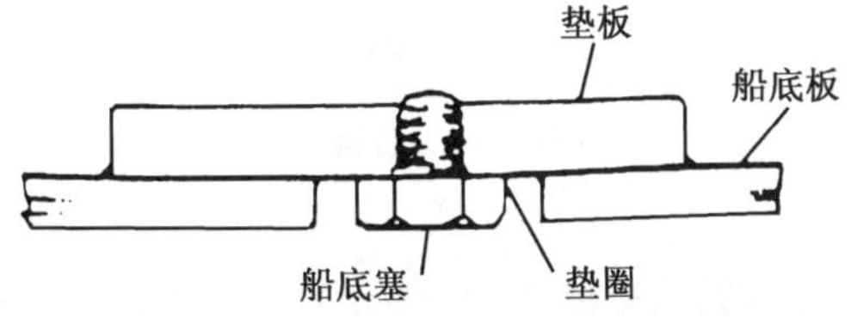

图2-3-13 船底塞

船底塞一般用黄铜或不锈钢制成，其外圈为一环形锻造钢底座板，直接与外底焊接，内圈有螺纹，配以锰铜钢制成的柱塞。为了防止海水腐蚀及脱落，在拆装完成后出坞前，应在船底塞外面用水泥涂封成一个半球形的水泥包。

第四节　舷侧结构

舷侧结构(side shell construction)是指连接船底和甲板的侧壁部分，主要承受水压力、波浪冲击力、冰块的挤压力、甲板负荷、总纵弯曲应力和剪切应力等，是保证船体的横向强度、侧壁水密的重要结构。

只有一层舷侧外板称为单层舷侧，一般船舶都会采用。除了舷侧外板，还有一层内壳板称为双层壳舷侧，这种形式用于甲板开口大的船舶(如集装箱船)及现代大型油船上。

舷侧结构按骨架排列形式的不同，分为横骨架式和纵骨架式两种。舷侧结构中的主要构件有肋骨、强肋骨、舷侧纵桁、舷侧纵骨、舷边等。

一、舷侧结构的主要构件

1.横向构件

舷侧结构中的横向构件统称为肋骨(frame)，它是支承舷侧外板的各种小型和中型的竖向骨架。为保证舷侧的强度和刚性，肋骨与梁肘板和横梁组成船体的横向框架，可以保证船体的横向强度，防止船舶在摇摆和横倾时产生横向变形。如图 2-4-1 所示，按其所在位置和尺寸大小可分为：

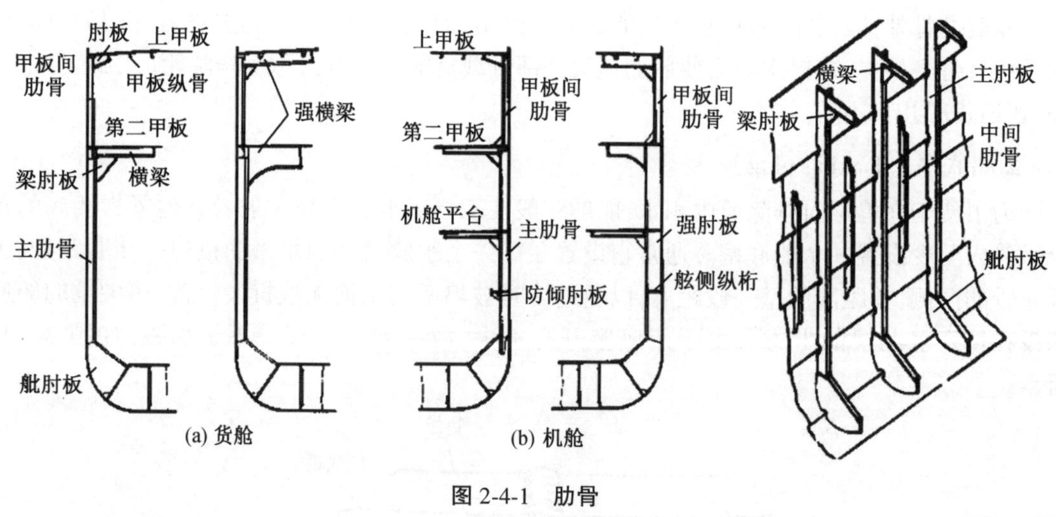

图 2-4-1　肋骨

(1)主肋骨(main frame)

主肋骨是位于防撞舱壁与首尖舱舱壁之间，在最下层甲板以下船舱内的截面尺寸相同，数量最多的肋骨，又称为船舱肋骨。其通常由不等边角钢或球扁钢制成，大型船舶的主肋骨也有采用焊接 T 形材的。

(2)甲板间肋骨(tweendeck frame)

甲板间肋骨是甲板与甲板之间或甲板与平台之间的肋骨,又称为间舱肋骨。通常由不等边角钢制成。由于舷侧上部水压力比下部小,跨距也较小,所以其剖面尺寸也比主肋骨小。

(3)中间肋骨(intermediate frame)

中间肋骨是为局部加强而设在肋距中点位置的肋骨。如冰区加强的船舶,在位于水线附近每一肋矩中间增设的短肋骨,作用是增强舷侧外板,以抵抗浮冰的撞击和冰块的挤压。

(4)尖舱肋骨(peak frame)

尖舱肋骨是首、尾尖舱中的肋骨。

(5)强肋骨(web frame)

强肋骨又称为宽板肋骨,是用于局部加强或支持舷侧纵骨的加大尺寸的肋骨。其通常由尺寸较大的T形组合材或折边钢板制成。在横骨架式舷侧结构中,如机舱、货舱的舱口端梁处,一般每隔不大于4个肋位处设一个强肋骨,其作用是局部加强。在纵骨架式舷侧结构中,强肋骨是唯一的横向构件,其作用是支持舷侧纵骨,保证船体横向强度。

在修造船中,为便于指示肋骨位置及海损事故后准确地报告船体受损部位,必须对肋骨进行编号。习惯上以舵杆中心线为0号(无论有无舵柱),向首依次为1,2,3……;向尾依次为-1,-2,-3……。少数有舵柱的船舶以舵柱后缘为0号,向首排列取正号,向尾排列取负号。相邻两肋骨型线平面之间的距离称为肋距。规范规定,肋骨的最大间距不大于1 m。

2.纵向构件

(1)舷侧纵桁(side stringer)

舷侧纵桁是与肋骨相交并连接的,舷侧外板上的纵向桁材。在横骨架式舷侧结构中,它是沿船长方向设置的唯一的纵向构件,通常由T形组合材或折边板制成,其腹板宽度大于主肋骨宽度,腹板高度与强肋骨腹板高度相同。其作用是支承主肋骨,增加船舶总纵强度和舷部刚性,并将一部分载荷传递给强肋骨及横舱壁。在舷侧纵桁与强肋骨的连接处,舷侧纵桁间断让强肋骨连续,但应使舷侧纵桁的面板或折边具有足够的连续性;舷侧纵桁遇到主肋骨时,舷侧纵桁腹板上开切口让主肋骨穿过,如图2-4-2所示。

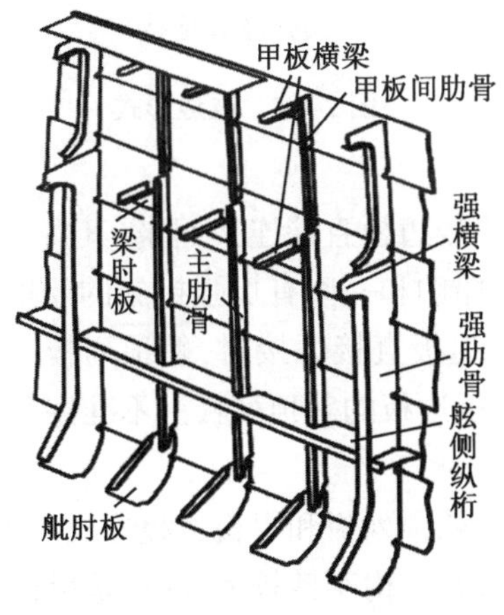

图2-4-2 舷侧纵桁与肋骨的连接

(2)舷侧纵骨(side longitudinal)

舷侧纵骨是舷侧外板上的纵骨。它是纵骨架式舷侧结构中的纵向连续构件,由尺寸较小的不等边角钢、小尺寸 T 形钢或球扁钢制成，如图 2-4-3 所示。其作用是支持外板并承受侧水压力，保证总纵强度和外板的稳定性。

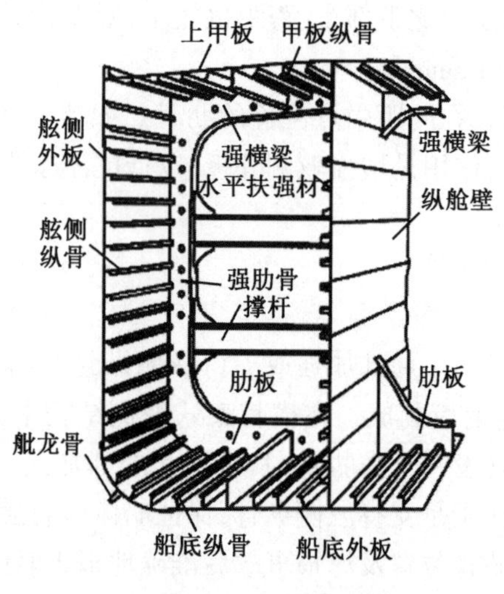

图 2-4-3　舷侧纵骨

3.舷边（gunwale）

舷边是指甲板边板与舷顶列板的连接部位。它处于高应力区域，受力大，其连接强度对船体承受总纵弯曲的能力具有重要作用，因此有其特殊的连接形式。根据其外观的不同，常用的有直角舷边连接、圆弧舷边连接、舷边角钢连接三种，如图 2-4-4 所示。

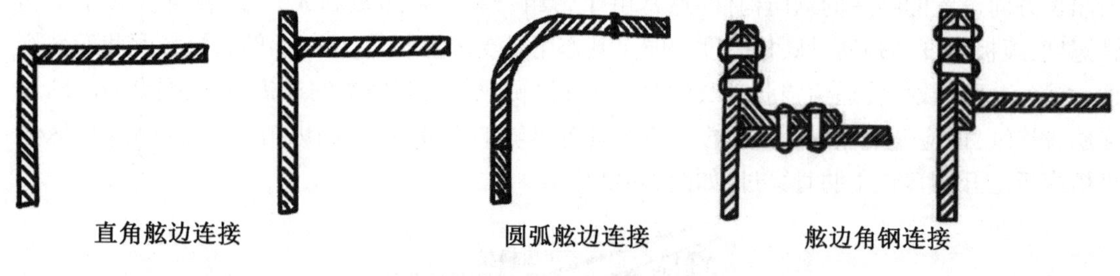

图 2-4-4　舷边形式

（1）直角舷边

直角舷边是将舷顶列板和甲板边板直接连接起来，其特点是建造方便，但舷边应力较大，易产生裂缝，目前多用于中小型船舶和一些有加强措施的船舶（如集装箱船双层船壳、散货船顶边水舱）。当舷顶列板与甲板边板直接焊接时，舷顶列板上缘应平整，必须保证焊接质量。在船中及上层建筑端部，高出甲板边板的舷顶列板上不准许开流水孔。

（2）圆弧舷边

圆弧舷边是通过圆弧舷板使舷顶列板和甲板边板连成一个整体。其优点是能使甲板和舷侧的应力过渡较为顺利、分布均匀，结构刚性较大；缺点是甲板有效利用面积减小，甲板排水时易弄脏舷侧板。由于线型变化问题，该方法对船中部位比较合适，如大型油船中部。

（3）舷边角钢连接舷边

舷边角钢连接舷边是将等边角钢（舷边角钢）的两边分别与舷顶列板和甲板边板铆接。

该方法利用了铆接能重新分布应力和止裂的特点，但工艺复杂、工作量大，后改用扁钢代替角钢，即先将扁钢垂直焊接在甲板边板上，再把扁钢与舷顶列板铆接。该方法仅用于一些小型船舶、钢木船和内河船。

二、舷墙与栏杆

《规范》规定，所有露天甲板四周应装设栏杆或舷墙。

1.舷墙（bulwark）

舷墙是安装在露天甲板舷边的纵向垂直板材。其作用是保障人员安全，减少甲板上浪，防止甲板物品滚落入海。它主要由舷墙板、支撑肘板和扶手等组成，如图 2-4-5 所示。

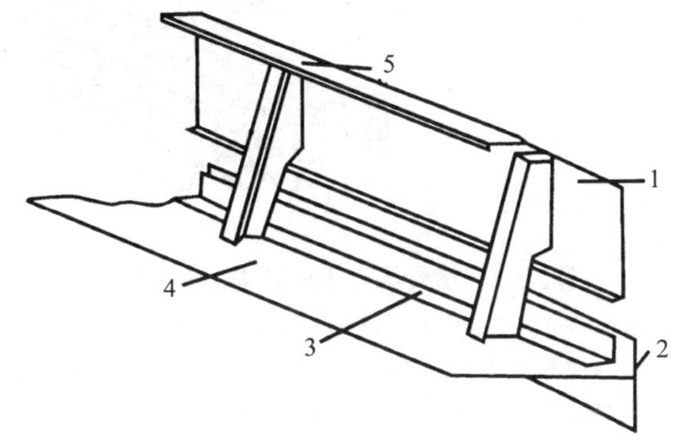

图 2-4-5 舷墙的结构

1—舷墙板（bulwark plating）；2—舷顶列板（sheer strake）；3—舷边角钢（gunwale angle bar）；4—甲板边板（deck stringer）；5—支撑肘板（buttress bracket）；6—扶手（armrest）

舷墙不参与总纵弯曲，除首、尾端外，舷墙板一般不和舷顶列板相焊接，而是由带有折边或面板的扶强肘板支撑在甲板边板上，其下端与舷顶列板上端留有一定空隙以利于排水，上端由扁钢或 T 形钢做成扶手。船舶管理人员要注意舷墙面板、腹板有无变形、锈穿；舷墙支柱的焊趾处，角撑板有无裂纹、边缘有无刀状锈蚀等。

2.栏杆 （hand rail）

油船干舷低，上甲板易上浪，常在干舷较低的货油舱区域采用栏杆代替舷墙。其作用是保障人员安全，防止甲板上的物品滚落入海。如船舶设有圆弧形舷缘，则栏杆支座应置于甲板的平坦部位。

第五节 甲板结构

甲板结构（deck construction）是形成船内空间的顶盖，或将空间分隔为若干层，由板与骨架组成的结构。其承受总纵弯曲应力、货物的负载和波浪的冲击力等外力，是保证船体总纵强度、保持船体几何形状及保证船体上部水密的重要结构。

大部分甲板是单层板架结构，按骨架结构形式的不同，可分成横骨架式甲板结构（见图 2-

5-1)和纵骨架式甲板结构(见图2-5-2)两种。横骨架式甲板结构的横向强度好,制造方便,适用于小型船舶和大中型船舶的下甲板、平台甲板等。纵骨架式甲板结构的纵向强度好,但装配施工比较麻烦,适用于总纵强度要求较高的大中型船舶的上甲板。

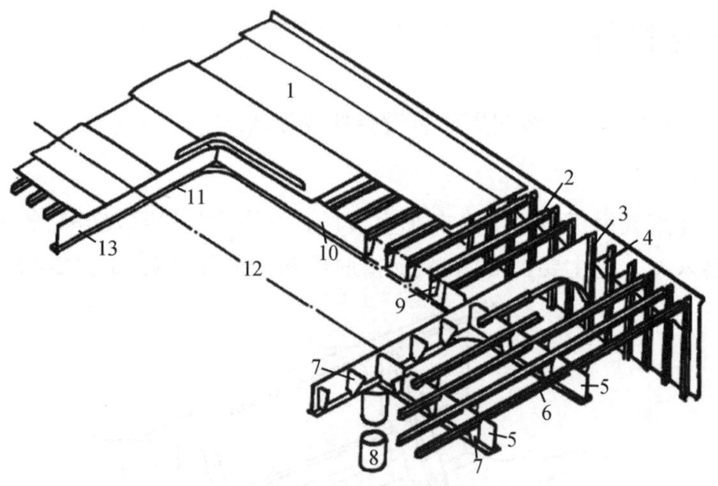

图2-5-1 横骨架式甲板结构(下甲板)

1—下甲板(lower deck);2—半梁(half beam);3—主肋骨(main frame);4—梁肘板(beam knee);5—甲板纵桁(deck girder);6—横梁(beam);7—防倾肘板(tripping bracket);8—支柱(pillar);9—肘板(bracket);10—舱口纵桁(hatch side girder);11—圆钢(round bar);12—甲板纵中线(deck center line);13—舱口端梁(hatch end beam)

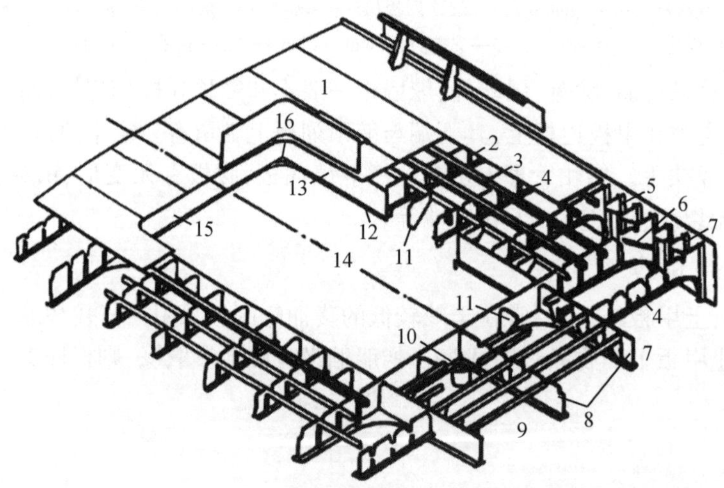

图2-5-2 纵骨架式甲板结构(上甲板)

1—上甲板(upper deck);2—加强筋(stiffener);3—甲板纵骨(deck longitudinal);4—强横梁(web beam);5—主肋骨(main frame);6—斜置加强筋(tilt stowing stiffener);7—肘板(bracket);8—甲板纵桁(deck girder);9—横梁(beam);10—管形支柱(tubular pillar);11—防倾肘板(tripping bracket);12—圆钢(round bar);13—舱口纵桁(hatch side girder);14—甲板纵中线(deck center line);15—舱口端梁(hatch end beam);16—舱口围板(hatch coaming)

甲板结构中的主要构件有横梁(beam)、甲板纵桁(deck girder)、甲板纵骨(deck longitudi-

nal)、舱口围板(hatch coaming)及支柱(pillar)等。

一、甲板结构的主要构件

1.横向构件

甲板结构中支承甲板板的横向构件统称为横梁(beam)。其起着承受甲板货、机器设备和甲板上浪时的水压力的作用,还支撑舷侧,保证船体的横向强度。按其设置位置和剖面尺寸大小的不同可以分为:

(1)普通横梁(deck beam)

普通横梁是仅在横骨架式结构中采用,一般用尺寸较小的不等边角钢或小尺寸的T形钢制成,并装设在每一肋位上用梁肘板(连接横梁与肋骨的肘板)与肋骨连接,并与船底肋板组成横向框架,保证船体横向强度。

(2)舱口端梁(hatch end beam)

舱口端梁是货舱口前后两端横围板下的横向桁材,采用剖面尺寸较大的T形组合材制成,与舱口围板下半部制成一个整体,其主要作用是增加舱口处的强度。

(3)半横梁(half beam)

半横梁是舷侧至舱边的横梁。它一端由梁肘板与肋骨连接,另一端与肘板及舱口纵桁连接。

(4)强横梁(web beam)

强横梁是由尺寸较大的T形组合材或折边钢板制成。在纵骨架式结构中,一般每隔3~5挡肋位装一强横梁,作为甲板纵骨的横向中型骨架,在其上开切口让甲板纵骨穿过。在机舱和尾尖舱区域,强横梁应设置在舷侧强肋骨肋位,以便组成强框架结构。

2.纵向构件

(1)甲板纵桁(deck girder)

甲板纵桁是指支承横梁、半梁或强横梁,沿舱口两边和甲板中心线布置并与甲板连接的纵向桁材。舱口两边的甲板纵桁称为舱口纵桁,舱口两边的甲板纵桁称为舱口纵桁,可以增加舱口处的强度,为了避免装卸货物时磨损吊货索,舱口纵桁不可采用T形材,纵桁面板应偏向舷侧一边,在腹板和面板的交角上焊一圆钢。在横骨架式结构中,甲板纵桁用尺寸较大的T形组合材制成,主要用来支撑横梁。

(2)甲板纵骨(deck longitudinal)

甲板纵骨是支承甲板的纵向小型骨架,一般用不等边角钢或小尺寸的T形钢制成。它是纵骨架式甲板结构中的重要构件,其间距与船底纵骨相同,主要用来保证总纵强度。

3.舱口围板

舱口围板(hatch coaming)是指设置于露天甲板(上甲板)货舱开口四周的纵向和横向,并直接与甲板垂直相连的竖板。其作用是保证工作人员安全,防止海水灌入舱内和增加甲板开口处的强度。舱口围板在干舷甲板上的高度不小于600 mm。

舱口围板上缘一般用半圆钢加强,可以减轻装卸货时吊杆的钢丝绳与围板上缘的摩擦,如图2-5-3所示。围板的外侧还有水平加强筋和防倾肘板,以增加围板的刚性和防倾,纵向围板的下部与甲板纵桁处于同一直线上，兼作甲板纵桁的一部分。

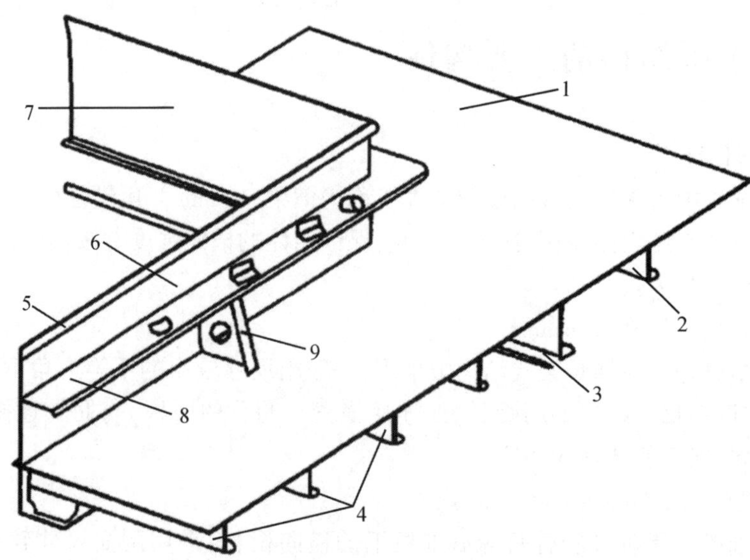

图 2-5-3　上甲板货舱口围板结构

1—上甲板；2—横梁；3—舱口端梁；4—半梁；5—半圆钢；6—纵向围板；7—横向围板；8—水平加强筋；9—垂直加强筋

船舶总纵弯曲时，在舱口角隅处将产生应力集中现象，因此，应予加强或补偿，其加强方法有两种：一种是将舱口围板下伸超过甲板；另一种是将围板分成两块，分别焊在甲板开口边缘的上、下面，在下面用菱形面板加强，如图 2-5-4 所示。

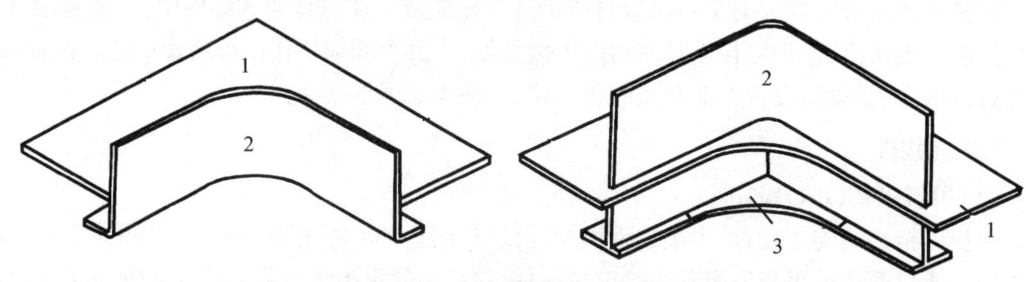

图 2-5-4　舱口角隅的加强方法

1—甲板（deck）；2—舱口围板（hatch coaming）；3—菱形面板（diamond plate）

4.支柱和悬臂梁

支柱（pillar）是舱内的竖向构件，其作用是支撑甲板骨架，承受轴向压缩力，保持船体竖向形状，由钢管或工字钢等做成。

货舱内支柱的数目应尽可能少，以免妨碍装卸货物。通常设置四根支柱在舱口的四角或设置两根支柱在舱口端梁的中点。为了有效地支持甲板骨架，实现力的传递，支柱的上端应位于甲板纵桁和横梁的交叉节点处，下端应在船底纵桁与肋板的交叉节点处，如图 2-5-5（a）所示。如果船舶有多层甲板，则上、下支柱应处于同一条垂线上，以便把甲板上的载荷通过支柱一直传到船底。

对需要装运超长、特大或特重货物的货船，为了不妨碍装卸货，通常采用悬臂梁（cantilever beam）结构代替支柱，如图 2-5-5（b）所示。它是从舷边延伸至其所支持的舱口甲板纵桁的甲

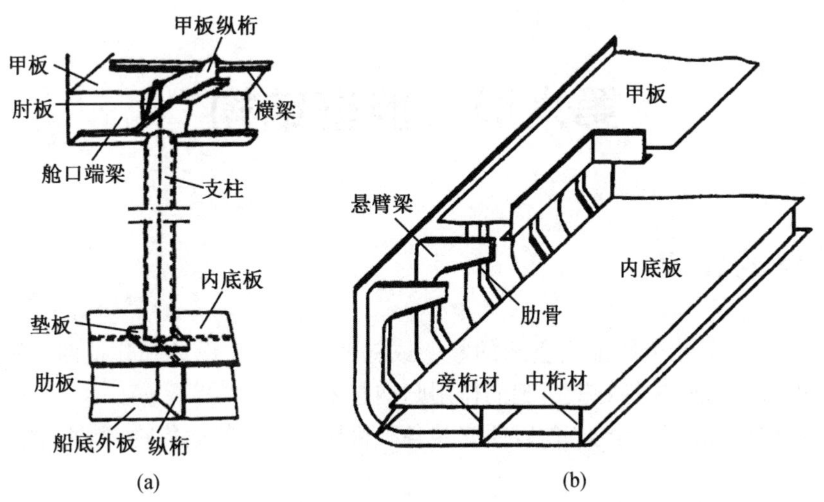

图 2-5-5 支柱和悬臂梁

板强横梁,与强肋骨的连接采用半径较大的圆弧过渡。

二、梁拱和舷弧

为了减少上浪及迅速排除积水,船舶的上甲板通常为曲面形状,且首、尾窄,中部宽,它横向的曲度为梁拱,纵向的曲度为舷弧。

1.梁拱(camber)

梁拱是甲板在两舷与舷顶列板交点的连线与纵中剖面线的交点,至纵中剖面中线与甲板交点的垂直距离,如图 2-5-6(a)所示。梁拱可增加甲板的强度,便于排除甲板积水和增加储备浮力。

2.舷弧(sheer)

在甲板的纵向上,首、尾高而中间低所形成的曲线叫舷弧线(sheer curve)。在船长中点处舷弧线最低,从该点画一条与基线平行的直线,则舷弧线上任一点量至该线的垂直距离称为该点的舷弧,如图 2-5-6(b)所示。舷弧可增加储备浮力,便于甲板排水,减少甲板上浪,并使船体外形更美观。

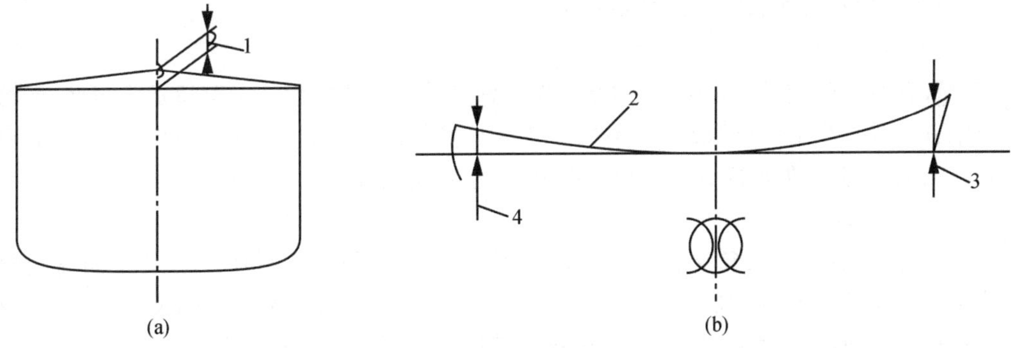

图 2-5-6 梁拱和舷弧

1—梁拱(camber);2—舷弧线(sheer curve);3—首舷弧(fore sheer);4—尾舷弧(after sheer)

第六节 舱壁结构

一、舱壁的作用

舱壁(bulkhead)是指分隔船内空间的竖壁或斜壁。船体在设计和建造时,按要求设置了若干的横向和纵向舱壁,这些舱壁所起的作用归纳起来如下:

将船体内部分隔成若干个舱室,以便安装各种机械设备及装载货物、燃油、淡水、备品和压载水等。

沿船宽方向的舱壁称为横舱壁(transverse bulkhead),对保证船体的横向强度和刚性起很大作用。它是船底、舷侧和甲板等结构的支座,可使船体各部位构件之间的作用力相互传递,其中水密横舱壁(watertight transverse bulkhead)是保证船舶抗沉性能的重要结构。

沿船长方向的舱壁称为纵舱壁(longitudinal bulkhead),可减少自由液面对船舶稳性的影响,较长的纵舱壁还可增强船舶的总纵强度(longitudinal strength)。

某些舱壁采用了防火结构,可在一定时间内控制火灾蔓延。

二、舱壁的种类

舱壁若按作用不同可分为水密舱壁、防火舱壁、液体舱壁和制荡舱壁,若按其结构不同可分为平面舱壁、槽形舱壁和双层板舱壁。

1.水密舱壁(watertight bulkhead)

水密舱壁是指在规定压力下能保持不渗水的舱壁,一般是指自船底(船底板或内底板)至舱壁甲板的主舱壁。它把船体分隔成许多独立的区域,保证船体某些部分因海损进水时,其他区域仍有足够的抗沉能力和水密性,比较常见的是水密横舱壁。船内最前面的水密横舱壁称为防撞舱壁(collision bulkhead),船内最后一道水密横舱壁为尾尖舱舱壁(afterpeak tank bulkhead)。对船体内水密横舱壁设置的要求如下:

(1)对客船

应设置有尖舱舱壁或防撞舱壁,该舱壁应水密延伸到舱壁甲板。除有特别说明外,该舱壁应位于距首垂线不小于船长的5%且不大于3 m加船长的5%处。还应设置尾尖舱舱壁和将机器处所与前后客、货处所隔开的舱壁,这些舱壁应水密延伸至舱壁甲板。

(2)对货船

应设置防撞舱壁,该舱壁应水密延伸至干舷甲板。除有特别说明外,该舱壁与首垂线间的距离应不小于船长的5%或10 m,取较小者,但经主管机关允许,可不大于船长的8%。还应设置舱壁将机器处所与前后客、货处所隔开,该舱壁应水密延伸至干舷甲板。

2.防火舱壁(fireproof bulkhead)

防火舱壁是根据规范对船舶防水结构的要求而设置的具有一定隔热能力并能在一定时间

内防止火灾蔓延的舱壁。按规定,机舱和客船起居处所的舱壁应采用防火舱壁。

3.液体舱壁(liquid bulkhead)

液体舱壁是液舱(油舱、水舱等)的界壁。这种舱壁与水密舱壁不同,它经常承受液体压力与振荡冲击等作用力,故其强度要求较高,舱壁板较厚且其上的骨架尺寸也较大,并要求保证水密或油密。

4.制荡舱壁(swash bulkhead)

制荡舱壁是设于液舱(如首、尾尖舱)内的舱壁,用来减小自由液面的影响。其多为纵向设置,一些较长的液舱里也有横向设置的。其上开有气孔、油水孔和减轻孔,水可以从中流过。

5.平面舱壁(plane bulkhead)

平面舱壁由平面舱壁板(bulkhead plate)与扶强材等骨架组成,如图 2-6-1 所示。舱壁板是由许多块钢板并排焊接而成的。为了承受横向的水压力及舱壁平面内的压缩力,且保证舱壁结构的刚性,在舱壁板上须由骨架加强。其上骨架竖向排列的称为扶强材,水平方向排列的称为水平桁。

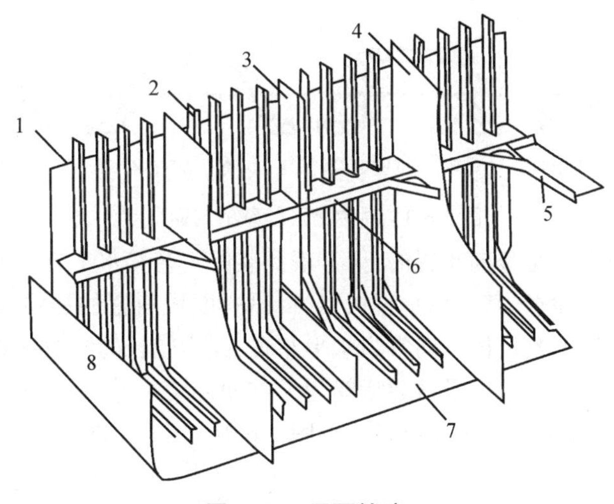

图 2-6-1 平面舱壁

1—横舱壁(transverse bulkhead);2—垂直扶强材(vertical stiffener);3—垂直桁(vertical web);4—纵舱壁(longitudinal bulkhead);5—舷侧纵桁(side stringer);6—水平桁(horizontal girder);7—船底板(bottom plating);8—舷侧列板(side strake)

舱壁板的排列和厚度,扶强材及其肘板的尺度和水平桁材的尺度等,如图 2-6-2 所示。舱壁板的厚度由下向上逐渐减薄。

6.槽形舱壁

槽形舱壁(corrugated bulkhead)由钢板压制而成,以其槽形折曲来代替扶强材的作用。其剖面形状有三角形、矩形、梯形和弧形,如图 2-6-3 所示,其中梯形和弧形应用得较为广泛。

与平面舱壁相比,槽形舱壁在保证具有同等强度的条件下,可减轻结构的重量,节约钢材,减少装配与焊接的工作量,便于清舱。但是其所占舱容较大,不利于舱容的有效利用。槽形舱壁一般用于油船、散装货船及矿砂船。

如同平面舱壁的扶强材布置一样,槽形舱壁的槽形体的方向也有垂直和水平两种布置方

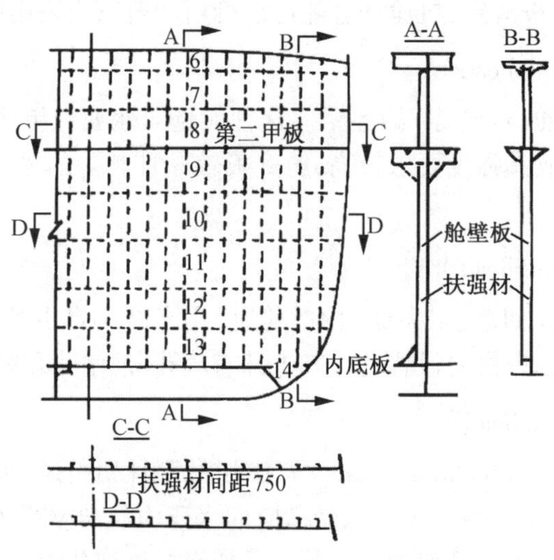

图 2-6-2　平面舱壁结构图

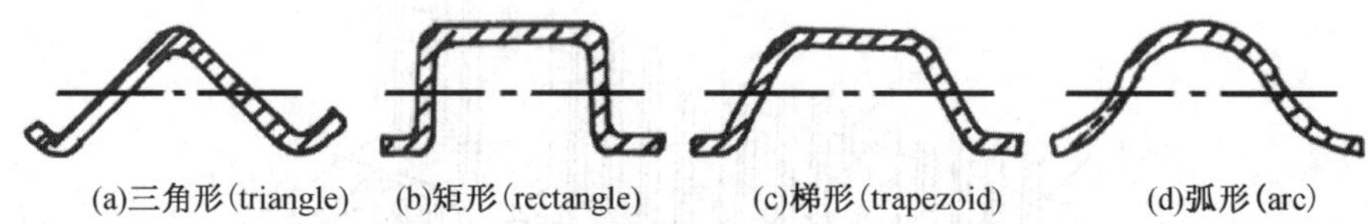

图 2-6-3　对称槽形舱壁的剖面形状

式。横舱壁的槽形体一般是竖向布置的，但考虑到装配工艺和水平方向的承压能力，故在靠近舷侧处保留一部分平面舱壁，其上设垂直扶强材；另一面设斜置的加强筋，或在槽形舱壁四周加装平面框架。纵舱壁的槽形体方向常为水平布置，因为较长的纵舱壁要承受总纵弯曲力矩。

目前，为了增加船体强度，以及散装货船为了方便卸货和装满货，有的槽形舱壁的上下采用了顶登（upper stool）和底登（lower stool），如图 2-6-4（a）和（b）所示。

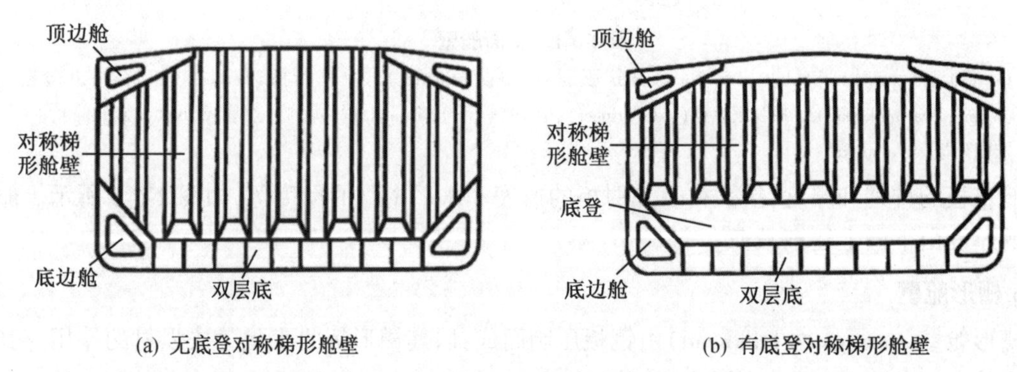

图 2-6-4　对称梯形舱壁

7.双层板舱壁

双层板舱壁是由双层平舱壁板和一定数量的内部隔板组成的舱壁。

第七节　首、尾结构

首、尾结构位于船舶的最前端和最后端，线型变化复杂，受总纵弯曲作用较小，而受局部作用力较大，如首结构的碰撞力、拍底力等，尾结构的转舵力、螺旋桨振动力等。因此，首、尾结构与船体中部有很大不同，多采用横骨架式结构，并做特别加强。

一、首结构

首结构（bow construction）通常是指距首垂线（0.2～0.25）L 处向船首部分的结构。首结构也包括船底、舷侧、甲板等部分，其最前端有首柱，船体两舷侧在此汇拢。从首柱到防撞舱壁之间的舱室叫首尖舱，由于船首线型比较尖瘦，首尖舱内不适宜装载货物，一般作为压载舱调节船舶纵倾。

1.首形状

首形状与船舶的用途和性能有关，首形状不同，其内部结构就不完全相同。首形状主要有如图 2-7-1 所示的几种形式：

（1）直立型首（straight bow）

首柱（stem）呈直线型，与基线（base line）基本垂直，多见于驳船和特种船。

（2）前倾型首（raked bow）

首柱呈直线前倾或微带曲线前倾，倾斜角度为 10°～20°，这种形式的首部不易上浪，万一发生碰撞，船首水线以下部分也不易受损。一般多见于军舰，民用船上常用微带曲线的前倾型首。

（3）飞剪型首（clipper bow）

飞剪型首的设计水线以上呈凹形曲线、向前悬伸一段较大的长度，有较大的首楼甲板（forecastle deck），有利于锚和系泊设备的布置，船首也不易上浪。一般多见于远洋大型客船。

（4）破冰型首（ice resistant bow）

破冰型首的设计水线以下首柱呈倾斜状，与基线成 30°角，便于冲上冰层，一般多见于破冰船。

（5）球鼻型首（bulbous bow）

球鼻型首的设计水线以下首部前端有球鼻型突出体，其形式有水滴型、撞角型、圆筒型、S-V型几种。其作用是减小兴波阻力和形状阻力，目前海船广泛采用。

2.首结构的加强措施

首结构主要受波浪、冰块的冲击和水阻力的作用，一旦发生碰撞，应有足够的强度保证船舶的安全，同时船壳外板在此汇拢，其外形应尽可能减小水阻力，必须采取加强措施，首部的加强可分为首尖舱区域、首尖舱后的舷侧区域和底部区域等。

（1）首柱（stem）

首柱位于船体最前端，是汇拢船首外板、保持船首形状及保证船首局部强度的强力构件（strength member）。首柱有钢板焊接、铸钢和混合型首柱三种：

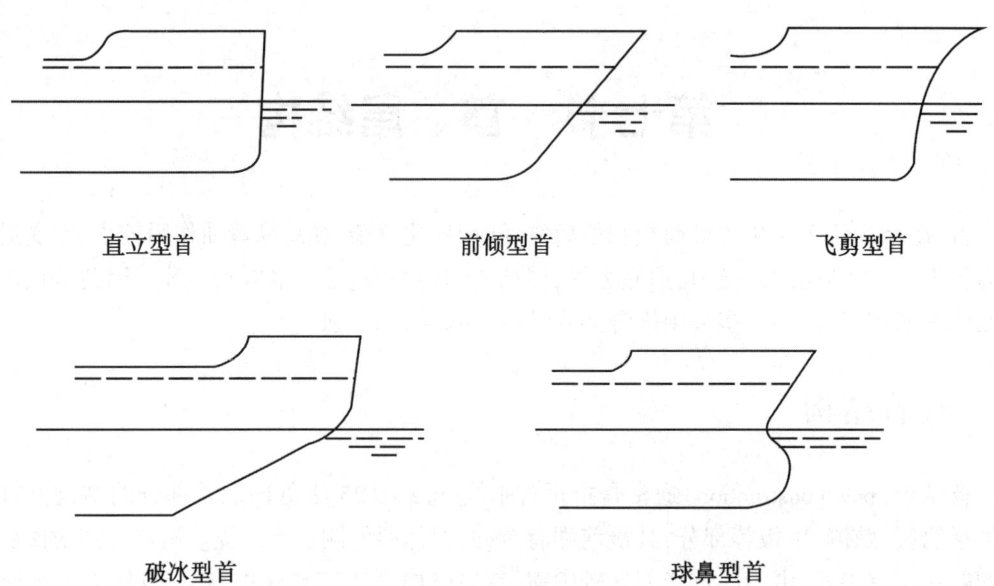

图 2-7-1 首端形状

①钢板焊接首柱:由厚钢板弯曲焊接而成,其内侧设有水平的和竖向的扶强材,以增加刚性。其特点是制作方便,重量轻,成本低,碰撞时仅局部变形,容易修理。

②铸钢首柱:为钢水浇铸而成,它的刚性大,但韧性差些,可制成较复杂的断面形状。

③混合首柱:现代大中型船舶常采用,即在夏季载重水线之上 0.5 m 处以下区域采用铸钢式,在该处以上区域采用钢板焊接式。图 2-7-2 所示为混合型首柱。

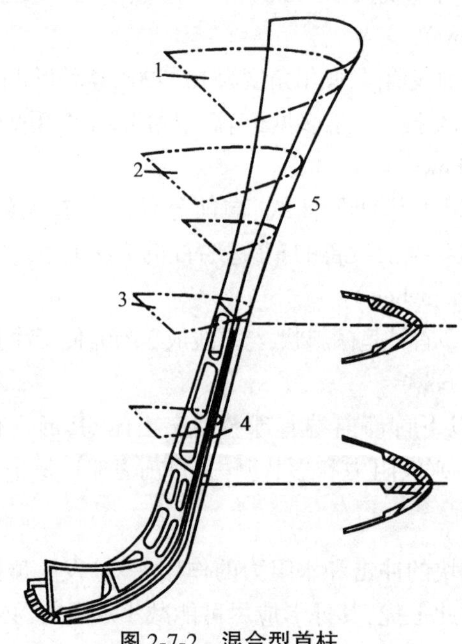

图 2-7-2 混合型首柱

1—首楼甲板(forecastle deck);2—上甲板 (upper deck);3—下甲板(lower deck);
4—铸钢首柱(cast steel stem post);5—钢板首柱(steel plate stem post)

(2)首尖舱区域的加强

首尖舱(forepeak tank)加强的范围是从首柱至防撞舱壁，采用下列几种方法加强，如图2-7-3所示：

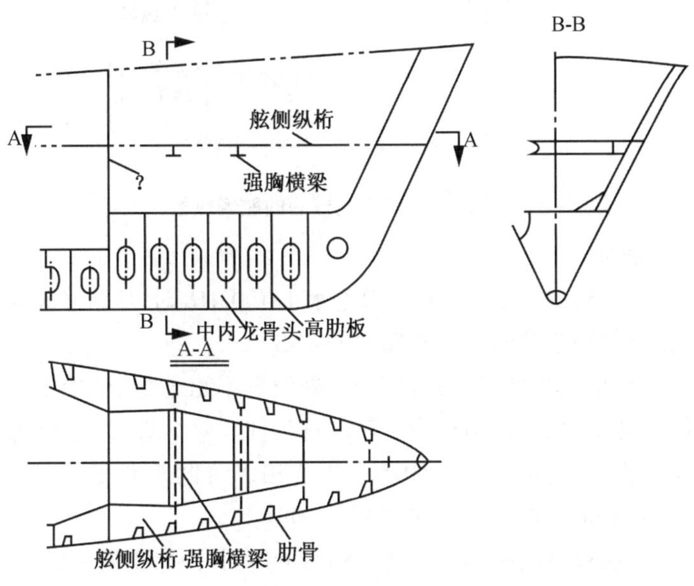

图 2-7-3 首尖舱

①在每挡肋位处设置实肋板，因其高度向船首逐渐升高，故又称为升高肋板。在中纵剖面处设置与升高肋板等高、等厚和具有同样面板的中内龙骨，作为防撞舱壁后中桁材的延伸并延伸至与首柱牢固连接。

②首尖舱内的肋骨要求延伸至上甲板，肋骨间距不超过 600 mm。当首部舷侧为横骨架式时，应在每隔一挡肋位处设置垂向间距不大于 2 m 的强胸横梁(panting beam)，且至少应达到满载水线以上 1 m 处，在每道强胸横梁处还应设置具有折边或面板的舷侧纵桁，并用肘板(bracket)与肋骨连接。开孔平台结构(trepanned platform)代替强胸横梁和舷侧纵桁时，开孔平台的垂向间距应不大于 2.5 m，且每一开孔平台的开孔面积应不小于总面积的 10%。当舷侧为纵骨架式且舱深超过 10 m 时，应在适当位置设置一层或多层开孔平台，或者在每根强肋骨处设置一道或多道强胸横梁，并用肘板与强肋骨连接。

③当首尖舱被用作液舱且其最宽处的宽度超过 $0.5B$ 时，应在中纵剖面处设置有效的支撑构件或制荡舱壁(swash bulkhead)，以支持强胸横梁。当舱长超过 10 m 时，尚应在舱内设置横向的制荡舱壁或强肋骨。制荡舱壁作用是防止首尖舱内的压载水左右摇荡并缓和冲击。

(3)首尖舱后的舷侧加强

从距首垂线 $0.15L$ 至防撞舱壁区域内的舷侧结构，如图 2-7-4 所示。当舷侧为横骨架式时，按下列要求加强：

①应沿首尖舱内的每道舷侧纵桁或开孔平台向后的延伸线上设置间断的舷侧纵桁，其腹板高度与肋骨高度相同，但应将间断舷侧纵桁的腹板在距防撞舱壁不少于两档肋距的长度内向防撞舱壁处逐渐升高，使其在防撞舱壁处的高度与首尖舱内舷侧的腹板高度相同。

②若不设上述间断舷侧纵桁，则应将舷侧外板按要求进行增厚。

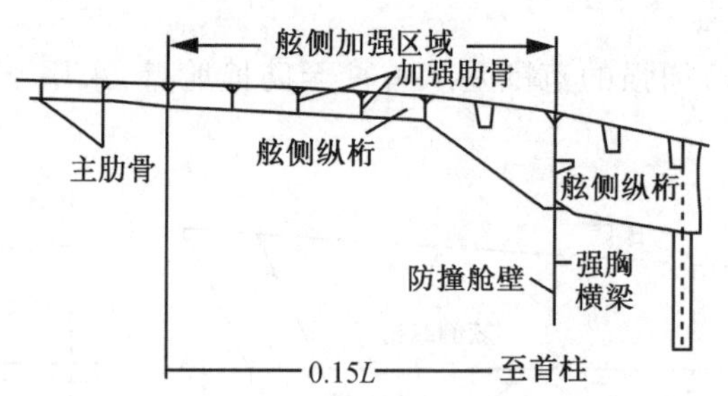

图 2-7-4 防撞舱壁后的舷侧纵桁

(4)船首底部的加强

当船长等于或大于 65 m，且航行中最小首吃水小于 $0.04L$ 时，从防撞舱壁后至距首垂线 $0.2L$ 的区域进行加强，抵抗船舶空载时波浪对船底的拍击。

①对横骨架式的双层底骨架，应在每挡肋位处设置不超过船中肋距的实肋板，并应设置间距不大于 3 个肋距的旁桁材，该旁桁材应尽量向首延伸。对纵骨架式的双层底骨架，应在每隔一挡肋位处设置实肋板，同时应设置间距不大于 3 倍纵骨间距并尽量向船首延伸的旁桁材。船底纵骨剖面模数(section modulus)应比中部大 10%。

②对单层底骨架，应设置间距不大于 3 挡肋骨间距且尽可能地向船首延伸的旁内龙骨。

③船首底板适当增厚。

(5)球鼻首

若船舶设有球鼻首，其球鼻首结构应有足够支持，并与首尖舱构成一个整体，如图2-7-5所示。一般按下列要求进行加强：

①在球鼻首前端应设置间隔约 1 m 的水平隔板，并与中纵桁连接；

②由首尖舱肋骨到球鼻首肋骨的过渡区域应装设横向垂直隔板；

③对长球鼻首一般应设置横向制荡舱壁作附加加强，或每隔 5 个肋矩设置强肋骨；

④对宽球鼻首一般应在中纵剖面处设置制荡舱壁作附加加强；

⑤球鼻首前端及易受锚和锚链碰损部位的外板应予增厚，增厚板的厚度可取为钢板首柱的厚度。

二、尾结构

船尾结构(stern construction)通常是指尾尖舱舱壁以后上甲板以下的区域。由船尾的甲板、舷侧结构和尾柱组成，有的船还有挂舵臂、尾轴架等。在船尾上甲板下面装有舵机设备的舱室称为舵机舱。舵机舱下面的舱室是尾尖舱，其比较狭小，一般作为压载水舱，调节船舶纵倾。

1.尾形状

尾形状如图 2-7-6 所示，一般有三种：

(1)椭圆形尾(elliptical stern)：船尾有短的尾伸部，折角线以上呈椭圆体向上扩展，端部露出水面较大，桨和舵易受破坏。现在仅在某些驳船上可以看到。

(2)巡洋舰形尾(cruiser stern)：船尾有光顺曲面的尾伸部，尾部大部分浸入水中，增加了

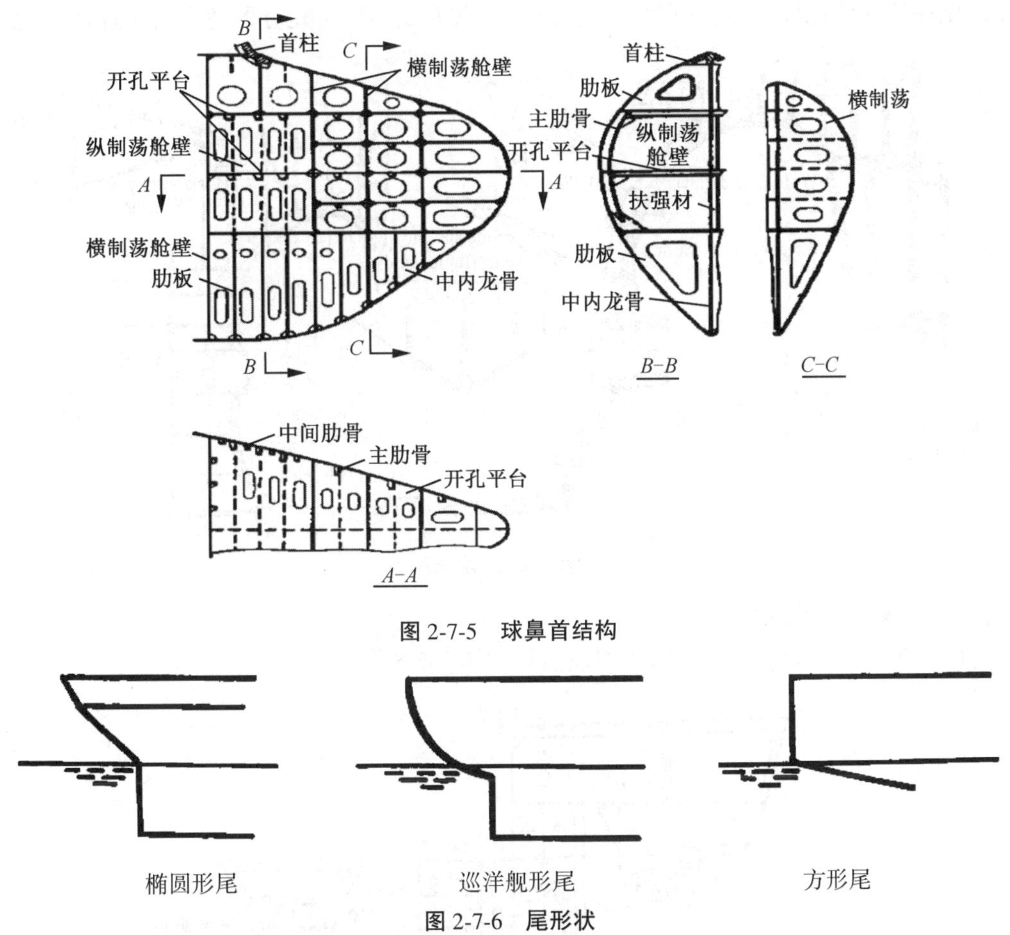

图 2-7-5 球鼻首结构

图 2-7-6 尾形状

水线长度，有利于减少船舶的阻力，并有利于保护车叶与舵叶。曾经在巡洋舰和民用船上使用。

(3)方形尾(transom stern)：船尾有垂直或斜的尾封板(stern transom plate)。尾部水流能较平坦地离开船体，使航行阻力减少，尾甲板面积较大有利于舵机布置，并能防止高速航行时尾部浸水过多。施工简单，但倒车时阻力偏大。以往多用于军舰，现在商船也采用，如集装箱船等。

2.尾部结构的加强措施

尾部结构除受静水压力外，还承受舵和螺旋桨的重量和螺旋桨转动时的水动压力。螺旋桨转动时产生周期性脉冲振动，机舱在船尾时，主机功率大的船常产生激振，严重时会造成局部结构的破坏。因此尾部结构应有较好的加强措施。

(1)尾柱(stem post)

船尾结构中的强力构件(strength member)，它位于船尾结构下部的最后端，用来会拢两侧外板，并支撑和保护车与舵，同时承受它们工作时的振动力和水动力，因此，尾柱可增强船尾的结构强度，如图 2-7-7 所示。

尾柱的上部应与尾肋板(transom floor)或舱壁(bulkhead)牢固连接，尾柱底骨(sole piece)应从螺旋桨轴毂前端向船首方向延伸至少三个肋距(frame spacing)并与平板龙骨(plate keel)

连接。尾柱的形状比较复杂,一般采用铸造件,大型船舶尾柱可先分段铸造后再焊接装配。

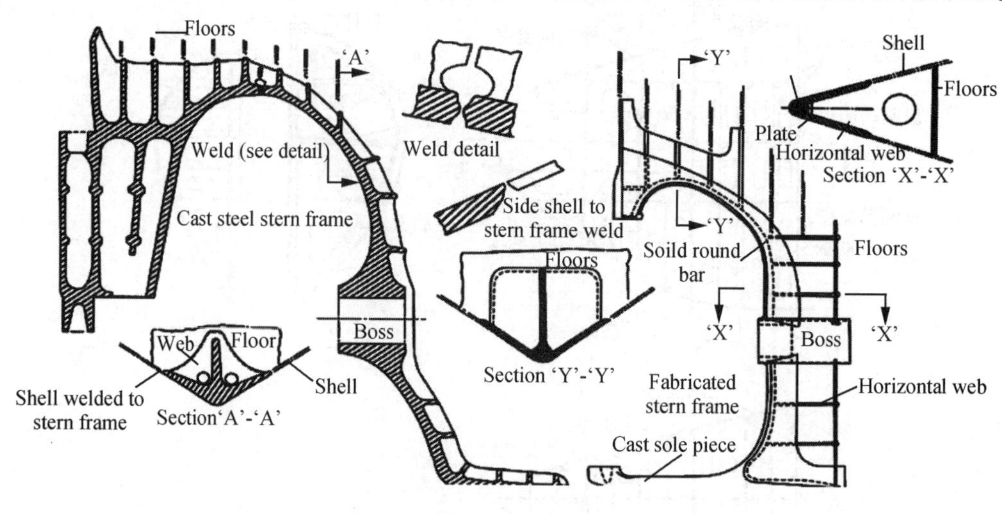

图 2-7-7 尾柱

(2)尾尖舱舱内的加强

对尾尖舱(afterpeak tank)舱内的加强措施如图 2-7-8 所示。

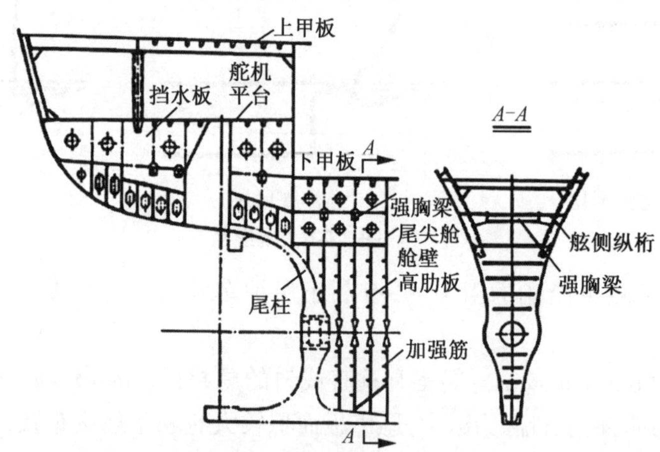

图 2-7-8 尾尖舱舱内的加强措施

①在每挡肋位处设置实肋板,其厚度较首尖舱肋板加厚 1.5 mm。对单螺旋桨船,其肋板应升高至尾轴管(stern tube)以上足够高度。在推进器、尾轴架和挂舵臂处,一般应将肋板伸至舱顶并增加其厚度。

②当舷侧为横骨架式时,在肋板以上设置垂向间距不大于 2.5 m 的强胸横梁和舷侧纵桁或开孔平台。当为纵骨架式时,应在舱顶设置适当数量的强横梁。

③在尾尖舱上部和尾突出体或巡洋舰尾的纵中剖面处加设制荡舱壁(swash bulkhead)。但当尾部悬伸特别宽大时,可要求在其左右舷另外设置纵向制荡舱壁。

(3)尾尖舱上面的舷侧加强

①当尾尖舱上面的甲板间舱的舷侧为横骨架式时,且甲板间舱高度大于 3 m 时,应设抗拍击的间断舷侧纵桁,其腹板高度与肋骨相同,如不设间断舷侧纵桁,则应按要求增加该区域的外板厚度。

②当尾尖舱上面的甲板间舱的舷侧为横骨架式时,应设置不大于4档肋骨间距的强肋骨。

③当尾尖舱上面的甲板间舱的舷侧为纵骨架式时,应设置支持纵骨的强肋骨。

(4)船尾突出体(counter)

为扩大尾部甲板面积,安装舵机,保护车叶和舵,并改善航行性能。在船尾设计时,有意将尾尖舱以上向后突出一部分,称为尾突出体,其大部分在设计水线(designed waterline)以上。图2-7-9所示为巡洋舰式尾突出体,在船尾突出体内设有舵机舱,作为加强措施,每隔一定间距设置强肋骨,在船尾突出体后端,肋骨和横梁成放射布置,称为扇形斜肋骨(cant frame)和斜横梁(cant beam)。

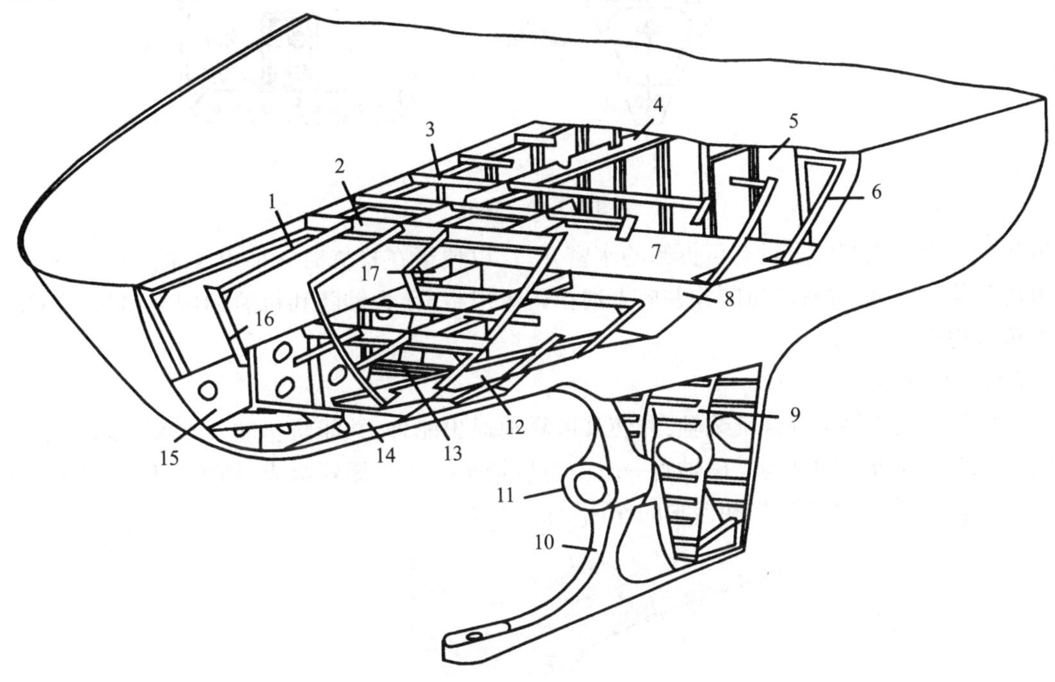

图2-7-9 巡洋舰式船尾结构与尾突出体

1—斜横梁(cant beam);2—强横梁(web beam);3—横梁(beam);4—甲板纵桁(deck girder);5—横舱壁(transverse bulkhead);6—肋骨(frame);7—舵机舱平台(steering gear room platform);8—尾尖舱舱壁(afterpeak tank bulkhead);9—尾升高肋板(stern raised floor);10—尾柱(stern post);11—轴毂(propeller boss);12—舷侧纵桁(side girder);13—强胸横梁(panting beam);14—肋板(floor);15—制荡舱壁(swash bulkhead);16—斜肋骨(cant frame);17—舵杆管(rudder case)

3.轴隧、尾轴管和挂舵臂

(1)轴隧(shaft tunnel)

轴隧是设置于机舱和船尾之间的水密通道,如图2-7-10所示。其作用是保护推进器轴,并防止海水从尾轴管进入船舱内,同时可作为机舱至尾室的通道,便于工作人员对尾轴和轴承进行检查和维修。

轴隧有拱顶和平顶两种形式,前者强度较好,后者便于装货。在单桨船上,轴隧的中心线是偏离船舶中心线的一侧,一般偏向右舷,即在轴的右侧留有通道供人员通行。双桨船的轴隧,是对称于船体中纵剖面左右各设置一个轴隧,两轴隧间设有通道。

轴隧的尾端将其尺寸加大,做成一个轴隧尾室,用来存放备用尾轴和便于检修工作。在轴

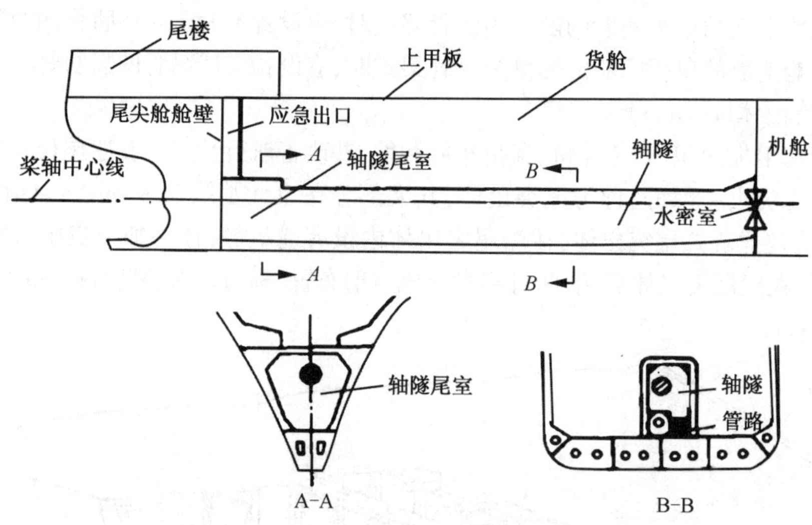

图 2-7-10　轴隧

隧或尾室的顶部或侧壁上设有可拆卸的水密开口，以便于在检修时能抽出桨轴。在轴隧末端靠近尾尖舱舱壁处，设有应急围井并向上通至露天甲板，作为轴隧和机舱的应急出口，亦称应急通道或逃生孔。

（2）尾轴管（stern tube）

尾轴管是支承尾轴或螺旋桨轴，并使其可靠地通出船外，并能防止舷外水大量漏入船内，同时也不使滑油外泄的结构。尾轴管一般由前后轴承壳体和尾管组成，轴承壳体的作用是安装轴承和轴封，尾管则起连接和保护的作用，如图 2-7-11 所示。

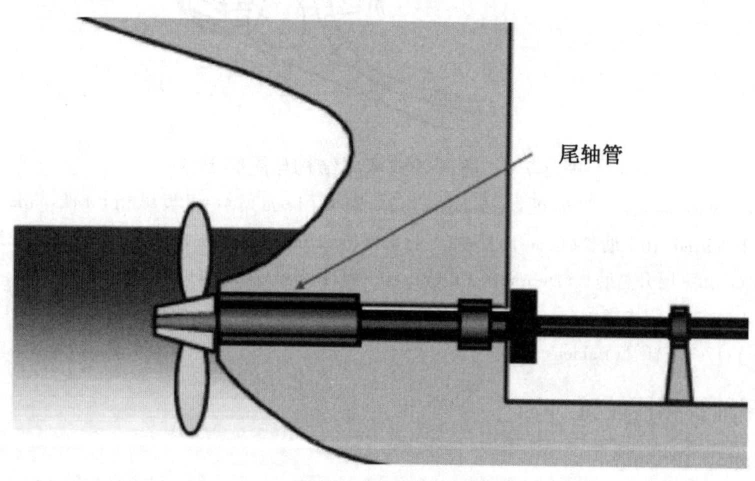

图 2-7-11　尾轴管

（3）挂舵臂

挂舵臂用于支承半悬挂舵。采用钢板焊接或铸钢，挂舵臂应伸入船体，并与加强的主体结构牢固地连接。

第八节　冰区加强和防火结构

一、冰区加强

对航行于冰区(ice zone)的船舶,需按规范的规定进行加强,其加强部位主要有甲板,船壳外板,舷侧骨架及首、尾结构等。加强的方法主要有增加板厚、加大骨架尺寸和缩小骨架间距,具体细则在规范中有详细规定。

1.冰级

按不同的冰况,航行冰区的加强分为如下5个冰级标志:

“B1 * 冰级:最严重冰况,相当于:IA Super。

B1　冰级:严重冰况,相当于:IA。

B2　冰级:中等冰况,相当于:IB。

B3　冰级:轻度冰况,相当于:IC。

B　　冰级:除大块固定冰以外的漂流浮冰。

B1 * 、B1、B2和B3级冰级(ice class)标志的加强要求分别符合2017年《芬兰—瑞典冰级规则》附件Ⅰ中对IA Super、IA、IB及IC的有关规定,主要适用于在冬季航行于北波罗的海的船舶。B(相当于Ⅱ,实际上,B级的要求高于Ⅱ)冰级适用于中国沿海航行的船舶。

当船舶航行于冰区时,吃水线和纵倾应不超过UIWL线(高位冰区水线);当船舶航行于冰区时,应总是至少装载至LIWL线(低位冰区水线)。”

2.B级冰区加强

B级冰区加强要点有:冰带外板厚度至少应为船中部外板厚度的1.25倍,但不必大于25 mm。如设置中间肋骨,则中间肋骨的垂向设置范围为压载水线以下1 000 mm至满载水线以上1 000 mm处;如不设置中间肋骨,则肋骨间距应为船中部肋骨间距的60%,但应不大于500 mm。钢板焊接首柱自满载水线以上600 mm处以下部分的板厚应为规范值的1.1倍,但不必大于25 mm。

二、防火结构

SOLAS公约及我国规范均规定船舶在设计和建造时,在船体某些部位采用能在某种程度上阻碍火灾蔓延的结构,即耐火分隔。

1.耐火分隔

耐火分隔用于船舶防火分隔(fire resisting division)的舱壁和甲板有A、B、C三种级别:

(1)A级分隔(A class division):系指由符合下列衡准的舱壁与甲板所组成的分隔:

①它们用钢或其他等效的材料制成,并有适当的防挠加强;

②它们用认可的不燃材料隔热,使在下列时间内,其背火一面的平均温度与原始温度升高不超过 140 ℃,且在包括任何接头在内的任何一点的温度较初始温度升高不超过 180 ℃:

"A-60"级 ………………………………………………… 60 min

"A-30"级 ………………………………………………… 30 min

"A-15"级 ………………………………………………… 15 min

"A-0"级 …………………………………………………… 0 min

③它们的构造应在 1 h 的标准耐火试验至结束时,能防止烟及火焰通过;和

④主管机关已要求按《耐火试验程序规则》对原型舱壁或甲板进行一次试验,以保证满足上述完整性及温升的要求。

(2)B 级分隔(B class division):系指由符合下列衡准的舱壁、甲板、天花板(ceiling)或衬板(furring)所组成的分隔:

①它们用认可的不燃材料制成,且"B"级分隔建造和装配中所用的一切材料均为不燃材料,但并不排除可燃装饰板的使用,只要这些材料符合相应的要求。

②它们具有的隔热值使之在下列时间内,其背火一面的平均温度与初始温度升高不超过 140 ℃,且在包括任何接头在内的任何一点的温度较初始温度升高不超过 225 ℃:

"B-15"级 ………………………………………………… 15 min

"B-0"级 …………………………………………………… 0 min

③它们的构造应在标准耐火试验最初的 0.5 h 结束时,能防止火焰通过。

④主管机关已要求按《耐火试验程序规则》对原型分隔进行一次试验,以保证满足上述完整性及温升的要求。

(3)C 级分隔(C class division):系指用认可的不燃材料制成的分隔,它们不需要满足有关防止烟和火焰通过以及限制温升的要求,并允许使用可燃装饰板,只要这些材料满足相关要求。

2.相关定义

(1)主竖区(main vertical zones):系指由"A"级分隔分成的船体、上层建筑和甲板室区段,其在任何一层甲板上的平均长度和宽度一般不超过 40 m。

(2)钢或其他等效材料(steel or other equivalent material):系指本身或由于所设隔热物,经标准耐火试验规定的适用曝火时间后,在结构性和完整性上与钢具有等效性能的任何不燃材料(如设有适当隔热材料的铝合金等)。

(3)不燃材料(non-combustible material):系指某种材料加热至约 750 ℃时,既不燃烧,也不发生足量的能造成自燃的易燃蒸气。根据《耐火试验程序规则》确定,除此以外的任何其他材料均为"可燃材料(combustible material)"。

(4)标准耐火试验(standard fire test):系指将相关舱壁或甲板的试样置于试验炉内,根据《耐火试验程序规则》规定的试验方法加温到大致相当于标准时间-温度曲线的一种试验。

第九节　船体水密与抗沉结构

船体水密与抗沉结构主要包括双层底(设置要求见本章第三节)、双层舷侧(见本章第四节)、水密横舱壁(设置要求见本章第六节)及各种开口的水密装置(如水密门、窗、舱盖与人孔盖等)。本节主要介绍船体结构上开口的关闭装置以及相关要求。

一、船体结构上开口的关闭装置

根据用途划分,主要有货舱舱盖、船用门、船用窗、人孔盖。在这些开口关闭装置中,若按密性划分,又可分为水密型、油密型、风雨密型和非密性的关闭装置。

1.船用门

船用门种类很多,若按门的密性划分,有以下几种。

(1)水密门

船舶主管机关认可的船上使用的水密门有三级:

①铰链式水密门(一级):水密门板由钢板制成,门板周围的槽口装有橡胶封条,并用把手压紧在门框上使其水密。水密门把手一般有6~8个,确保在门的两面可以迅速关闭。

②手动滑动门(二级):可分为横动式或竖动式。确保门的两侧可以关闭,此外能在舱壁甲板上方可到达之处用转动手轮,由齿轮和连杆传动,使水密门开启或关闭。当船舶正浮时,将门完全关闭所需的时间不应超过90 s。

③动力滑动门(三级):可分为横动式或竖动式。还备有手动装置可在门的两侧操纵,并能在舱壁甲板上方可到达之处用转动手轮,由齿轮和连杆传动,使水密门开启或关闭。门上设有音响信号装置。当门开始关闭后,继续移动直至门完全关闭为止的整个期间发出警报。若这种门采用液压操纵,每一动力源都有一台能在60 s以内关闭所有门的泵。

任何水密门的操纵装置,无论是否为动力操纵,均须在船舶向左或向右倾斜15°时能将门关闭。

(2)风雨密门

在干舷甲板以上的封闭上层建筑两端壁的出入口处,要求装设风雨密门。

①钢质风雨密门:结构上与钢质水密门相似,但是门板较薄,门把手数量也较少,密性较差,只能布置风雨密,也要求在门的两面可以操纵。

②木质风雨门:是用橡木和柚木制作的,装设在上层建筑甲板以上的甲板室敞露的出入口处,分为铰接式和滑动式两种,密性都较差。因为顶风情况下铰接式门不易开闭,故驾驶室两侧的门都采用横向滑动式门。

③钢质轻便门:此种门的结构较轻,装设在无密性要求的贮藏室、工作舱室、卫生处所等的出入口处。

④防火门:一种用钢板制成门板和门框,镶嵌石棉等耐火材料的防火隔热门。防火门装设在防火控制区的舱壁上,平时开着,当发生火灾时温度上升到一定高度时能自动关闭,或门上

装有磁性牵制器，断电以后会自动关闭。防火门的开闭形式也有铰接式和横移式两种。

2.船用窗

在船上为了采光和通风，装设有各种类型的窗。

(1)舷窗：一种是圆形窗，分为重型舷窗和轻型舷窗。重型舷窗装有铰链式抗风浪的舷窗盖，舷窗盖边上镶有橡胶条，并用螺栓压紧，保证水密。轻型舷窗一般不带有风暴盖。另一种是方形窗(简称方窗)，装设在上层建筑中的上层甲板室的舱壁上。方窗的周边用橡胶条密封，关闭时用螺栓压紧，要求保证风雨密。根据所处的位置不同，可以向外、向内或上下开闭。

(2)天窗：是装设在舱室顶部用来采光和通风的窗。机炉舱顶部的天窗，因位置较高，故采用机械传动或液压传动开闭。

(3)手摇窗：是装设在驾驶室前壁上的窗，用手摇机构升降玻璃或整个窗扇开闭的。

3.人孔盖

在船体结构的构件上为人员出入而开的孔，称为人孔。其中在液舱、隔离空舱等的顶板或舱壁上开的人孔，必须装设人孔盖，并保证水密。为了便于维修、逃生和有利于通风，一般每个液舱或空舱在顶板或舱壁板上至少要开两个人孔，并呈对角线布置。人孔通常有圆形或椭圆形两种，人孔盖主要有以下几种形式：

(1)齐平人孔盖

人孔盖是块平钢板，用螺栓连接在舱顶板或舱壁板上人孔周缘的加强环(座板)上，螺栓被焊接或旋接在加强环上。在盖板和加强环之间装有橡胶垫圈，用来保证水密性。

(2)凸起式人孔盖

用角钢或折边板做成的围板焊接在人孔的周缘上，人孔盖用螺栓紧固在围板的折边上。这种人孔盖装设有一定高度的围板，可防止液体和脏物落进舱内，紧固螺栓易拆换，且不易受损。

(3)铰接式人孔盖

这种人孔盖，在人孔的周围焊一圈不带折边的围板，围板的高度要符合舱口围板高度的要求，人孔盖周缘有槽口，镶嵌橡胶垫料。人孔与围板之间用铰链连接，关闭时用夹扣将人孔盖压紧围板的上缘。这种人孔盖开设在不宜开设舱门或大舱口的贮藏室等处所。

(4)凹形人孔盖

凹形人孔盖主要用在舱面不允许有突出物的场所。

二、船体结构上开口关闭装置的设置要求

根据SOLAS公约中分舱和破损稳性要求，对于船体结构上开口的关闭装置的设置，主要有如下规定：

1.水密舱壁上开口的关闭装置

在限界线以下的水密舱壁上要求尽量减少开口的数量，对于开口要有船舶主管机关认可的关闭装置。

(1)在防撞舱壁上不准设门、人孔或出入口。除有特殊规定外，一般仅可通过一根管子，以处理首尖舱内的液体，但该管子应装有能在舱壁甲板以上操作的截止阀，其阀体设于首尖舱

内侧的防撞舱壁上，以便首尖舱破损时可以将它关闭。

(2)在甲板间舱内的水密舱壁上，可以装设一级或二级水密门。这种门在开航前关闭，航行中不得开启，且装有防止任意开启的装置。此类门在港内开启的时间和船舶离港前关闭的时间应记入航海日志。

(3)从机舱通往轴遂的水密舱壁上的水密门，一般要求装设二级水密门。

船上所有水密门在航行中均应保持关闭，因船上工作而在航行中必须开启时，应做到随时可以关闭。

2.限界线以下船壳板上开口的关闭装置

在限界线以下的外板上的开口数量应在适应船舶设计及船舶正常作业情况下减至最少。关闭任何外板开口设备的布置及效用，应与其预定的用途及装设位置相适应，一般应使主管机关满意。

(1)限界线以下外板上的舷窗，都采用水密性和抗风浪性强的圆形舷窗(重型舷窗)，并装设有内侧铰链式风暴窗盖。根据它在重载水线上的高度不同，有不同的关闭要求：一种是永久性关闭的固定式舷窗；另一种是离港前关闭加锁，到港后才可以开启的，它的启闭时间应记入航海日志；还有一种是航行中由船长决定是否开启的，在专供装货处所均不得装设舷窗。

(2)船壳板上的排水孔、卫生排泄孔及其他类似开孔越少越好，或采用一个排水孔供多种排泄管共用。在限界线以下穿过外板的每一个排水孔都装设一个自动止回阀，并在舱壁甲板上设有能将其关闭的可靠装置，或者装设两个止回阀，其中一个位于最深分舱载重线以上，使其可以随时进行检查，并且是经常关闭型的。

(3)与机器连通的海水进水孔及排水孔，在管子与船壳板之间，或管子与装配在船壳板上的阀箱之间，装设有随时可以接近的阀门，并在阀上标明阀门启闭指示器。

3.限界线以上的船体结构开口关闭装置

在舱壁甲板以上，也需采取水密措施来保证限界线以上的水密完整性。

(1)舱壁甲板和其上一层甲板均要求是风雨密的。露天甲板上的所有开口，均设有能迅速关闭的风雨密关闭装置。

(2)在舱壁甲板以上第一层甲板以下处所内所有舷窗，都配有有效的内侧舷窗盖，且易于有效关闭保证水密。

(3)露天甲板上都设有排水口或排水孔，以便在任何天气情况下能将露天甲板上的积水迅速排出舷外。

(4)在限界线以上外板上的舷窗、舷门、装货门以及关闭开口的其他装置，应为风雨密的，且有足够的强度。

第十节 船舶总布置图

总布置图(general arrangement plan)由右舷侧面图、货舱正视横剖面图、各层甲板与平台平面图、舱底平面图、船舶主要尺度和技术数据及图纸名称、设计单位与日期和批准主管机关等组成。船舶总布置图(见插页)。对于客船、客滚船等舱室较多的船舶,总布置图在建造和修理时显得尤其重要。它反映了船舶总的布置情况,即全船各舱室的划分与位置、各种船舶设备及位置,比较集中体现了船舶的用途、任务和经济性。

一、主要尺度和技术性能数据

主要尺度和技术数据所表示的内容有:最大长度、船体主尺度、排水量、载货量或载客量、主机型号和功率、设计吃水、续航力、服务航速、船员定额及船级等。

二、右舷侧面图

右舷侧面图是将船舶的右舷侧面投影在首尾纵中线所在的垂直平面上所得到的视图。它是总布置图的主视图,通常绘制在图纸的最上方,表示的基本内容是:

(1)船舶侧视概况,如首、尾轮廓,龙骨线和舷墙的形状,上层建筑的型式,船型,舵和推进器的类型以及舷窗、烟囱、桅的设置等。

(2)主船体内部舱室的划分概况,如机舱位置、货舱分布、横舱壁位置和数量、甲板及平台位置和数量等。

(3)船舶设备布置的概况,通常在右侧面图中可以看到锚、系泊、救生、起货、舵等设备布置的概况。

(4)门、窗、扶梯等的布置概况。

三、货舱正视横剖面图

该图是从船首正前方投影船舶货舱所得到的视图。该图主要包括货舱、船底及舷侧的布置形式、上层建筑布置形式与层高等内容。

四、各层甲板和平台平面图

各层甲板和平台平面图表示的基本内容是:

(1)主船体所具有的各层甲板的俯视图;

(2)上层建筑各层甲板及平台的俯视图;

(3)各层甲板与平台上有关开口、舱室位置及大小;

(4)各层甲板与平台上有关门、窗、通道、扶梯等的位置和方向;

(5)各层甲板或平台上有关设备、家具及其他用具的具体布置位置。

五、舱底平面图

舱底平面图是沿最下层甲板或平台下表面剖切船体后所得的视图:

(1)对双层底而言,表示了双层底上面的舱室、设备布置的情况以及双层底空间内液舱布置的情况。

(2)对单层底而言,表示了船底构件上方舱室、设备布置的情况。

第三章

船舶管系

随着船舶的不断发展,船舶管系种类越来越多。干货船通用管系按用途分为舱底水管系、压载管系、空气管与测量管、通风管系、消防管系、日用水管系、甲板排水管系及卫生排泄系统等,其中前六项属于甲板管系。本章介绍以下几种管系的组成和作用。

一、舱底水管系

舱底水管系又称为污水管系(bilge piping system)。船舶在营运过程中,船体结构和舱内货物等的湿气形成的冷凝水,清洗船舱、机器与管路的渗漏水,尾轴管的渗漏水等,均集聚于货舱污水沟(或污水井)及机舱底部。为了及时排除这些积水,避免湿损货物及影响机器的正常工作,每艘船都专门设有舱底水管系。此外,发生海损事故船舱进水时,舱底水管系还担负排水任务,为堵漏争取时间。

舱底水管系由下列几部分组成:

1.污水沟和污水井

污水沟(bilge drainage)位于舭部,由下倾式内底边板和舭列板围成。在采用其他类型内底边板的船底结构中,每舷设一个污水井(bilge well),其容积应不小于 0.15 m^3。污水井一般内设一道横舱壁将其分成两个小的舱室(容积比为 3∶1),一旦井内水位高于一定的高度,污水会自动流入有吸口(suction)的较小的舱室,大部分污物将沉淀在较大的舱室里,这样可以降低堵塞污水管路的可能性。污水井上方的带孔盖在装货前一般要用麻布包好,以免使一些小的货物颗粒(如小麦、玉米等)掉入。

2.吸口与过滤器

每一污水沟或污水井内均设有一个吸口。由于船舶多处于尾倾状态,吸口均布置在各舱后部的最低处。为了防止杂物堵塞舱底水管,在吸口处设有过滤网箱(strum box),俗称黄蜂巢,过滤器的网孔直径不大于 10 mm,且滤网箱子的流通面积不小于舱底水吸入管截面积的 2 倍。

3.舱底水泵与舱底水管

每艘船舶至少应装置两台独立的动力舱底泵(bilge pump)。卫生泵、压载泵及通用泵,如果其排量足够并与舱底水管系有连接,均可作为独立动力舱底泵。所有动力舱底泵均应为自吸式。

舱底水管(bilge pipe)的内径必须保障排水畅通,且与相应的舱底泵排量相匹配。舱底水管一般沿着船的两舷舭部布置,也可布置于双层底内,并且要求在船舶正浮或向任何一舷倾斜小于5°时,均能排干污水。为了防止舱底水管路间发生互通,舱底泵与舱底水总管的连接管、分配阀箱、直通舱底泵吸入管均装有截止止回阀(non-return valve),止回装置也可装在其他位置,但应该保证海水或压载水系统和各舱室的吸口之间不少于2道止回阀。

4.泥箱（mud box）与油水分离器（oily water separator）

为防止污物进入管路产生堵塞或损坏泵阀,在机舱、炉舱、轴隧的舱底水总管和支管,设置有过滤沉淀物、泥沙的箱子,以免污泥吸入泵中,舱底水管系中设置有油水分离器,可将污水中的油分离后排出舷外。

5.污水井（沟）测深管

每个货舱的污水井(左、右)都设有一根上通至主甲板的测深管,管的上口配有旋塞(faucet)或螺纹盖(threaded cap),以防止污物堵塞测量管,同时也能防止海水倒灌入污水井内造成货损。管的下口位于污水井底部接近吸口处。

船舶载货前,要保证污水井的清洁和干燥,任何杂物都不应放在污水井内以免在排水时杂物堵塞阀门或管路,导致污水排不净等。

船舶载货航行时,必须密切注意污水井的液面高度,发现有异常的水位增高现象,立刻排出污水,同时找出原因,尽一切可能减少货损量。机舱人员的误操作及相关阀门的异常损坏也是污水倒灌的直接原因。

二、压载管系

压载水管(ballast pipe)用于输送压载水。压载水系统的作用是调整不同装载时的浮态,包括纵倾、横倾和吃水,通过改变船舶的重心高度来改善船舶的稳性、快速性以及船体的强度;另外,如破冰船还可以利用压载水系统进行破冰作业,潜水船可用压载水系统进行沉浮,对于不对称破舱淹水时,也可以用压载水系统消除横倾等。压载管系的布置图如图3-1所示。

1.压载舱与吸口

以最少的压载水量达到目的,是压载水系统的主要要求。压载水舱一般是利用不宜载运货物的空间,如首、尾尖舱,双层底内以及特殊的深舱和利用舷边、舷顶角舱等,作为压载舱。现代船舶一般都在双层底舱内设有专用压载舱(ballast tank),吸口一般设在后端。当压载舱长度超过35 m时,还在其前端设置吸口,以保证能在正常营运条件下注入或排出压载水。压载的方式一般有自压和泵压两种。自压是指利用舷外的水压,按自流方式通过通海阀及阀箱送入各压载水舱,缺点是速度相对泵压压载速度慢,优点是压载水不会压满溢出,从而影响卸货。

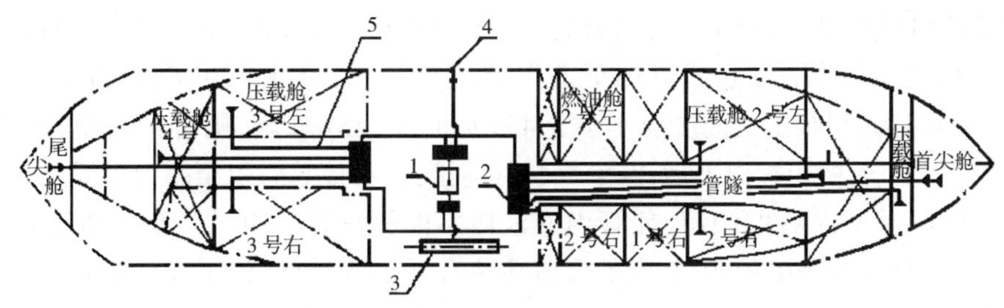

图 3-1 压载管系布置图

1—压载泵(ballast pump);2—调驳阀箱(control valve casing);3—舷外水总管(overboard main line);4—舷旁排出阀(overboard discharge valve);5—轴隧(shaft tunnel)

2.压载水管

在机舱前的压载舱的压载水管一般布置在双层底内或箱形中桁材(管隧)内。机舱里的压载水管布置在内底板上。机舱后的压载水管一般布置在轴隧里。当压载水管不可避免地要穿过油舱或淡水舱时,需设置管隧将其隔离。

压载水管上还设有许多阀门。注入或排出压载水均通过同一根水管,故只能设截止阀而不能用止回阀。在每一吸口旁的压载水管上均设有截止阀。通海阀一般位于机舱底部或舭部,也采用截止阀。排往舷外的排水阀应为单向阀,以防海水倒灌。此外,在压载水管通过防撞舱壁处还应设有截止阀,并在舱壁甲板上就可以操纵。

3.调驳阀箱

调驳阀箱(control valve casing)设在机舱内,用于连接各压载支管和压载总管,也便于集中控制。调驳阀箱的工作原理如图 3-2 所示。左图实线箭头表示把 No.1 左压载舱水驳至No.2 右压载舱;虚线箭头表示把 No.1 左压载舱水排出舷外。右图表示利用舷外海水压力将海水经通海阀注入 No.1 左压载舱内。

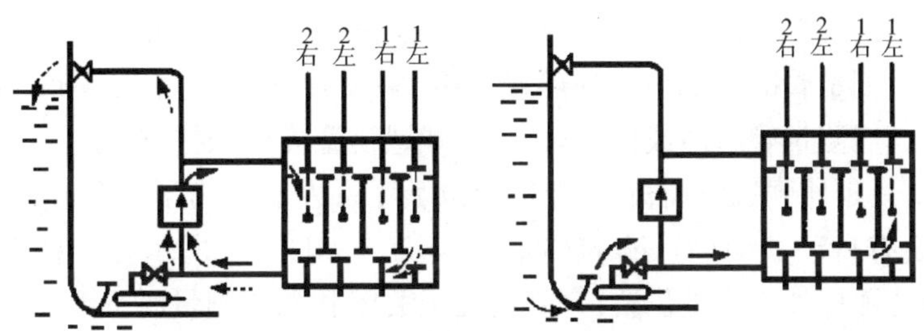

图 3-2 调驳阀箱的工作原理

三、空气管与测量管

1.空气管

空气管(air pipe)的作用在于使液体舱柜在灌注或排出液体时,舱内的空气得以通过它进出,灌入时不至于形成气垫,排出时也不至于形成部分真空。除污水沟(井)外,每一液舱均应装设一只空气管以便能顺利地将液舱清空或装满。

空气管的内径不得小于 50 mm,油船上的空气管不得小于 100 mm。空气管的下端口连接在各舱柜最高处的顶板上,上端口伸至上甲板或机舱内,在干舷甲板上的高度应不小于 760 mm,在上层建筑甲板上的高度应不小于 450 mm，若无法实现,则可将储存的同类液体的各舱柜空气管引至舱壁甲板以上后,与空气总管连接,并将该总管引至露天甲板以上。空气总管的布置一般需要 5°左右的倾斜,使管内的液体不能够积存。为了防止杂物或海水进入管内,空气管上端做成约 180°的弯头,有的管口还装有开关或浮球,如图 3-3 所示。油船的空气管口上还装有防火金属罩(flame screen)。

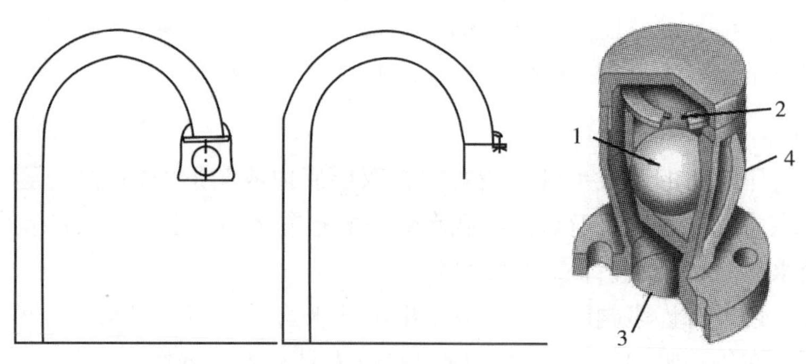

图 3-3　空气管

1—塑料球(plastic ball);2—橡皮垫圈(rubber gasket);3—空气管上部端口(vent opening);4—空气和水释放管(air and water release pipe)

2.测量管

在船上的每一个液舱、隔离空舱、管隧和不易经常接近的污水沟(井)中,均应设一根测量管(sounding pipe),用于测量舱内的水深。以测得水深为引数查舱容刻度表就可以得知存水量。

测量管的结构如图 3-4 所示。其下端口应位于液舱最深处,管口有开式和闭式两种。前者需在船底板上焊一圆形垫板,称为防击板(striking plate),以免测量时钢尺经常与船底板撞击而损伤船底板。测量管的上端口直通舱壁甲板,并设有螺纹盖(threaded cap),盖上有标明所属舱室的铭牌。当测量管腐蚀或损坏时,可旋开螺纹管接头,更换新管。在机舱或轴隧内的测量管,其上端口只延伸到机舱铺板、轴隧铺板以上 1 m 左右。为了避免注入油、水时从测量管溢出,在管口设有自动关闭阀(self-closing device)。如图 3-5 所示是一种重锤式自动关闭阀。重锤的重量使锤杆处于铅垂位置,自闭阀处于关闭状态。测量时只要将锤杆提至水平位置,阀口与管口对直,便可伸入测深棒。

目前,有些船上设有机械或电子测量装置,但仍必须设置人工测量用的测量管。

四、通风管系

通风(ventilation)管系是对舱室及货舱进行换气,目的在于排除室内污浊的空气而代之以新鲜空气,降低室内温度和湿度,保证船员和乘客的健康,避免货物的腐败以及使各种器材、仪表能正常使用。

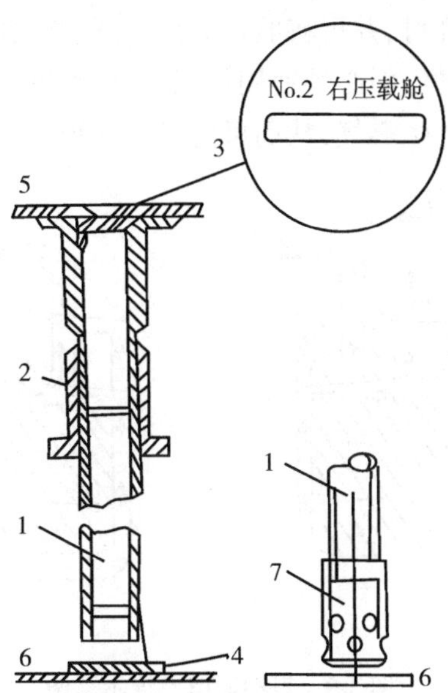

图 3-4 测量管的结构

1—测量管(sounding pipe);2—螺纹管接头(screwed union);3—螺纹盖(threaded cap);4—舱底圆垫板(bottom circle pad);5—甲板板(deck plating);6—船底板(bottom plating);7—封闭塞(closing piston)

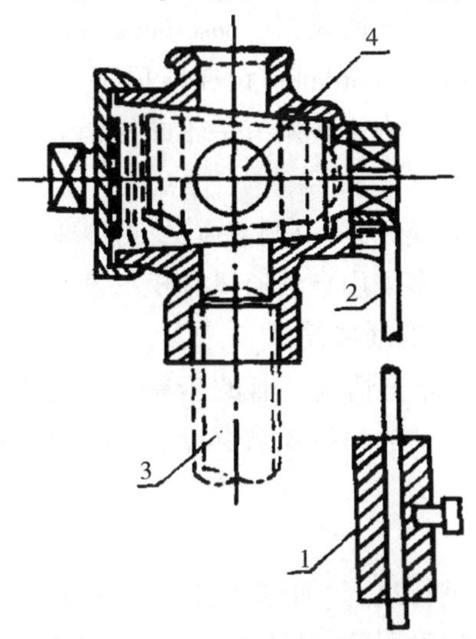

图 3-5 重锤式自动关闭阀

1—重锤(heavy punch);2—锤杆(hammer tail);3—测量管(sounding pipe);4—阀口(valve port)

1.通风方式

常见的通风方式有自然通风、机械通风和空调系统等。

(1)自然通风

它是利用空气流动时通风筒的内外压力差而使舱室达到通风换气的目的。自然通风原理如图 3-6 所示。图 3-6(a)所示为自然排气通风,这是一种缓慢而安全的通风方法,即把通风筒全部面向下风,使舱内潮湿,从而使较热的气体逐渐上升,排出舱外。如有必要和条件许可,也可以将货舱盖局部打开,使其加速排气。图 3-6(b)是将上风的通风筒面向下风,下风的通风筒面向上风,若有必要和条件许可,并可将舱口局部打开,增设临时的帆布通风筒,进行良好的舱内通风。这种方法通风效果好,但必须使用得当,舱内温度和湿度都很高,外界的温度又低,突然进行这种通风,会在舱内产生雾气,从而可能发生货损。

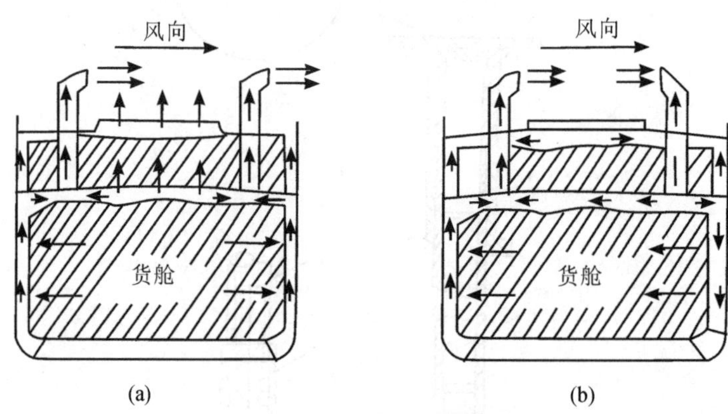

图 3-6 自然通风原理示意图

通风筒上口设有通风帽,又称为风斗,常用的有烟斗式、虹吸式、塔形式、排风筒式、鹅颈式和菌形式,如图 3-7 所示。烟斗式通风帽(cowl-head ventilator)多用于小型船舶货舱和机舱通风。风斗套在管座上,上面设有把手可以转动风斗。排风筒式通风帽(uptake ventilator)多用于小型船舶靠近两舷的舱室。鹅颈式通风帽(goose-neck ventilator)用于水柜或油柜上,上口设有滤网。菌形式通风帽(mush-room ventilator)设在桅顶用于货舱通风。用于厨房和住舱通风的通风帽,应装有可调节螺杆,在室内旋转调节手轮即可调节开口的大小。

(2)机械通风

机械通风由于通风机的强制换气,可以调节风量,可以采用集中控制,节省空间,通风效果比自然通风好得多。船舶实际上多采用自然通风和机械通风的混合方式以兼顾经济与效果。图 3-8 所示为货舱自然、机械通风的通风筒。

图 3-9 所示为机械通风管系布置情况。有的船在通风机上加设除湿机或除湿剂,使进入货舱的空气保持干燥。冷藏船上的通风机还与制冷装置配套使用(见图 3-10),用于向货舱输送冷气。

(3)空调系统

空调系统是对外界的空气进行过滤、加热(或冷却)和加湿(或去湿),并把处理后的空气送至各舱室来调节室内温度和湿度,起到制造人工小气候的作用,改善船员和旅客的生活居住条件。空调系统一般有下列三种设置形式,即中央集中式、分组集中式和独立式空调装置。

①中央集中式空调装置

中央集中式是在船上设置一个中央空调器,由其集中处理空气,然后利用通风管路将处理过的空气送至各舱室以达到调节舱内温度和湿度的目的。这种形式多见于货船。

②分组集中式空调装置

分组集中式是在船上设置几个中央空调,分别负担部分舱室。这种形式多见于客船。

③独立式空调装置

独立式是安装在所需舱室的小型空调,仅对所设置的舱室起空气调节作用。

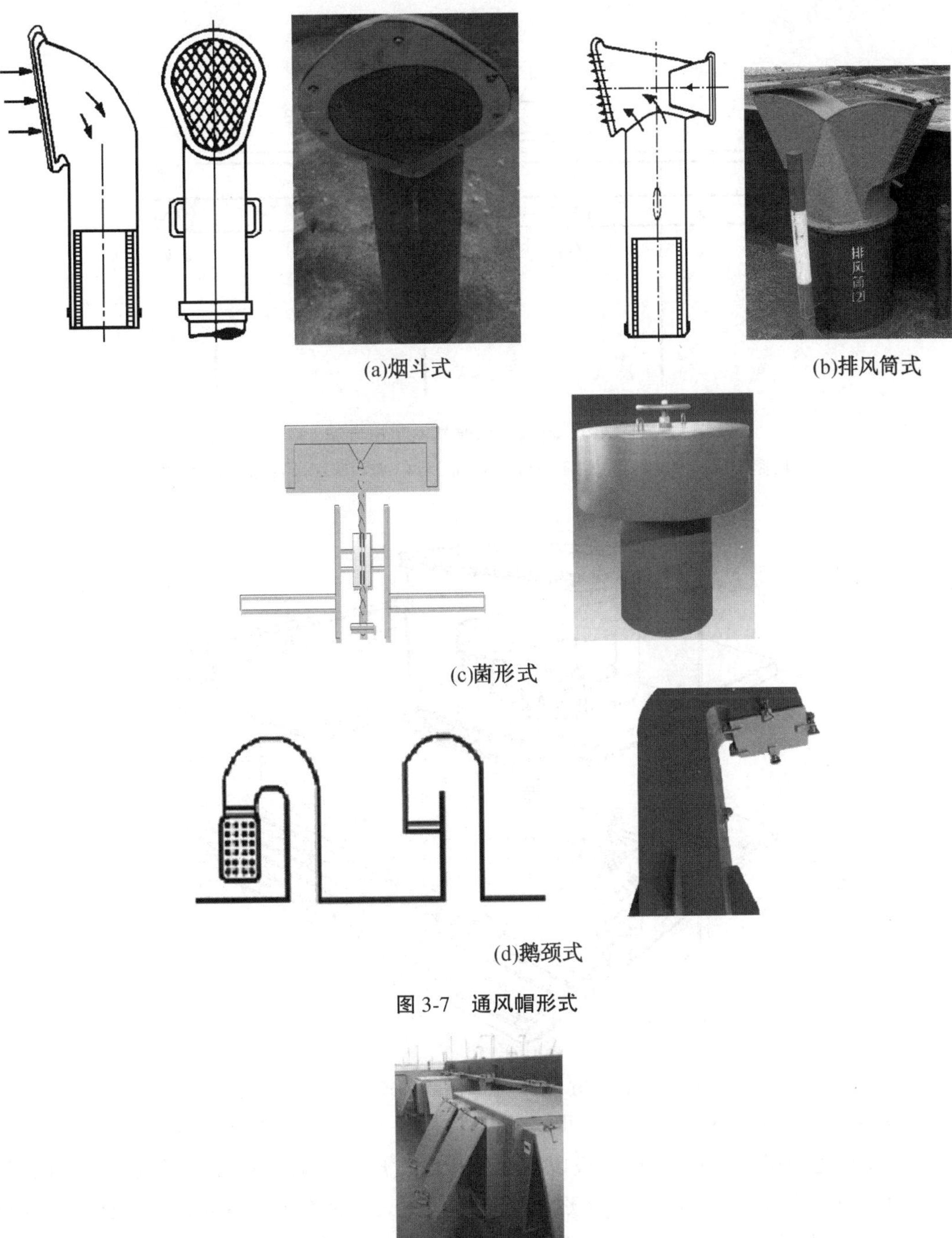

(a)烟斗式　(b)排风筒式

(c)菌形式

(d)鹅颈式

图 3-7　通风帽形式

图 3-8　货舱自然、机械通风的通风筒

2.通风管系的布置要求

(1)通风帽(筒口)应设在开敞甲板上,并尽量远离排气管口、天窗及升降口等处。

(2)依据《国际航行海船法定检验技术规则》及《1966 年国际载重线公约》附则 I 的有关规定,当通风筒是在(位置 1)露天的干舷甲板和后升高甲板上,以及位于从首垂线起 0.25*L* 以

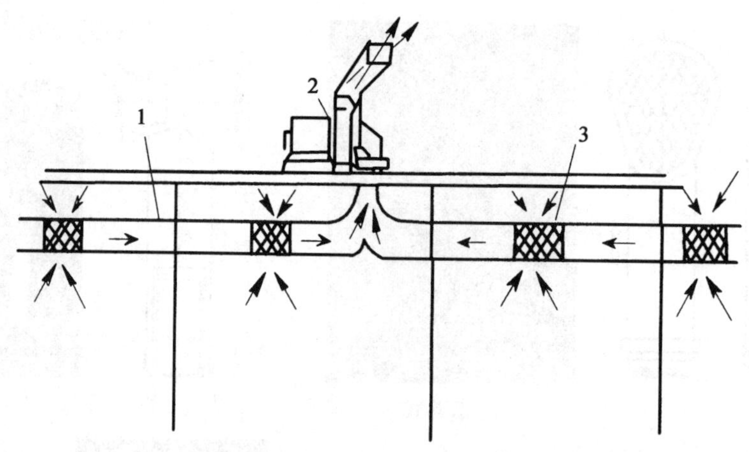

图 3-9　机械通风管系布置示意图

1—通风管路(vent pipe line);2—通风机(ventilator);3—吸扣网罩(suction filtering screen)

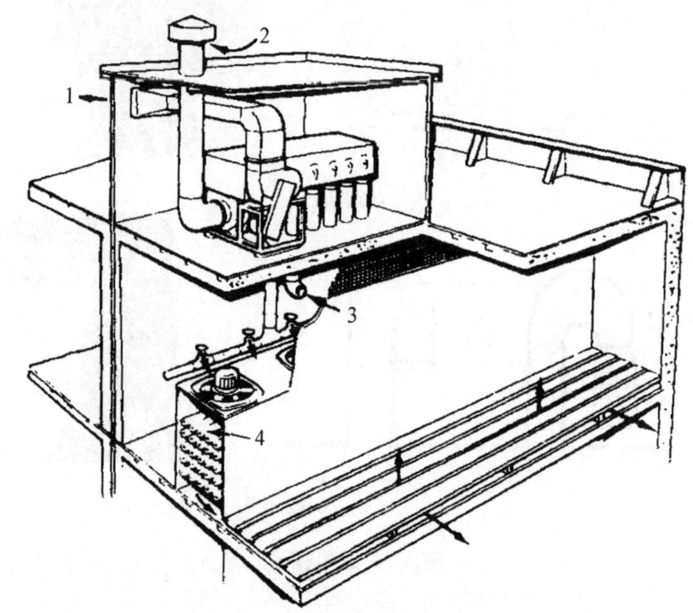

图 3-10　冷藏船货舱的通风管系

1—废气排孔(exhaust gas exit hole);2—进气孔(gas intake hole);3—货舱(cargo hold);4—冷却管(cooling pipe)

前的露天上层建筑甲板上时,其在甲板以上的围板高度应至少为 900 mm;当舱口是在(位置2)位于从首垂线起 0.25L 以后,且在干舷甲板以上至少一个标准上层建筑高度的露天上层建筑甲板上,以及在位于从首垂线起 0.25L 以前,且在干舷甲板以上至少两个标准上层建筑高度的露天上层建筑甲板上时,其在甲板以上的围板高度应至少为 760 mm。

(3)通风筒结构应坚固,并与甲板牢固连接,当任何通风筒的围板高度超过 900 mm 时,必须有专门的支撑。

(4)通风管不得穿过舱壁甲板以下的水密舱壁。

(5)应设有能在外部关闭通风筒的有效装置,以防火灾时能利用其迅速关闭通风筒控制火势。

(6)必要时通风筒口应设风雨密装置。

五、消防管系

消防管系(fire extinguishing system)是指船舶按规范规定设置的各种固定式灭火系统。船上常用的固定灭火系统有:水灭火系统(是每艘船舶都配备的消防管系)、气体灭火系统、泡沫灭火系统、水雾灭火系统、自动喷水系统及惰性气体保护系统(仅配备于油船和液化气船)等。

水灭火系统的甲板管系除主要用于灭火外,平时还可用于冲洗甲板,起锚时冲洗锚链和锚,与手提式泡沫枪装置配套使用,散货船与可装载散货的多用途船用其对货舱进行初洗,老式散货船用其向顶边舱灌装压载水。

六、日用水管系

日用水管系(domestic water supply system)用于供应船舶管理和船员生活用水,主要有日用淡水系统、日用热水系统及饮用水系统等。一般有重力水柜、压力水柜、循环泵三种供水法。

七、甲板排水管系

1.作用与组成

甲板排水管系(deck scupper system)是用于排除露天各层甲板或地板积水的系统,主要由甲板排水器和排水管组成。甲板排水管如图 3-11 所示。

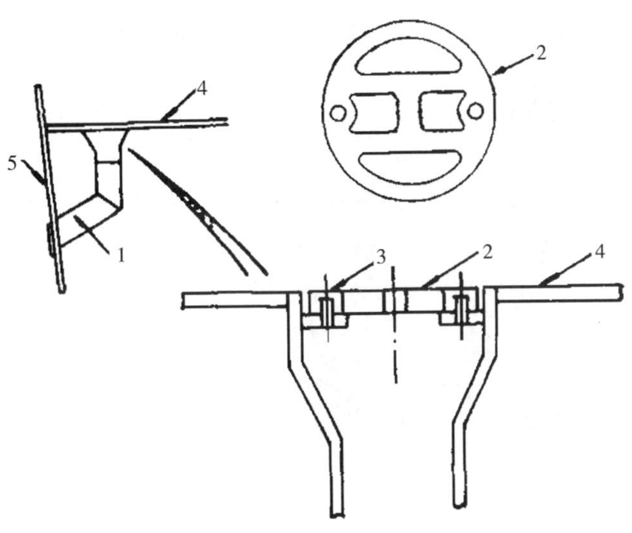

图 3-11 甲板排水管

1—排水管(scupper pipe);2—盖板(cover board);3—螺钉(screw);4—首楼甲板(forecastle deck);5—外板(shell plating)

2.应满足的要求

(1)为防污物进入排水口而堵塞排水管,在排水口处设有多孔的盖板;

（2）非封闭处所的上层建筑和甲板室的排水管和泄水管应引至舷外；

（3）排水孔应避免开在救生艇及舷梯的吊放区域内，否则必须设置挡水罩或其他有效装置；

（4）穿过外板的排水管和泄水管管壁必须加厚；

（5）为防海水倒灌，在所有开口排至舷外的排水管下口处设有止回装置，即起源于非封闭处所的任何水平面上的泄水孔和排水管，不论是在干舷甲板以下大于450 mm处还是在夏季载重水线以上小于600 mm处穿过外板，均应在外板处设置止回阀（满足有关要求者可省略）。

八、卫生排泄系统

卫生排泄系统（sanitary water system）是船上冲洗卫生设备的系统。为防止造成海洋环境污染，排泄物必须经粪便处理系统处理，方可排放入海。

第四章
船舶装卸设备

船用装卸设备又称为起重设备,系指安装于船上或海上设施上用于吊运或载运货物、设备、物品及人员等的吊杆装置、吊杆式起重机、起重机以及升降机和跳板等设备。

除滚装船、自卸船及不配备起重设备的船舶外,船用起重设备主要指吊杆装置、吊杆式起重机及起重机等。其中吊杆装置及吊杆式起重机是货船传统的装卸设备,它具有结构简单、成本低廉、维修方便的优点,是早期货船上广泛使用的一种货物装卸设备。而起重机中的回转式起重机由于具有结构紧凑、操作方便和定点着放能力强的优点,故 20 世纪 60 年代就在船上得到了广泛应用。

本章主要介绍轻型吊杆、起重机、甲板索具等内容。

第一节　吊杆装置

根据《船舶与海上设施起重设备规范》的规定,经正确安装的起重设备在设计作业工况下,证明能吊起的最大静载荷称为起重设备的安全负荷(Safe Working Load, SWL)。轻型吊杆(light derrick)系指安全工作负荷小于等于 98 kN 的吊杆装置和吊杆式起重机。

一、轻型吊杆装置的组成

轻型吊杆装置由起重柱(桅)、吊杆装置和起重设备动力机械(起货机)三大部分组成。

1.起重柱(桅)

起重柱(桅)(derrick post)是起重设备的主要组成部分之一。柱的下部设有吊杆承座,以支持吊杆旋转、变幅和承受吊杆在作业时的受力,上部设有千斤索导向滑车眼板座,以承受吊杆作业时千斤索的张力。

起重柱(桅)一般为空心钢管,为确保其具有足够的强度,应至少有两层甲板作为支点,并与船体主结构做有效连接,具有足够强度的上层建筑甲板或甲板室甲板,可作为一个支点,连接处的船体结构或甲板室甲板应做加强。对起重柱(桅)上受集中载荷的部位,如吊杆承座、千斤索导向滑车眼板等部位,均应做适当加强。起重柱(桅)的最小壁厚为 6 mm,如起重柱(桅)兼作通风筒时,则应不小于 7 mm。起重柱(桅)在千斤索眼板处的外径一般不小于其根部外径的 85%。

起重柱(桅)的结构形式较多,常见的有单桅起重柱(samson post)、门式起重柱(goal post)、"人"字形起重柱(bipod mast)和"V"型起重柱(V-type derrick post)。图 4-1-1 所示为单桅式起重柱,图 4-1-2 所示为门式起重柱。

图 4-1-1 单桅式起重柱

图 4-1-2 门式起重柱

2.吊杆装置

吊杆装置(boom derrick)由吊杆、绳索及索具等组成。

(1)吊杆

钢制吊杆为在全长范围内直径与厚度保持不变的圆筒形等截面杆件,或中段直径与厚度保持一定长度不变,再向两端直径逐渐减少的变截面杆件,用以支撑吊货滑车。任何情况下钢质吊杆的壁厚不得小于 4 mm。

吊杆头部装有吊杆环眼箍,以对该部位做适当加强,环眼箍上设有千斤索眼板、起货滑车眼板及稳索眼板等。吊杆根部由叉头装眼板通过吊杆转轴(鹅颈头,goose neck)与固定在桅或起重柱上的吊杆承座相连接,以实现吊杆旋转及变幅。

(2)绳索与索具

吊杆装置中所使用的绳索主要有千斤索、起(吊)货索、稳索等,吊杆装置中的索具有吊货与吊货导向滑车、千斤索与千斤索导向滑车、稳索用滑车、有节定位索、三角眼板、卸扣及吊货钩等。

①千斤索

千斤索(topping lift)是承受吊杆载荷,并控制吊杆仰俯和/或回转的钢索。千斤索的一端通过千斤索滑车组的千斤索滑车与吊杆环眼箍或眼板相连接,另一端穿过千斤索导向滑车后垂直向下通至千斤索绞车,利用千斤索绞车的绞收或松放来控制千斤索的长度,实现调整吊杆仰角和/或左右回转(双千斤索无稳索)。

②吊货索

吊货索(cargo fall)是吊放货物,控制货物起升或降落的钢索。吊货索的一端与吊货钩相连(采用吊货滑车组的,则是通过吊货滑车与吊货钩相连),双杠联合作业时,则是通过三角眼板将两根吊货索与吊货钩相连;另一端经吊杆头部的吊货滑车、中部的过桥滑车及吊杆根部的吊货导向滑车后引至起货绞车。吊货索动作频繁,是最易磨损的绳索。

③稳索

稳索(guy)是用于调整和固定吊杆位置的钢索和/或纤维索。稳索的种类随轻型吊杆使用形式的不同而不同。

稳索的一端连接在吊杆头部吊杆环眼箍的两侧或该处两侧的眼板上,另一端引至稳索绞车或系固在舷墙地令(或眼板)上。对采用单千斤索单杆操作的轻型吊杆来说,稳索的另一端引至稳索绞车,并由绞车操作,此时的稳索称摆动稳索(又称为牵索,slewing guy),摆动稳索通常在吊杆头部左右各设一根,通过绞车一绞一松,即可实现单杆的左右回转动作。对采用双杆联合作业的轻型吊杆来说,每根吊杆头部的外侧设两根稳索,称边稳索(俗称边盖,side guy),其中一根称调整稳索(俗称软盖,adjustable guy),一般由钢索与纤维索绞辘组合而成,其中绞辘中的定滑车通过卸扣与舷墙地令(或眼板)相连,操作人员手握辘绳力端。调整稳索仅用于吊杆的布置与调整,吊杆工作过程中基本不受力。另一根为保险稳索(俗称老盖,insurance guy),一般用有节定位索或钢索制成,其另一端与舷墙专用装置相连。保险稳索用于固定吊杆工作时的位置,并承受吊货时吊货索的水平张力,保险稳索是受力最大的绳索;两吊杆头部内侧间由一纤维索绞辘相连,称中稳索(俗称中盖,mid guy),辘绳力端通过设在起重柱(桅)桅肩上的导向滑车引至起重柱(桅)下部,并挽在专用羊角上固定。中稳索用于吊杆的布置、调整及防止吊杆在工作过程中的外张与晃动,受力最小。

3.起重设备动力机械

起重设备动力机械(起货机)为布置起重设备与装卸货物的动力源。

(1)起货机的种类和特点

船用起货机(cargo winch)主要有电动和电动液压两大类。

电动起货机(electric cargo winch)线路比较复杂,需要较高的管理维护水平,但其具有操作简单、运转平稳等特点,船上应用较为广泛。

液压起货机(hydraulic cargo winch)与电动起货机相比具有重量轻、体积小、操作方便、工作平稳等优点,并具有良好的制动能力。但制造安装较复杂,维护管理要求高,若使用或维护不当,高压油管接头及油管本身易爆裂造成漏油。目前,液压起货机已在船上广泛应用,并显示出其独特的优越性。

(2)起货机的一般性能要求

①起货机的离合器和刹车应灵活可靠;

②制动器(刹车)的有效制动力矩应不小于其额定值的1.5倍;

③在电源中断或管路失压时,应设有防止货物落下的制动装置;

④应设有过载保护装置;

⑤操纵手柄的动作方向应与吊货钩的动作方向一致。

(3)电动起货机的操作步骤与使用注意事项

①操作步骤

a.通知机舱供电;

b.接通控制箱上的电源开关;

c.扳动操纵手柄在相应位置,即可获得相应的转动方向和回转速度;

d.使用完毕后断开控制箱上的电源开关,并通知机舱停止供电。

②使用注意事项

a.使用前应顺、倒车空转片刻,以确认起货机是否正常,同时检查刹车的可靠性;

b.在增减运转速度时,应缓慢加速,以防因负荷突然加大而烧毁电机;

c.顺、倒车换挡时,应先将操纵手柄在断电点零位(空当)处略停片刻,随后才可变换操纵方向;

d.装卸货作业时,起货机副卷筒也同步转动,但严禁同时使用以防过载而发生事故;

e.如电动机升温过高或减速箱内的油温超过规定值,应立即停止工作并请轮机人员检查。

(4)液压起货机的操作步骤与使用注意事项

①操作步骤

a.通知机舱供电,合上电动机电源开关,开启高压油泵阀门;

b.检查高压油泵的压力是否正常,如不正常,须调节至适当压力;

c.起动控制箱上的油泵开关时,应先按辅助油泵开关,过1 min后再按主油泵开关,并检查压力表指针是否正常;

d.扳动操纵手柄,即可控制油马达的转动方向和回转速度;

e.使用结束后,应先关主油泵再关辅助油泵,并通知机舱停止供电,最后关闭高压油泵阀门。

②使用注意事项

a.使用前应顺、倒车空转片刻,以确认起货机是否正常,同时检查刹车的可靠性;

b.操纵时应缓慢加大油压,以防因油压突增造成油管接头爆裂而导致漏油;

c.装卸货作业时,起货机副卷筒也同步转动,但严禁同时使用以防过载而发生事故;

d.使用过程中如发现升降速度不一致时,可按下述方法进行零位调整:

第一步:扳动操纵手柄使零位指示灯亮;

第二步:开启手柄旁的小阀;

第三步:将手柄置于中间位置;

第四步:关闭小阀。

二、轻型吊杆的种类与操作

1.轻型吊杆的种类

轻型吊杆的种类主要有单千斤索轻型单吊杆、双千斤索轻型单吊杆和单千斤索轻型双吊杆几种，除此之外，还有液压传动式单吊杆等，但很少用。

轻型单吊杆与轻型双吊杆相比具有承吊重量大、吊杆和属具少、作业时可随时回转和变幅及有利于装卸舱内各部位的货物等优点；缺点是装卸速度较慢，常常需要三台起货机同时工作。

2.轻型吊杆的操作

(1)单千斤索轻型单吊杆

单千斤索轻型单吊杆的作业特点是吊杆头部转动带动货物移动。

单千斤索轻型单吊杆为吊杆头部设有一根千斤索和两根摆动稳索的轻型单吊杆。千斤索通过千斤索导向滑车后被引向千斤索绞车，吊杆的俯仰由千斤索绞车控制。吊杆头部两侧摆动稳索通过相应的导向滑车，最终被引至同一起货机(绞车)，并由该起货机进行同步控制，实现控制吊杆的左右摆动。吊杆安全的工作负荷与摆动稳索的工作负荷按表 4-1-1 计算。

表 4-1-1　吊杆安全的工作负荷与摆动稳索的工作负荷

吊杆安全的工作负荷/kN	摆动稳索的工作负荷/kN
$SWL\leqslant 49$	$0.5SWL+4.9$
$49<SWL\leqslant 147$	$0.1SWL+24.5$
$147<SWL\leqslant 588$	$0.25SWL$
$SWL\geqslant 735$	$0.2SWL$

注：*SWL*=安全工作载荷，*SWL* 在 588~735 kN 之间时，摆动稳索工作负荷按线性内插法求得。

装卸货作业时，吊杆的俯仰由千斤索绞车控制，由摆动稳索绞车控制两根摆动稳索以同一速度一松一绞，配合使用吊货起货机完成货物装卸作业。

(2)双千斤索轻型单吊杆

双千斤索轻型单吊杆能在带载情况下由一人即可进行回转和变幅操作，故又称为吊杆式起重机。该吊杆由左右分开的两套千斤索来操纵，无摆动稳索(牵索)，如图 4-1-3 所示。双千斤索单吊杆的两台千斤索绞车均为双卷筒式，能控制吊杆的俯仰和回转。当两台千斤索绞车以相同的转速同步绞进千斤索时，吊杆仰角就增大；若以相同的转速同步松出千斤索时，吊杆仰角就减小；当操纵一台起货机绞收一侧的千斤索，而另一台起货机以相同速度松出另一侧的千斤索时，则可控制吊杆向绞收一侧转出。

(3)单千斤索轻型双吊杆

单千斤索轻型双吊杆由两套单千斤索单吊杆通过一定的方式联合起来形成了双杆联(union purchase)操作系统，其布置如图 4-1-4 所示。

每根吊杆头部均设有千斤索、吊货索、保险稳索、调整稳索及中稳索。两条千斤索控制各自吊杆的俯仰角度；各吊杆吊货索的首端通过三角眼板连接，另一端通过吊货滑车、过桥滑车

图 4-1-3　双千斤索轻型单吊杆

图 4-1-4　单千斤索轻型双吊杆

及吊货导向滑车后被引至各自的起货机；保险稳索（老盖）起到减少吊杆受力的作用；吊杆左右位置的调整通过调整稳索（软盖）来完成；中稳索（内牵索或中盖）连接两根吊杆头部内侧，调整两吊杆的张角。

采用双杆联合操作时，布置在舷外的一根吊杆称舷外吊杆（俗称小关，outside boom），另一根布置在舱口上方的吊杆称舷内吊杆（俗称大关，inside boom）。利用千斤索、调整稳索及中稳索将两吊杆调整到各自所需的位置后，挽牢调整稳索、中稳索及保险稳索，完成吊杆的布置。

卸货时，利用舷内吊杆的起货机绞进吊货索，绞收吊货索把货物吊起至超过舱口上沿后，再用舷外吊杆的起货机绞进吊货索，同时松出舷内吊杆的吊货索，将货物吊出舷外，最后，同时松出两根吊货索，将货物卸至指定的位置。装货时操作顺序相反。

三、轻型吊杆的受力分析

1.作用

掌握轻型吊杆受力情况,是设计起重设备有关零部件、选定规格尺寸和进行强度核算时的依据,是吊杆布置、调整和确保装卸货安全的依据,同时对装卸事故发生后的正确处理也有着重要意义。

2.方法

吊杆受力分析主要有图解法和解析法两种,其中图解法比较简明、直观。

3.要求

按规范规定,对轻型吊杆进行受力分析,必须满足以下几方面的要求:

(1)确定吊杆装置受力时,所取吊杆的仰角,轻型吊杆为15°,重型吊杆为25°,如吊杆不可能在此仰角下工作时,则吊杆仰角可取为实际工作的最小仰角,但在任何情况下,轻型吊杆不得超过30°,重型吊杆不得超过45°。

(2)确定起重滑车与嵌入滑车(如设有时)受力时,吊杆仰角应取实际工作中的最大仰角,一般不小于70°。

(3)计算摆动吊杆与吊杆式起重机的基本载荷为安全工作载荷(*SWL*)及吊货杆与吊钩及以上有关属具的自重。

(4)双杆系统的基本载荷为安全工作载荷(*SWL*)。

4.单千斤索轻型单吊杆各部位的受力情况

单千斤索轻型单吊杆各部位的受力可简单假定分别汇交于吊杆头部、吊杆根部和千斤索眼板处(千斤索导向滑车)。分析时假设所吊货物重量一定,吊杆自重为均质分布,即其全部重量一半集中在吊杆头部,另一半集中在吊杆根部,且不考虑所有滑车的摩擦力(如考虑,则应加上相应位置滑车的摩擦力)。根据图解法原理,当吊杆吊起一定重量负荷并处于静止状态时,作用于吊杆头部的各个力、吊杆根部的各个力及千斤索眼板(千斤索导向滑车)处的各个力的合力为零,如图4-1-5所示。而轻型吊杆作业过程中各组成部分所受作用力中,又以吊杆所受的轴向压力及千斤索所受的张力最为关键,它们是直接关系作业安全的两个力。

(1)吊杆头部受力

吊杆头部受力包括所吊货物重量(载荷)、千斤索张力、吊杆压力的反作用力、过吊货滑车后的吊货索张力及吊杆自重的1/2。

(2)千斤索眼板(千斤索导向滑车)受力

千斤索眼板(千斤索导向滑车)受力包括千斤索张力的反作用力及千斤索通过千斤索导向滑车后至千斤索绞车的拉力。

(3)吊货滑车受力

吊货滑车受力包括载荷与吊货索过吊货滑车后张力的合力。

(4)吊货导向滑车受力

吊货导向滑车受力包括过吊货滑车后吊货索张力的反作用力及吊货索通过吊货导向滑车后至吊货绞车的拉力。

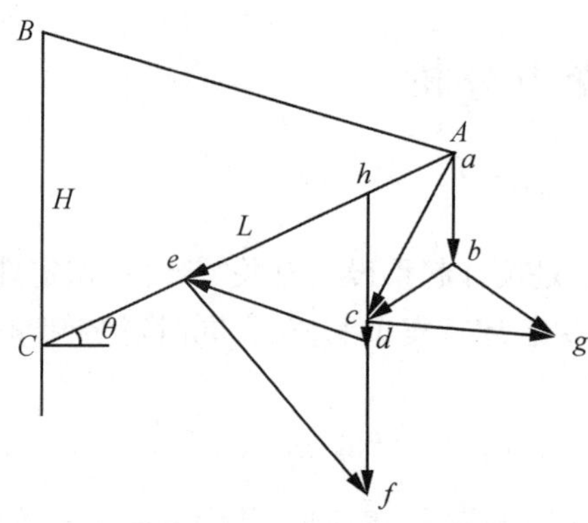

图 4-1-5 轻型吊杆受力分析图

(5)吊杆承座受力

吊杆承座受力包括吊杆轴向压力、1/2 吊杆自重与吊货导向滑车受力的合力。

5.单千斤索轻型单吊杆受力分析结论

单杆作业时，若吊货索或千斤索采用滑车组，则通过滑车组后的绳索张力，均应按滑车组的省力倍数来计算。

对一确定的吊杆而言：

(1)吊杆所受的轴向压力(用 R 表示)与吊杆仰角 θ 无关，它取决于吊货的重量及吊货滑车组的滑轮数 m。即所吊货物的重量越重，吊杆所受的轴向压力就越大；吊货滑车组动滑车所具有的滑轮数越少，吊杆所受的轴向压力也越大。

(2)千斤索所受的张力(用 T 表示)与所吊货重、吊杆的仰角有关，与吊货滑车组动滑车所具有的滑轮数 m 无关。即所吊货物的重量越重，千斤索所受的张力就越大；吊杆仰角 θ 越小，千斤索所受的张力也越大。

6.双杆作业系统受力分析基本要求

对双杆操作系统，当舷内、外吊货杆处于同一实际工作中的最小仰角时，吊货杆的工作范围与长度应满足如下要求。

(1)舷外吊杆的舷外跨距应不小于中部船宽舷外 3.5 m，或船舶所有人要求的舷外跨距。

(2)舷内吊杆头部在货舱口内的投影位置应位于：

①当货舱口仅配有 1 对吊杆时，离货舱口对边距离不大于 $L/5$(L 为货舱口长度)；

②当货舱口同时配有 2 对吊杆时，离货舱口对边距离不大于 $L/3$；

③离货舱口边的距离为 1.5 m。

(3)当吊货索夹角为 120°时，其连接点(三角眼板)距舷墙或货舱舱口围板上缘的高度应不少于：

5 m，当 $SWL \leqslant 19.6$ kN 时；

6 m，当 $SWL > 19.6$ kN 时。

其中：SWL——双杆安全工作负荷，kN。

(4)当吊货索间的夹角取 120°时，连接两吊货索的三角眼板位于最低位置。

(5)双杆操作的吊杆，应使吊杆在任何工作位置不发生倾翻情况，为满足此要求，一般应使千斤索上受力的减轻量(吊货索与保险稳索水平分力的合力)乘以吊杆仰角的正切所得之值不大于吊货索和保险稳索垂直分力之和。

(6)双杆系统中连接两根吊杆头部的内牵索(中稳索)工作负荷应取双杆系统安全工作负荷的20%,但不小于9.8 kN。

四、双杆联合作业时的布置要领及操作注意事项

1.双杆联合作业时的布置要领

(1)舷内吊杆(大关)

吊杆仰角:为避免千斤索张力降为零或为负值,最大仰角应小于75°,以防翻关。

保险稳索:尽量使其水平投影与吊杆水平投影成90°,以减小吊杆的水平分力,其下端应尽量布置在舷墙眼板或地令上(使其仰角越小越好),以减小其张力。如吊杆的仰角较大,其下端可略向前布置一些(下端系结点接近舱口中部或中部略偏前),这样可增大稳索与吊杆的夹角。

(2)舷外吊杆(小关)

吊杆仰角:应大于15°,一般为45°左右,仰角太小会导致千斤索张力太大。吊杆与船舶纵中线的水平投影夹角宜保持在45°~65°之间,这样既可保证吊杆在舷外有一定的跨距,又可防止两吊杆头部的距离过大,同时可避免使两吊货索受力过大。

保险稳索:其根部应尽量向后并系结得高一些,即应系结在舷墙上专用于系固舷外吊杆保险稳索根部的眼板或地令上,使其水平投影与吊杆的水平投影夹角不小于20°,以达到减小其对吊杆的作用力及不影响装卸货的目的。

舷外吊杆的跨距:应保证达3.5 m及以上。

(3)应注意的事项

①正确合理地选择舷墙上专用于系固保险稳索根部的眼板或地令,是双杆联合作业时的布置重点。

②双杆操作时,在轴向压力相同的条件下,其 *SWL* 为单杆操作的40%~60%,必须引起足够的重视。

2.起落吊杆操作及应注意的事项

吊杆的起落操作应在水手长的指挥下进行(如认为有必要,也可以由值班驾驶员亲自指挥),起落吊杆可按下列步骤进行:

(1)起吊杆

①打开吊杆支架铁箍,将稳索、吊货索、千斤索整理清楚,检查各个卸扣插销、细铁丝有无松动、脱落现象,再将吊货索松出适当长度,将吊钩从地令脱出。

②由一人将调整稳索绞辘一端扣结在舷墙面板地令或眼板上,再将辘绳在羊角上挽一道,握住力端,以便起吊杆时做适当松溜,使吊杆不左右摆动。由另一人控制中稳索并做适当的松放。

③操纵千斤索升降机(绞车)使吊杆升起,同时同步松出调整稳索与中稳索,当吊杆升至需要高度时,按止动开关使升降机停住,插上保险销子。

④调整好吊杆位置,将调整稳索与中稳索收紧挽住,然后将保险稳索系妥,收紧扣住。

(2)落吊杆

①解开保险稳索,利用调整稳索与中稳索将舷外吊杆拉入舷内;

②拔出千斤索升降机的保险销子,脱开制动铁舌,起动升降机反转,松落吊杆;

③在吊杆接近支架时,由于吊杆下垂力非常大,必须缓慢细心操作,以免发生事故;

④支架受力后,扣上铁箍,将稳索、吊货索等整理清楚,检查保险销子、制动铁舌是否放好;

⑤将吊货钩钩在专用地令上,并适当收紧吊货索,以便固定吊杆和防止吊货钢丝绳卷筒上的钢丝松乱。

(3)起落吊杆时应注意的事项

①操作前应将参与人数、人员分工、操作要点和注意事项交代清楚,并试转起货机;

②操作人员要集中精力,注意指挥者的指挥,不要左顾右盼;

③指挥者应站在适当而安全的位置,使作业人员能清楚地看到其指挥动作,以便于执行;

④严禁吊杆下方站人;

⑤应根据人员的技术水平与熟练程度情况,配备足够的作业人员,如人员不足,应一根一根地起落,以确保安全;

⑥双杆同时起落时,操纵起货机者应互相配合好;

⑦起落过程中如发现滑车或起货机的转动有不正常的声音时,应暂时停止工作,进行细致检查,以防发生事故;

⑧一切绳索必须整理清楚,以防在吊杆的起落过程中有攀住或钩住他物的现象发生。

3.双杆作业时操作注意事项

(1)严禁超关、拖关、游关和摔关。

(2)双杆操作时,两吊货索的水平分力是影响吊杆、稳索、千斤索受力的主要因素。当两吊货索夹角达120°时,每根吊货索的张力将达到所吊货物的重量。因此,货物不应吊起太高(以能过舱口围板和舷墙为准),以防两吊货索之间的夹角超过120°,使吊货索的水平分力、稳索与顶攀的受力剧增而导致严重后果。

(3)装卸货时应避免突然换向或急刹车。

(4)作业中如发现有异常情况或异常声响时,应立即停止工作,待检查并消除故障后再继续工作。

(5)作业过程中是否对吊杆的布置进行调整由值班驾驶员决定,装卸工人不得任意改变吊杆的布置状态。

(6)装卸货过程中,吊杆下方严禁站人(如图4-1-6所示),人员也不得从内档甲板通行。暂不工作时,吊货索应收绞起来,使吊货钩不碰到人头,吊货索不应盘在甲板上。

4.起重设备有关绳索安全系数的规定

钢索和纤维索破断负荷的安全系数 n,应不小于表4-1-2所列的规定。

图 4-1-6 吊杆下方严禁站人

表 4-1-2 安全系数 n

绳索种类与用途			安全系数 n
钢索	动索	吊货索、千斤索、摆动稳索	$3 \leqslant n \leqslant 5$
	静索	保险稳索	4
		桅支索	$3 \leqslant n \leqslant 3.5$
纤维索			8

第二节 起重机

起重机又称为克令吊，于 20 世纪 60 年代开始在船上使用。其具有占地面积小、工作范围大、结构紧凑、操纵灵活方便、装卸效率高、吊货后可随意改变吊货钩着落点、作业前准备工作少等优点。其缺点是结构复杂，投资高，维修难度较大。

起重机是应用最为广泛的一种起重设备。

一、起重机的种类

船用起重机如果按动力源的不同，有电动和液压两种，其中电动式应用最为广泛。如果按其使用方式的不同，又可分为回转式起重机、悬臂式起重机和组合式起重机三种。

1.回转式起重机

(1) 主要组成部分及基本参数

回转式(甲板)起重机(whirley crane)如图 4-2-1 所示。其结构由基座、回转塔架、吊臂、操纵控制室和操纵装置等组成。

基座穿过甲板与船体结构连接，并有旋转支承(上座圈、下座圈)、外围支承板和旋转结构(电动机、小齿轮、大齿轮)。回转塔架支承在基座上，包括上、下两层，上层为操纵室，下层装有三部电机，分别控制吊货索起升、吊臂的变幅及塔架旋转。吊臂根部固定在回转塔架底部，可绕根部支点上、下俯仰，其头部有两套滑车组供吊货索和千斤索用。

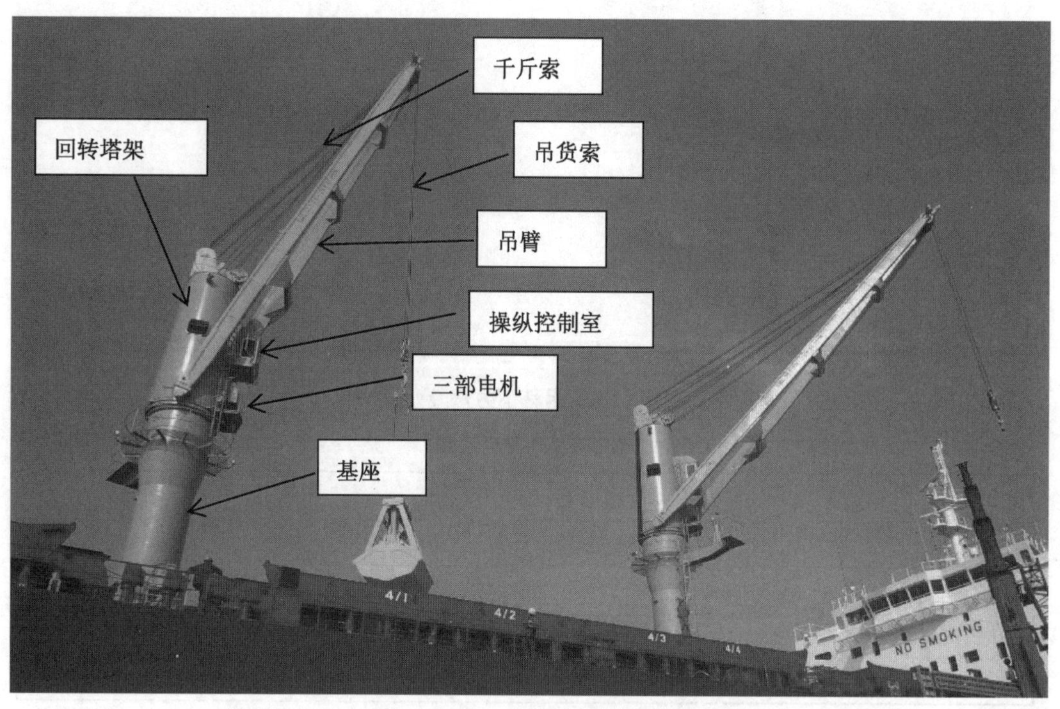

图 4-2-1　回转式起重机

起重机基本参数随起重机使用方式的不同而有所不同，如上海船厂制造的电力式起重机，其基本参数如下：

起重量	5 t
起升速度	18.9/36/73 m/min
旋转速度	1.1/0.53/0.28 r/min
变幅时间	27.8/57/109 s
工作倾角	27°～79°
最低放置角	8°
工作幅度	3.5～16 m
回转角度	360°
船舶倾角	横倾 5°，纵倾 2°，超过时应以实际情况计算

日本三菱重工生产的液压式甲板起重机，其基本参数如下：

起重量	30 t
起升速度	16.5/33/60 m/min
旋转速度	0.8 r/min
变幅时间	37 s（在 4～22 m 工作范围内）
工作幅度	4～22 m
回转角度	360°
船舶角度	横倾 5°，纵倾 2°，超过时应以实际情况计算

(2)甲板起重机的操作主令

在起重机操纵室内座椅两侧分别装有三部电机的运转控制器。

位于座椅右侧的控制器为单主令控制手柄,由右手控制,用于控制吊货索的升降。手柄向前,吊钩降下;手柄向后,吊钩上升。

旋转和变幅为双主令,通常由左手控制。手柄向前,吊臂幅度增大,仰角减小;手柄向后,幅度减小,仰角增大;手柄向左,起重机左转;手柄向右,则右转。应注意的是旋转手柄在“0”位是空挡,此时刹车合上,定子断电,电机转子为自由状态。以上三个动作可单独,也可两两组合,甚至三个动作同时进行。

2.悬臂式起重机

悬臂式起重机(cantilever crane)是一种比较新型的甲板起重机,如图4-2-2所示,主要用于集装箱装卸。与普通起重机相比,具有结构简单、装卸效率高、维修方便等特点。

图4-2-2 悬臂式起重机

3.组合式起重机

组合式起重机(combination crane)又称为双联回转式起重机,它由两个单回转式起重机一同装于同一个转动平台上,可各自进行独立的作业,也可合并在一起使用,合并使用时起重量为单独使用时的2倍,主要设置在集装箱船及多用途船上,用以吊起重量较大的货箱或重件货,如图4-2-3所示。

单独作业时,应先将操纵室内的转换开关置于“单吊”位置,此时安装在公共大转盘上的两台起重机相互脱离,可分别绕各自的小转盘旋转,最大旋转角度在220°左右。此时若两台起重机同时作业于相邻的两个舱,回转时有可能相互干涉,为了有效地防止两吊杆相互碰撞,设置了安全装置即在140°的范围内设置相应极限开关,当一台起重机进入干涉区时,极限开关工作,另一台起重机不能超越140°的范围。

吊重货时,应先将操纵室内的转换开关置于“双吊”位置,两台起重机即相互联锁,绕公共大转盘一起转动,通过组合后的起重机有主吊和副吊之分,操作时由主吊控制,回转角度为360°,再通过一吊货横梁将两吊货钩连接起来。为保证合吊使用时的安全和平稳运转,在主吊

图 4-2-3　组合式起重机

和副吊上设有起升同步和两吊臂变幅同步装置。

目前，由计算机控制的组合式起重机已在船上使用，可使组合后的起重机实现起升、变幅和回转三个自由度上的同步作业，整个操纵只需一人在操纵控制室内即可完成，也可以实现遥控操作。

二、起重机的控制与保安装置

1.控制

(1)设有起升、回转、变幅与行走(适用时)机构的控制系统。

(2)需越过限位的，可设越控开关，但应对此开关做适当保护，以防发生意外动作。

(3)设有超负荷保护或负荷指示器，超负荷保护调整在不超过 110%安全工作负荷(*SWL*)时动作。

(4)具有不同 *SWL* 相应不同臂幅的起重机，设有在给定臂幅能自动显示最大安全工作负荷的载荷指示器。该指示器能在载荷达 95%*SWL* 时发出警报，达 110%*SWL* 时能自动切断运转动力。

(5)各机构设有制动器，其中起升与变幅机构的制动器为常闭式，并具有应急释放装置以使任何载荷能下降与就位，制动器的安全系数(制动力矩与额定力矩之比)不小于 1.5。

(6)行走式起重机装有夹轨装置，以防起重机在风力或船倾作用下自动滑行。

(7)行走式起重机设有锚定装置，以供起重机停用时固定。

(8)设声光信号装置，行走式起重机在轨道上行走的同时可发出声光信号。

(9)具有不同安全工作负荷相应不同臂幅的起重机，设有臂幅指示器。

2.起重机的保安装置

(1)起升高度限位器：由差动型限位装置限制吊钩组合进入吊臂头部。当吊钩组合向吊臂头部接近约剩 2 m 时，起升的上升与变幅的下降方向自动停止，但吊钩能放下，吊臂能上仰。

(2)最大与最小臂幅限位器:仰角的限制由塔架转台侧面受吊臂脚撞触的限位开关保证。当吊臂臂幅达到最小工作臂幅时,塔架头上两个缓冲器顶住吊臂的横档,使其不再减小。吊臂需放置支架时,脚踏转换开关,就能落下。

(3)回转角度限位器:用于回转角度有限制的起重机。

(4)行程限位器:用于行走式起重机与桥式起重机的行走吊车。

上述限位器动作后,应发出报警、切断运转动力并应能将吊运的载荷与起重机保持在限位器动作时的位置上,辅助起重机(如伙食吊)除外。

(5)其他:

①吊臂最高、最低位置的限制由起升卷筒旁的限位装置保证,同时防止钢丝绳松脱。

②绞车卷筒上的钢索长度,应适应于设计范围内的任何位置使用,并在卷筒上留存的钢索在任何情况下应不少于3圈(4圈左右)。当所需收进的钢索全部绕上卷筒后,绞车卷筒凸缘应高出最上层钢索不少于2.5倍钢索直径。

③动力绞车应设置制动器,在运转力故障时,应能使载荷保持在位。绞车制动器的有效动力矩应不小于绞车额定值的1.5倍。

三、起重机的操作注意事项

以回转式起重机为例:

1.使用前的准备

(1)打开水密门以便检查和通风,天热时须起动轴流风机;

(2)检查卷筒上的钢丝排列是否正常;

(3)升起吊臂,使其处于工作臂幅范围内;

(4)检查刹车及安全装置的可靠性。

2.运转要点

(1)禁止横向斜拉货物;

(2)平稳操作,避免急速起动或停止,以使起重机震动达到最低限度,延长起重机的使用寿命;

(3)注意吊钩位置,吊钩着地后不得再松钢丝绳或拖吊钩;

(4)传动失灵时,可将货物放在地上或将吊臂放下,小心、慢慢松开电机刹车;

(5)切记避免钢丝绳在舱口摩擦,平时应加强检查;

(6)发生危急情况时,按紧急开关使各动作停止;

(7)船舶横倾角较大(接近5°)和刮大风时,应避免最大幅度旋转;

(8)吊着货物时,操作者不得离开控制室。

3.放置

先将吊臂转到支架上方,再把旋转手柄放在空挡,然后脚踏转换开关,将吊臂落到支架上,再将旋转手柄回到零位。此时,变幅钢丝绳稍有收紧,切忌很紧或很松,以免钢丝绳在卷筒上松脱,最后关闭门窗。

第三节　甲板索具

配合绳索使用的配件统称为索具。常用索具主要有滑车、卸扣、钩、眼板、眼环、紧夹索、心环、索头环和花篮螺丝(又称为松紧螺旋扣)等。绳梁在使用中,根据工作需要,必须配置以上不同的索具,才能发挥它的作用。例如,用钢丝绳作为大桅支索来稳定大桅时,需要在甲板上和桅上安装眼板或眼环,钢丝绳的两端插接成带心环的琵琶头,然后用卸扣把它们连接起来,再用松紧螺旋扣达到收紧的目的。

起重设备系统中,又将非永久性附连于起重设备上的零部件称为可卸零部件,如链条、三角眼板、吊钩、滑车、卸扣、转环、钢索索节、有节定位索和花篮螺丝等。吊梁、吊架、吊框与类似设备亦称为可卸零部件。可卸零部件的安全工作负荷为可卸零部件经设计和试验证明能承受的最大载荷。此最大载荷应不小于起重设备在安全工作负荷下,可卸零部件会受到的最大负荷不应超过此安全工作负荷。

一、滑车与绞辘

滑车与绞辘是起重设备中的主要装置,也是船上许多工作的必备工具。它既可以改变用力方向,也可以达到省力的目的。为保证工作顺利进行,我们必须掌握它们的构造、性能及其使用和保养的方法。这不仅有助于延长滑车与绞辘的使用寿命,而且也可以防止事故的发生。

1.滑车

(1)船用滑车(block)的种类

①按材质不同分类,有钢质和木质两种。钢质滑车(steel block)起重量较大,一般与钢丝绳配套使用,如图4-3-1所示。起重设备中使用的吊货滑车、千斤索导向滑车、吊货导向滑车等均为钢质滑车。木滑车(wooden block)的滑车壳是木制的,其车带有铁带和索箍带两种,木滑车主要与纤维绳配套使用。

②按所具有的滑轮数不同分类,有单轮、双轮和多轮滑车三种,如图4-3-2所示。

③按车壳与车带结构的不同分类,有闭式与开口滑车两种。图4-3-3所示为单轮铁质开口滑车。开口滑车均为单轮的钢质滑车或木滑车,用来引导绳索改变拉力方向,而无须穿引绳头。起重系统中不允许使用开口滑车。

(2)滑车的组成

不同种类的滑车,其组成结构基本是相同的,主要包括挂头、车壳和隔板、车带、轴、滑轮和轴承,图4-3-4所示为单轮滑车的组成。

①挂头(oval eye):滑车挂头的形式很多,有钩子、眼环、旋转环和卸扣等,可根据工作需要来选取。滑车的强度以挂头的强度为准。

②车壳(steel side plate)和隔板(division plate):车壳有铁质和木质两种,用以保护滑轮和防止绳索滑脱。多轮滑车的滑轮之间则用隔板隔开。

③车带(tail strop):车带直接连在车壳上,滑轮轴上的力由车带承受,然后传递到挂头上。

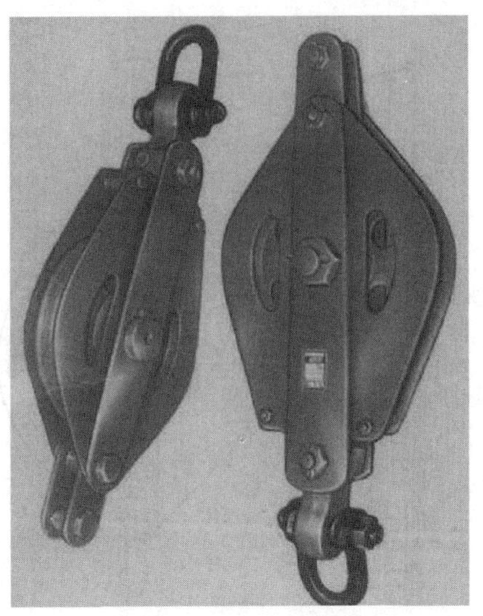

图 4-3-1 钢质滑车

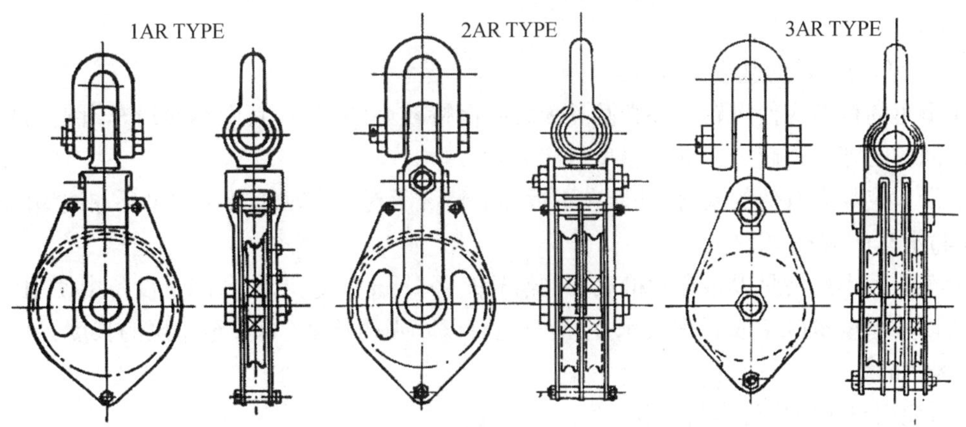

图 4-3-2 单轮、双轮和多轮滑车

图 4-3-3 单轮铁质开口滑车

④轴(spindle):轴用钢制成,它穿过滑轮后固定在车带上。其固定方法有单头螺丝、双头螺丝和压板三种,受力大的滑车轴都采用压板固定法。

⑤滑轮(cast-iron sheave)和轴承(bearing):钢质滑车的滑轮用钢制成,木滑车的滑轮材质有铁、铜或硬木几种。滑轮中心为轴承,由铜、合金钢或滚珠制成。轴穿过轴承,滑轮在轴上能

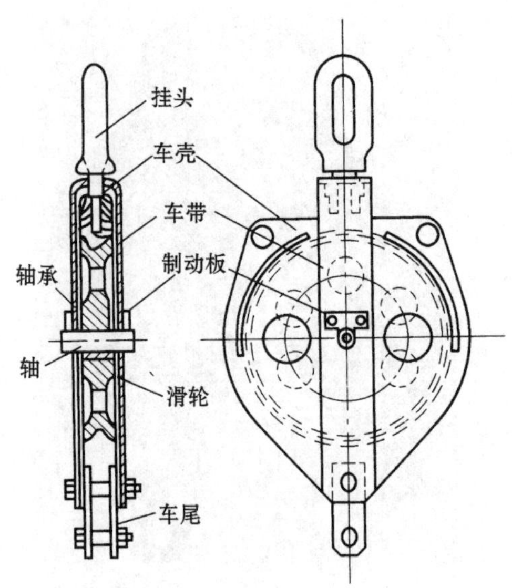

图 4-3-4 滑车的组成

自由转动。

(3)滑车应满足的基本要求

①滑车的构造应使滑轮与外壳及隔板之间保持较小的间隙,其中钢质滑车滑轮与外壳及隔板之间的间隙不得超过 3 mm,以免卡住绳索。

②滑车应具有有效的润滑,并能在不拆卸的情况下对所有轴承及头部吊环加注润滑剂。

(4)滑车的规格

滑车的大小规格是以量自索槽底部的滑轮直径(mm)来表示的。起重设备中使用的滑车规格还以其起重量(kN 或 t)来表示,木滑车也有以车壳的长度(车头至车尾的长度,单位为英寸)来表示的。

(5)使用滑车时应注意的事项

使用滑车前应注意检查车壳、滑轮等有无裂缝;滑车使用过程中如发现有异常声音,则可能是轴承损坏或是滑轮缺油而转动不灵,应及时调换或加油;滑车的使用强度不应超过其允许的安全工作负荷。

2.绞辘

滑车与绳索配合在一起使用称绞辘(tackle)。

(1)绞辘各组成部分的名称

图 4-3-5 所示为绞辘各组成部分的名称。

①辘绳(tackle-fall):贯穿在滑车上的绳索;

②力端(running end):辘绳用力拉的一端;

③根端(standing end):辘绳固定在滑车上的一端;

④定滑车(fixed block):固定在某处不动的滑车;

⑤动滑车(movable block):吊重受力时移动的滑车。

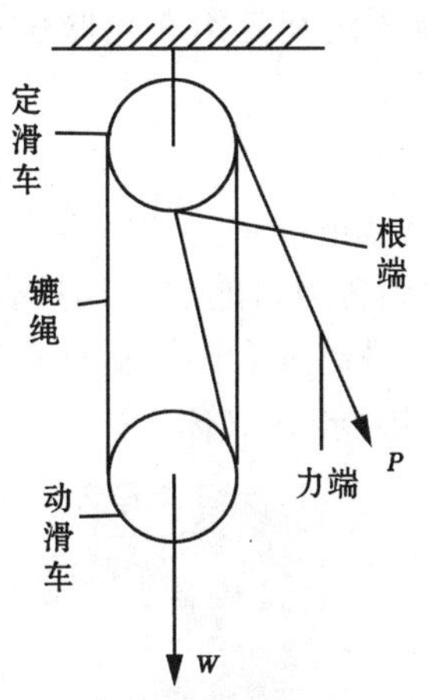

图 4-3-5 绞辘各组成部位的名称

(2)绞辘的种类

①单绞辘

单绞辘由一个单轮滑车和一根辘绳组合而成,如图 4-3-6(a)所示。

②复绞辘

复绞辘由一个定滑车和一个动滑车与辘绳组合而成,又称为滑车组。复绞辘的命名是根据定滑车和动滑车所具有的滑轮数来确定的。如图 4-3-6(b)所示,由定滑车和动滑车组成的绞辘依次为 1-1 绞辘、2-1 绞辘、2-2 绞辘及 3-2 绞辘等,其中前一位数表示定滑车及其所具有的滑轮个数,后一位数表示动滑车及其所具有的滑轮个数。当定滑车与动滑车所具有的滑轮数不同时,一般将滑轮数多的滑车用作定滑车。

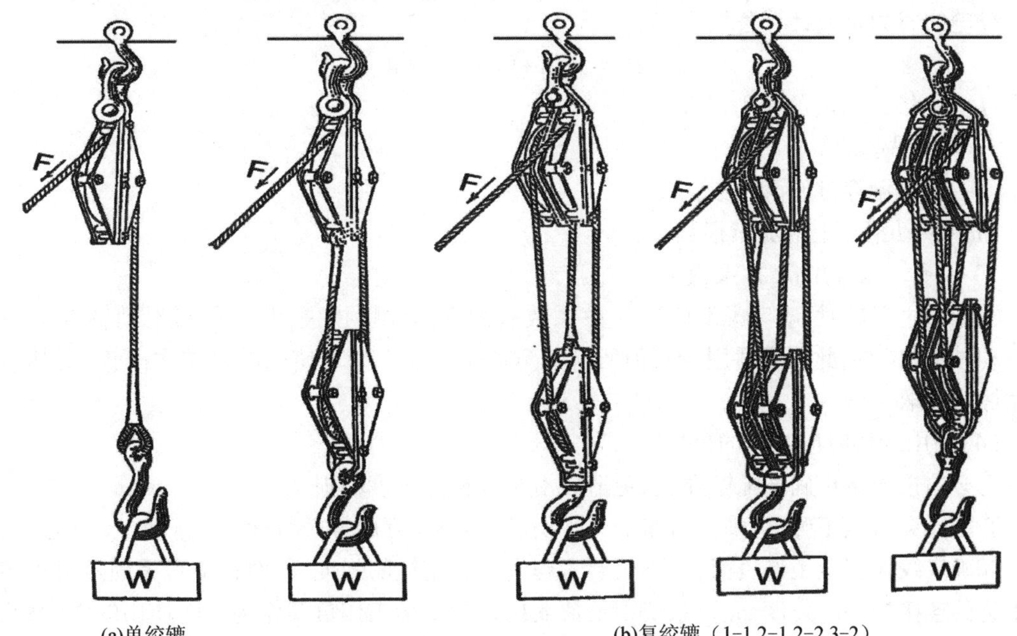

(a)单绞辘 (b)复绞辘(1-1,2-1,2-2,3-2)

图 4-3-6 绞辘

1-1 绞辘、2-2 绞辘的辘绳根端固定在定滑车尾眼上；2-1 绞辘、3-2 绞辘的辘绳根端固定在动滑车尾眼上。

③机械差动绞辘

机械差动绞辘(differential pulley purchase)如图 4-3-7 所示，又称为差动滑车、机械滑车、神仙葫芦。它是利用齿轮传动比来达到省力目的的。其具有结构坚固、省力大、占地小、使用方便等优点；缺点是工作速度较慢且吊升高度有限。适合在狭小的地方进行起重作业。起重能力有1/2 t、1 t、3 t 及 5 t 等，分别烙印在滑车壳体上。

图 4-3-7 机械差动绞辘

(3)绞辘的省力计算

绞辘的省力近似计算公式为：

$$P = W(1+fn)/m \times 9.8$$

式中：P——绞辘力端的拉力(N)；

W——吊起的货重(kg)；

n——绞辘穿过的滑轮数；

m——动滑车上的绳索根数；

f——每一滑轮的摩擦系数。

钢索通过滑轮时，应考虑滑轮的摩擦系数和钢索的僵性损失，此数值对滑动轴承取 5%，对滚动轴承取 2%，此要求适用于其他所有起重设备。如木滑车使用的是硬木滑轮，则其滑轮的摩擦系数取 10%。

(4)使用绞辘时应注意的事项

①必须按规定正确选配辘绳，以免造成滑车或辘绳过度磨损。

②辘绳穿法应正确，应确保滑车受力平衡，辘绳不相互摩擦及绞辘工作平稳、安全省力。

③确定绞辘安全工作负荷时，不仅要考虑滑车和辘绳的强度，同时还应考虑固定滑车和吊挂重物的连接构件的强度，应以系统中最薄弱构件的安全工作负荷作为绞辘使用的强度标准，不允许超负荷使用。

3.滑车与辘绳的配置

滑车的大小与所配置的辘绳有一定的比例关系，根据规范规定，滑轮直径与绳索直径之比

应不小于表 4-3-1 所列的规定值。

表 4-3-1 滑轮直径与绳索直径之比

滑车用途		滑轮直径/绳索直径	
		动索	静索
钢索	吊杆装置(包括吊杆式起重机)	13	8
	起重机、潜水器吊放系统	19	8
纤维索		6	

二、卸扣

卸扣(shackle)是连接各种绳头眼环和链索的可拆卸的环形金属构件,如图 4-3-8 所示。卸扣是船上最广泛使用的索具之一,由本体和横销两部分组成,横销有直插销和螺丝销两种,横销插入本体后,要用细钢丝扎牢或用开口销锁住,以防横销脱落。按卸扣本体形状的不同,有直形卸扣(straight shackle,又称为 U 形卸扣)和圆形卸扣(circular shackle,又称为马蹄形卸扣)两种。其大小以其本体的直径来表示,并在本体上打有其安全工作负荷标记,如没有安全工作负荷标记,则可根据卸扣本体直径按下式估算其许用负荷:

$$\text{直形卸扣许用负荷}=4.5D^2(\text{kg})=44.1D^2(\text{N})$$

$$\text{圆形卸扣许用负荷}=3.7D^2(\text{kg})=36.26D^2(\text{N})$$

式中:D——卸扣本体直径(mm)。

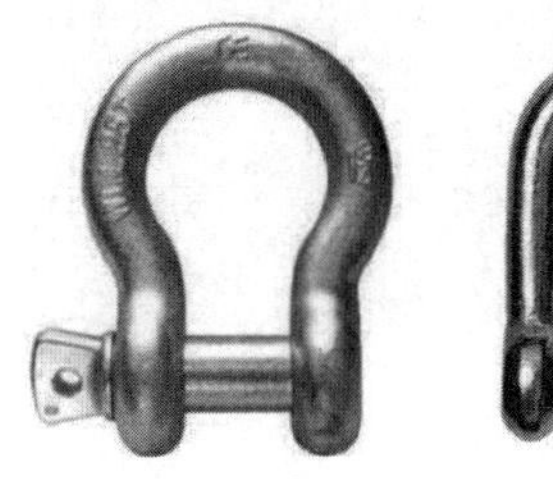

图 4-3-8 卸扣

三、钩

钩(hook)是船上常用索具之一。钩的种类较多,船上使用最广的是圆背钩,如图 4-3-9 所示。钩使用方便,但它的强度比卸扣小,其强度为同尺寸的卸扣的$\frac{1}{4}$。钩的本体上应标记有安全工作负荷,如没有安全工作负荷标记,则可用下式进行估算:

$$\text{圆背钩许用负荷}=1.0D^2(\text{kg})=9.8D^2(\text{N})$$

式中:D——圆背钩钩背直径(mm)。

钩的强度比卸扣小,使用时,应使钩背受力,以防钩子被拉直或变形。为防止使用时脱落,可在钩尖与钩背之间用绳子缠住。当钩斜钩在甲板、舷墙等处的活动眼环上时,应使钩尖朝上

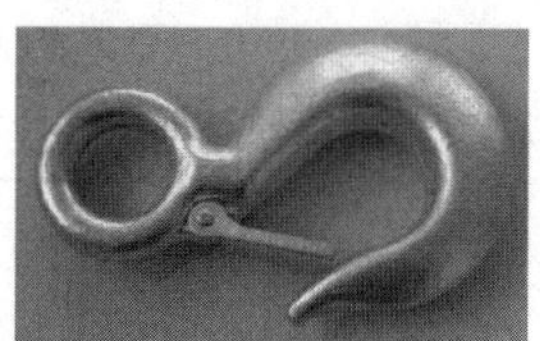

图 4-3-9　圆背钩

以防钩受力滑动使钩尖滑脱。当钩尖开口部分的间距超过原尺寸的 15%时，应换新。

四、眼板

眼板(eye plate)是一块带眼的钢板，如图 4-3-10 所示。焊接在舷墙或甲板上，供拴系支索或稳索之用，三角眼板供拴系两吊货索及吊货钩。眼板的强度根据眼板的厚度按下式估算：

$$眼板许用负荷 = 7.7D^2(\text{kg}) = 75.46D^2(\text{N})$$

式中：D——眼板的厚度(mm)。

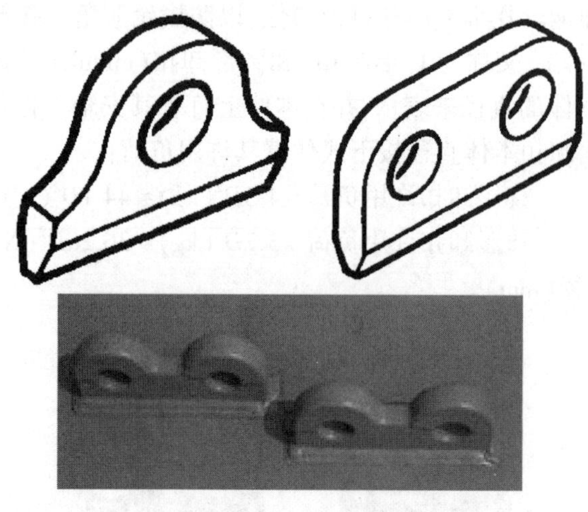

图 4-3-10　眼板

五、眼环

眼环(ring plate)是由一个固定环和一个活动环组成的构件，如图 4-3-11 所示，用于钩挂各种绳索，如千斤索、稳索等，其强度小于眼板。眼环应有安全工作负荷标记，如没有，则可按下式进行估算：

$$眼环许用负荷 = 29.4D^2(\text{N})$$

式中：D——眼环的直径(mm)。

六、心环

心环(thimble)又称为嵌环，是一种钢制的环，有心形和圆形两种，其中心形嵌环多用于钢丝绳，也可用于纤维绳，圆形嵌环则用于纤维绳，如图 4-3-12 所示。绳索在插接眼环时，将心

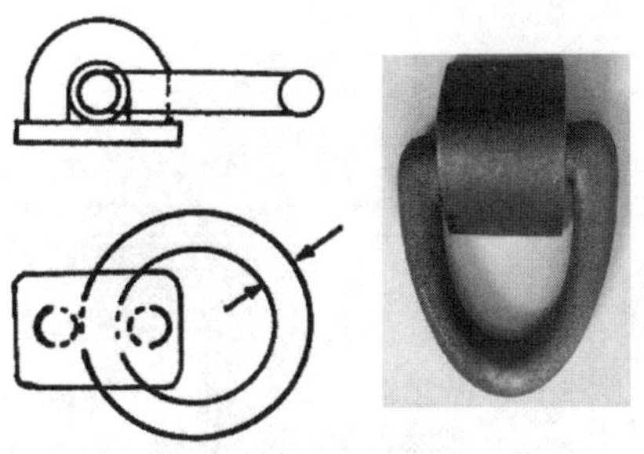

图 4-3-11 眼环

环固紧在眼环内,可避免绳索受力时的急折,并可减少内缘的磨损。

心环的大小以其内圆的直径为准,配绳时应使心环的槽宽比绳索的直径大 1.5~2.0 mm,较大的心环上具有型号和强度的标记。

图 4-3-12 心环

七、紧索夹

紧索夹(clamp)又称为绳头卸扣或钢丝夹头,由"U"形螺栓、螺帽和夹座组成,如图 4-3-13 所示,用于将钢丝绳的绳端和其绳干扎紧形成一个绳环(琵琶头),以便拴系在眼环、眼板、地令或与花篮螺丝相连,也可利用紧索夹将两根直径相近的钢丝绳临时连接在一起。紧索夹经常用于支索端固定和货物的系固,使用方便,拆装迅速,且省去了插接所需的大量时间,缺点是易使钢丝绳变形。

紧索夹的大小以"U"形螺栓的开档来衡量,单位为 mm。选用时,开档的尺寸应与钢丝绳的直径相匹配。使用个数应与钢丝绳的直径成正比,数量至少为 3 个,钢丝绳越粗,使用个数越多,相邻紧索夹的间隔约为钢丝绳直径的 6 倍。使用时,其圆头应朝向绳头活端,"U"形螺栓上的两只螺帽应逐渐、交替拧紧,以防夹座倾斜损伤螺纹,如图 4-3-14 所示。

平时应注意检查紧索夹的螺纹部分并定期加油润滑,以防螺纹损坏或生锈咬死,同时还应注意检查"U"形螺栓有无压损变形现象,以免无法拆装。

图 4-3-13 紧索夹

图 4-3-14 紧索夹的正确使用方法

八、索头环

索头环(rigging screw)有叉头和环头两种,如图 4-3-15 所示。环的下部设有上大下小的锥形圆孔,上部为叉头横销或环部,锥形圆孔的下部内径与钢丝绳的直径相同。使用时将钢丝绳绳头由下部小孔穿入,散开绳头后将铅锌金属溶液注入,待冷却后即可使钢丝绳与环连成一体。环部或横销可与卸扣等索具相连,常用于桅支索等强度要求大的静索上。

索头环的强度以环部或横销的强度来衡量。

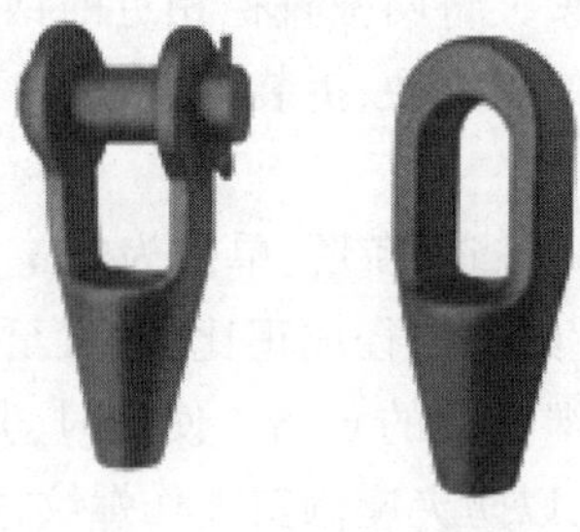

图 4-3-15 叉头和环头索头环

九、花篮螺丝

花篮螺丝(turnbuckle)又称为松紧螺旋扣(rigging screw),有闭式和开式两种,主体由两根带正倒螺纹的螺杆和一个螺纹筒(套)组成,螺杆端部有与其锻成整体的钩头、眼环或卸扣等多种结构形式,如图 4-3-16 所示。

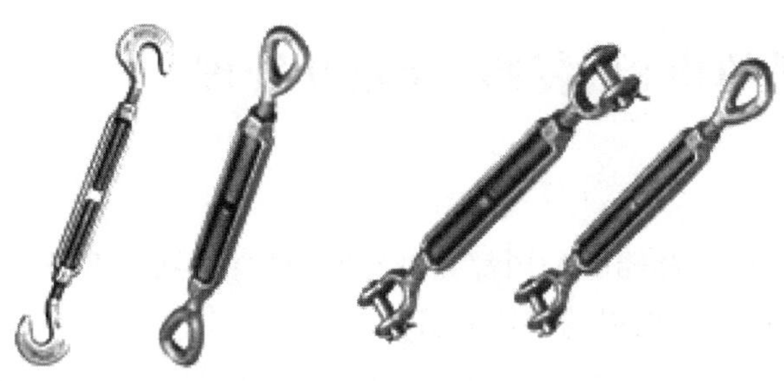

图 4-3-16 花篮螺丝

花篮螺丝是用于收紧钢丝绳、链索或绑扎杆的专用索具,但起重设备系统中不得使用带钩子的花篮螺丝。使用时转动螺纹筒(套),使两根具正倒螺丝的螺杆伸长或缩短。为防止因受力或震动可能引起的自由转动,除设有制止自由转动装置的闭式花篮螺丝外,其他不具备此功能的花篮螺丝可在螺纹筒(套)及螺杆间嵌入制止块。花篮螺丝的大小以整个螺旋扣的最大与最小长度和螺杆的直径来表示。使用时,以其螺杆上的钩、卸扣或环的强度为依据,一般均有安全工作负荷标记和配套的证书。

平时应注意检查花篮螺丝的螺纹部分并定期加油润滑,以防螺纹损坏或生锈咬死,保证其转动灵活。用于露天静索上的花篮螺丝应先涂油后再用帆布包扎,以防生锈。

第四节 物料上船

一、船舶物料定义及种类

船舶物料是指船舶生产、维修所需的燃润料、航海资料、淡水、生活和劳保用品及其他物品。

船舶物料种类繁多,一般可分为:

(1)燃润料及水,包括各种燃油、润滑油、润滑脂和蒸馏水等;

(2)黑金属,各种型钢、钢板、无缝钢管、接缝钢管、镀锌钢管、碳素钢材和合金钢材等;

(3)有色金属,包括有色金属原材料及合金、紫铜材、黄铜材、青铜材和铅、铝、锌材等;

(4)金属制品,包括各种阀门、管接头、螺栓、螺母、垫圈、开口销、焊接材料和其他金属制品等;

(5)化学品,包括各种化学原料、试剂、油漆、清洁剂等;

(6)电工材料；

(7)各种工具；

(8)仪器仪表；

(9)安全设备、劳保用品；

(10)垫料、橡胶及纤维品；

(11)各种杂品。

二、船舶物料的申领、装卸、验收及管理

1.物料申领

许多国家的船舶供应商和船舶公司都编制有船舶物料手册，手册中有各种物料的编号、规格、性能、材料等，以便指导对物料的选用和订购。

(1)船舶应事先填妥《物料申请单》，一式三份寄给公司机务部，申请单上要清楚地写明物料的型号、规格和数量等。

(2)《物料申请单》分别由各部门主管人员填写：甲板部由大副填写，轮机部由轮机长填写，船长审核签字。

(3)机务部收到《物料申请单》后，应根据船舶消耗量和实际技术状况及时审核，提出供应意见。审核后的《物料申请单》，一份存机务部，一份作为物料供应周转使用，一份存在船上作为领料、验收、登记的依据。

2.物料装卸

船舶物料的品种较多且一般属于件杂货，因此，应按照杂货安全装卸和搬运的要求进行作业，并特别注意如下事项：

(1)仔细核对物料单上的物料名称、等级、数量、规格和产地是否与现场交接的实物相符。

(2)按照货物种类和包装方式选择合适的装卸属具，有吊点的捆状货物、箱装货物按吊点位置兜套，没有吊点的一般应使用网兜或者托盘吊运。

使用网兜吊装时，应注意：

①不同货物和不同包装应采用不同材料的网兜，如小袋、小箱物料用棕绳或绳索和帆布制成的网兜，废钢、铁类的物料应使用钢丝绳网兜。

②同一网兜内有多种物料时，易碎和包装脆弱的物料应放置于避免受挤压的位置；粮食等忌油污物料不应与桶装油类、油脂以及箱装涂有防锈油的五金、机械零件等同一网兜吊装；食品类物料不能与有毒物料同一网兜吊装。

(3)装卸和搬运属于危险货物的物料时，应严格按照危险货物的操作要求进行作业。

(4)油船的物料不应在货油舱的甲板上进行上船和搬运作业，其他船舶也不应在装有易燃易爆品的货舱甲板上进行作业。

(5)鱼、肉等食品类物料应优先上船和入库，避免在高温下长时间停留。

3.物料验收

(1)物料供船时轮机长、大副应组织好有关人员到现场严格验收。验收人员根据物料申请单仔细核对所供物料的名称、规格、型号、数量、质量及合格证书等资料。

(2)涉及到安全或者贵重的物料,验收时应检查其说明书、合格证及其他相关证书等,严防三无产品供船。

质量差的、规格不对的、错供的物品应拒收。因其他原因一时不能发现的,一旦发现马上报告公司技术部,以便公司安排补供和索赔。

物料中的钢丝绳、船用气体、索具等均应严格检查。

4.物料管理

轮机部物料由轮机长负责,甲板部物料由大副负责。

(1)船存物料要建立物料帐册,重点物品、技术性物料要建立档案,如主管机关检查的物品、安全物品、直接影响生产的物品等。

(2)供船物料的产品说明书、合格证等应由负责人员妥善保管,船检证书应交船长统一管理。

(3)船舶物料间应做到标准化管理,物品堆放整齐并建立物料卡片,做到帐、物、卡相符。

(4)物料季度消耗报表是考核船舶物料基础管理的重要标准。船舶每季度向公司技术部呈报,船舶和技术部各持一份。消耗报表必须与船存及实际消耗相符。

三、物料上船的保安措施

根据《国际船舶和港口设施保安规则》、《中华人民共和国国际船舶保安规则》和《中华人民共和国港口设施保安规则》的要求,应制订船舶、港口设施保安计划保护船舶、人员、货物、货物运输单元和船上物料免受保安事件威胁。其中,为了监控船舶物料的交付,应制定各保安等级下应采取的保安措施。

船舶保安等级从低到高分为三级,分别是保安等级1、保安等级2和保安等级3。保安等级1是指应当始终保持的最低防范性保安措施的等级;保安等级2是指由于保安事件危险性升高而应在一段时间内保持适当的附加保护性保安措施的等级;保安等级3是指当保安事件可能或者即将发生(尽管可能尚无法确定具体目标)时应在一段有限时间内保持进一步的特殊保护性保安措施的等级。

1.保安等级1时应采取的保安措施

(1)在装船之前进行检查,确认送船物料与订单是否相符;

(2)确保立即对上船物料的堆放采取系固等保安措施。

2.保安等级2时应采取的保安措施

(1)制订交付船舶物料时适用的附加保安措施;

(2)在接收物料上船之前进行核对并加强检查。

3.保安等级3时应采取的保安措施

保安等级3时,船舶应遵守负责应对保安事件或威胁的人员的指令。船舶应详细制订与这些人员和港口设施部门密切合作时船舶应采取的保安措施,可包括:

(1)对船舶物料进行更详细的检查;

(2)限制或停止船舶物料装船;

(3)拒绝接收船舶物料装船。

第五章

舱盖、货舱及压载舱

第一节　舱盖

舱口是传统的货物垂直装卸作业的必经之路,货舱盖是船舶用以封闭货舱口,保证船舶货物安全并使之保证船体水密的一种封闭设备,同时还应具有一定的抵抗大件货压力的能力。舱盖开启与关闭的机械化、自动化程度高低,直接关系船舶货物的装卸效率与质量、船员的劳动强度和船舶的停港时间。

舱盖的形式很多,按制造材料可分为木质、钢质、铝质及玻璃钢四种。木质舱盖制造简单、重量轻,但开闭费时,劳动强度大,所以目前仅在内河较小的货船上还时有见到。铝质和玻璃钢舱盖具有重量轻、耐腐蚀的优点,但铝质舱盖制造复杂,造价昂贵。玻璃钢舱盖的刚度差,容易老化剥蚀,目前只用作某些小船的轻型舱盖。较大的船舶已普遍采用钢质舱盖。

按启闭动力,舱盖可分为机械牵引式和液压启闭式两种。

按结构形式或启闭方式,舱盖可分为滚动式、折叠式或提升(吊移)式三种。

一、滚动式舱盖

滚动式舱盖又可分为滚翻式、滚移式和滚卷式三种。现仅以常用的滚翻式(rolling type)为例做介绍。

滚翻式舱盖由盖板、水密装置、滚轮装置、导向曳行装置和压紧装置五部分组成。各盖板之间用链条连接,每一块盖板上都有一对行走滚轮(偏心轮),可沿舱口围板两边的面板行走,还有一个平衡轮,它不设置在板宽的中点处。当盖板进入舱口端的收藏坡道时,在重力作用下盖板便翻转成直立状态而存放,舱口较长时可将全部盖板分成两半,开启后,分别存放在舱口的两端,如图 5-1-1 所示。

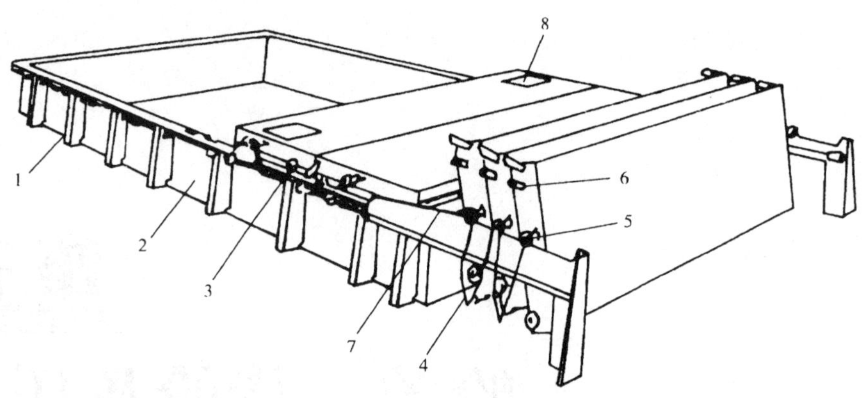

图 5-1-1　滚翻式舱盖

1—舱口围板扶强材（hatch brackets）；2—舱口围板（hatch coaming）；3—偏心轮（eccentric wheel）；4—连接链条（connecting chain）；5—上滚轮（upper roller）；6—压紧楔（dogging wedge）；7—上升轨（wheel ramp）；8—导装面板（leading panel）

关闭时，将钢索穿入舱口正前方的开口导向滑车内，再用卸扣与收藏处的首端盖板相连接。操纵起货绞车或克令吊，绞动钢索拖带前面的一块盖板，导轮沿导板滚动，继后盖板之间相互由链条拉动，当盖板后部滚轮与导板接触后，则盖板绕导轮轴转动，直至其衔接轮与前块盖板上的衔接轮座吻合为止。以后继续沿舱口围板水平材上滚动，至首端盖板与止动器相碰时为止。舱盖就位后，翻转偏心滚轮至偏心位置，舱盖四周下面的橡胶水密条压在舱口围板上，保证舱口水密，打上压紧楔及压紧器以防舱盖移动，如图 5-1-2 所示。

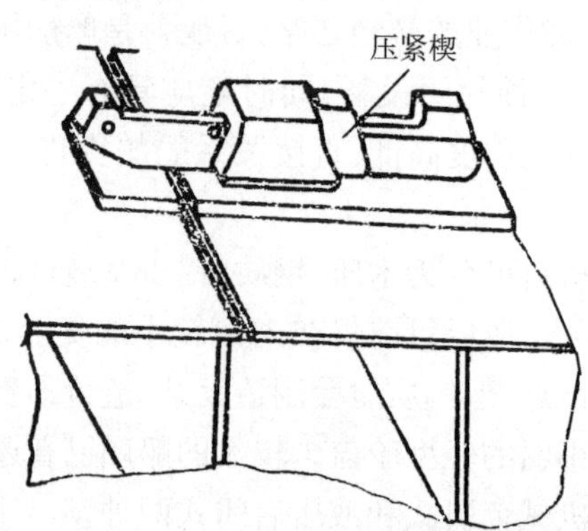

图 5-1-2　压紧楔（dogging wedge）

滚翻式舱盖的最大优点是结构比较简单，相对于其他类型的机械舱盖。它价格便宜，便于（分块）维修，在尺度、布置和用途上限制较少，因而在各种类型的船上获得最为广泛的应用。它的不足之处是所需的存放空间较大，提升及压紧作业所需的时间也较长。

滚翻式舱盖的开关操作及注意事项：

1.机械牵引式滚翻式舱盖开关操作

开关舱操作人员由水手长或值班驾驶员调配，指定一人操纵起货机，并按操作规程使起货机处于使用状态。

（1）开舱操作

①将压紧装置（舱盖上的压紧楔和舱口周围的压紧器）打开。

②操纵两侧液压千斤顶将舱盖顶起,使滚轮顶板与轨道齐平,或用撬杠顶起将偏心滚轮轴处于中心位置。

③将曳舱盖钢丝绳穿过导向滑车后缠绕在起货机的卷筒上或挂在吊货钩上。

④在水手长或值班驾驶员的指挥下,操纵起货机绞收曳舱盖钢丝绳,曳动首端盖板及拉动其他盖板向后移动,使盖板全部滚至导板上,最后直立在舱口一端的舱盖收藏处。

⑤扣住舱盖制动索。整理好索具。

(2)关舱操作

关舱操作步骤和开舱操作相反:

①将曳舱盖钢丝绳穿过导向滑车后缠绕在起货机的卷筒上或挂在起货钩上。

②解脱舱盖制动索。

③在水手长或值班驾驶员的指挥下,操纵起货机绞收曳舱盖钢丝绳,曳动首端盖板及拉动其他盖板沿轨道滚动,直至首端盖板与制动器相触为止。

④舱盖板合拢后,用千斤顶使偏心滚轮处于偏心位置,盖板便压在舱口上。

⑤将两侧的压紧器压紧,盖板上的压紧楔插牢。整理好索具。

2.液压启闭式滚翻式舱盖开关操作

(1)开舱操作

①起动油泵,空载运行5~10 min,使油温升高到正常工作温度。特别是在冬季,因油温低,黏度较大,急于操作会使油泵的排出压力过高而发生事故。

②打开压紧器,打开导轨制动锁。

③拔出制动销,扳动控制箱内的换向控制阀右移,将导轨升起。将换向阀转回到中间位置,并将制动销插到制动板孔中。

④按动力控制箱中"开启"按钮,开动驱动机开启舱盖。

⑤开舱后将导轨落下,以防装卸货时碰损。

⑥开舱完毕后关闭油泵停车后,应扳动手动旁通阀使管路释压。

⑦扣牢舱盖制动链。

(2)关舱操作

①起动油泵,空载运行5~10 min,使油温升高到正常工作温度。

②解脱舱盖制动链。

③拔出制动销,扳动控制箱内的换向控制阀右移,将导轨升起。将换向阀回到中间位置。

④按动控制箱中"开启"按钮,开动驱动机关闭舱盖。

⑤将导轨放下,将各压紧器压紧。

⑥当舱内装压载水或矿、油多用船舱内装油时,应使用螺旋压紧装置。

⑦关舱完毕后关闭油泵停车后,应扳动手动旁通阀使管路释压。

3.开关舱注意事项

(1)操作者要听从指挥,集中精力。

(2)舱口两侧的压紧器拆下后,必须放置在一定位置,以免阻碍滚轮,开舱前必须仔细检查,轨道上不能有障碍物。

(3)开关舱前,必须检查盖板顶部压紧楔,并使全部处于拆开位置,用铁销插牢,操作中使插销不能自动脱出。如在操作中发现有插销脱出，操作人员不得上舱盖调整，应将舱盖板平置于舱口后再上去调整，并用铁销插牢。

(4)操纵起货机要缓、稳，要特别注意首部盖板，曳行速度要慢。如操作不当，往往首部盖板易脱轨而影响开关舱进行。

(5)盖板之间相连的铁链应保持两面对称，否则因两侧拉力不对称，会使舱盖板脱轨。

(6)船舶纵倾时，关舱要注意防止盖板向下倾方向自由滑动。

(7)如船舶横倾较大，要特别注意防止舱盖板脱轨。必要时应用压载水调整后再进行开关舱操作。

(8)开舱后，必须用固定钩或链条将盖板固定，防止滑脱。

(9)开关舱操作中如发生盖板脱轨，可利用吊杆或机械差动绞辘，将盖板吊起调整好位置，重新放在舱口上，移正后便可继续操作。

(10)在开关舱时，所有操作人员要注意安全操作，禁止站立在舱盖上，开舱时桅屋放舱盖板处应无人，防止发生事故。

二、折叠式舱盖

折叠式舱盖（或称铰链式舱盖），按其驱动方式可分为液压驱动式（用液压）、直接拉动式（用船上起重机或吊杆）、钢索驱动式（用绞车）。

1.液压驱动式折叠舱盖

折叠式舱盖是由成对的互相铰接在一起的盖板组成。舱盖开启后，借助固定钩或止动器使舱盖板直立状态存放，如图 5-1-3 所示为两页液压铰链式舱盖。其启闭过程比较简单：开启时，油缸柱塞伸长，使铰接点上升，两块盖板便翻转折合起来。其中靠近舱口端的盖板较短，因为它与铰接臂相连，所以它的转轴离舱口有一定的距离。

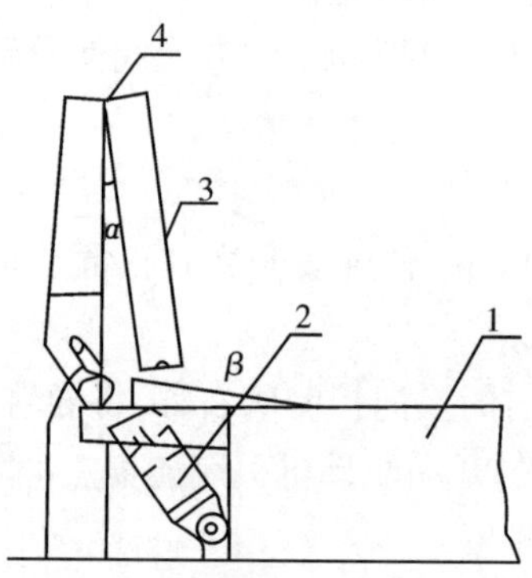

图 5-1-3　两页液压铰链式舱盖

1—舱口围板（hatch coaming）；2—液压千斤顶（hydraulic cylinder）；3—舱盖（hinged hatch cover）；4—铰链（slotted hinges）

舱口较长时，可分成两端收藏，也可采用多页铰链式舱盖。图 5-1-4 所示为四页液压铰链式舱盖。四页盖板启闭过程的顺序是：

(1)开启过程

第二组盖板(No.3 和 No.4)开始起升,同时拖动第一组盖板(No.1 和 No.2)。第二组盖板起升结束,第一组盖板才开始起升,直至全部开启完毕。当舱盖开启到贮存位置时,收藏钩自动落下,扣住舱盖,达到完好固定。

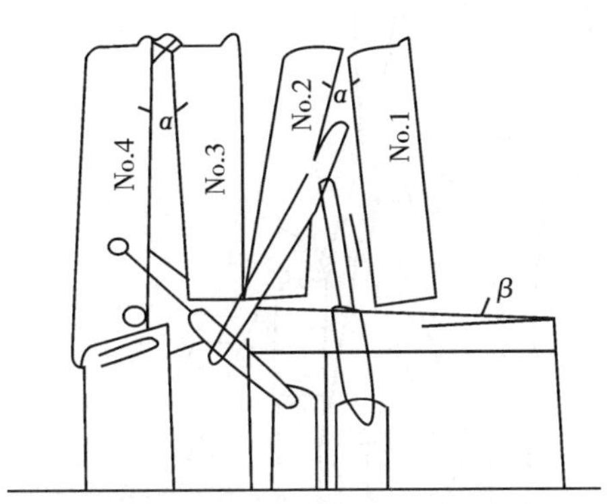

图 5-1-4 四页液压铰链式舱盖

(2)关闭过程

第一组盖板下滑完毕,第二组盖板开始下滑同时推动第一组盖板,第二组盖板下滑结束,全部关闭完毕。

处于贮存位置时两盖板间的张角 α 大小应适当,使盖板易于滑下又不致倾倒。

2.直接拉动式折叠舱盖

直接拉动式折叠舱盖由三块铰接的盖板组成。它利用船上的起货机械将盖板收藏于舱口端部。钢索穿过铰接于端板上的滑车,再与中间盖板相连接,拉紧(或放松)钢索可开启(闭)舱口。图 5-1-5 中铰接滑车、拖曳眼板置于板宽之中点,其余构件成对地安装在盖板的两边。

直接拉动式舱盖便于采用自动压紧装置,使压紧的操作与关闭舱口的过程同时进行,因而与滚翻式相比操作更为简捷,而与液压折叠式相比价格又较便宜,但是需利用船上的吊杆(或起重机)配合使用。

3.钢索驱动式折叠舱盖

钢索驱动式折叠舱盖在操作时,其相应的构件动作与液压式完全相同,但穿导钢索比较麻烦,因而启闭舱口所需时间长。

4.开关舱操作与注意事项

(1)钢索驱动式、直接拉动式折叠舱盖的开关操作

开舱操作:

①操纵专用绞车(如用起货机,须先将曳索和吊货钩连接),将舱盖缓缓拉起。

②当舱盖开启到贮存位置时,将固定钩或制动器扣在盖板上,使盖板保持直立状态。

关舱操作:

关舱步骤与开舱时相反。脱开固定钩后松放曳索,滚轮在有斜度的导轨上滑动,借助连接铰链起导向定位作用,盖板在本身重力作用下自行关闭。

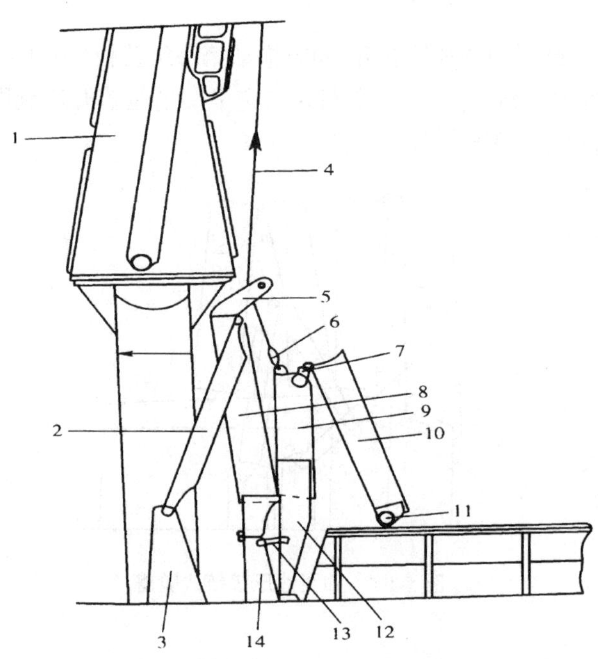

图 5-1-5　直接拉动式折叠舱盖

1—起货机(winch);2—存放臂(stowing arm);3—存放臂基座(stowing arm pedestal);4—钢索(wire);5—铰接滑车(hinged sheave);6—拖曳眼板(hauling eyeplate);7—铰链(hinge);8、9、10—板(panel);11—滚轮(wheel);12—关闭臂(closing arm);13—固定钩(securing hook);14—关闭臂基座(closing arm pedestal)

(2)液压折叠式舱盖开关舱操作

液压折叠式舱盖开关舱操作,是通过手柄控制换向阀来操作。将手柄处于各个相应位置时,就使舱盖板处于开启、停止或关闭状态。手柄移动距离大小起到调速作用。起动油泵,空载运行 5~10 min 做“无压循环”,使油温升高到正常工作温度。

停止:当舱盖处于开启或关闭状态时,将手柄放在停止位置,并用固定板将手柄固牢。

开启:开启前,必须拆开舱盖板上的全部压紧装置,用液压千斤顶将盖板顶起,使滚轮与轨道齐平,并检查、清除轨道上的障碍物。

将手柄置于开启位置,舱盖板便缓缓开启。当滚轮接近斜轨时,应减慢速度,防止盖板碰撞,以致活塞杆压弯。舱盖板开启后用固定钩固牢,使舱盖板保持直立于收藏处。将手柄置回到停止位置,并用固定板将手柄固牢。

关闭:关舱前须检查轨道确无障碍物后才能开始操作。

将手柄置于开启位置,先将舱盖板稍微开启一点,以便打开固定钩。固定钩脱开后,再将手柄置于关闭位置,舱盖板便慢慢闭合。当舱盖板将要闭合时,应放慢速度,关闭妥当后将手柄置于停止位置,用固定板固牢。操纵千斤顶将滚轮放入槽内,舱盖板便压紧在舱口上,将压紧器压紧。

如油压系统发生故障而不能利用它开关舱时,可暂时拆除油缸活塞杆上的铰接链销,装置导向滑车和曳索,利用起货机开关舱。

三、提升式舱盖

提升式舱盖又称为箱形舱盖。它通常用金属或玻璃钢将盖板拼制成箱形，其盖板平面内设有若干埋置吊环。箱形舱盖本身不带专门的驱动机构，由船上或港口的起货机械吊移。开舱时，可将舱盖板堆放在甲板上、码头边，如制成密封可提供浮力，还可存放在舷边的水中。箱形拼装舱盖的结构及操作都十分简便，而且可获得最大的甲板开口面积，因而最适宜集装箱船采用。箱形舱盖的尺度一般都比较大，设计时应注意使箱形舱盖不超过吊装设备的起重力。

四、侧移型舱盖

侧移型舱盖通常由两块舱盖板组成(舱口较小时也有制成一块的)，舱盖板的四角都装有行走滚轮。开启时舱盖板分别向舱口两侧或两端平移，并存放在存放轨道上，存放轨道通常是可拆的。这种舱盖不需要翻转，亦不需要折叠，结构及操作是最简单的一种，并便于维修。但它需要较大的存放空间，因而对舱口尺度有所限制。盖板存放在两舷时，舱口宽度不得超过船宽一半。盖板存放在两端，舱口长度将受到限制，所以侧移型舱盖多采用侧置式，如图 5-1-6(a)所示。

侧移型舱盖主要用于大型散货船或油矿两用船上，其舱盖的尺度较大，一般均采用液压提升装置。

五、背载型舱盖

背载型舱盖与侧移型舱盖相类似，其特点是两块盖板中有一块带有动力滚轮。开舱时，先利用安装在舱口围板上的四个液压顶杆将不带动力的盖板顶到足够的高度，以便带有动力盖板滚到其下面，将不带动力的盖板放置在带有动力盖板之上，两块板便可一起移向存放处。如不需要将舱口完全打开，便可将盖板存放在舱口围板的一端，这样不必占用甲板作为存放空间，如图 5-1-6(b)所示。

(a) 侧移型舱盖

(b) 背载型舱盖

图 5-1-6　侧移型舱盖和背载型舱盖

侧移型舱盖和背载型舱盖从结构与操作方式与滚动式舱盖相似，属于滚动式舱盖的范畴。

第二节　舱内设施

为了保护双层底顶板及船壳板在装卸货物时不被碰撞及防止货物紧贴钢板而造成汗湿，在装运粮食及杂货的货舱内，装有舱底板（木铺板）及护舷板。

一、舱底板

舱底板是在双层底顶板横向焊上一排排的角钢或铺上垫板，再在角钢或垫板上纵向铺一层木板并固定住，且在木板间用麻絮予以嵌缝。为了便于检查污水沟及双层底，在舭部及人孔处做成活动铺板及盖板。活动铺板间及与舱底板之间的缝隙应塞严密，每次装货前，尤其装谷物时，应检查缝隙情况，以免堵塞污水管的过滤网。舱底板仅仅设置于底舱。

规范规定：

（1）在单层底船的肋板、舭肘板上以及双层底船的舭部污水沟上，应铺设遮蔽板并应设有局部的活动铺板，以便掀开进行检查。

（2）如果在货舱口下方的内底板上铺设木铺板，则木铺板下面应垫木条，该木条的厚度至少应为 30 mm。如双层底柜内不装燃油，可直接铺设在先涂好一层沥青或其他有效敷料的内底板上。

（3）不论单层底或双层底船，如果在货舱内铺设木铺板，其厚度应根据船长 L 按下述规定选取：

$L\leqslant 60$ m：木铺板厚度应不小于 50 mm；

60 m$<L\leqslant 90$ m：木铺板厚度应不小于 55 mm；

$L>90$ m：木铺板厚度应不小于 60 mm。

（4）位于货舱口下方的内底板或轴隧顶板如增厚 2 mm，可免予铺设木铺板。

（5）如使用抓斗或其他类似机械进行装卸，则在货舱口下方的内底板上铺设双层木铺板，如内底板已增厚 5 mm，可免予铺设木铺板。

（6）如货舱舱壁的另一侧为深油舱且具有加热设备时，应在货舱一侧铺设木铺板或敷设绝缘材料。如铺设木铺板，其厚度如以上规定。

（7）货舱内的人孔盖及其附件，应尽量不高出内底板或木铺板，如高出内底板，则对每一人孔应先加钢镶框，再加上木铺板或钢盖板，使其逐渐过渡。

（8）铺设木铺板的双层底柜顶板或轴隧顶板的外表面，应涂刷沥青或其他有效的涂料；不铺设木铺板的双层底柜顶板或轴隧顶板则应涂刷油漆。

二、护舷板

护舷板是在焊有铁钩的肋骨所架上的木板条。

规范规定：装运杂货的处所，应沿船舷内侧装设护舷木条，其边缘之间距应不超过300 mm，其宽度与厚度应根据船长 L 按下列规定选取：

$L\leqslant60$ m：护舷木条的宽度应不小于100 mm，厚度应不小于30 mm。

60 m$<L\leqslant90$ m：护舷木条的宽度应不小于120 mm，厚度应不小于40 mm。

$L>90$ m：护舷木条的宽度应不小于150 mm，厚度应不小于50 mm。

舱底板及护舷板常常会在装卸货时被碰断，舱底板被水浸湿后易腐烂，因此舱内应保持干燥，发现腐烂或折断的木板，应及时更换。

三、散货船货舱水位探测报警系统

散货船货舱水位探测报警系统（water ingress detection alarm system）的安装目的是及时了解船舶货舱意外进水的情况，以便及时采取相应的措施，保障海上生命财产的安全。

1.安装规定

根据SOLAS公约，500总吨及以上国际航行的所有散货船，在货舱、压载舱和干燥处所应安装符合规定要求和型式认可的水位探测器。

2.具体要求

（1）在每一货舱内，当水位达到或高出任何货舱内底0.5 m时应发出一个听觉和视觉报警，并在水位高度达到不小于货舱深度15%，但不超过2 m时也应发出一个听觉和视觉报警。

（2）对于用作水压载的货舱，可安装一个报警越控设备。

（3）听觉和视觉报警器应能将每一货舱中探测到的两种不同的水位明显区分开。

（4）在防撞舱壁前方的任一压载舱中，当舱内的液位达到不超过舱容的10%应发出一个听觉和视觉报警。应安装一个报警越控设备以便当使用该舱时，使其水位报警越控。

（5）除锚链舱以外，任何干燥处所或空舱，延伸至首货舱前方的任何部分，在水位高出甲板0.1 m时应发出一个听觉和视觉报警。但在容量不超过船舶最大排水量的0.1%的围蔽处所，不必安装此类报警器。

（6）探测系统的听觉和视觉警报器应安装在驾驶室。

（7）探测设备包括安装在货舱和其他处所的传感器、过滤器以及探测器的保护装置。探测设备应有适于所有拟装货物的腐蚀保护。

（8）水位探测系统的供电应由两个独立的电源供电，并有故障报警指示。

（9）对水位探测器的安装要求：

①传感器应尽可能安装在货舱后部靠近中心线，或货舱的左右舷有保护的位置上，该位置应使传感器测出的水位能代表货舱的实际水位；

②探测器的安装不应阻碍任何测深管或其他用于测量货舱或其他舱室水位测量器具的使用；

③传感器和设备应安装在便于对其进行检验、维护和修理的地方；

④探测器设有的任何过滤器部件应能在装货之前予以清洗；

⑤安装在货舱内的电缆和任何相关联的设备应防护，例如装在结构牢固的管道内或有类似防护的位置上，以免其被货物或与散货船操作相关的装卸机械损坏；

⑥船舶结构、电气系统或管系的任何改变或改装（如涉及切割或焊接）应在施工之前经相应船级社批准。

第三节　货舱、舱盖及压载舱的检查、评估与报告

目前对于干散货船的检查，主要有三种形式：港口国监督检查、船旗国监督检查以及 Rightship 检查。前两种检查属于主管机关检查，而 Rightship 不隶属于任何政府机构，也不属于民间行业协会或组织，是一个纯私有的独立船舶检验和评估企业。Rightship 根据船舶规范、船东、管理公司、船级社以及船舶实际营运状况等诸多因素，结合登船实地检查的结果，对系统内的每艘船舶进行分析和评分，把船舶分为 1 星到 5 星五个等级。在 Rightship 网站数据内，星级高的船舶在出租机会和租金方面有明显的优势，船东在货物承运方面有了更多的选择，影响力主要体现在澳大利亚、巴西等地的矿石、煤炭、谷物等干散货运输上，尤其是海峡型船舶，越来越受到船东的重视。

对船舶的货舱、舱盖及压载舱进行有效的检查、评估和报告，是《SOLAS 公约 2010 马尼拉修正案》的规定，亦是应对以上检查和保证船舶营运安全的保障。

一、船舶抵港前检查、评估与报告

抵港前应重点检查船壳板、舱盖及舱口、梯道、栏杆和管路盖板的锈蚀程度与损坏情况，做好自查自检工作，部分自查项目及要求见表 5-3-1。

二、平时维护保养和自查时应注意的事项

（1）船体结构因锈蚀或受损而造成的穿孔、裂口、裂缝等应进行永久性修复。

（2）舱口舱盖、通风筒、水密门、货舱道门都要保持良好水密性能与封闭功能。

（3）测量孔盖齐全有效。

（4）压载舱空气管透气正常。

（5）散装船要特别注意各横舱壁、上边舱的纵桁、横框架、斜底板等处是否有扭曲变形现象。

（6）舱盖操作系统。

①锁紧装置：目视检查锁紧装置的腐蚀情况、变形，功能检查和验证操作灵活性。

②止动装置：目视检查止动装置的腐蚀情况、变形，检查止动装置与其下面的加强构件对位准确，加强构件焊接及腐蚀变形情况。

③导向装置：目视检查导向装置的腐蚀情况，变形，功能检查和验证操作灵活性。

④操作装置与舱盖操作试验功能检查和验证。

⑤液压系统：目视检查，功能检查和验证。

表 5-3-1 自查项目及要求表

类别	检查项目	检查要求	自查结果
与载重线有关的结构与设备	通风筒	通风筒的围壁、支撑结构状况良好,无明显锈迹及破损洞穿或其他临时性修理措施(如粘贴胶布等)	
		通风挡板完整、活络、无破损洞穿	
		风雨密关闭装置结构完好,开关活络,能有效开启和关闭,“开”“关”方向及舱名标志清晰	
	空气管	空气管及管头结构(特别是管子根部及背部不易保养的部位)良好,无明显锈迹及破损洞穿。浮球活络水密,工作正常,防火网无破损	
	载重线标识	甲板线、所有载重线标识清晰、准确且与背景颜色反差明显	
	货舱舱口	舱盖、舱口围板及附连的肘板结构良好,无明显锈蚀、裂纹、破损洞穿及变形	
		舱盖关闭正常,橡皮胶条完整且有弹性,表面无油漆,无明显漏水痕迹	
		开关装置的滚轮、导轨、铰链状态正常,无过度腐蚀,液压管路无泄漏,系固螺栓完好且无过度腐蚀,舱盖上的卡扣,舱口围下的止回泄水阀状况良好	
	干舷甲板上除货舱舱口外的各种开口	盖板、围板及附连的加强结构良好,无明显锈迹、破损洞穿及变形	
		盖板关闭正常,橡皮胶条完整且有弹性,表面无油漆,无明显漏水痕迹	
		各种人孔、小导门、测量管结构良好,无明显锈迹、破损洞穿及变形	
		盖板关闭正常,橡皮胶条完整且有弹性,表面无油漆,无明显漏水痕迹	
		各种标示清楚	
船体结构	船壳板	水线上船壳板无开裂、洞穿、严重变形(每挡肋距范围内不超过 8 mm),无漏水现象	
	压载舱	压载舱液位无异常变化,其周围处所无进水发生,压载舱导门状况良好,无严重锈蚀、螺栓丢失	
		压载舱内构件无严重腐蚀、裂纹或洞穿	
	货舱	货舱污水井液位无异常变化,具备条件时进入货舱对货舱内部构件进行目视检查,无明显锈蚀、洞穿、裂纹及严重变形(每挡肋距范围内不超过 8 mm),无明显渗水痕迹	
	水密门	水密门结构状况良好,能有效关闭,就地及遥控开关正常,声光报警正常,液压系统无渗漏痕迹	
	甲板	主甲板结构良好,无明显破损、洞穿、裂纹及严重变形(每挡肋距范围内不超过 8 mm),无明显渗水痕迹	

⑥液压油:取油样。

⑦舱盖的液压管路:应涂层完好,无明显腐蚀。

三、货舱、舱盖和压载舱缺陷和损坏的评估及采取的措施

本航次的装载计划,包括排压载水的计划要完善,检验人员要查看计划是否周全,强度、吃水和稳性是否在允许值之内。风暴压载舱的压载水操作要有相关的操作程序。同样,装卸期间和海上置换的压载水操作过程要有详细的记录。

对于较新的船,检验人员检查的重点往往会放在管理上;而对于老旧的船,重点则放在船体结构的腐蚀程度、压载舱及货舱涂层状况和甲板机械的状况等上面。检验人员会仔细查找各舱室的各个部分边角的腐蚀和裂缝,对于结构性的缺陷,会如实记录。因此,船舶在平时的自检自查中,对舱室的状况应予足够的重视。

对于压载舱,上边柜基本上选择前中后各一,左右交替,如果需要可能会要求多开两个上边柜,首、尾尖舱。通常风暴压载舱是必查的。检验人员将按其检查提纲,每个舱都有十多个检查项目。十年以上的船舶,压载舱的状况很难令人满意,主要表现为腐蚀、舱内涂料脱落,阴极保护不到位,加快钢板和框架的腐蚀速度,骨架、纵骨等构件边缘严重锈蚀,导致强度减弱。老旧船舶的首尖舱、上边柜等,应利用进厂机会,通过测厚,更换超耗构件,对这些舱做涂料处理。

其次是货舱的舱口围和舱盖。因舱口围构架较多,还吸附各种管系,如开舱液压管、电缆管等,船员日常保养很难到位,导致舱口围衬板边缘锈蚀严重,与甲板连接处产生锈裂等现象;这些部件在修船时,要尽可能做割换处理,同时应加强对这些部位的保养力度,如一次性做喷砂处理。舱盖边缘、胶条槽及舱口边水槽也容易产生锈蚀,这些部位因开关舱盖滚动,油漆很快被破坏,是生锈的重灾区,船舶应重点做好这些部位的保养。

对压载舱、货舱和空舱的检查,通常是根据五年自检计划的周期来做的,但船员对船东自检报告,多数没有做到位,公司应详细列出检查部位,做出评估。

双层底内的淤泥,厂修时要进行清理,掏出淤泥,既减少船舶常数,也保护了压载舱。在保证安全的前提下,船舶在有泥沙的港口,尽可能不加载压载水,待到海上进行压载。

第六章 船舶系固设备

为了防止甲板或舱内的货物因船舶摇摆、升降运动和风压等而发生移动，船上应设有固定货物单元的系固装置。

据《1974 年国际海上人命安全公约》1994 年修正案第Ⅵ/5 和Ⅶ/6 的要求，除移动平台、渔船、仅装载散装液体或固定货物的船舶及符合 IMO《国际高速船安全规则》的高速船外，所有国际航行的船舶均应在装载货物单元时随船配备经批准的《货物系固手册》(Cargo Securing Manual, CSM)。非国际航行的船舶可参照有关要求，但为非强制规定。

第一节 定义

(1)货物单元(cargo transport unit)：系指车辆(公路车辆、滚装拖车)，铁路车辆，集装箱，板材，托盘，便携式容器，可拆集装箱构件，包装单元，成组货，其他货物运输单元如船运箱盒，件杂货如线材卷，重货如火车头和变压器。不是永久固定在船上的船舶自带的装载设备或其他部件，也应被视为货物单元。

(2)标准货物(standardized cargo)：系指已根据货物单元的特定形式在船上设置了经批准的系固系统的货物。

(3)半标准货物(semi-standardized cargo)：系指在船上设置的系固系统仅适应有限变化的货物单元，如拖车、车辆等。

(4)非标准货物(non-standardized cargo)：系指需要专门的堆装和系固安排的货物。

(5)半拖车(semi-trailer)：指需与拖头相连接以在公路上行驶的车体，其中包括箱柜型半拖车、集装箱型半拖车、板架车等。

(6)滚装货车(roll-trailer)：指在码头区中利用牵引车牵引的 20 ft、30 ft 或 40 ft 的轮式板架车。

(7)板架箱(flat):是指 20 ft 或 40 ft 的板架式集装箱。

(8)特种车(special vehicle):指轮式或履带式可缓慢行走的车辆,如倾倒车、挖掘车等。

(9)货物系固设备(cargo securing devices):指所有用于系固(secure)和支持(support)货物单元的设备,有固定式和便携式两种。

(10)最大系固负荷(maximum securing load,MSL):指货物系固索具可承受的最大负荷。在系固作业中,若索具的安全工作负荷(safe working load,SWL)不小于最大系固负荷 MSL,则可用安全工作负荷 SWL 代替最大系固负荷 MSL。

(11)固定式系固装置(fixed securing devices):指焊接在船体构件上的系固用构件。

(12)便携式系固设备(portable securing devices)指用于货物单元系固和支撑的移动式设备。

第二节 标准货物系固设备

为了防止甲板上及舱内的集装箱摇摆、升降运动和风压等而发生移动,必须设有固定集装箱的系固装置。标准件系固设备用于专用集装箱船及多用途船(适用时)在装载集装箱时所用的设备。该类系固设备是经批准的专用设备。

系固装置包括系索、系杆以及集装箱的各种固定配件。该固定配件有甲板及舱内固定件(即固定式系固设备)、堆放连接件、桥型连接件、集装箱系固件等。

集装箱系固设备如图 6-2-1 所示。

一、固定式系固设备

1.底座

底座(foundation)直接焊接在舱底、甲板、支柱及舱盖上,相互之间的间距按集装箱四角角件孔的尺寸设计,并通过安放在其上的扭锁、底座扭锁或定位锥对集装箱进行定位和固定。主要种类包括:

(1)突出式底座:如图 6-2-2 所示,主要用在舱盖、支柱及甲板上主要部分突出在上述结构的表面,用于安放并固定扭锁。突出式底座分单式、横向双式、纵向双式三种。有些船舶也设置突出式滑移底座。

(2)突出式滑移底座(sliding foundation):如图 6-2-3 所示,焊接位置主要用在舱盖、支柱及甲板上主要部分突出在上述结构的表面,用于安放并固定扭锁。突出式滑移底座分单滑移式(横、纵)、横向双连纵向单滑移式、纵向双连横向双滑移式三种。突出式滑移底座允许适当调整底座间的间距。

(3)埋入式底座(imbed foundation):主要用在舱底及舱盖上。其结构表面略高于前述结构表面,分单式、横向双式、纵向双式和四连式四种,如图 6-2-4 所示。

(4)燕尾底座(dovetail foundation)又称为燕尾槽:主要用在舱盖及甲板支柱上,并专用于

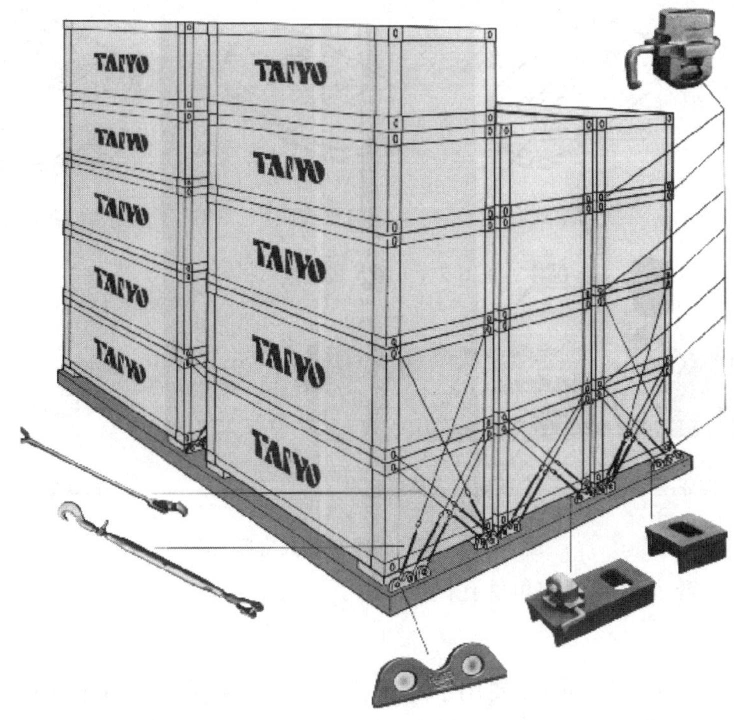

图 6-2-1　集装箱系固设备

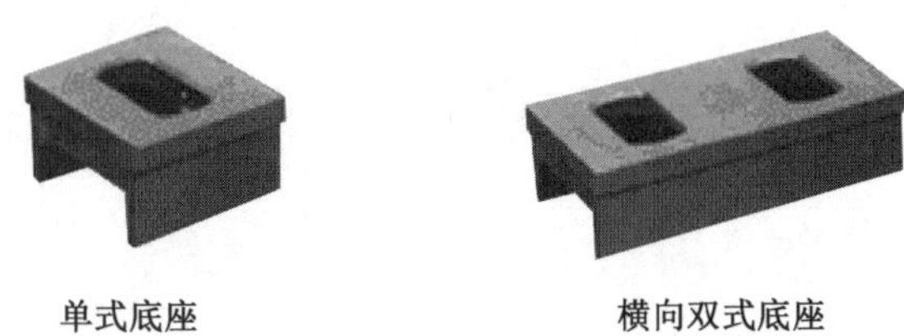

单式底座　　横向双式底座

图 6-2-2　突出式底座

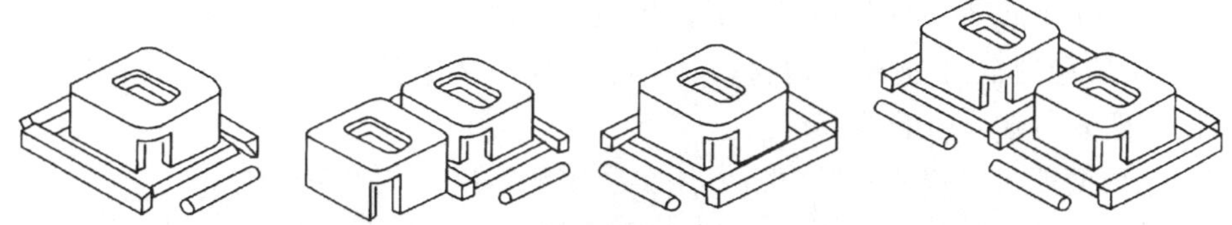

纵向单滑移式底座 横向双连纵向单滑移式底座 横向单滑移式底座 纵向双连横向双滑移式底座

图 6-2-3　突出式滑移底座

固定底座扭锁,分单式、横向双式两种,如图 6-2-5 所示。

(5)板式底座(doubling plate foundation):主要用在舱底,并与堆锥配套使用,如图6-2-5 所示。

(6)插座(socket):一般用在舱内,并与底座堆锥配套使用。

2.固定锥

固定锥(welding cone)通过一覆板直接焊接在舱底的前后端导轨底脚处,用于固定舱内最

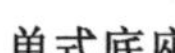
单式底座

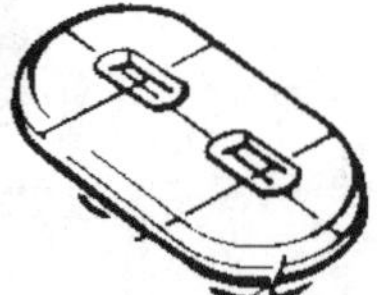
横向双式底座

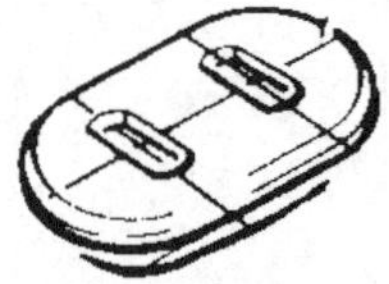
纵向双式底座

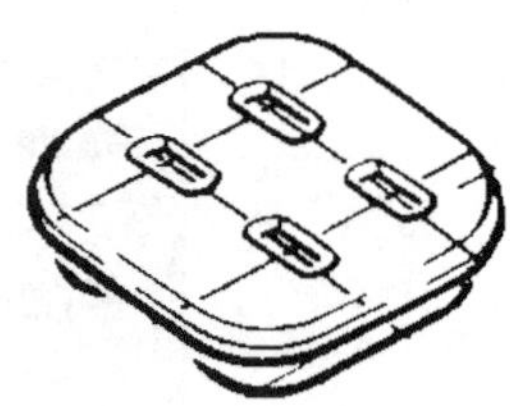
四连式底座

图 6-2-4　埋入式底座

单式燕尾底座

横向双式燕尾底座

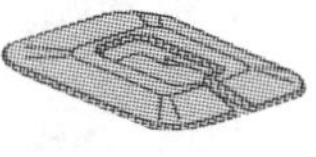
板式底座

图 6-2-5　燕尾底座和板式底座

底层集装箱（固定锥插入集装箱的角件孔内）。

3.可折地令

可折地令（lashing eye D-ring）主要用于舱盖、甲板、集装箱支柱及绑扎桥上，多用途船也将其用于舱底。它的主要作用是作为一个系固点与花篮螺丝、绑扎杆等组成一系固系统固定集装箱。

4.眼板

眼板（lashing plate）的使用位置同地令，但一般不用于舱内。眼板的形式分为：单眼、双眼、三眼及四眼。

5.箱格导轨系统

箱格导轨系统（cellguide system）设置于舱内，也有在甲板上无舱口的位置处设置该系统。

箱格导轨系统一般由钢板和型钢构成，主要由导轨（cellguide）、横撑材（transverse prop）、导箱构件（container guide member）等组成。导轨从内底延伸至导箱构件的下缘。整个系统的作用是控制集装箱的歪斜、倾覆与滑移。其中导箱构件又是引导集装箱进入箱格导轨系统的重要构件，一般安装在导轨的顶部。

按照《钢质海船入级规范》的要求，专用集装箱船箱格导轨系统应满足：

（1）不应与船体构件形成整体结构，且应不受船体主应力的影响。

（2）应能将因船舶运动时产生的集装箱负荷传递到船体结构，并能承受集装箱装卸时产生的负荷及阻止集装箱移动。

（3）为确保顺利吊装集装箱，每只集装箱与导轨之间的横向间隙之和应不超过 25 mm，纵向间隙之和应不超过 40 mm。

6.横向支撑底座

横向支撑底座（lateral support foundation）一般设置在多用途船舱内两舷舷侧，其作用是与横向支撑装置组成一支撑系统，以控制舱内上层集装箱因船舶运动可能产生的横向歪斜、倾覆、移动。

7.集装箱绑扎桥

集装箱绑扎桥(lashing bridge)设置于大型集装箱专用船甲板,其上设有眼板、D 形环或左右转动的眼板,用于系固高层集装箱。

二、便携式系固设备

1.扭锁

扭锁(twistlock)主要用于甲板上下层集装箱之间的联结锁紧或底层集装箱与突出式底座之间的联结锁紧,以防集装箱的倾覆及滑动。如图 6-2-6 所示,扭锁分左旋与右旋锁;使用时将操作手柄置于非锁紧状态并将其和放置到下层集装箱顶部的角件孔或突出式底座内,待上层集装箱放妥后,转动操纵手柄,即可将箱与箱或箱与底座联结。卸箱时应先用扭锁操作杆(operating rod)将操作手柄扭至扭锁非锁紧位置方可卸箱。

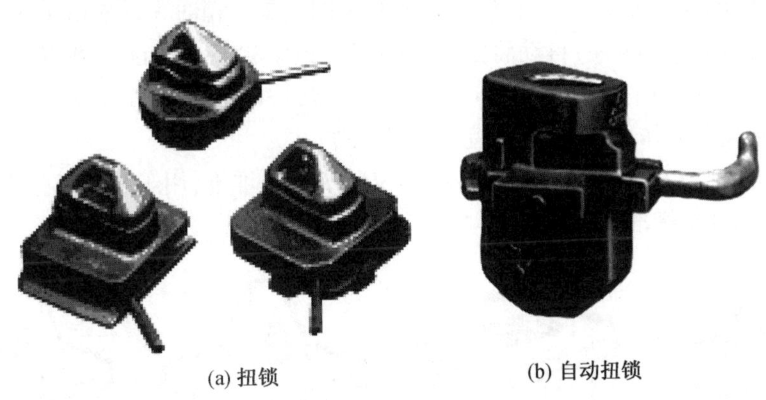

(a) 扭锁　　(b) 自动扭锁

图 6-2-6　扭锁

2.半自动扭锁

半自动扭锁(semi-automatic twistlock)的作用同扭锁。因半自动扭锁无须装卸工人爬到集装箱上将其安装和取下,最大限度地降低工人上高作业的危险,从而提高了作业安全性。

在码头上当桥吊将集装箱吊起至人的手臂举起的高度时,从下向上将半自动扭锁插入集装箱角件孔内,待吊上船并对准突出式底座或另一集装箱角件孔时放下,该锁的自动装置即起作用并转动锁锥将箱与底座或箱与箱联结紧锁。卸箱时,应首先用操纵杆将锁销(locking pin)拉出,从而打开扭锁与突出式底座或另一集装箱角件孔的联结,吊集装箱到码头,用人工将其卸下。

3.底座扭锁

底座扭锁(bottom twistlock)仅与燕尾底座配套使用。其作用与操作方法同扭锁。

4.堆锥

堆锥(stacking cone)按其使用位置及功能可分为:

(1)中间堆锥(inter-bridge stacking cone):中间堆锥上下锥头固定,垂直方向无锁紧功能,仅用于舱内箱与箱之间的连接,有单头与双头堆锥两种,如图 6-2-7 所示。

(2)底座堆锥(bottom stacking cone):底座堆锥之一又称为可移动锥板(removable cone

图 6-2-7　中间堆锥

plate），其结构特点上为锥头下为插杆，仅与插座配套使用，分单头、横向双头、纵向双头和四连四种。另一种底座锥头为单头，上下均为锥头，与板式底座配套使用。

（3）自动定位锥（automatic fixing cone）：用于将 20 ft 集装箱装在本应装 40 ft 箱处的甲板处，两 20 ft 集装箱中间的箱脚处采用自动定位锥。即 40 ft 箱位的前后两端用半自动扭锁，中间（20 ft）用自动定位锥，不仅可起到半自动锁的作用，还克服了 20 ft 中间狭窄空间处无法操作的缺陷。

自动定位锥的使用方法与半自动扭锁相似，不同点是卸箱时无须先由工人将锁销拉出，而是靠锁紧装置（locking device）自动将定位锥换成非锁紧状态。即首先将 20 ft 集装箱一端的半自动扭锁由人工将锁销拉出，使之转成非锁紧状态，桥吊缓慢起吊，自动定位锥将会在桥吊的拉力下，锁紧装置动作并解锁，从而完成卸箱工作。

（4）高度补偿锥（levelling stacking cone）：又称为调整堆锥，用于装载某些非标准高度的集装箱时调整其高度至标准状态，如图 6-2-8 所示。

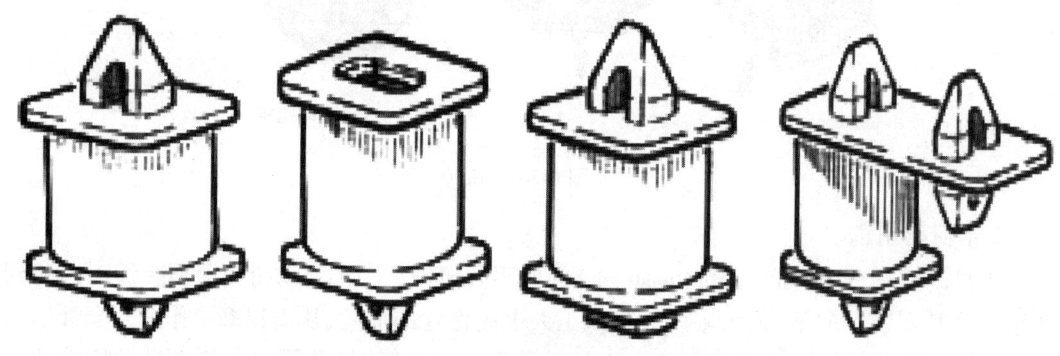

图 6-2-8　调整堆锥

5.桥锁

桥锁（bridge fitting）用于对相邻两列最高层的集装箱进行横向联结，以分散主绑扎设备的负荷。使用时只需将桥锁的两个索钩分别插入相邻两集装箱的角件孔中，再调整旋转调节螺母，即可将集装箱连接拉紧，如图 6-2-9 所示。

6.花篮螺丝（松紧螺旋扣）与绑扎杆（绑扎棒）

花篮螺丝（松紧螺旋扣）与绑扎杆（绑扎棒）（turnbuckle & lashing bar）两种设备通常需组合成一个整体，方可达到系固集装箱的目的。绑扎杆由钢与铝合金制成，可代替系索使用。用绑扎杆容易操作，也便于收藏，使用较多。使用时先将绑扎杆的一端插入集装箱的角件孔中，另一端与花篮螺丝相连，再通过花篮螺丝与地令或眼板相连，最后调整花篮螺丝，使整个系统紧固。如绑扎杆长度原因或特殊要求需加长使用，则可加长钩。

图 6-2-9 桥锁

7.横向撑柱

横向撑柱(lateral support element)用于舱内无箱格导轨或多用途船舱内装载集装箱时,对舱内紧靠两舷舷侧的最上层集装箱进行支撑,以防集装箱歪斜、倾覆或横移。使用时,将横向撑柱的一端插入其专用底座,另一端插入紧邻的集装箱角件孔内,再利用调整装置使其拉紧受力。

8.辅助工具

便携式系固设备所用辅助工具(accessory appliances)主要有两类:扭锁操纵杆(twistlock operating roods)和花篮螺丝操作工具(turnbuckle operating tools)。扭锁操纵杆的作用是控制扭锁的手柄或锁销,达到解锁的目的。花篮螺丝操作工具的作用是将花篮螺丝收紧或松开。

第三节 非标准与半标准货物系固设备

一、非标准货物系固设备

用于系固船舶在装载集装箱(无专用系固设备)、钢卷、重件货、普通件杂货及木材(货舱内)等时所用的设备即为非标准货物系固设备。

1.固定式系固设备

此类船舶的固定式系固设备直接焊接在舱壁、舷侧强肋骨、支柱及甲板上,必要时也可直接焊接在舱底及舱盖上。其主要类型有:

(1)眼板(pad eye, eye plate):眼板是焊接在舷墙或甲板上的一块带眼的钢板。其作用是使便携式系固设备与船体结构相连。其结构如图 6-3-1 所示。

图 6-3-1 眼板

(2)眼环(ring plate):眼环由一个固定的眼环和一个活动眼环组成,其强度小于眼板。其作用是使便携式系固设备与船体结构相连。

(3)地令(lashing ring)：为一固定焊接眼环。其作用是使便携式系固设备与船体结构相连。其结构如图6-3-2所示。

图6-3-2 地令

2.便携式系固设备（如图6-3-3所示）

便携式系固设备的主要类型有：系固链条(lashing chain)、紧链器(tension lever)、钢丝绳(lashing wire rope)、系固钢带(lashing steel band)、卸扣(shackle)、花篮螺丝(turnbuckle)、紧索夹(clamp)等。使用时必须紧密结合各自的特点与要求配套使用。钢丝绳与紧索夹、花篮螺丝配套；钢丝绳与紧索夹、花篮螺丝及卸扣配套；系固链条与紧索器配套。

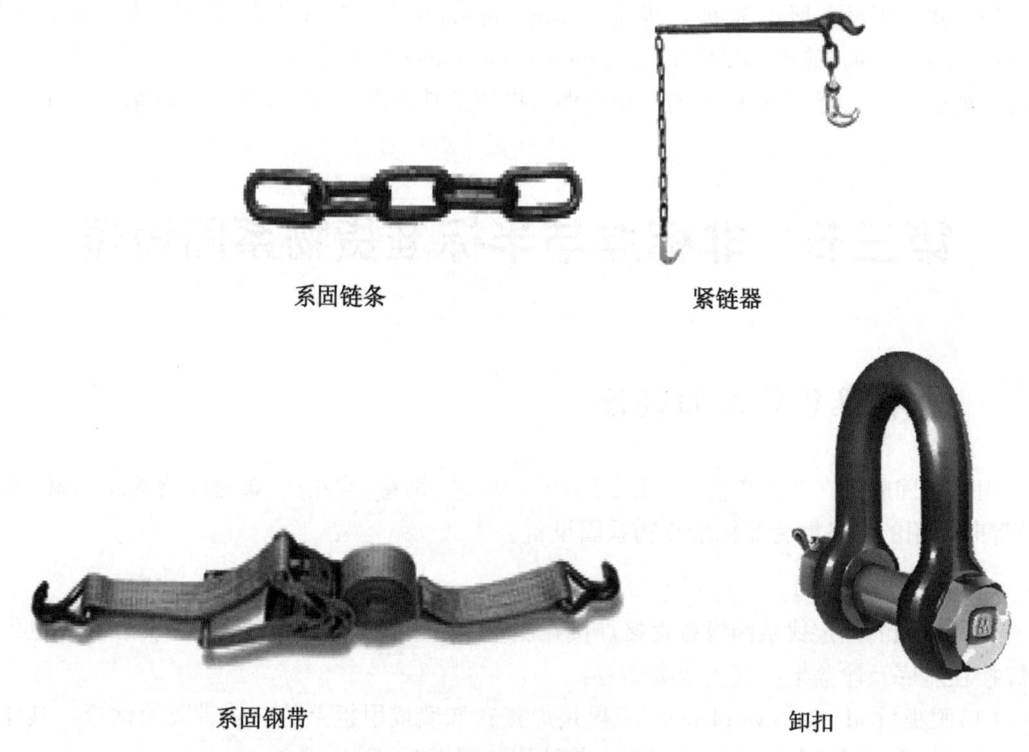

图6-3-3 便携式系固设备

二、半标准货物系固设备

半标准货物系固设备是主要用于固定滚装船在装载车辆(包括公路车辆、滚装拖车)及铁路车辆的设备。

1.固定式系固设备

(1)系固槽座(lashing pot),如图 6-3-4 所示:

图 6-3-4 系固槽座

(2)可折地令,如图 6-3-5 所示:

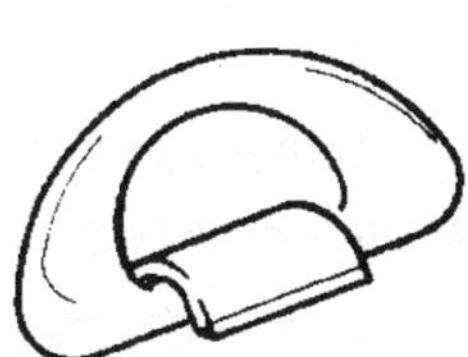

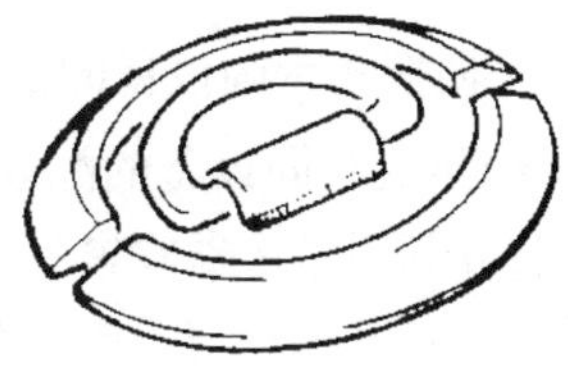

图 6-3-5 可折地令

2.便携式系固设备

(1)系固链条及紧索器。

(2)绑扎带(lashing band):系固车辆及滚装拖车专用设备,如图 6-3-6 所示。

图 6-3-6 绑扎带

(3)象脚(elephant feet):插入槽座并通过其与其他便携式系固设备相连,如图 6-3-7 所示。

图 6-3-7 象脚

(4)拖车支架(trailer trestle):作拖车支架并固定拖车,如图 6-3-8(a)所示。

(5)拖车千斤顶(trailer support jack),如图 6-3-8(b)所示。

(6)轮楔(wheel chock):固定车轮用,以增大摩擦力,如图 6-3-8(c)所示。

(7)系固钢丝(lashing wire)。

(8)快速释放紧索器(quick release lashing):用于收紧并可快速释放系固钢丝。

(9)花篮螺丝(turnbuckle):用于收紧系固钢丝或系固链条。

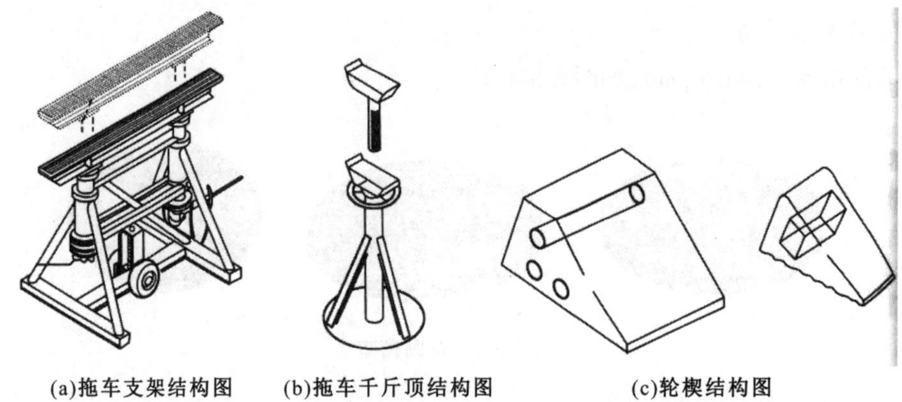

图 6-3-8 拖车支架、千斤顶和轮楔结构图

3.便携式系固设备的配套使用方法与系固

便携式系固设备的配套使用方法如图 6-3-9 所示。其中图(a)为系固链条与紧链器配套使用,并利用紧链器收紧系固链条;图(b)为系固钢丝、花篮螺丝与象脚配套使用;图(c)为系固链条、花篮螺丝与象脚配套使用;图(d)为系固钢丝与快速释放紧索器及象脚配套使用,并利用快速释放紧索器收紧和快速释放系固钢丝。

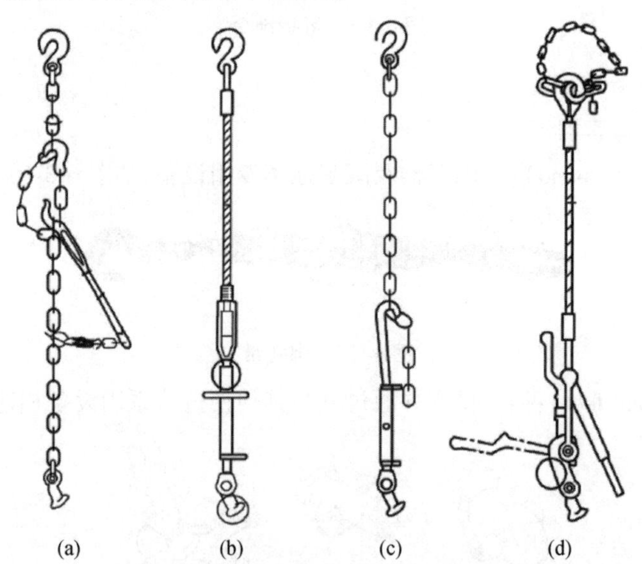

图 6-3-9 便携式系固设备的配套使用方法

第四节 系固设备的系固原则，检查、维护保养，使用注意事项

一、货物设备的系固原则

(1)货物的堆装中,应考虑运输过程中产生的惯性力及航行中可能出现的最恶劣天气的影响。船舶操纵中也应考虑到船舶运动对所载货物、货件所处的积载位置及系固布置的影响。

①应注意使货件上所受应力尽可能分布均匀。

②若有疑问,应对货物系固布置进行核对计算。

③系固索具上的活动部件应调节到与所系货件相适应的位置。

④系索应尽可能短。

(2)装货前应注意下列事项:

①所装货物的甲板应清洁、干燥、无油迹。

②货件、货物单元及车辆应适于运输。

③应备妥系固索具和设备。

(3)系固索具和设备应达到下列要求:

①数量充足,并备有足量备用件。

②适于所载货物。

③具有足够的强度。

④保养充分得当。

(4)系固作业的安排、实施和监督,均应事先制订计划,在船舶离港前系固作业必须完成。系固作业人员应具有相应的资质和经验,充分了解有关作业原则。

①船长应关注系固计划的制订及系固作业的监督工作。

②货物积载中,应考虑船舶稳性对货件系固的影响,以尽可能减小加速度对货件的不利影响。尤其在船舶首尾部位,加速度对货件的有利影响较大。

③积载中还应考虑到船舶结构与强度的限制。

(5)若可能,应要求货方提供货件的装载与系固声明,说明其货件在集装箱和车辆中的包装、堆装、绑扎和系固方法均符合国际海事组织和国际劳工组织的《集装箱和车辆货物装载指南》(Guidelines for Packing Cargo in Freight Containers or Vehicles)中的规定。集装箱、公路车辆、船载驳船、铁路车辆和其他货物载运器具中的货物应妥善装载。若有必要,应请专家对装载器具中的货物装载方法进行评估和检查

①货物装载器具中,货物性质应相互适应,否则应在其中对货物做出相应隔离。

②船舶与所载货物亦应相互适应。

(6)若当值驾驶员认为货物未在其装载器具中固定妥当,则应采取措施防止货物在其内移动。若无法采取必要的措施,则该货件不得装载上船。

(7)系固布置应保证货件不会发生危及船舶安全的移动。应采取措施避免因货件变形和收缩致使系索松动。摩擦系数较小的货件,应在横向上紧密积载以防止其在航行中滑动,必要时可用软质木板或类似垫料加以衬垫,以增加摩擦力。

(8)内装悬挂物的货件(如冷藏肉类货物、漂浮状态下的玻璃器皿)和超高货件,重心较高,所以应特别注意防止倾覆。若可能,这类货件应装载在船中的中线附近并置于靠近水线的甲板上。

(9)货物装载中,应留有通往系固布置、安全设备及控制设备的通道。车辆甲板之下的梯道和逃生通道应保持清洁及畅通。航行中,应对货区进行定期检查。

(10)未经船长许可,船舶靠妥泊位之前不得松动货物系固索具。

(11)货物的积载,不得影响尾门、居住处所门及消防门的开关。

(12)船舶必须按危险品装载证书中的规定装载危险品。

(13)危险品的隔离、积载和系固,应严格按《国际海运危险货物规则》的规定及适用于本船的有关要求进行。

二、系固设备的检查、维护保养

船上系固设备应在船长负责下进行定期的检查和维修保养,这些检查和维修保养至少应包括:

1.对所有零部件的日常外观检查和保养

(1)系固设备和索具使用前,应予以目视检查,确保无缺欠;对于活动部件,应保证润滑充分,活动自如。

(2)系固设备和索具使用后,应予以目视检查,受到损伤而需修理的索具不得入库存放。受损设备和索具应进行及时修理。

(3)系固设备和索具上的受损部件,应用同型号并经认可的部件更换。

(4)可移动索具应用润滑油润滑活动部件,加润滑油的间隔不得超过3个月。

(5)可移动索具应使用专用索具筐存放。

2.定期检修与保养

船长还应负责对系固设备和索具进行定期检修和保养,至少应做到:

(1)对固定式系固设备与船体间的焊接部位应进行定期检查,对裂口和裂缝应及时补焊,而且焊接人员应具有相应的资质,按焊接规则进行操作。

若甲板、舱底板、舱盖板、横舱壁或舱壁板发生变形,导致货物的积载不稳定,则应及时进行修理。系固点附近的变形,应及时向海事局做出报告。

(2)多次使用的系固设备和索具,应进行定期测试。测试时,应按随机的方式抽选测试的索具,如每50个选测1个。测试时,应使索具的受力达到试验负荷。

3.检修与保养程序

订购索具、修理和保养系固设备时,船员应按表6-4-1的要求决定接收、保养、修理或拒收系固设备和索具。

表 6-4-1 订购索具、修理和保养系固设备要求

设备或索具	检视	保养	应采取的措施
象脚	变形		修理或更换
	腐蚀		若顶板厚度不足原厚度的 75%,则更换
花篮螺杆	弯曲	见下注	矫直
	锁销受损或丢失		更换
	钩头受损		更换
	扭曲		报废
胀紧式系链	环扣变形		若有环扣变形,则更换
绑扎带	永久性折痕 受到拉长 受腐蚀 内芯干出 内芯伸出		若左列的任意情况出现,则更换
卸扣	锁销受损或丢失		更换
	弯曲		报废
	磨损		报废
扭锁	手柄受损或丢失	见下注	矫直/更换
	弹簧/球头/锁销和锁扣受损		更换
	出现大量裂缝		报废
桥接件	锁扣受损或丢失	见下注	更换
	变曲		矫直
	扭曲		报废

注:花篮螺杆、扭锁和桥接件的档杆应定期润滑,间隔不得超过 3 个月。

4.航次中进行的检修与保养

(1)货件的配装,应进行仔细设计,制订计划。系索的布置和系固方案应按《船舶系固手册》进行严格校核。

(2)航次中,应对货物的系固状态进行定期检查。

必要时,应对系固索具进行紧固,紧固作业包括拉紧系索和重新布置系索。若需要,还应增加系索,风浪天气中尤其应做此项考虑。特别注意,风浪过后亦应检查系固状况,对可能出现的松动应进行紧固。

(3)航行中,还应注意因货物变形所致的系索松动,特别是在寒冷地区装货后驶往高温地区时,货物的系索很可能松动。若在恶劣天气中需对货物系索进行紧固,则应特别注意采取保证船员安全的措施,应特别注意应用良好船艺。

(4)卸下部分货物时,很可能使货堆产生立面,对这种立面在装货时就应加以系固,以防卸货时对工人造成危险。

(5)船舶应配备足够的备用系固设备和索具,以应万一。系固设备备品(一般规定为总数的 10%)。

(6)所有的检查和紧固作业,均应做出记录。

船上应有系固设备检查和维修保养记录,以证明船舶对系固设备的检查和维修保养的行动。系固设备记录簿应由大副记录与保管。

三、系固设备的使用注意事项

所有的系固设备必须具有主管机关签发的证书;如没有相应的证书,使用前必须确认系固的可靠性;如不能确认,则不能使用。某些特殊系固索具(如带有紧固器的纤维系带、集装箱的特别系固装置等)上可能标有许用负荷,此值可作为其可承受的最大负荷。若几种系固索具配套使用,则总的可承受的最大系固负荷应取为其中各系索的最小值。

若无特别规定,则货物系固设备和索具可承受的最大系固负荷按表6-4-2查取。

表6-4-2　最大系固负荷表

索具或设备	可承受的最大系固负荷 *MSL*
卸扣、眼板、扭锁、拉杆、地令、堆垫板、桥锁、软钢质的花兰螺杆	断裂强度的50%
纤维绳	断裂强度的33%
钢丝绳(一次性的)	断裂强度的80%
钢丝绳(可反复使用的)	断裂强度的30%
钢带(一次性的)	断裂强度的70%
铁链	断裂强度的50%
系固板	断裂强度的50%

安全系数的选取:利用平衡法计算索具受到的应力时,引入了一个安全系数。系索的计算强度(*CS*)即为系索可承受的最大拉力(*MSL*)除以安全系数,即

$$CS=MSL/\text{安全系数}$$

安全系数是从系索强度方面考虑留出的安全余量,选取的一般原则如下:

利用估算法进行校核时,安全系数取为1.50;

利用精算法进行校核时,安全系数取为1.35。

四、系固设备的检验

结合有关规范,中国船级社(China Classification Society, CCS)对系固设备的检验种类和要求如下所述:

1.初次入级

(1)拟申请"配备集装箱系固设备"附加标志的船舶,应将下列图纸资料提交批准:

①集装箱排列和重量布置图;

②箱格导轨结构图(如有时);

③非箱格导轨集装箱系固设备布置图;

④系固设备和配件详图;

⑤集装箱系固手册(船上应配有经 CCS 批准的集装箱系固手册)。

(2)建造中检验时,应对系固设备的材料、工艺及其布置做全面的检验。

(3)船上应备有随时可查的系固手册,其内容至少应包括下述项目:

①系固设备简图;

②系固设备名称;

③系固设备制造厂标志或代号;

④系固设备部件的破断负荷;

⑤各系固设备部件的数量;

⑥原型试验证书的编号及日期;

⑦船用产品检验证书;

⑧集装箱堆装和布置图;

⑨系固设备布置图。

2.年度检验

(1)确认集装箱系固设备和系固手册的有效性;

(2)检查焊接在船体结构或舱盖上的集装箱角件,核查是否存在裂纹和变形情况;

(3)检查集装箱导轨和相关构件、检查是否存在裂纹、变形或腐蚀情况。

3.中间检验

中间检验要求与年度检验相同。

4.特别检验

特别检验除上述年度检验要求外,尚应包括:

(1)对集装箱系固设备应进行如下检验。

①对箱格导轨结构应做全面检查,且应特别注意垂直导轨与横撑材间的连接节点。应使导轨及导箱装置处于良好的技术状态。

②应全面检查可拆式框架或其他的约束装置。

③应仔细检查固定在船体结构上的配件,对位于液舱区域的配件,其四周应无泄漏。

④应对照系固手册对所有的绑扎装置(杆、钢丝绳或链)连同松紧螺旋扣或其他紧固装置做全面的检查。

⑤应按照系固手册对绑扎装置的端接件、扭锁及其他活动配件做全面检查。

⑥若发现绑扎装置的钢丝绳在等于其直径 10 倍的任何长度内有超过 5%的钢丝断裂、磨耗或腐蚀,则应予换新;若发现钢链发生蚀耗或损坏,也应予换新。

(2)如需更新系固设备,则新的系固设备应为认可的形式和产品。如无试验证书,则应按要求对新的系固设备进行相应的试验。

第七章

船舶与货物基础知识

海上货物运输是以船舶为运输工具、以货物为运输对象的一种运输方式。在整个运输过程中,包括船舶受载、配载、货物途中管理、卸载和交付等多个环节。在每一环节中,都首先涉及船舶和货物两个方面的基本概念和基础知识。因此,了解和掌握与货物运输有关的基础知识和基本概念,是做好货物运输工作的前提。

第一节　船体形状及其参数

船体的几何形状指船体的外部形状,能够反映出船体的大小、形状、肥瘦及表面光顺程度,它与船舶航海性能、船体强度等密切相关。

一、船舶型线图

船体的几何形状是比较复杂和不规则的,必须用型线图才能准确地表示出来。型线图(lines plan)是描述船体几何形状和大小的图形。它是船舶设计、性能计算和建造的重要依据,其所表示的船体外形称为船体型表面。钢质船舶的型表面为其外板的内表面,即不包括船壳板和甲板板厚度在内的船体表面;木质船舶的型表面则为船壳的外表面。

二、船形系数

船形系数是粗略表征船体形状的特征参数,随船舶吃水而变化。船舶设计部门将常见的船形系数随吃水变化的曲线绘制在静水力曲线图中,以备查用。

1.**水线面系数**(waterplane coefficient)

如图 7-1-1 所示,水线面系数 C_w是水线面面积 A_w与船长 L_{BP}和型宽 B 确定的矩形面积之比,即

$$C_w = \frac{A_w}{L_{BP} \times B} \tag{7-1-1}$$

C_w值的大小表示水线面形状的肥瘦程度。

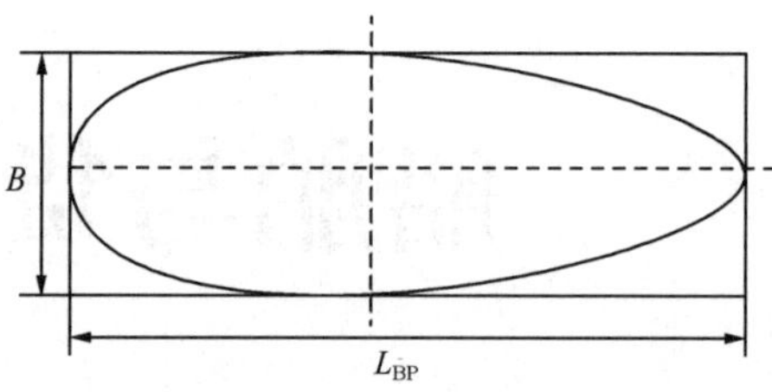

图 7-1-1 水线面

2.**中横剖面系数**(midship section coefficient)

如图 7-1-2 所示,中横剖面系数 C_m是在 $L_{BP}/2$ 处水线下横剖面(中横剖面)面积 A_m与型宽 B 和吃水 d 确定的矩形面积之比,即

$$C_m = \frac{A_m}{B \times d} \tag{7-1-2}$$

C_m值的大小表示中横剖面形状的肥瘦程度。

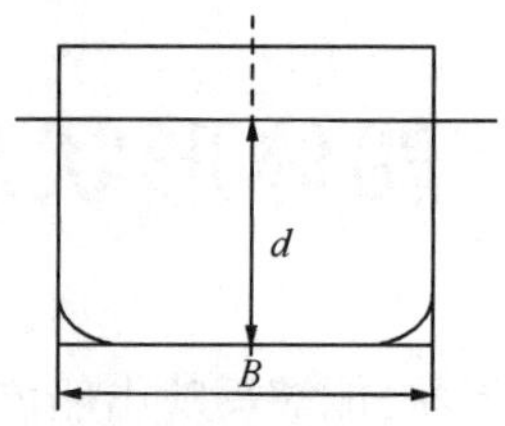

图 7-1-2 中横剖面

3.**方形系数**(block coefficient)

如图 7-1-3 所示,方形系数 C_b是船体的型排水体积 V 与船长 L_{BP}、型宽 B 和型吃水 d 确定的长方体体积之比,即

$$C_b = \frac{V}{L_{BP} \times B \times d} \tag{7-1-3}$$

方形系数又称为排水量系数,其值大小表示水线下船体形状的肥瘦程度。

4.**棱形系数** (longitudinal prismatic coefficient)

如图 7-1-4 所示,棱形系数 C_p是船体的型排水体积 V 与船长 L_{BP}乘以中横剖面面积 A_m之积的比值,即

$$C_p = \frac{V}{L_{BP} \times A_m} \tag{7-1-4}$$

棱形系数又称为纵向棱形系数,其值大小表示水线下船体形状沿纵向分布的情况。

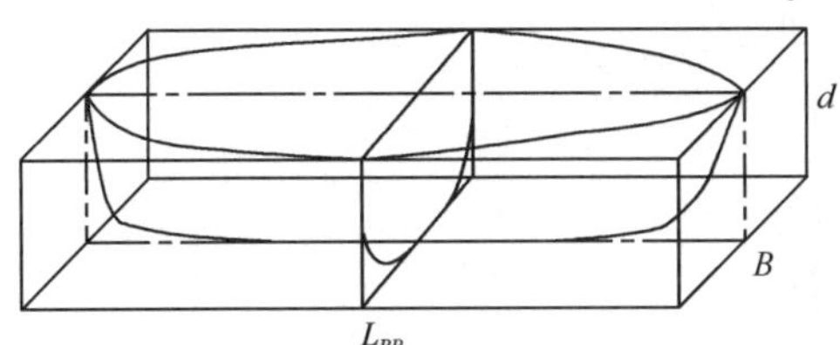

图 7-1-3 排水体积和长方体体积

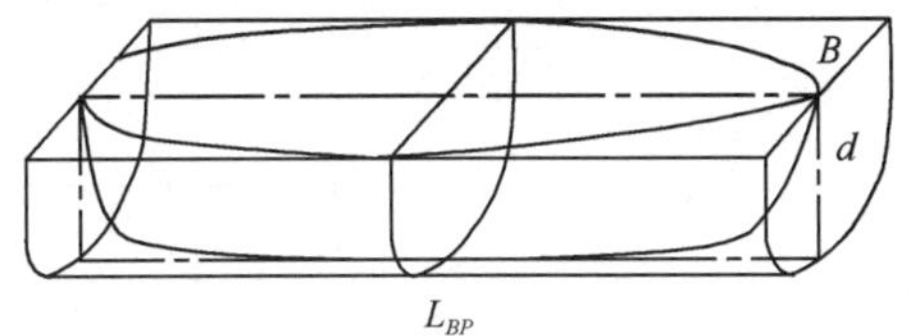

图 7-1-4 排水体积和棱柱体积

5.**垂向棱形系数**（vertical prismatic coefficient）

如图 7-1-5 所示，垂向棱形系数 C_{vp}是船体的型排水体积 V 与吃水 d 乘以水线面面积 A_w之积的比值，即

$$C_{vp} = \frac{V}{d \times A_w} \tag{7-1-5}$$

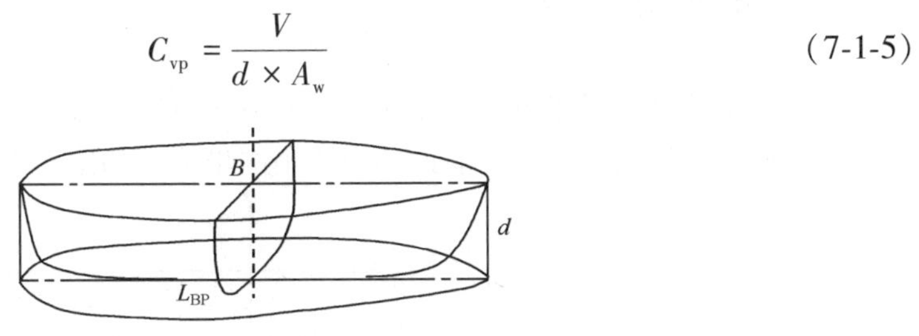

图 7-1-5 排水体积和水线面柱体体积

C_{vp}值大小表示水线下船体形状沿垂向分布的情况。

第二节 船舶浮性

船舶浮性是指船舶在各种装载状态下具有漂浮在水面上保持平衡位置的能力，它是船舶的基本性能之一。

一、船舶平衡条件

船舶漂浮于水面上处于平衡状态，其平衡条件是：重力和浮力大小相等、方向相反并作用在同一垂线上。

重力为船舶自身质量与船上所装载各类载荷（货物、油水等）质量之和乘以重力加速度；浮力为作用于船舶水线下静水压力的合力，它等于船体所排开同体积水的质量与重力加速度的乘积，而船舶排水质量为水线下排水体积与舷外水密度的乘积。作用于船体上的合力为零，意味着重力和浮力大小相等，且因重力的作用方向垂直向下，浮力作用方向垂直向上，两者作用方向相反，如图 7-2-1 所示。

重力的作用中心称为重心（center of gravity），以 G 表示；浮力的作用中心称为浮心（center of buoyancy），以 B 表示，B 实际上也是水线下船体排水体积的几何中心。重力通过重心 G 垂直向下作用，而浮力通过浮心 B 垂直向上作用。当通过 G 的重力作用线与通过 B 的浮力作用

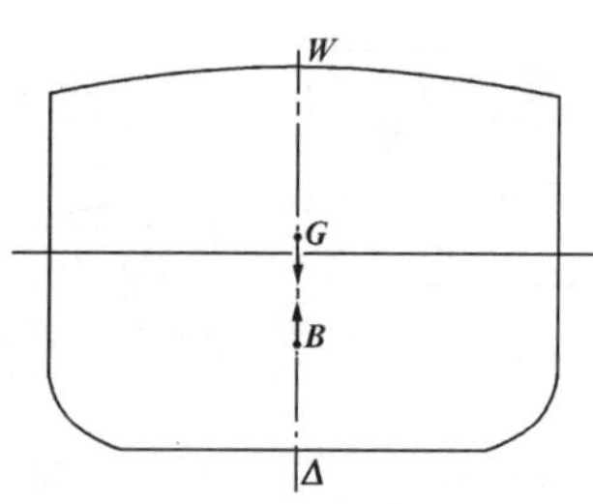

图 7-2-1　平衡条件

线重合时，也就是说重心 G 和浮心 B 处于同一垂线上时，船舶所受合力为零。

二、船用坐标系

为了表示和确定船舶重心 G、浮心 B、船舶其他性能参数及船上各类载荷的装载位置，需建立一个船用坐标系。船舶性能计算中使用的坐标系如图 7-2-2 所示。

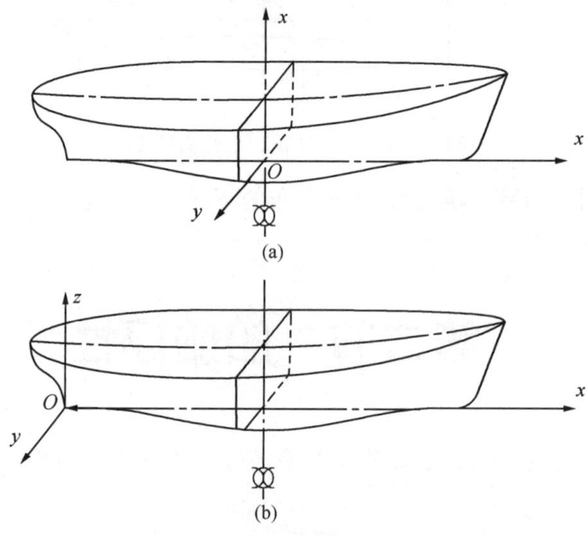

图 7-2-2　船用坐标系

1.坐标原点 O

坐标原点 O 通常取在中纵剖面、中横剖面和龙骨基线平面的交点处或取在中纵剖面、尾垂线剖面和龙骨基线平面的交点处，但在有的船舶资料中，O 点则取在中纵剖面、首垂线剖面和龙骨基线平面的交点处。根据坐标原点的不同位置，通常将船用坐标系分为船中、船尾和船首坐标系三种。

2.纵坐标 x 轴

中纵剖面与龙骨基线平面的交线为 x 轴，即 x 轴为沿船长方向的坐标轴，亦称纵轴，x 轴上的值则称为纵向坐标。x 坐标通常规定中前为+，中后为-；但也有与其相反者，如日本等国规定中前为-，中后为+；对于船尾坐标系，x 坐标首向为+。

3.横坐标 y 轴

对于船中坐标系，y 轴为中横剖面与龙骨基线平面的交线，y 轴亦称为横轴，y 轴上的值称为横向坐标。对于船尾(首)坐标系,y 轴为尾(首)垂线横剖面和龙骨基线平面的交线。

4.垂向坐标 z 轴

对于船中坐标系,中纵剖面和中横剖面的交线为 z 轴,z 轴也称为垂向轴,z 轴上的值称为垂向坐标。对于船尾(首)坐标系,z 轴为中纵剖面和尾(首)垂线处横剖面的交线。

按我国规范建造的船舶,通常采用船中坐标系且船首方向规定为正向。

三、船舶吃水及水尺标志

船舶吃水(draft)是指水线面下船体的深度,即水线面与船底间的垂直距离。根据量取方法和作用的不同,可分为型吃水和实际吃水。型吃水是指水线面到龙骨板上边缘(龙骨基线)的垂直距离;实际吃水则为水线面到龙骨板下边缘的垂直距离,两者相差一块龙骨板厚度。

用标绘于船舶首、中、尾两舷的数字来表明船舶吃水大小的标志称为水尺标志(draft mark),所读取的吃水统称为六面吃水。水尺标志有公制和英制两种(见图 7-2-3),公制以阿拉伯数字标出,其数字高度及两数字间距均为 10 cm[见图 7-2-3(a)];英制以罗马数字或阿拉伯数字标出,其数字高度及两数字间距为 6 in[见图 7-2-3(b)、图 7-2-3(c)]。

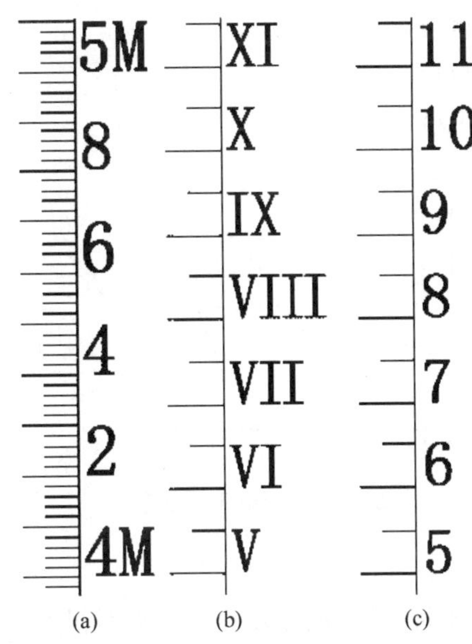

图 7-2-3 水尺标志

观察实际吃水的方法是:当水线达到数字底边时,表示实际吃水为该数字所表明的数值;当水线刚好淹没该数字时,表示实际吃水为该数字所表明的数值加上相应字高;当水线达到数字中间时,表示实际吃水为该数字所表明的数值加上相应字高的 1/2。

为了提高船舶吃水的观测精度,应选择水面较平静时且保持视线与水面的夹角尽量小。水面有波动时,应取其瞬间静止时的值并观测多次,取其平均值。

四、船舶浮态

船舶浮态为船舶相对于静止水面的漂浮状态。船舶重心 G 与船舶浮心 B 相对位置关系的不同导致船舶浮态的表现形式不同，其首、中、尾六面吃水数值亦随之变化。

1.正浮（upright）

船舶重心 G 与浮心 B 的纵坐标和横坐标均对应相同，首、中、尾六面吃水相等，对应的漂浮状态称为正浮（见图 7-2-4）。在正浮状态下，船舶的平衡条件可表示为：

$$\begin{cases} W = \Delta = \rho V \\ x_g = x_b \\ y_g = y_b = 0 \end{cases} \tag{7-2-1}$$

式中：W——船舶重力（9.81 kN）；

Δ——船舶浮力，即船舶排水量（9.81 kN）；

ρ——舷外水密度（g/cm^3）；

V——船舶排水体积（m^3）；

x_g——船舶重心纵坐标（m）；

x_b——船舶浮心纵坐标（m）；

y_g——船舶重心横坐标（m）；

y_b——船舶浮心横坐标（m）。

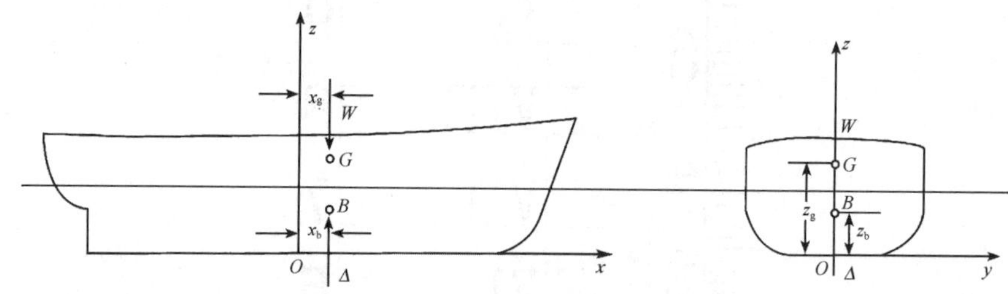

图 7-2-4　船舶正浮状态

2.横倾（list）

船舶重心 G 与浮心 B 的横坐标不同，船舶左右舷吃水不相等，对应的漂浮状态称为横倾。当重心 G 偏离中纵剖面，即 $y_g \neq 0$ 时，则重心 G 和正浮时浮心 B 不再共垂线，重力和浮力所产生的力矩作用，将迫使船舶横向倾斜（见图 7-2-5）。船舶倾斜后，浮心移至 B_1，重心 G 和浮心 B_1 位于同一垂线上，达到新的平衡，船舶出现横倾角 q。

船舶横倾时的判断条件可表述为：

$$\begin{cases} W = \Delta = \rho V \\ x_g = x_b \\ y_g \neq y_b = 0 \end{cases} \tag{7-2-2}$$

3.纵倾（trim）

船舶重心 G 与浮心 B 的纵坐标不同，首、尾吃水不相等，对应的漂浮状态称为纵倾。当重

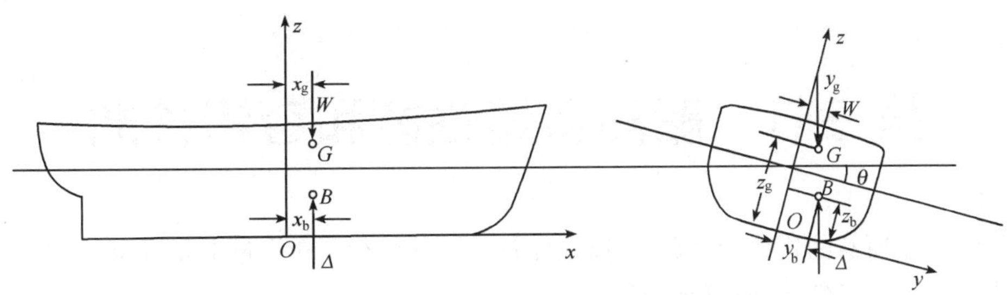

图 7-2-5 船舶横倾状态

心 G 和正浮时的浮心 B 不在同一垂线上(见图 7-2-6),重力和浮力形成的力矩将迫使船舶纵向倾斜,纵倾后达到新的平衡,船舶出现纵横倾角 j。

船舶纵倾时的平衡条件可表示为:

$$\begin{cases} W = \Delta = \rho V_0 \\ x_g \neq x_b \\ y_g = y_b = 0 \end{cases} \tag{7-2-3}$$

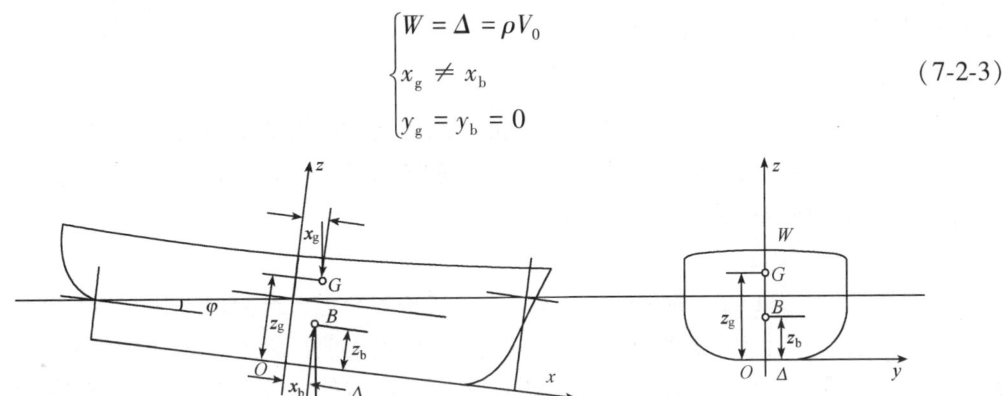

图 7-2-6 船舶纵倾状态

4.任意倾斜(list & trim)

船舶重心 G 与浮心 B 纵坐标和横坐标均对应不相同,船舶首、中、尾六面吃水均不相等,对应的漂浮状态为任意倾斜状态(见图 7-2-7)。船舶任意倾斜状态实际上是横倾与纵倾叠加后的结果,因此,其判断条件为:

$$\begin{cases} W = \Delta = \rho V_0 \\ x_g \neq x_b \\ y_g \neq y_b = 0 \end{cases} \tag{7-2-4}$$

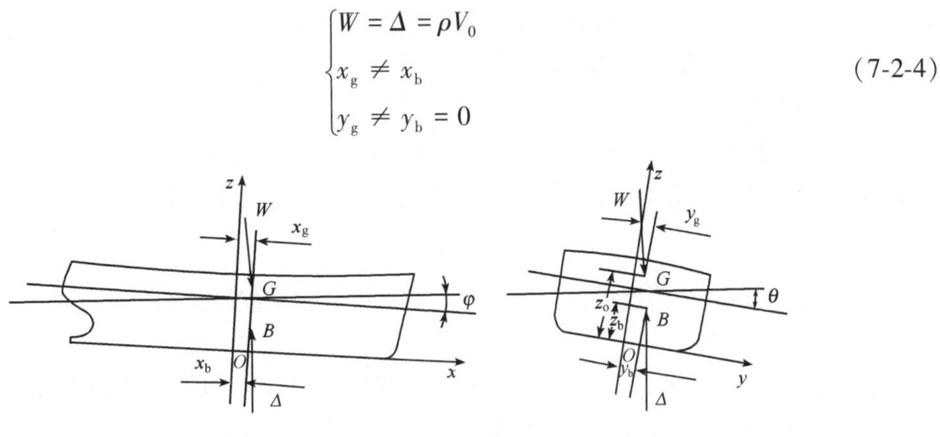

图 7-2-7 船舶任意倾斜状态

第三节　船舶重量性能和容积性能

为满足船舶所载的货物、所携带的航次储备品及其他载荷在重量上和体积上的需求,船舶必须具有一定的重量性能和容积性能。

一、船舶重量性能

在最大允许吃水范围内,反映吃水与船舶载重关系的性能,称为船舶重量性能。船舶重量性能的某些指标是决定装载货物重量能力的主要因素。

1.排水量

排水量(displacement)是指自由漂浮于静止水面上的静态船舶所排开水的重量。排水量在数值上等于该装载状态下船舶的总重量,按船舶装载状态不同,排水量可分为空船排水量、满载排水量和装载排水量。

(1)空船排水量 Δ_L

空船排水量(light ship displacement)指船舶装备齐全但无载重时的排水量。空船排水量等于空船重量,包括船体、机器及设备、可供试车用的但无航行所需的锅炉中的燃料和水、冷凝器中的淡水等重量之和。新船空船排水量为一定值,相应的吃水为空船吃水,其值均可在船舶资料中查得。

(2)满载排水量 Δ_s

满载排水量(full loaded displacement)指船舶吃水达到规定的满载水线(通常指夏季载重线)时的排水量。满载排水量等于在满载状态下船舶的总重量,包括空船重量及货物、航次储备、压载水等重量的总和。

对于具体船舶,夏季满载排水量为一定值,相应的船舶吃水为夏季满载吃水,其值均可在船舶资料中查得。夏季满载排水量是表征船舶重量性能的指标,而夏季满载吃水则是限定船舶装载吃水以保证船舶浮性的指标。

(3)装载排水量 Δ

装载排水量(loaded displacement)指船舶装载后吃水介于空船吃水与满载吃水之间的排水量,其值为该装载状态下空船、货物、航次储备、压载水等重量之和。

2.载重量

船舶所能装载的载荷重量称为载重量。载重量分为总载重量和净载重量。

(1)总载重量 DW

总载重量(deadweight)是指船舶在任意吃水时所能装载的重量。它包括在该吃水条件下船上所能装载货物、航次储备、压载水及其他重量的总和,其值为

$$DW = \Delta - \Delta_L \qquad (7\text{-}3\text{-}1)$$

总载重量的大小可根据给定的船舶装载状态按其构成成分叠加获得,也可根据船舶吃水

由式(7-3-1)确定。

①航次储备量 $\sum G$

船舶具体航次中为维持正常运输需要所储备的消耗物质重量总和即为航次储备量(stores for voyage),按其构成可分为固定储备量和可变储备量两类。

a.固定储备量 G_1

固定储备量 G_1 包括船员和行李、粮食和供应品及船用备品。由于构成 G_1 的各部分在航次储备量中所占比例很小,因此,无论航次时间长短,在计算航次净载重量 NDW 时可将 G_1 取一定值,故称固定储备量。

b.可变储备量 G_2

航次储备量中随航次时间长短及补给方案不同而变化的那部分物质的重量,它包括燃料、润料和淡水等。

②船舶常数 C

船舶参加营运后的空船重量与新船出厂时的空船重量之差称为船舶常数(ship's constant)。

船舶资料中作为船舶主要参数给出的总载重量是指夏季满载吃水所对应的总载重量,其值为一定值,即

$$DW_S = \Delta_S - \Delta_L$$

DW_S 作为船舶载重能力大小的重要指标,通常用来表征船舶大小和统计船舶拥有量,作为签订租船合同及航线配船、定舱配载、船舶配载的依据。

(2)净载重量 NDW

净载重量(net deadweight)指船舶具体航次中所能装载货物重量的最大能力,其值等于具体航次中所允许使用的总载重量 DW 与航次储备量及船舶常数的差值,即

$$NDW = DW - \sum G - C \qquad (7\text{-}3\text{-}2)$$

式中:$\sum G$——航次储备量(t);

C——船舶常数(t)。

船舶净载重量因不同航次的航线、航程等因素的不同而变化,主要作为计算航次货运量的依据。

二、船舶容积性能

船舶所具有的容纳各类载荷体积的能力称为船舶容积性能,用来表征船舶容积性能的指标包括舱室容积、舱容系数、登记吨位及甲板货位。

1.舱柜容积

(1)干货舱容积(capacity of dry cargo holds)

干货舱容积指干货舱内能够被货物利用的最大空间体积。按所装载的货物不同,可分为散装容积和包装容积两种。

①散装容积(grain capacity):指货舱内能够被无包装且呈颗粒、粉末、小块、球团等状的固体散货所利用的最大空间体积。其大小为两舷侧板内缘、前后横舱壁内缘、内底板或舱底板上

缘至甲板下缘所围体积及舱口围板与舱盖板下缘所围体积之和,并扣除舱内骨架、支柱、货舱护条、通风管系等所占空间体积。

②包装容积(bale capacity):指货舱内能为包装货物或具有一定尺度的裸装货物所利用的最大空间体积。其大小为包括舱口围板所围体积在内,量自两舷侧肋骨或纵桁内缘、前后横舱壁骨架的自由翼缘、内底板或舱底板上缘至甲板横梁或纵骨下缘所围空间体积,并扣除舱内支柱、通风管系等舱内设备所占体积。

一般货舱的包装容积为散装容积的90%~95%。

(2)液货舱容积(liquid cargo capacity)

液货舱容积指货舱装载液体散装货物时可利用的最大空间容积。

(3)液体舱柜容积(tank capacity)

液体舱柜容积指船舶能够为燃料、润料、淡水、压载水所利用的专用舱柜的最大容积。

船舶资料中均包括总布置图(general arrangement plan)、货舱容积表(cargo holds capacity table)和液舱柜容积表(tanks capacity table),提供了各货舱和液体舱柜的位置、形状、尺寸、容积及几何中心位置,是驾驶人员工作中的必备资料。

当各舱室未装至最大容积,可根据实际装舱深度查取相应舱室的舱容曲线或舱容表,从而确定实际装舱容积及重心位置。

(4)甲板货位

对于某些种类的船舶,允许或适合于在上甲板装载一定数量的货物,如集装箱船、木材运输船、杂货船,而允许利用的甲板货位受到船舶稳性、安全瞭望、货物系固、甲板强度等方面的限制。集装箱船甲板可用货位与舱内容积之比为1∶2~1∶1,而木材船甲板可用货位与舱内容积相比,也基本接近。

2.舱容系数 μ

舱容系数(coefficient of load)指全船货舱总容积与船舶净载重量之比,即每一净载重吨所占有的货舱容积。

$$\mu = \frac{\sum V_{ch}}{NDW} \tag{7-3-3}$$

式中:μ——舱容系数(m^3/t);

$\sum V_{ch}$——全船货舱总容积(m^3),取包装容积或散装容积。

由于各具体航次 NDW 不同,相应的舱容系数也不同。船舶资料中的舱容系数是船舶在满载状态下保持最大续航能力时的数值。

船舶舱容系数是表征船舶适合装轻货还是重货的参数。舱容系数较大的船,适合于装载轻货,若装载重货,则货舱容积未得到充分应用;相反,舱容系数较小的船,适合于装载重货,若装载轻货,则载重量未得到充分应用。

3.登记吨位

船舶登记吨是指船舶为登记注册及便利海上运输的需要,按有关国家主管机关指定的丈量规范的规定丈量的船舶内部容积,以吨位表示其大小。凡船长不小于24 m的我国海上航行的船舶,根据中华人民共和国海事局《船舶与海上设施法定检验规则》(以下简称《法定规则》)中关于吨位丈量的规定丈量并核算船舶登记吨,其数值记入船舶必备的“吨位证书”中。

我国政府已参加了IMO《1969年国际船舶吨位丈量公约》,《法定规则》中有关国际航行船舶的吨位丈量方法与该国际公约一致。

根据适用的公约、规则及船舶丈量的范围和用途不同,登记吨位可分为公约吨(满足IMO《1969年国际船舶吨位丈量公约》)和运河吨(满足运河港口当局制定的丈量规范),两者均包括总吨和净吨。

(1)公约吨

①总吨GT

根据国家主管机关规定的吨位丈量规范规定,丈量船舶所有围蔽处所总容积后所核算的专门吨位为船舶总吨(gross tonnage)。

船舶总吨的用途主要有:

a.表征船舶建造规模大小,作为船舶拥有量的统计单位;

b.作为船舶建造、买卖、租赁费用及海损事故赔偿费的计算基准;

c.作为国际公约、船舶规范中划分船舶等级、提出技术管理和设备要求的基准;

d.作为船舶登记、检验、丈量、登记等计费的依据;

e.作为一些港口使费的计算基准;

f.作为计算净吨的基础。

②净吨NT

根据国家主管机关指定的吨位丈量规范丈量确定的船舶有效容积所核算的专门吨位为船舶净吨(net tonnage)。有效容积可理解为船舶用于载货和载客处所的容积。对于货船,净吨除与船舶有效容积有关外,还与船舶型深和型吃水有关。

净吨主要用作计收各种港口使费(如港务费、引航费、码头费、灯塔费等)和税金(吨税)的依据。各国港口规定不同,其中也有按总吨、吃水等收取港口使费的。

(2)运河吨

苏伊士运河当局和巴拿马运河当局为维护各自国家的经济利益,均制定了相应的吨位丈量规范。运河吨(canal tonnage)就是按运河当局颁发的丈量方法丈量后确定的登记吨位。运河当局颁布运河吨位丈量规范,授权世界上一些主要船级社对船舶进行丈量,并签发运河吨位证书,它分为总吨和净吨两种。船舶在通过运河时,运河当局通常使用运河净吨位作为计费依据,但运河当局针对不同的船型有不同的规定,如集装箱船过苏伊士运河时的运河通航费包括按净吨为依据收取的通航基本费、按层数收取的甲板集装箱附加费和夜间通航附加费;集装箱船过巴拿马运河时的运河通航费主要按其集装箱船设计载箱能力计算,散货船基于载重吨和货物吨数计费,LNG船和LPG船按立方米计费,油船则基于巴拿马运河通用测量系统及吨数计费。凡航经运河的船舶,必须具备运河当局主管部门核定的运河吨位证书。表7-3-1所示为"Q"轮登记吨位表。

表7-3-1 "Q"轮登记吨位表

公约吨		苏伊士运河吨		巴拿马运河吨	
GRT(GT)	NRT(NT)	GRT(GT)	NRT(NT)	GRT(GT)	NRT(NT)
10 456	6 407	10 663	8 467	11 451	8 781

第四节　船舶静水力资料

船舶在营运过程中，经常需根据具体装载情况计算和校核船舶若干性能，而在计算和校核时需要按实际装载情况确定船舶性能的某些参数，为此，船舶设计部门根据船舶型线图计算并编制成船舶静水力资料，供查用。船舶静水力资料包括静水力曲线图、载重表尺和静水力参数表。

一、静水力曲线图

静水力曲线图（hydrostatic curves）表示船舶在静止正浮时的浮性参数、稳性参数和船形系数与吃水关系的一组曲线。

1.浮性参数曲线

浮性参数曲线包括：

（1）排水体积曲线

它是表示船舶排水体积（volume of displacement）随吃水变化而变化的关系曲线。在静水力曲线图中排水体积是根据船体型线图计算所得，并未包括水线以下部分船壳及附体（螺旋桨、舵、舭龙骨等）的体积，因此称为型排水体积（volume of moulded displacement），而实际排水体积（volume of real displacement）应为型排水体积与水线下船壳及附体体积之和。为方便计算，一般是将型排水体积乘以一个大于 1 的系数，该系数称为船壳系数。

设船壳系数为 k，型排水体积为 V，则实际排水体积 V 为

$$\Delta = kV \tag{7-4-1}$$

通常 k 值在 1.006~1.030 范围内。一般情况下，对于不同船舶，小船 k 值较大，大船 k 值较小；对于同一船舶，吃水较小时 k 取大些，吃水较大时 k 取小些。新船 k 值可在船舶资料中查取。

（2）排水量曲线

排水量曲线是表示船舶排水量随吃水变化而变化的关系曲线，通常包括标准海水排水量和标准淡水排水量两条曲线。

（3）浮心距基线高度曲线

浮心距基线高度曲线，简称 z_b 或 KB 曲线，是表示浮心的垂向坐标随吃水变化而变化的关系曲线。

（4）浮心距船中距离曲线

浮心距船中距离曲线，简称 x_b 曲线，是表示浮心纵坐标（Longitudinal Center of Buoyancy，LCB）随吃水变化而变化的关系曲线。在船中坐标系中，我国规定：浮心在船中前，x_b 为+；浮心在船中后，x_b 为-。在船尾坐标系中，浮心纵坐标 x_b 则表示浮心距船舶尾垂线的距离。

(5)漂心距船中距离曲线

漂心距船中距离曲线,简称 x_f 曲线,是表示漂心纵坐标(Longitudinal Center of Floatation,LCF)随吃水变化而变化的关系曲线。在船中坐标系中,我国规定的符号同 x_b。在船尾坐标系中,x_f 为漂心距船尾垂线的距离。

船舶漂浮于水面上,水面与船体相交的平面即为水线面。船舶水线面的几何中心称为漂心 F(center of floatation)。

船舶在正浮时,其漂心位置与水线面的大小及几何形状有关,而对于给定船舶,水线面的形状和大小取决于船舶不同吃水,因此,船舶漂心位置随吃水的不同而变化。

漂心位置以 x_f 和 y_f表示。由于水线面形状左右对称于中纵剖面,故 $y_f=0$。而水线面形状一般都不对称于中横剖面,故 x_f 通常为不为零,而在船中附近。

(6)水线面面积曲线

水线面面积曲线,简称 A_w 曲线,是反映未包括船壳板厚度在内的水线面面积(area of water planes)随吃水变化而变化的关系曲线。由水线面面积可计算出船舶在不同水密度水域中每厘米吃水吨数 TPC 值。

(7)每厘米吃水吨数曲线

每厘米吃水吨数曲线,简称 TPC 曲线,是表示船舶在不同吃水时每厘米吃水吨数(tons per centimeter of immersion)变化规律的曲线。静水力曲线图中各吃水时的 TPC 值一般为在海水中的数值。对于普通船舶,由于吃水不同水线面面积亦不同,且通常随吃水增大而增大,因此,每厘米吃水吨数 TPC 和水线面积随吃水变化的趋势是一致的。对于箱形驳船,其水线面积不随吃水而变化,故每厘米吃水吨数 TPC 为一确定值。

每厘米吃水吨数是指船舶平均吃水变化 1 cm 时对应排水量的改变量。

设船舶平均吃水变化 1 cm 时排水体积改变 V,其大小为:

$$V = 0.01A_w$$

则排水量的改变量 V 为:

$$V = \rho V$$

于是,可得每厘米吃水吨数表达式为:

$$TPC = 0.01\rho A_w \tag{7-4-2}$$

2.稳性参数曲线

稳性参数曲线包括:

(1)横稳心距基线高度曲线

横稳心距基线高度曲线,简称 KM 曲线,是表示船舶不同吃水时横稳心距基线高度(transverse metacenter above baseline)变化规律的曲线。

(2)纵稳心距基线高度曲线

纵稳心距基线高度曲线,简称 KM_L 曲线,是表示船舶不同吃水时纵稳心距基线高度(longitudinal metacenter above baseline)变化规律的曲线。

(3)每厘米纵倾力矩曲线

每厘米纵倾力矩曲线,简称 MTC 曲线,是反映吃水差变化 1 cm 所需要的纵倾力矩(moment to change trim 1 cm)随吃水变化而变化的关系曲线。

3.船型系数曲线

船型系数主要用来表示型船体的几何特征，在一定程度上反映船舶性能的优劣。静水力曲线图中的船型系数曲线表示船型系数随平均吃水变化的关系曲线。

船型系数曲线包括水线面系数曲线、中横剖面系数曲线、方形系数曲线、棱形系数曲线和垂向棱形系数曲线。

4.静水力曲线图的查取方法

静水力曲线图的垂向坐标代表船舶平均型吃水，横坐标代表船舶不同参数，以厘米数表示，各参数与厘米数的比例标于图中。各曲线厘米数的起算点可分为 3 种情况。

（1）坐标系原点，适应于除 x_b 曲线和 x_f 曲线以外的其他浮性参数和稳性参数曲线；

（2）以“ⵍ”表示的船中，适应于 x_b 曲线和 x_f 曲线；

（3）在不同的厘米数处直接标出小于 1 的小数，适应于船形系数曲线。

图 7-4-1 所示为“T”轮静水力曲线图。其查取方法是：作船舶装载状态下平均型吃水的水平线，与所查曲线相交，读取交点对应横坐标上的厘米数，并按所查参数与厘米数比例换算成实际参数值。

二、载重表尺

载重表尺（deadweight scale）是指船舶在静止、正浮状态时常用浮性和稳性参数随吃水变化而变化的关系图表。载重表尺中给出了不同吃水时的海水中和淡水中的排水量 Δ、总载重量 DW、每厘米吃水吨数 TPC 以及每厘米纵倾力矩 MTC、横稳心距基线高度 KM、浮心距船中 x_f 等值。在提供给船上的载重表中，其所列参数种类也不尽相同。相较静水力曲线图，有的船舶的载重表尺中还附有载重线标志，如图 7-4-2 所示。

载重表尺比静水力曲线图更方便、实用，其查取方法为：根据装载状态下的实际平均吃水作一水平线，该线与所查参数栏刻度相交，直接读出刻度对应数值即为所查参数值。

三、静水力参数表

静水力参数表（hydrostatic data table）是以数值表的形式给出了船舶各性能参数与吃水的数值关系。与上两种形式的图表比较，静水力参数表具有简便、可靠的特点，它根据船舶平均型吃水或船中平均吃水直接读出所查参数值而无须进行辅助线和比例转换，有的船舶提供的静水力参数表中同时提供了型吃水和包括龙骨板厚度的吃水，便于使用者查取相关参数。根据船舶的大小，静水力参数表的吃水间距分为 1 cm、2 cm、5 cm、10 cm 不等。因此，为减少查表误差，建议尽量使用静水力参数表。

应该指出的是，船舶在纵倾状态下的静水力数值与正浮状态下是有所不同的。因此新造的大多数船舶除列出船舶正浮状态条件下的静水力数值外，还列出在不同吃水差（如 t 为 2.0 m、1.0 m、−1.0 m、−2.0 m、−3.0 m、−4.0 m 等）时的静水力数值。表 7-4-1 为“T”轮正浮状态时的静水力参数表，表 7-4-2 和表 7-4-3 为“K”轮纵倾状态时的静水力参数表。

仅有正浮状态的静水力参数表以船舶平均型吃水为查表引数；具有纵倾状态的静水力参

数表以船中平均吃水和吃水差为查表引数，因此不需要再进行船舶平均吃水的计算。

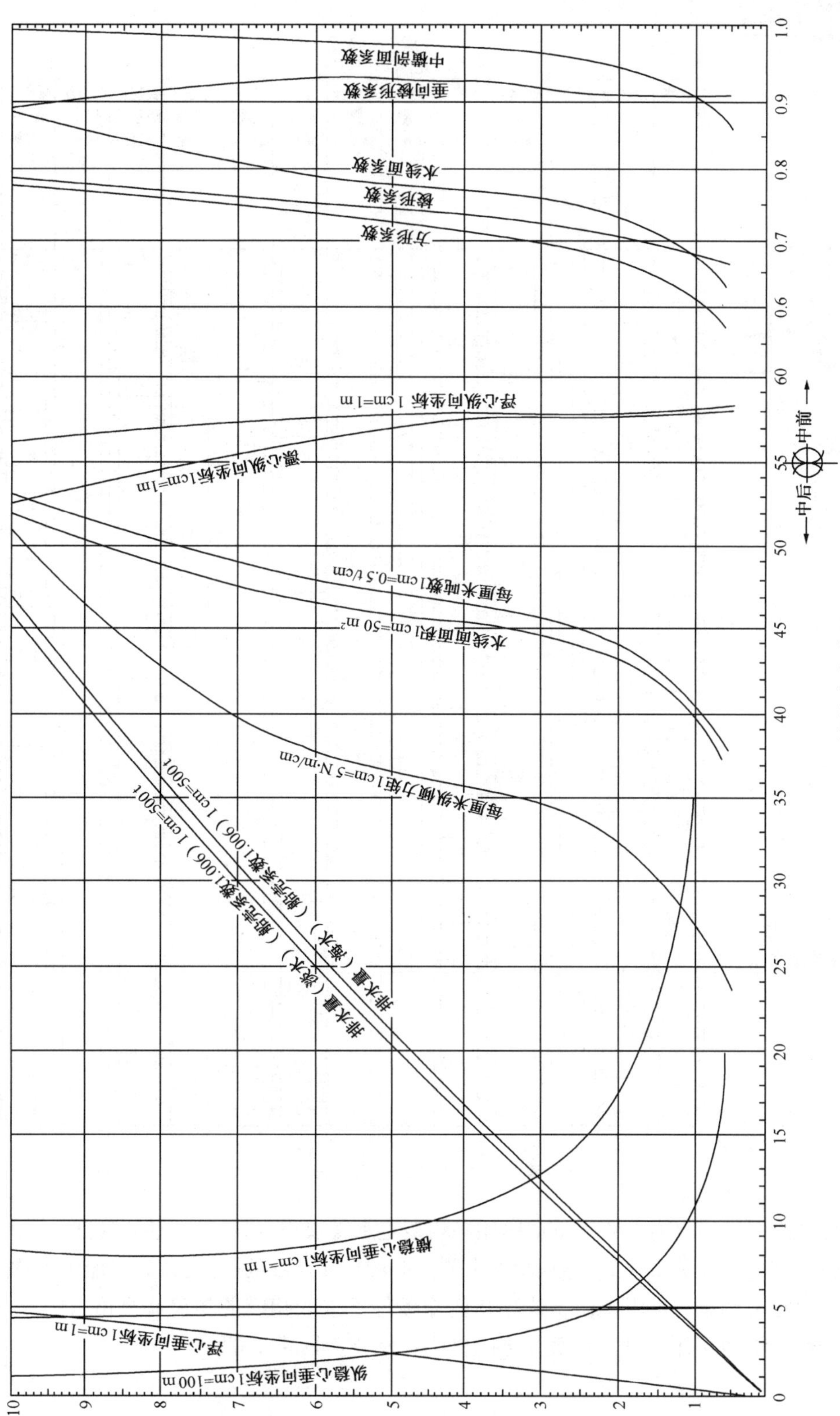

图7-4-1 "T"轮静水力曲线图

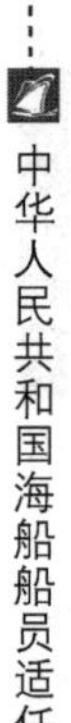

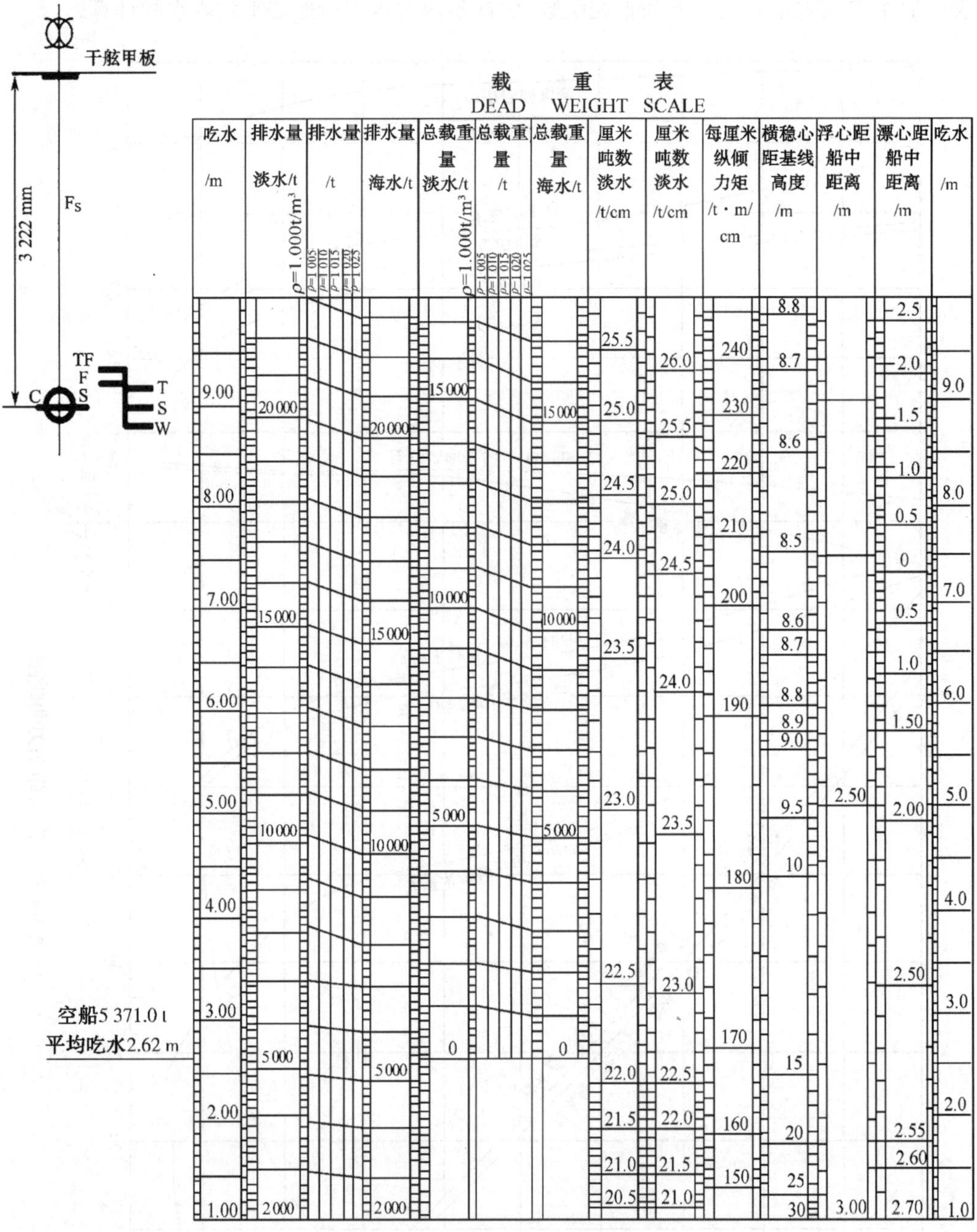

干舷甲板

3 222 mm

F_S

TF F S C T S W

空船5 371.0 t
平均吃水2.62 m

载　重　表
DEAD WEIGHT SCALE

吃水 /m	排水量 淡水/t ρ=1.000t/m³	排水量 /t ρ=1.005 ρ=1.010 ρ=1.015 ρ=1.020 ρ=1.025	排水量 海水/t	总载重量 淡水/t ρ=1.000t/m³	总载重量 /t ρ=1.005 ρ=1.010 ρ=1.015 ρ=1.020 ρ=1.025	总载重量 海水/t	厘米吨数 淡水 /t/cm	厘米吨数 淡水 /t/cm	每厘米纵倾力矩 /t·m/cm	横稳心距基线高度 /m	浮心距船中距离 /m	漂心距船中距离 /m	吃水 /m
9.00, 8.00, 7.00, 6.00, 5.00, 4.00, 3.00, 2.00, 1.00	20 000, 15 000, 10 000, 5 000, 2 000		20 000, 15 000, 10 000, 5 000, 2 000	15 000, 10 000, 5 000, 0		15 000, 10 000, 5 000, 0	25.5, 25.0, 24.5, 24.0, 23.5, 23.0, 22.5, 22.0, 21.5, 21.0, 20.5	26.0, 25.5, 25.0, 24.5, 24.0, 23.5, 23.0, 22.5, 22.0, 21.5, 21.0	240, 230, 220, 210, 200, 190, 180, 170, 160, 150	8.8, 8.7, 8.6, 8.5, 8.6, 8.7, 8.8, 8.9, 9.0, 9.5, 10, 15, 20, 25, 30	2.50, 3.00	-2.5, -2.0, -1.5, -1.0, 0.5, 0, 0.5, 1.0, 1.50, 2.00, 2.50, 2.55, 2.60, 2.70	9.0, 8.0, 7.0, 6.0, 5.0, 4.0, 3.0, 2.0, 1.0

图 7-4-2　“T”轮载重表尺

正浮状态时的静水力参数表根据船舶平均型吃水查取相应数值。纵倾状态时的静水力参数表提供了在已知浮态条件下，吃水和吃水差与船舶性能参数的关系，该表以船中平均吃水及吃水差查取相关参数。可用于在装载浮态已知条件下查取相应的初稳心高度 KM，从而计算船舶初稳性 GM；也可用于已知装载浮态时排水量及装货量的计算。

表 7-4-1 “T”轮静水力参数表($t=0$)

d(型吃水)/m	Δ(SW)/t	Δ(FW)/t	TPC (SW)/t	TPC (FW) t/cm	MTC/ t·m/cm	KM/ m	KB/ m	x_b/ m	x_f/ m
9.60	22,443	21,896	26.16	25.52	241.9	8.815	5.008	1.271	-2.270
9.40	21,923	21,388	26.02	25.38	238.2	8.775	4.902	1.349	-2.099
9.20	21,401	20,879	25.88	25.25	234.6	8.735	4.810	1.420	-1.934
9.00	20,881	20,371	25.75	25.12	230.9	8.690	4.696	1.492	-1.767
8.80	20,375	19,878	25.60	24.97	227.1	8.661	4.581	1.572	-1.543
8.60	19,869	19,384	25.45	24.83	223.1	8.618	4.416	1.655	-1.305
8.40	19,361	18,889	25.32	24.70	219.5	8.599	4.371	1.730	-1.099
8.20	18,849	18,389	25.15	24.54	216.0	8.589	4.270	1.801	-0.917
8.00	18,334	17,886	25.02	24.40	212.4	8.575	4.167	1.873	-0.715
7.80	17,836	17,401	24.93	24.32	209.2	8.529	4.060	1.939	-0.502
7.60	17,337	16,914	24.86	24.25	205.7	8.542	3.950	2.018	-0.290
7.40	16,842	16,431	24.74	24.14	202.8	8.563	3.846	2.072	-0.083
7.20	16,384	15,949	24.57	23.97	200.0	8.584	3.745	2.111	0.120
7.00	15,855	15,468	24.39	23.79	196.9	8.599	3.642	2.153	0.323
6.80	15,375	14,982	24.31	23.71	195.1	8.642	3.542	2.209	0.539
6.60	14,853	14,491	24.22	23.63	193.3	8.683	3.445	2.268	0.758
6.40	14,368	14,018	24.15	23.56	191.7	8.730	3.342	2.314	0.961
6.20	13,897	13,558	24.08	23.50	190.2	8.779	3.232	2.352	1.158
6.00	13,421	13,093	24.02	23.43	188.9	8.833	3.123	2.391	1.355
5.80	12,937	12,621	23.93	23.35	187.6	8.914	3.027	2.437	1.506
5.60	12,448	12,144	23.84	23.26	186.4	9.008	2.939	2.482	1.671
5.40	11,968	11,676	23.77	23.19	185.3	9.114	2.833	2.519	1.800
5.20	11,491	11,210	23.70	23.12	184.3	9.255	2.719	2.548	1.890
5.00	11,014	10,745	23.64	23.06	183.3	9.388	2.606	2.573	1.980
4.80	10,536	10,279	23.57	23.00	182.3	9.557	2.492	2.589	2.071
4.60	10,059	9,814	23.51	22.94	181.3	9.712	2.380	2.597	2.162
4.40	9,587	9,353	23.46	22.89	180.3	9.936	2.275	2.621	2.247
4.20	9,120	8,897	23.24	22.85	179.1	10.222	2.186	2.659	2.329
4.00	8,653	8,441	23.39	22.81	177.9	10.482	2.090	2.695	2.404
3.80	8,185	7,985	23.27	22.71	176.7	10.813	1.980	2.702	2.449
3.60	7,717	7,529	23.17	22.60	175.5	11.198	1.867	2.708	2.493
3.40	7,251	7,074	23.07	22.50	174.2	11.613	1.764	2.715	2.536

表 7-4-2 “K”轮静水力参数表（t=-1.0m）

d（型吃水）/m	d（实际吃水）/m	Δ/Dis/t	x_b/LCB/m	KB/VCB/m	KM_T/m	x_f/LCF/m	MTC/t.m/cm	TPC/t/cm
……	……	……	……	……	……	……	……	……
6.00	6.02	34,960	113.11	3.10	17.24	114.90	870	62
6.10	6.12	35,577	113.14	3.16	17.07	114.79	874	62
6.20	6.22	36,195	113.17	3.21	16.91	114.67	877	62
6.30	6.32	36,813	113.19	3.26	16.76	114.55	881	62
6.40	6.42	37,433	113.21	3.31	16.61	114.43	885	63
6.50	6.52	38,053	113.23	3.36	16.47	114.31	889	63
6.60	6.62	38,674	113.25	3.41	16.33	114.19	893	63
6.70	6.72	39,296	113.26	3.46	16.20	114.07	897	63
6.80	6.82	39,919	113.27	3.51	16.08	113.94	901	63
6.90	6.92	40,543	113.28	3.57	15.96	113.81	905	63
7.00	7.02	41,168	113.29	3.62	15.85	113.68	909	63
……	……	……	……	……	……	……	……	……
8.00	8.02	47,466	115.24	4.12	14.85	113.00	933	64
8.10	8.12	48,101	113.24	4.19	14.87	112.19	956	64
8.20	8.22	48,737	113.23	4.24	14.80	111.95	963	64
8.30	8.32	49,373	113.21	4.29	14.73	111.73	970	65
8.40	8.42	50,011	113.19	4.34	14.67	111.54	976	65
8.50	8.52	50,650	113.17	4.39	14.61	111.36	981	65
8.60	8.62	51,288	113.14	4.44	14.56	111.19	987	65
8.70	8.72	51,927	113.12	4.50	14.50	111.03	991	65
8.80	8.82	52,567	113.09	4.55	14.45	110.87	996	65
8.90	8.92	53,209	113.06	4.60	14.40	110.73	1,000	65
9.00	9.02	53,853	113.03	4.65	14.36	110.59	1,005	65
……	……	……	……	……	……	……	……	……
11.00	11.02	66,940	112.28	5.70	13.77	107.61	1,094	67
11.10	11.12	67,606	112.23	5.75	13.75	107.47	1,098	67
11.20	11.22	68,273	112.18	5.81	13.74	107.35	1,101	67
11.30	11.32	68,940	112.13	5.86	13.72	107.23	1,104	68
11.40	11.42	69,609	112.09	5.91	13.71	107.12	1,107	68
11.50	11.52	70,277	112.04	5.97	13.70	107.01	1,109	68
11.60	11.62	70,946	111.99	6.02	13.69	106.91	1,111	68
11.70	11.72	71,617	111.94	6.07	13.68	106.82	1,114	68
11.80	11.82	72,289	111.89	6.12	13.67	106.73	1,116	68
11.90	11.92	72,962	111.85	6.18	13.67	106.65	1,119	68
……	……	……	……	……	……	……	……	……
15.00	15.02	94,092	111.69	7.81	13.79	105.17	1,165	69
15.10	15.12	94,782	111.65	7.86	13.80	105.17	1,168	69
15.20	15.22	95,472	111.60	7.91	13.82	105.16	1,170	69
15.30	15.32	96,163	111.55	7.96	13.83	105.14	1,172	69
15.40	15.42	96,854	111.51	8.02	13.85	105.12	1,174	69
15.50	15.52	97,545	111.46	8.07	13.87	105.11	1,176	69
15.60	15.62	98,237	111.42	8.12	13.89	105.09	1,178	69
15.70	15.72	98,929	111.37	8.18	13.90	105.07	1,180	69
15.80	15.82	99,621	111.33	8.23	13.92	105.06	1,181	69
15.90	15.92	100,314	111.28	8.28	13.94	105.04	1,183	69
16.00	16.02	101,008	111.24	8.33	13.96	105.03	1,185	69
……	……	……	……	……	……	……	……	……

注：(1)表中各参数对应的水密度为标准海水。

(2)表中坐标系坐标原点 O 位于尾垂线与基线的交点。

表 7-4-3 "K"轮静水力参数表(t=-2.0m)

d(型吃水)/m	d(实际吃水)/m	Δ/Dis/t	x_b/LCB/m	KB/VCB/m	KMt/m	x_f/LCF/m	MTC/t.m/cm	TPC/t/cm
……	……	……	……	……	……	……	……	……
6.00	6.02	34,935	115.59	3.09	17.13	115.51	857	62
6.10	6.12	35,551	115.59	3.14	16.96	115.39	860	62
6.20	6.22	36,169	115.59	3.19	16.80	115.28	864	62
6.30	6.32	36,788	115.58	3.24	16.65	115.16	867	62
6.40	6.42	37,407	115.57	3.30	16.50	115.04	871	62
6.50	6.52	38,027	115.56	3.35	16.37	114.92	875	62
6.60	6.62	38,648	115.55	3.40	16.23	114.80	879	62
6.70	6.72	39,270	115.54	3.45	16.10	114.68	882	63
6.80	6.82	39,893	115.52	3.50	15.98	114.56	886	63
6.90	6.92	40,517	115.51	3.55	15.86	114.43	890	63
7.00	7.02	41,141	115.49	3.60	15.75	114.31	894	63
……	……	……	……	……	……	……	……	……
8.00	8.02	47,438	113.25	4.13	14.94	112.34	951	64
8.10	8.12	48,072	115.21	4.17	14.77	112.86	937	64
8.20	8.22	48,702	115.18	4.23	14.71	112.72	941	64
8.30	8.32	49,335	115.15	4.28	14.64	112.58	945	64
8.40	8.42	49,971	115.12	4.33	14.58	112.44	949	64
8.50	8.52	50,609	115.08	4.38	14.52	112.30	953	64
8.60	8.62	51,248	115.05	4.43	14.47	112.13	958	64
8.70	8.72	51,890	115.01	4.49	14.42	111.89	966	65
8.80	8.82	52,533	114.97	4.54	14.37	111.67	972	65
8.90	8.92	53,177	114.93	4.59	14.32	111.47	978	65
9.00	9.02	53,823	114.88	4.64	14.27	111.29	983	65
……	……	……	……	……	……	……	……	……
11.00	11.02	66,915	113.90	5.69	13.71	108.15	1,072	67
11.10	11.12	67,581	113.84	5.75	13.70	108.03	1,075	67
11.20	11.22	68,248	113.78	5.80	13.68	107.91	1,079	67
11.30	11.32	68,917	113.72	5.85	13.67	107.79	1,082	67
11.40	11.42	69,586	113.67	5.90	13.66	107.66	1,086	67
11.50	11.52	70,255	113.61	5.96	13.65	107.50	1,091	67
11.60	11.62	70,926	113.55	6.01	13.64	107.35	1,095	67
11.70	11.72	71,598	113.49	6.06	13.63	107.23	1,099	67
11.80	11.82	72,271	113.43	6.12	13.63	107.13	1,102	67
11.90	11.92	72,945	113.37	6.17	13.62	107.02	1,105	68
……	……	……	……	……	……	……	……	……
15.00	15.02	94,081	110.45	7.81	13.81	104.94	1,169	69
15.10	15.12	94,770	110.41	7.87	13.83	104.91	1,171	69
15.20	15.22	95,460	110.37	7.92	13.84	104.88	1,172	69
15.30	15.32	96,150	110.33	7.97	13.86	104.86	1,174	69
15.40	15.42	96,840	110.29	8.02	13.87	104.83	1,175	69
15.50	15.52	97,531	110.25	8.08	13.89	104.81	1,177	69
15.60	15.62	98,223	110.21	8.13	13.91	104.81	1,179	69
15.70	15.72	98,916	110.18	8.18	13.92	104.81	1,181	69
15.80	15.82	99,609	110.14	8.24	13.94	104.80	1,183	69
15.90	15.92	100,302	110.10	8.29	13.96	104.79	1,185	69
16.00	16.02	100,996	110.07	8.34	13.98	104.78	1,186	69
……	……	……	……	……	……	……	……	……

注:(1)表中各参数对应的水密度为标准海水。

(2)表中坐标系坐标原点 O 位于尾垂线与基线的交点。

四、静水力参数表应用

利用静水力参数表，驾驶人员可方便地对船舶装载问题进行计算，即求算船舶吃水与装载之间相互的数值关系。另外，在通常装载情况下船舶稳性及浮态的计算，可利用本表查取如KM、MTC、x_b、x_f等相关计算参数。

同时，需要注意的是，一般船舶静水力参数表中仅提供海水排水量（对应标准水密度$\rho = 1.025\ g/cm^3$）和淡水排水量（对应标准水密度$\rho = 1.000\ g/cm^3$）。当船舶处于非标准水密度水域时，应对利用所读取的吃水查取的船舶排水量进行水密度修正，修正方法如下：

设实际测得的港水密度为ρ'，则经水密度修正后的排水量Δ_d为

$$\Delta_d = \frac{\rho'}{1.025} \cdot \Delta \tag{7-4-3}$$

第五节　船舶平均吃水

一、船舶平均吃水概念

船舶装载后排水量为某一数值，当船舶存在纵倾或横倾时，船首、中、尾处的左、右舷吃水是不同的。所谓平均吃水是指在该排水量时对应于船舶正浮条件下的吃水。或者说，当船舶存在纵倾或横倾时，船舶纵倾或横倾状态下的排水体积与船舶某一正浮状态时的排水体积相同，该正浮状态对应的船舶吃水即为平均吃水。

在小倾角横倾和纵倾条件下，某一平均吃水必然有确定的船舶排水量或排水体积相对应，无论船舶纵倾或横倾状态怎样改变，仅影响排水体积的形状，而不影响排水体积的大小，因此，平均吃水亦称等容吃水。

二、船舶平均吃水计算

由于船舶装载后的浮态不同，其平均吃水的计算方法也有所不同。

1.正浮

船舶装载后为正浮状态时船体各处吃水相等，根据定义该吃水值即为平均吃水。

2.仅纵倾

当船舶处于纵倾状态时，首尾吃水不相等，两者差值称吃水差，船舶平均吃水的计算可表示为

$$d_m = \frac{d_F + d_A}{2} + \frac{x_f}{L_{BP}} \cdot t \tag{7-5-1}$$

式中：d_m——船舶平均吃水(m)；

d_F——船首吃水(m)；

d_A——船尾吃水(m)；

t——船舶吃水差(m)，$t=d_F-d_A$；

x_f——正浮水线漂心纵坐标(m)；

L_{BP}——船舶型长(m)，通常称船长；

$\frac{x_f}{L_{BP}}\cdot t$——船舶平均吃水的漂心修正量(m)，或称纵倾修正。

若船舶吃水差较小，$\frac{x_f}{L_{BP}}\cdot t$ 可忽略，则船舶平均吃水为

$$d_m=\frac{d_F+d_A}{2} \tag{7-5-2}$$

3.仅横倾

当船舶仅处于横倾状态时，左右舷吃水不相等，其平均吃水为

$$d_m=\frac{d_{FP}+d_{FS}}{2}=\frac{d_{\otimes P}+d_{\otimes S}}{2}=\frac{d_{AP}+d_{AS}}{2} \tag{7-5-3}$$

式中：d_{FP}、d_{FS}——船首左、右舷吃水(m)；

d_{AP}、d_{AS}——船尾左、右舷吃水(m)；

$d_{\otimes P}$、$d_{\otimes S}$——船中左、右舷吃水(m)。

4.任意倾斜

当船舶同时存在纵倾和横倾时，六面吃水均不相等，该浮态对应的平均吃水可按下式算出

$$d_m=\frac{d_{FP}+d_{FS}+d_{\otimes P}+d_{\otimes S}+d_{AP}+d_{AS}}{6}+\frac{x_f}{L_{BP}}\cdot t \tag{7-5-4}$$

式中，吃水差 t 为

$$t=\frac{d_{FP}+d_{FS}}{2}-\frac{d_{AP}+d_{AS}}{2}$$

5.船体有拱垂变形时平均吃水的计算

以上求取船舶平均吃水时均将船体视为刚体，而实际上船体为一弹性体。因此，船舶在某一浮态下会存在一定纵向弯曲变形，引起船舶吃水的改变。

船体纵向弯曲变形后，在船中处测得船中吃水为 $d_{\otimes}$，与弯曲变形前平均吃水 d_m 有一差值 $\delta d_{\otimes}$。在船中下垂(中垂，sagging)情况下，$\delta d_{\otimes}$为正值；而在船中上拱(中拱，hogging)情况下，$\delta d_{\otimes}$为负值。由此可见，当船舶存在拱垂变形时，按上述方法求得的平均吃水与实际平均吃水相比，存在一定误差，应予以修正。考虑拱垂变形影响后，船舶平均吃水可按下式计算：

$$d_m=\frac{d_F+6d_{\otimes}+d_A}{8}+\frac{x_f}{L_{BP}}\cdot t \tag{7-5-5}$$

上式的实质是，船舶中部的排水体积较大，在计算平均吃水时船中吃水取较大权数。应该指出，当货物交接是以水尺检量方法确定的货物重量为准时，尚应对上述方法求得的平均吃水再加以修正，以达到更高的精度要求。

三、舷外水密度改变对吃水的修正

船舶航行于不同水域之间，舷外水的密度也时常发生变化。在船舶总重量不变的情况下，舷外水密度的变化导致船舶排水体积改变，为保持重力与浮力的平衡，船舶吃水必然发生改变。

1.基本公式

设舷外水密度由 ρ_1 变化到 ρ_2，且船舶排水量 Δ 保持不变，根据船舶在标准海水密度中的 TPC 与 A_w 的关系式，可得到船舶进出不同水密度水域时平均吃水变化量为：

$$\delta d_\rho = \frac{\Delta}{100TPC}\left(\frac{\rho_s}{\rho_2} - \frac{\rho_s}{\rho_1}\right) \tag{7-5-6}$$

式中：ρ_1——原水域舷外水密度（g/cm^3）；

ρ_2——新水域舷外水密度（g/cm^3）；

ρ_s——标准海水密度（g/cm^3），取 $\rho_s = 1.025\ g/cm^3$；

TPC——标准海水中的每厘米吃水吨数（t/cm）。

2.淡水水尺超额量和半淡水水尺超额量

船舶由标准海水密度（$\rho_1 = 1.025\ g/cm^3$）水域进入标准淡水密度（$\rho_2 = 1.000\ g/cm^3$）水域时平均吃水的增加量称为淡水水尺超额量（fresh water allowance，FWA）。由式（7-5-6）可得：

$$FWA = \frac{\Delta}{4\,000TPC} \tag{7-5-7}$$

船舶由标准海水密度水域进入水密度为 ρ_2（$1.000 < \rho_2 < 1.025\ g/cm^3$）的水域时平均吃水增加量称为半淡水水尺超额量，可按以下公式求取。

$$\delta d = (41 - 40\rho_2)FWA$$

或

$$\delta d = 40FWA(1.025 - \rho_2) \tag{7-5-8}$$

3.新水域船舶平均吃水的近似计算

设船舶在原水域的水密度为 ρ_1，平均吃水 d_1；进入新水域时水密度为 ρ_2，平均吃水 d_2，船舶进入新水域近似平均吃水为：

$$d_2 = \frac{\rho_1}{\rho_2}d_1 \tag{7-5-9}$$

在对吃水计算精度要求不高的情况下，使用式（7-5-9）可免去查表及烦琐计算。在实际工作中，可根据具体情况选取不同的计算公式，区别对待。

例 7-5-1："K"轮某航次在某港口装货，港口水密度 $\rho = 1.025\ g/cm^3$。0800 观测吃水 $d_{F1} = 5.52$ m，$d_{A1} = 7.52$ m；1200 观测吃水 $d_{F2} = 7.22$ m，$d_{A2} = 9.02$ m，若不计油水消耗，则上午共装货多少吨？（$L = 217$ m）

解：该题直接利用纵倾状态下的静水力参数表进行排水量的查取即可。

（1）求 0800 时船舶的排水量

由 $\frac{d_{F1} + d_{A1}}{2} = \frac{5.52 + 7.52}{2} = 6.52$ m 和吃水差 $t = 5.52 - 7.52 = -2.0$ m 查表 7-4-3 得 $\Delta_1 =$

38027 t。

(2)求 1200 时船舶的排水量

利用 $\frac{d_{F2}+d_{A2}}{2}=\frac{7.22+9.02}{2}=8.12$ m 和吃水差 $t=-1.0$ m 查表 7-4-2 得 $\Delta_{21}=48101$ t;利用 $\frac{d_{F2}+d_{A2}}{2}=\frac{7.22+9.02}{2}=8.12$ m 和吃水差 $t=-2.0$ m 查表 7-4-3 得 $\Delta_{22}=48072$ t。则 $t=7.22-9.02=-1.80$ 时,$\Delta_2=48101+\frac{48072-48101}{(-2.0)-(-1.0)}\times(-1.8-(-1.0))=48077.8$ t。

(3)计算装货量 p

$p=\Delta_2-\Delta_1=48077.8-38027=10050.8$ t

例 7-5-2:"T"轮某航次在某港口装货,该港航道水深受限,限制吃水为 8.50 m,港口水密度 $\rho=1.012$ g/cm^3。试计算该轮该航次最大排水量。

解:

(1)由限制吃水查取 Δ_{SW}(表 7-4-1)

$d_M=8.50$ m 时,利用内插法查得 $\Delta=19615$t

(2)求港口水密度 $\rho=1.012g/cm^3$ 下的排水量

$$\Delta_\rho=\frac{19615\times1.012}{1.025}=19366.2\text{t}$$

例 7-5-3:"T"轮在始发港开航时 $d_M=8.90$ m,航行及停泊途中油水消耗 750 t,并计划在中途港卸下 1800 t 货后再加装 1600 t 货物,试求该船驶离中途港时的平均吃水。

解:

方法 1

(1)查取始发港开航时的排水量 $\triangle_1$

由 $d_M=8.90$ m 查表 7-4-1,得 $\triangle_1=20628$ t

(2)计算驶离中途港时的排水量 $\triangle_2$

$\triangle_2=20628-750-1800+1600=19678$ t

(3)根据 $\triangle_2$ 查取驶离中途港时的平均吃水 d_{M2}

由 $\triangle_2=19678$ t 查表 7-4-1,得 $d_{M2}=8.52$ m

方法 2

(1)由 d_M 查取船舶的每厘米吃水吨数 TPC

由 $d_M=8.9$m 查表 7-4-1,得 $TPC=25.675$ t/cm

(2)计算油水消耗和中途港装卸货后平均吃水改变量 δd

$$\delta d=\frac{\sum p_i}{100TPC}=\frac{-750-1800+1600}{100\times25.675}=-0.37\text{ m}$$

(3)计算驶离中途港时平均吃水 d_{M2}

$d_{M2}=d_M+\delta d=8.90-0.37=8.53$ m

本题表明,当船舶载荷变化不大时,应用 TPC 求算平均吃水改变量,其误差较小,且简便、快捷。

例 7-5-4:"K"轮在某港装货,当装至观测首吃水 $d_F=8.02$ m、尾吃水 $d_A=9.02$ m 时,尚有

1150 t 货物待装，求货物装完后平均吃水的增加量。

解：

(1)计算首尾平均吃水 $d_{船中}$ 和吃水差

$$d_{船中} = \frac{d_F + d_A}{2} = \frac{8.02 + 9.02}{2} = 8.52\ \text{m},\ t = d_F - d_A = 8.02 - 9.02 = -1.0\ \text{m}$$

(2)由 $d_{船中} = 8.52$ m 和 $t = -1.0$ m 查表 7-4-2，得 $TPC = 65$ t/cm。

(3) $\delta d = \frac{1150}{100 \times 65} = 0.18$ m

第六节 载重线标志与载重线海图

为保障船舶航行安全和发生海损时仍能保持一定的航海性能，并使船舶具有尽可能大的装载能力，《1966 年国际载重线公约》(The International Convention on Load Lines, 1966) 1988 年议定书及我国《法定规则》均规定必须在船舶两舷勘划载重线标志，以限制船舶满载时的最大吃水。

一、船舶干舷

1.储备浮力

船舶能够漂浮于水面上，必须具备浮力与重力相等的平衡条件。当船舶在波浪中或冰区航行时甲板上浪和水线以上船体结冰，船体破损使舱内进水等均会使船舶重量增加。为了保证船舶浮性，需要在满载水线以上储备一定的水密船体容积，以适应临时性载荷增加而使船体提供相应浮力的需要。满载水线以上船体水密空间所具有的浮力称为储备浮力(reserved buoyancy)。

储备浮力是船舶适航性的重要指标，储备浮力的大小与船舶尺度、类型、航区和航行季节等因素有关，海船的储备浮力一般为夏季满载排水量的 25%~40%，河船的储备浮力一般为夏季满载排水量的 10%~15%。

2.船舶干舷

船舶干舷 F 是指在船中处从干舷甲板上边缘向下量到载重线上边缘(或满载水线)的垂直距离。干舷甲板指用以计算干舷的甲板，通常指最高一层露天全通甲板。

船舶干舷 F 与型深 D、型吃水 d 的关系为

$$F = D + \varepsilon - d \approx D - d \tag{7-6-1}$$

式中：ε ——干舷甲板边板厚度(m)。

显然，干舷可以作为衡量储备浮力大小的尺度。干舷越大，储备浮力也越大。干舷大小与船舶装载及航行安全有着密切关系。一艘船载重越多，吃水越大，干舷就越小，储备浮力越小。为了保障船舶安全并使船舶具有尽可能大的装载能力，公约和规则规定了船舶在任何装载情况下应具有的最小干舷值。

应该清楚,公约和规则中规定的最小干舷值,是顾及船舶形状、类型、航区及航行季节等因素所需具有的储备浮力大小而确定的,但是以强度、稳性、抗沉性均符合有关法规的要求为前提条件。当由储备浮力确定的最小干舷若与强度、稳性及分舱等要求所决定的干舷不一致时,应取其大者。

船舶干舷分为夏季、热带、冬季、北大西洋冬季和淡水干舷,其中夏季干舷是确定其他干舷的基准。而夏季干舷是由船舶主尺度、方形系数、船舶类型、上层建筑长度和高度、舷弧等因素所决定的。根据公约,夏季干舷计算时分为"A"型船舶和"B"型船舶,其中"A"型船舶是指专为载运液体散装货物而设计的,"B"型船舶是指除"A"型船舶外的其他船舶,此外"B"型船舶中还有"B-60"和"B-100"型两种。

二、甲板线与载重线标志

1.甲板线

甲板线(deck line)指长为300 mm、宽为25 mm的水平线。该线勘划于船中的左、右舷,用以表明干舷甲板位置,作为量取最小干舷的基准线,如图7-6-1所示。其上边缘一般应经过干舷甲板的上表面向外延伸与船壳板外表面的交点。如按此勘划有困难,甲板线也可勘划在船中每舷的某一适当位置,但应对干舷做相应的修正,并在船舶载重线证书中标明。

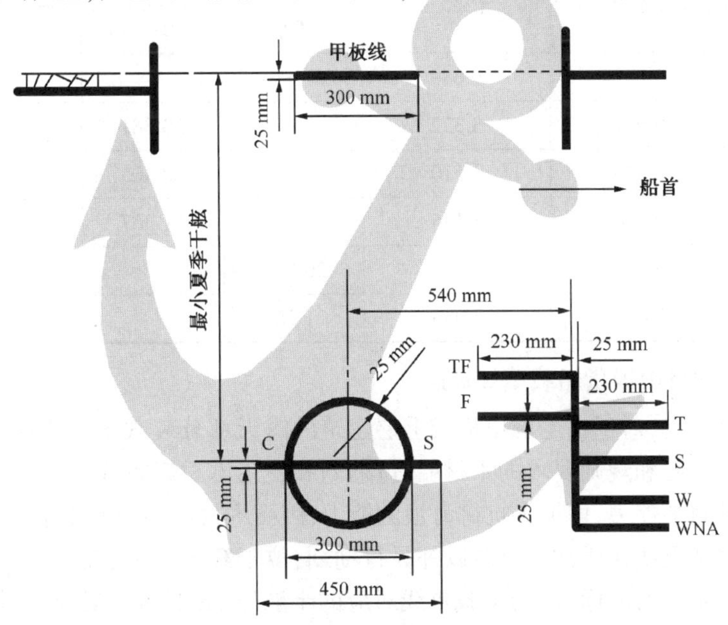

图7-6-1 甲板线和载重线标志

2.国际航行非木材甲板货船载重线标志

载重线标志由一圆环和一水平线相交组成,其圆环的中心在船中处,圆环两侧各标有一字母代表船级社名称,如字母"CS"为中国船级社缩写,"LR"为英国劳氏船级社,"BV"为法国船级社缩写。水平线上边缘通过圆环中心。圆环的中心至甲板线上边缘的垂直距离为夏季干舷。

位于载重线标志船首方向的若干水平线表示不同种类的载重线(Load lines),由甲板线上边缘至各载重线上边缘的垂直距离即为相应干舷大小。载重线共有以下5种:

(1)夏季载重线(summer load line):其高度与载重线圈中的水平线一致,标有缩写字母“S”,通常所说的船舶满载吃水是指龙骨基线至夏季载重线上边缘的垂直距离,称夏季吃水。

(2)热带载重线(tropical load line):标有缩写字母“T”,热带最小干舷较夏季最小干舷小1/48的夏季吃水。

(3)冬季载重线 (winter load line):标有缩写字母“W”,冬季最小干舷较夏季最小干舷大1/48的夏季吃水。

(4)夏季淡水载重线(fresh water load line in summer):较夏季载重线高$\Delta_s/40TPC$(cm)或1/48的夏季吃水,标有缩写字母“F”。

(5)热带淡水载重线(tropical fresh water load line):较热带载重线高$\Delta_s/40TPC$(cm)或1/48的夏季吃水,标有缩写字母“TF”。

对于船长不大于100 m的船舶,尚应加绘北大西洋冬季载重线(winter north atlantic load-line),较冬季干舷大50 mm,标有字母“WNA”。

表7-6-1为“Q”轮在不同载重线时对应的船舶吃水、干舷、排水量和总载重量值。

表7-6-1 “Q”轮在不同载重线时的船舶参数

载重线	实际吃水/m	干舷/m	排水量/t		总载重量/t	
			淡水	海水	淡水	海水
空船	2.642	9.680	5 371		0	
夏季	9.022	3.322		20 881		15 510
冬季	8.835	3.510		20 405		15 034
热带	9.210	3.135		21 367		15 996
夏季淡水	9.224	3.120	20 881		15 510	
热带淡水	9.412	2.933	21 367		15 996	

3.国际航行木材甲板货船载重线标志

公约和规则规定,对于在干舷甲板或上层建筑的露天部分装载木材货物,且船舶结构、设备和装载均满足公约和规则要求的木材船,可勘划和使用木材载重线。由于木材甲板货给船舶提供了一定的附加浮力,增加了抗御海浪的能力,因而木材最小干舷比相应的其他船舶最小干舷小些。木材载重线在通常载重线以外另行勘划,位于载重线标志后方一定距离处。各载重线一端在规定字母前加标“L”,LT载重线对应的干舷较LS载重线对应的干舷小1/48的夏季木材吃水,LW载重线对应的干舷较LS载重线对应的干舷大1/36的夏季木材吃水,LWNA载重线对应的干舷与WNA载重线对应的干舷相同,对于淡水木材干舷的规定同其他货船。木材载重线标志如图7-6-2所示。

4.国际航行客货船载重线标志

国际航行的客货船除绘有通常的货船载重线标志外,根据海船分舱与破损稳性规则的规定,为了保持所要求的分舱程度,应在船舶两舷勘划相当于所核准的分舱吃水的载重线标志。分舱载重线是用以决定船舶分舱的水线,与通常的载重线标志勘划在一起,位于垂直线的船尾

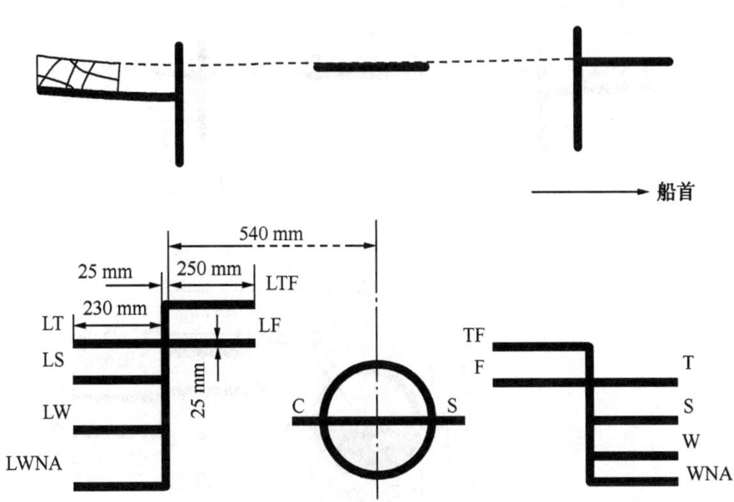

图 7-6-2 木材船载重线标志

方向并与之垂直，如图 7-6-3 所示。C_1为客船分舱载重线；C_2为交替运载客货分舱载重线。C_1说明主要载客时要保留的最小干舷；C_2说明交替使用的舱室作为客运舱室时要保留的最小干舷。

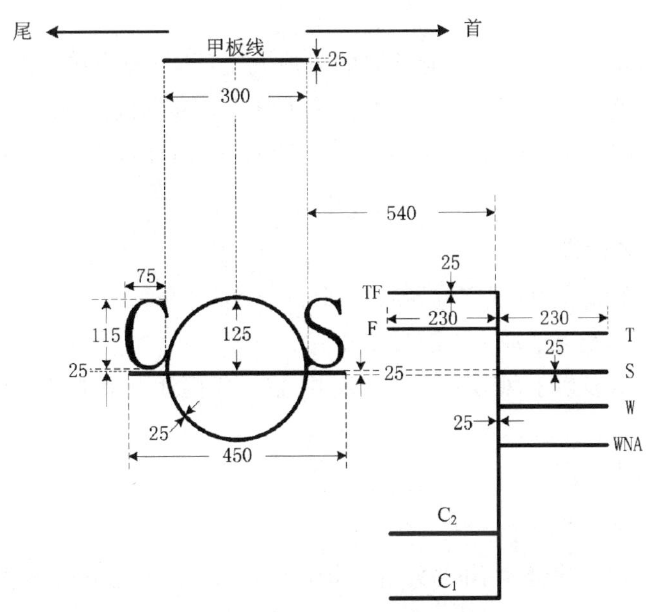

图 7-6-3 客货船载重线标志

5.国内航行船舶载重线标志

对于我国国内沿海航行的船舶，由于沿岸海面风浪较小，对稳性、强度、抗沉性等的要求可低于国际航行船舶，储备浮力也可相应减小，因此，根据《法定规则》的规定，其干舷可降低要求。国内航行船舶载重线标志如图 7-6-4 所示，载重线下半圆与标志同色，两侧加绘字母，当由中国船级社勘划载重线时为 CS，其他情况为 ZC。共有夏季、热带、淡水和热带淡水 4 条载重线，并在各载重线一端分别标有 X、Q、R、RQ 汉语拼音缩写。

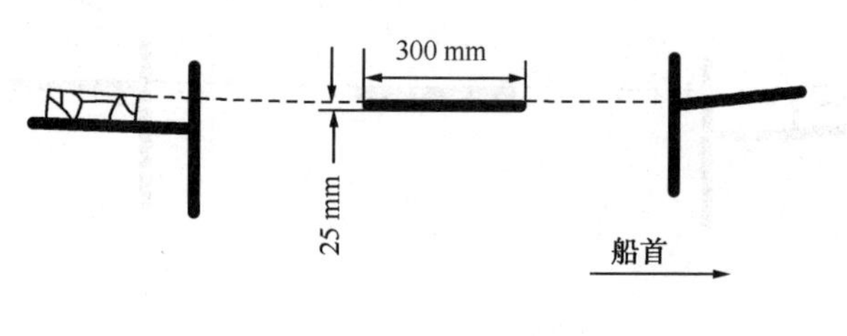

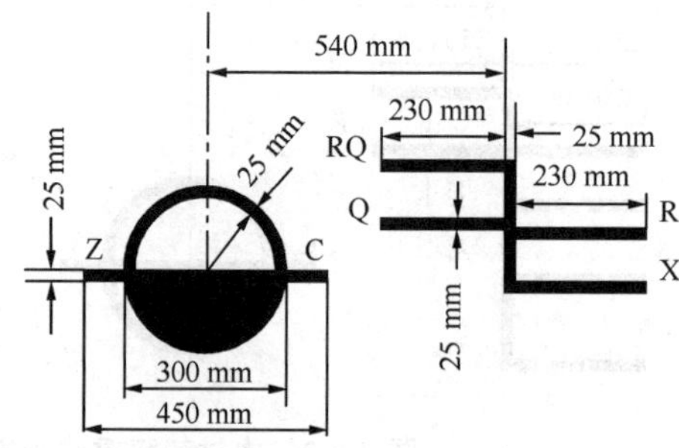

图 7-6-4 国内航行船舶载重线标志

三、载重线海图

船舶航行于不同海区和季节，可能遭遇的风浪大小不同,公约和规则要求在不同的风浪条件下使用不同的载重线以确定所允许装载的最大吃水。根据世界各海区在不同季节期的风浪状况,公约和规则中的商船用区带、区域和季节期海图(简称载重线海图)将其划分成不同的区带和季节区域。

1.世界海区划分的标准

《1966 年国际载重线公约》规定世界海区划分的标准是：

夏季——蒲福 8 级及以上风力不超过 10%；

热带——蒲福 8 级及以上风力不超过 1%,并且 10 年内任一单独日历月份在 5°平方区域内热带风暴不多于一次；

冬季——其余风力情况。

2.世界海区划分的种类

根据长期观测和积累的全球不同海区在不同季节内风浪的大小和频率的资料,将世界海区划分为：

(1)区带(zones)

区带,指一年各季节中风浪变化不大,因此允许船舶全年使用同一载重线的海区。区带可分为：

①夏季区带(summer zones):指允许全年使用夏季载重线的海区,该海区出现大风的频率较热带区带高些。

②热带区带(tropical zones):指允许全年使用热带载重线的海区。

(2)季节区域(带)(seasonal zones or seasonal areas)

季节区域(带)指一年各季节期风浪变化较大,因而船舶在不同季节期内允许使用不同载

重线的海区。季节区域(带)可分为:

①热带季节区域(带)(tropical seasonal zones or areas):在该区域内航行的船舶,当处于规定的热带季节期(tropical seasonal periods)时,允许使用热带载重线;当处于规定的夏季季节期(summer seasonal periods)时,则允许使用夏季载重线。

②冬季季节区域(带)(winter seasonal zones or areas):在该区域内航行的船舶,当处于规定的冬季季节期(winter seasonal periods)时,允许使用冬季载重线;当处于规定的夏季季节期时,则允许使用夏季载重线。

对于船长不大于100 m的船舶,航行于北大西洋冬季季节区带Ⅰ的全部和Ⅱ中位于15°W和50°W两子午线之间的部分且处于冬季季节期内时,应使用北大西洋冬季载重线。

各季节区域(带)中不同季节期的起讫日期见载重线海图。

3.我国沿海海区的划分

(1)国际航行船舶

根据《1966年国际船舶载重线公约》规定,我国沿海海区属于夏季区带和热带季节区域,即

①中国香港至苏阿尔恒向线以北:夏季区带。

②中国香港至苏阿尔恒向线以南:热带——自1月21日至4月30日,夏季——自5月1日至来年1月20日。

根据我国《国际航行海船法定检验技术规则》规定,我国沿海海区属于两个热带季节区域,即

①中国香港至苏阿尔恒向线以北:热带——自4月16日至9月30日,夏季——自10月1日至4月15日。

②中国香港至苏阿尔恒向线以南:热带——自1月21日至9月30日,夏季——自10月1日至来年1月20日。

(2)国内航行船舶

《法定规则》中对国内航行船舶的季节区域和季节期的划分也做了如下规定。

①汕头以北的中国沿海

季节期:热带——自4月16日至10月31日;夏季——自11月1日至来年4月15日。

②汕头以南的中国沿海

季节期:热带——自2月16日至10月31日;夏季——自11月1日至来年2月15日。

四、载重线标志的勘划和使用

1.载重线标志的勘划和“国际船舶载重线证书”

依据公约和规则所核定的船舶干舷,由船级社或由其委托指定机关负责勘划船舶载重线标志,并发给“国际船舶载重线证书”。载重线标志应永久性地勘划在船舷两侧,对标圈、线段和字母,当船舷为暗色底时,应漆成白色或黄色;当船舷为浅色底时,应漆成黑色。这些标志应能清晰可见,必要时应为此做出专门的安排。在认定这些标志是正确地和永久性地勘划在船舷两侧之前,不应发给“国际船舶载重线证书”。对远洋客船所勘划的分舱载重线也应载入

“国际船舶载重线证书”。

“国际船舶载重线证书”有效期为5年，在证书签发每周年前后3个月进行年度检验，以保证船体和上层建筑无实质性改变，使有关装置和设备处于有效状态。每5年至少有一次定期检验，以保证船体结构、设备、布置、材料和构件尺寸符合公约和规则要求。

2.载重线标志的使用

船舶在营运期间使用载重线标志时，应注意以下事项：

(1)船舶所勘划的载重线位置与所持有的“国际船舶载重线证书”所载相符合。

(2)保持载重线标志清晰可见。

(3)船舶持有的“国际船舶载重线证书”有效期5年。营运过程中，应保持证书在有效期内；可展期，但不超过5个月。

(4)保证船体和上层建筑、有关装置和设备无实质性变动。

(5)封闭的上层建筑所有出入口关闭设备应当能够保持风雨密，其出入口的门槛高度应至少为380mm。

(6)除第8、9条外，船舶载重量应受到限制以保证船舶无论在出港时、航行中还是到港时，由区带或区域、季节期所确定的载重线均不得被水线淹没。

(7)当船舶在载重线海图中的区带或区域分界线港口装货且由该港口驶出时，港口位于驶往的载重线海区；当船舶装货驶向载重线海图中的区带或区域分界线港口时，港口位于驶来的载重线海区。

(8)当船舶处于密度为1.000的淡水中，应根据水域位置及季节期使用淡水或热带淡水载重线。若密度大于1.000时，此宽限量应以1.025和实际密度的差值按比例决定。

(9)船舶从江河或内陆水域的港口驶出时，准许超载量至多相当于从出发港至海口间所需油水及其他物料的重量。

(10)船舶由于气候恶劣或其他不可抗力的原因而发生绕航或延滞时，可背离公约中的上述相关规定。

第七节　货物分类和基本性质

一、货物分类

海上运输的货物，品种繁多，包装、规格、特性、装运方式等各不相同，因而货物分类的方法也不尽相同，不同的分类方法只能表征货物的某一方面特点。从便利货物运输角度考虑，可采用以下几种分类方法。

1.按货物形态和装运方式划分

(1)杂货

杂货(general cargo)指具有一定形式的包装货物、同包装货物一起运输的散装货物、裸装货物和货物单元及需专门运输的特殊货物。

散装货物包括非整船运输的固体散装货物(如矿石、煤炭、盐、生铁块等)。

裸装货物指卷、盘、捆、张、个等形式的无包装货物,如盘圆、筒纸、钢棒、型钢等。

货物单元指由于其重量、尺寸或特殊性质需对其积载、系固进行特别处理的货物,如车辆、成套设备、可移动罐柜、托盘、货物组件等。

需专门运输的特殊货物指由于其性质或运输要求的限制需专门运输或可以专门运输的某些货物,如木材、各种钢材、冷藏货物等。

(2)固体散装货物

固体散装货物(solid bulk cargo)指直接装船而无需包装和标志的大批量投入运输的块、粒、粉、末等形状的货物,如化肥、矿石、粮谷、煤炭、水泥等。固体散装货物一般以专用固体散货船运输。

(3)液体散装货物

液体散装货物(liquid bulk cargo)指直接装船而无需包装和标志的大批量液体货物,如石油及其产品、液化气体、液体散装化学品等液体散装货物,一般以专用液体散货船运输。

(4)集装化货物

集装化货物(unilised cargo)指将若干包件或若干数量组成一个搬运单位且需专门船舶运输的货物,如集装箱、托盘货、载驳船上的方驳等。

2.按货物特性及运输要求划分

(1)危险货物

危险货物(dangerous cargo)指具有燃烧、爆炸、腐蚀、毒害、放射射线等性质,在装卸、贮存或运输中如处理不当,可能会引起人身伤亡、财产毁损或造成海洋污染的物质和物品,如爆炸品、压缩气体、酸、碱等。危险货物有包装危险货物、固体散装危险货物和液体散装危险货物三种形式,应按照相应的国际规则谨慎装运,防止事故的发生。

(2)特殊货物

特殊货物(special cargo)指除危险货物外,性质特殊、在运输过程中易影响其他货物或易被其他货物及环境所影响的货物,如气味货、扬尘污染货、冷藏货、吸湿货等。

(3)一般货物

一般货物(normal cargo)指其性质对运输无特殊要求的货物。

应该清楚,特殊货物和一般货物的划分并无明确界限,在某些运输条件下为特殊货物,而在某些运输条件转化后则应视为一般货物。

二、货物性质

货物在装运过程中,由于自身的自然属性、化学组成和结构等不同,当受到温度、湿度、微生物等不利环境因素的影响以及装卸作业中的外力影响,都可能引起货物在质量和数量上的变化,造成货物使用价值的降低或丧失及数量上的减小。货物发生质量和数量变化的现象,主要是其物理、化学、生物和机械性质引起的变化。为避免产生货运事故,应了解各种货物所具有的相关特性。

1.货物的物理性质

货物的物理性质是指货物受外界因素影响而发生物理变化的性质,主要包括吸湿、散湿、冻结、熔化、吸附、胀缩、挥发、物理爆炸、放射射线等。

(1)吸湿和散湿性

货物吸湿和散湿性是指货物具有吸附或散发水蒸气或水分的性质。影响其大小的主要因素一是货物的成分与结构,在货物成分中含有亲水基团以及货物结构疏松多孔,如棉、麻、茶等物品;二是货物本身的水汽压与周围空气中的水汽压关系。当货物表面水汽压小于空气中的水汽压时,货物就吸湿;反之,货物就散湿。

在运输中,货物含水量过多,会造成货物潮解、溶化、分解、生霉等变质现象。含水量过少,会使货物损耗、发脆、开裂等。为防止货物吸湿变质,需熟悉各种货物的安全含水量,加强温、湿度控制和采取防潮措施。

(2)挥发性

货物挥发是指液体货物表面能迅速气化变成气体向周围空间散发,如汽油、酒精、原油等物品。

液体货物挥发的原因是由于液货表面的分子运动比其内部分子更为活泼,它的表面蒸气压大于空气压力,故不断向空气中扩散。一般说来,货物温度高、物质沸点低、空气流动快、液货表面积大、气压低时,挥发速度就快。

在运输中,货物的挥发使货物重量减少,质量降低,还会产生有毒、腐蚀、易燃等危险性气体,使船舶处于潜在危险状态。控制液体货物挥发的主要措施是降低货物温度,使用坚固完好和封口严密的包装。

(3)热变性

货物热变性是指货物因温度变化后引起形态变化的性质。有些散装货物如煤炭、矿砂等,如果水分含量较高时,在低温条件下冻结成块。某些低熔点货物在超过一定温度范围后,在形态上发生变化,如软化、变形、粘连、熔化等,此类货物有松香、橡胶、石蜡等。货物热变后,虽在成分上未发生质的变化,但容易造成货损、倒垛、沾染其他货物、影响装卸作业等后果。

货物热变与含水量、熔点、外界温度等因素有关,在运输中应控制货物含水量、低熔点货物装载于阴凉低温舱位、适当控制温度等措施。

(4)胀缩性与物理爆炸性

液体货物具有热胀冷缩的特性,如处置不当,当温度上升后会引起体积膨胀而溢出舱外,导致水域污染。桶装油类遇高温会使油桶鼓起甚至破裂漏油,装于钢瓶内的压缩气体遇高温可引起内部气压急剧上升,当超过容器耐压值时,会引起物理爆炸。

(5)放射性

货物放射性是指放射性物质其原子核能自发地、不断地放出无形射线的性质。这些射线如无合格的防护屏蔽会杀伤细胞、破坏人体组织,从而引起对人身的伤害。

2.货物的化学性质

货物的化学性质是指货物在光、氧、水、酸、碱等作用下,发生改变物质本质的化学变化的性质。货物发生了化学变化,意味着货物质量改变,轻者货物受损,重者还会殃及其他货物及发生危机船舶及人员安全的严重事故。

与海上运输有关的货物化学性质有氧化、腐蚀、自热、自燃、爆炸等性质。

(1)氧化性

氧化是指货物与空气中的氧或放出氧的物质间所发生的化学变化。易于氧化的物质很多,如金属类、油脂类、易自燃货物等。

一般情况下,氧化过程是十分缓慢的。如果氧化产生的热量不易散发而积聚,就会导致货物内部温度升高而产生自热现象。当温度超过其自燃点时,如有足够的氧气便会在无外界火源条件下发生自燃现象,如煤炭、鱼粉、金属粉末等。对一些发热量较大、燃点较低的货物,如黄磷、赛璐珞制品等,应特别注意防止自燃事故。

金属锈蚀也是一种氧化现象。金属及其制品表面在接触水、空气或酸、碱、盐时发生氧化反应而生成氧化物。

橡胶的老化、茶叶的陈化也是在氧化作用下产生的现象。

(2)腐蚀性

腐蚀性是指某些货物能对其他物质发生破坏性作用的化学性质。引起腐蚀的原因是由于货物的酸性、碱性、氧化性和吸水性所致。例如,钢铁与盐、酸作用,使钢铁制品遭到破坏;烧碱和油脂作用,灼伤人的皮肤;浓硫酸能吸收动植物水分,使之碳化变黑;漂白粉的氧化性,能破坏有机物。常见的腐蚀性货物主要为酸类、碱类物质。

(3)燃烧和化学爆炸性

燃烧是指物质相互化合而产生光和热的过程,一般指物质与氧的化合。某些物质易于被外部火源点燃并持续燃烧,如铝粉、棉、硫等。

化学爆炸性是指货物在外界高温、高压或机械冲击等外因作用下所产生的剧烈化学反应。爆炸反应的主要特点是反应速度极快,并放出大量的热和气体,产生冲击破坏力。爆炸和燃烧的主要区别在于反应速度。

3.货物机械性质

货物机械性质是指货物的形态、结构在外力作用下发生机械变化的性质。货物的机械变化取决于货物的质量、形态和包装强度。

在运输中,货物所受外力大致分为堆码压力、振动冲击力、翻倒冲击力及跌落冲击力,货物和包装的耐压强度,是最常用的机械性指标。由于货物在运输中受力是不可避免的,因此要求货物和包装具有抵抗外界压力和机械冲击力、避免变形或结构破坏的能力。

货物发生机械变化的形式主要有破碎、变形、渗漏、散捆等。

4.货物的生物性质

货物的生物性质是指有生命的有机体货物及寄生在货物上的生物体,在外界条件影响下为维持生命而发生生物变化的性质。生物变化的表现形式有酶、呼吸、微生物及虫害作用。

(1)酶的催化作用

一切生物体内物质分解与合成都需要酶的催化来完成,它是生物新陈代谢的内在基础,因此酶的催化作用在生物变化中占有重要的地位,如粮谷的呼吸、后熟、发芽、发酵、陈化等都是酶作用的结果。

影响酶的催化作用的因素有温度、pH 值、水分等。

(2)呼吸作用

呼吸作用是有机体货物在生命活动过程中,为获取热能维持生命力而进行的新陈代谢现象。呼吸可分为有氧呼吸和缺氧呼吸。有氧呼吸是有机体货物内在葡萄糖或脂肪、蛋白质等,在氧气充足条件下受氧化酶的催化,进行氧化反应,产生二氧化碳和水,并释放出热量。

缺氧呼吸是在无氧条件下,有机体货物利用分子内的氧进行呼吸。葡萄糖在酶的催化下转化为酒精和二氧化碳,并释放出少量热量。这种缺氧呼吸实质上是一种发酵作用。

旺盛的有氧呼吸可造成有机体中营养成分大量消耗并产生自热、散湿现象,而严重的缺氧呼吸所产生的酒精积累过多会使有机体内细胞中毒死亡。影响呼吸强弱的因素有温度、含水量、氧的浓度等。为货物安全运输,应控制有关因素,使货物处于微弱的有氧呼吸中。

(3)微生物作用

微生物作用是微生物吸取货物中的营养物质,进行生长及繁殖的生理活动过程。有机体货物在微生物作用下,会引起生霉、腐败和发酵发热等质量变化现象。易受微生物作用的货物主要有肉类、鱼类、乳制品、蛋类及果菜类。另外,谷物、纸张、丝棉织品、橡胶等货物因内部含有淀粉、糖分、纤维素及少量蛋白质等而易受霉菌作用。

常见危害货物的微生物有细菌、霉菌和酵母菌等。微生物作用的主要影响因素有货物含水量及环境的温度、湿度。为此,控制货物含水量和环境的温、湿度是防止微生物危害的主要措施。

(4)虫害作用

虫害作用是指鼠、蚁等对有机体货物的蛀食作用。常见易受虫害作用的货物主要有粮谷类、果菜类、毛皮制品等。

第八节　普通货物包装与标志

为使得件杂货物方便地装运、堆垛、储藏和交接,从而确保货物的运输数量和质量,货物必须具有合格的包装和标志。

一、货物包装

为保证货物完整和便于货物的运输和保管,给货物加以包裹和捆扎所用的包皮或捆扎物称为货物的包装。

1.货物包装的作用

货物包装的作用主要体现在:

(1)防止货物水湿、破损、污染、机械损伤等,保证货物运输质量;

(2)防止货物撒漏、脱落、丢失、短缺等,保持货物数量完整;

(3)防止货物本身的危害及危险性的扩散,保证人身、财产及环境安全;

(4)便于货物搬运、堆垛、装卸及理货。

2.货物包装的形式

根据货物性质需要,某些货物的包装为外包装和内包装的组合。外包装的作用主要是防止货物受外界机械力量的冲、挤压或跌落等造成破损或残缺,防止货物散落、撒漏,及便于装卸。内包装的作用是防止货物受外部环境变化而受损、污染和变质,具有防潮、防振、防异味感染和气味散失等作用。应注意的是,缓冲填塞材料也是内包装的重要组成部分。

常见的货物包装形式如表 7-8-1 所示。

表 7-8-1 货物包装形式表

包装名称		缩写		适装货类
		单数	复数	
箱装	箱装(CASE)	C/-	C/S,Cs	箱的总称
	木箱(BOX)	Bx	Bxs	小箱,适装五金等
	木箱(CHEST)	Cst	Csts	小型轻便箱,适装茶叶等
	明格箱(SKELETON CASE)	C/-	C/S,Cs	土豆、红葱等
	胶合板箱(VENEER)			
	夹板箱(PLYWOOD BOX)			
	席包箱(MATTED)	M/Bx	M/Bxs	
	柳条箱(WILLOW CASE)			
	亮格箱(CRATE CASE)	Crt	Crts	自行车、玻璃、机械等
	纸板箱(CARDBOARD CASE)			
	纸箱(CARTON)	Ctn	Ctns	易碎品、香烟、日用品等
包捆装	包、捆(BALE)	B,Bl	Bs,Bls	纺织品等
	机包(PRESSED BALE)	Bl	Bls	棉花、棉布、纸张等
	席包、蒲包(MAT)			
	布包(BURLAP)	Blp	Blps	砂糖、籽棉等
	麻布包(JUTE CLOTH)			
袋装	袋(BAG)	Bg	Bgs	袋装总称,粮食、水泥等
	麻袋(GUNNY BAG)	Bg	Bgs	大米、豆类、砂糖等
	草袋(STRAW BAG)	Bg	Bgs	谷物、食盐等
	布袋(CLOTH BAG)	Bg	Bgs	面粉、滑石粉、淀粉等
	布袋(SACK)	Sk,Sx	Sks,Sxs	
	聚乙烯袋(POLYETHY-LENE BAG)	Bg	Bgs	化肥、氯化铵等
	牛皮纸袋(PAPER BAG,KRAFT BAG)	Bg	Bgs	水泥、石灰、化肥等

续表

包装名称		缩写		适装货类
		单数	复数	
桶装	鼓形桶(BARREL)	Brl	Brls	油类、肠衣、松脂等
	桶(KEG)	Kg	Kgs	小五金、油漆等
	桶(CASK)	Csk	Csks	水泥、碱性材料等
	罐头桶(CAN)	Cn	Cns	油漆等
	听(TIN)			猪油、油漆、药品等
	铁桶(DRUM)	Drm	Drms	酒类、燃料、药品等
	桶(TUB)			酱、酱油等
	手提桶(PAIL)			油漆等
	桶(BUTT)			酒等
	大木桶(HOGSHEAD)	Hghd	Hghds	烟叶、酒类等
特殊包装	瓶(BOTTLE)	Botl	Botls	酒类、化学药品等
	柳筐瓶(DEMIJOHN)	Dmjn	Dmjns	酸类等
	坛(JAR)			榨菜、咸蛋、酸类等
	钢瓶(CYLINDER)			液化气体、压缩气体
	细颈瓶(FLASK)			化学药品等
	笼(CAGE)	Cg	Cgs	鸟类容器等
	篓、篮(BASKET)	Bkt	Bkts	水果、蔬菜等
	包裹(PARCEL)			样品、赠品、行李等
裸装	裸装(UNPACKED)			汽车、挖掘机等
	盘(COIL)	Cl	Cls	盘圆、铁丝、绳索等
	卷(ROLL)	Rl	Rls	卷席、筒纸、油毡等
	卷(REEL)			电线、电缆铁丝等
	捆、扎(BUNDLE)	Bdl	Bdls	铜棒、铁筋、藤条等
	大捆(SKID)			马口铁、废铁片等
	管(PIPE/TUBE)			钢管、铁管等
	块(INGOT/SLAB/CASTWHEEL)			铸铁块、铅块、豆饼块等
	棒(BAR)			铁棒、铁条、角铁等
	张(SHEET)	Sht	Shts	铁皮、铜板等
	个、件(PACKAGE)	Pkg	Pkgs	个数的总称
	个、件(PIECE)	Pc	Pcs	铁条、型钢等
	对(PAIR)	Pr	Prs	成套的车轮等
	组(SET)			成套的轮胎等
	头、匹(HEAD)	Hd	Hds	牛马等

在贸易合同中,通常对有关货物包装形式、材料及包装方法等具有特定要求,货物托运人应负责对货物予以妥善包装。货物在装载时,应根据包装形式选择相应的适当舱位,并监督货物外表面状态良好,以确保货物运输质量并顺利交付。

二、货物标志

在按件托运的货物上或包装上,为了便于货物的运输,由发货人涂刷、印染、拴挂、粘贴一定的文字、代号和图案,它们统称为货物标志。

货物标志的作用是便于工作人员在运输的每个环节中识别和区分货物,以利于货物的分票、理货和交接;同时,显示出货物重量、尺码、性质及注意事项等,在装运中启示工作人员正确操作,以保证货物的完整和人身及船舶安全。

货物标志要求简要、清晰、准确、完整、牢固和耐久。标志位于货物或包装的两面或两端部位明显处,尺寸大小适当,使用的材料应牢固、耐久,使用的颜料应当有耐温、耐晒、耐磨损和不溶于水的特性,应保证在船舶抵达目的港前清晰可辨。标志不应对货物质量产生不利影响,货物标志应符合国际和国家的有关规定。

目前,在国际贸易中已形成了较为统一和完整的货物标志模式。根据货物标志的地位和作用不同,一般可分为主标志、副标志、原产国标志、指示标志和危险货物标志五种。

运输标志(carriage mark)是为方便货物收发、交接和运输而制作的标志,可分为主标志和副标志。

1.主标志(main mark)

主标志是货物运输标志的主体,又称为发货标志。主标志通常以简单的几何图形(如三角形、圆形、菱形等)配以文字表示,包括收货人名称、贸易合同编号或信用证编号及发货符号。

货物主标志的内容在有关货运单证如装货单(shipping order)、提单(bill of lading)、舱单(载货清单)(manifest)等均应全部记载。

2.副标志(counter mark)

副标志是主标志的补充,其内容一般包括:

(1)货名(description of goods)

货物名称一般指具体标准运输名称,应以英文和生产国家两种文字书写,文字高度不低于 5 cm。

(2)目的港(destination)

目的港需用文字直接写出到达港的全名,不得使用简称、缩写和代号,没有目的港的货物,海关一般不予放行。

(3)件号(package number)

将同一主标志中的货物分成若干组,再将每组按顺序在货物或外包装上编印顺序号即为件号。件号用来辅助主标志区分货组和计算包件数量。

货物件号的编制形式通常有以下几种:

①按顺序号逐件编排,如 No.1,No.2……

②按货组编制统号。对货件品质、规格相同的大批量货物,可以分组,每组均使用相同的批组编号,如 No.201/300 或 No.201-300 表示品质、规格完全相同序号自 201 至 300 一组货件

中的某一件。

③按货组编制组合号。为了方便运输过程中的理货和交接,可将件号、总件号和批号组合编制,如 No.8/20-5 表示该票货物系第 5 批,该批货物共有 20 件,此件为第 8 件。

④成套设备可编制套号,如 SET.C/No.(2)-2/3,表示第 2 套成套设备共有 3 箱,此箱为第 2 箱。

(4)重量和尺码(weight and measurement)

货件尺码指外包装或裸装货件的外形尺寸,重量通常标明总重和净重。货件的重量和尺码是用来计收运费、积载和装卸工作的依据。

货物副标志的内容在有关货运单证中根据需要抄录全部或部分。

3.原产国标志(country of origin mark)

原产国一般以英文和生产国文字表示。原产国标志是国际贸易中特殊需要的一种出口标志。对无原产国标志的商品,许多国家规定禁止进口,大多数国家则处以罚款。规定必须具备此种标志的原因是:不同国家的进口货物,规定不同的关税税率或限制进口数量;维护国内产业,防止与本国货物混淆。

4.指示标志(instructive mark)

指示标志又称为保护标志,根据货物特性提醒有关人员在装卸、保管、开启等过程中应注意的事项,以确保货物质量完好。

在外贸运输中,国际间已形成了普遍通用的图案作为标记的指示标志,国际上 ISO 780 标准和我国的 GBT 191 标准均对包装储运图示标志做了明确的规定。两个标准在标志图形、颜色、尺寸以及标志的使用方法上是等效的,如表 7-8-2 所示。

表 7-8-2 常见指示标志表

序号 No.	标志名称 Instruction	标志图形 Symbol	含义 Meaning
1	易碎物品 FRAGILE		运输包装件内装易碎品,因此搬运时应小心轻放 Contents of the transport package are fragile therefore it shall be handled with care
2	禁用手钩 USE NO HAND HOOKS		搬运运输包装件时禁用手钩 Hooks are prohibited for handling the transport package
3	向上 THIS WAY UP		表明运输包装件的正确位置是竖直向上 Indicates correct upright position of the transport package

续表

序号 No.	标志名称 Instruction	标志图形 Symbol	含义 Meaning
4	怕晒 KEEP AWAY FROM SUNLIGHT		表明运输包装件不能直接照晒 Transport package shall not be exposed to sunlight
5	怕辐射 PROTECT FROM RADIOACTIVE SOURCES		包装物品一旦受辐射便会完全变质或损坏 Contents of the package may deteriorate or may be rendered totally unusable by penetrating radiation
6	怕雨 KEEP AWAY FROM RAIN		包装件怕雨淋 Transport package shall be kept away from rain
7	重心 CENTRE OF GRAVITY		表明一个单元货物的重心 Indicates the centre of gravity of the transport package which will be handled as a single unit
8	禁止翻滚 DO NOT ROLL		不能翻滚运输包装 Transport package shall not be rolled
9	此面禁用手推车 DO NOT USE HAND TRUCK HERE		搬运货物时此面禁放手推车 Hand trucks shall not be placed on this side when handling the transport package
10	禁用叉车 USE NO FORKS		不能用升降叉车搬运的包装件 Transport package shoule not be handled by forklift trucks

续表

序号 No.	标志名称 Instruction	标志图形 Symbol	含义 Meaning
11	由此夹起 CLAMP AS INDICATED		表明装运货物时夹钳放置的位置 Clamps shall be placed on the sides indicated for handling the transport package
12	此处不能卡夹 DO NOT CLAMP AS INDICATED		表明装卸货物时此处不能用夹钳夹持 Transport package should not be handled by the clamps on the sides indicated
13	堆码重量极限 STACKING LIMIT BY MASS	…kg_{max}	表明该运输包装件所能承受的最大重量极限 Indicates the maximum stacking load permitted on the transport package
14	堆码层数极限 STACKING LIMIT BY NUMBER	n	相同包装的最大堆码层数,n 表示层数极限 Maximum number of identical package which may be stacked on one another, where "n" is the limiting number
15	禁止堆码 DO NOT STACK		该包装件不能堆码并且其上也不能放置其他负载 Stacking of the transport package is not allowed and no load should be placed on the transport package
16	由此吊起 SLING HERE		起吊货物时挂链条的位置 Slings shall be placed where indicated for lifting the transport package
17	温度极限 TEMPERATURE LIMITS		表明运输包装件应该保持的温度极限 Indicates temperature limits within which the transport package shall be stored and handled

5.危险货物标志(dangerous goods mark)

危险货物标志通常指危险货物包装标志,根据《国际危规》的相关要求标示,主要起警示作用,所以色彩非常鲜艳(详见第十二章)。

如图 7-8-1 所示为某一箱装货物标志。

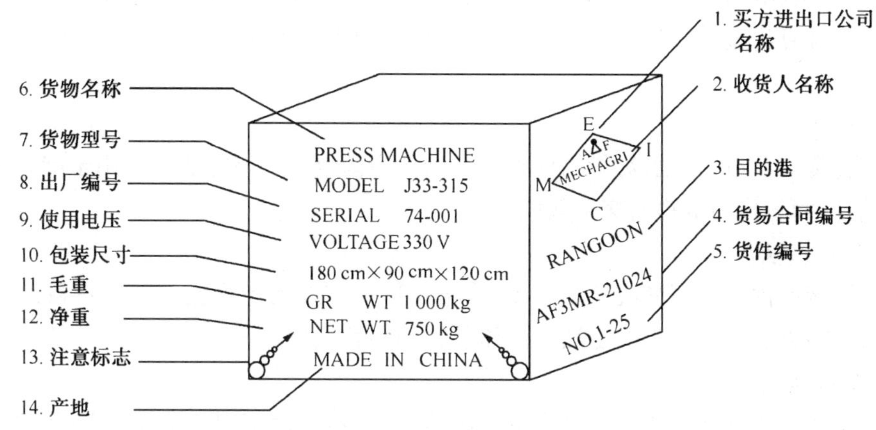

图 7-8-1 货物标志

第九节 货物计量和交接

货物交接是海上货物运输过程的一个环节,它主要包括承运人和托运人、承运人和收货人之间对货物数量、质量等的交接。而货物的数量包括货物的重量、体积或件数,它是货物交接、积载、计收运费及承运人货物赔偿的重要依据。因此,船员应清楚它们的实际含义及计量方法。

一、货物重量及其计量方法

1.货物重量的概念

(1)包装货物的重量

对于件杂货物、集装化货物及特殊货物,货物重量可分为总重(gross weight)、净重(net weight)及皮重(tare weight)。在海运生产中,货物的重量一般是指货物总重量,它用于船舶装载量、稳性、强度、吃水计算及货物运费的计收。

(2)散装货物的重量

固体散装货物和液体散装货物的重量可分成装船重量(loaded weight)和卸船重量(discharged weight),两者一般并不相等,其原因是在装船和卸船时货物衡重存在的误差、货物运输中可能发生的损耗等。

货物重量单位在国际标准计量单位中用公吨(metric ton,t,M/T)和千克(kg),但欧美等国家仍沿用自己的长吨(long ton,L/T)、磅(LB)、短吨(short ton,S/T)等非标准重量单位。应注意它们的换算：1 L/T = 1.016 M/T，1 M/T = 2 204.6 LB，1 S/T = 0.907 M/T。

2.货物的计重方法

货物的计重方法主要有以下几种：

(1)定量包装法

对品质、规格相同且定量一致的包装货物，选出一定数量的代表性包件进行衡量，用求得的平均重量来推算出整批货物的总重量(该重量应与填报重量误差不大于2%)的方法称为定量包装法。

(2)衡重法

利用各种衡器及电子仪器对货物称重的方法称为衡重法。该方法一般用于港方对货物装卸数量的估计，而不作为货物的交接数值。

(3)液货计量法

通过观测液舱内空当高度或液面高度、货温及货物密度来计算舱内液体重量的方法称为液货计量法。该方法主要用于确定散装液体货物的装载重量。

(4)固货计量法

固货计量法即水尺计重法。通过观测装卸前后的船舶六面吃水，经若干修正计算，得出船舶排水量，进而求得货物重量。这种方法主要用于确定固体散装货物的装卸重量。

3.货物自然减量

货物在运输保管过程中，因其自身性质、自然条件和运输技术条件的限制产生的重量上不可避免的减少量称为自然减量或自然损耗(tolerance，normal of quantity)。

引起货物自然减量的基本形式主要有：

(1)干耗

含水分较多的货物(如水果、蔬菜、矿石等)或液体货物(如石油类产品、散装化学品等)，由于运输途中货物周围温度增高或湿度减小或长时间暴露于空气中，必然使货物中的水分自然蒸发或一些液体货物挥发而造成重量减少。

(2)散失

粉末、颗粒状货物(如矿粉、水泥、粮谷等)在装卸运输中因飞扬及通过包装缝隙的散落而引起重量减少。

(3)流失或沾染

液体货物通过包装的非人为渗透或沾粘在装载容器(如液舱)内的残液而形成货物损耗。

货物自然减量的大小通常以自然损耗率来表示，它是指货物自然减量与接收货物时总重量之比(%)。货物自然损耗率与货物种类、装卸方式和次数、包装形式、气候条件和运输时间等因素有关，因此同一种货物在不同的运输条件下其自然损耗率也会不同。通常情况下，贸易合同中订有损耗限度条款，以保护相关方的利益。表7-9-1是部分常见货物的自然损耗率表。

货物在运输中的非事故性减量在公认的自然损耗率或贸易合同中规定的损耗限度内时，船方不承担赔偿责任。但如果在装运过程中船方管理货物失责，则可能会引起赔偿纠纷。

表 7-9-1 常见货物的自然损耗率表

货物种类		自然损耗率
谷物(散装及包装)	运程小于 540 n mile	0.10%
	运程为 540~1 080 n mile	0.15%
	运程大于 1 080 n mile	0.20%
煤炭		0.11%~0.15%
水泥		0.70%
矿石		0.12%~0.13%
盐(散装)		0.85%~3.00%
盐(袋装)		0.30%
蔬菜类		0.34%~3.40%
水果类		0.21%~2.55%
肉类		0.34%~2.55%
鱼类		0.21%~1.70%
蛋类		0.51%
酒类		0.08%~0.34%
糖		0.06%~0.85%
植物油(铁桶装)		0.40%
植物油(木桶装)		0.12%

二、货物体积

件杂货物、固体散装货物及特殊货物的体积是指其所占空间的大小,在生产中常采用满尺丈量法求得。其丈量方法是:取若干件或若干数量的货物,堆积成规则形状,丈量其体积;求取单件或单位重量货物的平均体积,从而计算出整票货物的总体积。对于件杂货物,常取 12~20 件;对于固体散装货物,常取 1~5 t;对于特殊货物,常取 8~24 件。

固体散装货物进行满尺丈量时,可利用特制的盒子,将一定重量的货物装于盒中,整平货物表面并量出体积。

对形状过于特殊的货物,在量得最大体积后可做适当扣减,如可将突出的基脚、把手、固定眼环等长度的一半免量,也可视情况采用分割丈量方法。

液体散装货物可利用某种仪器测算出在标准温度下的密度,并根据货物重量来确定相应体积。

货物的体积单位在国际标准计量单位中用立方米(cubic metre,m^3),但一些国家仍沿用英制单位立方英尺(ft^3或 cft)。应注意它们之间的换算:$1\ m^3=35.315\ ft^3$。

木材进出口检量时的体积单位公制为立方米(m^3),但还有其他的体积单位。如美国、加拿大使用的英板尺(BF)、千板尺(MBF);东南亚一带(如缅甸等)使用的霍普斯吨(H.t)。

1 英板尺是指一块长、宽各一英尺、厚 1 英寸的木板,但该计量单位太小,因此在木材的交易中一般采用 1 英板尺的一千倍,即千板尺。1 MBF = 2.36 m^3。

霍普斯吨也是英制的一个计量单位,盛行于东南亚一带,主要用于较名贵的木材,如红木、柚木等。原木 1 霍普斯吨 = 1.080 2 m^3;板材 1 霍普斯吨 = 50 ft^3 = 1.415 8 m^3。

澳大利亚、新西兰、智利等国使用 JAS,即日本农林标准 JAS 立方米(JAS CBM)。原木的材积是根据 JAS《原木等级和检尺规程》规定的标准计量的,跟我国一样,均使用立方米作为单位,但原木材积的计算公式不同。

三、货物的件数

货物可以单独计数的一个包装称为一件。件是可数货物的一个计量单位,船舶在装卸货过程中应对货物的件数予以核实,避免产生货差事故。

货物件数的计算方法为:

(1)对于普通包装货物,每一包装的货物作为一件。

(2)对于集装箱、托盘等类似装运器具集装的货物,提单载明在此类装运器具中的货物件数,则以提单中所列明的件数为准;若提单中未载明,则每一装运器具视为一件。

(3)如果集装箱、托盘或类似包装器具非由承运人所提供,则应作为一件货物。

(4)特殊包装的货物应特别。

四、货物数量交接

货物数量涉及运费、赔偿及船舶装运等诸多方面,因此,货物数量正确合理交接在船舶营运中尤为重要。

1. 托运人的责任

托运人托运货物时,应当妥善包装,并向承运人保证货物装船时所提供的货物品名、标志、包数或件数、重量或体积的正确性。由于货物数量不正确而对承运人造成的损失,托运人应负责赔偿。如果托运人提供的货物数量与实际不符合,不仅造成计费差错,而且承运人按托运人所提供的错误数字配舱并装船可能导致舱容短缺或溢余,致使船方和港方临时修改装载计划,造成装卸待时、作业混乱、杂货退关、计量收费等后果。

2.船舶对货物数量的核对

在装货港或卸货港,如果船方对托运人申报的货物数量有怀疑时,可要求进行检查。经核查属货名及货物数量不实,承运人将向货方放收取一定数量的违约赔偿金。货方应对所申报的货物名称、数量或内容与实际装载不符而导致的船舶或货物灭失、损坏负责赔偿。

3.船方对货物数量的责任

船方应对不能免除赔偿责任的货物数量短缺负责赔偿。船方对货物数量的责任一般限为重量、体积或件数之一,根据不同货种确定。对包装件杂货,船方只对件数负责;对于固体散货,船方只对重量负责;对木材等货物,船方只对体积负责。

4.承运人对货物灭失或损坏的赔偿限额的计取方法

承运人对货物灭失或损坏的赔偿限额,按货物件数、总重或其他货运单位计算。

五、货物运费计算标准

按航运惯例,除贵重或高价货物、特殊货物以外,其他一般货物均按其重量或体积计收运费,即把货物分成计重货物和容积货物两类。

1.计重货物

计重货物指按货物总重计算运费的货物。在运价表中以符号"W"表示,其运费计费单位为重量吨,如公吨、长吨等。

2.容积货物

容积货物指按货物量尺体积计算运费的货物。在运价表中以符号"M"标注,其运费计费单位为容积吨或称尺码吨。一容积吨(尺码吨)为 40 ft^3(1.132 8 m^3)。

若重量为 1 t 的货物其体积约为 40 ft^3者,在运价表中标注有"W/M",表示重量吨和容积吨中按较高者计收运费。

国际上通常把将每公吨货物体积小于 40 ft^3或 1.132 8 m^3者列为计重货物,大于 40 ft^3或 1.132 8 m^3 者列入容积货物。

我国远洋运输运价表中把将每公吨货物体积小于 1 m^3者列为计重货物,大于 1 m^3者列入容积货物。

第十节 货物亏舱和积载因数

一、货物亏舱

货物在舱内堆装时所占舱容一般均大于按满尺丈量法所得体积,也就是说,货舱的部分空间在堆放货物时未被货物充分利用。货物在舱内所占体积与量尺体积的差值称为亏舱(broken space of cargo),即

$$\delta V = V_{ch} - V_c \qquad (7\text{-}10\text{-}1)$$

式中:δV ——亏舱(m^3);

V_{ch} ——货物所占货舱容积(m^3);

V_c ——货物量尺体积(m^3)。

造成亏舱的原因主要有:

(1)货物包装与货舱周界间存在的空间容积;货物的包装形式与货舱形状不相适应、货舱内有碍堆装货物的设备和构件等均使货物包装与舷侧、舱壁、甲板间形成一定未利用空间。

(2)货舱在某一方向上尺度不等于在相应堆垛方向上货件尺度的整倍数,遗留空间无法被利用。

(3)货物系固所用容积。

(4)货物衬垫物及隔票物所占容积。

(5)为给货物留出通风道而造成的容积损失。

(6)货物装舱时留出的必要空当所具有的空间容积。

(7)货物装载时不可能充满整个货舱空间而在甲板下存在一定空当,该空当所具有的货舱容积。

(8)因货物堆垛不紧密,货件间空隙过大而造成的容积损失。

为充分利用货舱容积,在装货时应尽量减少亏舱。各类货物的亏舱大小通常以亏舱率 C_{bs} (ratio of broken space)为衡量指标。亏舱率是指货物装载亏舱与所占货舱容积之比,即

$$C_{bs} = \frac{\delta V}{V_{ch}} = \frac{V_{ch} - V_c}{V_{ch}} \tag{7-10-2}$$

亏舱率大小与许多因素有关,如货物种类和性质,包装大小与形状,货舱大小、形状及舱内设备布置,货物堆垛方式和质量,配载技术等。各种包装形式及常运固体散货的亏舱率如表 7-10-1 所示。

表 7-10-1　部分杂货亏舱率表

货物的包装形式	亏舱率(%)
各种包装杂货(general cargo)	10~20
规格统一的箱装货(case)	4~20
规格统一的袋装货(bag)	0~20
规格统一的小袋货(sack)	0~12
规格统一的捆杂货(bale)	5~20
规格统一的鼓形桶货(barrel)	15~30
规格统一的铁桶货(drum)	8~25
大木桶(hogs head)	17~30
散装货:煤炭(coal)	0~10
谷类(grain)	2~10
盐(salt)	0~10
矿砂(ore)	0~20
木材(timber)	5~50

二、货物积载因数

货物的积载因数(stowage factor)是指每吨货物的量尺体积或所占舱容。它具有两种形式,即不包括亏舱积载因数和包括亏舱积载因数,也可称为量尺积载因数和装舱积载因数,其单位为 m^3/t。

1.不包括亏舱(量尺)积载因数 SF_0

不包括亏舱(量尺)积载因数是指每吨货物的量尺体积,即

$$SF_0 = \frac{V_c}{p} \tag{7-10-3}$$

式中：p——货物重量(t)；

V_c——p 吨货物的量尺体积(m^3)。

2.包括亏舱（装舱）积载因数 SF

包括亏舱(装舱)积载因数是指每吨货物所占货舱容积，即

$$SF = \frac{V_{ch}}{p} \tag{7-10-4}$$

式中：V_{ch}——p 吨货物所占货舱容积(m^3)。

根据亏舱率 C_{bs} 和积载因数的定义，上述两种货物积载因数之间存在如下关系：

$$SF = \frac{SF_0}{1 - C_{bs}} \tag{7-10-5}$$

货物积载因数是件杂货物、固体散装货物及特殊货物运输中经常使用的概念。不包括亏舱的积载因数是货物自身的一个特征，货物运输资料中列出的积载因数、货主申报的积载因数、装货清单列明的积载因数一般均属此类。包括亏舱的积载因数实际上已不单纯是货物自身特征，其大小还与船舶、装载等非货物因素有关。货运主管人员应根据实际经验积累，尽量准确地确定装舱积载因数值，以便减小货物的容积占有量的估算误差。表 7-10-2 是部分常见货物的量尺积载因数表。

表 7-10-2 部分常见货物的量尺积载因数表

货物英文名称	货物中文名称	货物积载因数 $SF_0/m^3/t$	货物包装形式
ACETONE	丙酮	1.40	DRUM
ACORN KERNELS	橡子仁	1.67	BAG
ACORN KERNELS	橡子仁	1.49	BULK
ALUMINA ORE	铝矾土	0.78	BULK
ALUMINIUM INGOTS	铝锭	0.88	BULK
AMMONIUM CHLORIDE	氯化铵	1.34	BAG
AMMONIUM NITRATE FERTILIZER (NON-HAZARDOUS)	硝酸铵化肥	0.92	BULK
BEE HONEY	蜂蜜	1.38	DRUM
BITER APRICOT KERNELS	苦杏仁	2.00	BAG
BONES MEAL	骨粉	2.27	BAG
CALCIUM CARBIDE	电石	1.34	DRUM
CAMPHOR	樟脑	2.00	CASE
CARPET	地毯	2.12	BUNDLE
CHLOROPICRIN	氯化苦	1.46	DRUM
DEAD MAGNESITE	重烧镁	0.82	BULK
DEAD MAGNESITE	重烧镁	1.33	BAG

续表

货物英文名称	货物中文名称	货物积载因数 $SF_0/m^3/t$	货物包装形式
FIRE BRICKS	耐火砖	1.10	BUNDLE
GLASS SHEETS	玻璃	1.40	CASE
GRAPHITE IN POWDER	石墨粉	1.13	BAG
LITHOPONE	立德粉	1.26	BAG
MAGNESITE	轻烧镁	1.50	BAG
MAIZE	玉米	1.60	BGD
MARBLE BLOCKS	大理石	0.77	BULK
NEWSPRINT PAPER	新闻纸	2.80	ROD
PARAFFIN WAX	石蜡	1.53	BAG
PEANUT KERNELS	花生仁	1.84	BAG
PING PONG BALL	乒乓球	9.00	CASE
POSHAN BAUXITE	焦宝石	0.70	BULK
POTASSIUM CHLORATE	氯酸钾	1.47	DRUM
PUMPKIN SEEDS	白瓜子	2.40	BAG
RAYON GOODS	丝织品	2.55	BUNDLE
RICE	大米	1.46	BAG
ROSIN	松香	1.89	DRUM
SALTED CASINGS	肠衣	1.93	DRUM
SEED CAKE	种子饼	1.80	BULK
SODIUM NITRITE	亚硝酸钠	1.40	BAG
SOYABEAN	大豆	1.61	BAG
STEEL PLATES	钢板	0.48	BUNDLE
STEEL ROUND BARS	圆钢	0.60	BUNDLE
TALC IN POWDER	滑石粉	1.07	BAG
TEA	茶叶	3.43	CASE
TOBACCO	烤烟	4.10	BUNDLE
WHITE SUGAR	白砂糖	1.53	CASE
WILLOW ARTICLES	柳制品	8.80	CASE

三、积载因数应用

积载因数主要在制订船舶配载计划时用于区分货物轻重，舱内配货重量计算，舱内配货后所占舱容的计算及对船舶装载状态的判别。

1.区分货物轻重

从船舶配载角度，货物轻重是由货物积载因数与船舶舱容系数相对关系而确定的。而货物积载因数小于船舶舱容系数时，该货物可视为重货；反之，视为轻货；两者相近时，则为中等货。

2.舱内配货重量计算

已知某货舱拟用来装货的容积 V_{ch}，则舱内可配装积载因数 P 为

$$\begin{cases} P = \dfrac{V_{ch}}{\mathrm{SF}} \\ P = \dfrac{V_{ch}(1 - \mathrm{C_{bs}})}{\mathrm{SF_0}} \end{cases} \tag{7-10-6}$$

3.舱内配货后所占舱容的计算

已知某货物配装数票积载因数为 SF_{0i} 或 SF_i 的货物，则货物所占货舱容积为

$$\begin{cases} V_{ch} = \sum P_i \cdot \mathrm{SF}_i \\ V_{ch} = \sum \dfrac{P_i \cdot \mathrm{SF}_{0i}}{1 - \mathrm{C}_{bsi}} \end{cases} \tag{7-10-7}$$

4.船舶装载状态判别

通过航次所装货物的平均积载因数与船舶舱容系数的比较，可以对船舶的装载状态做出判断。所谓货物的平均积载因数是指包括亏舱在内的航次所装货物总体积与航次货运量的比值，即平均每吨货物所占货舱容积数。

在货源充裕的条件下，当货物平均积载因数小于船舶舱容系数时，船舶满载但未满舱；反之，当货物平均积载因数大于船舶舱容系数时，船舶满舱但未满载；当货物平均积载因数等于船舶舱容系数时，船舶既满舱又满载。

第十一节 船舶载货能力

一、船舶载货能力概述

船舶的载货能力指在具体航次中船舶所能装运货物的种类和数量的最大限值。货物数量指货物的重量、体积或件数。船舶的载货能力包括载货重量能力、载货容量能力和特殊载货能力。

1.载货重量能力

载货重量能力指在具体航次中船舶能够装运货物重量的最大限值，即船舶的航次净载重量 NDW。其大小受到船舶航经海区所允许使用的载重线、航线上的限制水深及航程长短、油

水及其他储备品的装载及补给计划、压载水、船舶常数等因素的限制。对于船龄较长的老旧船，载货重量能力尚应考虑其船体强度的影响。

2.载货容量能力

载货容量能力指具体航次中船舶装载的货物所允许使用的最大载货处所容积或容量。各种不同的船舶，其载货容量能力的表示亦有所不同。

(1)杂货船

对于杂货船，在装载件杂货时载货容量能力一般是指货舱的包装容积。

(2)固体散装货船

对于固体散装货船，载货容量能力一般是指货舱的散装容积。但在运输件杂货时，则应使用包装容积。

(3)液体散装货船

液体散装货船的载货容量能力应为适当扣减膨胀余量后的液货舱容积。

(4)木材甲板货运输船

木材甲板货运输船的载货容量能力应包括货舱容积和所能装载甲板木材的上甲板空间容积。

(5)集装箱船

对于集装箱船，载货容量能力一般以换算箱容量 TEU(twenty feet equivalent unit)来衡量。它是衡量集装箱船大小的重要标准。

(6)滚装船

对于滚装船，载货容量能力的大小取决于每层甲板的车道长度、限宽、限高、甲板面积等参数。汽车专运船 PCC 的容量能力通常以 CEU(car equivalent unit)来衡量。CEU 一般以日本丰田车 Corona-RT43 L 的尺寸为标准，其长度×宽度为 4 125 mm×1 550 mm。

3.特殊载货能力

特殊载货能力是指船舶结构和设备所具有的装载某些特殊货物的能力。例如，船舶货舱及甲板强度、起重设备的起吊能力、系固设备等可以表征船舶承运重大件货的能力；杂货船间舱甲板是否液、火密等决定了船舶承运包装危险货物的能力；船舶货舱的电器及电缆设备、通风装置及消防设备是否合理、污水井处于良好状态；集装箱船所设置的外接电源和插座位置决定了船舶载运冷藏集装箱的能力；某些杂货船具有深舱容量或冷藏舱大小和制冷压缩机性能，决定了该船装载某些动、植物油或冷藏货物的能力。

二、船舶载货能力核算的目的和方法

充分利用船舶载货能力是取得良好营运效益的基本要求之一。在拟订货物装载计划时，首先应对船舶载货能力予以核算。

1.核算目的

载货能力的核算目的是判断航次货运任务与船舶载货能力是否相适应，以便判明船舶能否接收该航次装货清单中所列的货物品种和数量。若出现船舶的载货重量能力和容量能力均未得到充分利用，即亏载、亏舱过多，应及时联系，尽量争取追加货载，以免造成运力浪费；若货

物数量过多,在重量、体积、件数及特殊要求等方面有一项或数项超出船舶相应能力,致使货物不能全部装船,则应及早退掉部分货载,以免影响货主备货、货物报关及船舶装载和开航。

2.核算方法

不同种类的船舶,其载货能力的核算方法基本相同。具体如下:

(1)确定船舶的载货重量能力

根据本航次的具体航行情况,如码头泊位及航道水深情况、水密度情况、船舶航经的海区及所处的季节区域、航程长短等因素,计算船舶的航次净载重量 NDW。

(2)确定船舶的载货容量能力

按预计所装货物种类确定船舶允许使用的载货空间容积。对于无甲板货装载情况,则船舶载货容量仅限于货舱容积;对于甲板上装载情况,应考虑货物在甲板上可用位置,以及该位置上装载时可堆高度和可装位置受到船舶结构和设备、船舶稳性和操纵性等方面约束。

(3)确定船舶特殊载货能力

针对本航次拟装运货物中具有特殊装运要求的品种,详细查阅船舶资料及有关档案,了解并确定船舶的特殊载货能力。

(4)了解并确认航次货载信息

根据托运人或其代理提供的具体航次拟装运货物的资料,了解其详细信息,包括货物的种类、积载因数、包装形式及件数、重量、体积、性质及特殊要求等。然后确认航次货载的总重量(又称为航次货运量)、总体积(应考虑亏舱的影响)、特殊装运要求。

(5)核算

本航次计划所运载的货物能否被船舶全部接收,应同时满足以下条件:

$$\begin{aligned} &\sum Q \leqslant NDW \\ &\sum V'_{c} + \delta V \leqslant \sum V_{i.ch} + V_{d} \end{aligned} \tag{7-11-1}$$

如有特殊货物,则对船舶结构、设备等方面的要求应得到满足。

式中:$\sum Q$ ——航次货运量(t);

NDW ——航次净载重量(t);

$\sum V'_{c}$ ——货物包括亏舱的体积(m^3);对木材船,应加上木材甲板货的装载体积;

δV ——液体散货膨胀余量(m^3),考虑到液体散货在运输过程中由于温度变化发生膨胀,导致体积变大,因此应提前预留一定的货舱容积,防止货物溢出。对其他货船,该值取零。

$\sum V_{i.ch}$ ——货舱总容积(m^3);

$\sum V_{d}$ ——甲板可用载货空间容积(m^3)。

集装箱船和汽车专运船载货容量能力的核算应分别用箱容量和车容量来比较。

三、航次净载重量计算

对于具体航次,由于航线上的若干条件不同,相应的航次净载重量 *NDW* 也会不同。因此,为确定船舶在具体航次中的载货重量能力,每一航次均应计算 *NDW*。

综合考虑各方面的影响,航次净载重量应按下式计算:

$$NDW = \Delta - \Delta_L - \sum G - C \tag{7-11-2}$$

式中:Δ——航次船舶排水量(t)。如满载,则为相应载重线对应的满载排水量;如不满载,则为对应装载水尺下的装载排水量。

Δ_L——船舶空船排水量(t)。取船舶装载手册中的空船排水量,为定值。

$\sum G$——船舶航次储备量(t)。

C——船舶常数(t)。

对某些船舶而言,在特定航次下为了保证船舶满足稳性、强度等的要求,需要打入一定的压载水,如集装箱船、重大件货物运输船、木材船等,则航次净载重量的计算可按下式计算:

$$NDW = \Delta - \Delta_L - \sum G - C - B \tag{7-11-3}$$

式中:B——为保证船舶性能而打入的压载水量(t)。

1.船舶排水量的确定

具体航次船舶排水量的确定受到两个方面的影响,即所经航线或港口泊位水深的限制、载重线海图对船舶吃水的限制。

(1)吃水受限条件下的船舶排水量 Δ

当船舶所经的航线水深或泊位水深受限时,应考虑航线上最浅水域位置、水深、水密度、始发港至航线最浅处的油水消耗等因素影响后,合理确定始发港所允许使用的船舶排水量,具体方法如下:

①确定航线最浅水深处的船舶限制吃水 d_L

航线最浅水深处限制吃水 d_L 为

$$d_L = D_d + H_w - UKC \tag{7-11-4}$$

式中:D_d——航线最浅水深处的海图基准水深(m);

H_w——过浅时可利用的潮高(m);

UKC——航线最浅水深处富余水深(m)。

航线最浅处富余水深与船舶吨位、航速、航道底质、船载货物性质等因素有关,显然,当船舶吨位较大、航速较高、航道底质坚实、船舶装运具有某种危险特性的货物,则富余水深应大些,反之可适当小些。对于富余水深,一般各港口当局均有规定,如有的港口富余水深取船舶吃水的10%;有的对海外水道、港外水道和港内分别要求,如海外水道取吃水的20%,港外水道取吃水的15%,港内取吃水的10%。

需要注意的是,如果航线最浅水深处的水密度有变化,则还应考虑水密度变化对船舶吃水的影响,因为水密度的减小会使船舶吃水增加。

如果船舶过浅时有纵倾,则还应考虑船舶吃水差的影响。为了保证船舶安全和尽量多装货,应使船舶尽量保持平吃水过浅。

②根据受限吃水 d_L 确定船舶排水量 Δ_1

根据过浅时的限制吃水 d_L 查取船舶的静水力资料,可得相应的标准海水排水量 Δ_1。

③计算水密度影响的船舶排水量 Δ_2

若浅水域的水密度为 ρ,则经水密度修正后的船舶排水量 Δ_2 为

$$\Delta_2 = \frac{\Delta_1 \cdot \rho}{1.025} \tag{7-11-5}$$

④计算由始发港至航线最浅水深处的油水消耗量 δG

设船舶由始发港航至水深受限处所需时间为 t_s（d），航行每天消耗油水为 g_s（t/d），则

$$\delta G = t \cdot g_s \tag{7-11-6}$$

⑤计算船舶在始发港所允许的排水量 Δ

$$\Delta = \Delta_2 + \delta G \tag{7-11-7}$$

（2）吃水不受限条件下的船舶排水量 Δ

如果本航次船舶吃水不受限，则应根据船舶航经的海区及其所处的季节区域，从载重线海图中确定该船应使用的载重线，然后求得相应载重线限制下始发港的船舶排水量，该排水量为相应载重线的船舶满载排水量。

由于不同航线上所处的海区种类不同，载重线限制下船舶排水量的确定方法也不同，分为以下几种情况：

①船舶整个航次在使用同一载重线的海区航行

船舶整个航次在同一区带内航行，或整个航次跨越区带和季节区域，但所使用的载重线相同，则允许使用同一载重线。在此种情况下，按相应的载重线查取船舶资料（装载手册）可得始发港的船舶排水量 Δ。

②船舶由使用较低载重线海区航行至使用较高载重线海区

船舶由较低载重线海区驶入较高载重线海区时，为满足船舶在始发港的载重线要求，则只能允许使用较低载重线。在此种情况下，按较低载重线查取船舶资料（装载手册）可得始发港的船舶排水量 Δ。例如，船舶由使用夏季载重线海区驶入使用热带载重线海区，则按夏季载重线确定船舶排水量。

（3）船舶由使用高载重线海区航行至使用低载重线海区

船舶由高载重线海区驶入低载重线海区时，应视其高载重线海区航段油水消耗量情况来确定始发港的船舶排水量，具体计算如下。

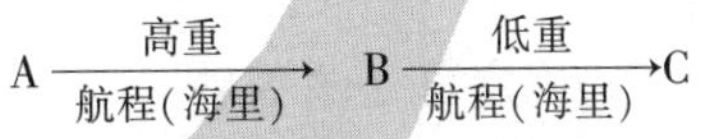

$$A \xrightarrow[\text{航程(海里)}]{\text{高重}} B \xrightarrow[\text{航程(海里)}]{\text{低重}} C$$

图 7-11-1 航线所经海区对应载重线图 1

图中，A 为始发港，B 为载重线分界线港口，C 为目的港。

a.当高载重线海区航段油水消耗量 $\delta G_{A\sim B}$ 大于船舶高载重线与低载重线对应的排水量之差 $\delta\Delta_{H\sim L}$ 时，始发港排水量根据高载重线确定，即

$$\text{当 } \delta G_{A\sim B} > \delta\Delta_{H\sim L} \text{ 时，} \Delta = \Delta_H$$

b.当高载重线海区航段油水消耗量 $\delta G_{A\sim B}$ 小于船舶高载重线与低载重线对应的排水量之差 $\delta\Delta_{H\sim L}$ 时，始发港排水量应为低载重线对应的排水量加上高载重线航段油水消耗量，即

$$\text{当 } \delta G_{A\sim B} < \delta\Delta_{H\sim L} \text{ 时，} \Delta = \Delta_L + \delta G_{A\sim B}$$

根据载重线公约的要求，船舶航行在不同载重线海区时，只要保证每一航段满足其对应的载重线即可。因此，根据上面的分析，始发港船舶排水量也可根据式(7-11-8)进行计算。

$$\Delta = \min\{\Delta_H, \Delta_L + \delta G_{A\sim B}\} \tag{7-11-8}$$

同理，如图 7-11-2 所示，始发港 A 的船舶排水量可按式(7-11-9)计算。

$$\Delta = \min\{\Delta_T, \Delta_S + \delta G_{A\sim B}, \Delta_W + \delta G_{A\sim C}\} \tag{7-11-9}$$

式中：Δ_T——热带满载排水量(t)；

Δ_S——夏季满载排水量(t)；

Δ_W——冬季满载排水量(t)；

$\delta G_{A\sim B}$——A 港—B 港航段油水消耗量(t)；

$\delta G_{A\sim C}$——A 港—C 港航段油水消耗量(t)。

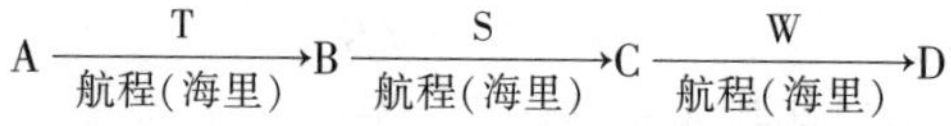

A —T→(航程(海里)) B —S→(航程(海里)) C —W→(航程(海里)) D

图 7-11-2 航线所经海区对应载重线图 2

图中，A 为始发港，B、C 为载重线分界线港口，D 为目的港；T 为热带载重线，S 为夏季载重线，W 为冬季载重线。

2.船舶航次储备量的计算

船舶航次储量 $\sum G$ 由固定储备量 G_1 和可变储备量 G_2 构成，即

$$\sum G = G_1 + G_2 \tag{7-11-10}$$

(1)固定储备量 G_1

固定储备量包括船员、行李、粮食、供应品及船舶备品等。由于构成 G_1 的各部分在航次储备中所占比例很小，在计算航次净载重量时，可将 G_1 视为定值，不按航次时间长短具体计算，其大小可按船舶资料中数值计。

(2)可变储备量 G_2

可变储备量 G_2 包括燃润料、淡水，其大小按航行时间、补给方案及航次储备天数确定。

①在始发港装满油水

由于航线较长、始发港油价较低且所运货物运费较低及途中无挂靠港口等，船舶所有人或租船人要求船舶在始发港加满油水舱柜。此值可认为是一定值，从船舶资料中查取。

②按航次需要及补给方案确定

按航次需要及补给方案可由下式确定可变储备量：

$$G_2 = (t_s + t_r) \cdot g_s + t_b \cdot g_b \tag{7-11-11}$$

式中：t_s——船舶航行天数(d)；

t_r——船舶航行储备天数(d)；

t_b——船舶预计停泊天数(d)；

g_s——航行中每天油水消耗量(t/d)；

g_b——停泊时每天油水消耗量(t/d)。

船舶航行天数 t_s：船舶航行天数是航程与平均航速的比值。航速(n mile/d)通常取无风流时的实际平均航速。对于航程，应在设计航线上按转向点分段计算，其取值方法为：当航次储备在始发港一次性加足时，应为整个航线对应的航程；当航次储备在中途港补加时，应为始发港至油水补给港间的距离与油水补给港至最后目的港间的距离中较大者。不同航段应分别计算。

航次储备天数 t_r：航次储备天数 t_r，应根据航线长短及其海况、船况、船舶吨位、油水补给

方案等因素确定。显然,航线越长、船舶主机状况不佳,吨位越大,航次储备天数应适当增加。通常按航程长短取 3~7 天。

停泊天数 t_b:停泊天数为到达下一次油水补给港前总的停泊时间。如果在到达第一油水补给港前无挂靠港,则可取 t_b 为两天,因为一般情况下到达油水补给港后两天内可以加装油水。如果在到达第一油水补给港之前有若干停靠港,则可按预计装卸速度和货物装卸数量估算停泊时间。

航行油水消耗定额 g_s:航行中每天燃料、润料消耗量按平均航速确定。在计算淡水消耗量时,对于有制淡设备的船舶,可在考虑船员生活用水消耗量的基础上,适量增加淡水消耗定额。

停泊油水消耗定额 g_b:停泊期间油水每天消耗量对使用还是不使用船上装卸设备的情况略有差别。

(3)船舶必须配备足量的航次储备

配备足量的航次储备量是船舶适航的必要条件之一,是保证船舶适航时应尽的责任,即油水等储备量不足时船舶应负不适航的责任。配备足量航次储备品应遵循如下原则:

①一般情况下装载的航次储备品按正常消耗应有 20%的富余量;

②在没有可预见风险的情况下,在东南亚各国航线上取航次储备天数 3 天,在印度洋和澳洲航线上取航次储备天数 5 天,在非洲、欧洲及美洲航线上取航次储备天数 7 天;

③在有可预见风险情况下,如冬季、台风季节或其他恶劣天气易发生季节,航次储备天数可取上述数据的 2 倍或更大;

④根据航程、船况、货物等因素,可适当增加航次储备天数 3~5 天;

⑤油水补给港口的选择按习惯性、便利性、经济性等来确定;

⑥考虑到船舶所有人或承租人的利益,船舶不得装载过多的航次储备品;

⑦配备足量航次储备品的责任在船舶,无论该费用是否由船舶所有人支付。

3.船舶常数的测定

根据船舶常数的定义可知,船舶常数的产生是由于船舶营运中空船重量发生了变化,该变化主要包括以下几部分:

(1)船舶定期修理和局部改装引起的空船重量改变量;

(2)货舱内货物、衬垫物料及垃圾的残留重量;

(3)液体舱柜、污水井内油、水的残留物或沉淀物;

(4)船上库存的废旧机件、器材及物料;

(5)为改善船舶性能而设置的固定压载物;

(6)船体外附着的海生物重量与其所受浮力的差值。

营运中船舶的船舶常数总是不断变化的,因此需对其大小予以测定。一般船舶在坞修后都应重新测定船舶常数。

四、充分利用船舶载货能力

充分利用船舶载货能力是提高船舶营运效益的重要措施之一。当货源充足时,根据航次货载特点,合理使用和挖掘船舶载货能力,尽可能多地装载拟运货物,以取得更好的经济效益。

1.提高船舶的载重能力

当货源充足且航次货载以重货为主时，充分利用船舶载货能力的关键在于能否提高船舶的载重能力，即能否在保证安全的前提下增加船舶的总载重量，同时尽可能减少航次储备量和船舶常数，具体可采取以下几项措施来提高船舶的载重能力：

(1)根据航线上的限制水深或航次所应使用的载重线正确确定船舶的最大装载吃水。

(2)根据航线具体情况(如气候、油价等)合理确定燃料、淡水补给方案，尽可能地减少不必要的航次储备量。

(3)清除船上的垃圾、废料和杂物，排净不需要的压载舱内残留的压载水，定时进坞清除舷外船体附着的海生物，以减少船舶常数。

(4)合理编制配载计划，尽量避免或减少为调整船舶浮态、船舶稳性、船体受力而打入的压载水。

(5)散装液货船满载时，应尽量清除舱内的残留货物和残油水。

(6)吃水受限时，各舱货物的重量分配应保证过浅时平吃水且无初始横倾。

2.充分利用船舶的容量能力

当货源充足但航次装载主要是轻货时，船舶的载货能力主要取决于其容量能力。此时，可从以下几个方面出发，充分挖掘船舶容量能力的潜力。

(1)确保货舱及其他载货处所结构及设备完好，保证其适货性，使所有载货处所处于可用状态。

(2)对于杂货船，应对不同包装的件杂货选择合适的舱位。大包装、硬包装的货物配置在舱容较大、形状规则的中部舱室，小包装、软包装的货物配置在舱容狭小、形状不够规则的首尾舱室，同时留出一些小件货物来填充其他货物无法装载利用的空位。另外，还应督促装卸工人提高装货质量，做到紧密堆码，减少货物的亏舱。

(3)固体散装货物装载时应做好平舱工作，最大限度地提高舱容利用率。

(4)对于集装箱船，应着重提高配载计划的编制水平，使所有的箱位能够充分利用，如统筹安排 20 ft 箱、40 ft 箱和特殊箱的箱位，使计划装载的所有集装箱都得到合适的装舱位置。稳性不足时，应保证重箱在下、轻箱在上，并适当采取压载措施。

(5)装载轻质液体货的液体散装货船，根据航线油温变化合理确定膨胀余量。

3.充分利用船舶的特殊载货能力

当航次货载中的特殊货物或忌装货物较多时，船舶的特殊载货能力就可能出现不足现象。为了能尽可能多地承运特殊货物或忌装货物，可以从以下两个方面加以考虑。

(1)保证与承运特殊货物有关的船舶结构和设备处于完好状态，如与冷藏货物装载有关的制冷设备性能和冷藏舱舱容、与重大件货物装载有关的船舶重型吊杆和船体局部结构、与危险货物有关的舱室防火隔离结构等保持与货物装载要求相适应的技术状况。

(2)对于忌装货物或相互具有隔离要求的危险品集装箱，除了保证舱室有关结构和设备完好外，通过合理配载，使较多的忌装货物或危险货物集装箱配装于船上。

4.轻重货物合理搭配

对于杂货船，如果货源充足且航次货载有较大的选择余地，应使船舶的载重能力与容量能力能同时得到充分利用，达到满舱满载。

第八章
船舶稳性

船舶在外力(矩)作用下偏离其初始平衡位置而倾斜,当外力(矩)消失后船舶能自行恢复到初始平衡状态的能力称为船舶稳性(ship's stability)。为了保证船舶营运安全,船舶必须具有适当的稳性,以抵御船舶在装卸、靠泊及航行中所受到的外力矩而不致倾覆。

第一节　船舶稳性的基本概念

一、船舶稳性分类

船舶稳性通常可按以下方法分类:

1.按船舶倾斜方向分

按船舶不同的倾斜方向,可分为横稳性和纵稳性。横稳性指船舶绕纵向轴(x 轴)横倾时的稳性,纵稳性指船舶绕横向轴(y 轴)纵倾时的稳性。

纵稳性力矩远大于横稳性力矩,实际营运中不可能因纵稳性不足而导致船舶倾覆,因此实际营运中重点研究船舶横稳性的影响。

2.按横倾角大小分

按船舶横倾角大小,可分为初稳性(initial stability)和大倾角稳性(stability at large heeling angle)。初稳性指船舶微倾时所具有的稳性(小倾角稳性),微倾在实际营运中将倾斜角扩大至 10°~15°或甲板边缘入水角(取小者);大倾角稳性指当倾角大于 10°~15°或甲板边缘入水角时的稳性。

3.按作用力矩的性质分

船舶稳性按其所受作用力矩的性质可分为静稳性(statical stability)和动稳性(dynamical

stability)。静稳性指船舶在倾斜过程中不计及角加速度和惯性矩时的稳性；动稳性指船舶在倾斜过程中计及角加速度和惯性矩时的稳性。

4.按船舱是否破舱进水分

按船舶是否破舱进水，稳性分为完整稳性(intact stability)和破舱稳性(damaged stability)。船体在完整状态时的稳性称为完整稳性，而船体破舱进水后所具有的稳性则称为破舱稳性。

二、船舶平衡状态

如图 8-1-1 所示，船舶漂浮于水面上，其重力为 W，浮力为 Δ，G 为船舶重心，B 为船舶初始位置的浮心。在某一性质的外力矩 M_h 作用下船舶发生微横倾，由于微倾后水线下排水体积的几何形状改变，浮心由 B 点移至 B_1 点，倾斜前后浮力的作用线交于点 M，该点称为横稳心或初稳心(transverse metacenter or initial metacenter)。此时，重力和浮力虽然大小相等、方向相反，但二者的作用线却不再是共垂线，二者形成了一个恢复力矩，称为稳性力矩 M_R (righting moment)，也称复原力矩。当外力矩消失后，复原力矩能够促使船舶回到原来平衡位置。自重心 G 作浮力作用线的垂线，垂足为 Z，则该复原力矩可表示为

$$M_R = \Delta \cdot GZ \qquad (8\text{-}1\text{-}1)$$

式中：M_R ——复原力矩(9.81 kN·m)；

Δ ——船舶排水量(t)；

GZ ——复原力臂(statical stability lever)(m)，是船舶重心 G 至倾斜后浮力作用线的垂直距离，通常称作稳性力臂或复原力臂。

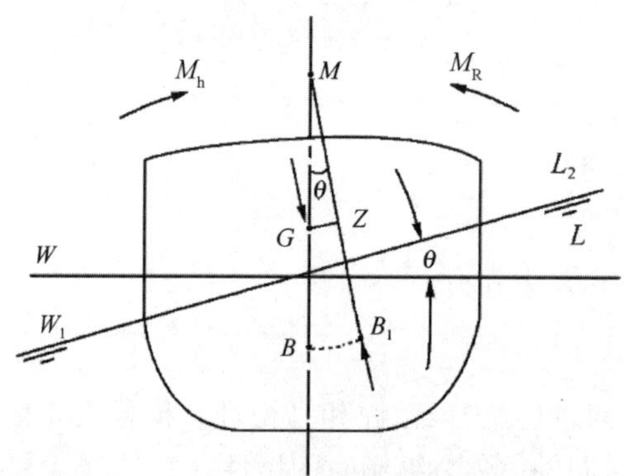

图 8-1-1　船舶横稳心和复原力矩

当外力矩消失后船舶能否恢复到初始平衡位置，取决于复原力矩与船舶倾斜方向的关系，由此可以判断船舶处于哪种平衡状态。

1.稳定平衡

如图 8-1-2(a)所示，船舶倾斜后，重心 G 在初稳心 M 之下，重力 W 和浮力 Δ 产生一恢复力矩，方向与倾斜方向相反，在此力矩作用下，船舶将会恢复到初始平衡位置，所以称为稳定平衡 (stable equilibrium)。

2.随遇平衡

如图 8-1-2(b)所示，船舶倾斜后，重心 G 与初稳心 M 重合，重力 W 和浮力 Δ 虽然作用在

同一垂线上但不产生力矩,因而船舶不能恢复到初始平衡位置,所以称为随遇平衡或中性平衡(*neutral* equilibrium)。

3.不稳定平衡

如图 8-1-2(c)所示,船舶倾斜后,重心 G 在初稳心点 M 之上,重力 W 和浮力 Δ 产生一倾覆力矩,方向与倾斜方向相同,在此力矩作用下船舶将继续倾斜,所以称不稳定平衡(unstable equilibrium)。

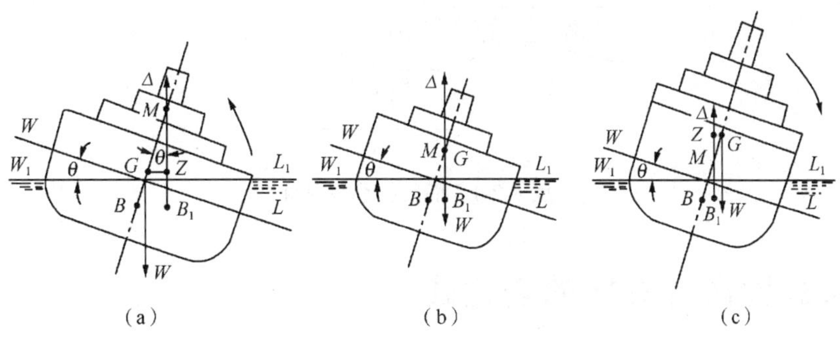

图 8-1-2 船舶平衡状态

第二节 船舶初稳性

根据式(8-1-1)可知,当排水量一定时,船舶复原力矩的大小仅与复原力臂有关,而复原力臂的变化取决于船舶倾斜后浮力作用线的位置,该位置又涉及横稳心点 M。为了研究的方便,在初稳性范畴内引入两个假设:

(1)船舶倾斜为等容微倾。理论可以证明,船舶等容微倾时,其倾斜轴必然通过初始正浮水线面的漂心 F。

(2)排水量一定时,船舶微倾前后相邻浮力作用线的交点始终交于中线面上的横稳心点 M。则在等容微倾过程中,船舶浮心 B 以 M 点为圆心,以 BM 为半径做圆弧运动,见图 8-2-1。

一、船舶初稳性衡量标志

根据图 8-2-1 及初稳心假设,船舶在小倾角条件下,复原力矩 M_R 可表示为

$$M_R = \Delta GM\sin\theta \tag{8-2-1}$$

$$GZ = GM\sin\theta \tag{8-2-2}$$

式中:GM——船舶重心与稳心间的垂直距离,称为初稳性高度(initial metacentric height)(m);

θ——船舶横倾角(angle of transverse inclination)。

式(8-2-1)称为初稳性方程。由式可见,在排水量及倾角一定情况下,复原力矩的大小取决于重心和稳心的相对位置,即取决于 GM 大小。当 M 点在 G 点之上,GM 为正值,此时船舶具有稳性力矩并与 GM 值成正比;当 M 点在 G 点之下,GM 为负值,此时船舶具有倾覆力矩;当

M 点和 G 点重合,GM 为零,此时稳性力矩为零。

由此分析可知,GM 可以作为衡量船舶初稳性大小的标志。欲使船舶具有稳性,必须使 $GM>0$。

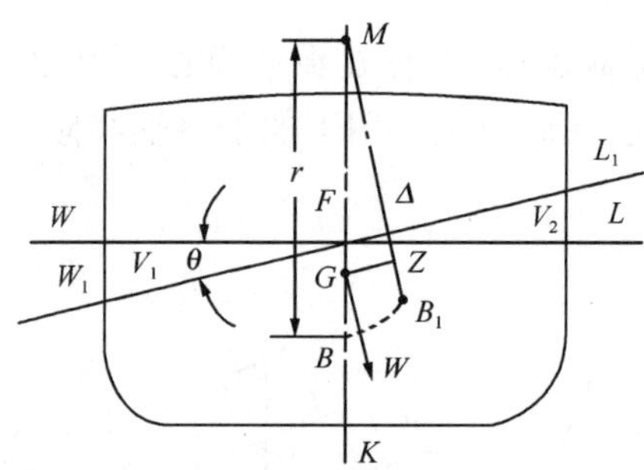

图 8-2-1 船舶初稳性高度

二、初稳性高度 GM 的表达式

由图 8-2-1 可见,初稳性高度可表示为

$$GM = KB + BM - KG = KM - KG \quad (8\text{-}2\text{-}3)$$

或表示为

$$GM = z_b + r - z_g = z_m - z_g \quad (8\text{-}2\text{-}4)$$

式中:KB、z_b——浮心距基线高度(m),简称浮心高度。

BM、r——横稳心半径(m)。该指标可用公式 $r=\frac{I_x}{V}=\frac{kLB^3}{V}$ 计算,I_x 为水线面对横倾轴的面积惯矩(m^4);V 为排水体积(m^3);k 为面积惯矩系数,箱型船时为 $\frac{1}{12}$;L、B 为水线面的长度和宽度(m)。

KM、z_m——横稳心距基线高度(m)。

KG、z_g——船舶重心距基线高度,简称重心高度(m)。

三、初稳性高度的求取

设未考虑自由液面影响的船舶重心高度为 KG_0,则在装载后初稳性高度可由式(8-2-3)求取,即

$$GM_0 = KM - KG_0$$

1.KM 的查取

根据船舶装载后的平均吃水查取静水力曲线图、静水力参数表或载重表尺,即可得到相应平均吃水时的 KM 值。

2.KG_0的计算

根据合力矩定理,KG_0可按下式求得

$$KG_0 = \frac{\sum p_i z_i}{\Delta} \tag{8-2-5}$$

式中：p_i ——构成排水量的第 i 项载荷重量(t)，包括空船重量 Δ_L、船舶常数 C、各货舱货物重量、各液舱柜油水重量、船员及其供应品、船用备品等；

z_i ——第 i 项载荷重量 P_i 的重心高度(m)；

$\sum p_i z_i$ ——全船垂向重量力矩(9.81 kN·m)。

(1)空船重量及其重心高度的查取

对于某一船舶，空船重量 Δ_L 及其重心高度 z_L 为定值，它们可在船舶稳性计算资料中查找。

(2)货物重心高度的确定

①计算法

对于某一货舱内装载积载因数差异较大的多种货物时，用计算法确定各层货物的重心高度，有利于减小船舶重心高度 KG 值的计算误差。各层货物的重心高度可按下式求出。

$$z_i = \varepsilon_c h_{ci} + h_b \tag{8-2-6}$$

式中：h_b ——货层底面距基线高(m)；

ε_c ——货层重心系数，中部货舱 ε_c 取 0.50，首、尾部货舱 ε_c 取 0.54~0.58；

h_{ci} ——第 i 货层高度(m)，可由下式求得：

$$h_{ci} = \frac{V_{ci}}{V_{ch}} \cdot H_c \tag{8-2-7}$$

其中：V_{ci} ——第 i 层货物体积(m^3)；

V_{ch} ——该货舱舱容(m^3)；

H_c ——该货舱舱高(m)。

例 8-2-1：某船在 No.3 底舱装载小五金 1 500 t（$SF = 0.60\ m^3/t$）、棉织品 100 t（$SF = 4.50\ m^3/t$）、日用品 120 t（$SF = 4.60\ m^3/t$）及草制品 70 t（$SF = 7.20\ m^3/t$），货物在舱内配置如图 8-2-2 所示，试计算各货物重心高度 z_i 及该舱货物总重心高度 z_h。已知该舱舱容 $V_{ch} = 2\ 710\ m^3$，舱高 $H_C = 7.2$ m，双层底高为 1.5 m。

解：

a.列表计算货物重心高度 z_i（表 8-2-1）

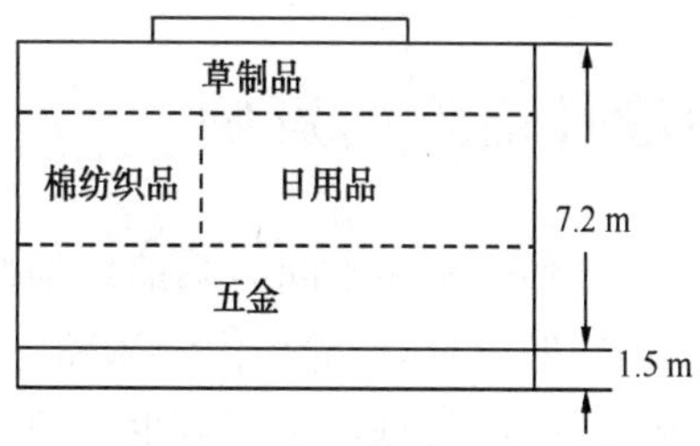

图 8-2-2　货物配置图

表 8-2-1 货物重心高度计算表

货名	P_i(t)	SF_i/(m^3/t)	V_{ci}/m^3	h_{ci}/m	z_i/m
五金	1 500	0.6	900	2.39	1.5+2.39/2=2.70
棉织品	100	4.5	450	2.66	1.5+2.39+2.66/2=5.22
日用品	120	4.6	552		
草纸品	70	7.2	504	1.34	1.5+2.39+2.66+1.34/2=7.22

②求货物总重心高度 z_h

$$z_h = \frac{\sum p_i z_i}{\sum p_i} = \frac{1\,500 \times 2.70 + 220 \times 5.22 + 70 \times 7.22}{1\,500 + 220 + 70} = 3.19 \text{ m}$$

在实际工作中，为简化计算，无论货舱内装载多少种货物及积载因数是否相差较大，均以舱内所装货物总体积中心作为该舱货物的计算重心；如货物基本满舱，则取舱容中心作为该舱货物的计算重心。由此简化计算所得货物重心高度与实际值显然有一定出入，但其计算方法简单，且求算的 *GM* 值比实际 *GM* 偏小，因而偏于安全。

②舱容曲线(或舱容表)查取法

对于装载单一货种的某些散货船或杂货船，船舶资料中提供了各货舱舱容曲线或舱容表，使用时直接由货物总体积查出货物装舱后的重心高度。

(3)油水重量及其重心高度的确定

各油水舱的油水重量及其重心高度可根据量尺深度查相应液舱舱容曲线或舱容表。液舱舱容曲线或舱容表的形式及查取方法与货舱相同。

第三节 影响初稳性的因素及其计算

影响船舶初稳性的因素主要有自由液面影响、船内载荷移动影响、悬挂物影响及船内载荷重量变动影响。

一、自由液面对初稳性高度的影响

船上各液体舱柜在液体未充满整个舱内空间时随船舶横倾而向倾斜一侧移动，该自由流动的液体表面称为自由液面。当船舶倾斜时，舱柜内液体随之流动，使液体的重心向倾斜一方移动，产生了与稳性力矩方向相反的倾斜力矩，从而减少了原有的稳性力矩，也即降低了船舶初稳性高度。

1.自由液面对初稳性高度修正值表达式

如图 8-3-1 所示，当船舶横倾 θ 角时，液体移动后重心也随之由 q_1 点移至 q_2 点，产生了一横倾力矩 $p\,\overline{q_1q_2}$，使原有的稳性力矩减少为

$$M_{R1} = \Delta GM_0 \sin\theta - p\,\overline{q_1 q_2}$$

而

$$\overline{q_1 q_2} = l_z \sin\theta$$

故

$$M_{R1} = \Delta\left(GM_0 - \frac{pl_z}{\Delta}\right)\sin\theta \tag{8-3-1}$$

式中：l_z——液体重心 q_1 到 m 点距离(m)，m 点是液体移动前后两重力作用线的交点。

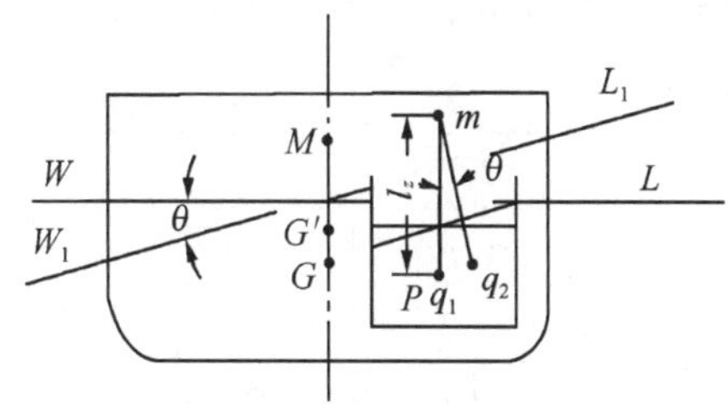

图 8-3-1 液体舱柜自由液面

由于液体重心就是液体体积的几何中心，将液舱柜情况与整个船舶情况加以比照：液舱横倾→船舶横倾；液舱内液体重心由 q_1 到 q_2→船舶浮心由 B 移至 B_1；微倾前、后液舱两重力作用线交于 m 点→船舶微倾前后两浮力作用线交于稳心 M；液体表面→船舶水线面；液体重心 q_1 到点 m 的距离 l_z→船舶稳心半径 r。根据相似原理，于是得

$$l_z = \frac{i_x}{V}$$

式中：V——液舱柜内液体体积(m^3)；

i_x——液舱柜内自由液面对液面中心轴的面积惯矩(m^4)。

令 ρ 为舱柜内液体密度，则 $P = \rho V$，将$\overline{q_1 q_2}$、l_z 及 p 的表达式代入式(8-3-1)，得

$$M_{R1} = \Delta\left(GM_0 - \frac{\rho i_x}{\Delta}\right)\sin\theta \tag{8-3-2}$$

对比初稳性方程表达式可知，自由液面影响使初稳性高度减小，其减小值 δGM_f 可表示为

$$\delta GM_f = \frac{\rho i_x}{\Delta} \tag{8-3-3}$$

当存在多个自由液面时，δGM_f 为

$$\delta GM_f = \frac{\sum \rho i_x}{\Delta} \tag{8-3-4}$$

2.自由液面惯性矩 i_x 的确定

(1)查船舶资料

通常船舶稳性计算资料或液舱柜容积表中提供了“各液舱自由液面惯性矩 i_x 表”，表 8-3-1 为“N”轮 No.2 燃油舱自由液面惯性矩 i_x 表(燃油密度 $\rho = 0.95\ g/cm^3$)。

根据《2008 年国际完整稳性规则》，对初稳性高度 GM 修正时，自由液面惯性矩 i_x 应按 0° 横倾角计算。

表 8-3-1 “N”轮 No.2 燃油舱自由液面惯性矩 i_x 表

H/m	$FILL$/%	V/m³	i_x/m⁴
0.00	0.0	0.0	0.0
0.10	0.1	0.2	0.1
0.20	0.4	0.8	0.2
0.30	0.9	1.9	0.6
0.40	1.6	3.4	1.1
0.50	2.5	5.3	1.9
……	……	……	……
1.50	23.7	51.1	40.7
1.60	27.1	58.4	49.3
1.70	30.7	66.1	59.0
1.80	34.5	74.4	70.0
1.90	38.6	83.1	82.2
2.00	42.8	92.1	83.3
2.10	46.9	101.1	83.3
……	……	……	……
3.10	88.8	191.3	83.3
3.20	93.0	200.3	83.3
3.30	97.1	209.3	61.8
3.40	99.7	214.8	2.5
3.48	100.0	215.4	0.0

(2)公式计算法

船舶资料中缺乏时,形状较规则自由液面的惯性矩可使公式计算。

普通货船液体舱(柜)液面形状呈矩形、三角形和梯形,i_x 可按下述公式求算。

①矩形液面

$$i_x = \frac{1}{12}lb^3 \tag{8-3-5}$$

式中:l ——液面长度(m);

b ——液面宽度(m)。

②等腰三角形液面

$$i_x = \frac{1}{48}lb^3 \tag{8-3-6}$$

③等腰梯形液面

$$i_x = \frac{1}{48}l(b_1 + b_2)(b_1^2 + b_2^2) \tag{8-3-7}$$

式中:b_1、b_2——液面前、后两端宽度(m)。

④直角三角形液面

$$i_x = \frac{1}{36}lb^3 \tag{8-3-8}$$

⑤直角梯形液面

$$i_x = \frac{1}{36}l(b_1 + b_2)(b_1^2 + b_2^2) \tag{8-3-9}$$

一般船中附近舱柜多为矩形液面,首尾附近舱柜多近于梯形或三角形液面,计算 i_x 时应区别对待。

图 8-3-2 为船舶各种液体舱柜液面形状示意图。

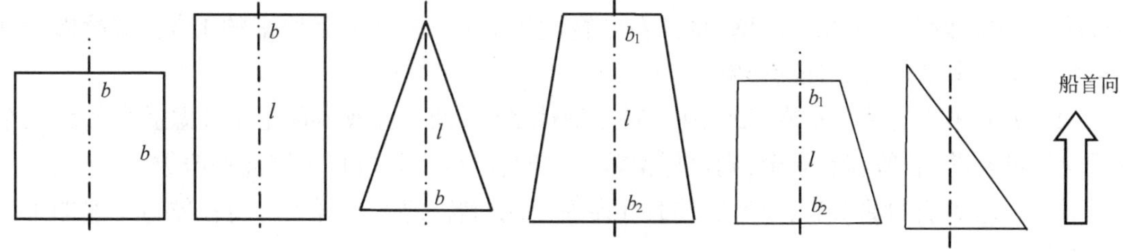

图 8-3-2 各种液体舱柜液面形状

3.自由液面修正后的初稳性高度表达式

当液舱(柜)内液体未装满时,初稳性高度应进行自由液面修正,经自由液面修正后的初稳性高度 GM 可表示为

$$GM = KM - KG_0 - \delta GM_f \tag{8-3-10}$$

例 8-3-1:某船装货后 $\Delta = 18\ 500$ t,全船垂向重量力矩 $\sum P_i Z_i = 143\ 375 \times 9.81$ kN · m,查得 $KM = 8.58$ m,现有 No.1 燃油舱(左)($l = 11.00$ m, $b = 4.00$ m, $\rho = 0.97$ g/cm^3)和尾尖舱($l = 11.00$ m, $b_1 = 11.50$ m, $b_2 = 3.40$ m)未满,尾尖舱为淡水舱,试计算经自由液面修正后的初稳性高度 GM。

解:

(1)求 KG

$$KG_0 = \frac{\sum p_i z_i}{\Delta} = \frac{143\ 375}{18\ 500} = 7.75 \text{ m}$$

(2)计算 i_x 和 δGM_f

$$\text{No.1 燃油舱:} i_{x1} = \frac{1}{12}lb^3 = \frac{1}{12} \times 11.0 \times 4.0^3 = 58.7 \text{ m}^4$$

$$\text{尾尖舱:} i_{x2} = \frac{1}{48}l(b_1 + b_2)(b_1^2 + b_2^2)$$

$$= \frac{1}{48} \times 11.00 \times (11.50 + 3.40) \times (11.50^2 + 3.40^2) = 491.1 \text{ m}^4$$

$$\delta GM_f = \frac{\sum \rho i_x}{\Delta} = \frac{0.97 \times 58.7 + 1.00 \times 491.1}{18\ 500} = 0.03 \text{ m}$$

(3)计算 GM

$$GM = KM - KG_0 - \delta GM_f = 8.58 - 7.75 - 0.03 = 0.80 \text{ m}$$

4.减小自由液面影响的措施

船舶在建造和营运中,应尽量减小自由液面对稳性的影响,其具体措施包括:

(1)减小液舱(柜)宽度:液体散装货船因装载大量液体货,其自由液面对稳性影响较大,为此船舶在设计时,通常都设置一道或两道纵向舱壁,将液舱宽度减小。对于普通货船的双层底内,其左右也是水密分隔成两个液柜。

可以证明,矩形液面的液舱内设置一道纵向舱壁将其宽度二等分, i_x 将减至原来的 1/4;设置两道纵向舱壁将其宽度三等分, i_x 则减至原来的 1/9。对于等腰梯形或等腰三角形液面的液舱,若中间设置一道纵向舱壁,将其左右宽度等分, i_x 则会减至原来的 1/3。增设横舱壁则不会减小自由液面对稳性的影响。

(2)液舱(柜)应尽可能装满或空舱:对于液体散装货船,各液体货舱在考虑适当的膨胀余量后应尽量装满,若舱容有剩余,则可保留若干空舱,以减少具有自由液面的舱数。

对于普通货船的油水舱,应逐舱装载和左右舷舱对称使用,这样可保持在航行中船舶未满液柜数最少。

(3)保持甲板排水孔畅通:在开航前应认真检查上甲板两舷排水孔是否畅通,并防止航行过程中堵塞,以确保甲板上浪后能迅速排出,减少因上浪而在上甲板形成自由液面的作用时间。航行中如遇严重甲板上浪,应适当采取改向或减速措施,并注意排除排水孔排水障碍物。

(4)注意纵向水密分隔是否有漏水连通现象及是否有不必要的积水:液舱(柜)内纵向隔壁因锈蚀、不适当受力或建造缺陷,致使漏水连通而形成较大自由液面。另外,船舶在营运中各污水舱内会积聚一定污水,应及时测量并排出。

(5)在排水量较小时,更应重视液舱内自由液面对稳性的不利影响。

二、船内载荷移动对初稳性的影响

船舶在营运中,经常遇到船内重物的移动问题,如在航行中舱内货物因船舶横摇剧烈而移动,配载时为调整船舶稳性而将舱内货物垂向移动等。

1.船内载荷水平横移

船内载荷水平横移,将使船舶产生横倾角;船在海上航行由于横摇导致载荷横移时,同样使船横倾。

如图 8-3-3 所示,船舶排水量为 Δ,重心位于 G 点,浮心位于 B 点,此时船舶重力和浮力通过 G 点和 B 点构成初始平衡力系,平衡于正浮水线 WL。现将船内载荷 p 自 q_1 水平横移至 q_2 处,其水平横移距离为 y。根据平行力移动原理,船舶重心将随之由 G 水平横移至 G_1,并有

$$GG_1 = \frac{py}{\Delta}$$

此时,由于浮力和重力不再作用于同一垂线上而形成力偶,该力偶矩将迫使船舶向载荷移动方向的一侧横倾。在船舶横倾过程中,由于水线下排水体积形状的改变,浮心将随之向横倾一侧移动。当浮心移至 B_1 时,B_1 与 M_h 又重新作用于同一垂线上,构成重力和浮力新的平衡力

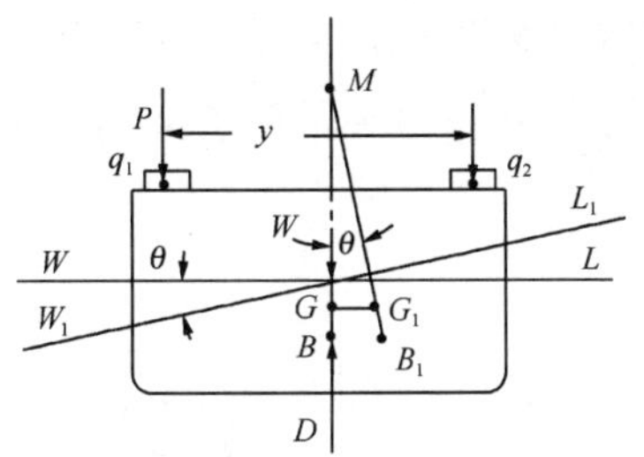

图 8-3-3 载荷横移

系,船舶将不再继续倾斜,并停留于该横倾位置上,此时的平衡水线为 W_1L_1。初始水线 WL 与横倾后的水线 W_1L_1 之间的夹角 θ,即为船舶横倾角。考虑直角三角形 MGG_1,并有

$$\tan\theta = \frac{GG_1}{GM}$$

将 GG_1 表达式代入,则得

$$\tan\theta = \frac{py}{\Delta GM} \tag{8-3-11}$$

2.船内载荷垂移

船内载荷垂向移动,将引起船舶重心的垂向改变,从而导致初稳性高度的变化。

如图 8-3-4 所示,设船舶排水量为 Δ,船舶重心位于 G 点,现将船内重量为 p 的载荷由 g_1 垂向移至 g_2 处,即载荷 p 的重心高度由 z_1 变为 z_2,其垂向移动距离 Z 为

$$Z = |z_2 - z_1|$$

因而载荷垂移引起的初稳性高度改变量 δGM 在数值上等于船舶重心的垂移量 GG_1,即

$$\delta GM = \mp \frac{pZ}{\Delta} \tag{8-3-12}$$

由上可知,船内载荷上移,船舶重心上移, GG_1 取+, δGM 降低, δGM 为-;船内载荷下移,船舶重心下移, GG_1 取-,GM 增大, δGM 为+。重物移动后的初稳性高度 GM_1 可表示为

$$GM_1 = GM + \delta GM \tag{8-3-13}$$

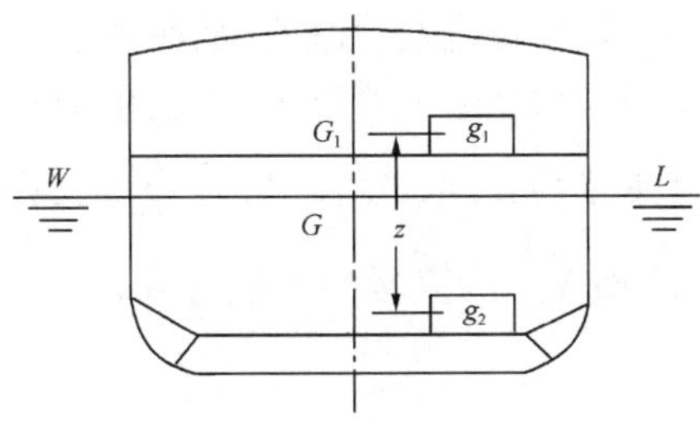

图 8-3-4 载荷垂移

三、货物悬挂对初稳高度的影响

如图 8-3-5 所示,设船舶排水量为 Δ,重心位于 G 点,船内重量为 p 的悬挂货物其重心位于

q_1点且悬挂于 m 点时，当船舶横倾 θ 角时，p 在其重力作用下将由 q_1 点移到 q_2 点。由此悬挂货物对船舶产生横倾力矩 $p \cdot \overline{q_1q_2}$，从而减少了原有的稳性力矩，则稳性力矩 M_{R1} 变为 $M_{R1} = \Delta\left(GM\sin\theta - \dfrac{pl_z}{\Delta}\right)\sin\theta$。

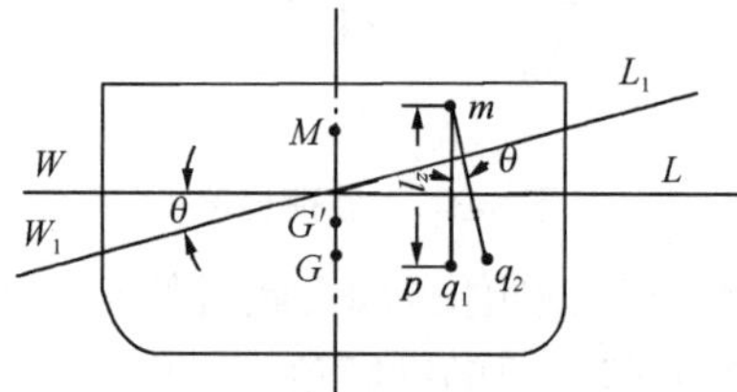

图 8-3-5　货物悬挂

所以，当船上存在悬挂货物时，船舶的初稳性高度将会减小，其值为

$$\delta GM = \frac{pl_z}{\Delta} \tag{8-3-14}$$

考虑货物悬挂后的初稳性高度为

$$GM_1 = GM - \frac{pl_z}{\Delta} \tag{8-3-15}$$

显而易见，悬挂货物对初稳性的影响相当于把货物自重心 q_1 点垂直上移到悬挂点 m 处，从而使船舶重心 G 点上移，致使初稳性高度减小了如式(8-3-14)所示数值，可以把它的重心理解为在悬挂点 m 处，m 点称为悬挂重物的虚重心。也可以认为悬挂货物对初稳性的影响相当于船舶重心升高。

四、载荷重量变动对初稳性高度的影响

船舶运营中，中途港货物的装卸、油水的补给和消耗、压载水的注入和排放、船舶在海上遭遇危险而弃货、船舶破舱进水、船体结冰及甲板上浪等均可视为重量增减。船上重量增减后其排水量变化，船舶重心 G 及稳心 M 位置也发生改变，从而引起初稳性高度改变。

根据重量增减的不同数量及求取初稳性高度改变量的不同方法，可分成大量增减和少量增减两种情况。若船舶初始排水量为 Δ，重量增减量为 $\sum p_i$，则一般认为当 $\sum p_i > 10\%\Delta$ 时为重量的大量增减，当 $\sum p_i < 10\%\Delta$ 时为重量的少量增减。

1.重量大量增减

设船舶重量增减前排水量为 Δ，KG 为重量增减前船舶重心高度，$\sum p_i$ 为重量增减量，z_i 为各重量的重心高度，则重量增减后船舶重心高度为

$$KG_1 = \frac{\Delta \cdot KG + \sum p_i z_i}{\Delta + \sum p_i} \tag{8-3-16}$$

按上式计算时，重量增加 p_i 取+；重量减少 p_i 取-。

根据重量增减后船舶新的排水量 $\Delta_1 = \Delta + \sum p_i$ 查取静水力资料，可得重量增减后的初稳

心距基线高 KM_1，于是重量增减后船舶新的初稳性高度为

$$GM_1 = KM_1 - KG_1 \tag{8-3-17}$$

应当清楚，上述方法对于重量少量增减同样适用，只是为了使计算更方便，可用下述方法计算重量少量增减时初稳性高度改变量。

2.重量少量增减

如图 8-3-6 所示，已知船舶初始排水量为 Δ，重心位于 G 点，重心高度为 KG，现在船上 q 处加载重量为 p 的重物，已知 p 的重心高度为 KP，则加载后船舶新的重心高度 KG_1 为

$$KG_1 = \frac{\Delta \cdot KG + p \cdot KP}{\Delta + p}$$

由于加载前船舶初稳性高度为 $GM=KM-KG$，现假设加载后初稳心 M 点位置不变，则加载后的船舶初稳性高度 $GM_1 = KM - KG_1$，于是可以得出加载前、后初稳性高度改变量为：

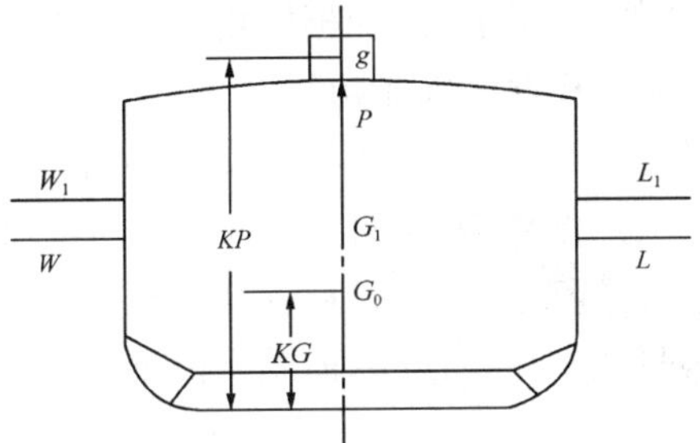

图 8-3-6 重量少量增减

$$\delta GM = \frac{p(KG - KP)}{\Delta + p} \tag{8-3-18}$$

式(8-3-18)即为重量少量增减时初稳性高度改变量近似计算公式。按上式计算时，规定：加载 p 为+，卸载 p 为-。

当多个载荷增减时，可将上式改写成

$$\delta GM = \frac{\sum p_i(KG - KP_i)}{\Delta + \sum p_i} \tag{8-3-19}$$

应该指出的是，船上载荷变更后，相应排水量改变，而排水量改变后对 KM 的影响在某些装载状态下可以忽略不计，而在另外某些装载状态下则因变化较大而不能忽略。一般情况下，在排水量较小时，尽管载荷增减量较少，也会引起 KM 值的较大变化。因此，在应用式(8-3-18)和式(8-3-19)计算 δGM 时，应充分考虑不同装载状态下 KM 曲线的变化率，以减小 δGM 的计算误差。通常，船舶在排水量较小时，KM 变化较快，在排水量较大时，KM 变化较慢。

当在某些装载状态下 KM 值随 Δ 变化较快，即 KM 曲线斜率较大时，为提高 δGM 的计算精度，建议利用式(8-3-16)、式(8-3-17)计算载荷重量变化后的初稳性高度 GM。

第四节　船舶大倾角稳性

风浪往往使在海上航行的船舶的横倾角超过 10°～15°，这时船舶的稳性就称为大倾角稳性。对此，船舶驾驶人员应引起足够重视，以确保船舶安全。

一、大倾角稳性基本概念

1.大倾角稳性和初稳性的区别

首先，两者对应的船舶横倾角不同。船舶横倾角 θ 小于 10°～15°时对应的稳性为初稳性，而横倾角大于 10°～15°时对应的稳性为大倾角稳性。

其次，船舶在大倾角横倾时相邻两浮力作用线交点不再为定点 M。从图 8-4-1 可以看到，横倾角增大时两浮力作用线交点偏离 M_1点而交于 M_2、M_3 上。实际上在小倾角范围内倾斜前后相邻两浮力作用线交点是交在稳心 M 点附近，因为非常靠近，所以在讨论初稳性时作为定点处理。初稳心为定点的假设虽有一定误差，但误差极小可以忽略不计，从而使初稳性问题得以简化。

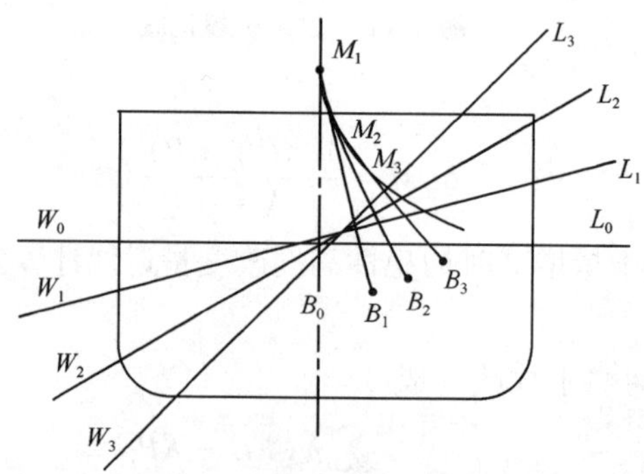

图 8-4-1　船舶大倾角横倾

再次，船舶大倾角横倾时倾斜轴不再过初始水线面漂心。船舶倾角较大时，当倾斜水线超出上甲板边缘后，其形状发生突变，若过初始水线面漂心作倾斜水线，则倾斜前后排水体积不相等，这与等体积倾斜条件相矛盾。

最后，船舶大倾角稳性不能用 GM 作为标志来衡量。由于稳心 M 不为定点，在不同倾角下稳心 M 具有不同位置，因而不能以 GM 来衡量大倾角稳性的大小。

2.大倾角稳性衡量标志

船舶在外力矩作用下发生大倾角横倾，当外力矩消失后，船舶重力和浮力仍然形成力偶，其力矩即为复原力矩，表示式同前，即

$$\boldsymbol{M}_{\mathrm{R}} = \Delta \cdot GZ$$

船舶在排水量一定的条件下，稳性力矩 $\boldsymbol{M}_{\mathrm{R}}$ 的大小取决于船舶重心 G 到倾斜后浮力作用线的垂直距离，即取决于复原力臂 GZ，并与 GZ 成正比，因此，复原力臂 GZ 可以作为衡量大倾

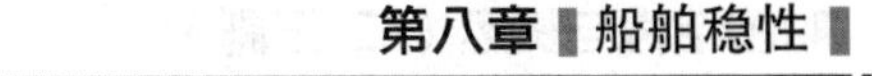

角稳性的基本标志。

二、复原力臂的求算

由于不同的船舶可能给出不同形式的稳性交叉曲线，因此，复原力臂的表达式也不同。

目前船舶资料中提供的稳性交叉曲线归纳起来常用的有基点法、假定重心法、初稳心点法三种。下面以基点法为例，说明复原力臂 GZ 的计算方法。

设未考虑自由液面影响的船舶复原力臂为 GZ_0，如图 8-4-2 所示，选定基点 K 作为量取力臂的参考点，则 GZ_0 可表示为：

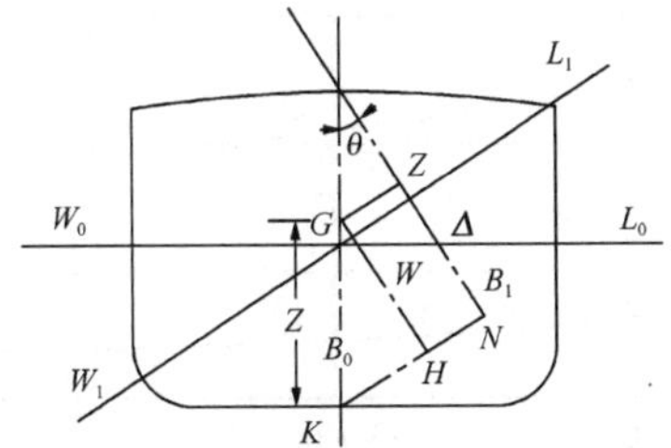

图 8-4-2 基点法复原力臂

$$GZ_0 = KN - KH \tag{8-4-1}$$

式中：KN ——形状稳性力臂（lever of form stability）（m），它为龙骨基线中点（坐标原点）到倾斜后浮力作用线的垂直距离；

KH——重量稳性力臂（lever of stability by weights）（m），它为龙骨基线 K（坐标原点）到倾斜后重力作用线垂直距离。

图中表明，形状稳性力臂 KN 值与水线下船体形状有关，船舶在不同排水量、不同横倾角时水线下船体形状也不同，相应的 KN 值也不同。KN 值由船舶装载排水体积 V（或排水量 Δ）及横倾角 θ 查稳性交叉曲线（Cross curves of stability）（见图 8-4-3）或稳性交叉数值表得出。由图中可以看出，重量稳性力臂 KH 仅与船舶重心垂向位置有关，其值为 $KH = KG\sin\theta$。

综上可知，基点法的复原力臂可表示为：

$$GZ_0 = KN - KG_0\sin\theta \tag{8-4-2}$$

三、静稳性曲线

为完整反映复原力矩 $\boldsymbol{M}_{\mathrm{R}}$ 或复原力臂 GZ 随横倾角 θ 的变化规律，将 $\boldsymbol{M}_{\mathrm{R}}$ 或 GZ 与 θ 关系绘制成一条曲线，该曲线称为静稳性曲线。

1.静稳性曲线的绘制

（1）根据公式分别计算出不同横倾角 θ 时的 GZ（或 $\boldsymbol{M}_{\mathrm{R}}$）；

（2）以 GZ（或 $\boldsymbol{M}_{\mathrm{R}}$）为纵坐标、$\theta$ 为横坐标的直角坐标系内标出相应点（θ_i，GZ_i）或（θ_i，$M_{\mathrm{R}i}$）；

（3）将各点连接成一光滑曲线即为静稳性曲线（图 8-4-4）。

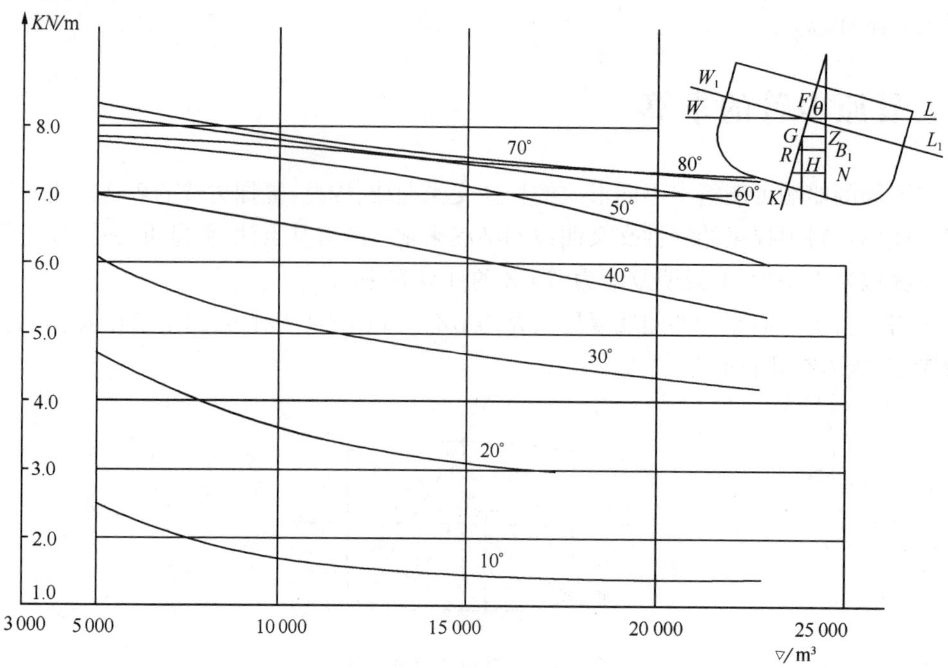

图 8-4-3　基点法稳性交叉曲线

2.静稳性曲线的主要特征

静稳性曲线全面反映了复原力矩 M_R 或复原力臂 GZ 随横倾角 θ 增大而变化的趋势及任一横倾角时的 M_R 或 GZ 的大小,观察该曲线的形状以及表征船舶稳性状态的若干参数,可以得出静稳性曲线的以下特征。

(1)静稳性曲线在原点处的斜率

可以证明,静稳性曲线在原点处的斜率等于初稳性高度 GM。若将 $GZ = GM\sin\theta$ 曲线绘制在静稳性曲线图上,该曲线为一正弦曲线。将该正弦曲线与静稳性曲线相比较可以发现,在横倾角较小时,两条曲线重合。随着横倾角增大两条曲线逐渐分离,这说明在小倾角条件下 GZ 可以用 $GM\sin\theta$ 表示其大小,即 GM 可以表征船舶初稳性的大小,而大倾角时 GZ 不能再以 $GM\sin\theta$ 来表示,即 GM 不能表征大倾角稳性的大小。

在 GZ 曲线图上求取 GM 的方法是:先过原点作 GZ 曲线的切线,然后在 $\theta = 57.3°$ 处量取该切线的纵坐标值即为 GM。

(2)静稳性曲线上的反曲点

当横倾角增大至甲板浸水角(angle of deck immersion)时,静稳性曲线上升段出现一反曲点,在该点以前,曲线上升较快;在该点之后,曲线上升趋势减缓,反曲点处曲线斜率最大,这是由船舶横倾至甲板浸水角前后浮心位置改变最大所决定的。

反曲点对应的角度即为甲板浸水角。

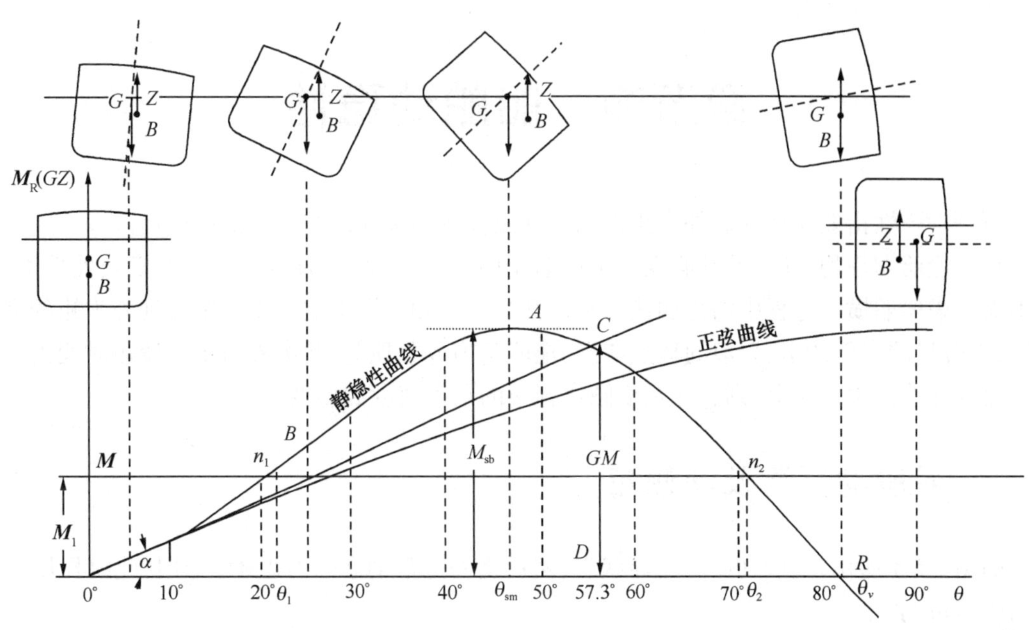

图 8-4-4 静稳性曲线

(3)静稳性曲线上的极值点

当横倾角增大至某一角度,静稳性曲线取得极值点,它标明了曲线最高点的位置,反映出船舶在横倾中所具有的最大复原力矩(臂) $M_{Rm}(GZ_{max})$,以及取得复原力矩(臂)最大值时船舶的倾斜状态。极值点对应的横倾角通常用 q_{smax} 表示,一般在 35°~45°。

(4)稳性消失点

静稳性曲线过极值点后呈下降趋势,即随着横倾角的增大,M_R(或 GZ)逐渐减小,当横倾角达到某一角度时,M_R 或 GZ 等于零,此时稳性消失,表现在静稳性曲线图上则为曲线第二次与横坐标轴的交点即为稳性消失点,对应的横倾角称为稳性消失角 θ_v(angel of vanishing stability),自 O 到 θ_v 称稳性范围(range of stability)。船舶横倾角超过 θ_v 时,M_R(或 GZ)出现负值,即船舶产生倾覆力矩。对于一般装载状态下的货船而言,θ_v 一般为 70°~80°。

(5)静平衡位置和静平衡角

设有一静态外力矩 M_h(statical heeling moment)缓慢作用于船上使船横倾,当倾角达到某一角度时船舶不再继续倾斜,此时船舶处于静平衡状态,该位置其静平衡条件为

$$M_h = M_R \tag{8-4-3}$$

即静态外力矩与稳性力矩相等,方向相反,其合力矩为零。

若静态外力矩 M_h 为一常量,它不随横倾角 θ 而变化,则可在静稳性图上画出纵坐标为 M_h 且平行于横轴的直线,M_R 曲线和 M_h 直线的第一个交点满足式(8-4-3)静平衡条件,所对应的横倾角即为静平衡角或称静倾角 θ_s(angel of statical inclination)。

当 $M_{h1} > M_R$ 时,静平衡被打破,船舶将继续倾斜,直到 $M_{h1} = M_{R1}$,船舶达到新的静平衡时停止倾斜。

当静态外力矩 M_h 继续增大并使 $M_h > M_{Rm}$ 时,船舶将不能保持静平衡,而使船体继续倾斜直至倾覆。因此,最大复原力矩 M_{Rm} 是表示船舶在静力作用下抵御外力矩的最大能力,只有满足 $M_h \leqslant M_{Rm}$,才能确保船舶在静态外力矩作用下不致倾覆。

第五节　船舶动稳性

所谓动稳性指船舶在动态外力矩作用下计及横倾角加速度和惯性矩的稳性。

在讨论船舶静稳性时，通常假设力矩逐渐作用于船上，使外力矩与复原力矩处处平衡，因而不需考虑船舶横倾过程中的角加速度和惯性矩。船舶在海上航行中时常受到外力矩的突然作用，如阵风的突然袭击、海浪的猛烈冲击、拖船急拖或急顶等，此类外力矩在较短时间内有明显变化或突然作用于船上，则应计及横倾过程中的角加速度和惯性矩。

一、船舶动平衡及动倾角

如图 8-5-1 所示，船舶初始为正浮状态，然后受一定常动态外力矩 $\boldsymbol{M}_h$ 作用，此时作用于船舶的合力矩 $\boldsymbol{M}_c$ 为

$$\boldsymbol{M}_c = \boldsymbol{M}_h - \boldsymbol{M}_R \tag{8-5-1}$$

设外力矩 $\boldsymbol{M}_h$ 做功以 W_h 表示，稳性力矩 $\boldsymbol{M}_R$ 做功以 W_R 表示，它们在数值上分别等于各自曲线下的面积。船舶在横倾过程中，只要 $\boldsymbol{M}_h$ 和 $\boldsymbol{M}_R$ 不等，即合力矩 $\boldsymbol{M}_c$ 不为 0，则产生一角加速度 θ''，迫使船舶作加（减）速横倾；只要外力矩做的功 W_h 不等于稳性力矩做的功 W_R，船舶就具有一定的角速度使船舶继续横倾。

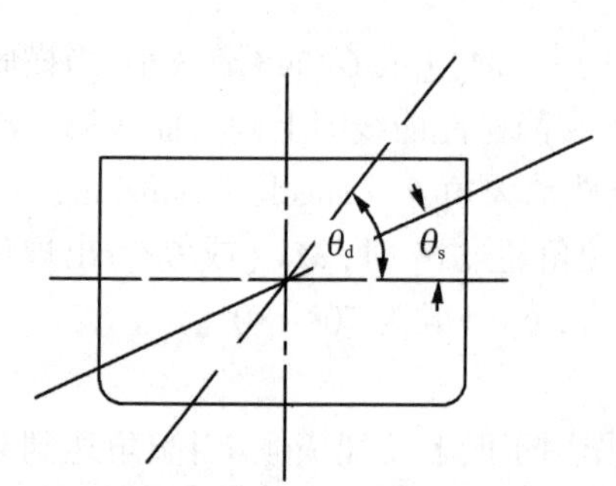

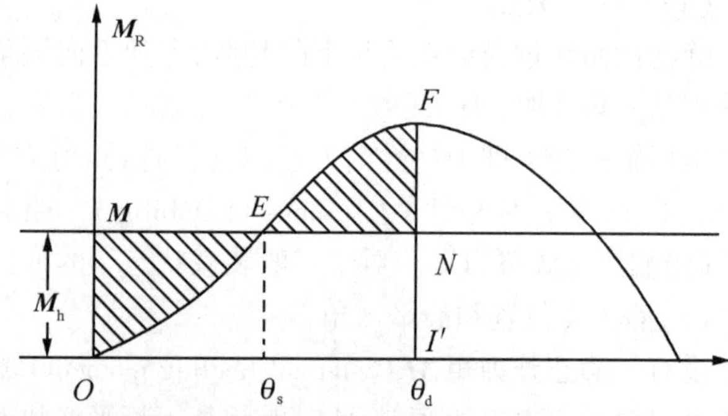

图 8-5-1　船舶动平衡

船舶在动态外力矩作用下的横摇过程可分为以下几个阶段：

(1) $\theta=0$：合力矩 $\boldsymbol{M}_c$ 最大，故横摇角加速度 θ'' 最大，而两力矩做的功 $W_h=W_R=0$，横摇角速度 $\theta'=0$，船舶在 θ'' 迫使下开始横摇。

(2) $0<\theta<\theta_s$：合力矩 $\boldsymbol{M}_c$ 逐渐减小，因而横摇角加速度 θ'' 逐渐减小；而两力矩做的功 $W_h>W_R$，且合力矩做的功 (W_h-W_R) 增大，使得横摇角速度 θ' 增大，船舶加速横摇。

(3) $\theta=\theta_s$：合力矩 $\boldsymbol{M}_c=0$，故横摇角加速度 $\theta''=0$；而两力矩做的功继续满足 $W_h>W_R$，且合力矩做功 (W_h-W_R) 达最大值，使得横摇角速度 θ' 最大，船舶在此处横摇最快。

(4) $\theta>\theta_s$：合力矩 $\boldsymbol{M}_c$ 由 0 变为负值且逐渐增大，则横摇角加速度 θ'' 也由 0 变为负值并逐渐增大；而两力矩做的功仍然满足 $W_h>W_R$，但合力矩做功 (W_h-W_R) 在 $\theta>\theta_s$ 后逐渐减

小,使得横摇角速度 θ' 随之渐减,船舶横摇也渐缓。

(5) $\theta = \theta_d$:合力矩 $\boldsymbol{M}_c$ 负值最大,则横摇角加速度 θ'' 负值达最大;而此时合力矩做的功 $(W_h - W_R) = 0$,即 $W_h = W_R$,使得横摇角速度 $\theta' = 0$,船舶在此处因 $\theta' = 0$ 而不再继续向前横摇。

(6) $\theta < \theta_d$:合力矩 $\boldsymbol{M}_c$ 负值在 $\theta = \theta_d$ 处为最大值,故 θ'' 负值最大使得船不能停留在 θ_d 处而迫使船舶反向横摇。这样,船舶在 $\boldsymbol{M}_h$ 和 $\boldsymbol{M}_R$ 作用下于 θ_s 左右做下一周期的横摇运动。

事实上,船舶在周期性横摇过程中,由于舷外水对船舶横摇的阻尼作用,横摇运动的摆幅将逐渐减小,最终于 θ_s 处静止下来。

在动态外力矩作用下船舶发生倾斜,当角速度为零时不再向倾斜方向继续倾斜,此时船舶处于动平衡状态。船舶达到动平衡时的横倾角称动平衡角(angel of dynamical stability),简称动倾角,以 θ_d 表示。

由上分析可知,船舶在动态外力矩作用下达到动平衡的条件为

$$W_h = W_R \tag{8-5-2}$$

即外力矩做的功等于稳性力矩做的功时,船舶达到动平衡。在静稳性曲线图上,表现为面积 OME 等于面积 EFN;两个面积相等时,其右边界线对应横倾角即为动倾角。

二、船舶动稳性大小的基本标志

船舶在动态外力矩作用下发生倾斜,考虑了船舶倾斜过程中的角加速度和惯性矩的影响,船舶抵抗外力矩的能力不能再以稳性力矩来衡量,而是应以稳性力矩做的功来衡量。由此可见,船舶动稳性在不同装载状况下其大小应以稳性力矩做的功来表征。稳性力矩所做功 W_R 亦称动稳性力矩,以 $\boldsymbol{M}_d$ 表示。

由于动稳性力矩 $\boldsymbol{M}_d$ 在数值上等于复原力矩 $\boldsymbol{M}_R$ 曲线下的面积,而 $\boldsymbol{M}_R = \Delta \cdot GZ$ 并设 Δ 为常量,于是定义复原力臂 GZ 曲线下的面积为动稳性力臂 l_d(dynamical stability lever)。则动稳性力矩 $\boldsymbol{M}_d$ 为

$$\boldsymbol{M}_d = \Delta \cdot l_d \tag{8-5-3}$$

由上式可知,在排水量一定的条件下,稳性力矩所做的功取决于动稳性力臂 l_d,并与其成正比,因此动稳性力臂 l_d 可以作为船舶动稳性大小的基本标志。

三、最小倾覆力矩 $\boldsymbol{M}_{h\cdot min}$

在静稳性曲线图上,外力矩曲线下面积与稳性力矩曲线下面积相等时对应的横倾角即为动倾角。由作图求 θ_d 可知,当外力矩 $\boldsymbol{M}_h$ 增大时,$\boldsymbol{M}_h$ 曲线位置提高,曲线下的面积增大。为取得动平衡,需有更多的 $\boldsymbol{M}_R$ 曲线面积抵偿,则计算曲线面积时的右边界线后移,相应的动倾角增大。如图 8-5-2 所示,当外力矩 $\boldsymbol{M}_h$ 增大到某一数值时,曲线图中坐标纵轴、$\boldsymbol{M}_R$ 曲线及 $\boldsymbol{M}_h$ 直线所包围的面积 $OHEA$ 等于 $\boldsymbol{M}_h$ 直线与 $\boldsymbol{M}_R$ 曲线所围冠状面积 AEP,使得船舶动平衡达到极限位置。若将 $\boldsymbol{M}_h$ 值再增大时,则无论横倾角多大,$\boldsymbol{M}_h$ 曲线下的面积恒大于 $\boldsymbol{M}_R$ 曲线下的面积,船舶不再满足动平衡条件,也就不存在动平衡位置。

显而易见,从动稳性角度分析,船舶在极限动平衡时对应的外力矩为船舶能够承受外力矩

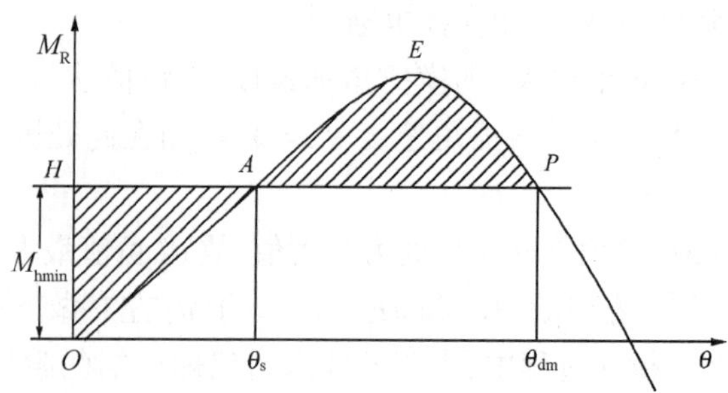

图 8-5-2　最小倾覆力矩求取

的最大能力，或者说，该外力矩是使船舶倾覆所需要的最小值。当实际外力矩大于该值时，船舶因动平衡不复存在而导致倾覆。因此，将船舶在极限动平衡时的外力矩称为最小倾覆力矩（minimum capsizing moment），以 $\boldsymbol{M}_{h\cdot min}$ 表示。它是衡量船舶动稳性的重要参数。船舶在最小倾覆力矩作用下所对应的动倾角称为极限动倾角（maximum angle of dynamical inclination），以 θ_{dm} 表示。

从动稳性要求来考虑，保证船舶不致倾覆的条件应为

$$\boldsymbol{M}_h \leqslant \boldsymbol{M}_{h\cdot min} \tag{8-5-4}$$

第六节　规则对船舶稳性的要求

为了保证船舶营运安全，国际海事组织（IMO）和世界各航运国家就船舶稳性最低要求颁布了相应规则。本节将分别介绍 IMO 和我国《法定规则》规定的船舶完整稳性衡准。

一、IMO 对船舶稳性的要求

IMO《2008 年国际完整稳性规则》规定，船长大于或等于 24 m 的下列类型船舶和海上运输工具应满足规则中相应的完整稳性衡准，包括货船、客船、运输木材甲板货物的货船、甲板上装载集装箱的货船和集装箱船、客船、渔船、特种用途船、近海供应船、移动式近海钻井装置、平底船。

该规则分为 A、B 两部分，其中 A 部分为强制性衡准，B 部分为建议性要求。

1.基本衡准要求

该部分衡准适用于货船和客船，具体要求为：

在核算装载状态下，经自由液面修正后

(1)初稳性高度 GM 应不小于 0.15 m。

(2)复原力臂 GZ 曲线下的面积：

——在横倾角 0°~30°所围面积 $A_{0°\sim30°}$ 应不小于 0.055 m · rad。

——在横倾角 0°~40°或进水角中较小者间所围面积 $A_{0°\sim\min\{30°,\theta_f\}}$ 应不小于 0.090 m · rad。

——在横倾角 30°~40°或进水角中较小者间所围面积 $A_{30°\sim\min\{40°,\theta_f\}}$ 应不小于 0.030 m · rad。

(3)横倾角等于或大于30°处的复原力臂应不小于0.20 m。

(4)最大复原力臂对应的横倾角 θ_{sm} 应不小于25°。

(5)对 $L \geqslant 24$ m 的船舶,尚应满足天气衡准要求。

《2008年国际完整稳性规则》规定了在正常装载状况下船舶抵抗横风和横摇联合作用应具有的能力。

①船舶受到垂直作用在其中心线上的稳定风压的作用下,产生稳定风压倾侧力臂 l_{w1},此时船舶的静倾角为 θ_0;横倾角 θ_0 不应超过16°或甲板边缘浸水角的80%,取小者。

②假定在横浪的作用下,船舶由静倾角 θ_0 向上风舷横摇至 θ_1 处。

③然后船舶受到阵风作用,产生阵风风压倾侧力臂 l_{w2}。

④在此情况下,复原力臂曲线下的面积应满足面积 $b \geqslant$ 面积 a,见图8-6-1。

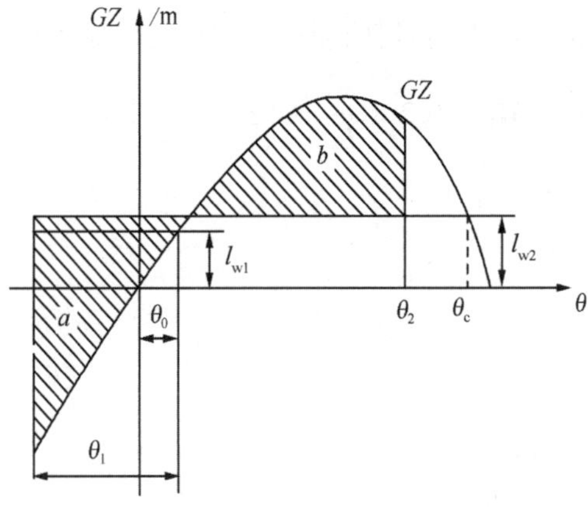

图8-6-1 IMO天气衡准

在进行上述稳性核算时,各项具体规定包括:

①风压倾侧力臂 l_{w1} 和 l_{w2} 不随横倾角 θ 变化。

②风压倾侧力臂 l_{w1} 和 l_{w2} 按下式求取

$$\begin{cases} \boldsymbol{M}_{w1} = p_w \cdot A_w \cdot z_w \\ l_{w1} = \dfrac{\boldsymbol{M}_{w1}}{\Delta} \\ l_{w2} = 1.5 l_{w1} \end{cases} \tag{8-6-1}$$

式中:$\boldsymbol{M}_{w1}$ ——稳定风压倾侧力矩(kN·m)。

p_w ——单位计算风压(Pa),取 $p_w = 504$ Pa;经主管机关批准,对于在受限制区域运营的船舶所用的 p_w 值可酌减。

A_w ——水线以上船体和甲板货的侧投影面积(m^2)。

z_w——A_w 的中心到水线下船体侧面积中心或近似到吃水一半处的垂直距离(m)。

③波浪作用下的初始横摇角 θ_1 按如下方法确定:

$$\theta_1 = 109k \cdot x_1 \cdot x_2 \sqrt{r \cdot s}$$

式中:k ——与船舶舭部形状、龙骨面积有关的系数;

x_1——与型宽与装载吃水有关的系数;

x_2——与方形系数有关的系数;

r——与 d 和重心位置有关的系数;

s——与船舶横摇周期有关的系数。

④计算面积时右边界角 θ_2 的确定:

$$\theta_2 = \min\{\theta_f, \theta_c, 50°\}$$

式中:θ_f——船舶进水角(°);

θ_c——l_{w2} 与 GZ 曲线的第二个交点对应横倾角(°)。

2.某些类型船舶的特殊衡准要求

(1)客船

除满足总体衡准要求外,客船还应满足如下要求:

①所有乘客集中在一舷时所产生的横倾角应不大于 10°;

②受到下式计算的横倾力矩作用时,船舶回转产生的横倾角应不大于 10°。

$$\boldsymbol{M}_h = 0.2 \times \frac{v^2}{L_{wl}} \times \left(KG - \frac{d}{2}\right) \times \Delta$$

式中:$\boldsymbol{M}_h$——倾侧力矩(kN·m);

v——营运航速(m/s);

L_{wl}——水线处船长(m);

Δ——排水量(t);

d——平均吃水(m);

KG——船舶重心高度(m)。

(2)5 000 载重吨及以上的油船

该类型油船的完整稳性衡准应满足 73/78 防污公约附则 Ⅰ 第 27 条的规定。具体见第十八章液体散货运输的相关内容。

(3)载运木材甲板货的货船

载运木材甲板货的货船应符合基本衡准要求,除非主管机关认可使用替代衡准,替代衡准见第十四章特殊杂货运输的相关内容。

(4)散装谷物运输船舶

从事散装谷物运输船舶的完整稳性应满足 1991 年《国际散装谷物安全运输规则》的要求。

3.稳性核算时的注意事项

(1)在确定自由液面对稳性的影响时,应假定对于每一类液体,至少横向有一对舱柜或者中心线上有一个舱柜具有自由液面,并且所考虑的舱柜或者舱柜组应是自由液面影响最大者。

(2)凡舱柜内装载液体小于 98%时,应考虑自由液面的影响。当舱柜名义上满舱,即装载液体为 98%或以上时,则不必考虑自由液面的影响。但是名义上满舱的液货舱应做 98%装载率的自由液面修正,对初稳性高度的修正应基于横倾角 5°时液面惯性矩除以排水量,对复原力臂的修正建议基于液货的实际移动力矩。

(3)在航行中进行压载或排放压载水作业时,应考虑该作业最繁重的时间段计算自由液面影响。

(4)对初稳性高度进行自由液面修正时,自由液面惯性矩按 0°计算;对复原力臂进行修正时，基于每一计算横倾角的实际液体移动力矩进行计算或者在横倾角0°时计算的惯性矩的基础上，对每一计算横倾角处的惯性矩进行修正。

(5)船舶由于任何开口进水会沉没时，稳性曲线在相应的进水角处切断，船舶稳性被认为完全丧失。

二、我国《法定规则》对船舶稳性的基本要求

1.我国《法定规则》对船舶稳性要求的适用范围

我国《法定规则》中有关稳性的要求，适用于悬挂中华人民共和国国旗的各种民用排水型海船，但帆船、机帆船、非营业性游艇以及水翼船、气垫船和滑行艇等动力支承船除外。

为明确在不同航区营运船舶的稳性要求，《法定规则》对国际航行海船和国内航行海船的稳性衡准提出了相应的标准。

其中，国际航行是指由中国港口驶往中国以外另一国的港口或与此相反的航行，包括在中国水域以外从事特殊作业的航行；国内航行是指在中国水域航行。

我国海上水域的航区等级分为远海航区、近海航区、沿海航区和遮蔽航区四级，航区等级依次降低。

(1)远海航区：是指国内航行超出近海航区的海域。

(2)近海航区：是指距我国大陆海岸不超过200 n mile的海域。对于台湾岛和海南岛周边的海域，距岸距离应在200 n mile基础上进行适当缩减。

(3)沿海航区：是指距我国大陆海岸、台湾岛海岸和海南岛海岸不超过20 n mile的海域以及距离具有避风条件且有施救能力的沿海岛屿海岸不超过20 n mile的海域。此外，满足规定的三沙市所辖海域也划分为沿海航区。

(4)遮蔽航区：是指在沿海航区内，由海岸与岛屿、岛屿与岛屿围成的遮蔽条件良好、风浪较小、水流平缓的海域。在该海域内岛屿之间、岛屿与海岸之间的最大距离应不超过10 n mile，且水深、航道条件均适合预定船舶的停泊和航行。

2.稳性基本要求

(1)国际航行船舶

应满足IMO《2008年国际完整稳性规则》规定的稳性衡准。

(2)国内航行船舶

①基本稳性衡准

经自由液面修正后，船舶稳性在所核算的装载状况下必须同时满足：

a.初稳性高度GM不小于0.15 m。

b.在横倾角等于或大于30°时的复原力臂$GZ_{30°}$应不小于0.20 m；若进水角小于30°时，则进水角处的复原力臂值应不小于该值。

c.最大复原力臂对应横倾角θ_{sm}应不小于25°；且进水角θ_f应不小于最大复原力臂对应横倾角θ_{sm}。

d.稳性衡准数K不小于1。

当船舶宽深比$B/D>2$时，则对θ_{sm}的要求可适当减小，其减小值$\delta\theta$为

$$\delta\theta = 20\left(\frac{B}{D} - 2\right)(K - 1)$$

式中:D——船舶型深(m);

B——船舶型宽(m),但 $B/D>2.5$ 时,取 $B/D=2.5$;

K——稳性衡准数,但当 $K>1.5$ 时,取 $K=1.5$。

②稳性衡准数 K 的求取

稳性衡准数 K 是指船舶最小倾覆力矩(臂)与风压倾侧力矩(臂)之比,即

$$K = \frac{\boldsymbol{M}_{h\cdot min}}{\boldsymbol{M}_w} = \frac{l_{h\cdot min}}{l_w} \quad (8\text{-}6\text{-}2)$$

式中:$l_{h\cdot min}$——最小倾覆力臂(minimum capsizing lever)(m):

$$l_{h\cdot min} = \frac{\boldsymbol{M}_{h\cdot min}}{9.81\Delta} \quad (8\text{-}6\text{-}3)$$

l_w——风压倾侧力臂(wind upsetting lever)(m),船舶资料中具有风压倾侧力臂曲线(见图 8-6-2)时可根据排水量直接查取,或下式计算:

$$l_w = \frac{\boldsymbol{M}_w}{9.81\Delta} \quad (8\text{-}6\text{-}4)$$

$\boldsymbol{M}_w$——风压倾侧力矩(wind upsetting moment)(kN·m)。

根据《法定规则》的规定,风压倾侧力矩 $\boldsymbol{M}_w$ 应按下式求得

$$\boldsymbol{M}_w = p_w \cdot A_w \cdot z_w \quad (8\text{-}6\text{-}5)$$

其中:

A_w——船舶正浮时水线以上船体及甲板货侧投影面积(m^2),它与船舶装载吃水及甲板货装载情况有关;

z_w——计算风力作用力臂,即 A_w 面积中心至水线的垂直距离(m);

p_w——单位计算风压(kPa),按船舶限定航区和 z_w 由《法定规则》提供的 p_w 曲线查取。

对于一般货船,在不考虑甲板货装载的条件下,$\boldsymbol{M}_w$ 或 l_w 仅与船舶吃水(或排水量)有关,因此,许多船舶资料中提供了随船舶排水量变化的风压倾侧力臂曲线或风压倾侧力臂数值表,以方便计算稳性衡准数 K。

船舶在装载状况确定后,可相应绘出动稳性曲线图,在计算初始横摇角 θ_1 和进水角 θ_f 的影响后,可求出在该装载状况下的最小倾覆力矩或力臂,最终求得稳性衡准数 K。由稳性衡准数 K 的定义可知,《法定规则》规定的 $K \geqslant 1$ 意味着 $\boldsymbol{M}_{h\cdot min} \geqslant \boldsymbol{M}_w$,而 $\boldsymbol{M}_{h\cdot min}$ 为船舶可承受动态外力矩的最大能力,因此,稳性衡准数 K 是衡量船舶动稳性的重要参数。

③规则使用及稳性核算时的注意事项

a.除上述基本稳性衡准要求外,《法定规则》还对客船、木材船、液货船、集装箱船、拖船、高速船等船舶提出了特殊稳性衡准要求。具体要求见其他相关章节。

b.船舶除对出港时稳性进行校核外,尚应对到港时的稳性予以核算,以确保在整个航次中稳性满足要求。船舶到港前如不加压载稳性不合要求时,应对航行中途的稳性加以核算。

c.船舶稳性不合格必须采用永久性压载时,须征得船舶所有人和船级社的同意,并采取有效措施,以保证压载可靠性。

d.对稳性衡准中各项指标的核算时,都应计及自由液面修正,对消耗液体舱和航行途中加

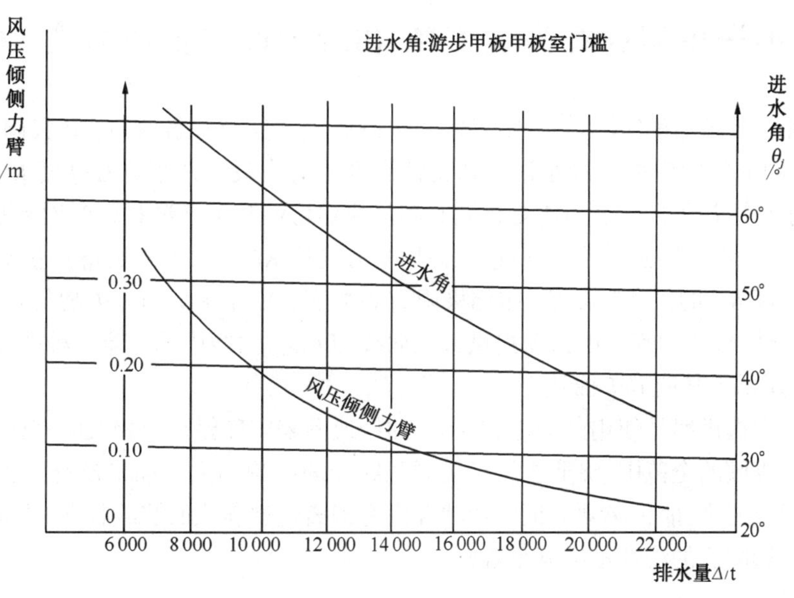

图 8-6-2 风压倾侧力臂曲线

压载水的压载舱,应假定每一类液体至少有一对边舱或一个中心线上的液体舱存在自由液面,且所取的舱或舱组的自由液面应为最大者。

e.满载液货舱应按装载至 98%舱容高度计算 0°横倾自由液面的影响。

f.装满 98%以上舱容的液体舱及存有通常剩余液体的空舱,可不计自由液面的影响。

g.计算时应精确计入满载舱、部分装载舱及舱内有剩余液体的各液舱内实际液位高度,对初稳性高度的修正应计算船舶正浮时的自由液面惯性矩,对船舶大倾角稳性的修正应计算船舶不同横倾角状态时的移动力矩对复原力臂的影响。

h.无限航区船舶在使用冬季载重线或北大西洋冬季载重线的区域内航行,以及国内沿海船舶在冬季航行于青岛(36°04′N)以北时,应计及结冰对稳性的影响。按规则要求,对船体甲板或步桥水平投影面积、水线以上两舷侧投影面积及前面正投影面积上结冰重量予以计算,将其视为重量增加。

i.尽量避免船舶的初始横倾。在核算船舶稳性时,总是假设船舶初始处于正浮状态,而未考虑在装载后或航行中可能出现的横倾,此初始横倾可认为是船舶载荷横移所致,因此,它使船舶稳性力矩 $\boldsymbol{M}_R$ 减小 $\Delta GG_1\cos\theta$,即船舶复原力臂 GZ 减小 $GG_1\cos\theta$ 值。船舶在正浮条件下满足稳性要求,而在某一初始横倾状态下船舶稳性则不一定满足要求,对此应引起足够重视,并尽量避免船舶具有初始横倾角。

j.考虑到船舶在营运过程中外部条件的复杂性和变化性以及船舶自身状态的改变等诸多因素的影响,如船舶随浪航行、大风浪突袭、舱内货物移动、货舱进水等,船舶稳性按规则核算后虽已符合各项要求,但船长仍应注意船舶装载和气象、海况等情况,谨慎驾驶和操作。在船舶遭遇到特殊情况或紧急情况而采取应变措施时,应注意船舶的稳性,防止发生倾覆的危险。

三、最小许用初稳性高度 GM_c 和最大许用重心高度 KG_{max}

为便于船员校核船舶实际营运中的稳性，《2008 国际完整稳性规则》和我国《法定规则》中规定，在船舶资料中应提供最小许用初稳性高度 GM_c 或最大许用重心高度 KG_{max} 曲线或图表。船舶最小许用初稳性高度 GM_c 是指同时满足船舶稳性基本衡准指标时对初稳性高度 GM 的最低限制值，亦称临界初稳性高度；最大许用重心高度 KG_{max} 则为满足稳性基本衡准指标时对船舶重心高度 KG 的最高限制值，亦称极限重心高度。由于 KG_c 和 GM_c 随排水量（或吃水）而改变的相关性，故船舶资料中只需提供 GM_c 曲线和 KG_{max} 曲线中的任意一种即可满足使用需要。图 8-6-3 所示为某船 GM_c 曲线。

船舶资料中提供船员使用的 GM_c 和 KG_{max} 曲线或图表应确保符合相关的完整稳性衡准，且应延伸到营运纵倾的全范围，除非主管机关同意纵倾的影响不大。如果没有覆盖全部营运纵倾状态的曲线或图表，船长必须验证营运状况没有偏离经过确认的装载状态，或者通过计算验证了考虑纵倾影响后的稳性衡准满足规则要求。

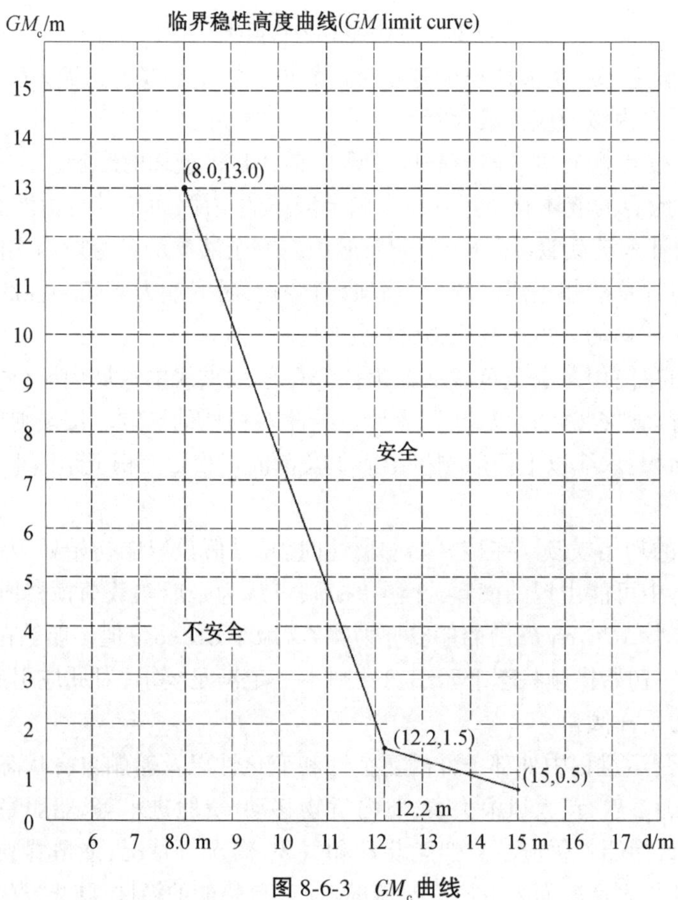

图 8-6-3 GM_c 曲线

显然，GM_c 或 KG_{max} 是满足稳性衡准的综合指标，若船舶装载后初稳性高度 GM 或重心高度 KG 满足

$$GM \geqslant GM_c \tag{8-6-6}$$

或 $$KG \leqslant KG_c \tag{8-6-7}$$

则说明该装载状况满足规则对船舶完整稳性的基本衡准要求。但需要注意的是，根据SOLAS 2009的规定，船舶资料中的GM_C曲线应同时满足破损稳性的要求。因此利用某一吃水（排水量）查得的GM_C数值是两种衡准条件下最低限制值的大者。

第七节 船舶稳性检验与调整

稳性过小或过大都对船舶安全产生不利影响，因此在营运中，船舶应具有适度稳性，需采取必要措施保证船舶稳性满足其安全要求。

一、稳性过小或过大对船舶安全的影响

1.稳性过小

船舶稳性过小，首先，不能保证船舶具有抵御风浪的能力，导致船舶翻沉；其次，影响船舶正常操纵。船舶在用舵转向或避让来船时，产生转舵力矩使船横倾，当稳性过小时，出现较大横倾角。另外，稳性过小，船舶横摇周期增大，维持在倾斜状态的时间增长，对主、辅机工况造成不利影响。

2.稳性过大

稳性过大，船舶摇摆剧烈，船员工作生活不适，船用仪器使用不便，船舶结构受力过大，更严重的是，货物因剧烈摇摆容易移动或翻倒，从而使船舶出现较大初始横倾，船舶稳性降低，甲板容易上浪，船舶操纵困难，具有倾覆的危险性。

二、船舶稳性的适用范围

过大稳性或过小稳性都是船舶正常营运所不允许的，因而应给出船舶稳性的适用范围。船舶装载后的稳性在该范围内除遭遇特别恶劣天气和海况外，应能满足船舶安全要求。稳性适用范围与船舶大小、类型、装载状况，航行海区和日期等因素有关，难以给出一个确切的稳性范围。综合稳性规则、船舶统计资料及船员海上经验，可给出大致的稳性适用范围，供参考。

从稳性规则对船舶稳性的要求考虑，船舶最小初稳性高度应为$GM=GM_c$；从船舶摇荡性考虑，横摇周期不宜过小，以免船舶剧烈摇摆，一般认为船舶自由横摇周期不小于9 s，而对于一般货船横摇周期在15～16 s是比较合适的，则船舶未经自由液面修正的最大初稳性高度应为$GM_{max}=GM_{T_\theta=9\,s}$，船舶稳性的适用范围应为$[GM_c, GM_{T_\theta=9\,s}]$，而横摇周期为15 s左右对应的$GM$值则为适宜值。

当船舶缺少有关资料无法给出稳性适用范围时，可参照表8-7-1所列出的各类船舶稳性统计数据。对万吨级船舶满载时GM取船舶型宽B的4%～5%较适宜。

表 8-7-1　营运船舶稳性统计表

船型	GT	状态	GM/B	船型	GT	状态	GM/B
客船及客货船	3 000~5 000	空船	0.084~0.111	矿油兼用船	40 000~100 000	空船	0.228~0.285
		满载	0.052~0.064			满载	0.090~0.149
货船	5 000~10 000	空船	0.088~0.167	集装箱船	3 000~10 000	空船	0.093~0.155
		满载	0.057~0.092			满载	0.023~0.045
	10 000~20 000	空船	0.101~0.181		20 000~40 000	空船	0.094~0.150
		满载	0.077~0.092			满载	0.007~0.029
油船	10 000~140 000	空船	0.321~0.325	木材船	5 000~10 000	空船	0171~0.224
		满载	0.161~0.167			满载	0.076~0.078
散货船	5 000~70 000	空船	0.141~0.194	车辆渡船	8 000~10 000	空船	0.056~0.058
		满载	0.069~0.110			满载	0.049~0.062

三、船舶稳性的检验及判断

在船舶稳性校核中，由于受各种固有误差和计算误差的影响，校核结果与稳性实际状况往往难以完全吻合，这些误差包括船舶资料自身误差和查取误差、货物积载因数误差、货物装载位置误差、货物重心位置确定误差、液舱内液体测量误差、液体因温度变化引起的重心变化、船舶常数的不确定性、驾驶人员的核算技术等。因此，驾驶人员应利用某些时机，采取一定方法，进行实船的稳性检验及判断，以便能及时发现问题，正确评价本船稳性状态。采取必要措施，确保船舶安全营运。

1.测定船舶横摇周期检验稳性

船舶横摇周期是指船舶横摇一个全摆程所需的时间（s）。船舶自正浮起横摇至一舷的最大倾角称为一个摆幅，4 个摆幅称为一个全摆程。

船舶在波浪中航行，其摆幅可能有所改变，但摇摆周期基本稳定而可认为与摆幅无关。船舶在静水中无阻尼横摇周期（自由横摇周期，简称自摇周期）T_θ 与船舶初稳性高度 GM 在数值上存在一定关系，因而通过测定船舶自摇周期可检验船舶稳性大小。在波浪中测定的自摇周期因舷外水的阻尼力矩、波浪的干扰力矩、液舱内未满舱的液体移动力矩等因素的影响而与船舶自摇周期有所差异，难以区别自由横摇区，从而影响自摇周期测定的可靠性，但自由摇摆的特征是每一全摆程周期相同，只要留心观察即可分辨出来。

《法定规则》中提供的船舶自摇周期 T_θ 与 GM_0 的关系式为

$$T_\theta = 0.58f\sqrt{\frac{B^2 + 4KG^2}{GM_0}} \tag{8-7-1}$$

式中：f——按 B/d 由表 8-7-2 查得的系数；

B——船舶型宽（m）；

d——船舶装载吃水（m）；

GM_0——船舶装载状况下未经自由液面修正的初稳性高度（m）。

表 8-7-2　f 值查算表

B/d	≤2.5	3.0	3.5	4.0	4.5	5.0	5.5	6.0	6.5	>7.0
f	1.00	1.03	1.07	1.10	1.14	1.17	1.21	1.24	1.27	1.30

IMO《2008 国际完整稳性规则》给出的 T_θ 与 GM_0 关系式为

$$T_\theta = \frac{2CB}{\sqrt{GM}} \tag{8-7-2}$$

式中：C——横摇周期系数，按下式计算

$$C=0.372\,5+0.022\,7(B/d)-0.004\,3(L/10)$$

如船中部舷侧为倾斜式或外漂式，则

$$C=0.308\,5+0.022\,7(B/d)-0.004\,3(L/10)$$

GM——船舶装载状况下经自由液面修正的初稳性高度(m)。

对于船长不足 70 m 的船舶，IMO 建议使用如下简便公式：

$$GM_0 = (f'B/T_\theta)^2 \tag{8-7-3}$$

式中：f'——横摇周期系数，其值与船舶大小、形状、装载情况、液体数量等因素有关，空船或压载时 f' 取 0.88；满载，液体占总载重的 20%、10%和 5% 时，其 f' 分别取0.78、0.75和0.73。

在测定船舶横摇周期求取 GM 时，应注意以下几点：

(1)在实测 T_θ 时，应多测几次横摇周期，测量次数 $n \geqslant 5$，以减小测量误差；若测量 n 次共用时间为 t，则 $T_\theta = t/n$，并重复测量 2~3 次，以校正每次测量的误差。

(2)海上实测时，应选择海浪较小的时机，以减小波浪周期的干扰。

(3)应注意抛弃那些偏离其他大多数测定值较远的读数。

(4)由于各种因素的影响，利用 T_θ 求得的 GM_0 只能是估算和检验船舶稳性的近似手段。

(5)有的船舶资料中提供了 GM_0 与 T_θ 关系曲线或数值表，使用时根据船舶装载吃水或排水量以及所测横摇周期查取初稳性高度(如图 8-7-1 所示)。

2.船上载荷横移或横向不对称增减检验稳性

船舶通过调拨左右舷压载水、吊杆同时起吊货物、在一舷压载舱注排压载水、消耗一舷油水等方法迫使船舶产生一横倾角，用以检验船舶在港或航行中的稳性。

船上载荷横移后产生横倾力矩，从而引起船舶横倾，横倾角可由倾斜仪读出。于是可得

$$GM = \frac{py}{\Delta \tan\theta} \tag{8-7-4}$$

式中：p——载荷横移重量(t)；

y——载荷横移距离(m)；

θ——自倾斜仪读取的横倾读数(°)。

船上横向不对称载荷增减后，由于载荷增减量较小，可认为载荷增减后初稳心位置不变。设载荷增量为 p，先将其置于船舶中纵剖面上的 KP 处，所引起的初稳性高度变化亦可忽略不计，然后由中纵剖面横移至实际位置处，则船舶产生横倾角 θ，于是有：

$$GM = \frac{py_{\mathrm{P}}}{(\Delta + p)\tan\theta} \tag{8-7-5}$$

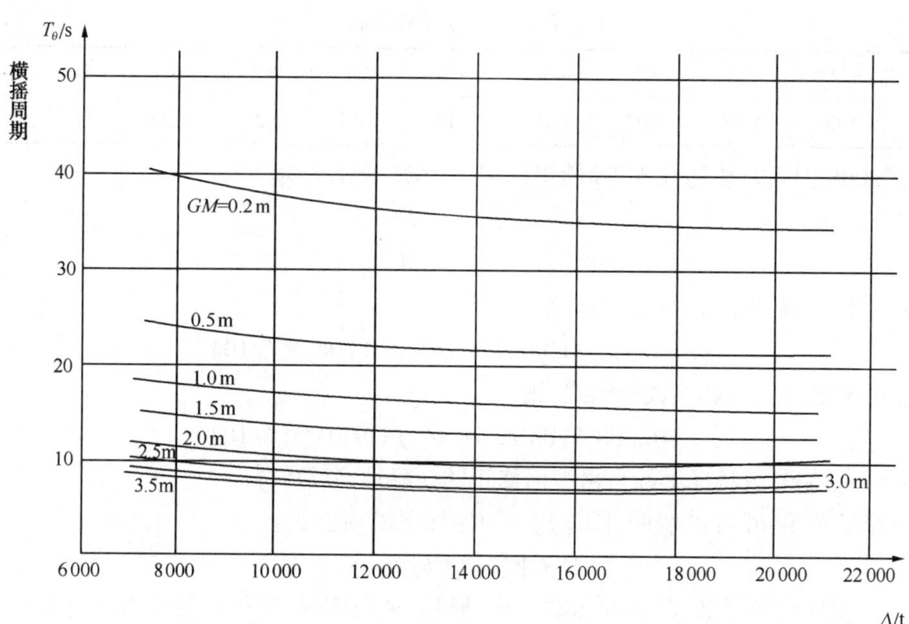

图 8-7-1　GM_0 - T_θ 曲线

式中：y_P ——载荷 p 的横坐标，即 p 的重心至中纵剖面距离(m)。

3.观察船舶征状

船舶当稳性过小时，由于稳性力矩小而使得抵抗横倾力矩的能力减弱，即使船舶在较小横倾力矩作用下，也会出现较大横倾角，具体表现在：

(1)船舶在较小风浪中航行时，横摇摆幅较大，摇摆周期较长；

(2)油水使用左右不均时，船舶很快偏向一舷；

(3)用舵转向或拖船拖顶时，船舶明显倾斜且复原较慢；

(4)甲板上浪、舱内货物少量移动、货舱少量进水时船舶出现较大横倾角；

(5)货物装卸时因吊杆起落摆动或舱内货物左右不均而横倾异常或缆绳受力过大。

船舶稳性过大时主要表现在航行中稍有风浪即摇摆剧烈，横摇周期较小。

四、船舶稳性调整

为保证船舶安全，在整个航次中船舶应具有适度的稳性。当稳性不符合要求时，需做必要调整。就整体来讲，稳性调整的方法可概括为：船内载荷的垂向移动及载荷横向对称增减调整船舶初稳性高度。

1.载荷垂移法调整 GM

载荷垂向移动调整船舶稳性的手段适用于配载计划编制阶段。载荷垂移前、后船舶排水量不变，故初稳心距基线高度 KM 不变，因此，载荷垂移所引起的船舶重心高度改变量在数值上就等于初稳性高度改变量。船舶在编制配载计划时，经校核后若稳性过大，可将载荷上移；反之将载荷下移。

利用载荷垂移调整船舶稳性虽为编制配载图经常使用的方法，但在具体应用时也应注意

诸因素的限制,以防顾此失彼。例如,货物垂向移动后应满足卸货港序的要求;因所载货物的重量、包装、体积或尺寸等影响,配载后无法垂移;货物是否适合于移至新舱位,是否与周边其他货物相容;货物移至新舱位其装载要求能否满足、甲板强度是否超出等。这些因素都需在货物调整前予以充分考虑。

2.载荷增减调整 *GM*

船舶配载时、装载后或航行中在某些情况下可利用载荷增减方法调整稳性。载荷增减调整 *GM* 包括未满载时加压载水、吃水较大或满载时排压载水、加装货物及抛货,一般此种调整方法应属于少量载荷增减,因此可应用相应计算方法予以计算。

五、船舶初始横倾调整

当船舶重心偏离中纵剖面时,则会出现初始横倾角,它将使船舶稳性力矩减小,从而降低船舶稳性,对船舶安全营运是十分不利的。因此,船舶在航行中应保持无初始横倾角,按船舶安全航行的技术要求,船舶初始漂浮状态的左(右)横倾角一般应不超过 1°。当超过该值时,应予以调整。

1.船舶初始横倾形成的原因

(1)配载时各舱货物左右重量不对称

配载图编制时,向舱内配置的货物在中纵剖面两边的重量不对称,使船舶重心偏离中纵剖面。尤其是在件杂货种类较多或集装箱重量分布较复杂的情况下,更容易出现船舶重心偏离的现象。

(2)货物装卸时左右重量不均衡

货物在装卸过程中难免产生左右重量不均衡的情况,在排水量较小时船舶将出现较大横倾,对此应给予充分重视。因此,要求值班人员及时与装卸工人联系,尽量做到均衡作业。

(3)液舱柜内液体左右不均衡

液体散货的装载、航行中油水的使用、压载水的注入和排放等如处理不当,均会引起船舶横倾。为此,要求船舶在液体舱位重量安排、油水使用上尽量使其保持重量横向均衡。

(4)舱内货物横移

船舶在航行中由于风浪较大引起货物横移,从而使船舶重心向移货方向偏移,出现一定横倾角。为避免货物移动,在积载时应加强装货监督和检查,使舱内或甲板货物堆装紧凑平整,减小空当,并做好系固。根据风浪情况,提前下舱检查并采取适当措施,减小船舶摇摆,必要时绕航或就近避风。

(5)使用船上重吊装卸重大件货物

使用船上重吊进行重大货件装卸作业时,船舶将产生横倾角。为避免横倾过大,通常均使用船舶两侧的平衡水舱来对船舶横倾予以控制。

2.船舶初始横倾的调整

船舶出现初始横倾后应予以调整,调整方法有以下两种。

(1)载荷横移

用载荷横移方法调整船舶横倾适用于配载图编制时货物横移或装卸后压载水、淡水的调拨。

(2)载荷增减

用载荷横向不均衡增减方法调整船舶横倾包括：某一舷注入(排出)压载水、在某些情况下一舷加载部分货物、海上一侧抛弃货物、油水横向不对称装载或使用等，但最常用的方法仍是通过注排压载水将初始横倾予以消除或减小。

六、保证船舶适度稳性的措施

为使船舶在整个营运中具有安全而适度的稳性，驾驶人员应采取必要及必需的若干措施，以确保船舶营运安全，这些措施归纳起来主要包括以下内容。

1.了解船舶状况及航线情况

驾驶人员应对所在船舶的技术状况做认真的分析和研究，从中了解船舶装载或压载的能力、重量分布及相应的稳性状态；熟悉本航线所经海区的自然条件、可能出现的气象现象等，从而确定既安全又适当的稳性大小。

2.合理配载

在编制配载计划时，根据所确定的适度稳性大小分配各舱配货比例，合理搭配各类货物，制定切实可行的系固方案，以适应船舶稳性需要。为便于在船舶稳性校核前就能有效地控制船舶重心高度，减少或避免船舶装载方案确定后出现稳性校核不适当的情况，驾驶人员应当注意不断总结特定船舶在不同排水量条件下，各层舱间的合理分配货物重量比例。根据经验，对于万吨级船舶满载时，底舱和二层舱装载量所占全部载货量的比例约为65%：35%；对于具有3层甲板的船舶，底舱、下二层舱、上二层舱的配货比例大体为55%：25%：20%。

3.合理调整船舶稳性

当船舶装载状况的稳性不满足要求或需将实际装载后的稳性调至适度值，应予以合理调整。在采取加(排)压载水方法时，应注意自由液面对稳性的影响，且加(排)压载水后因排水量的变化导致许用重心高度或最小许用初稳性高度改变。加装甲板货时因受风面积增大，引起风压倾侧力矩增大致使稳性衡准数减小。

4.货物紧密堆垛，防止大风浪航行中移位

在货物装载过程中，应加强值班监装，确保舱内货物堆垛紧凑，以防止船舶在大风浪中航行因大幅度摇摆而造成货物移位，严重影响船舶稳性。

5.合理平舱

对于杂货而言，各舱装载后应保持货物表面基本平整，不允许出现不同舱位处的货物表面凹凸不平，尤其是因舱口前后两端因堆垛困难而将其舱位弃之不用；对于固体散货，根据装货数量和货舱形状确定是否采取分段平舱，无论如何，散货装载完毕时应保证货物表面平整，对于满载舱应尽量将货物充满整个货舱空间，以减少或防止货物移动，必要时采取止移措施。

6.尽量减少自由液面影响

船舶在稳性较小的情况下，应尽量减小液体自由液面对稳性的不利影响，具体措施见本章第三节。

7.消除船舶初始横倾

船舶的初始横倾使复原力矩降低,从而对船舶的大倾角稳性、动稳性都产生不利影响。因此,船舶在整个航次中,即无论在装卸及航行中,都应避免出现初始横倾角。如由于不可避免的原因而存在初始横倾,应及时予以调整。

8.航行中做好货物检查和加固

船舶在航行中应经常下舱检查货物情况,一旦发现问题及时采取措施,尤其是在大风浪到来之前,应对可能产生移动的货物予以加固,检查货舱的水密情况及甲板货堆装情况。

9.改变船舶与波浪的相对位置

就船舶安全性而言,通常应考虑船舶在横风和横浪作用下造成船舶在海上大幅度横摇甚至发生倾覆的危险状态,以及船舶随浪中航行且波峰居中引起稳性损失。

当船舶在风浪中航行,最不利的状态是在横浪的作用下船舶由初始状态向上风舷横摇,当刚开始回摇时船舶在正横方向受到一突风作用,船舶稳性力矩与突风力矩的作用方向相同,将加剧船舶横倾。

当船舶随浪航行,如果波长近似等于船长且航速较慢时,波浪将自船尾至船首通过船舶,而对速度较快的船,将静止在某一波浪上一段时间。尤其是波速接近船速时,船舶与波浪的相对位置将保持不变。若波峰居于船中,船舶的稳性将小于静水中稳性;若波谷居于船中,船舶的稳性将大于静水中稳性。

此外船舶迎浪或随浪航行时,当船舶横摇固有周期与波浪周期之间存在一定的关系时,即使海况不是非常恶劣,船舶也有可能在很短时间内发生较大幅度的横摇,即伴随着显著的纵摇运动,船舶将在短时间内产生很大的横摇角,这一现象称为参激横摇。

要发生参激横摇,必须满足一定的参数条件,比如波长要近似等于船长,波高要达到某一临界值,横摇阻尼要足够小,以及航速和航向条件等。参激横摇与普通横摇都属于船舶稳性的范畴,但两者的本质区别在于,参激横摇并非来自外界环境的直接影响,而是由于船舶在波浪中自身稳性的周期性变化而引起。

上述危险状态涉及船舶与波浪的相对位置,因此在航行中可通过改向或变速的措施来改变船舶与波浪的相对状态,以脱离相应的危险境遇,改变船舶的外部环境。

10.船长的责任

IMO 稳性规则特别指出,鉴于船舶型式和大小以及航行环境的复杂性,防止船舶发生稳性事故的安全问题仍未完全解决。因此,尽管船舶稳性符合规则要求,但并不能保证由于忽略周围环境而不致倾覆或解除船长责任。

船长应当清楚,稳性满足了有关规则的规定只是满足了最低的要求。为了顾及船舶其他航行性能和经济性能,不可能孤立地要求船舶在任何风浪及操纵情况下不致倾覆。在稳性基本衡准中虽已考虑了横风横浪的联合作用,但船舶实际航行环境可能出现远比规则规定的横风和横浪联合作用更恶劣的状况。因此,船舶在航行中船长应注意其装载、气象和海况等情况,运用良好船艺谨慎驾驶。

七、船舶纵倾对稳性的影响

当船舶有纵倾时，其水线面面积与正浮时的水线面面积不同，因而计算所得的稳心半径 $BM(r)$ 和横稳心距基线高度 KM 也发生了变化；同时由于排水体积的形状也发生了变化，所以形状稳性力臂 KN 也与纵向正浮时不同。当船舶存在微小纵倾时，可根据船舶的排水量或平均吃水查船舶正浮时的 KM、KN 等参数进行稳性计算。

但是，当船舶存在较大纵倾时，上述计算存在一定的误差，因此应根据船舶纵倾时的静水力参数表和稳性横交曲线查取船舶 KM 和 KN。

船舶纵倾对稳性的影响可从表 8-7-3 至表 8-7-6 所示的 KM 和 KN 数据清楚地看出来。

表 8-7-3　静水力参数表（t= 0 m）

d_m/m	Δ/t	Δ_m/m^3	x_f/m	x_b/m	KB/m	KM/m	MTC/(t·m/cm)	TPC/(t/cm)
……	……	……	……	……	……	……	……	……
5.00	17 676	17 194	3.969	5.316	2.585	14.658	376.13	37.94
5.10	18 056	17 563	3.864	5.288	2.637	14.497	378.03	38.01
5.20	18 436	17 933	3.753	5.258	2.689	14.339	380.00	38.08
5.30	18 818	18 304	3.636	5.227	2.741	14.183	382.01	38.15
5.40	19 199	18 675	3.514	5.194	2.793	14.032	384.07	38.23
5.50	19 582	19 047	3.387	5.159	2.845	13.886	386.16	38.30
……	……	……	……	……	……	……	……	……

表 8-7-4　静水力参数表（t=−2 m）

d_m/m	Δ/t	Δ_m/m^3	x_f/m	x_b/m	KB/m	KM/m	MTC/(t·m/cm)	TPC/(t/cm)
……	……	……	……	……	……	……	……	……
5.00	17 512	17 033	2.772	0.960	2.591	14.948	390.30	38.42
5.10	17 896	17 407	2.660	0.994	2.643	14.785	393.02	38.52
5.20	18 282	17 783	2.545	1.026	2.695	14.624	395.76	38.61
5.30	18 669	18 159	2.427	1.056	2.747	14.466	398.54	38.71
5.40	19 056	18 536	2.305	1.083	2.800	14.312	401.36	38.81
5.50	19 445	18 914	2.176	1.107	2.852	14.163	404.23	38.91
……	……	……	……	……	……	……	……	……

注：表中 d_m 为船中平均吃水。

表 8-7-5 *KN* 参数表($t=0$ m)

Δ/t	10°	20°	30°	40°	50°	60°
……	……	……	……	……	……	……
17 000	2.636	5.320	7.472	8.979	9.912	10.421
17 500	2.590	5.245	7.429	8.958	9.903	10.429
18 000	2.548	5.173	7.386	8.937	9.894	10.435
18 500	2.509	5.105	7.344	8.916	9.885	10.437
19 000	2.475	5.041	7.302	8.895	9.876	10.436
19 500	2.446	4.979	7.262	8.874	9.867	10.430
20 000	2.418	4.920	7.222	8.849	9.858	10.423
……	……	……	……	……	……	……

表 8-7-6 *KN* 参数表($t=-2$ m)

Δ/t	10°	20°	30°	40°	50°	60°
……	……	……	……	……	……	……
17 000	2.677	5.392	7.546	9.040	9.942	10.440
17 500	2.632	5.318	7.506	9.018	9.933	10.447
18 000	2.589	5.248	7.465	8.996	9.923	10.452
18 500	2.551	5.181	7.425	8.972	9.914	10.453
19 000	2.516	5.118	7.386	8.948	9.904	10.451
19 500	2.486	5.057	7.347	8.922	9.894	10.445
20 000	2.458	4.999	7.308	8.894	9.885	10.437
……	……	……	……	……	……	……

第九章
船舶吃水差

船舶吃水差(trim)是指首吃水与尾吃水的差值,用符号 t 表示。当船舶首吃水大于尾吃水时,t 为正值,称为首吃水差(trim by head),相应纵向浮态称作首倾,俗称拱头;当船舶首吃水小于尾吃水时,t 为负值,称为尾吃水差(trim by stern),称作尾倾,俗称尾沉;当船舶首吃水和尾吃水相同时,t 为零,称作平吃水(even keel)。应当注意的是,世界上某些航运国家(如日本)将尾吃水与首吃水的差值定义为吃水差,这与我国定义的吃水差符号恰好相反。为保证船舶的航行性能,要求船舶具有适宜的吃水差和吃水。

第一节　营运船舶对吃水差及吃水的要求

一、船舶吃水差及吃水对航海性能的影响

船舶吃水差及吃水对操纵性、快速性、耐波性都会产生一定的影响。尾倾过大,船舶操纵性变差,航速降低,船首部底板易受波浪拍击而损坏,特别是船舶处于空载时船首瞭望盲区增大;首倾且轻载时使螺旋桨和舵叶的入水深度减小,影响船舶的推进效率和舵效,首部甲板容易上浪,而且当船舶在风浪中纵摇和垂荡时,螺旋桨和舵叶易露出水面,造成飞车。

船舶空载航行时,因吃水小,影响螺旋桨和舵叶的入水深度,使船舶操纵性、快速性和耐波性变差。另外,因受风面积的增大,也会影响船舶稳性。

船舶在航行中保持足够的吃水和适度尾倾,使螺旋桨和舵叶及船首底部在水面下具有足够深度,它可以使船体水下部分流体线型良好,螺旋桨沉深增大,有利于提高推进效率,同时也改善了舵效,减少甲板上浪及波浪对船首底部结构的拍击,并增大了船舶抗风浪的能力。

二、营运船舶对吃水差的要求

由上所述,船舶在航行中为保证其航海性能,应使船舶适度尾倾。船舶开航前,尾吃水差适宜值与船舶大小、装载状况、航速等因素有关。实践经验表明,万吨级货船适度吃水差满载时为-0.5~-0.3 m;半载时为-0.8~-0.6 m;轻载时为-1.9~-0.9 m。各船具体情况不同,驾驶人员应根据本船实际状况确定适当尾吃水差值。对于船速较高的船舶,出港前静态时允许稍有首倾,转入正常航行后由于舷外水的压强相对降低使船处于一定尾倾。大吨位船舶满载进出港或浅水区因水深限制,则要求船舶平吃水,以免搁浅,且有利于多装货物。对有些港口,在计收某些港口使费时与船舶最大吃水有关,因此,出入此类港口的船舶,应尽量保持平吃水。另外,实验表明,船舶不同装载状况下若航速一定,存在一纵倾状态使船舶航行阻力最小,因而所耗主机功率也最小,从而节省了燃料,且在相同主机功率消耗下航速最快,该纵倾状态称为最佳纵倾。某些船舶资料中提供了最佳纵倾图谱,使用时可根据船舶装载排水量和航速查取。

三、空载航行船舶对吃水及吃水差的要求

船舶在空载时,因为船舶吃水过小及不适当的吃水差会给船舶安全航行带来不利影响,所以应通过加压载水的方法使船舶的纵向浮态满足一定要求。

船舶空船压载后的吃水,至少应达到夏季满载吃水的50%,冬季航行时因风浪较大,应使其达到夏季满载吃水的55%以上。为了保证营运船舶的安全,IMO提出了压载航行最小吃水的要求。我国相关部门也对远洋船舶的纵向浮态提出了如下建议:

对船长 $L_{BP} \leqslant 150$ m 的船舶

$$\begin{cases} d_{\mathrm{Fmin}} \geqslant 0.025L_{BP} \\ d_{\mathrm{Mmin}} \geqslant 0.02L_{BP} + 2 \end{cases} \tag{9-1-1}$$

对船长 $L_{BP} > 150$ m 的船舶

$$\begin{cases} d_{\mathrm{Fmin}} \geqslant 0.012L_{BP} + 2 \\ d_{\mathrm{Mmin}} \geqslant 0.02L_{BP} + 2 \end{cases} \tag{9-1-2}$$

应该指出,不同种类及吨位的船舶,由于其压载舱容积不同,压载舱注满压载水后能否满足上述要求,船长应从船舶资料中获取答案,做到心中有数。一般来说,对于专用船舶,如液体散货船、固体散货船、集装箱船等,其压载能力均可满足最小吃水要求。

对于尾吃水,应使螺旋桨具有足够的入水深度。船舶营运实践表明,当螺旋桨沉深 h(螺旋桨轴中心线至水面的垂距)与螺旋桨盘面直径 D 的比值,即螺旋桨沉深比 $\frac{h}{D} < 0.50$ 时,将显著影响螺旋桨的推力和转矩;当 $\frac{h}{D} > 0.625 \sim 0.750$ 时,可改善其快速性。在恶劣气象条件下,会引起船舶大幅度地纵摇,因此要求保持螺旋桨具有较大的沉深。

同时,船舶吃水差与船长之比 $|t|/L_{BP}$ 应小于2.5%,即纵倾角小于1.5°。

第二节 船舶吃水差及首、尾吃水的计算

在配载计划编制后，应根据载荷重量的纵向分布情况，对船舶吃水差及首、尾吃水予以计算。

一、吃水差产生的原因

如图 9-2-1(a)所示，若装载后船舶重心纵向坐标与船舶浮心纵向坐标相等，即 $x_{g0}=x_{b0}$，则船舶首、尾吃水相等，吃水差为零，即船舶处于平吃水状态。

如图 9-2-1(b)所示，若装载后重心纵向位置与上述正浮状态的浮心纵向位置不在同一垂线上，则船舶将产生一纵倾力矩，迫使船舶纵倾。随着船舶纵倾，水线下排水体积的形状发生变化，浮心也随之移动。当船舶倾斜至某一漂浮状态时，重心与纵倾后的浮心重新共垂线，则船舶达到平衡，此时船舶首、尾吃水不相同，从而产生吃水差，如图 9-2-1(c)所示。

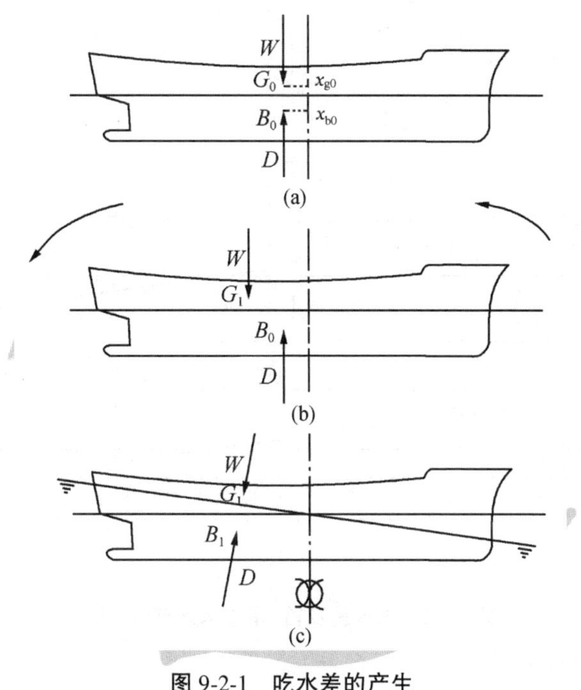

图 9-2-1 吃水差的产生

二、吃水差计算原理

1.纵稳性方程

船舶的纵倾通常为小倾角，与第八章研究船舶初稳性的运动相似，船舶等容微纵倾前后，浮心的移动是以固定的纵稳心点 M_L 为圆心，以纵稳心半径 BM_L 为半径做的圆弧运动。同样，

船舶纵稳性力矩 $\boldsymbol{M}_{RL}$ 可表示为

$$\boldsymbol{M}_{RL} = \Delta \cdot GM_L \cdot \sin\varphi \tag{9-2-1}$$

该式定义为船舶纵稳性方程，GM_L 为船舶纵稳性高度，可由下式计算

$$GM_L = KM_L - KG = KB + BM_L - KG \tag{9-2-2}$$

式中：KM_L ——纵稳心距基线高度(m)。

BM_L ——纵稳心半径(m)；参考横稳心半径 BM，$BM_L = \dfrac{I_y}{V}$，I_y 为船舶正浮水线面对纵倾轴的面积惯矩(m^4)；V 为船舶排水体积(m)。该参数较横稳心半径 BM 大很多。

2.吃水差计算公式

由图 9-2-2 可知，船舶装载后由于重心纵向位置与假定正浮时浮心纵向位置不共垂线，浮力与重力形成一力偶，产生一力矩 $\boldsymbol{M}_L$ 使船舶发生纵倾，当纵倾后船舶处于平衡状态时，则有

$$\boldsymbol{M}_L = \boldsymbol{M}_{RL} = \Delta \cdot GM_L \cdot \sin\varphi \tag{9-2-3}$$

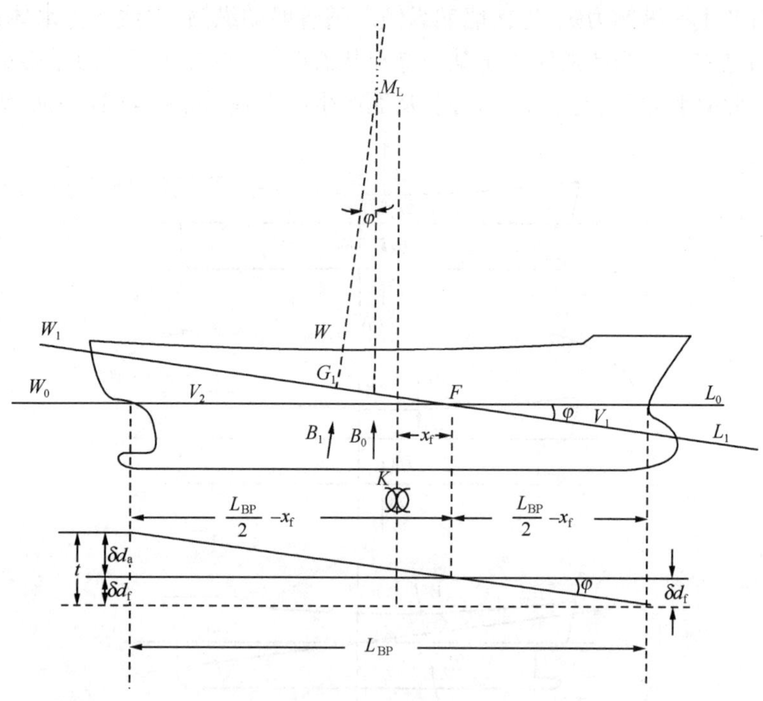

图 9-2-2 吃水差及首、尾吃水计算原理图

纵倾力矩 $\boldsymbol{M}_L$ 可表示为

$$\boldsymbol{M}_L = \Delta \cdot l = \Delta \cdot (x_{g1} - x_{b0}) \tag{9-2-4}$$

式中：x_{g1} ——船舶重心纵坐标，即船舶装载后重心距船中距离(m)；

x_{b0} ——船舶浮心纵坐标，即假设正浮时船舶浮心距船中距离(m)。

由于船舶纵倾角 φ 很小，则有 $\sin\varphi \approx \tan\varphi$，由图 9-2-2 可知

$$\tan\varphi = \frac{t}{L_{BP}} \tag{9-2-5}$$

将式(9-2-5)代入式(9-2-3)可得

$$t = \frac{\boldsymbol{M}_{\mathrm{L}}}{\Delta \cdot GM_{\mathrm{L}}} \cdot L_{\mathrm{BP}} \tag{9-2-6}$$

当式(9-2-6)中吃水差 t 为 1 cm 时,纵倾力矩 $\boldsymbol{M}_{\mathrm{L}}$ 的数值为

$$\boldsymbol{M}_{\mathrm{L}} = \frac{\Delta \cdot GM_{\mathrm{L}}}{100L_{\mathrm{BP}}} \tag{9-2-7}$$

将式(9-2-7)中的 $\boldsymbol{M}_{\mathrm{L}}$ 定义为 MTC,则 MTC 为每形成 1 cm 吃水差所需的纵倾力矩值,称为每厘米纵倾力矩(moment to change trim one centimetre,t · m/cm)。考虑 $GM_{\mathrm{L}} = KB + BM_{\mathrm{L}} - KG \approx BM_{\mathrm{L}}$,则有

$$MTC = \frac{\Delta \cdot BM_{\mathrm{L}}}{100L_{\mathrm{BP}}} \tag{9-2-8}$$

因为 Δ、KM_{L}、BM_{L}、KB 均与船舶吃水有关,所以 MTC 也是与吃水有关的参数,可利用船舶吃水为引数查取静水力参数图表获得。

综合式(9-2-4)、式(9-2-8),考虑吃水差 t 的单位,则吃水差算式可表达为

$$t = \frac{\boldsymbol{M}_{\mathrm{L}}}{100MTC} = \frac{\Delta \cdot (x_{\mathrm{g}} - x_{\mathrm{b}})}{100MTC}(\mathrm{m}) \tag{9-2-9}$$

三、吃水差及首、尾吃水的基本计算

船舶在计算吃水差及首、尾吃水时,可按下述程序进行。

1.计算船舶排水量和重心纵坐标

$$\Delta = \sum p_i$$

$$x_{\mathrm{g}} = \frac{\sum p_i x_i}{\Delta} \tag{9-2-10}$$

式中:p_i ——构成排水量的第 i 项载荷重量(t),包括空船重量 Δ_{L}、船舶常数 C、各货舱所装货物、各项航次储备等,各货舱货物重量由配载图确定。

x_i ——p_i 的重心纵向坐标(m),我国规定:重心在船中前,x_i 为 +;重心在船中后,x_i 为 -。

$\sum p_i x_i$ ——全船纵向重量力矩(9.81 kN · m)。

x_i 的求取:

(1)空船重心的纵坐标 x_{L}

空船重心的纵坐标 x_{L} 值,可查取船舶资料获得。

(2)油、水等重心纵坐标 x_i

无论油、水是否装满,均按舱容中心对待,舱容中心纵坐标可查液舱柜容积表。

(3)各舱货物重心纵坐标 x_i

一般来说,各舱货物重心可近似取为货舱容积中心,相应舱容中心纵坐标可由货舱容积表查取。

2.由装载排水量查静水力资料,获取有关计算参数

根据装载后的 Δ,从静水力图表中查得 d_{m}、x_{b}、x_{f} 和 MTC。需要注意的是,目前船舶资料

中均提供相应纵倾值时的静水力参数表，上述参数是随着船舶吃水差的变化而变化的。

当船舶吃水差较小时，可不考虑船舶纵倾对上述参数的影响，直接根据船舶排水量查取船舶正浮状态时的上述参数计算即可。当船舶吃水差较大而不能忽略船舶纵倾影响时，可首先根据船舶排水量查取船舶正浮状态时的相关参数做第一次计算，然后利用第一次计算的吃水差和排水量再次查取相关参数做第二次计算，如此反复进行，可得到满足误差要求的吃水差值。通常计算2~3次即可。

3.计算船舶吃水差 t

按式(9-2-9)求取船舶在装载状态下的吃水差。

4.计算船舶的首吃水 d_f 和尾吃水 d_a

由图9-2-2可知，将吃水差 t 在首、尾吃水处的分配量 δd_f、δd_a 与平均吃水 d_m 叠加，即可求得 d_f 和 d_a，于是有

$$\begin{cases} d_f = d_m + \left(0.5 - \dfrac{x_f}{L_{BP}}\right) \cdot t \\ d_a = d_m - \left(0.5 + \dfrac{x_f}{L_{BP}}\right) \cdot t \end{cases} \tag{9-2-11}$$

当漂心在船中时，$x_f=0$，式(9-2-11)可简化为

$$\begin{cases} d_f = d_m + \dfrac{t}{2} \\ d_a = d_m - \dfrac{t}{2} \end{cases}$$

第三节　载荷纵移、重量增减对纵向浮态的影响

一、载荷纵移

载荷纵移包括配载计划编制时不同货舱货物的调整及压载水、淡水或燃油的调拨等情况。船上载荷纵移后产生了一纵倾力矩，引起吃水差改变，导致船舶纵向浮态发生变化。

设船舶装载排水量 Δ，首、尾吃水 d_f、d_a，吃水差 t。船上载荷 p 沿纵向移动距离为 x，从而产生纵倾力矩 px，于是载荷移动引起的吃水差改变量 δt 为

$$\delta t = \frac{px}{100MTC} \tag{9-3-1}$$

式中，p 前移，x 为+；p 后移，x 为−。载荷移动后新的首、尾吃水 d_{f1}，d_{a1} 和吃水差 t_1 则为

$$\begin{cases} d_{f1} = d_f + \delta d_f = d_f + (0.5 - \dfrac{x_f}{L_{BP}}) \cdot \delta t \\ d_{a1} = d_a - \delta d_a = d_a - (0.5 + \dfrac{x_f}{L_{BP}}) \cdot \delta t \\ t_1 = d_{f1} - d_{a1} = t + \delta t \end{cases} \tag{9-3-2}$$

例 9-3-1：某船 Δ = 20 325 t，d_f = 8.29 m，d_a = 9.29 m，x_f = −1.54 m，MTC = 9.81×227.1 kN·m，为减小船舶中垂，拟将 No.3 压载舱（x_{p3} = 12.1 m）压载水 250 t 调拨至 No.1 压载舱（x_{p1} =45.14 m），已知船长 L_{bp} = 140 m，试求压载水调拨后的 d_{f1}、d_{a1} 和 t_1。

解：

（1）求吃水差的改变量 δt

$$\delta t = \frac{9.81 \times 250 \times (45.14 - 12.10)}{100 \times 9.81 \times 227.1} = 0.36 \text{ m}$$

（2）求压载水调拨后的 d_{f1}、d_{a1} 和 t_1

$$d_{f1} = 8.29 + \frac{70 + 1.54}{140} \times 0.36 = 8.47 \text{ m}$$

$$d_{a1} = 9.29 - \frac{70 - 1.54}{140} \times 0.36 = 9.11 \text{ m}$$

$$t_1 = 8.47 - 9.11 = (8.29 - 9.29) + 0.36 = -0.64 \text{ m}$$

二、重量增减

重量增减包括中途港货物装卸、加排压载水、油水消耗和补给、破舱进水等情况，按增减量及吃水差计算方法不同，可分为少量增减和大量增减两种。

1.少量增减

载荷少量增加可以看成是先将载荷装在初始漂心的垂线上，船舶平行沉浮，再由漂心垂线位置上沿船长方向移至实际装载位置；重量少量减少则可看成是先将载荷沿船长方向移至漂心垂线上，然后由该处卸出。

（1）平行沉浮的条件

载荷少量增减一般指载荷增减量小于 10%船舶装载排水量的装卸情况，即 $p<10\%\Delta$。

设船舶载荷增减前全船总重量为 W，排水量为 Δ，初始水线为 WL，显然此时船舶满足平衡条件，即

$$\begin{cases} W = \Delta \\ x_g = x_b \\ y_g = y_b \end{cases}$$

如图 9-3-1 所示，现假设载荷增加后船舶自初始水线 WL 平行下沉至水线 W_1L_1，WL 与 W_1L_1 两平行水线间的排水量为 $\delta\Delta$，排水体积为 $\delta\nabla$。$\delta\nabla$的浮心位于 k，其坐标为(x_k, y_k, z_k)，在载荷少量增加的情况下，近似有

$$\begin{cases} A_w = A_{w1} \\ x_f = x_{f1} \end{cases}$$

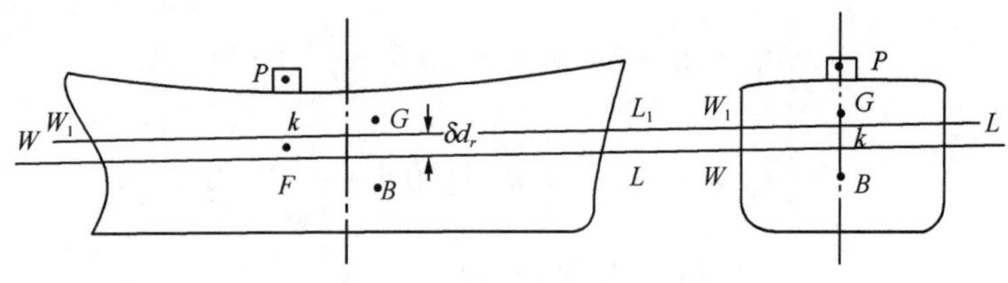

图 9-3-1　船舶平行沉浮

式中：A_w ——载荷增加前 WL 处水线面积(m^2)；

A_{w1} ——载荷增加后 W_1L_1 处水线面积(m^2)；

x_f ——载荷增加前漂心纵坐标(m)；

x_{f1} ——载荷增加后漂心纵坐标(m)。

由于浮心 k 点位于初始漂心 F 的垂线上，于是可知，载荷增加量 p 与排水改变量 $\delta\Delta$ 在满足平衡条件时，船舶将平行下沉，即

$$\begin{cases} x_f = x_p \\ y_f = y_p = 0 \end{cases} \tag{9-3-3}$$

式中：x_p ——载荷重心纵坐标(m)；

y_p ——载荷重心横坐标(m)。

由上可知，船舶平行沉浮的条件是：少量增减的载荷重心位于初始漂心 F 的垂线上。

(2)载荷少量增减对纵向浮态影响计算

现以重量增加为例。如图 9-3-2 所示，设重量增加前船舶初始状态时的首、尾吃水为 d_f 和 d_a，平均吃水 $d_m = \dfrac{d_f + d_a}{2}$，相应的船舶参数为 TPC、MTC 和 x_f，现拟将载荷 p 装于 x_p 处。

首先假设载荷 p 装在初始漂心的垂线上，船舶平行下沉，此时吃水平行改变量 δd 为

$$\delta d = \frac{p}{100TPC} \tag{9-3-4}$$

然后将载荷 p 由漂心垂线处水平移至实际装载位置 x_p 处，则纵移距离为 $(x_p - x_f)$，载荷纵移后将引起吃水差的改变，其吃水差改变量 δt 可写成

$$\delta t = \frac{p(x_p - x_f)}{100MTC} \tag{9-3-5}$$

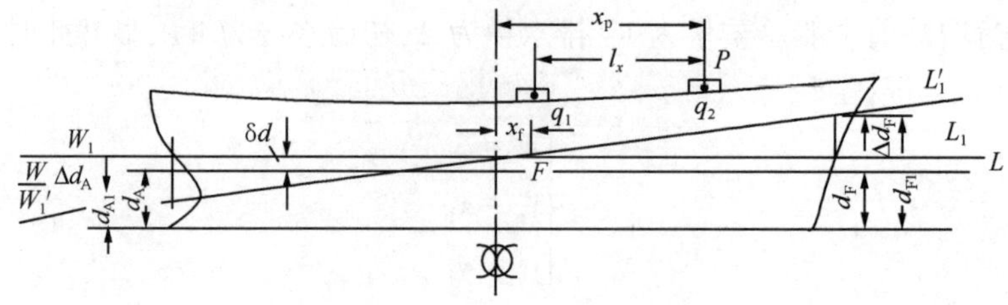

图 9-3-2　少量装载

由式(9-3-5)可见，当载荷装于漂心前 $(x_p > x_f)$ 时，$\delta t > 0$，船舶尾倾减小或首倾增大；而载荷装于漂心后 $(x_p < x_f)$ 时，$\delta t < 0$，船舶首倾减小或尾倾增大；载荷装于漂心垂线上 $(x_p = x_f)$ 时，$\delta t = 0$，船舶原纵倾状态不变。

在利用式(9-3-4)和式(9-3-5)计算 δd 和 δt 时,规定:装载时 p 取+;卸载时 p 取-。

在考虑了平行沉浮和纵倾改变的影响后,由于少量装卸引起的船舶首、尾吃水改变量 $\delta d'_{\mathrm{f}}$ 和 $\delta d'_{\mathrm{a}}$ 可由下式求得

$$\begin{cases}\delta d'_{\mathrm{f}} = \delta d + \left(0.5 - \dfrac{x_{\mathrm{f}}}{L_{\mathrm{BP}}}\right) \cdot \delta t \\ \delta d'_{\mathrm{a}} = \delta d - \left(0.5 + \dfrac{x_{\mathrm{f}}}{L_{\mathrm{BP}}}\right) \cdot \delta t\end{cases} \tag{9-3-6}$$

少量载荷增减后船舶新的首尾吃水 d_{f1}、d_{a1} 和新吃水差为 t_1 应为

$$\begin{cases}d_{\mathrm{f1}} = d_{\mathrm{f}} + \delta d'_{\mathrm{f}} \\ d_{\mathrm{a1}} = d_{\mathrm{a}} + \delta d'_{\mathrm{a}} \\ t_1 = d_{\mathrm{f1}} - d_{\mathrm{A1}} = t + \delta t\end{cases} \tag{9-3-7}$$

例 9-3-1:某船由某港开航时 $\Delta = 20\ 122$ t,首吃水 $d_{\mathrm{f}} = 8.50$ m,尾吃水 $d_{\mathrm{a}} = 8.90$ m,航行途中油水消耗:燃油 300 t($x_{\mathrm{p}} = -10.50$ m),柴油 20 t($x_{\mathrm{p}} = -40.00$ m),淡水 90 t($x_{\mathrm{p}} = -68.00$ m),求船舶抵港时的首、尾吃水 d_{f1}、d_{a1}。已知 $\Delta = 20\ 122$ t 时 $x_{\mathrm{f}} = -1.42$ m,$TPC = 25.5$ t/cm,$MTC = 9.81 \times 225.1$ kN · m/cm,$L_{\mathrm{BP}} = 140$ m。

解:

①计算油水消耗后船舶吃水平行上浮量 δd 及吃水差改变量 δt

$$\delta d = \frac{(-300) + (-20) + (-90)}{100 \times 25.5} = -0.16 \text{ m}$$

$$\delta t = \frac{9.81 \times [-300 \times (-10.50 + 1.42) - 20 \times (-40 + 1.42) - 90 \times (-68 + 1.42)]}{100 \times 9.81 \times 225.1}$$

$$= 0.42 \text{ m}$$

②计算首、尾吃水改变量 δd_{f}、δd_{a}

$$\delta d_{\mathrm{f}} = (-0.16) + \frac{70 + 1.42}{140} \times (0.42) = 0.05 \text{ m}$$

$$\delta d_{\mathrm{a}} = (-0.16) - \frac{70 - 1.42}{140} \times (0.42) = -0.37 \text{ m}$$

求船舶抵港时的首、尾吃水 d_{f1}、d_{a1}。

$$d_{\mathrm{f1}} = 8.50 - 0.05 = 8.55 \text{ m}$$

$$d_{\mathrm{a1}} = 8.90 - 0.37 = 8.53 \text{ m}$$

2.大量增减

载荷大量增减前后其吃水改变较为显著,而不同吃水时的 TPC、MTC 和 x_{f} 有明显差别,因此若利用少量增减的方法确定装卸后的纵向浮态将引起较大的误差。

载荷大量增减时,吃水差及首、尾吃水计算可按下列步骤进行。

(1)求载荷增减后的船舶排水量和重心高度

设船舶初始状态时排水量为 Δ,重心纵坐标为 x_{g},载荷增减量为 $\sum p_i$,纵向力矩为 $\sum p_i x_i$,则载荷增减后的排水量 Δ_1 和重心高度 x_{g1} 为

$$\begin{cases} \Delta_1 = \Delta + \sum p_i \\ x_{g1} = \dfrac{\Delta x_g + \sum p_i x_i}{\Delta_1} \end{cases} \tag{9-3-8}$$

其中，装载时，p_i 取+；卸载时，p_i 取-。

(2)由载荷增减后的排水量查取有关静水力参数

根据 Δ_1 查静水力参数表得载荷增减后的 d_{m1}、x_{b1}、x_{f1} 和 MTC_1。

①计算载荷增减后的吃水差 t_1

$$t_1 = \frac{\Delta_1 \cdot (x_{g1} - x_{b1})}{100MTC_1} \tag{9-3-9}$$

②计算载荷增减后的首尾吃水 d_{f1}，d_{a1}

$$\begin{cases} d_{f1} = d_{m1} + \left(0.5 - \dfrac{x_f}{L_{BP}}\right) \cdot t_1 \\ d_{a1} = d_{m1} - \left(0.5 + \dfrac{x_f}{L_{BP}}\right) \cdot t_1 \end{cases} \tag{9-3-10}$$

当然，上述计算方法也适用于少量载荷增减的情况，只是为了简化计算而利用式(9-3-4)、式(9-3-5)及式(9-3-6)来计算少量载荷增减时船舶吃水差及首、尾吃水。

例 9-3-2：某船开航前 $\Delta = 16\ 860$ t，$x_g = -1.71$ m，$d_m = 8.10$ m，$d_f = 7.78$ m，$d_a = 8.38$ m，$x_f = -4.3$ m。航行中油水消耗：燃料油 200 t（$x_p = -30$ m）、柴油 18 t（$x_p = -40$ m）、淡水80 t（$x_p = -60$ m），船舶到中途港后在下列舱位（见表 9-3-1）加载部分货物。已知当 $\Delta_1 = 18\ 562$ t 时，$d_{m1} = 8.78$ m，$x_{b1} = -1.30$ m，$x_{f1} = -5.60$ m，$MTC_1 = 9.81 \times 228$ kN·m/cm，$L_{bp} = 145$ m，求船舶驶离中途港时的首、尾吃水 d_{f1}、d_{a1}。

表 9-3-1　加载货物数量表

舱名	重量/t	重心纵坐标/m	重量纵向力矩/9.81 kN·m
No.1 二层舱	500	52.84	26 420
No.3 二层舱	500	7.95	3 975
No.5 二层舱	1 000	-56.57	-56 570
合　计	2 000		-26 175

解：

①求 Δ_1 和 x_{g1}

$$\Delta_1 = 16\ 860 - 298 + 2\ 000 = 18\ 562 \text{ t}$$

$$\begin{aligned} \sum p_i x_i &= -200 \times (-30) - 18 \times (-40) - 80 \times (-60) + \\ &\quad 500 \times 52.84 + 500 \times 7.95 + 1\ 000 \times (-56.57) \\ &= 14\ 655 \text{ t} \cdot \text{m} \end{aligned}$$

$$x_{g1} = \frac{16\ 860 \times (-1.71) - 14\ 655}{18\ 562} = -2.34 \text{ m}$$

②求 t_1

$$t_1 = \frac{9.81 \times 18\ 562 \times (-2.34 + 1.30)}{9.81 \times 100 \times 228} = -0.84 \text{ m}$$

③求 d_{f1} 和 d_{a1}

$$d_{f1} = 8.78 + \frac{72.5 + 5.6}{145} \times (-0.84) = 8.33 \text{ m}$$

$$d_{a1} = 8.78 - \frac{72.5 - 5.6}{145} \times (-0.84) = 9.17 \text{ m}$$

第四节　吃水差比尺

为简化吃水差及首、尾吃水的计算，船舶资料中多配备有吃水差比尺计算图表，方便船舶驾驶人员使用。

吃水差比尺是一种少量载荷变动时核算船舶纵向浮态变化的简易图表，它表示在船上任意位置加载 100 t 后，船舶首、尾吃水改变量的图表。为了使用的方便，多数船上配备了如表 9-4-1 所示的吃水差比尺数值表。

表 9-4-1　加载 100 t 后首、尾吃水变化数值表

吃水 /m	排水量 /t	No.1 货舱 x_p = 50.37 m		No.2 货舱 x_p = 31.19 m		No.3 货舱 x_p = 12.15 m	
		$\Delta d'_f$ /cm	$\Delta d'_a$ /cm	$\Delta d'_f$ /cm	$\Delta d'_a$ /cm	$\Delta d'_f$ /cm	$\Delta d'_a$ /cm
4.0	8 653	17.34	-9.03	12.12	-3.82	6.93	1.36
4.5	9 823	17.87	-9.66	12.14	-4.01	6.96	1.34
5.0	11 014	18.35	-9.66	12.15	-4.16	6.99	1.31
5.5	12 208	17.75	-9.48	12.09	-4.09	7.01	1.25
6.0	13 421	17.12	-9.28	12.05	-4.03	7.03	1.18
6.5	14 610	17.08	-9.12	12.07	-3.99	7.10	1.10
7.0	15 855	17.02	-8.95	12.07	-3.96	7.15	1.00
7.5	17 089	16.73	-8.55	11.92	-3.78	7.15	0.96
8.0	18 334	16.41	-8.17	11.75	-3.61	7.12	0.91
8.5	19 615	16.05	-7.75	11.55	-3.41	7.08	0.90
9.0	20 881	15.70	-7.37	11.35	-3.23	7.04	0.87

续表

吃水/m	排水量/t	No.4 货舱 $x_p=-10.67$ m		No.5 货舱 $x_p=-33.35$ m		首尖舱 $x_p=66.35$ m	
		$\Delta d'_f$/cm	$\Delta d'_a$/cm	$\Delta d'_f$/cm	$\Delta d'_a$/cm	$\Delta d'_f$/cm	$\Delta d'_a$/cm
4.0	8 653	0.71	7.57	−5.48	14.74	21.71	−13.38
4.5	9 823	0.77	7.73	−5.42	14.55	21.70	−13.82
5.0	11 014	0.80	7.86	−5.35	14.36	21.69	−14.25
5.5	12 208	0.91	7.64	−5.17	14.01	21.51	−14.56
6.0	13 421	1.01	7.43	−4.98	13.64	21.33	−13.65
6.5	14 610	1.14	7.20	−4.79	13.26	21.26	−13.39
7.0	15 855	1.26	6.95	−4.60	12.85	21.15	−13.11
7.5	17 089	1.43	6.63	−4.25	12.27	20.73	−12.52
8.0	18 334	1.57	6.34	−3.94	11.74	20.29	−11.98
8.5	19 615	1.73	6.06	−3.59	11.19	19.80	−11.36
9.0	20 881	1.86	5.79	−3.28	10.67	19.33	−10.81
吃水/m	排水量/t	No.1 压载舱 $x_p=45.14$ m		No.2 燃油舱 $x_p=30.65$ m		No.3 燃油舱 $x_p=12.10$ m	
		$\Delta d'_f$/cm	$\Delta d'_a$/cm	$\Delta d'_f$/cm	$\Delta d'_a$/cm	$\Delta d'_f$/cm	$\Delta d'_a$/cm
4.0	8 653	16.03	−7.61	11.98	−3.67	6.92	1.38
4.5	9 823	15.98	−7.89	11.99	−3.84	6.94	1.35
5.0	11 014	15.93	−8.16	12.00	−4.00	6.97	1.32
5.5	12 208	15.85	−8.01	11.96	−3.94	6.99	1.26
6.0	13 421	15.74	−7.84	11.91	−3.88	7.02	1.20
6.5	14 610	15.71	−7.72	11.93	−3.85	7.08	1.11
7.0	15 855	15.67	−7.59	11.93	−3.82	7.14	1.02
7.5	17 089	15.42	−7.25	11.79	−3.64	7.14	0.97
8.0	18 334	15.14	−6.93	11.62	−3.49	7.11	0.93
8.5	19 615	15.82	−6.56	11.42	−3.29	7.07	0.91
9.0	20 881	14.52	−6.24	11.23	−3.12	7.02	0.88

1.吃水差比尺的制作原理

由式(9-3-4)、式(9-3-5)、式(9-3-6)并取 $p=100$ t 可得

$$\begin{cases}\delta d_f'=\dfrac{1}{TPC}+\left(0.5-\dfrac{x_f}{L_{BP}}\right)\cdot\dfrac{(x_p-x_f)}{MTC}\\[2ex]\delta d_a'=\dfrac{1}{TPC}-\left(0.5+\dfrac{x_f}{L_{BP}}\right)\cdot\dfrac{(x_p-x_f)}{MTC}\end{cases}\tag{9-4-1}$$

改变 x_p，即可得到船舶任一舱室载荷变化后的 $\delta d'_f$ 和 $\delta d'_a$

2.吃水差比尺的使用

(1)根据吃水或排水量及舱室名称查表 9-4-1 得 $\delta d'_f$ 和 $\delta d'_a$ 值；

(2)若实际装载量是 p 吨，则由式(9-4-1)可知，其首、尾吃水改变量 $\delta d''_f$ 和 $\delta d''_a$ 为

$$\begin{cases} \delta d''_{\mathrm{f}} = \dfrac{p}{100} \cdot \delta d'_{\mathrm{f}} \\ \delta d''_{\mathrm{a}} = \dfrac{p}{100} \cdot \delta d'_{\mathrm{a}} \\ \delta t'' = \delta d''_{\mathrm{f}} - \delta d''_{\mathrm{a}} \end{cases} \tag{9-4-2}$$

当船舶少量卸载时,将 p 取为负值即可,即利用吃水差比尺查得的数值不变,符号相反。

虽然查取数值表比较方便,但数值表中仅提供了将载荷加在各舱容积中心时 $\delta d'_{\mathrm{f}}$ 和 $\delta d'_{\mathrm{a}}$ 值,这对于液体舱柜是可以的;而对于货舱,由于加载位置不一定恰在货舱容积中心,如加于舱口前端或后端,所以按货舱容积中心查取的 $\delta d_{\mathrm{a}}'$、$\delta d_{\mathrm{a}}'$ 值会存在误差。因此货舱长度较大的船舶,会在数值表中列出每舱前半舱、后半舱加载时各自的 $\delta d_{\mathrm{f}}'$、$\delta d_{\mathrm{a}}'$ 值。

第五节 吃水差调整

在船舶配载时、装卸中、装卸后及航行中均有可能因吃水差不当而需进行调整,其调整方法包括纵向移动载荷和增减载荷两种。

一、纵向移动载荷

1.船舶配载计划编制时纵移货物

配载计划编制时若吃水差不满足要求,可通过将不同货舱内的货物做必要调整来实现所需吃水差。但应注意,货物纵移的同时会对船舶纵强度及局部强度、货物相容性、货舱适货性、卸货港顺序等多方面造成影响。

2.装卸后及航行中液舱内载荷调拨

船舶在装卸后或在航行中,可通过调拨液舱内的压载水、淡水及燃料来达到调整吃水差的目的。在调拨时,也需考虑船舶纵强度及自由液面的影响。

二、增减载荷

1.加(排)压载水

船舶在装卸中,为避免出现过大吃水差,除通过合理安排装(卸)舱顺序外,可用加(排)压载水的方法对当前吃水差做适当的调整;船舶在航行中,因油水消耗引起吃水差不恰当改变,加(排)压载水予以调整,也是常用方法之一。

2.航行中油水消耗

合理安排油水消耗的舱室顺序,可在一定程度上改善船舶当时的吃水差。

3.装载结束前利用货物所预留机动货载调整吃水差

货物装载结束前,通常在首、尾部货舱留出部分机动货载,视当时吃水差的具体情况确定装舱位置，机动货量大小应根据预计装载最后阶段可能出现的最大吃水差确定。

4.锚地驳卸

对于大吨位船舶，当港口水深受限时，常常在锚地驳卸部分货物使船舶吃水满足要求后方可进港。

无论是采用纵向移动载荷法还是增减载荷法来调整吃水差，都会引起船舶载荷纵向分布的改变，从而影响船舶纵强度，因此，在制定吃水差调整方案时必须兼顾纵强度要求，谨防出现顾此失彼的情况。表 9-5-1 提供了兼顾纵强度要求的吃水差调整原则。

表 9-5-1　吃水差调整原则表

吃水差 t	船舶纵向变形	载荷调整原则
首倾	中拱	前部→中部
首倾	中垂	中部→后部
首倾	无拱垂	前部→后部
尾倾	中拱	后部→中部
尾倾	中垂	中部→前部
尾倾	无拱垂	后部→前部
平吃水	中拱	前、后部→中部
平吃水	中垂	中部→前、后部

第十章
船舶强度

船舶是一种由板材和骨架构成的浮动建筑物。船体在重力、浮力、船体摇荡运动中的惯性力、风浪力等外力作用下,将不可避免地发生变形。为保证船舶安全,船体结构必须具有抵抗发生过大变形和破坏的能力,这种能力称为船舶强度。按照外力分布和船体结构变形范围的不同,船舶强度可分为总强度和局部强度,而总强度又按外力分布及相应船体变形的不同方向,分为总纵强度、扭转强度和横向强度。对于营运船舶,主要应考虑船舶的总纵强度、局部强度;如果是大开口船舶,还应考虑扭转强度。

营运中的船舶,为保证船舶安全运输及合理使用,应确保船舶具有足够的强度,这就要求船舶使用者通过合理配置载荷重量、优化载荷装卸顺序、减小航行中波浪冲击等措施来改善船体受力状态以确保船舶处于良好的营运状态。

第一节 船舶总纵强度

一、船体总纵剪切和弯曲变形

船舶总纵强度(longitudinal strength of ship)是指整个船体结构抵御纵向变形或破坏的能力。若将船体视为一根空心变断面的薄壁梁,则船舶总纵强度是在外力作用下整个船体梁所具有的抵御纵向弯曲、剪切的能力。

1.重力、浮力和载荷

作用于船体上的外力,包括重力、浮力、摇荡时的惯性力、螺旋桨的推力、水对船体的阻力、波浪的冲击力等。其中重力和浮力是引起船体发生总纵弯曲的主要外力。

重力包括空船、航次储备量、压载水、所载货物等的重量。浮力是指船在平静水中或静置于波浪中,舷外水对船体压力的合力。从整体上讲,船舶重力和浮力大小相等、方向相反并做用于同一垂线上,但这两个力沿船长方向各区段内其大小并不都是相等的,即重力和浮力沿纵向分布规律不一致(见图 10-1-1)。描述全船重力、全船浮力沿船长方向分布的曲线依次称为重力曲线(weight curve)、浮力曲线(buoyancy curve)。由于船体结构和各类载重分布的不连续性,重力纵向分布呈跳跃状,而浮力纵向分布与船体水线下的几何形状、船舶吃水、波浪要素及船舶与波浪的相对位置有关。

当船舶浮于静水面上时,浮力沿船长的分布是基本均匀的;当船舶在波浪中航行时,所遇到的波浪非常复杂,浮力沿船长的分布随波浪的变化而变化。研究表明,当计算波长约等于船长,且波峰或波谷在船中时,船体可能产生最大的弯曲变形或剪切变形。

沿船长方向各区段上船体所受重力和浮力的差值即为该区段船体上所受垂向合外力,称为载荷。图 10-1-1 中阴影部分在各区段上的面积即为相应区间上的载荷大小。描述全船载荷沿船长方向分布的曲线称为载荷曲线(loading curve)。

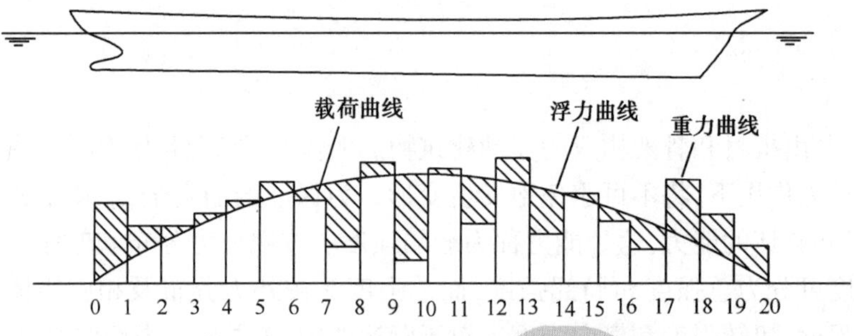

图 10-1-1 重力、浮力和载荷分布图

2.剪力和弯矩

(1)剪力

各段船体上的载荷,使船体结构的不同横剖面处将受到剪力和弯矩的作用。若某一横剖面首向(或尾向)一侧各段载荷之和不为零,即船首向(或尾向)一侧船体所受重力和浮力不相等,且该剖面两侧船体可以上下自由浮动,为重新取得平衡,则两侧船体必然会上下移动。但实际上船体间为刚性连接从而约束其自由移动。显然,相对一侧即尾向(或首向)船体产生一作用力通过剖面上的连接构件作用于横剖面上,该作用力称为剪力,又称为剪切力。

在数值上,纵向各横剖面上的剪力等于该剖面首向或尾向一侧所受重力与浮力的差值。若尾向一侧载荷向下,则剖面上的剪力为正,反之为负。

船体梁受到的剪(切)力沿船长方向分布的曲线为剪(切)力曲线(shear force curve),它是载荷曲线的积分曲线。一般均匀装载情况下,剪力最大值出现在距船首和船尾 1/4 船长处附近。

(2)弯矩

某一横剖面尾向(或首向)一侧各段上剪力对该剖面的力矩之和不为零,即船尾向(或首向)一侧重力对该剖面的力矩不等于该侧浮力对该剖面的力矩,相对一侧即首向(或尾向)船体必然通过剖面上的连接构件传递一反向力矩,使得船体平衡,该力矩称为作用于横剖面上的弯曲力矩,习惯上称为弯矩。

在数值上,某剖面上所受弯矩等于该剖面在船尾向(或首向)一侧各段重力与浮力差值对其所取力矩的代数和。若尾向一侧船体所受重力对剖面的力矩大于浮力对该剖面的力矩,则剖面上的弯矩为正,反之为负。

船体梁受到的弯矩沿船长方向分布的曲线为弯矩曲线(bending moment curve),它是剪力曲线的积分曲线,也是载荷曲线的二次积分曲线。一般均匀装载情况下,弯矩最大值出现在船中附近。

图 10-1-2 所示为某船剪力曲线和弯矩曲线。由图示可知:

(1)由于船体首尾两端是完全自由的,因此船体首尾两端的剪力和弯矩值为零;

(2)零剪力点与弯矩的极值对应;

(3)弯矩最大值位于船中附近,且向首尾两端逐渐减小。

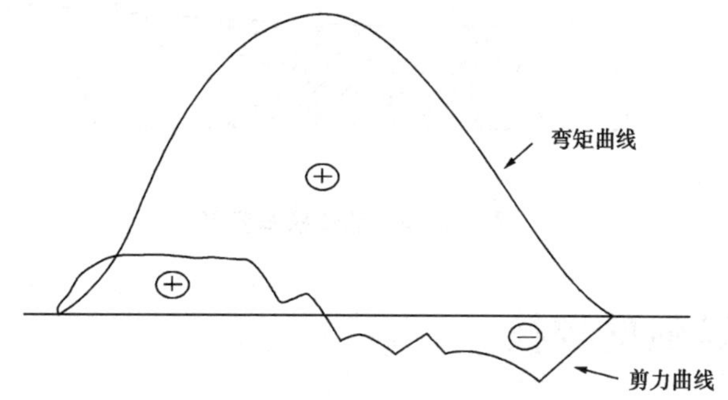

图 10-1-2 剪力曲线和弯矩曲线

3.船体剪切变形和弯曲变形

剪力与弯矩作用于船体上,将使船体出现剪切变形和弯曲变形。若某一微段船体上,前后两端受到大小相等、方向相反的剪力作用,则该段船体两端会产生垂向相对位移,称为剪切变形,如图 10-1-3(a)所示。剪切变形的大小受剪切力大小的影响。

同理,若某一微段船体上,其前后两端受到大小相等、方向相反的弯矩作用,则该段船体将产生如图 10-1-3(b)所示的弯曲变形。弯曲变形的大小取决于该微段船体所受的弯曲力矩的大小。

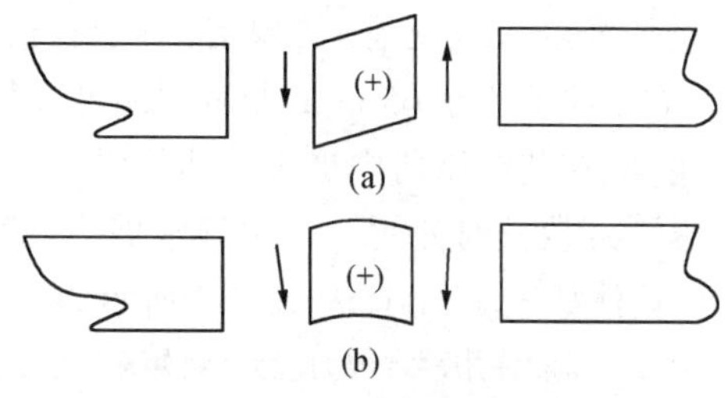

图 10-1-3 船体剪切变形和弯曲变形

在总纵弯矩作用下,船体沿船长方向发生纵向变形。船体出现中部下垂而首尾两端上翘的总纵弯曲变形,称为中垂变形(sagging)。此时,船舶上甲板受压,船底板受拉;反之,船体出现中部上拱,首尾两端下垂的总纵弯曲变形,称为中拱变形(hogging)。此时,船舶上甲板受拉,船底板受压。习惯上中拱弯矩取正值,中垂弯矩取负值。

船舶在静水中,即使各舱柜载重比较均衡也会产生拱垂变形,但其变形较小,为一般船舶强度所允许。若首尾部舱柜载重较多而中部舱柜载重较小,则会产生较大的中拱变形;反之,产生较大中垂变形。若船舶在波浪中航行且有效波长等于船长,当波峰位于中拱变形的船中时，会加剧其中拱变形；反之，当波谷位于中垂变形的船中时则会使中垂变形增大，如图 10-1-4 所示。

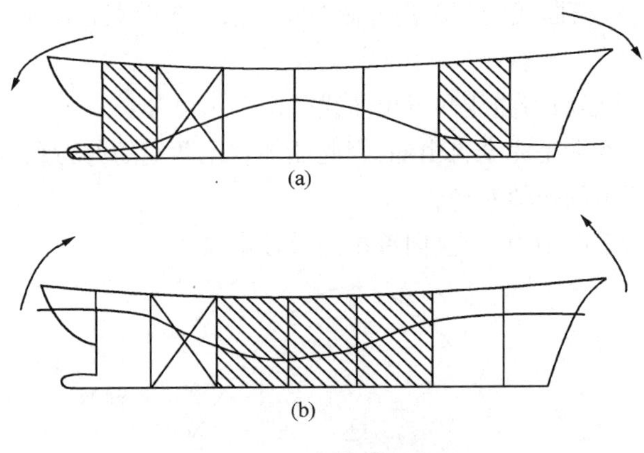

图 10-1-4 船体拱垂变形

二、船舶总纵强度校核

1.许用静水剪（切）力和静水弯矩校核

校核衡准为：沿船体梁各横剖面处的实际静水剪力和弯矩值应小于等于其许用静水剪力和弯矩值，即

$$\begin{cases} N_S' \leqslant N_S \\ \boldsymbol{M}_S' \leqslant \boldsymbol{M}_S \end{cases} \tag{10-1-1}$$

式中：N_S'，$\boldsymbol{M}_S'$——校核剖面处的实际静水剪力、静水弯矩；

N_S，$\boldsymbol{M}_S$——校核剖面处的许用静水剪力、静水弯矩。

（1）许用静水剪力和静水弯矩

根据中国船级社 CCS《钢质海船入级规范》的规定，对于船长大于等于 65 m 的船舶应按相关要求校核其总纵强度。对于船长小于 65 m 的非常规船型或特殊装载的船舶，也应按要求校核其总纵强度。船舶设计者应在装载手册中提供船体梁沿船长各剖面的许用静水剪力和许用静水弯矩数据，供船舶总纵强度校核时使用。许用静水剪力、静水弯矩分海上（at sea）和港内（in harbor）两种状态给出，具体如表 10-1-1、表 10-1-2 所示。

表 10-1-1 船舶许用静水剪力、静水弯矩表（海上状态）

序号	剖面位置	纵向坐标 X	许用静水剪力（shear force）		许用静水弯矩（bending moment）	
No.	Name	Long.	+Positive	−Negative	中拱 Hogging	中垂 Sagging
		m−AP	t	t	t · m	t · m
1	F35	21.000	1 982.66	−1 916.57	30 705.6H	29 066.4S
2	F49	29.400	3 065.16	−2 988.29	26 676.4H	24 381.5S
3	F52	31.200	3 190.45	−3 116.65	25 732.7H	23 297.3S
4	F65	39.000	2 808.83	−2 794.99	20 948.3H	17 904.2S

续表

序号	剖面位置	纵向坐标 X	许用静水剪力(shear force)		许用静水弯矩(bending moment)	
No.	Name	Long.	+Positive	−Negative	中拱 Hogging	中垂 Sagging
		m−AP	t	t	t · m	t · m
5	F70	42.000	2 720.76	−2 720.76	19 844.2H	16 659.5S
6	F85	51.000	2 720.76	−2 720.76	19 844.2H	16 659.5S
7	F93	55.800	2 720.76	−2 720.76	19 844.2H	16 659.5S
8	F107	64.200	2 652.31	−2 677.38	20 547.8H	17 496.9S
9	F121	72.600	2 303.93	−2 389.18	22 366.5H	19 743.9S
10	F135	81.000	1 015.31	−1 100.55	23 277.3H	21 403.9S
11	F151	90.600	515.94	−563.57	13 044.2H	12 027.3S

表 10-1-2 船舶许用静水剪力、静水弯矩表(港内状态)

序号	剖面位置	纵向坐标 X	许用静水剪力(shear force)		许用静水弯矩(bending moment)	
No.	Name	Long.	+Positive	−Negative	中拱 Hogging	中垂 Sagging
		m−AP	t	t	t · m	t · m
1	F35	21.000	2 162.90	−2 090.81	33 497.0H	31 708.8S
2	F49	29.400	3 343.81	−3 259.96	29 101.6H	26 598.0S
3	F52	31.200	3 480.49	−3 399.98	28 072.1H	25 415.3S
4	F65	39.000	3 064.18	−3 049.08	22 852.7H	19 531.8S
5	F70	42.000	2 968.10	−2 968.10	21 648.2H	18 174.0S
6	F85	51.000	2 968.10	−2 968.10	21 648.2H	18 174.0S
7	F93	55.800	2 968.10	−2 968.10	21 648.2H	18 174.0S
8	F107	64.200	2 893.43	−2 920.78	22 415.8H	19 087.6S
9	F121	72.600	2 513.38	−2 606.38	24 399.8H	21 538.8S
10	F135	81.000	1 107.61	−1 200.60	25 393.4H	23 349.7S
11	F151	90.600	562.85	−614.81	14 230.1H	13 120.7S

(2)实际静水剪力和静水弯矩

船体梁剖面实际所受剪力和弯矩可按下述步骤计算:

①重力和重力矩计算

重力包括空船、货物、油水、压载水和常数等,按各项沿船长方向具体分布情况计算相应的重力和重力矩。其中,空船重量沿船长的分布查船舶资料获得,有的以表格形式给出,有的以图示形式给出,如图 10-1-5 所示。重力和重力矩的计算应是自船尾起向首计至某计算剖面的重量和重力矩(对计算剖面的力矩)的累加值。

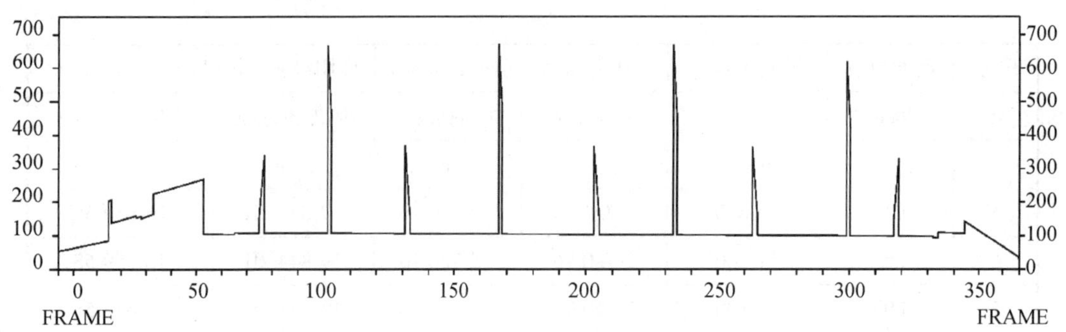

图 10-1-5　船舶空船重量沿船长分布图

②浮力和浮力矩计算

静水中的浮力主要取决于船体水下部分的形状，根据静水平衡计算时求得的船舶首尾吃水，利用船舶资料中的邦戎曲线（bonjean's curves）图表，即可求得任意分段内的浮力分布。浮力和浮力矩的计算应是自船尾起向首计至某计算剖面的浮力和浮力矩（对计算剖面的力矩）的累加值。

③剪力和弯矩计算

某计算剖面的剪力等于自船尾起向首计至该剖面处船体所受重力和浮力的差值。

某计算剖面的剪力等于自船尾起向首计至该剖面处船体所受重力矩和浮力矩的差值。

即

$$\begin{cases} N_{Si}' = W_i - B_i \\ \boldsymbol{M}_{Si}' = \boldsymbol{M}_{Wi} - \boldsymbol{M}_{Bi} \end{cases} \tag{10-1-2}$$

式中：N_{Si}'，$\boldsymbol{M}_{Si}'$——i 计算剖面的实际静水剪力、实际静水弯矩；

W_i，B_i——自船尾起向首计至 i 计算剖面的船体所受重力、浮力；

$\boldsymbol{M}_{Wi}$，$\boldsymbol{M}_{Bi}$——自船尾起向首计至 i 计算剖面的重力矩、浮力矩。

2.装载仪校核

为了简化总纵强度核算流程，提高计算精度，保证船舶安全营运，现在大多数船舶均配备了能够计算任意装载状态下船体梁总纵强度的装载仪。

装载仪（又称为装载计算机，"loading instrument" 或"loading computer"）是指由装载软件、硬件以及操作系统组成的仪器，能确定特定船舶或其他浮动装置在特定装载条件下的相关特性与性能。

装载软件（loading software）是指由针对特定船舶或其他浮动装置的计算机指令和预编程静态数据组成的计算软件。其功能主要用于计算任一装载状态下船舶的实时稳性、强度、吃水、吃水差等指标，并判断其是否满足相应的要求，保证船舶安全营运。

（1）公约或规范要求

①SOLAS 公约

SOLAS 公约第Ⅻ章第 11 条 "装载仪"规定：150 m 及以上的散货船均应配备装载仪，该装载仪应能提供船体梁的剪力和弯矩资料，并考虑到 1997 年 SOLAS 公约缔约国大会通过的决议 5《关于装载仪的建议案》。1999 年 7 月 1 日以前建造的船长为 150 m 及以上的散货船，应不迟于 1999 年 7 月 1 日以后的第一次中间检验或定期检验之日符合前文的要求。

②IACS 统一要求

国际船级社协会 IACS 统一要求的技术决议中,船体强度包括 S1~S32,其中 S1 指的是装载工况、装载手册和装载仪要求。

S1 要求:第Ⅰ类船舶中船长为 100 m 及以上的所有船舶,必须配备经认可的装载仪;第Ⅱ类船舶中除船长小于 90 m 且重量不超过夏季满载排水量 30%的船舶外,均应备有经认可的装载手册。

其中,第Ⅰ类船舶是指:甲板大开口船舶;可能非均匀装载的船舶,即货物和/或压载不均匀分布。船长 120 m 以下的船舶,如果设计时考虑了货物和压载的不均匀分布,则属于第Ⅱ类船舶;化学品船和气体运输船。

第Ⅱ类船舶是指:第Ⅰ类船舶以外的船舶;其布置使得货物和压载分布的变化可能性很小的船舶,以及在定期航线和以固定贸易方式营运的船舶。

③CCS《钢质海船入级规范》

中国船级社 CCS《钢质海船入级规范 2018》要求:船长 100 m 及以上的所有第Ⅰ类船舶应配备经认可的装载仪;船长 150 m 及以上的散货船、矿砂船和兼用船应按要求配备经认可的装载手册和装载仪;对在 2 类航区和 3 类航区航行的船舶,可不配备装载仪。

根据《钢质海船入级规范》的规定,航区分为无限航区和有限航区。无限航区是指船舶无限制水域航行;有限航区是指船舶有限制水域航行,包括 1 类航区、2 类航区和 3 类航区,各类航区的航行限制如表 10-1-3 所示。

表 10-1-3 各类航区航行限制表

航区类别	航行限制	
	距岸距离/n mile	
1 类	200(夏季/热带)	100(冬季)
2 类	20(夏季/热带)	10(冬季)
3 类	遮蔽水域	

说明 1:夏季/热带/冬季指使用夏季载重线、热带载重线、冬季载重线的海区,按《1966 年国际载重线公约》附则Ⅱ的规定。

说明 2:遮蔽水域包括海岸与岛屿、岛屿与岛屿围成的遮蔽条件较好、波浪较小的海域,且该海域内岛屿与岛屿之间、岛屿与海岸之间横跨距离不超过 10 n mile,或具有类似条件的水域。

装载仪在船上的配备可采用以下两种形式:

①配备单台装载仪;

②配备两套相同的装载仪,即主用机加备用机的形式。

(2)校核衡准

装载仪对总纵强度的校核采用许用静水剪力和静水弯矩衡准,即式(10-1-1)的要求。

$$\begin{cases} N_S' \leqslant N_S \\ \boldsymbol{M}_S' \leqslant \boldsymbol{M}_S \end{cases} \Rightarrow \begin{cases} \dfrac{N_S'}{N_S} \leqslant 100\% \\ \dfrac{\boldsymbol{M}_S'}{\boldsymbol{M}_S} \leqslant 100\% \end{cases}$$

因为装载仪软件功能强大、计算快捷且精确度高,所以它能实时计算任意装载状态下多个主要横剖面的静水剪力和静水弯矩,并在比对后将各个剖面中剪力和弯矩比值中最大的百分比数值单处显示出来。只要该最大值不超过100%,则说明船体总纵强度满足要求。由于船舶资料中的许用静水剪力和静水弯矩分海上和港内两种状态提供,所以剪力和弯矩比值也分两种状态显示。

3.首、中、尾实际吃水判断

船舶在一定的装载状态下,由于剪力和弯矩的存在,船体会产生一定的中拱或中垂变形。实际工作中,可以通过观测并比较首、尾平均吃水与船中吃水的大小来判断船体拱垂变形的方向和大小。若首、尾平均吃水大于船中吃水,则说明船舶处于中拱变形状态;若首、尾平均吃水小于船中吃水,则说明船舶处于中垂变形状态;若首、尾平均吃水等于船中吃水,则说明船舶处于无拱垂变形状态。首、尾平均吃水与船中吃水之差的绝对值反映了拱垂变形的程度,称为拱垂值,即

$$\delta = \left| d_{\text{⊗}} - \frac{d_F + d_A}{2} \right| \tag{10-1-3}$$

式中:δ——拱垂值(m);

$d_{\text{⊗}}$——船中左右舷平均吃水(m)。

经验表明,船体正常拱垂变形值为$L_{BP}/1\,200$ m,极限拱垂变形值为$L_{BP}/800$ m,危险拱垂值为$L_{BP}/600$ m。船体拱垂变形的正常范围为不超过$L_{BP}/1\,200$ m,极限范围为$L_{BP}/1\,200 \sim L_{BP}/800$ m,危险范围为$L_{BP}/800 \sim L_{BP}/600$ m,破坏范围为大于$L_{BP}/600$ m。

船舶装载或压载后,其拱垂值在正常范围内,则可以开航;拱垂值在极限范围内,只允许在海况良好的天气开航;拱垂值在危险范围内,应在对其进行调整使其脱离危险值后方可开航。

三、船舶总体布置对船体总纵弯曲的影响

根据机舱的不同位置一般将船舶分成中机船、尾机船和中后机船3种船型,它们对船体总纵弯曲的影响也有所不同。

1.中机船

中机船满载时,由于机舱处的重力远小于该处宽阔船体承受的浮力而出现较大中拱变形,而在空船压载航行时则可能出现轻微的中垂或中拱变形。在使用中机船时,应特别注意尽量减缓满载状态的中拱变形。

2.尾机船

尾机船空船压载时,因首尾部重力远大于该处狭窄船体承受的浮力而出现较大中拱变形,而满载时的拱垂变形量因船舶大小不同而异。大型尾机船满载时通常呈中垂变形,一般船舶则可能出现中垂或中拱变形,如为中拱,也远小于空船压载状态,因此,应通过合理分配压载水及其他油水的纵向布置来减小空船压载状态下的中拱变形。

3.中后机船

中后机船机舱位置介于中机船和尾机型船之间,满载时可能处于较小中拱或中垂状态,主要取决于机舱具体位置、船长等因素。压载航行时,一般为中拱变形且大于满载状态。

应当指出的是,上述不同船型对船舶拱垂变形影响是基于船上载荷纵向分布比较均匀情

况下的一般规律,由于实际装载条件下的重量纵向分布千差万别,以及船舶相关尺度和尺度比不尽相同,因此船舶在装载或压载后其纵向强度的具体状态应以实际校核为准。

四、保证船舶总纵强度满足要求的措施

对于已经投入营运的船舶,应合理分配载荷以改善船舶受力状态,满足船舶总纵强度条件,从而保证船舶安全和提高船舶营运效益。

1.按舱容比分配各舱货物重量

船体所受浮力沿纵向的分布是由水线下排水体积沿纵向分布决定的,而排水体积的纵向分布规律与船体内部容积沿纵向变化规律大体一致。因此,在配载中应按各舱容积大小成正比地分配各货舱货物重量。按舱容比分配各舱货物重量,可以保证船舶总纵强度满足要求。

设全船货舱总容积 $\sum V_{i.\mathrm{ch}}$,航次货运量 $\sum Q$,则具有 $V_{i.\mathrm{ch}}$ 舱容的某货舱应分配的货物重量 p_i 为

$$p_i = \frac{V_{i.\mathrm{ch}}}{\sum V_{i.\mathrm{ch}}} \cdot \sum Q \tag{10-1-4}$$

在实际装载中,由于受到货物忌装、吃水差调整等各种因素的影响,有时难以按舱容比分配货物重量,在保证安全的前提下,允许对所确定的分配重量做适量浮动,其上下浮动量一般可取该舱分配货量的 10%;必要时也可取船舶夏季满载时航次净载重量 *NDW* 按舱容比在该舱分配值的 10%。具体计算见表 10-1-4。

表 10-1-4 按舱容比向各货舱分配货物重量表

舱别	No.1	No.2	No.3	No.4	No.5	Total
货舱容积/m^3	3 075	4 119	4 210	5 719	3 967	21 090
舱容比	14.58%	19.53%	19.96%	27.12%	18.81%	100%
P_i/t	1 955	2 619	2 676	3 636	2 522	13 408
调整值/t	196	262	268	364	252	
上下限范围/t	2 151 1 759	2 881 2 357	2 944 2 408	4 000 3 272	2 774 2 270	

应该指出,按舱容比大小确定的各货舱装载计划,不一定是使船体受力最小的最佳方案,只是保证船舶总纵强度满足条件的较好或可行方案,若需制定出货物重量的最佳分配方案,尚需借助装载仪。

2.根据机舱不同位置适当调整中区货舱货物分配量

中机船满载时存在较大中拱变形。为此,应在中区货舱适当增大货物分配量而在首尾部货舱适当减少货物分配量,以减小中区重力和浮力的差异;对于大型尾机船因满载时呈中垂变形,则应适当减少中区货舱货物分配量并相应增大首尾货舱货物分配量。其增大或减少的货物数量一般可取按舱容比分配量的 10%或更大些。

3.应考虑中途港装卸货物对总纵强度的影响

当船舶在中途港卸下或装上的货物数量较大时,该港货物不得过于集中配装在一个货舱

内,以免卸货或装货后产生过大剪力或弯矩而损伤船体强度;也不应过于分散,否则会过多地移动或更换装卸工具。应视货物装或卸重量情况,适当分装于2~3个货舱内。

4.均衡装卸各舱货物,合理安排装卸顺序

货物在装卸过程中,应尽量使船长各段上的重力和浮力保持一致,这就要求各舱货物均衡装载或卸出。在实际工作中,应争取多头装卸作业,及时更换作业舱室,即各货舱交替进行装卸,防止在作业过程中出现某一货舱中货物与其他货舱中的货物重量悬殊。

对于某些种类的专用船舶,如干散货船、液体散货船等,为防止装卸过程中出现过大剪力和弯矩,需制订货物装卸计划,确定各舱装卸顺序及压载水注入或排放顺序。此类船舶尾机型偏多,因此,满载时应先卸中部舱位的货物,以减小船舶的中垂弯矩;空载时先装中部舱位货物,以减小船舶的中拱弯矩,打排压载水也应按类似原则确定其排注顺序。

5.油水的合理分布和使用

远洋船长航线营运时,航次油水储备量较多,因此油水的合理分布和使用对减小船舶纵向弯曲变形具有不可忽视的作用。

对于中机船,满载时常处于较大中拱状态,所以出港时油水应尽量集中在中部液舱柜;航行中使用时,应首先使用首尾部液舱柜中的油水而后用中部舱位的油水。

对于尾机船,空载时一般处于较大中拱状态,因此其油水的分布和使用原则与中机船满载时相同;大型船舶满载时常处于中垂状态,所以油水分布和使用原则与空载时相反,即中部液体舱柜的油水尽量装载少些,首尾液体舱柜尽量满些;航行中先使用中部液体舱柜的油水,后使用首尾部液体舱柜的油水。

对于中后机船,满载航行时,可能处于较小中拱或中垂状态,应依据船舶具体状态确定油水分布及使用方案;压载航行时,一般为中拱状态,因此油水分布和使用原则与尾机船的空船压载状态相同。

6.吃水差调整时兼顾船舶拱垂状态的改善

在配装或实际装载时,常在首尾部货舱留有一定富余舱容,用于在装货结束前调整吃水差。由于首尾货舱重量的变化对船体纵向弯曲变形的影响较大,因此调整吃水差的时候应综合考虑船舶拱垂变形的影响。

另外,在配载时利用货物纵移调整吃水差时,也应兼顾船舶总纵强度的改善。具体调整原则见表10-1-5。

7.合理压载

为改善船舶的航海性能,空载船舶需注入相当数量的压载水以确保航行安全。对于尾机船,空载时尾吃水差较大,且船舶处于中拱状态,若要减小船舶尾吃水差及中拱弯矩,除首部压载外,应尽量使用接近中区的压载水舱。对某些需使用中部某一货舱压载的船舶,应注意尽可能压满整个货舱,以减小自由液面及液体对舱壁的冲击效应;同时应防止重量过分集中而在前后横舱壁处产生过大的剪力,此时可根据具体情况排空压载货舱区的顶边舱及双层底压载水。

表 10-1-5 吃水差调整兼顾船体拱垂变形原则表

船舶状态(调整前)		载荷调整原则	
船舶浮态	纵向变形	重量纵移	重量增减
首倾	中拱	首部→中部	首部减载
首倾	中垂	中部→尾部	尾部加载
首倾	无	首部→尾部	
尾倾过大	中拱	尾部→中部	尾部减载
尾倾过大	中垂	中部→首部	首部加载
尾倾过大	无	后部→首部	
平吃水	中拱	首、尾部→中部	中部加载/首部减载
平吃水	中垂	中部→首、尾部	中部减载/首部加载

8.避免船舶在波浪中的纵谐摇

船舶在顺浪中航行时,若船长等于波长且船速等于波速,船舶则会出现纵向谐摇。船体中部处于波谷或波峰位置上,会加大船舶的中拱弯矩或中垂弯矩,且长时间得不到改变,这对船体强度极为不利,应避免这种纵谐摇的存在和持续状态。为此,一般应采取改变航向或船速或在改变航向的基础上同时改变船速的方法,使船舶摆脱其不利处境,确保船舶总纵强度不受损伤。

第二节 船舶局部强度

船舶在重力和浮力作用下,除了使各横剖面上产生剪力和弯矩从而使船体产生总纵弯曲变形和剪切变形外,还将在局部范围内对船体的结构产生压力,使这些结构发生局部变形,即局部结构的弯曲变形或剪切变形。这种变形超过一定限度会造成结构损坏。若受损的局部结构属于参加抵抗总纵弯曲的构件,则还会使局部损坏范围内的横剖面上抵抗总纵剪切和弯曲的有效构件数量减少,即受损构件不能有效地传递总纵弯曲应力,从而使船体总纵强度下降。为此,要求船体各部分结构在外力作用下具有抵抗局部变形和损坏的能力,船体所具备的这种能力称为局部强度(local strength)。对营运船舶来说,主要应考虑甲板、平台、舱底及舱盖等载货部位的局部强度。

一、局部强度校核

船体局部强度在设计和建造时按有关建造规范的要求予以满足。对于船舶使用者而言,关心的主要问题是各载货部位可承重的最大能力如何。在装货过程中确保各部位的实际载重不超过承重的允许值,则认为船舶局部强度符合要求。

1.许用负荷量的表示方法

载货部位局部强度所允许的载荷重量的极值称为该位置处的许用负荷量。根据载荷的分布情况及特征,实际营运中有以下几种形式的许用负荷量表示方法:

(1)均布载荷

均布载荷是作用在载荷部位上货物重力均匀分布在某一较大面积上,如固体散货或液体散货均匀装于舱室内,使甲板或舱底所受压力相同。

由于均布载荷时载货部位上各处压力相同,将载货部位单位面积上允许承受的最大重量定义为均布载荷条件下的许用负荷量 P_d，单位为 kPa。

(2)集中载荷

集中载荷是指货物重力集中作用在一个较小的特定面积上,如重大件货的底脚、支架等。特定面积是指向该区域下的承重构件(如甲板纵桁)施加集中压力的骨材(如甲板纵骨和横梁)之间的面积。

由于集中载荷时货重作用在一特定面积上,因此,将载货部位特定面积上允许承受的最大重量定义为集中载荷条件下的许用负荷量 P,单位为 kN。

(3)车辆载荷

车辆载荷是指载车部位上的车辆及其所载货物的重量集中作用在特定数目的车轮上,如铲车及其所铲起的货物、拖车及其上面的集装箱等。

车辆载荷时的车、货重量作用在车轮上,所以,将载车部位在不同车轮数目时所允许承受的车辆及所载货物的最大总重称为车辆载荷条件下的许用负荷量 P_v，单位为 kN。

(4)堆积载荷

堆积载荷是指集装箱船的甲板、舱盖或舱底上不同的 20 ft 或 40 ft 集装箱底座所能承受的最大重量,习惯单位为 t。

2.许用负荷量的求取

(1)查取船舶资料

船舶各载货部位的许用负荷量一般可以从船舶局部强度计算书中查取,有的船舶也列在装载手册中。

表 10-2-1 为某船各载货层甲板许用负荷量。

表 10-2-1　某船各载货层许用负荷量表(9.81 kPa)

载荷 \ 位置	上甲板	二层甲板	内底板	上甲板舱盖	二层舱舱盖
均布载荷	1.75	2.5~3.5	7.5	1.75	No.1 舱 4.0 其他舱 3.5
车辆载荷		4 个前轮 10 t 2 个前轮 2 t	4 个前轮 10 t 2 个前轮 10 t		

有的船舶各层甲板许用负荷量常分舱、分部位按集中载荷和均布载荷给出舱底板许用负荷量以舱为单位给出。舱底板许用负荷量则以舱为单位给出,而二层甲板和上甲板许用负荷量则以舱为单位按不同部位给出,一般分为舱盖、舱口外和舱口间 3 个部位(如图 10-2-1 所示)。不同部位的许用负荷量是有一定差别的，查取时应按不同的载荷种类并根据实际装载位置读出相应数值。

表 10-2-2 为某船各层甲板许用负荷。

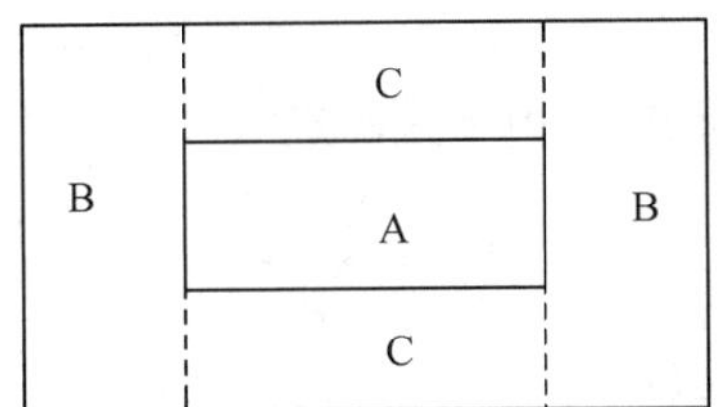

图 10-2-1 甲板负荷分区图

A—舱盖;B—舱口间;C—舱口外

表 10-2-2 某船各层甲板许用负荷表

位置	货舱号		
	No.1 货舱	No.2~No.4 货舱	No.5 货舱
上甲板	均布载荷 Ⅰ. $p_h = 0$ kPa 时 $p_d = 32.18$ kPa(舱口外) $p_d = 32.57$ kPa(舱口间) Ⅱ. $p_h = 15.01$ kPa $p_d = 32.18$ kPa 集中载荷 $P = 107.91$ kN(舱口外) $P = 45.62$ kN(舱口间)	均布载荷 Ⅰ. $p_h = 0$ kPa 时 $p_d = 22.96$ kPa(舱口外) $p_d = 17.46$ kPa(舱口间) Ⅱ. $p_h = 14.13$ kPa 时 $p_d = 20.90$ kPa(舱口外) $p_d = 17.46$ kPa(舱口间) 集中载荷 $P = 104.97$ kN(舱口外) $P = 34.83$ kN(舱口间)	均布载荷 Ⅰ. $p_h = 0$ kPa 时 $p_d = 32.18$ kPa(舱口外) $p_d = 32.57$ kPa(舱口间) Ⅱ. $p_h = 14.13$ kPa 时 $p_d = 19.62$ kPa(舱口外) $p_d = 17.46$ kPa(舱口间) 集中载荷 $P = 104.97$ kN(舱口外) $P = 34.83$ kN(舱口间)
中间甲板	均布载荷 $p_h = p_d = 212.58$ kPa 集中载荷 $P = 103.99$ kN(舱盖) $P = 64.75$ kN(舱口外) $P = 83.88$ kN(舱口间)	均布载荷 $p_h = p_d = 22.96$ kPa 集中载荷 $P = 77.55$ kN(舱盖) $P = 60.14$ kN(舱口外) $P = 84.12$ kN(舱口间)	均布载荷 $p_h = p_d = 22.96$ kPa 集中载荷 $P = 77.50$ kN(舱盖) $P = 75.64$ kN(舱口外) $P = 81.42$ kN(舱口间)
底舱或平台	压载平台载荷 在 173 肋骨前 $p_d = 74.95$ kPa 在 173 肋骨后 $p_d = 117.72$ kPa	船底载荷 均布载荷 $p_d = 154.02$ kPa 集中载荷 $P = 85.84$ kN	轴隧平台载荷 在 19 肋骨前 $p_d = 102.02$ kPa 在 19 肋骨后 $p_d = 37.77$ kPa

(2)经验公式计算

若船上无上述资料,则可用以下经验公式估算各层甲板的许用负荷量。

①上甲板

对设计时不考虑在露天甲板装货的船舶,不允许在上甲板装货。对于允许装载货物的上甲板,其许用负荷且 P_d 可按下式估算:

$$P_d = \frac{9.81 H_c}{\mu} \tag{10-2-1}$$

式中:H_c ——上甲板货物的设计堆高,重结构船取 1.5 m,轻结构船取 1.2 m;

μ——船舶设计时采用的舱容系数(t/m³)。

②中间甲板和舱底

中间甲板和舱底的许用负荷 P_d 可由下式确定

$$P_d = \frac{9.81H_d}{\mu} \tag{10-2-2}$$

式中:H_d ——二层舱或底舱高度(m)。

当船上没有设计 μ 资料时,可以将其取为 1.39 m^3/t。对满足建造规范规定的重货加强要求的船舶的底舱,可取 0.83 m^3/t。

大多数情况下,利用经验公式所确定的甲板许用负荷量偏于保守,即船舶实际甲板负荷量可能远大于许用负荷量。如果有理由认为利用经验公式所确定的许用负荷量过小,则可在船舶装载时可适当超过此值。

3.实际负荷量的计算

货物装载后实际负荷量大小应根据载荷的不同类型予以计算。

(1)集中载荷

货件的底脚、轮、支柱等部位对甲板的压力可作为集中载荷对待。如果货件的重量分布均匀且支承点对称,则各支承点处的压力应为货件总重量与支承点数目的比值。

货件重量非均匀分布或支撑点不对称等原因引起货件下各支承点处的压力不相同时,应分别估算。在估算集中载荷条件下实际甲板负荷时,应根据货件装载计划及支撑点尺寸首先确定货件底部支撑面积所横跨的骨材数目 n,则每个骨材上的实际负荷为

$$P' = \frac{9.81W}{n} \tag{10-2-3}$$

式中:W——重量均匀分布时,W 为货件总重量(t);重量非均匀分布时,W 为某支承点所分担的货件重量(t)。

(2)均布载荷

各类固体散货、液体散货或普通杂货的货堆下的压力可作为均布载荷对待。均布载荷条件下的甲板实际负荷量 P_d' 可按下式计算(如图 10-2-2 所示):

$$P_d' = \frac{9.81\sum P_i}{A} \tag{10-2-4}$$

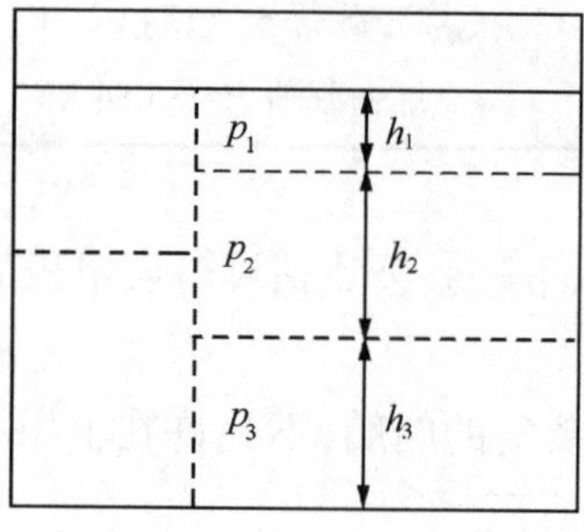

图 10-2-2 均布载荷求算

或

$$P_d' = 9.81 \sum \frac{h_i}{SF_i} \qquad (10\text{-}2\text{-}5)$$

式中：P_i ———第 i 层货物的重量(t)；

A——— 货堆底面积(m^3)；

h_i ———第 i 货层堆高(m)；

SF_i ———第 i 层货物的积载因数(m^3/t)。

在进行货层堆高估算时，一般假定各层货物上表面是水平的，且舱内所有货物的最终表面也是水平的；货物体积与舱容的比值等于货层堆高与舱高的比值。在这些假定下利用简单的几何关系确定各货层堆高，并计算出对舱底或甲板的压力。当然，对不同舱型，需对上述方法求出的货高予以修正，尤其是首、尾部货舱。

4.满足船舶局部强度要求的条件

由上可知，满足船舶局部结构安全的条件是货物装载后载货部位的实际负荷量不大于相应部位的许用负荷量。

值得注意的是，在某些载荷情况下，若所装载部位同时具有均布载荷和集中载荷的局部强度要求，则在校核时，均布载荷和集中载荷的局部强度条件都应满足。

例 10-2-1：某船甲板许用负荷量如表 10-2-2 所列。某航次在 No.3 舱上甲板口外装载一挖土机，重量为 35 t，每条履带与甲板的接触长度为 4.0 m、宽度为 0.6 m，试确定铺垫方法。

解：

(1)计算甲板实际负荷量 P_d'

$$P_d' = \frac{9.81W}{A} = \frac{9.81 \times 35}{4 \times 0.6 \times 2} = 71.53 \text{ kPa}$$

(2)查取甲板许用负荷量 P_d 和 P

由表 10-2-2 中查得 No.3 舱上甲板舱口外 P_d = 22.96 kPa，P = 104.97 kN。

(3)比较 P_d' 和 P_d，显然 $P_d' > P_d$，故需铺垫垫木。

(4)计算垫木提供的承载面积 A'

$$A' = \frac{9.81W}{P_d} = \frac{9.81 \times 35}{22.96} = 14.95 \text{ m}^2$$

(5)确定衬垫方法

挖土机重量 W = 9.81 × 35 = 343.35 kN，装载部位集中装载的许用负荷量 P = 104.97 kN，两者比值 $\frac{W}{P} = \frac{343.35}{104.97} = 3.27$，所以下层垫木应沿横向跨甲板下纵骨的方向设置，其跨度为 4 倍的纵骨间距。

例 10-2-2：某船 No.2 底舱均布载荷时的许用负荷量 P_d = 15.7× 9.81 kPa，现在舱内装载五金 1 600 t(SF = 0.5 m^3/t)、棉纺织品 100 t(SF = 4.5 m^3/t)、重烧镁 500 t(SF = m^3/t)、草制品 90 t(SF = 7.2 m^3/t)，货物装载方案如图 10-2-3 所示。

该舱舱容 2 710 m^3，舱高 7.2 m，试校核其舱底负荷是否安全。

解：

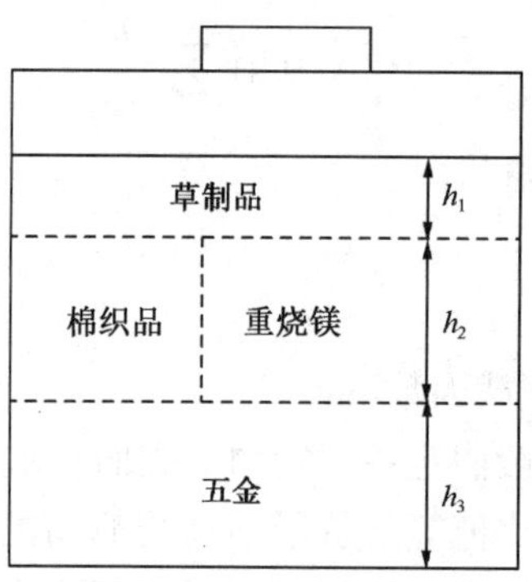

图 10-2-3　No.2 底舱配置图

（1）计算各层货高

五金堆高 h_1 为

$$h_1 = 7.2 \times \frac{1\,600 \times 0.5}{2\,710} = 2.13\ \text{m}$$

棉织品和重烧镁的堆高 h_2 为

$$h_2 = 7.2 \times \frac{100 \times 4.5 + 500 \times 1.1}{2\,710} = 2.66\ \text{m}$$

草制品堆高 h_3 为

$$h_3 = 7.2 \times \frac{90 \times 7.2}{2\,710} = 1.72\ \text{m}$$

（2）计算舱底实际负荷量 P_d'

靠近重烧镁一侧的 P_d' 较大，其值为

$$p_d' = \left(\frac{2.13}{0.5} + \frac{2.66}{1.1} + \frac{1.72}{7.2}\right) \times 9.81 = 6.92 \times 9.81\ \text{kPa}$$

（3）判断是否满局部强度条件

$P_d' = 6.92 \times 9.81\ \text{kPa} < P_d = 15.7 \times 9.81\ \text{kPa}$，局部强度满足。

例 10-2-3：某船 No.3 二层舱舱高 3.5 m，舱容 1 500 m^3，均布载荷时的许用负荷量 P_d = 24.96 kPa，所装货物如图 10-2-4 所示，装货后货物表面呈水平状。试校核二层甲板的局部强度，若不满足，应怎样调整？调整后的局部强度如何？

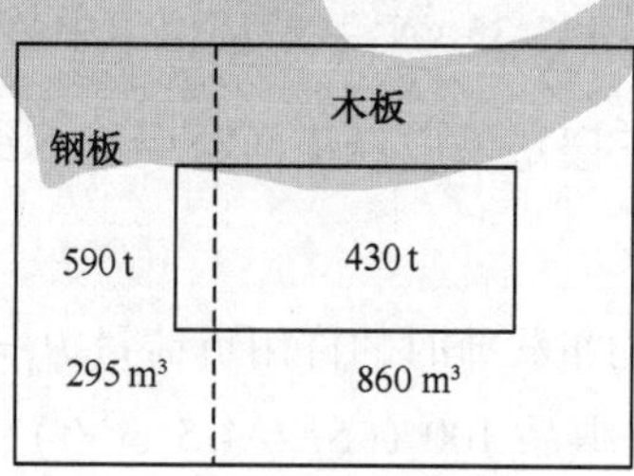

图 10-2-4　No.3 二层舱配置图

解：

①求钢板和木板的货高 h

$$h = 3.5 \times \frac{295 + 860}{1500} = 2.70 \text{ m}$$

②求钢板一端甲板实际负荷量

$$P_d' = \frac{2.70}{295/590} \times 9.81 = 52.97 \text{ kPa}$$

③判断是否满足局部强度条件

$$P_d' = 52.97 \text{ kPa}$$

$$P_d = 24.96 \text{ kPa}$$

$P_d' > p_d$，所以不满足强度条件。

④调整装载计划

拟将钢板和木板上下分层堆装且钢板在下、木板在上平铺整个货舱。

⑤校核装载计划调整后的局部强度

No.3 二层甲板面积

$$A' = \frac{1\ 500}{3.5} = 428.57 \text{ m}^2$$

调整后甲板实际负荷量

$$P_d' = \frac{590 + 430}{428.57} \times 9.81 = 23.35 \text{ kPa}$$

$P_d' < P_d$，所以调整后装载方案满足局部强度要求。

二、保证船舶局部强度满足要求的措施

在实际工作中，应从下述几方面保证船舶局部强度：

1.适当减小旧船的许用负荷量

船龄较大的老旧船舶，船体强力构件因锈蚀而强度降低，因此，船舶资料中所列出的许用负荷量应适当减小，其减小量应根据船舶强力构件锈蚀的程度来确定。

2.舱内货重分布尽量均匀

货物配装时，在满足卸货港序及货物相容性前提下，货物重量在舱内应尽量均匀分布。重货应尽可能不扎位装载，不过分集中装于某一舱位，注意轻重货物的合理搭配。

3.重大件货合理配装和衬垫

重大件货应配装在局部强度较大处，若配装在二层舱或上甲板，应尽量安排在甲板下有支柱的位置，必要时可在其下加设撑柱。重大件货受力点应尽可能落在横梁、舱壁、纵骨等强力构件处。必要时货件下应进行衬垫，以增大底部承载面积，降低实际负荷量及甲板或舱底下骨材所分担的重量。衬垫时应横跨相应骨材，使重量分散到多个骨材上。

4.上甲板舱盖上不装重货

除集装箱船外，一般干货船的上甲板舱盖上不允许堆装重货，如需要时只能装载少量轻货，以防舱盖受力过大而变形漏水。

5.固体散货在装舱时应注意平舱

固体散货在装载时,因装船机械性能及操作条件等方面的限制,舱内货物表面会出现高低不平的现象及货物向舱口下方区域集中的趋势,这势必会造成舱底负荷不均衡。对于积载因数较小的矿石类重货,不同位置货高的较大差异将极有可能使作用于舱底的实际负荷超出许用值,从而导致局部结构的破坏。

为避免上述不利于船体强度的现象出现,除限制货舱内货物装载量外,还应采取平舱措施尽可能使货物散落至货舱应达舱位并保持货物表面水平。

6.重货装载时应限制其落底速度

无论是重件货还是积载因数 SF 较小的固体散货,若落底速度较大,则舱底或甲板除重力作用外,还受到一定冲击力,这对船体强度极为不利,因此,在装载时应限制其落底速度。

第三节　船舶扭转强度

扭转强度(torsional strength)是指整个船体抵抗扭转变形和破坏的能力。当船体斜置在波浪上时,船体前后位置左右两侧的浮力不对称,会使船体产生扭转变形;或者船舶装货后,其前后位置的左右货重不对称,也会产生扭转变形。对于甲板具有大开口的船舶,如集装箱船、敞口驳船、矿砂船、某些运输重大件货物的专用船舶等,应校核其扭转强度。

1.甲板大开口定义

符合下列任一条件的甲板开口为大开口:

(1) $\dfrac{b}{B_1} \geqslant 0.7$;

(2) $\dfrac{l_H}{l_{BH}} \geqslant 0.89$;

(3) $\dfrac{b}{B_1} \geqslant 0.6$ 且 $\dfrac{l_H}{l_{BH}} \geqslant 0.7$。

式中:b ——开口宽度(m)。如有几个舱口并列,则 b 代表各开口宽度之和,即 $b = b_1 + b_2$,如图 10-3-1 所示。

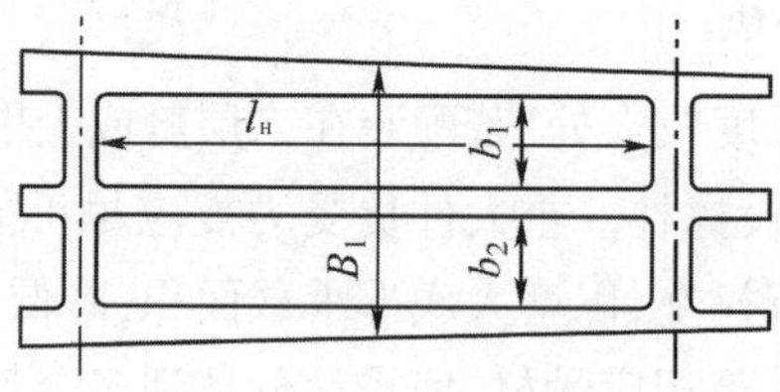

图 10-3-1　甲板大开口示意图 1

B_1——在开口长度中点处包括开口在内的甲板宽度(m)。

l_H——舱口长度(m)。

l_{BH}——每一舱口两端横向甲板条中心线之间的距离(m),如图 10-3-2 所示。如舱口前或后再无其他舱口,则算到 l_{BH} 壁为止。

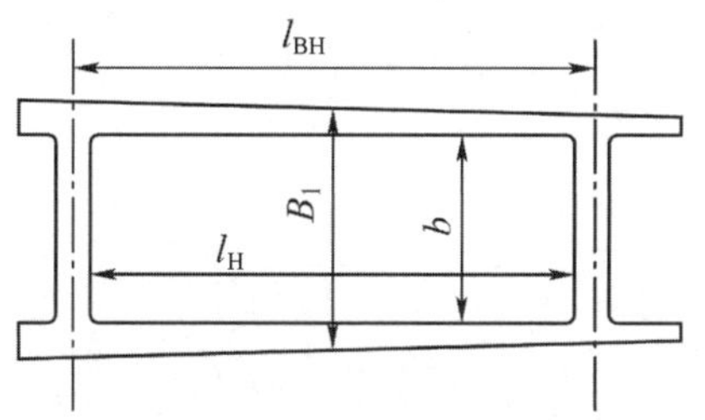

图 10-3-2 甲板大开口示意图 2

2.扭转强度校核

扭转强度校核的衡准是沿船长方向各剖面受到的实际静水扭矩不超过其许用静水扭矩。其中,许用静水扭矩由船舶资料提供(如装载手册)。航海实践中,扭转强度的校核由装载仪完成。

第十一章 船舶抗沉性

船舶在使用过程中由于碰撞、触礁等恶性海损事故发生导致船舱破损进水后，将引起船舶的下沉和倾斜，使船舶的浮态和稳性发生变化，如果进水量过大船舶会由于储备浮力的丧失而沉没、因稳性不足而倾覆，会给人员生命及财产和环境造成重大损失。

大量的海损事故使人们认识到船舶抗沉性的重要性，为确保船舶安全航行，国际海事组织（IMO）的《国际海上人命安全公约》（SOLAS 公约）及我国颁发的《船舶与海上设施法定检验规则》中，对各类民用船舶的抗沉性提出了明确的规定和强制性的要求。船舶在设计和建造中充分考虑船舶的抗沉性而采取将船体进行水密分舱等有关措施，使船体本身具有一定的抗沉能力。各类船舶在抗沉性的设计要求上是不同的，军舰的抗沉性要求要明显高于民用船舶；民用船舶中客船的抗沉性要高于货船，无限航区的抗沉性要高于沿海船舶，沿海船舶要高于内河船舶。

第一节　抗沉性概念、进水舱分类及渗透率

一、抗沉性概念

抗沉性是指船舶在一舱或数舱破损进水后，仍能保持一定浮性和稳性，使船舶不致沉没或延缓沉没时间，以确保人命和财产安全的性能。当船舶海损事故发生时，作为船舶的驾驶者应能根据船舶的实际营运情况，迅速对船舶的施救能力及船舶破损后的安全性做出准确的判断并采取正确的行动。船舶在营运中会因下列原因导致船舱进水、发生海损事故：

（1）船舶发生碰撞、搁浅、触礁等恶性事故使船壳破损，造成船舶进水。

（2）船体因严重腐蚀和/或受力超出船体强度条件，导致船体骨架断裂或船壳钢板开裂或脱落。

(3)相关阀门误操作或管系和阀门破损,如经过货舱内的压载舱管道在舱内货物作业中被铲车撞破。

(4)其他原因,如大风浪使船舶舱面水密设备受损,船舱进水;开航时未将滚装船船首水密舱门(兼作连接泊位与船舱的跳板)关闭等。

二、进水舱分类

在抗沉性计算中,根据船舱进水情况,可将进水舱分为下列三种情况(如图 11-1-1 所示)。

第一类进水舱:舱的顶部位于水线以下,船体破损后海水充满整个舱室,舱顶未破损,如双层底底部破损。其特点是进水量是固定的,舱内没有自由液面,对船舶的浮态和稳性影响较小,计算时可视为装载固体重量来处理(如图 11-1-1 中 a 所示)。

第二类进水舱:舱内与舷外水不相通,水未充满整个舱室,如甲板上浪、水喷淋系统灭火等原因致使舱内积水。其特点是进水量根据具体情况而定,存在自由液面的影响,计算时可视为装载液体重量计算(如图 11-1-1 中 b 所示)。

第三类进水舱:舱室的顶盖在水线以上,舱内水与舷外水相通,舱内水面与舷外水面始终保持在同一水平面(如图 11-1-1 中 c 所示),如船舶的机舱、货舱水线以下的舷侧破损进水。这是最典型的船舱进水情况,其特点是进水量是随着船舶的下沉及倾斜而变化,存在自由液面影响,需要进行逐次逼近的近似计算。这种情况是船体破损计算中常见且对船的危害最大的,船舶抗沉性研究的主要是这种情况。

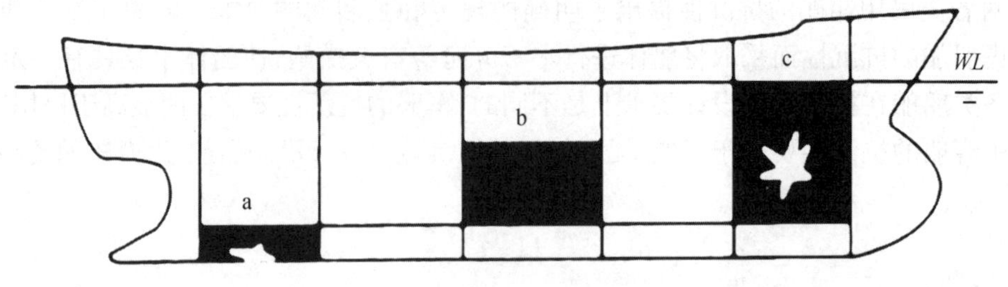

图 11-1-1　三种进水舱类型

三、渗透率

渗透率(permeability)是指船舶的某一处所能被水浸占的百分比。船舶破损浸水量的大小取决于破损舱的实际浸水体积 V_1,船舱内各种结构构件、设备、机械和货物等占据了一定的空间。因此,船舱内实际浸水体积 V_1 总是比理论浸水体积 V 要小。两者的比值称为体积渗透率 μ_v

$$\mu_v = \frac{V_1}{V} \tag{11-1-1}$$

除了体积渗透率外,还有面积渗透率 μ_A 的概念,即实际浸水面积 A_1 与理论浸水面积 A 之比值。

$$\mu_A = \frac{A_1}{A} \tag{11-1-2}$$

体积渗透率μ_v,与面积渗透率μ_A之间并无一定联系,在一般计算中可取相同的数值。通常所说的渗透率常指体积渗透率。船舶各处所的渗透率是不同的,其大小视舱室用途及装载情况而定。一般空舱$\mu \approx 0.95$,起居处所$\mu \approx 0.95$,机器处所$\mu \approx 0.85$,装载一般货物、煤或物料储藏专用处所$\mu \approx 0.6$等。营运中船舶货舱的实际渗透率应结合货舱的载况确定,若实际渗透率小于规定的渗透率值时,则船舱进水比计算状态偏于安全。

四、计算抗沉性的两种基本方法

船舱破损进水后,利用确定性方法计算船舶浮态和稳性的基本方法有两种:重量增加法和固定排水量法(浮力损失法)。

1.重量增加法

重量增加法(adding weight method)是把船舶破损后进入舱内的水看成船舶增加的液体载荷。船舶破损后载重量增加,船舶的排水量比初始排水量增加了一个进水重量,且船舶的重心位置也发生了变化。这时,船厂或设计单位为船舶配备的浮性、稳性和吃水差计算用的图纸和资料全部有效。

2.固定排水量法

固定排水量法(loss buoyancy method)是把船舶破损后进入舱内的水视为舷外水。船舶破损后的重量和重心位置保持不变,进水体积的浮力已经失去,船舶需下沉、增加补偿损失的浮力。因此,船舶破损后其排水量不变,但排水体积的形状和浮心位置发生变化。

值得注意的是上述两种方法计算所得的船舶排水量、重心位置及初稳性高度是不同的,但船舶的浮态、最终水线是完全一致的,进水后船舶排水量与初稳性高度的乘积(稳性系数)是不变的,即两种方法计算所得的结果是相同的。

在实际应用中,对于第一类和第二类舱室破损进水情况,通常进水量较小可利用少量装卸货物的思路,采用重量增加法确定船舶的浮态和稳性。对于第三类舱室破损进水,通常在船舶设计时采用固定排水量法,在船舶营运中,习惯上采用迭代逼近的重量增加法计算,使问题简单化。

第二节　破损控制图及船舶破损控制手册

破损控制图和破损控制手册为船上高级船员提供有关船舶水密舱室以及维护舱室边界和保持分隔有效性装置的准确信息,以便在船舶破损情况下,能给予合适的预防以避免通过开口进一步进水,并采取有效措施以快速减轻,可能的话,使船舶损失的稳性得到恢复。破损控制图清楚、简明地给船长提供一种评估船舶破损后果的快速方法,帮助船长在船舶破损引起的危机情况下采取行动。

破损控制图和破损控制手册应清楚和易于理解，它不应包括与破损控制没有直接关系的信息，并应提供以船上的工作语言写成的文本。如果制定破损控制图和破损控制手册时采用的不是 SOLAS 公约中规定的任何一种官方语言，应有一份翻译成其中一种官方语言的文本。

根据 SOLAS 公约要求，客船、1992 年 2 月 1 日及以后建造的干货船和 2009 年 1 月 1 日及以后建造的所有船舶均应随船携带船舶破损控制图和破损控制手册。

一、破损控制图（Damage Control Plans）

对于客船，破损控制图应在驾驶室、船舶控制站、安全中心永久展示或保持随时可用。对于货船，除在驾驶室永久展示或保持随时可用外，破损控制图还应在货控室、所有船上办公室或其他合适的场所永久展示或保持随时可用。

破损控制图要有足够的比例尺清晰地显示所要求的内容，包括船内轮廓、每层甲板俯视图以及显示必要内容的区域横剖面图。

（1）船舶的水密分隔。

（2）横贯进水装置，泄放塞和纠正由于进水造成的横倾的机械装置的位置和布置，以及所有阀和遥控装置的位置（如有）。

（3）所有内部水密关闭装置的位置，包括滚装船上防撞舱壁延伸区域的内部船首斜坡或吊门和它们的控制装置，以及就地控制和遥控控制装置，开启/关闭指示器和警报装置的位置。根据 SOLAS 公约的要求，在航行过程中不允许开启和允许开启的水密关闭装置都应清楚地指明。

（4）船舶外壳上的所有的门，开启/关闭指示器，渗漏检测和监测装置的位置。

（5）货船所有外部水密关闭装置的位置，开启/关闭指示器和警报装置的位置。

（6）舱壁甲板以上和最低露天甲板上局部分舱舱壁的所有风雨密关闭装置，以及控制和开启/关闭指示器的位置（如适用）。

（7）所有舱底泵和压载水泵，以及它们的控制装置和相关阀的位置。

二、破损控制手册（Damage Control Booklets）

根据 SOLAS 公约和 MSC/Circ.1245 通函的要求，船舶除具备破损控制图外，还必须同时编制破损控制手册，要求如下：

（1）破损控制图中的所有内容应在破损控制手册中重复列出。

（2）破损控制手册应包括控制破损后果的一般指导：

①立即关闭所有水密和风雨密关闭装置；

②确定船上人员的位置和安全性，对液舱和舱室进行测深以确定破损的范围，并对进水舱室重复测量以确定进水的速率；

③就横倾和为减少横倾或纵倾采取液体转换的原因，以及因此产生的附加自由液面和为控制进水起动泵浦进行排放操作的后果，提出警戒性的建议。

（3）针对破损控制图中的信息，破损控制手册应包含更详细的内容，如所有不高于露天甲板的进水探测系统、测深仪、液舱通风管和溢流管的位置，泵的排量，管系分布图，横贯进水装置的操作指南,根据破损控制部分从舱壁甲板以下的水密舱室通过和撤离所采取的方式,提示船舶管理部门和其他组织应遵守规定并在需要时协调提供援助。

(4)如适用,应指出可能引起进一步进水的没有自动关闭装置的非水密开口的位置,以及对非结构性舱壁和门或其他使进入海水流速减慢的阻隔造成至少暂时性不对称进水状态的可能性做出指导。

(5)如果破损控制手册中包括分舱和破舱稳性的分析结果,则应提供另外的指南,以确保参考这些信息的船上高级人员意识到这些分析结果仅为评估船舶相关的残余稳性时提供帮助。

(6)指南应采用与分舱和破舱稳性分析相同的标准,并明确指出分舱和破舱稳性分析中假定的船舶装载的初始状态、破损的范围和位置、渗透率等可能与船舶的实际破损情况没有关系。

三、使用注意事项

(1)所有的高级船员都要熟悉和了解本船破损控制图的内容和控制要求,掌握有关预防进水的信息、破损控制计划及相关的资料。避免在 PSC 检查时因为不熟悉破损控制图的要求而导致滞留。

(2)船舶所有人员平时应做好预防工作,熟悉破损控制图的内容,责任明确到人;一旦发生破损事故时,能够及时应用自己的专业技能,对船舶的实际破损状态做出正确的判断,采取切实可行的自救自控措施。

(3)破损控制图和破损控制手册须经主管机关或主管机关指定的船级社审批并盖章,原件由船长负责保管。

(4)船舶应经常检查确认驾驶台和货控室存放的破损控制图。

(5)当船舶的设备、水密关闭装置等需要换新时,应保持与经批准的破损控制图和破损控制手册的一致性,尤其是水密关闭装置的方向不能轻易更改。

第十二章
包装危险货物运输

危险货物(dangerous goods, dangerous cargo)指具有燃烧、爆炸、腐蚀、毒害、放射性及环境污染等特性,在运输、装卸和储存中,如处理不当,容易造成人身伤亡、财产毁损和/或环境污染,需要特别防护的货物。

海上危险货物运输具有运量大、品种多、涉及部门广、风险大和运价高的特点。对此,国际海事组织和世界许多国家都以立法形式制定了本国的危险货物运输规则。为方便并促进危险货物的国际运输,国际海事组织制定并出版了国际统一的危险货物海运规则——《国际海运危险货物规则》(International Maritime Dangerous Goods Code,IMDG Code,以下简称《国际危规》)。该规则于 1982 年被我国宣布承认,作为《1974 年国际海上人命安全公约》(即 SOLAS 1974)第Ⅶ章修正案的内容,自 2004 年 1 月 1 日起,规则的绝大部分在国际危险货物海运中已具有强制性。我国交通运输部以《国际危规》为蓝本制定并颁布了《水路危险货物运输规则》第一部分“水路包装危险货物运输规则”(以下简称《水路危规》)。该规则已从 1996 年 12 月 1 日起在我国境内的危险货物水路运输中实施,并已于 2018 年 9 月 15 日起废止。

若无特别说明,本章中的包装危险货物是指带包装的各类危险货物,也包括载于集装箱、可移动罐柜、公路或铁路车辆等运输单元内的无包装固体或液体危险货物。

第一节　包装危险货物的分类及特性

危险货物品种繁多,性质各异,且危险程度大小不一,多数兼有多种危险性质。为便于危险货物的安全运输和管理,有必要对其进行科学分类。《国际危规》中,根据危险货物所呈现的主要危险性,将其划分为九大类。对于具有一种以上危险性质的货物,应以占主导地位的危险性确定其归类,其他为副危险,在运输中必须兼顾此类货物的副危险性质。

一、第1类——爆炸品

1.定义

爆炸品系指在外界作用下(如受热、撞击等),能发生剧烈的化学反应,瞬时产生大量的气体和热量,使周围压力急剧上升,引发爆炸的物质和物品,也包括仅产生热、光、音响或烟雾等一种或几种作用的烟火物质。具体包括:

(1)爆炸性物质(explosive substances)是指能通过本身的化学反应产生气体,其温度、压力和爆速会对周围环境造成破坏的固体或液体物质或几种物质的混合物。

(2)烟火物质(pyrotechnic substances)是指设计上为产生热、光、声、气体或所有这一切的结合达到一种效果的一种或几种物质的混合物,这些效果是通过非爆燃性、持续放热等一些化学反应产生的。

(3)爆炸性物品(explosive articles)是指含有一种或多种爆炸性物质的物品。

所有具有或怀疑具有爆炸特性的物质或物品须考虑划分到第1类。《国际危规》中禁止运输过度敏感或易发生自发反应的爆炸性物质。

2.爆炸品的分类

按爆炸产生的危险性大小,《国际危规》将爆炸品分为6个小类。

第1.1类——具有整体爆炸(一经引发,瞬间几乎影响到全部货载的爆炸)危险的物质或物品。如起爆药、爆破雷管、黑火药、导弹等。

第1.2类——具有抛射的危险,但无整体爆炸危险的物质或物品。如炮弹、枪弹、火箭发动机等。

第1.3类——具有燃烧危险和有较小爆炸或较小抛射危险或同时兼有此两者危险,但无整体爆炸危险的物质或物品。该类物质能产生相当大的辐射热或相继燃烧,产生较小爆炸或抛射作用或兼有两种作用。如导火索、燃烧弹药、烟幕弹药、C型烟火等。

第1.4类——无重大危险的物质或物品。此类货物万一被点燃或引爆,其危险仅限于包装件内部,而对包装件外部无重大危险。如演习手榴弹、安全导火索、礼花弹、烟火、爆竹等。

第1.5类——有整体爆炸的危险但极不敏感的物质或物品。此类货物性质比较稳定,在着火试验中不会爆炸。但当船上大量运载时,则其由燃烧转变为爆炸的可能性大为增加。如E型或B型引爆器、铵油、铵沥蜡炸药等。

第1.6类——无整体爆炸危险的极不敏感的物品。指仅含有极不敏感的爆炸物品,被意外点燃或传爆的可能性极小的单项物品。

按照爆炸产生的危险性大小,其排列顺序依次为1.1类、1.5类、1.2类、1.3类、1.6类、1.4类。

凡怀疑具有爆炸特性的物质和物品,首先应考虑将其划分到第1类中。

3.爆炸品的特性及其衡量指标

化学爆炸性是爆炸品的主要特性。当受到摩擦、撞击、振动、高热、点燃、静电感应或与氧化剂、还原剂等不相容物质接触时都有引发爆炸的危险,放出具有足够能量的高温、高压气体,并迅速膨胀做功，从而对周围环境造成破坏。此外大多数爆炸品本身具有不同程度的毒性，而爆炸过程中会生成毒性气体（如一氧化碳）或窒息性气体（如二氧化碳、氮气）。在这类物品中，敏感度及爆炸能力过强的物品，若未经处理，则禁止运输。

衡量爆炸品危险性的指标包括：

（1）爆发点：将爆炸品加热规定时间（5 s）能发生爆炸时的最低温度。用于反映其受热发生爆炸的敏感程度。在 5 s 延滞期下，爆发点低于 350 ℃是确认爆炸品的参考标准。

（2）爆轰速度：爆炸品爆炸时其爆轰波沿爆炸品内部传播的速度。以每秒传播的长度（m/s）来表示。爆轰速度大于 3 000 m/s 是确认爆炸品的参考标准。

（3）冲击感度（撞击感度）：用于表示爆炸品在机械冲击的外力作用下对冲击能量的敏感程度。常采用立式落锤试验仪来测试。即取 0.05 g 试样，以 10 kg 落锤从 25 cm 高度处落下撞击爆炸品，进行 50～100 次测试，记录试样发生爆炸的概率。该项爆炸的概率大于 2%是确认爆炸品的参考标准。当爆炸品混入坚硬物质（如金属屑、碎玻璃、沙石等）时，其冲击感度增加；混入惰性物质（如石蜡、硬脂酸、机油等）时，其冲击感度降低。

（4）威力和猛度：这两个参数用来衡量爆炸品对周围环境的破坏程度。威力是指爆炸品爆炸时对周围介质的破坏能力。这种能力取决于爆热的大小，同时还与爆炸后的气体生成物的性质有关。猛度是指爆炸品爆炸后对周围介质破坏的猛烈程度，其大小取决于爆轰压力，以及压力作用的时间。

二、第 2 类——气体

1.定义

气体（gases）是指在 50 ℃时其蒸汽压力大于 300 kPa，或在标准大气压 101.3 kPa、温度 20 ℃时，完全呈气态的物质。经压缩或降温加压后，贮存于耐压容器或特制的高绝热耐压容器或装有特殊溶剂的耐压容器中的物质。根据气体在运输中的物理状态，可分为压缩气体、液化气体、冷冻液化气体、溶解气体和吸附性气体五种。

压缩气体（compressed gases）——气体在压力下包装载运，处于-50 ℃时，完全呈气态；本类包括临界温度低于或等于-50 ℃的所有气体。

液化气体（liquefied gases）——气体在压力下包装载运时，当温度高于-50 ℃，部分呈气态，按其特性可分为高压液化气体（临界温度在-50 ℃～65 ℃之间的气体）和低压液化气体（临界温度在 65 ℃以上的气体）。

冷冻液化气体（refrigerated liquefied gases）——当包装运输时，因温低使部分气体处于液态的气体。

溶解气体（gases in solution）——当包装运输时，溶解在液相溶剂中的气体。

吸附性气体（adsorbed gas）——以包装形式运输吸附到固体多孔材料上的气体，其内容器压力在 20 ℃时不超过标准大气压 101.3 kPa，在 50 ℃时其蒸汽压力不超过 300 kPa。

2.气体的分类

根据气体在运输中的危险性，可细分为三个小类。

第 2.1 类——易燃气体（flammable gases），该气体在温度 20 ℃、标准气压 101.3 kPa 时，与

空气混合物中所占体积为13%或更低时可点燃；或该气体在温度20 ℃、标准气压101.3 kPa时，不管最低燃烧极限是多少，与空气混合形成的燃烧范围至少为12%。

此类气体泄漏时，遇明火、高温或光照，会发生燃烧或爆炸。如氢气、甲烷、乙炔、含易燃气体的打火机等。

第2.2类——非易燃、无毒气体（non-flammable, non-toxic gases），该类气体包括会稀释或替代氧气的气体；或以提供氧气的方式，比空气更容易造成或导致其他材料燃烧的气体；或在其他类别里没有列入的气体。

此类气体泄漏时，遇明火不会燃烧，没有腐蚀性，无毒、无刺激，但多数在高浓度时有窒息作用。如氧气、压缩空气、氮气、二氧化碳等。

第2.3类——有毒气体（toxic gases），该类气体包括对人类有毒性或者有腐蚀性以至于危害健康的气体；或被推定对人类有毒性或有腐蚀性的气体，其 LC_{50} 等于或低于5 000 mL/m^3（ppm）。如氯气、氨、硫化氢、磷化氢、光气等。

根据其危险性大小，依次为2.3类、2.1类、2.2类。如果某种气体既易燃又有毒，则应归为2.3类。

3.包装运输气体的特性

（1）容器发生破裂或爆炸。诱发原因可能包括受热、撞击、耐压容器本身遭腐蚀或材料疲劳使容器的耐压强度下降等。

（2）本类气体中，除氧气和空气外，因某种原因发生大量泄漏，会冲淡空气中的氧气而影响人畜的正常呼吸，严重时会使人畜因缺氧而窒息；如泄漏的气体为易燃、助燃气体，遇火星则极易引起燃烧或爆炸事故；有些气体具有显著的麻醉性和毒性。若泄漏的气体轻于空气（如氢气），则会积留于封闭货舱的顶部；若重于空气（如二氧化碳），则会积存在货舱的底部，具有潜在的危险性。

三、第3类——易燃液体

1.定义

根据《国际危规》的规定，该类包括易燃液体和液态退敏爆炸品两类物质。

易燃液体是指在闭杯闪点低于60 ℃（相当于开杯试验闪点65.6 ℃）及以下时放出易燃蒸气的液体或液体混合物，或含有处于溶液中或悬浮状态的固体或液体（如油漆、清漆等）；还包括交付运输时温度等于或高于其闪点温度的液体（简称“高温运输液体”），以及在加温条件下运输或交付运输时其温度等于或低于最高运输温度时会放出易燃的蒸气的液体（简称“加温运输液体”）；本类不包括闪点在35 ℃以上的不助燃（燃点大于100 ℃，或其含水量大于90%）液体，也不包括由于其危险性已列入其他类别的液体。

液体退敏爆炸品（liquid desensitized explosives）是指溶于或悬浮于水或其他液体物质，形成均质的液体混合物以抑制其爆炸特性的爆炸性物质，如硝化甘油酒精溶液（含酒精1%～3%）、硝化甘油混合物（退敏的、液体的、未另列明的、按质量硝化甘油含量不超过30%）等。

2.易燃液体的危险特性

(1)挥发性

液体物质在任何温度下都会蒸发,在沸点温度时,液体开始沸腾,此时液体的蒸气压力与外界气压达到了平衡,所有的液体都趋于变成气体。沸点是衡量液体挥发性的指标之一,一般来说,沸点低的液体挥发性大;另外,对于同一液体来说,表面积越大、外界温度越高、与液体表面接触的空气流动速度越快,挥发就越快。如果液体处于密闭容器中,挥发的结果使液体上方的空间充满蒸气,经过一段时间,液体和它的蒸气处于平衡状态,如果温度不发生变化,这一平衡将一直维持下去。在这样的密闭容器中,一定的温度下处于平衡状态时液体蒸气所具有的压力称作饱和蒸气压。饱和蒸气压是衡量液体挥发性的指标之一,易燃液体沸点低,饱和蒸气压高,其危险性就大。不同的液体,饱和蒸气压不同;同一液体在不同的温度下,饱和蒸气压也不同,温度升高,饱和蒸气压也随之升高。

(2)易燃性

易燃液体挥发出的蒸气及易燃液体自身,遇明火极易燃烧。易燃液体的易燃性以闪点(flash point,Fp)。它是指在给定的条件下,可燃气体或易燃液体的蒸气与空气的混合物接触火焰时产生瞬间闪火的最低温度。液体的闪点越低,其易燃性及危险性越大。可燃液体当其温度高于闪点时,接触火源有被点燃的危险。闪点依据其测试仪器是在密闭容器还是在开敞容器中加热液体而分为闭杯试验闪点(closed cup,以 c.c.表示)和开杯试验闪点(open cup,以 o.c.表示)。一般同一物质的闭杯试验闪点要低于开杯试验闪点 3~6 ℃。可燃液体的闪点,因其物理重现性较差,所以其测试的结果应当指明测试仪器的名称及试验条件。

燃点(inflammable point)是指在给定的条件下,可燃气体或易燃液体的蒸气与空气的混合物接触火焰时能产生持续燃烧时的最低温度。对可燃液体,在相同条件下,其燃点常比闪点高出 5 ℃左右。

(3)爆炸性

易燃液体挥发出来的蒸气与空气混合后一旦接触火种就容易着火燃烧。易燃液体的燃爆性质也用爆炸极限表示,它是指易燃液体的蒸气与空气的混合物,能被点燃而引起燃烧爆炸的浓度范围,通常是用蒸气在混合物中所占体积的百分比浓度来表示。浓度范围的最低值称作爆炸下限,最高值称作爆炸上限。爆炸下限越小、爆炸极限浓度范围越大的液体,其易燃易爆性也越强。如汽油的爆炸极限为 1.2%~7.2%,乙醇为 3.3%~18%。

(4)毒性

大多数易燃液体及其蒸气都有不同程度的毒性或麻醉性。

另外,易燃液体的密度和水溶性,对发生火灾时能否用水扑救至关重要。若液体溶于水,则不论其密度大小,都可用水扑救。若液体不溶于水且密度大于 1 g/cm^3,则也能用水扑救。若液体不溶于水且密度小于 1 g/cm^3,则禁止用水扑救,因浮于水面的燃烧液体会随水的流动而使火灾蔓延。

3.易燃液体的包装类别

易燃液体的包装类别按其初沸点及闭杯闪点由表 12-1-1 确定。

表 12-1-1 易燃液体包装类别表

包装类别	初沸点	闭杯闪点	
包装Ⅰ类	≤35 ℃	—	如乙醛、二硫化碳、乙醚等
包装Ⅱ类	>35 ℃	<23 ℃	如汽油、乙醇、苯、丙酮、硝化甘油酒精溶液(含硝化甘油不超过1%,属液体退敏爆炸品)等
包装Ⅲ类	>35 ℃	23 ℃≤Fp≤60 ℃;包括高温运输液体和加温运输液体	如松节油、酒精饮料(满足按体积酒精含量超过24%但不超过70%,且容器大于250 L容积的条件)等

四、第4类——易燃固体、易自燃物质和遇水放出易燃气体的物质

除上述第1类、第2.1类和第3类外,其余多数易燃物质都归入这一类。属于该类货物的绝大多数是固体货物,只有4.2类和4.3类中有少量的液体货物。这类物质和物品可分为三个小类:

(1)第4.1类——易燃固体(inflammable solids),本类物质是在运输条件下,易于燃烧或易于通过摩擦可能起火的固体,易于发生强烈热反应的自反应物质(固体和液体)和聚合性物质,以及没有充分稀释的情况下有可能爆炸的固体退敏爆炸品。

易燃固体(inflammable solids)是指易于燃烧和经摩擦可能起火的纤维状、粉末状、颗粒状和糊状的物质。这些物质与火源短暂接触时易于点燃且火焰蔓延迅速。如赤磷、硫黄、萘、赛璐珞制品(如乒乓球)、铝粉(有涂层的)、棉花(干的)、黄麻等。此外,本类的大部分物质加热或卷入火灾会发出有毒的气体产物。

自反应物质(self-reactive substances)是一些含有特殊物品的化合物,它们对热不稳定,即使没有氧气(空气)的参与也易产生强烈的放热分解,分解的温度因物质的不同而不同,分解速度随温度的升高而升高。物质的分解可能产生有毒气体或蒸气,还有些自反应物质在限定条件下有爆炸分解的特性。按其危险程度,《国际危规》将自反应物质从A到G划分为7种类型。对于A类物质,不可接受在其试验所用的包装中运输。对于G类物质,则不必遵循第4.1类中自反应物质的规定。另外,B类至F类物质的划分与允许的单位包装最大重量直接相关。《国际危规》给出了已确定的自反应物质清单,如苯磺酰肼等。

固体退敏爆炸品(solid desensitized explosives)是指被水或酒精浸湿或被其他物质稀释后,形成均一的固体混合物来抑制其爆炸性的爆炸物质。如苦味酸铵,湿的,含水量不少于10%;三硝基苯,湿的,含水量不少于30%等。本类物质燃点低,对热、撞击、摩擦较为敏感,易被外部火源点燃,燃烧迅速,并可能散发有毒烟雾或有毒气体的固体。应注意的是,这些物质在干燥的状态下,仍应作为第1类爆炸品看待。

聚合性物质及其混合物(稳定的)[polymerizing substances and mixtures (stabilized)]是指在不加稳定剂及正常运输条件下,易发生强烈的放热反应,形成大分子或聚合物的物质。该类物质指在有或没有化学稳定剂的运输条件下,使用包装、中型散装容器或移动式罐柜中,自加速聚合物温度小于等于75 ℃;和该物质表现出的反应热大于300 J/g;和不满足其他任何1到

8类的分类标准。

上述有些物质,在其危险货物一览表中,有控制温度(能安全运输的最高温度)和危急温度(必须采取如抛弃等应急措施的温度)的要求。如自行加速分解温度小于或等于55 ℃的自反应物质应在控制温度下进行运输;在包装或中型散装容器中的聚合类物质,自加速聚合物温度小于等于50 ℃或在移动式罐柜中,自加速聚合物温度小于等于50 ℃应在运输中进行温度控制。

(2)第4.2类——易自燃物质(spontaneously combustible substances)是指在运输条件下易于自发升温或遇空气易于升温,然后易于起火的液体或固体物质,包括引火性物质和自热物质。

引火性物质(prophetic substances)是指即使数量很少,与空气接触5 min内即可着火的物质。包括混合物和溶液,这些物质最容易自燃,这类物质的包装类应为包装类1。

自热物质(self-heating substances)是指除引火性物质外,在不提供能量的情况下与空气接触易于自行发热的物质,这些物质只有当数量大(若干千克)、时间长(若干小时或若干天)的情况下才会着火。物质自热导致自燃,是由于物质与空气中氧反应所产生的热量不能迅速散失所引起的。有些物质甚至在无氧条件下也能自燃,如黄磷、鱼粉(未经抗氧剂处理)、铁屑、油浸棉麻、纸制品等。

自燃点(spontaneous combustion point)是指在常温常压下,某一物质不需外界点燃,即能自行释放出使其气体或蒸气燃烧所需的最低能量时的温度。

(3)第4.3类——遇水易放出易燃气体的物质(substance emitting inflammable gases when wet)是指与水反应易自发地成为易燃或放出达到危险数量的易燃气体的液体或固体物质。如碳化钙(电石)、铝粉(未见涂层的)、磷化铝、硅铁(含硅不小于30%,但小于90%)、锂、钠、钾等。

金属有机物应根据其特性,参照《国际危规》中的流程图,将其划分到第4.2类或4.3类中。第4类危险品除具有易燃的共性外,许多物品还具有腐蚀性、毒害性和爆炸性等。

五、第5类——氧化物质和有机过氧化物

1.分类

本类所涉及的物质因在运输过程中会放出氧气并产生大量的热,从而引起其他物质燃烧。这类物质可细分两个小类。

第5.1类——氧化物质(剂)(oxidizing substance)

氧化物质(剂)指虽然其本身未必可燃,但可释放出氧气会增加或促使其他物质着火的物质。如溴酸钾、硝酸钠、硝酸钾、硝酸铵、高锰酸钾、过氧化氢、次氯酸钙(漂白粉)等。

第5.2类——有机过氧化物(organic peroxides)

有机过氧化物指含有两价的—O—O—结构可被认为是过氧化氢的衍生物的有机物质,本身易燃易爆,易分解,对热、振动或摩擦极为敏感以及与其他物质起危险性反应等特性。这类物质比5.1类具有更大的危险性。其中许多物质在“危险货物一览表”中有控制温度和应急温度的要求。如过氧化二丙酰基(控制温度15 ℃,危急温度20 ℃)等,《国际危规》给出了已确定的有机过氧化物清单。

2.危险特性

(1)氧化物质的危险性

①分子组成中含有高价态的原子,显示出强氧化性;

②不稳定,易于受热分解,放出氧气,促使易燃物燃烧;

③大多数氧化物质和液体酸类会发生剧烈反应,可能放出助燃或剧毒气体;

④氧化物质与可燃物质的混合物,甚至与糖、面粉、食用油、矿物油等物质的混合物易于点燃,有时因摩擦或碰撞而着火。混合物能剧烈燃烧并导致爆炸。

(2)有机过氧化物的危险性

①比无机氧化物更容易分解,有些甚至在常温下即能分解;会迅速燃烧,对碰撞或摩擦或杂质很敏感。

②其分解产物是活泼的自由基,由自由基参与的反应属于联馈反应,很难用常规的抑制方法扑救,而且许多分解产物是气体或易挥发物质,容易产生爆炸。

③多种有机过氧化物如与眼睛接触,即使是短暂的,也会对眼角膜造成严重的伤害。

有机过氧化物根据其显示出来的危险程度,可划分为 A 到 G 七种类型。对于 A 类有机过氧化物,对于 A 类物质,不可接受在其测试所用的包装中运输。至于 G 型,可不遵循第 5.2 类有机过氧化物的规定。B 型到 F 型的分类与每一包装所允许的最大量直接相关。

六、第 6 类——有毒物质和感染性物质

1.第 6.1 类——有毒物质(toxic)

有毒物质指少量吞咽、吸入或皮肤接触,能破坏肌体的正常生理机能,严重伤害或损害人体健康,甚至危及生命的物质。归入这一小类的均为常温、常压下呈液态或固态的物质。如氰化钠、苯胺、四乙基铅(四乙铅)、砷及其化合物等。

这类物质的毒性主要用半数致死量 LD_{50}(half-lethal dose,分口服和皮肤接触)或半数致死浓度 LC_{50}(half-lethal density)来度量。

急性经口吞咽毒性 LD_{50}:是指通过口服毒物,在 14 天内,使刚成熟的天竺鼠半数死亡所使用的物质剂量,其结果以平均每千克动物体重所用毒物的剂量(mg/kg)表示。

急性皮肤接触毒性 LD_{50}:是指在白兔裸露皮肤上连续接触毒物 24 h,在 14 d 内使试验生物半数死亡所施用的物质剂量,其结果以 mg/kg 表示。

急性吸入毒性 LC_{50}:是指使雄性和雌性刚成熟的天竺鼠连续吸入 1 h,在 14 d 内使其死亡半数所施用的蒸气、烟雾或粉尘的浓度,其结果如为粉尘和烟雾以 mg/L 表示,蒸气以 mL/L 或 ppm 表示。

显然,毒物的 LD_{50} 或 LC_{50} 越小,其毒性越大。《国际危规》列入本类物质的标准见表12-1-2。

表 12-1-2 由有毒物质 LD_{50}或 LC_{50}确定的包装类

包装类	经口吞咽毒性 LD_{50}/(mg/kg)	皮肤接触毒 LD_{50}/(mg/kg)	粉尘、烟雾吸入毒性 LC_{50}h/(mg/L)
Ⅰ	$LD_{50}\leqslant 5.0$	$LD_{50}\leqslant 50$	$LC_{50}\leqslant 0.2$
Ⅱ	$5.0<LD_{50}\leqslant 50$	$50<LD_{50}\leqslant 200$	$0.2<LC_{50}\leqslant 2.0$
Ⅲ[①]	$50<LD_{50}\leqslant 300$ (液体:2 000)	$200<LD_{50}\leqslant 1\ 000$	$2.0<LC_{50}\leqslant 4.0$

注:①催泪气体的毒性数据处于包装类Ⅲ的范围内,但仍被分类为包装类Ⅱ。

本类物质不少还具有易燃、腐蚀等特性。

有毒物质的状态,如固体毒物的颗粒越小,其毒性就越大;毒物的水解性与脂溶性越大,其毒性也越大;毒性沸点越低,越易引起中毒;液体毒物其挥发性越大,毒害性也越大。

2.第 6.2 类——感染性物质

感染性物质即指已知或有理由认为含有病原体的物质。病原体是会使动物或人感染疾病的生物体(包括细菌、病毒、寄生虫等)和其他媒介(如病毒蛋白)。主要包括含有感染性物质的生物制剂、医学标本,如排泄物、分泌物、血液、细胞组织和体液等。

感染性物质可划分为 A 和 B 两类。A 类指当接触到该物质时,可造成人或动物的永久性致残、生命危险或致命疾病。A 类又可细分为能引起人或人和动物疾病(UN 2814)的如埃博拉病毒、狂犬病毒等和仅能引起动物疾病(UN 2900)的如口蹄疫病毒、牛瘟病毒等两种。B 类指不符合 A 类标准的其他感染性物质。

运输这类物质中人畜中毒的主要途径是毒物经呼吸道或皮肤侵入体内,而经消化道侵入的较少。因此,应当采取正确的防护措施,杜绝这些可能的中毒途径,以确保运输安全。

七、第 7 类——放射性物质

放射性物质是指能自原子核内部自行放出、人感觉器官不能察觉的射线的物质。列入《国际危规》的放射性物质,是指所托运的货物中任何含有放射性活度和总活度都超过规则规定数值的任何含有放射性核素的物质。

1.射线的种类、性质及其危害性

射线分为 α 射线、β 射线、γ 射线和中子流等。在各种放射性物质中,有些只能放出一种射线,有些能同时放出几种射线,如镭的同位素,在其核衰变中,就能同时放出前三种射线,这类物质的危险在于辐射污染。不同射线的性质和对人体造成的辐射危害是不相同的。

(1)α 射线

α 射线是带正电的粒子流,具有很强的电离作用。但射程很短,穿透能力很弱,因而 α 射线对人体不存在外照射,仅用一层衣服、纸张等即能被完全屏蔽。但一旦进入人体,α 射线源因不能穿透人体,会使人体器官和组织因电离作用受到严重损伤。

(2)β 射线

β 射线是带负电的粒子流,电离作用比 α 射线弱(约为其千分之一),但因其有很快的速度,穿透能力比 α 射线强,因此,这类射线对人体外照射危害较 α 射线大。

(3)γ射线

γ射线是一种波长很短的电磁波，即光子流。不带电，以光速运动，能量大，穿透能力很强，约为α射线的1万倍，为β射线的50~100倍，不易被其他物质吸收。要完全阻挡或吸收γ射线是非常困难的。因此，这类射线对人体的主要危害是外照射。

(4)中子流

中子流不带电，穿透能力很强。一般认为，中子流引起对人体损伤的有效性是γ射线的2.5~10倍。因此，这类射线对人体的危害比γ射线要大。

对放射性物质外辐射的防护是采用屏蔽、控制接近的时间和距离。运输中要确保其包装完整无损，近距离作业人员必须使用防护用品，如铅手套、铅围裙、防护目镜等，有关人员应尽量减少受强照射伤害的时间并增大与辐射源的距离（如选配货位远离生活居住处所）。这是因为放射线的强度与距放射源距离的平方成反比。内辐射的防护是防止放射源由消化道、呼吸和皮肤三个途径进入体内。

2.放射性量度指标

(1)放射性活度(radioactivity strength)

放射性活度又称为作放射性强度，用每秒内某放射性物质发生核衰变的数目或每秒内射出的相应粒子的数目来表示。它是度量放射性物质放射性强弱程度的一个物理量，反映了某种放射性物质放射性的强弱程度，单位是Bq(贝可)。

(2)放射性比活度(specific activity)

放射性比活度又称为作放射性比度，指单位质量(或体积)的放射性物质的放射性活度，单位是Bq/g(贝可/克)。

(3)剂量当量(dose equivalent)

剂量当量表示生物体受射线照射，每千克体重所吸收的相当能量，单位是Sv(希)，用以衡量生物体受射线危害的程度。国际公认的人体每年最大允许剂量当量为0.005 Sv/y。

(4)剂量当量率(dose rate)

剂量当量率又称剂量率，指单位时间内所受的剂量当量，单位是Sv/h(希/小时)。

《国际危规》规定，放射性物质系指该批托运货物的放射性活度和比活度都超过《国际危规》所规定数值的任何含有放射性核素的物质。

第7类中包括辐射源钴60、核燃料铀235、镭-铍中子源、放射性制品夜光粉等，但不包括人体内的辐射性同位素心脏起搏器和辐射药物。

(5)运输指数(transport index，TI)

对于包件、集合包件或货物集装箱、或无包装的低比度放射性物质(LSA-Ⅰ)或表面受放射性污染的物体(SCO-Ⅰ)，距离其外表面1 m处的最大剂量率(单位是mSv/h)，所确定的值乘以100即为运输指数；对于罐柜、货物集装箱和无包装的低比度放射性物质(LSA-Ⅰ)或表面受放射性污染的物体(SCO-Ⅰ)，在上述数值的基础上再乘以相应的系数，所乘的系数和装载单元的最大横截面面积有关，具体见表12-1-3。

表 12-1-3　罐柜、货物集装箱和无包装的 LSA-Ⅰ和 SCO-Ⅰ的系数

装载单元尺寸[a]	系数
装载单元尺寸≤1 m^2	1
1 m^2<装载单元尺寸≤5 m^2	2
5 m^2<装载单元尺寸≤20 m^2	3
20 m^2<装载单元尺寸	10

注：a.取装载单元的最大横截面积。

八、第 8 类——腐蚀品

1.定义及分级

腐蚀品系指通过化学反应能严重地伤害与之接触的生物组织的物质，或该类物质从其包装中撒漏亦能导致对其他货物或船舶损坏的物质。大多由酸性、碱性和对皮肤、眼睛、黏膜等会造成严重灼伤的物质或物品组成。如硝酸、硫酸、冰醋酸、氢氧化钠。

腐蚀品按危险程度由下列标准确定其包装类：

包装类Ⅰ：在 3 min 或少于 3 min 的暴露期开始直到 60 min 的观察期内，能使完好的皮肤出现坏死现象的物质。该类腐蚀品具有严重危险性。

包装类Ⅱ：在 3 min 或 3 min 以上 60 min 以内的暴露期开始直到 14 d 的观察期内，能使完好的皮肤出现坏死现象的物质。该类腐蚀品具有中等危险性。

包装类Ⅲ：在 60 min 以上，4 h 以内的暴露期开始直到 14 d 的观察期内，能使完好的皮肤组织出现坏死现象的物质；或者，不会引起完好动物皮肤出现可见坏死现象，但在试验温度为 55 ℃时对规定型号的钢或铝的表面年腐蚀率超过 6.25 mm。该类腐蚀品具有一般的危险性。

2.危险特性

不同的腐蚀品，腐蚀物的含量不同，被腐蚀材料不同，其腐蚀作用会有明显的差别。如过氧化氢水溶液，当浓度为 3%时，则可用作伤口的消毒剂；而当浓度超过 20%时，则对人体有强烈的腐蚀作用。又如浓硝酸对铝，浓硫酸对铁都无腐蚀作用；若两者交换，则铝和铁都会被严重腐蚀。因此，针对不同腐蚀品的特性，采取截然不同的防护措施是非常重要的。

这类物质和物品中不少还具有易燃、氧化、毒害等一种或多种危险性质。

（1）腐蚀性：人体皮肤接触腐蚀品后会使皮肤、组织或器官的表面化学灼伤，如氢氧化钠会使皮肤脱水。许多腐蚀品都能与金属和非金属、无机物和有机物发生反应，对其他货物或船舶结构和设备造成破坏。

（2）毒性：许多腐蚀品具有不同程度的毒性，特别是具有挥发性的腐蚀品，能挥发出有毒的气体和蒸气，在腐蚀人体的同时还能引起中毒。

（3）遇水反应性：腐蚀品中很多物品能与水发生反应生成烟雾，对眼睛和呼吸道有强烈的刺激作用，且在反应的同时放出大量的热。

（4）氧化性：腐蚀品中含氧酸大多是强氧化剂，本身会释放出氧气，或与其他物质反应时夺取电子使其氧化。

九、第9类——杂类危险物质或物品和环境有害物质

杂类危险物质或物品系指在运输中呈现的危险性质不包括在上述八类危险品中的物质和物品。

《国际危规》定义的第9类主要包括:

(1)危险特性符合SOLAS 1974第Ⅶ章A部分规定,但未列入其他类别的物质和物品;

(2)不适用于SOLAS 1974第Ⅶ章A部分规定,但危险特性符合经修订的MARPOL公约附则Ⅲ规定的物质。

第9类物质和物品又细分如下:

(1)以微细粉尘吸入可危害健康的物质,如石棉。

(2)会放出易燃气体的物质,如聚苯乙烯珠粒体,可膨胀、可放出易燃气体。

(3)锂电池组,包括独立的或装在设备中的锂金属电池组、锂合金电池组、锂离子电池组、聚合物锂离子电池组等。

(4)电容器,包括电容器,双电层(储能容量大于0.3 Wh)或非对称的(储能容量大于0.3 Wh)。

(5)救生设备,如自动膨胀式救生设备,电起动的安全装置等。

(6)一旦发生火灾可形成二噁英的物质和物品,如液态或固态的多氯联苯等。

(7)在高温下运输或提交运输的物质:在等于或高于100 ℃且低于其闪点(包括熔融金属、熔融盐类等)条件下运输或交付运输的液态物质,以及在等于或高于240 ℃条件下运输或交付运输的固体物质。以及在等于或高于240 ℃条件下运输或交付运输的固体物质。

(8)转基因微生物GMMOs和转基因生物体GMOs:未经相关国主管机关批准,能够改变动物、植物或微生物使其不同于正常的自然繁殖结果且不符合第6.1类有毒物质和第6.2类感染性物质定义的转基因微生物(Genetically Modified Micro-Organisms,GMMOs)和转基因生物体(Genetically Modified Organisms,GMOs)。规则中将其划为UN 3245,如得到原产国、过境国和目的地国政府主管机关使用批准,则无须满足《国际危规》的规定。转基因的活动物,应根据原产国和目的地国政府主管机关的规定和条件运输。

(9)环境有害物质(水环境)。该类物质和混合物对水生环境有危险,但又不符合第9类中的任何其他类别或其他物质的分类标准。主要指对水环境造成污染的液体或固体物质,以及此类物质的溶液和混合物(如制剂和废弃物)。其对水生环境的危害主要分为急性水生毒性、慢性水生毒性、潜在或实际的生物积聚性、有机化学品的降解(生物的或非生物的)。

海洋污染物应按经修正的MARPOL公约附则Ⅲ的规定运输。如满足第1类至第8类的任一标准,则海洋污染物应依据其性质在相应的类别要求运输。如果不满足,除非在第9类中列为专门的条目,则应按照UN 3077或UN 3082的要求运输。

需要注意的是,某种海洋污染物虽然在《国际危规》中列明,但是经有关当局批准其不再符合海洋污染物标准,则不需要按照本规则适用海洋污染物的规定运输;某种物质具有符合海洋污染物标准的性质,但其未在本规则中列明,则该物质应作为海洋污染物运输。

(10)其他的第9类物质和物品,如固态二氧化碳(干冰)、鱼粉(稳定的)、蓖麻籽或蓖麻片、硝酸铵基化肥、易燃气体驱动的车辆、机器中的危险货物和内燃发动机等。

十、危险货物分类优先顺序

《国际危规》对于未列明的含有多种危险性的物质、混合物和溶液，规定了确定其主危险性顺序（即危险性优先顺序）的方法。

1.危险性优先顺序表

表 12-1-4 中横行和纵行交叉点的类别为主危险，其他为副危险；包装类取各自危险种类的货物中最严格的包装类而不考虑危险性优先顺序表。如表中的 3，Ⅱ和 6.1，Ⅰ皮肤，根据上述原则，确定该物质的危险类别为 3 类、包装类别为Ⅰ类。

表 12-1-4　危险性优先顺序表

危险品类别和包装类别	4.2	4.3	5.1 Ⅰ	5.1 Ⅱ	5.1 Ⅲ	6.1Ⅰ 皮肤	6.1Ⅰ 口服	6.1 Ⅱ	6.1 Ⅲ	8Ⅰ 液体	8Ⅰ 固体	8Ⅱ 液体	8Ⅱ 固体	8Ⅲ 液体	8Ⅲ 固体
3Ⅰ*		4.3				3	3	3	3	3	—	3	—	3	—
3Ⅱ*		4.3				3	3	3	3	8	—	3	—	3	—
3Ⅲ*		4.3				6.1	6.1	6.1	3**	8	—	8	—	3	—
4.1Ⅱ*	4.2	4.3	5.1	4.1	4.1	6.1	6.1	4.1	4.1	—	8	—	4.1	—	4.1
4.1Ⅲ*	4.2	4.3	5.1	4.1	4.1	6.1	6.1	6.1	4.1	—	8	—	8	—	4.1
4.2Ⅱ		4.3	5.1	4.2	4.2	6.1	6.1	4.2	4.2	8	8	4.2	4.2	4.2	4.2
4.2Ⅲ		4.3	5.1	5.1	4.2	6.1	6.1	6.1	4.2	8	8	8	8	4.2	4.2
4.3Ⅰ			5.1	4.3	4.3	6.1	4.3	4.3	4.3	4.3	4.3	4.3	4.3	4.3	4.3
4.3Ⅱ			5.1	4.3	4.3	6.1	4.3	4.3	4.3	8	8	4.3	4.3	4.3	4.3
4.3Ⅲ			5.1	5.1	4.3	6.1	6.1	6.1	4.3	8	8	8	8	4.3	4.3
5.1Ⅰ						5.1	5.1	5.1	5.1	5.1	5.1	5.1	5.1	5.1	5.1
5.1Ⅱ						6.1	5.1	5.1	5.1	8	8	5.1	5.1	5.1	5.1
5.1Ⅲ						6.1	6.1	6.1	5.1	8	8	8	8	5.1	5.1
6.1Ⅰ皮肤										8	6.1	6.1	6.1	6.1	6.1
6.1Ⅰ口服										8	6.1	6.1	6.1	6.1	6.1
6.1Ⅱ吸入										8	6.1	6.1	6.1	6.1	6.1
6.1Ⅱ皮肤										8	6.1	8	6.1	6.1	6.1
6.1Ⅱ口服										8	8	8	6.1	6.1	6.1
6.1Ⅲ										8	8	8	8	8	8

* 除自反应物质和固态退敏爆炸品以外的 4.1 项物质以及除液态退敏爆炸品以外的第 3 类物质；

** 此栏的 6.1 指农药；

— 表示不可能组合。

2.最高优先等级

没有在危险性优先顺序表中列明的物质、材料和物品，其危险性应按下列顺序排列，这些主要危险总是具有最高的优先等级，即优先于危险性优先顺序表。

（1）第 1 类物质和物品；

（2）第 2 类气体；

（3）第 3 类液体退敏爆炸品；

（4）第 4.1 类自反应物质和固体退敏爆炸品；

(5)第 4.2 类引火性物质;

(6)第 5.2 类物质;

(7)第 6.1 类中具有包装类Ⅰ的蒸气吸入有毒物质;

(8)第 6.2 类物质;

(9)第 7 类物质。

十一、后果严重的危险货物

《国际危规》Amdt.32-04 修正案中增加了新的第 1.4 章保安规定,提出了“后果严重的危险货物”的规定(属建议性)。

所谓后果严重的危险货物是指可能被滥用于制造恐怖主义事件,从而有可能造成大规模伤亡或大规模破坏的严重后果的危险货物。主要包括:

(1)第 1.1 类,第 1.2 类、第 1.3 类 C 配装类、第 1.4 类(UN 0104、UN 0237、UN 0255、UN 0267、UN 0289、UN 0361、UN 0365、UN 0366、UN 0440、UN 0441、UN 0455、UN 0456、UN 0500)、第 1.5 类爆炸品。

(2)第 2.1 类:在公路罐车、铁路罐车或可移动罐柜中数量超过 3 000 L 的易燃气体;第 2.3 类:有毒气体。

(3)第 3 类:在公路罐车、铁路罐车或可移动罐柜中数量超过 3 000 L 的包装类Ⅰ和Ⅱ的易燃液体;液体退敏爆炸品。

(4)第 4.1 类:固体退敏爆炸品;第 4.2 类:在公路罐车、铁路罐车或可移动罐柜中数量超过 3 000 kg 或 3 000 L 的包装类Ⅰ的固体货物;第 4.3 类:在公路罐车、铁路罐车或可移动罐柜中数量超过 3 000 kg 或 3 000 L 的包装类Ⅰ的固体货物。

(5)第 5.1 类:在公路罐车、铁路罐车或可移动罐柜中数量超过 3 000 L 的包装类Ⅰ氧化性液体;在公路罐车、铁路罐车或可移动罐柜中数量超过 3 000 kg 或 3 000 L 的高氯酸盐、硝酸铵、硝酸铵化肥和硝酸铵乳剂、悬浮剂或凝胶剂。

(6)第 6.1 类:包装类Ⅰ的有毒物质;第 6.2 类:A 类感染性物质(UN 2814、UN 2900)。

(7)第 7 类:单一包件的放射性活度安全运输阈值等于或大于 3 000A_2的放射性物质,但是有部分放射性核算除外,具体参考《国际危规》。其中,A_2是指除特殊形式以外的放射性物质的活度值,单位为 TBq。

(8)第 8 类:在公路罐车、铁路罐车、可移动罐柜或散装容器中数量超过 3 000 kg 或 3 000 L的包装类Ⅰ的腐蚀性物质。

十二、限量危险货物和可免除量危险货物

为了减少危险货物海运过程中的环节,降低其相关要求,以便于快捷、经济的完成货运任务,《国际危规》在保证安全的前提下,提出了限量内危险货物和可免除量危险货物的概念。

1.限量危险货物

(1)定义及数量限制

在运输某一种危险货物时,采用包装方面,用许多小件包装替代大件包件,然后将这些小

包件置于一结实的外包装内，并在外包装内添加吸收剂材料，从而相对降低潜在的危害或危险性。具体货物的单个小包件的重量可查取危险货物一览表7(a)栏，普通外包装总重不得超过30 kg，特殊外包装(如内容器易碎或易破)总重不得超过20 kg。按照此标准运输的危险货物，可以免除或降低许多积载与隔离、标志等条款的要求。

(2)限制

根据《国际危规》规定，以下货物禁止作为限量危险货物运输。

①第1类爆炸品；

②具有易燃、腐蚀、氧化或毒性危险的第2类气体(不包括UN 1950项货物)；

③第4.1类退敏爆炸品；

④第4.2类易自燃物质；

⑤要求控制温度的第5.2类有机过氧化物；

⑥第6.2类感染性物质；

⑦第7类放射性物质；

⑧规定使用包装类Ⅰ的危险货物(UN 1139、UN 1210、UN 1268、UN 1263、UN 1267、UN 1863、UN 1866、UN 3295的货物限量为500 mL)

⑨第9类物质中的二氧化碳、烟雾剂、鱼粉、石棉、救生设备、装在设备中的锂电池或同设备包装在一起的锂蓄电池、基因改变的微生物；加热液体，未另列明的；加热固体，未另列明的；气囊充气器或气囊装置或椅座安全带预张紧装置、塑料模料以及熏蒸状态下的货物运输组件。

2.可免除量危险货物

某些类别的包装危险货物在托运时，其内包装和外包装的数量小于规定限量的包装危险货物，其危险性进一步降低，因此在满足规则关于包装、单证、培训、标记的要求外，其他运输要求可以免除。但是其包装要求较严格，单一包件应具备满足相关要求的外包装、中间包装和内包装，且中间包装必须被紧固地装于一坚固刚性的外包装内。可免除量危险货物内、外包装数量限值与代码如表12-1-5所示。任何货物运输组件含有的可免除量危险货物包件的数目应不超过1 000件。

表12-1-5 可免除量危险货物限量及代码表

编码	每个内包装最大净重(固体以g表示，液体和气体以mL表示)	每个外包装最大净重量(固体以g表示，液体和气体以mL表示，或对于混合包装以g和mL之和表示)
E0	不允许作为可免除量	
E1	30	1 000
E2	30	500
E3	30	300
E4	1	500
E5	1	300

十三、禁止海运的危险货物

为了保证海运安全，《国际危规》规定：任何交付运输的物质或物品，在正常运输条件下，易于爆炸、发生危险反应、产生火焰或有危险性的放热或释放有危险性的有毒、腐蚀性或易燃气体或蒸气，则禁止海上运输。符合该规定的包装危险货物有：

(1)次氯酸盐和铵盐的混合物；

(2)溴酸铵及其水溶液、溴酸盐与铵盐混合物；

(3)氯酸铵及其水溶液、氯酸盐与铵盐混合物；

(4)次氯酸铵及其水溶液、次氯酸盐与铵盐混合物；

(5)高锰酸铵及其水溶液、高锰酸盐与铵盐混合物；

(6)次氯酸铵；

(7)硝酸铵，易于自热并足以引发其分解；

(8)亚硝酸铵和无机亚硝酸铵盐的混合物；

(9)氯酸水溶液，浓度大于 10%；

(10)亚硝酸乙酯，纯的；

(11)氢氰酸水溶液(氰化氢水溶液)，按质量含酸超过 20%；

(12)氯化氢，冷冻液体；

(13)氰化氢溶液，在醇中，含氰化氢超过 45%；

(14)氢氧化汞，纯的；

(15)亚硝酸甲酯；

(16)高氯酸，按质量含酸超过 72%；

(17)苦味酸银，干的或湿的按质量含水少于 30%；

(18)亚硝酸锌铵。

十四、海运污染危害性货物

中国海事局根据《防治船舶污染海洋环境管理条例》和《船舶及其作业活动污染海洋环境防治管理规定》的有关规定制定了《海运污染危害性货物名录》，于 2011 年 1 月 18 日发布并执行。海运污染危害性货物主要包括：

(1)《国际海运危险货物规则》中除含有特殊规定 960 的条目之外的货物；

(2)《国际海运固体散装货物规则》中的 B 组货物；

(3)《国际散装运输危险化学品船舶构造和设备规则》第 17 章列明的全部货物及 18 章中 Z 类货物；

(4)《国际散装运输液化气体船舶构造和设备规则》中列明的货物；

(5)《经 1978 年议定书修订的 1973 年国际防止船舶造成污染公约》附则 I 中列明的油类；

(6)未在名录中列明但怀疑具有污染危害性的货物及污染危害性不明的货物，应交由中国海事局认定的评估机构进行检测评估。

第二节　危险货物的包装与标志

包装和标志是保证危险货物安全运输的根本条件，所以相关从业人员应掌握包装的分类及要求，标志的种类和使用注意事项。

合格的危险货物包装是危险货物运输安全的根本保证，它除了能起到普通货物包装的作用外，同时还要确保危险货物在运输、装卸、储存过程中的安全以及能承受正常的风险。《国际危规》明确规定，危险货物交付运输时，必须粘贴正确的标志、标记或标牌，以便于从事货物运输的各类人员能对所接触的货物迅速加以识别，正确认识其危害性，并采取相应的安全措施和应急行动。

一、危险货物的包装

危险货物的包装形式多样，有常规包装、中型散装容器、大宗包装、可移动罐柜、公路罐车、集装箱、滚装运输组件和船载驳船等。IMO《国际危规》提出了海上运输的危险货物包装应满足的技术条件，主要包括：危险货物包装一般规定、包装导则、特殊规定，包装构造和试验规定。《国际危规》在“第4部分——包装和罐柜规定”与“第6部分——包装、中型散装容器、大宗包装、可移动罐柜、多单元气体容器、公路罐车的构造和试验”中，对包装的使用、构造和试验进行了明确的说明。

1.危险货物包装及其使用的一般要求

(1)包装质量良好，其结构强度足以承受在运输过程中通常遇到的振动和装卸作业的影响。

(2)在准备运输时，包装的结构和密闭性能够在正常运输条件下防止由于振动和温度、湿度及气压变化而引起的任何内装物的损坏。

(3)包装中直接与危险货物接触的部位不得因危险货物而受到影响或强度受到严重削弱，不得因与所装物质发生反应或催化反应而造成危险。

(4)向包装内填充液体时，必须留有足够的膨胀余量，以防止在运输过程中可能由温度变化引起所装液体膨胀而导致容器渗漏或永久变形。

(5)内包装须保证在正常运输条件下不会因内包装的破裂、戳穿或渗漏而使内装物进入外包装中。像用玻璃、瓷器、陶器或某些塑料制成的易破裂或易戳穿的内包装，须在其间使用合适的材料予以衬垫。内装物的泄漏不应明显削弱衬垫材料或外包装的保护性能。

(6)衬垫及吸收材料应该是惰性的，并与内装物的性质相适应。

(7)外包装的性质和厚度应保证在运输过程中不会因摩擦而产生可能严重改变所装物质化学稳定性的热量。

(8)对于同一外包装或大宗包装的不同危险货物或危险货物与一般货物，若相互之间发生危险反应并引起以下后果，不得装在一起：

①燃烧和/或产生相当多的热量；

②产生易燃、有毒或腐蚀性气体；

③形成不稳定物质。

(9)装有含水或稀释物质的包装，其封闭装置应能使其所含液体的百分比不会在运输中降至规定限度以下。

(10)除另有规定外，盛装具有某些危险特性的包件应装设气密封口，这些危险特性包括：产生易燃气体或蒸气；在干燥状态下，可能有爆炸性；产生有毒气体或蒸气；产生腐蚀性气体或蒸气；可能与空气发生危险性反应。

(11)盛装液体的内包装应足以承受正常运输条件下可能产生的内压力，若液体散发气体而使包装内部产生压力，可通过安装一个通气孔以减小该压力，但该孔的设置应能保证货物安全运输的要求。

(12)盛装液体的包装须足以承受正常运输条件下可能产生的内压力。由于低沸点液体的蒸气压力通常较高，其盛装容器须有足够的强度和安全系数。

(13)若某些固体危险货物在运输中有可能因高温而变成液体，则该类包装还应具备装载该物质液态的能力。

(14)各种包装(新包装、再次使用的或经修复的包装)在使用前应通过相关的包装性能试验并取得合格证书。

(15)用于运输液体物质的包装，应进行适当的防渗漏试验并满足相应规定；用于运输颗粒状或粉末状的物质的包装，须是防渗漏的或配有衬里。

2.危险货物包装导则

为了确定对不同危险货物包装的具体要求，《国际危规》以导则形式给出，并标以导则编号，从而形成相应的危险货物包装导则表。根据适用的包装类型，将它们分为三部分：针对大宗包装，导则由包括字母“LP”和数字编码表示；针对中型散装容器，导则由包括字母“IBC”和数字编码表示；针对其他包装，导则由包括字母“P”和数字编码表示。

通常情况下，如果适用，包装导则要求遵守《国际危规》中对危险货物包装的一般规定和相关特殊规定。对于个别物质和制品，包装导则中给出了特殊包装规定，这些特殊规定由包括字母“PP”(适用于一般包装)、“B”(适用于中型散装容器)或“L”(适用于大宗包装)和数字编码表示。

每张包装导则表酌情列出了可用的单一和组合容器。对于组合包装给出了可用的外包装和内包装，如适用，还列出了每一内包装和外包装中允许的最大量。示例见表12-2-1。

表12-2-1　编号为P113的一般包装的包装导则

P113	包装导则	P113
如符合4.1.1和4.1.3的一般规定和4.1.5的特殊规定，认可下列包装：		
内包装	中层包装	外包装
袋	不必要	箱
纸		钢(4A)
塑料		铝(4B)
涂胶纺织品		其他金属(4N)

续表

P113	包装导则	P113
容器		普通天然木(4C1)
纤维板		天然木,箱壁防筛漏(4C2)
金属塑料		胶合板(4D)
木质		再生木(4F)
		纤维板(4G)
		硬塑料(4H2)
		桶
		钢(1A1,1A2)
		铝(1B1,1B2)
		其他金属(1N1,1N2)
		胶合板(1D)
		纤维质(1G) 塑料(1H1,1H2)
补充规定:该包装须为防筛漏的		
特殊包装规定: PP49 对 UN 0094 和 UN 0305,内包装所装的物质不得超过 50 g PP50 对 UN 0027,采用桶作外包装时,不需要内包装 PP51 对 UN 0028,可用牛皮纸或蜡纸包皮作内包装		

3.危险货物包装分类

(1)按封口形式分

①牢固封口(Securely closed):对任何封口的最低要求,所装的干燥物质在正常操作中不致漏出的封口。

②有效封口(Effectively closed):不透液体封口。

③气密封口(Hermetically sealed):不透蒸气封口。

除非另有规定,否则盛装具有以下特性危险货物的包件应装设气密封口:

a.产生易燃气体或蒸气;

b.在干燥情况下可能有爆炸性;

c.产生有毒气体或蒸气;

d.产生腐蚀性气体或蒸气;

e.可能与空气发生危险性反应。

(2)按包装形式分

①单一包装(single packaging)

单一包装指直接将货物盛装在包装容器中,如:钢桶、铝桶等,其最大净重不超过 400 kg,最大容积不超过 450 L。

②复合包装(composite packaging)

复合包装指由一个外包装和一个内包装容器组成的在结构上形成一个整体,如钢塑复合桶 6HA1,其最大净重不超过 400 kg,最大容积不超过 250 L。

③组合包装(combination packaging)

组合包装指将一个或多个内包装装于一个外包装内的包装。

④大(宗)包装(large packaging)

大(宗)包装指适合于机械装卸,净重超过 400 kg 或容积超过 450 L,但容积不大于 3.0 m^3 的包装。

⑤中型散装容器(intermediate bulk container,IBC)

中型散装容器指刚性和柔性的可移动包装。其容积对于装载第 7 类物质和包装类Ⅱ和Ⅲ的固体和液体等不应大于 3 000 L(3.0 m^3),使用柔性、刚性塑料等装运包装类Ⅰ固体的不应大于 1 500 L(1.5 m^3),使用金属等装运包装类Ⅰ固体的不应大于 3 000 L(3.0 m^3)。

⑥罐柜(tank)

罐柜指载货容量不小于 450 L 的可移动罐柜(包括罐式集装箱)、公路或铁路罐车等。

此外,当盛放危险货物的包件出现损坏、破损、渗漏、溢漏或不符规定的情况时,应使用救助包装进行回收或处理。

4.危险货物的常规包装

(1)包装等级

规则根据包装所能够承受危险货物的危险程度将危险品通用包装分为三个等级,即:

Ⅰ类包装——能盛装高度、中度和低度危险性的货物;

Ⅱ类包装——能盛装中度和低度危险性的货物;

Ⅲ类包装——能盛装低度危险性的货物。

(2)包装类型代码

包装的类型可用 2~4 位代码和拉丁字母表示。其代码的组成及含义:

①第一部分是 1 个阿拉伯数字,表示包装形式。通用包装形式有六种,分别是:1——圆桶;2——(保留);3——罐;4——箱;5——袋;6——复合包装。

②第二部分由一个或两个拉丁字母组成,表示包装材料。通用包装通常用下列几种材料:A——钢(各种类型和表面处理);B——铝;C——天然木材;D——胶合板;F——再生木;G——纤维板;H——塑料材料;L——纺织品;M——多层纸;N——金属(不包括钢和铝);P——玻璃、陶瓷和粗陶瓷。复合包装材料代码由两个拉丁字母组成,第一个字母表示内容器的材料,第二个表示外包装的材料。

③第三部分是 1 个阿拉伯数字,表示包装的特殊结构。

包装的特殊结构是指相同材料的同一包装形式,因其结构不同而形成若干类型的危险货物包装。对于复合包装,则指外包装的结构形式。

为便于货物运输,由多个内包装按一定要求紧固在一个外包装内而形成包装的组合,称为组合包装。组合包装的类型代码仅以外包装表示之。

另外,对于符合要求的救助包装,在包装代码后加字母“T”;对符合相关规定的特殊包装要求,在包装代码后加字母“V”;而对于等效包装,则在包装代码后加字母“W”。

例如:表 12-2-2 中,1A1 表示不可拆装桶顶的钢制圆桶,6HB1 表示外部带有铝桶塑料容器。

表 12-2-2 危险货物包装类型及代码表

形式	材料	类型	代码
1 圆桶	A 钢	不可拆装桶顶	1A1
		可拆装桶顶	1A2
	B 铝	不可拆装桶顶	1B2
		可拆装桶顶	1B2
	D 胶合板	—	1D
	G 纤维	—	1G
	H 塑料	不可拆装桶顶	1H1
		可拆装桶顶	1H2
	N 其他金属	不可拆装桶顶	1N1
		可拆装桶顶	1N2
2(保留)			
3 罐	A 钢	不可拆装罐顶	3A1
		可拆装罐顶	3A2
	B 铝	不可拆装罐顶	3B1
		可拆装罐顶	3B2
	H 塑料	不可拆装罐顶	3H1
		可拆装罐顶	3H2
4 箱	A 钢	—	4A
	B 铝	—	4B
	C 天然木	普通的	4C
		箱壁防撒漏的	4C2
	D 胶合板	—	4D
	F 再生木	—	4F
	G 纤维板	—	4G
	H 塑料	膨胀的	4H1
		硬质的	4H2
	N 其他金属	—	4N

续表

形式	材料	类型	代码
5 袋	H 塑料编织	无内衬或涂层的	5H1
		防撒漏的	5H2
		防水的	5H3
	H 塑料薄膜	—	5H4
	L 纺织品	无内衬或涂层的	5L1
		防撒漏的	5L2
		防水的	5L3
	M 纸	多层的	5M1
		多层的、防水的	5M2
6 复合包装	H 塑料容器	在钢桶内	6HA1
		在钢条箱或钢皮箱内	6HA2
		在铝桶内	6HB1
		在铝条或铝皮箱内	6HB2
		在木箱内	6HC
		在胶合板桶内	6HD1
		在胶合板箱内	6HD2
		在纤维桶内	6HG1
		在纤维板箱内	6HG2
		在塑料桶内	6HH1
		在硬塑料箱内	6HH2
	P 玻璃、陶瓷粗陶器	在钢圆桶内	6PA1
		在钢条或钢皮箱内	6PA2
		在铝桶内	6PB1
		在铝条或铝皮箱内	6PB2
		在木箱内	6PC
		在胶合板箱内	6PD1
		在柳条筐内	6PD2
		在纤维桶内	6PG1
		在纤维板箱内	6PG2
		在膨胀塑料包装内	6PH1
		在硬塑料包装内	6PH2

(3)包装试验

危险货物包装在投入使用前,其设计类型须通过试验。设计类型的限制因素包括设计规格、材料及其厚度、生产和包装方式及表面处理等。

①试验准备

按规定随机抽取包装试验样品；根据试验要求盛装货物：对于袋装包装，应装至最大使用重量；非袋装的内包装或单一容器及包装，盛装的液体不少于容量的98%，盛装的固体不少于容量的95%。纸或纤维板包装在受控的温度和相对湿度环境中至少处理24 h，用天然木制成的塞型木琵琶桶，在试验前装满水存放至少24 h。

②试验种类和方法

对于常规包装，其试验种类总体上包括跌落试验、渗漏试验、液压试验和堆码试验。

将温度降至-18 ℃或以下的塑料桶（罐、箱复合包装等）、灌装液体24 h后的可拆装桶顶的桶、其他包装置于一定试验处，向坚硬而平坦地面上跌落，经检验无渗漏或无撒漏即为跌落试验通过。包装Ⅰ、Ⅱ、Ⅲ类的试验高度分别为1.8 m、1.2 m和0.8 m。

所有盛装液体物质的包装均须进行渗漏试验。将包装连同其封闭装置置于水下5 min，同时向内部施加一定的试验压力，无任何渗漏现象，则该包装通过了液压试验。包装Ⅰ、Ⅱ、Ⅲ类的试验压力分别为30 kPa、20 kPa和20 kPa。

所有盛装液体物质的金属、塑料和复合包装都须进行液压试验。金属包装和复合包装（玻璃、瓷器、粗瓷）须承受5 min的试验压力，塑料包装和复合包装（塑料材料）须承受30 min的试验压力，经检验应无任何渗漏现象。

除袋装外，其他包装类型均须进行堆码试验。将盛重试样堆高不小于3 m并持续24 h，但对于盛装液体的塑料桶（罐）及某些复合包装的试验时间为28 d且温度不低于40 ℃，接受试验的试样无渗漏。

试验完成后，应向包装用户提供试验合格报告。

（4）常规包装标记

经试验合格的包装，应在包装的明显位置标注清晰而持久的包装标志。联合国规定的包装统一标记如图12-2-1中（a）（b）所示，图12-2-1中（c）为我国规定的标记形式。

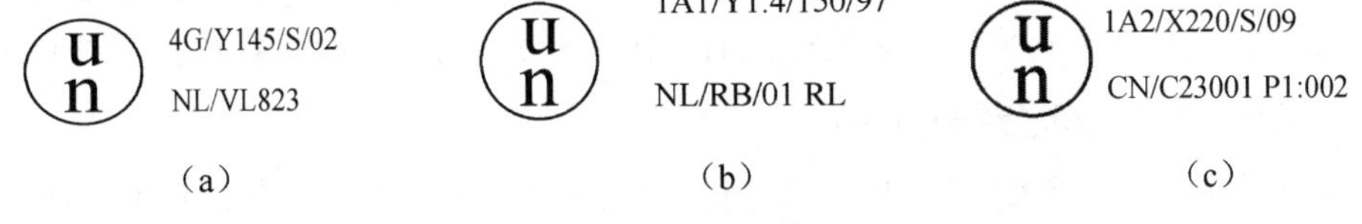

图12-2-1 常规包装标记

①联合国包装 (un) 符号

该符号只用于证明包装符合有关要求。对于模压金属包装，可用大写字母“UN”作为符号。

②包装类型代码

包装类型代码是以2~4位数码表示的包装类型，如4G、1A1。

③通过试验的包装等级代码、相对密度（液体）或最大总重（固体）

包装等级代码，表示该包装类型已顺利通过规定的试验而授予的字母，分别以X、Y和Z表示。包装等级不允许升级，但允许降级使用。其中：X——包装类Ⅰ、Ⅱ和Ⅲ；Y——包装类Ⅱ和Ⅲ；Z——包装类Ⅲ。

相对密度，表示该拟装液体物质包装在无内包装时已按所标密度值进行了设计类型试验，如果相对密度不超过 1.2，可免除此项；对于拟盛装固体物体或带有内包装的包装，则以千克表示其最大总重。如图中表示的 Y1.4、Y145。

④标注“S”或通过液压试验的压力值

用字母“S”表示盛装固体或具有内包装的包装，而对拟定盛装无内包装液体货物的包装（组合包装除外），则标注液压试验的压力值（kPa），如图中表示的 S、150。

⑤包装制造年份

包装制造年份位于标记第一行的后部，以年份的后两位数标注。

⑥批准国代号

如图 12-2-1 中的 NL（荷兰）、CN（中国）。

⑦制造厂名称或主管机关规定的识别标记

如图 12-2-1（a）（b）中的 VL823、RB。

⑧对经修复的包装，需注明修复人名称、修复年份、修复标记等。盛装液体货物的包装还需要经过渗漏试验，如图 12-2-1（b）中的“RL”；如果盛装固体货物，仅标示“R”。

⑨图 12-2-1（c）为我国生产的符合《水路运输危险货物包装检验安全规范》和《IMDG 规则》相关要求的包装，其中 C230001 是我国海关规定的危险货物包装生产企业代码。我国海关总署 2019 年第 15 号公告规定：出口危险货物包装应带有联合国规定的危险货物包装标记，该标记应包括生产企业代码，代码应体现生产企业所在区域的直属海关信息；生产企业代码由大写英文字母 C 和六位阿拉伯数字组成，前两位阿拉伯数字代表企业所在区域的直属海关，后四位阿拉伯数字 0001～9999 代表生产企业，C230001 中，“23”代表南京海关，“0001”代表南京海关编列的顺序号为 0001 的关区内生产企业。

图 12-2-1（c）中的 PI：002 为我国增加的附加标记，表示包装的生产批次。联合国允许各缔约国主管当局根据自己的需要适当增加附加标记，但附加标记不得混杂在上述主标记之中，以免混淆主标记的识别。

此外，《国际危规》还给出了中型散装容器（IBCs）、大宗包装、可移动罐柜等的包装标记，这些标记在内容和形式上与普通包装的标记有一定的差异，危险货物装运及管理时应注意。

5.第 1 类和第 7 类危险货物的包装

除另有规定外，第 1 类爆炸品的包装应满足上述常规包装中Ⅱ类包装的试验要求。同时，第 1 类爆炸品的包装应满足：

对爆炸品具有保护作用，能防止爆炸品溢漏和在正常运输状态下，包括事先可预见的温度、湿度、压力等的改变，不会增加爆炸品的燃烧和爆炸的危险性；保证所有包件在正常运输状态下，可以安全装卸；能承受住运输过程中由于装货和可预见的包件的堆码而产生的压力，从而不会增加爆炸品危险性，包装的盛装功能不会受到损伤，不会因某种方式或某种程度的变形而降低其强度，或导致堆码不稳。

第 7 类危险货物的包装，不但要能防护内装货物，而且要能起到将辐射减弱到允许强度并促进散热等作用。这类货物的包装设计及试验必须符合国际原子能机构（IAEA）有关文件的专门规定。按货物的运输指数（TI）和表面任何一点最大剂量率（MaxRL）确定包装的三个等级：

包装类Ⅰ：$TI \approx 0$，且 $MaxRL \leq 0.005$ mSv/h；

包装类Ⅱ：$0 < TI < 1$，且 0.005 mSv/h $< MaxRL \leq 0.5$ mSv/h；

包装类Ⅲ：TI≥1，且 0.5 mSv/h<MaxRL≤10 mSv/h；其中 TI >10 且 MaxRL >2 mSv/h 的货物应以全船载单一货物的方式运输。

第 7 类危险货物的Ⅰ类包装的图案标志呈白色并须注明内装货物的放射性活度，Ⅱ、Ⅲ类包装的图案标志上部呈黄色下部白色，不但须注明内装货物的放射性活度，还须注明其 TI 数值。这种包装分类方法恰好与危险货物通用包装等级分类方法相反，即危险程度越大，包装等级号也越大。

应当注意的是，曾盛装过危险货物的空容器，除经清洗或处理外，均应保持其原危险货物标志，并视作所装过的危险货物对待。

二、危险货物标志

危险货物的标志由危险货物的标记、标签（图案标志）和标牌组成。正确的危险货物标志可使相关人员在任何时候、任何情况下都能对所涉及的货物迅速加以识别，引起警觉，采取相应的安全措施，万一遇到事故时，也能采取正确的行动。

1.**标记**（marking）

标记指按规定在危险货物包件外表面标注的简单文字或符号。除《国际危规》另有规定外，每个装有危险货物的包件都应标有危险货物的正确运输名称、联合国编号（如有）等，如图 12-2-2 所示。

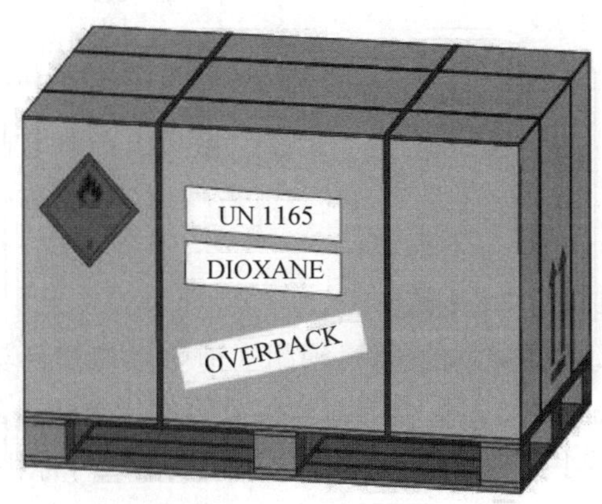

图 12-2-2 危险货物标记

此外，在适用的情况下，还包括下列标记：

（1）1.4S 标记

对于 1.4 类配装类 S 的货物，如果没有“1.4S”图案标志，则应标注“1.4S”的标记。

（2）救助标记

救助包件和救助压力容器还应额外标有“SALVAGE”字样（字样高度至少 12 mm）。

（3）方向标记

满足条件的危险货物应在包件外相对的两个竖直面上标注如图 12-2-3 所示的指示箭头。指示箭头应为两个黑色或红色的，底色为白色或与箭头对比鲜明的其他颜色；整个标记应为长方形，大小与包件相称，可以自由选择是否在箭头四周画一个长方形的边缘线。

需要张贴该标记的危险货物包件有：组合包装的内包装盛有液态危险货物；装有通气孔的单一包装；拟装运冷冻液化气体的冷冻容器。

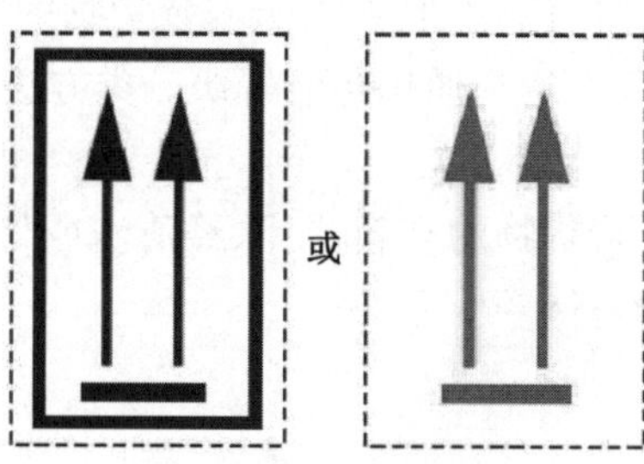

图 12-2-3　方向标记

(4)锂电池标记

满足《IMDG 规划》特殊规定 188 条款要求的盛装锂电池或电池组的包件应张贴如图 12-2-4 所示的锂电池标记。该标记尺寸至少为 100 mm×100 mm，如果包件尺寸有特殊要求，标记尺寸可以减到不少于100 mm×70 mm。

图 12-2-4　锂电池标记

(*联合国编号位置)

(5)海洋污染物标记

装有海洋污染物的包件，须耐久地张贴海洋污染物标记，如图 12-2-5 所示。标记尺寸至少为 100 mm×100 mm（含有海洋污染物的货物运输组件至少为 250 mm×250 mm），形成菱形图形的线最小宽度须是 2 mm。由于包装的尺寸原因，标记尺寸和线宽可以适当降低，但是应能清晰地显示。

图 12-2-5　海洋污染物标记

(6)限量危险货物标记

限量内危险货物的包件应张贴如图 12-2-6(a)所示标记。该标记应明显、清晰,能承受露天暴露而不明显降低效果。顶部、底部和边缘线为黑色,中间区域为白色或与背景形成鲜明反差的适当颜色。最小尺寸为 100 mm×100 mm(限量内危险货物的组件最小尺寸为 250 mm×250 mm),四方形线的最小宽度为 2 mm。如果由于包件尺寸受限,标记尺寸可减少至 50 mm×50 mm,但须确保标记内容清晰可辨。满足《空运危险货物技术规则》要求的限量危险货物包件应张贴如图 12-2-6(b)所示的标记。

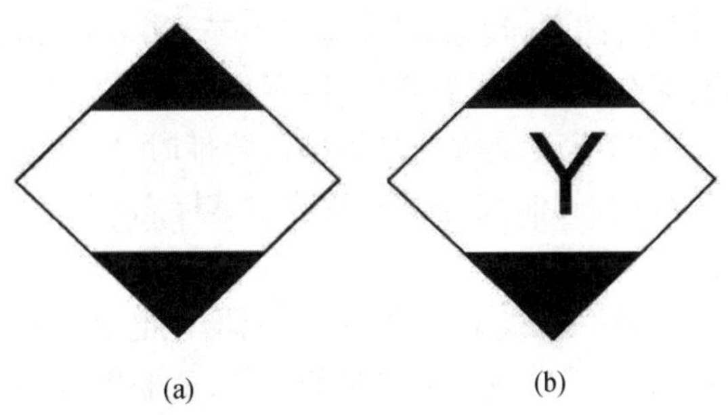

图 12-2-6 限量内危险货物标记

限量内危险货物的包件和仅含限量内货物的运输组件不需要显示海洋污染物标记、正确运输名称和联合国编号,只需按要求张贴限量危险货物标记即可。

(7)可免除量标记

含有可免除量危险货物的包件须经久、清晰地张贴如图 12-2-7 所示的标记。包件内含有危险货物的主危险性须显示于标记中。如果有关发货人或收货人的名称未在其他处显示,则也应包括在标记之中。标记的规格至少为 100 mm×100 mm(盛装可免除量危险货物的货物运输组件不需要粘贴该标记)。

图 12-2-7 可免除量危险货物标记

(*位置显示类别或已指定的小类;**位置显示发货人或收货人的名称)

(8)加温物质标记

盛装第 9 类中高温物质的货物运输组件应在其每侧或每端粘贴如图 12-2-8 所示的加温物质标记。标记为等边三角形,线条颜色应为红色,边长最小尺寸为 250 mm。

2.标签(label)

标签又称为图案标志,是指以规定的色彩、图案和符号绘成的菱形标志,用以醒目、明了地标示出货物的危险特性。但包件上可视情况显示在搬运和储存时起警告作用的附加标记和符号,如表示应保持包件干燥的雨伞符号等。

图 12-2-8　加温物质标记

除包件尺度或形状受限外，图案标志的尺寸应不小于 100 mm×100 mm。

具有副危险性的货物，除在包件上带有表明其主要危险性的图案标志外，还应同时带有表明其副危险性的图案标志。对于第 1 类爆炸品为副危险性时，其副危险性图案标志中只标注大类号，小类和配装类位置留空；其他八类副危险性图案标志与其主危险性图案标志完全相同，需要标注类别号。

需要特别指出的是，在《国际危规》Amdt.38-16 中新增锂电池图案标志，如图 12-2-9 所示。

但该图案标志仅适用于盛装锂电池或电池组的包件，盛装锂电池或电池组的货运运输单元依然使用第 9 类危险货物的图案标志。

图 12-2-9　锂电池图案标志

3.标牌（placard）

标牌是指放大的图案标志（不小于 250 mm×250 mm），适用于集装箱、货车、可移动罐柜等货物运输组件。

《国际危规》规定，危险货物所有标志均须清晰可见且易识别，应做到在海水中浸泡 3 个月以上标志内容仍清晰可辨。在考虑适当的标记方法时，还应考虑所用包装材料及包件表面的耐久性，应与包件外表面的背景形成鲜明的颜色对比，且不得与可能大大降低其效果的其他包件标志放在一起。

容量超过 450 L 的中型散装容器应在相对的两侧标记，海运集装箱等货物运输组件或可移动罐柜应在两侧和两端加以标记。

《国际危规》规定的危险货物标志和标牌如图 12-2-10 所示。

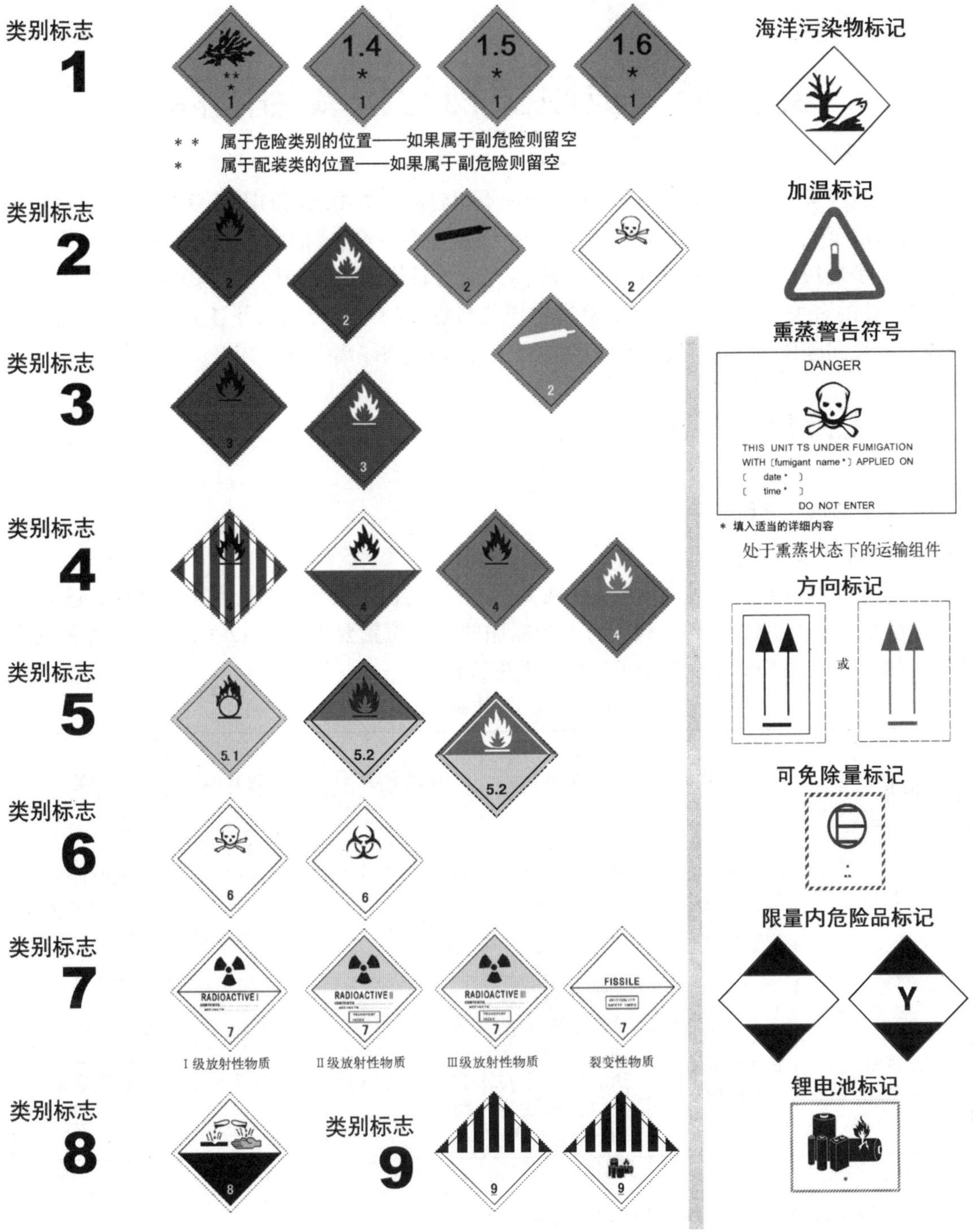

驾驶专业

类别标志 1

1.4 * 1　1.5 * 1　1.6 * 1

＊＊ 属于危险类别的位置——如果属于副危险则留空

＊ 属于配装类的位置——如果属于副危险则留空

类别标志 2

类别标志 3

类别标志 4

类别标志 5

5.1　5.2　5.2

类别标志 6

类别标志 7

RADIOACTIVE Ⅰ　RADIOACTIVE Ⅱ　RADIOACTIVE Ⅲ　FISSILE

Ⅰ级放射性物质　Ⅱ级放射性物质　Ⅲ级放射性物质　裂变性物质

类别标志 8

类别标志 9

海洋污染物标记

加温标记

熏蒸警告符号

DANGER

THIS UNIT TS UNDER FUMIGATION

WITH 〔fumigant name*〕 APPLIED ON

〔 date* 〕

〔 time* 〕

DO NOT ENTER

* 填入适当的详细内容

处于熏蒸状态下的运输组件

方向标记

或

可免除量标记

限量内危险品标记

Y

锂电池标记

图 12-2-10 《国际危规》规定的危险货物标志和标牌

第三节　危险货物的积载与隔离

合理选择危险货物的装载位置,正确处理不相容危险货物之间的隔离,对于保证危险货物的安全运输至关重要。为此,《国际危规》在“危险货物一览表”的“积载与操作”栏和“隔离”栏中列出了对每一种危险货物在积载与隔离方面的具体规定;同时,在《国际危规》第 7 部分“运输作业的有关规定”中对海运危险货物积载与隔离的一般原则以及各类危险货物积载与隔离的共性问题做了详细规定,从而为危险货物的积载与隔离提供了指南。

一、危险货物积载

1.第 1 类爆炸品积载

(1)积载类的划分

依据安全装运在不同种类的船上所需要的积载位置,将爆炸品(限量包装的第 1.4S 类除外)积载分为 5 个积载类,各积载类对不同船舶的积载位置要求如表 12-3-1 所示。各种危险货物应按照危险货物一览表中要求的积载类进行积载。

表 12-3-1　爆炸品积载类表

船舶种类＼积载类	积载类 01	积载类 02	积载类 03	积载类 04	积载类 05
货船	在舱面封闭式货物运输组件内或舱内	在舱面封闭式货物运输组件内或舱内	在舱面封闭式货物运输组件内或舱内	在舱面封闭式货物运输组件内或在舱内封闭式货物运输组件内	仅在舱面封闭式货物运输组件内
客船	在舱面封闭式货物运输组件内或舱内	在舱面封闭式货物运输组件内或按照客船积载的规定在舱内封闭式货物运输组件内	禁止装运(除满足客船积载要求的货物)	禁止装运(除满足客船积载要求的货物)	禁止装运(除满足客船积载要求的货物)

表中:

(1)货船:包括货船和载客数不超过 12 人的客船。

(2)客船:包括载客数超过 12 人的客船。

(3)满足客船积载要求的货物:是指满足客船积载要求的爆炸品,即可以在客船积载运输的爆炸品,具体包括:

①第 1.4 类 S 配装类爆炸品。该类货物可以在客船上运输,且不受数量限制。

②每船爆炸性物质总净重不超过 10 kg,且在舱面或舱内的以封闭货物运输组件运输的配装类 C、D、E 的货物和配装类 G 的物品。

③每船爆炸性物质总净重不超过 10 kg,且仅在舱面积载的以封闭货物运输组件运输的配装类 B 的物品。

除此之外,其他第1类爆炸品不得在客船上运输。

(2)配装类的划分

仅从安全考虑,第1类中的不同类别的货物,最好各自分舱积载,但实际操作中非常困难。为兼顾安全和操作可行性等因素,在运输中将不同的第1类货物进行某种程度的混装是必要的。不同的爆炸品如果在一起能安全地积载或运输而不会明显增加事故率或在一定量的情况下不会明显提高事故后果等级,则认为其是相容的或可配装的。按照这一标准,《国际危规》将爆炸品分为13个配装类,分别用英文字母A~L(I除外)、N和S来表示。爆炸品配装类的定义及分类代码如表12-3-2所示,爆炸品分类与配装类的组合如表12-3-3所示。

表12-3-2 第1类爆炸品配装类的定义和分类代码表

爆炸品的配装分类说明	配装类	分类代码
起爆物质	A	1.1A
含有起爆物质,但不具备两种或两种以上有效保护装置的物品。有些物品,诸如爆炸性炸药,为爆炸和起爆物品装配的炸药,帽型的,即使不含有起爆物质,也属于该类物质	B	1.1B 1.2B 1.4B
推进性的爆炸性物质或其他爆燃性爆炸物质或含有该种爆炸物质的物品	C	1.1C 1.2C 1.3C 1.4C
能够引爆的次级爆炸性物质,或黑火药或含有能够引爆的爆炸性物质的物品;在每种情况下,没有点火装置和推进剂时,或含有起爆物质并具备两种或两种以上保护装置的物品	D	1.1D 1.2D 1.4D 1.5D
含有能够引爆的次级爆炸性物质,不带有点火装置但带有推进剂(含有易燃液体、凝胶体或自燃液体除外)的物品	E	1.1E 1.2E 1.4E
含有能够引爆的次级爆炸性物质的物品,自带有点火装置和推进剂(含有易燃液体、凝胶体或自燃液体除外)或不带推进剂	F	1.1F 1.2F 1.3F 1.4F
烟火物质,或含有烟火物质的物品,或同时含有爆炸性物质和照明物质的物品,燃烧的、产生烟雾和催泪的物质(水激活的物品或含有白磷、磷化物、发火物质、易燃液体或凝胶体或自燃液体的物品除外)	G	1.1G 1.2G 1.3G 1.4G
同时含有白磷和爆炸性物质的物品	H	1.2H 1.3H
同时含有爆炸性物质和易燃液体或凝胶体的物品	J	1.1J 1.2J 1.3J
含有爆炸性物质和有毒化学剂的物品	K	1.2K 1.3K
含有爆炸性物质并具有特殊危险性(例如由于水激活或含有易自燃液体、磷化物或发火物质)需要彼此隔离的物品	L	1.1L 1.2L 1.3L

续表

爆炸品的配装分类说明	配装类	分类代码
主要由极不敏感的物质组成的物品	N	1.6N
物质和物品的包装或设计能确保发生时故时，所产生的危险性影响能够限制在包件内，除非包件遇火时已经受损，在这种情况下，所遇的爆炸或抛射影响都应限制在与包件临近处使其不致阻止或妨碍救火或采取其他应急措施的实施	S	1.4S

表 12-3-3　爆炸品的分类与配装类组合表

危险小类	配装类													∑ A～S
	A	B	C	D	E	F	G	H	J	K	L	N	S	
1.1	1.1A	1.1B	1.1C	1.1D	1.1E	1.1F	1.1G		1.1J		1.1L			9
1.2		1.2B	1.2C	1.2D	1.2E	1.2F	1.2G	1.2H	1.2J	1.2K	1.2L			10
1.3			1.3C			1.3F	1.3G	1.3H	1.3J	1.3K	1.3L			7
1.4		1.4B	1.4C	1.4D	1.4E	1.4F	1.4G						1.4S	7
1.5				1.5D										1
1.6												1.6N		1
∑1.1～1.6	1	3	4	4	3	4	4	2	3	2	3	1	1	35

由表中可知，第 1 类爆炸品按其危险程度分为 6 个小类，按其相容性分为 35 个配装类。

（3）爆炸品的积载要求

①第 1 类爆炸品应远离热源。所谓远离热源是指危险货物包件或货物运输组件积载时应距离表面温度可能超过 55 ℃的受热的船舶结构至少 2.4 m。受热结构包括蒸汽管、加热盘、加热燃料和货物罐柜的顶部或侧壁、机器处所的舱壁等。此外，未装入货物运输组件并直接在舱面积载的危险货物包件应进行遮蔽，以避免阳光直射。

②爆炸品积载时应确保走道和通向所有船舶安全作业必需设备的通道不受影响。舱面积载时应保证消火栓、测量管及其他类似设备和通道不受影响，并与之远离。

③第 1 类爆炸品（1.4 类除外）积载时与船舶生活区、救生设备和公共通道区域的水平距离应不少于 12 m。

④第 1 类爆炸品（1.4 类除外）积载时与船舷的水平距离应不少于 1/8 船宽，且不小于 2.4 m，取小者。

⑤第 1 类爆炸品积载时距离潜在火源的水平距离应不少于 6 m。所谓潜在火源是指但不限于开放火源、机器排气装置、厨房通风口、电插座和包括货物运输组件制冷或加热设备在内的电气设备，经认可的安全型电气设备除外。

⑥为了防止未经批准人员进入，所有舱室和货物运输组件均应上锁或以适当方式关闭。上锁和关闭的方法应能保证船员在紧急情况出现时顺利进入而无延误。

⑦当包件内的货物在船上受潮时，应立即征求托运人的意见，在得到指示前不得处理包件。如发现装有爆炸品的包件发生破损和泄漏，应就有关安全操作和处理措施征求专家的意见。

2.第 2 类~ 第 9 类危险货物积载

(1)积载类划分

根据危险货物在不同种类船舶积载的位置或是否允许装运,《国际危规》将第 2 类~第 9 类、限量包装的第 1.4S 类危险货物的积载类划分为 A、B、C、D、E 五个积载类。具体分类见表 12-3-4。

表 12-3-4 其他危险货物积载类

积载类 船舶种类	积载类 A	积载类 B	积载类 C	积载类 D	积载类 E
货船	舱面或舱内	舱面或舱内	只限舱面	只限舱面	舱面或舱内
客船	舱面或舱内	只限舱面	只限舱面	禁止装运	禁止装运

表中:

①货船:包括货船、载客限额不超过 25 人或按船舶总长每 3 m 不超过 1 人(取较大者)的客船;

②客船:包括载客数量超过上述限额的其他客船。

(2)危险货物积载要求

包装危险货物以不同的形式在不同的船舶上积载运输,其要求亦有所不同。以下的积载要求主要适用于以常规方法装载在杂货船上的危险货物。

①危险货物积载时应确保走道和通向所有船舶安全作业必需设备的通道不受影响。舱面积载时应保证消火栓、测量管及其他类似设备和通道不受影响,并与之远离。

②货舱内和舱面应清洁、干燥。为了减少火灾危险,货舱中应保证没有其他货物的粉尘,如谷物或煤粉尘。

③易燃易爆货物应尽可能积载在阴凉的处所,并远离热源、火源和电源,远离生活居住处所。所谓远离生活居住处所是指危险货物包件或货物运输组件积载时与居住舱室、进气口、机器处所和其他封闭工作区域等的距离至少 3 m。

④应对危险货物包件和货运运输组件进行检查,发现任何损坏、泄漏或撒漏的包件应拒绝装船。同时,应保证装船前货物运输组件和包件上不要附着水、雪或冰。

⑤装有危险货物的桶应保证直立积载。

⑥遇水易于损坏的纤维板箱、纸袋和其他包装应舱内积载。如需舱面积载,应严加防护,保证任何时候都不能受到天气或海水的侵袭。

⑦移动式罐柜上不能积载其他货物,除非该罐柜设计时允许叠载。

⑧装运危险货物的柔性中型散装容器仅限舱内积载,堆码高度不能超过 3 层且互相之间不能留有空隙;如果没有满舱,则应采取充分地止移措施。

⑨未清洁空包装(包括中型散装容器和大宗包装)的积载:装满货物时仅限舱面积载的未清洁空包装可以在舱面或舱内有机械通风的处所积载。但是带有 2.3 类标志的未清洁空压力容器应仅限舱面积载。

⑩海洋污染物如果允许舱面或舱内积载,则优先选择舱内积载。如果仅限舱面积载,应选择有良好防护的甲板或露天甲板遮蔽区域内积载。

⑪限量内危险货物和可免除量危险货物积载时均按积载类 A 的要求操作。

⑫第 2 类危险货物的积载:装载第 2 类危险货物的容器以垂直方式积载时,应成组积载并

用坚实的木材制成箱或框将容器围蔽。木箱或框应用楔子固定，并绑扎牢固以防止其任意移动。舱面积载的易燃气体应距离任何潜在火源至少 3 m，舱面积载的压力容器应远离热源。

⑬第 3 类易燃液体的积载：对使用塑料罐（3H1、3H2）和塑料桶（1H1、1H2）、塑料桶内的塑料容器（6HH1、6HH2）和塑料中型散装容器（31H1 和 31H2）包装的闭杯闪点低于23 ℃的易燃液体，除非将其装于封闭的货物运输组件中，否则应仅限舱面积载，远离热源且距离任何潜在火源至少 3 m。

⑭第 4 类危险货物的积载：应远离热源。对于松散包装的鱼粉航行期间，每天应测量温度 3 次并记录；如果货物的温度超过 55 ℃并继续升高，则应限制通风。如果自热现象持续，则应释放二氧化碳或惰气。因此，船舶必须配备向舱内释放二氧化碳或惰气的设备。属于4.2类的松散包装的鱼粉，要求通风良好，建议采用双列式积载；属于第 9 类的鱼粉，没有特殊的积载通风要求。

⑮第 5.1 类货物的积载：装载氧化性物质前货舱必须清扫干净，尤其是可燃性粉末，尽可能地使用非易燃的加固和防护材料。曾装运氧化性物质的货舱，卸货后应检查有无污染物；在装运其他货物尤其是食品前，原已被污染的货舱必须进行适当的清扫和检查。如果装运硝酸铵或硝酸铵基化肥应积载在紧急时可以开启的干净的货物处所内。在装货前就应该考虑到如果发生火灾可能需要打开舱盖提供大量通风，紧急情况下可能需要注入大量的水，及由此带来的对船舶稳性的不利影响。

⑯第 5.2 类危险货物和第 4.1 类自反应物质积载时应远离热源，并重点考虑有利于可能采取的应急行动，如抛货等。

⑰第 7 类放射性物质的积载：除按《国际危规》中“危险货物一览表”第 16a 栏所列方式积载外，承运放射性货物的船舶和集装箱等一次装运量不得超过《国际危规》规定的数值（见表 12-3-5）。

表 12-3-5　非专门使用情况下集装箱和运输工具的运输指数（TI）限值

<table>
<tr><th colspan="3">集装箱或运输工具类型</th><th>在一个集装箱或同一运输工具上的运输指数总和的限值</th></tr>
<tr><td colspan="3">小型集装箱</td><td>50</td></tr>
<tr><td colspan="3">大型集装箱</td><td>50</td></tr>
<tr><td colspan="3">车辆</td><td>50</td></tr>
<tr><td rowspan="4">海船</td><td rowspan="2">舱室或特定区域</td><td>（集合）包件或小型集装箱</td><td>50</td></tr>
<tr><td>大型集装箱（封闭）</td><td>200</td></tr>
<tr><td rowspan="2">整船</td><td>（集合）包件或小型集装箱</td><td>200</td></tr>
<tr><td>大型集装箱（封闭）</td><td>无限值</td></tr>
</table>

《国际危规》规定：在常规运输条件下，运输工具外表任何一点的辐射水平不得超过 2 mSv/h，并且离运输工具外表面 2 m 处的辐射水平不得超过 0.1 mSv/h。表面辐射水平大于 2 mSv/h的包件或集装包件，除非使用专门车辆或有特殊安排，不得由船舶运输。

⑱第 8 类危险货物的积载：应尽可能保持载货处所干燥，因为该类物质受潮时对大多数金属都有不同程度的腐蚀，有的还与水发生剧烈反应。

3.积载和操作代码

《国际危规》在危险货物一览表的"积载和操作"栏采用了代码的形式，使其内容和形式更加简洁、清晰。其中积载代码29个，以"SW1～SW29"表示，如"SW1"表示"远离热源"，"SW2"表示"远离生活居住处所"；操作代码4个，以"H1～H4"表示，如"H1"表示"保持干燥"，"H2"表示"保持阴凉"。

二、危险货物的隔离

为了保证货物的安全运输，对互不相容的货物应做有效的隔离，最大限度地缩小危害范围，减少损失。性质互抵的危险货物之间的隔离可以利用距离、甲板、舱室、货舱等。

1.隔离等级

除第1类爆炸品之间的隔离要求另有规定外，《国际危规》将危险货物的隔离分为四个等级，如图12-3-1所示。具体含义分述如下：

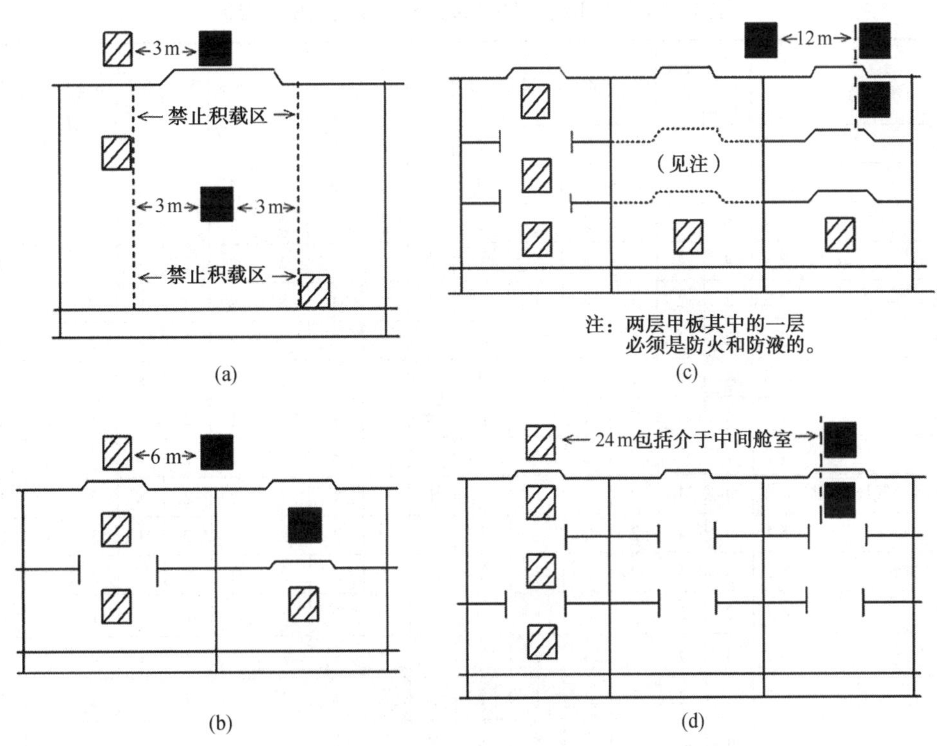

注：垂直实线表示货物处所(舱室或货舱)之间的防火、防液横向舱壁。

图12-3-1 危险货物的隔离等级

(1)隔离1——远离(away from)：是指有效地隔离从而使互不相容的物质在万一发生意外时不致相互起危险性反应，但只要在水平垂直投影距离不少于3 m，仍可在同一舱室或货舱内或"舱面"上积载[见图12-3-1(a)]。

（2）隔离 2——隔离（separated from）：是指在“舱内”积载时，装于不同舱室或货舱内。如中间甲板是防火、防液的，垂直隔离，即在不同的舱室积载，可以看成是同等效果的隔离。就舱面积载而言，这种隔离应不小于 6 m 的水平距离［见图 12-3-1（b）］。

（3）隔离 3——用一整个舱室或货舱做垂向的或水平的隔离（separated by a completed compartment or hold from）：如果中间甲板不是防火、防液的，只能用一介于中间的整个舱室或货舱做纵向隔离。就“舱面”积载而言，这种隔离即不少于 12 m 的水平距离。如果一包件在“舱面”积载，而另一包件在最上层舱室积载，也要保持上述的同样距离［见图 12-3-1（c）］。

（4）隔离 4——用一介于中间的整个舱室或货舱做纵向隔离（separated by an intervening complete compartment or hold from）：单独的垂向隔离不符合这一要求。在舱内积载的包件与在“舱面”积载的另一包件之间的距离包括纵向的一整个舱室在内必须保持不少于 24 m。就“舱面”积载而言，这种隔离应不少于 24 m 的纵向距离［见图 12-3-1（d）］。

2.包装危险货物间的一般隔离要求（不包括第 1 类爆炸品之间）

不同类别的任意两种包装危险货物之间的一般隔离要求以“隔离表”（segregation table）的形式给出。表 12-3-6 为《国际危规》中的隔离表。

表 12-3-6 《国际危规》包装危险货物之间的隔离表

类别		1.1 1.2 1.5	1.3 1.6	1.4	2.1	2.2	2.3	3	4.1	4.2	4.3	5.1	5.2	6.1	6.2	7	8	9
爆炸品	1.1,1.2,1.5	*	*	*	4	2	2	4	4	4	4	4	4	2	4	2	4	×
爆炸品	1.3,1.6	*	*	*	4	2	2	4	3	3	4	4	4	2	4	2	2	×
爆炸品	1.4	*	*	*	2	1	1	2	2	2	2	2	2	×	4	2	2	×
易燃气体	2.1	4	4	2	×	×	×	2	1	2	×	2	2	×	4	2	1	×
无毒不燃气体	2.2	2	2	1	×	×	×	1	×	1	×	×	1	×	2	1	×	×
有毒气体	2.3	2	2	1	×	×	×	2	×	2	×	×	2	×	2	1	×	×
易燃液体	3	4	4	2	2	1	2	×	×	2	1	2	2	×	3	2	×	×
易燃固体	4.1	4	3	2	1	×	×	×	×	1	×	1	2	×	3	2	1	×
易自燃物质	4.2	4	3	2	2	1	2	2	1	×	1	2	2	1	3	2	1	×
遇水放出易燃气体物质	4.3	4	4	2	×	×	×	1	×	1	×	2	2	×	2	2	1	×
氧化物质	5.1	4	4	2	2	×	×	2	1	2	2	×	2	1	3	1	2	×
有机过氧化物	5.2	4	4	2	2	1	2	2	2	2	2	2	×	1	3	2	2	×
有毒物质	6.1	2	2	×	×	×	×	×	×	1	×	1	1	×	1	×	×	×
感染性物质	6.2	4	4	4	4	2	2	3	3	3	2	3	3	1	×	3	3	×
放射性物质	7	2	2	2	2	1	1	2	2	2	2	1	2	×	3	×	2	×
腐蚀品	8	4	2	2	1	×	×	×	1	1	1	2	2	×	3	2	×	×
杂类危险物质和物品	9	×	×	×	×	×	×	×	×	×	×	×	×	×	×	×	×	×

表中：1 ——“远离”；

2 ——“隔离”；

3 ——“用一整个舱室或货舱隔离”；

4 ——“用一介于中间的整个舱室或货舱做纵向隔离”；

×——应查阅危险货物一览表是否有特殊隔离规定；

* —— 见第 1 类爆炸品之间的隔离规定。

3.包装危险货物间的特殊隔离要求（不包括第1类爆炸品之间）

（1）当不同种类的两种危险货物之间的隔离要求满足隔离等级1~4中的任意一个时，不允许包装在同一外包装内；除特殊隔离规定和免除等要求外，不允许在同一货物运输单元内积载运输。

（2）特殊规定优先原则

由于每一类别中的物质、材料或物品的性质差别很大，不可能将它们对隔离的要求完全纳入隔离表中。考虑到某些货物的特殊性质，在危险货物一览表中规定了隔离的具体要求。当由隔离表查得的隔离要求与危险货物一览表中规定不一致时，危险货物一览表中的规定优先于隔离表中的一般规定，在实际危险货物运输中应给以足够理解和重视。

（3）副危险性要求高时的隔离

当《国际危规》的规定表明危险货物具有单一副危险（一个副危险标志）时，如果副危险的隔离要求比主危险的要求更严，则应优先适用副危险的隔离要求。第1类副危险货物的隔离规定与第1.3类货物的隔离规定一致。

（4）具有多种副危险性货物的隔离

除第1类爆炸品外，其他具有两种或两种以上副危险性（两种或两种以上副危险标志）的物质、材料或物品，其隔离要求在危险货物一览表中注明。例如溴氯化物，第2.3类，UN 2901，副危险性为第5.1类和第8类，在危险货物一览表中特殊隔离要求为："按第5.1类'隔离'，但与第7类'隔离'"。

（5）隔离类的划分

就隔离而言，将具有某些相似化学性质的危险货物归并在一起而形成某一隔离类。如果在危险货物一览表中要求涉及某一类物质，例如"酸类"，该特殊隔离要求适用于隔离类中的货物。应注意，并不是所有物质的名称都列入隔离类，在未列明的条目下运输的一些物质，虽未列入隔离类，但是发货人须决定是否包括在某一合适的隔离类中，并在相关运输单证中注明。

根据以上原则，《国际危规》中划分了18个隔离类，具体为：酸类、铵化合物类、溴酸盐类、氯酸盐类、亚氯酸盐类、氰化物类、重金属及其盐类、次氯酸盐类、铅及其化合物类、液体卤代碳氢化合物类、汞及其化合物类、亚硝酸盐及其混合物类、高氯酸盐累、高锰酸盐累、金属粉类、过氧化物类、叠氮化物类、碱类。

（6）隔离免除

①限量内危险货物和可免除量危险货物：不适用隔离等级的规定。不同的物质如果不发生反应，则可置于同一外包装内运输。

②同类危险货物可以积载在一起，而不必考虑副危险性的隔离要求，但是必须保证这些物质不会相互发生危险反应和引起燃烧和/或产生大量的热；产生易燃、有毒或窒息性气体；生成腐蚀性物质或不稳定物质。

③仅数量不同的第7类物质，无须隔离。

④由同一种物质构成但仅含水量不同而被划分为不同类别的危险货物，无须隔离，如第4.2类硫化钠（含结晶水小于30%）和第8类硫化钠（水合的，含水不小于30%）。

⑤属于不同类别但有科学证据表明相互接触不致发生危险反应的物质，如表12-3-7中所列的危险货物，无须隔离。

表 12-3-7 隔离免除物质例表

联合国编号 UN No.	正确运输名称 PSN	类别	副危险	包装类
2014	过氧化氢水溶液，含不少于 20%但不大于 60%	5.1	8	Ⅱ
2984	过氧化氢水溶液，含过氧化氢 8%～20%（必要时加稳定剂）	5.1	—	Ⅲ
3105	D 型有机过氧化物，液体的（过氧乙酸，D 型，稳定的）	5.2	8	—
3107	E 型有机过氧化物，液体的（过氧乙酸，E 型，稳定的）	5.2	8	—
3109	F 型有机过氧化物，液体的（过氧乙酸，F 型，稳定的）	5.2	8	—
3149	过氧化氢和过氧乙酸混合物，含酸类、水及不超过 5%的过氧乙酸，稳定的	5.1	8	Ⅱ

4.第 1 类爆炸品之间的隔离

根据《国际危规》，第 1 类爆炸品各配装类间的隔离要求如下：

（1）配装类 A～K：

①除下列②③的规定外，不同配装类的物质和物品不能在同一舱室、货舱或封闭货物运输组件中积载。

②配装类 C、D 和 E 物品的任意组合均可以在同一舱室、货舱或封闭货物运输组件中积载，但均需按配载类 E 对待。配装类 C 和 D 在满足一定条件的前提下可以混装。

③配装类 G 的物品（除烟花及需要特殊积载的物品）只要同一舱室、货舱或封闭货物运输组件内没有爆炸性物质，则可以与配装类 C、D、E 的物品一起积载。

④相同配装类的物质和物品可以在同一舱室、货舱或封闭货物运输单元中积载，但应按最严格的积载要求。危险程度大小的顺序为 1.1（危险最大）、1.5、1.2、1.3、1.6、1.4（危险最小）。

（2）配装类 L 的货物只能与同一分类的配装类 L 的货物一起积载。

（3）配装类 N 可以与配装类 C、D 或 E 物品或物质一起积载运输，但应将其视为配装类 D 对待；配装类 N 的物品与配装类 S 的物品或物质一起积载运输时，但应将其视为配装类 N 对待。

（4）配装类 S 的物品可以与除配装类 A 和 L 外的其他配装类一起积载运输。

（5）当不同配装类的货物（上述允许混装的除外）在舱面积载时，至少应保持 6 m 的间距。

（6）上述允许混装的配装类在不同的封闭货物运输单元内积载运输时，货物运输单元不需要隔离；反之，货物运输单元之间需要满足“隔离”的要求。

5.危险货物与食品之间的隔离要求

当食品与某些类别的危险货物一起积载运输时，为保证食品的质量，应满足如下隔离要求：

（1）以常规形式积载的具有第 2.3、6.1、7（UN 2908、UN 2909、UN 2910 和 UN 2911 除外）、8 类主副危险的危险货物与以常规形式积载的食品应满足“隔离”的要求。如果食品或危险货物的其中一个是在封闭货物运输组件中积载的，那么危险货物应与食品“远离”。如果食品和危险货物均在不同的封闭货物运输组件中积载的，则不须隔离。

（2）以常规形式积载的第 6.2 类危险货物与以常规形式积载的食品应满足“用一个整个舱室或货舱隔离”的隔离要求。如果食品或危险货物其中一个是在封闭货物运输组件中积载的，那么危险货物应与食品“隔离”。

(3)货物运输组件内的危险货物和食品间的隔离,应遵循以下原则:

具有第2.3、6.1、6.2、7(UN 2908、UN 2909、UN 2910和UN 2911除外)、8类主副危险的危险货物与食品不能在同一货物运输组件内积载运输;但是如果主副危险性为6.1类包装类Ⅲ的危险货物,主副危险为8类包装类Ⅱ、Ⅲ的危险货物与食品之间的距离在3 m以上,则可以和食品在同一货物运输组件内积载运输。

第四节 危险货物的安全装运与管理

危险货物的海上运输,需要经历多个环节。严格遵守有关的法律法规,谨慎地处理好运输全过程中每一个环节,才能确保危险货物运输的安全;反之,运输中只要有一个环节稍有不慎,就可能酿成灾难性的事故,危及生命和财产安全,有时还会造成水域污染。我国对危险货物运输已具备了一整套较完善的法规和严格的管理体系。我国有关的法规、规章、条例等,对水路危险货物运输全过程中的各个环节,都提出了具体的要求。

一、受载前准备

1.熟悉并配备有关法律、法规

配备并熟悉有关IMO、挂靠港国家、主管部门、挂靠港地方、船公司等有关危险货物运输的文件。这类文件应当按规定及时更新,使之与最新版本一致。

与所运危险货物有关各类文件,主要包括:

(1)适合于国际海上运输的《国际危规》。

(2)挂靠港国家或当地危险货物运输法规。

(3)国家、主管机关、船公司等颁发的条例、标准、规章和法规。

我国1982年起陆续颁布了《海上交通安全法》《海洋环境保护法》《防止船舶污染海域管理条例》等法律法规,以立法的形式对危险货物运输的安全和防污染做出了原则性的规定。国家标准局自1985年起就危险货物的分类、品名、包装、命名原则等内容陆续发布了多个国家标准。

我国交通部于1996年11月颁布了《水路危规》,交通运输部于2018年7月31日发布了《船舶载运危险货物安全监督管理规定》等。但是需要注意的是,交通运输部最新颁布的自2018年9月15日起施行的《船舶载运危险货物安全监督管理规定》要求:1996年11月4日以交通部令1996年第10号发布的《水路危险货物运输规则(第一部分 水路包装危险货物运输规则)》即时废止。2024年12月31日交通运输部令2024年第14号公布,自2025年3月1日起施行新的《船舶载运危险货物安全监督管理规定》。

船公司在SMS文件体系中有危险货物运输安全管理和应急处置方面的文件。

2.获取并审查危险货物单证

(1)危险货物单证所提供的信息

①危险货物的说明

每种交付运输的危险物质、材料或物品,危险货物运输单证中须包括如下信息:主要包括联合国编号(前面冠以英文字母 UN)、危险货物的正确运输名称(包括括号内适用的技术名称);货物主要危险类别或划入的小类,包括第 1 类的配装类字母("类别"或"小类"字样可以放在主或副危险性类别或分类号前);副危险类别或分类号应与适用的副危险性标志一致,并放在主危险性类别或分类后面的括号内("类别"或"小类"字样可以放在副危险性类别或分类号前);如对危险货物包装类别有划定时可在前面冠以英文字母"PG"(如:"PG Ⅱ")。

对危险货物的说明须按照要求的顺序排列,不得混置。除非《国际危规》允许或要求,否则,附加信息应附加在危险货物的说明之后。

②补充说明的信息

补充说明的信息包括:对"未另列明的"和其他类属条目技术名称的描述;未清洁空包装、散装容器和罐柜的相关描述等。

③危险货物的附加信息

对危险货物描述的附加信息须包括在危险货物运输单证对危险货物的描述信息之后,具体包括危险货物的总重量、限量、救助包装和救助压力容器、控制货物稳定的温度、自反应物质、感染性物质、放射性物质、爆炸品、黏性物质、隔离的特殊规定、可免除量危险货物等信息。

(2)应向托运人索要的主要的危险货物运输单证

①危险货物技术说明书

承运《国际危规》中感染性物质、放射性物质和按"未另列明"条目运输的危险货物以及新品危险货物时,船方必须向托运人索取经主管部门审核、批准的此类说明书。其内容包括品名、类别、理化性质、主要成分、包装类型、急救措施、撒漏处理、消防方法及其他运输注意事项等。

②"包装检验证明书"和"包装适用证明书"

包装检验证明书用于表明指定类型的包装已经取样进行了所列的包装试验,并获得相应的试验结果。包装适用证明书用于证明指定的包装适合于所列特定的危险货物装载。这两种证书都须经主管机关或其委托的权威机构的确认才能有效。

③放射性货物剂量检查证明书

托运放射性货物时必须附有经主管机关或其委托的权威机构确认的此类证书。其内容包括货名、物理状态、射线类型、运输指数、货包表面污染情况、包装等级、外包装破损时的最小安全距离等。

值得注意的是,《国际危规》要求承运人除非已通过纸质或电子的形式提供了危险货物运输单证或相关信息,并且由承运人签字确认,否则不得接受危险货物运输。《国际危规》已明确承运人在接受危险货物运输时的责任。规则增加了危险货物相关信息须随货物到达目的地的规定,要求在移交货物的同时将货物信息提供给收货人。此项规定实际上是要求危险货物运输信息要随货流转,这样可以保证危险货物运输各个环节的有关人员都可以迅速取得相关信息,准确把握货物的情况,对遇到的各种情况做出判断。

如果是以电子形式提交的危险货物相关信息,规则要求须保证承运人能在整个过程中可以获得信息,并能随时打印成纸质文件。随着信息技术的迅速发展,电子单证在危险货物运输中使用得越来越多,《国际危规》并不排除电子单证的使用。但是,为了保障安全,规则要求电子单证必须能够在需要时迅速打印成纸质文件。

3.检查承运船舶的技术条件

各种危险货物对船舶技术条件有不同的要求。因此,在承运不同的危险货物时,船舶应持有相应的危险货物适装证书。否则,不得承运。

4.做好其他准备工作

危险货物的承运人或其代理应向主管部门(我国为海事局)提出装运申请(我国为“危险货物申报单”),以获取危险货物准装许可。

船舶载运危险货物进、出我国港口,或者在我国港口过境停留,应当在进、出我国港口之前提前24小时,直接或者通过代理人向海事管理机构办理申报手续,经海事管理机构批准后,方可进、出港口。申报内容应至少包括:船名、预计进出港口的时间以及所载危险货物的正确名称、编号、类别、数量、特性、包装、装载位置等,并提供船舶持有安全适航、适装、适运、防污染证书或者文书的情况。对于装有危险货物的集装箱,船舶需提供集装箱装箱检查员签名确认的“集装箱装箱证明书”。对于易燃、易爆、易腐蚀、剧毒、放射性、感染性、污染危害性等危险品,船舶应当在申报时附具相应的危险货物安全技术说明书、安全作业注意事项、人员防护、应急急救和泄漏处置措施等资料,按《国际危规》中的EmS表和MFAG表中的规定,备妥合适的消防器材和相应的急救药品。

定船舶、定航线、定货种的船舶可以办理定期申报手续。定期申报期限不超过一个月。船舶载运尚未在《危险货物品名表》(国家标准GB 12268)或者国际海事组织制定的《国际海运危险货物规则》内列明但具有危险物质性质的货物,应当按照载运危险货物的管理规定办理进、出港口申报。海事管理机构接到报告后,应当及时将上述信息通报港口所在地的港口行政管理部门。办理申报手续可以采用电子数据处理(EDP)或者电子数据交换(EDI)的方式。

二、装货过程

1.做好安全防护工作

(1)按港口规定悬挂或显示规定的信号,甲板上设立醒目的“严禁烟火”警告牌;严禁与作业无关的船舶傍靠船舷;应备妥相应的消防设备;夜间作业配备足够的照明设备;装卸爆炸品、有机过氧化物、一级毒品和放射性物品时,装卸机具应按额定负荷降低25%使用。

(2)船舶装卸易燃、易爆危险货物期间,要督促进入现场人员不得携带火种、穿带有铁钉的鞋或化纤工作服,不得在现场使用非防爆型照明、通风和机械设备,不得在甲板上进行能产生火花的检修或船体保养工作;禁止加油、加水;装卸爆炸品(第1.4S除外)时,不得检修和使用雷达。

(3)遇有雷鸣、闪电、雨雪或附近发生火警时,应立即停止作业;遇危险货物撒漏、落水或其他事故时,应迅速上报,按要求采取妥善措施。

2.严格按配积载计划进行装货操作

(1)认真检查危险货物包装是否完好,标志是否清晰、正确;凡包装有破损、渗漏、严重变形、沾污等影响安全质量的应坚决拒装。

(2)按计划做好堆装、隔离、衬垫等项工作。

(3)如需更改积载计划,则须经本船船长或大副同意。

(4)装货结束后,做好系固及全面检查工作。

(5)备齐危险货物单证,如“危险货物舱单”“危险货物实际积载图”等危险货物的单证,以备检查。

三、途中保管

载有危险货物的船舶,不论航行、锚泊或等待卸货期间,均要对危险货物进行有效的监管。

(1)谨慎驾驶,避免碰撞

船舶在航行中应谨慎驾驶,保持正规瞭望,严格执行避碰规则,避免碰撞事故发生。

(2)恶劣天气时采取适当措施

在大风浪中航行时,应采取适当措施,减缓船舶摇摆,以防货物在舱内移动而挤压、撞击造成事故,对载运易燃易爆危险货物的船舶,航行中应避开雷区,以免遭雷击引起爆炸危险。

(3)货物监督

船舶在航行或锚泊期间,应对危险货物进行有效检查和监督,查看货物是否移位、自热、泄漏及其他危险变化。

(4)合理通风

定时测定舱内温度、湿度并进行合理通风,防止汗湿、舱内温度过高及舱内危险气体积聚。

(5)下舱安全

在进入可能引发中毒或窒息事故的货舱前,应对货舱进行通风换气并检测确认安全方可下舱,否则应使用自给式呼吸器且甲板上有专人值守。

(6)安全巡逻

坚持消防值班巡逻并且每班经常观察烟火探测器,以及时发现隐患。

(7)采取降温措施

装载易燃易爆货物的船舶,在高温地区航行时,若舱温过高应采取洒水降温等措施,以防意外。

(8)船上所有易燃易爆气体可及区域,不得进行任何能产生火花的检修或船体保养工作。

四、卸货过程

卸货前,船方应向装卸、理货等有关方详细介绍危险货物的货位、状态、特性、卸货注意事项等。对可能存在危险气体的货舱进行彻底通风。

卸货完毕后,应及时整理货舱。谨慎处理危险货物的残留物和垫舱物料。危险货物的残留物或含有这类残留物的洗舱水必须按国家和港口的规定处理,不得随意排放或倾倒。

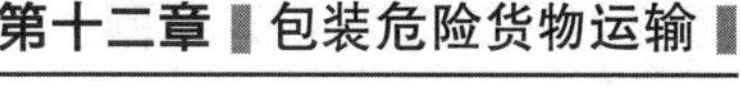

第五节 危险货物运输规则

一、IMO《国际危规》

为加强海上危险货物管理，防止发生人身伤亡、船货损毁或海洋污染，依据并为实施SOLAS 1974、MARPOL 73/78附则Ⅲ及《危险货物运输的建议书》(橙皮书)，IMO制定了《国际海运危险货物规则》。它适用于任何总吨任何船型的包装危险货物国际航线运输，不适用于散装的固态和液态危险货物以及船用物料和设备的运输。

《国际危规》的设计起初是用于海上运输并且是建议性的，但这并不影响它的广泛使用，包括生产商、包装商、仓储商、船东、港口经营人都使用了规则中的全部或部分内容，世界上的绝大部分国家都把它作为立法和管理的依据。我国自1982年10月1日起在国际航线上开始使用《国际危规》。

2002年，海上安全委员会MSC通过的《SOLAS 74公约》第Ⅶ章修正案使《国际危规》第31版修正案(31-02修正案)成为强制性的，生效日期为2004年1月1日。《国际危规》每两年修正一次，单数年自愿实施，双数年强制实施，如39-18修正案、40-20修正案、41-22案等，其中41-22修正案于2023年1月1日自愿实施，于2024年1月1日强制实施。

2022年4月，IMO海上安全委员会第105次会议通过了《国际海运危险货物规则》第41-22套修正案该修正案于2023年1月1日起自愿实施，2024年1月1日起强制实施。

1.规则主要内容简介

现行版《国际危规》共分二册，但正式出版的文本还包括一个补充本，其主要内容包括：

第一册——总则、定义和培训，分类，包装和罐柜规定，托运程序，包装、中型散装容器、大宗包装、可移动罐柜、多单元气体容器和公路罐车的构造和试验，运输作业的有关规定等；

第二册——危险货物一览表、特殊规定和限量免除，危险货物名称索引表等；

补充本——包括船舶载运危险货物应急措施(EmS)、危险货物事故医疗急救指南(MFAG)、报告程序、货物运输组件装载指南、船舶安全使用杀虫剂建议书等。

具体内容为：

(1)第1部分——总则、定义和培训

总则内容主要包括：

①适用范围和定义

本规则适用于载运包装危险货物的所有船舶，它不适用于散装液态危险货物和船用物料及设备。危险货物指规则中所包含的物质、材料和物品，包装形式指规则中规定的盛装形式。

对规则中普遍使用的相关名词和术语做出了定义，而特殊定义包含在各章中。

②保安规定

针对危险货物海上运输的需要。规则对公司、船舶和港口设施及岸上人员做出了相关保安规定，给出了后果严重危险货物的指示清单及保安的相关要求。

(2)第2部分——分类

按照危险货物所呈现的危险性或最主要危险性将其分成九类。

对于具有多种危险并在规则中没有明确列出名称的物质、混合物或溶液,按规则中的"危险货物优先顺序表"确定其主要危险;表中未列出者,规则给出了各类别主要危险优先顺序。

(3)第3部分——危险货物一览表、特殊规定和限量免除

本内容在规则第二册,具体说明见后。

(4)第4部分——包装和罐柜规定

①包装(包括中型散装容器IBCs和大宗包装)的使用

主要包括:危险货物包装的一般规定;包装导则一览表;对第1类、第2类、第5.2类和4.1类A类感染性物质、第7类特殊包装的规定。

②可移动罐柜和多单元气体容器、散装容器的使用

主要包括:盛装不同类别危险货物的可移动罐柜和多单元气体容器一般规定;导则和特殊规定;散装容器使用的一般规定及适用于某些类别散装货物的附加规定。

(5)第5部分——托运程序

本部分阐述了托运许可、预先通知、标志、运输单证等与危险货物托运有关的规定。

①一般规定

一般规定给出了托运许可的条件,托运单上的内容,对集合包件和成组货物、空包袭或组件的危险货物标志的规定,第7类物质的装船通知和批准、运输指数(TI)和临界安全指数(CSI)的确定。

②包件(包括中型散装容器)的标志和标记

包件(包括中型散装容器)的标志和标记规定了危险货物包件标志和标记的标示方法做出了详细规定。

③货物运输组件的标志和标记

货物运输组件的标志和标记规定了危险货物运输组件标志和标记的标示方法。

④单证

单证对危险货物托运单证、装船单证等应包含的危险货物信息做出了规定。

(6)第6部分——包装、中型散装容器、大宗包装、可移动罐柜、多单元气体容器和公路罐车的构造和试验

①普通包装的构造和试验

规则对包装类型代码、包装标记、各种形式包装的技术和试验要求做出了规定。

②中型散装容器、大宗包装、可移动罐柜、多单元气体容器和公路罐车的构造和试验,包括对压力容器、第6.2类感染性物质的包装、第7类物质和包件、中型散装容器大宗包装、可移动罐柜、多单元气体容器和公路罐车的构造和试验做出了规定。

(7)第7部分——运输作业的有关规定

本部分共分9章,主要内容包括:危险货物的积载与隔离,货物运输组件的装载及船舶载运货物运输组件的规定,涉及发生危险货物事故和放火的特殊规定,温度控制的适用货物和相关要求等。

(8)第8、9部分——废弃物运输,免除、批准和证书

2.危险货物一览表

危险货物一览表被分为如下 18 个栏目,见表 12-5-1。

(1)第 1 栏 UN No.

本栏目包含由联合国危险货物运输专家分委会对每一危险货物指定的联合国编号,由 4 位阿拉伯数字表示,不连续,不代表危险货物危险性的大小。

(2)第 2 栏 正确运输名称(PSN)

本栏目是在危险货物一览表中最准确说明货物条目的那一部分,比正常印刷字体大一字号(加上构成名称的数字、希腊字母等),紧跟在正确运输名称后的括号部分[例如:乙醇(乙基醇)]是可供选择的正确运输名称。以及在正确运输名称之后现实的补充说明(用小一号的字体表示)。条目中的小一号文字不需要考虑作为正确运输名称的一部分,但是可以使用。例如:UN 2583 烷基磺酸,固体的或芳基磺酸,固体的,含游离硫酸大于 5%。最合适的正确运输名称为:烷基磺酸,固体的或芳基磺酸,固体的。

危险货物一览表中列出了四种条目:

①物质或物品的单一条目,如丙酮(UN 1090);

②物质和物品的类属条目,如香水(UN 1133);

③未列明的特定条目,如醇类,未列明(UN 1987);

④未列明的通用条目,如易燃液体,有机的,未列明(UN 1325)。

这样,《国际危规》实际上将所有的危险货物(包括尚未出现的一些化工新产品)都已包括在内了。危规采用概括描述和品种罗列并举的方法,来鉴别危险货物与非危险货物。船方在承运具有危险特性但在危险货物一览表中未列明(Not Otherwise Specified 缩写为 N.O.S.)的货物时,必须要求托运人提供《危险货物技术说明书》,以确定该货物分属哪一类"未列明"条目,以便于采取相应的防护措施。

(3)第 3 栏 类别

本栏目是相应危险货物的类别号,对于第 1 类爆炸品,也包括对该物质或物品指定的配装类。

(4)第 4 栏 副危险

本栏目是相应危险货物副危险性的类别号,以及是否将危险货物认定为海洋污染物:P——海洋污染物,基于以前标准并已判定的已知海洋污染物清单,该清单并非详尽无遗;无符号 P 或-不代表可以免除海洋污染物。

(5)第 5 栏 包装类

本栏目包括指定物质或物品的包装类号(Ⅰ、Ⅱ、Ⅲ)。如果某一条目含有一种以上的包装类,该物质或配制品在运输时需应用第 2 部分危险程度分类标准根据其特性进行确定包装类。

(6)第 6 栏 特殊规定

本栏目包含的编号系指在适用特定物质、材料或物品的特殊规定(第 3.3 章)中表示的该物质或物品的特殊规定。特殊规定中如果没有用词表明不同的情况,则适用于该所指物质或物品所允许的所有的包装类。只适用于海运方式的特殊规定编号从 900 开始。

(7)第 7 栏分为 7a 和 7b 栏

①7a 栏 限量

本栏目提供的是按照第 3.4 章限量规定运输危险货物时每一内包装或物品的最大量。

②7b 栏 免除量

本栏目标明按照第 3.5 章作为免除数量运输的危险货物每个内包装和外包装的最大量。

(8)第 8 栏 包装导则

本栏目包含的字母数字编码系指第 4.1.4 章有关的包装导则。包装导则指出了运输物质或物品可能使用的包件(包括大宗包装)。含有字母"P"代码系指第 6.1、6.2 或 6.3 章中描述的使用包装的包装导则。含有字母"LP"代码系指第 6.6 章描述的使用大宗包装的包装导则。含有字母"P"代码,但没有"LP"则意为该物质不允许使用这类包装。

(9)第 9 栏 特殊包装规定

本栏目所包含的字母数字编码系指 4.1.4 章中有关的特殊包装规定。

(10)第 10 栏 IBC 包装导则

本栏目中包含的字母数字编码系指运输物质所使用中型散装容器的相关类型。

(11)第 11 栏 IBC 特殊规定

本栏目包含的字母数字编码,其中字母"B"系指适用于带有"IBC"代码所使用包装的特殊规定。

(12)第 12 栏(保留)

(13)第 13 栏 罐柜和散装容器导则

本栏目含有的"T"代码适用于以可移动罐柜和公路罐车运输的危险货物。

(14)第 14 栏 罐柜特殊规定

本栏目包含的 TP 代码注释适用于以可移动罐柜和公路罐车运输的危险货物。本栏目"TP"列明注释适用于第 13 栏的可移动罐柜。

(15)第 15 栏 EmS No.

本栏目系指《船舶载运危险货物应急反应措施》(EmS 指南)中火灾和溢漏的应急表号。本栏目的规定不是强制性的。

(16)第 16 栏分为 16a 和 16b 栏

①16a 栏"积载与操作"

本栏目中包含的积载与操作的代码。

②16b 栏"隔离"

本栏目包含危险货物隔离代码。

(17)17 栏 特性与注意事项

本栏目包含危险货物的特性与注意事项。本栏目的规定不是强制性的。

(18)第 18 栏 UN No.

本栏目是联合国编号,同第 1 栏。

3.危险货物事故应急措施指南

(1)船舶载运危险货物应急反应措施表及使用方法

船舶载运危险货物应急反应措施指南为涉及船上装运《国际危规》所列货物的火灾和溢漏事故应急提供指导,指南明确说明不包括散装货物和非危险货物等其他火灾和溢漏事故。在涉及危险货物的事故中,应根据本指南针对具体的危险货物、船型、危险货物包装的类型和数量、积载位置(舱面还是舱内)、是火灾还是溢漏事故等指导采取正确的行动。

表 12-5-1　危险货物一览表(部分)

UN No.	正确运输名称(PSN)	类别	副危险	包装类	特殊规定	限量	可免除量	包装		中型散装容器		可移动罐柜与散装容器			EmS	积载	隔离	特性与注意事项	UN No.
								导则 (8) 4.1.4	规定 (9) 4.1.4	导则 (10) 4.1.4	规定 (11) 4.1.4	(12)	罐柜导则 (13) 4.2.5 4.3	罐柜特殊规定 (14) 4.2.5					
(1)	(2) 3.1.2	(3) 2.0	(4) 2.0	(5)2.0.1.3	(6) 3.3	(7a) 3.4	(7b) 3.5								(15) 5.4.3.2 7.8	(16a) 7.1 7.3-7.7	(16b) 7.12-7.7	(17)	(18)
2209	甲醛溶液,含甲醛不小于25%	8	—	Ⅲ	—	5L	E1	P001 LP01	—	IBC03	—	—	T4	TP1	F-A, S-B	积载类 A	—	无色透明液体,具有窒息性的刺鼻气味。通常用甲醇稳定。与水混溶,灼伤皮肤、眼睛和黏膜	
2210	代森锰或代森锰制品,含代森锰不小于60%	4.2	4.3 P	Ⅲ	273	0	E1	P002	PP100	IBC06	—	—	T1	TP33	F-G, S-L	积载类 A H1	SG26 SG29	黄色粉末,在空气中易于发热和自燃。遇湿、遇火或与酸类接触时,可散发出毒性、刺激性或易燃性烟雾。用作真菌剂	
2211	聚合物珠体,可膨胀的,放出易燃蒸气	9	—	Ⅲ	382 965	5 kg	E1	P002	PP14	IBC08	B3 B6	—	T1	TP33	F-A, S-I	积载类 E SW1 SW6	SG5 SG14	珠状或粒状的制模材料,主要有聚苯乙烯、聚甲基丙烯酸甲酯或其他聚合物质构成,并含有5%至8%的挥发性的、主要成分是戊烷的烃类。在储存期间,少量的戊烷会释放到空气中,温度升高释放量会增加	
……	……	……	……	……	……	……	……	……	……	……	……	……	……	……	……	……	……	……	……
3409	氯硝基苯类,液体的	6.1	—	Ⅱ	279	100 ml	E4	P001	—	IBC02	—	—	T7	TP2	F-A, S-A	积载类 A	—	黄色液体。吞咽、与皮肤接触或吸入会中毒	3409
3410	4-氯邻甲苯胺盐酸盐溶液	6.1	—	Ⅲ	223	5L	E1	P001	—	IBC03	—	—	T4	TP1	F-A, S-A	积载类 A	—	吞咽,与皮肤接触或吸入会中毒	3410

该指南主要包括火灾应急和溢漏应急两部分。

该指南使用时根据现有的联合国编号,查阅第二册“危险货物一览表”(见表12-5-2)或补充本中“EmS指南-索引”,确定EmS火灾的应急表号(火灾应急表共10个,用F-A~F-J表示)和EmS溢漏的应急表号(溢漏应急表号共有26个,用S-A~S-Z表示),然后按表号阅读具体的应急反应措施。如根据氯硝基苯类的联合国编号为UN 3409,查得其EmS火灾的应急表号是F-A,EmS溢漏的应急表号是S-A(见表12-5-3),具体内容如表12-16和表12-17所示。

表12-5-2 F-A火灾应急措施总体建议

总体建议		在火灾中,暴露的货物可能爆炸或其他包装可能破裂 尽可能在远处有防护位置上灭火
舱面货物着火	包件	尽可能用多个水龙喷雾
	货物运输组件	
舱内货物着火		停止通风并关闭舱盖 使用货物处所固定的灭火系统。如不可能,则用大量的水喷雾
货物暴露在火中		如可行,清除或抛弃可能着火的包件,否则用水冷却
特殊情况: UN 1381,UN 2447		扑灭火后应按溢漏立即处理

表12-5-3 S-A溢漏应急措施

总体建议		使用合适的防护服和自给式呼吸器 即便着戴防护服也应避免接触 如可行,立即阻止溢漏 污染的衣物应用水冲洗后移走
舱面溢漏	包件 (少量溢漏)	用大量的水冲洗下船,不得向溢漏物直接喷水,清除流出的污水 彻底清洁现场
	货物运输组件 (大量溢漏)	保持驾驶台和居住区在上风处 用大量的水冲洗下船,不得向溢漏物直接喷水,清除流出的污水 彻底清洁现场
舱内溢漏	包件 (少量溢漏)	不戴自给式呼吸器不得进入现场。进入前测试处所气体(毒气和爆炸危险);假如不能测试不得进入,让毒气自然散去。保持清洁 液体:提供良好的通风,限制其液体在封闭的区域(如用惰性材料或水泥做成围堤) 固体:收集溢漏物,处理下船,保持清洁,用无线电咨询专家意见
	货物运输组件 (大量溢漏)	保持清洁,用无线电咨询专家意见 根据专家对危险性的评估意见采取措施。提供充足的通风;不戴自给式呼吸器不得进入现场。进入前测试处所气体(毒气和爆炸危险)。假如不能测试不得进入。让有害气体自然散去。保持清洁。通风系统起动后应特别关注不要让有毒气体进入居住区、机舱和工作区 液体:溢漏地方保持良好通风;冲洗至舱底并泵出船外 固体:收集溢漏物,保持溢漏固体干燥并用塑料布盖好,处理下船。否则关闭舱盖直等到船舶抵港
特殊情况 海洋污染物 UN 2802,UN 2809		尽可能少的处理下船。用大量的水稀释,根据MARPOL公约中事故报告程序报告

(2)危险货物事故医疗急救指南

《国际危规》补充本中的"MFAG 指南"是对化学品中毒的初步治疗和利用海上有限的有效设备进行诊断提供必要的建议。MFAG 指南提供的紧急抢救分三步法:第一步中提供了紧急抢救和诊断的流程图,先根据伤员的危急症状由第二步中提及的"表"对伤员实施紧急抢救,随后针对所涉及的特定危险货物对伤员进行诊断,以确定治疗方案;第二步给出了第一步抢救和诊断的流程图中特殊情况简要指导的 20 个表;第三步提供了第一步诊断流程图中涉及的 15 个附录,以提供详细资料、药品清单和表中提到的化学品清单。其中附录 14 中提供了船上医务室中要求配备的药品和设备清单。

4.《国际危规》的使用方法

《国际危规》的使用方法是:首先熟悉第 1 册中的总则、分类、托运程序、包装规定、以及运输作业的有关规定;然后由《国际危规》第 2 册的索引查取特定危险货物的 UN No.,并由此按 UN No.顺序进一步查阅"危险货物一览表和特殊规定和限量免除"中的特定行,在该行内列有许多代码或编号,由代码或编号再查阅有关章节或附录,以获得其详细的说明。

根据是否已知拟载运危险货物的 UN No.,《国际危规》的查阅有两种方法:

(1)未知联合国编号

①按货物的正确运输名称(Proper Shipping Name, PSN)查其 UN No.

以货物的英文正确运输名称(按英文字母顺序)查《国际危规》第 2 册"危险货物英文名称索引",以获取其联合国编号 UN No.。例如:对于危险货物 4-CHLORO-O-TOLUIDINE HYDROCHLORIDE SOLUTION(4-氯邻甲苯胺盐酸盐溶液)可分别查表 12-5-4、表 12-5-5。

表 12-5-4 危险货物英文名称索引

Substance, material or article	MP	Class	UN No.
Calcium Bisulphite, Solution, see	—	8	2693
CALCIUM CARBIDE	—	4.3	1402
……			
4-CHLORO-O-TOLUIDINE HYDROCHLORIDE SOLUTION	—	6.1	3410
……			

但货物正确运输名称若以阿拉伯数字、N-、希腊字母等作词头的,则查索时,这类词头被忽略。

中文版《国际危规》增加了"危险货物中文名称索引",表中按汉语拼音字母顺序排列,中文名称索引中的内容和英文版《国际危规》的索引内容是一致的(见表 12-5-5)。

表 12-5-5 危险货物中文名称索引

物质、材料和物品	海洋污染物	类别	联合国编号
氯甲烷(甲基氯),见	—	2.1	1063
4-氯邻甲苯胺盐酸盐,固体的	—	6.1	1579
4—氯邻甲苯胺盐酸盐溶液	—	6.1	3410
……			

MP 栏若标有"P"则表示海洋污染物,Class 栏标有货物的分类号。物质、材料或物品名称

后有“see”（“见”），系指该名称为同义词。

②按货物的 UN No.查“危险货物一览表、特殊规定和限量免除”

在《国际危规》第 3 部分（第 2 册）中列有危险货物一览表。该表按危险货物联合国编号 UN No.顺序列出三千多个危险货物条目。例如“4-氯邻甲苯胺盐酸盐溶液”按其联合国编号 3410 可查得如表 12-5-1 所示内容。

（2）已知联合国编号

可直接按货物的 UN No.查“危险货物一览表、特殊规定和限量免除”。

目前，《国际危规》每两年做一次更新，新版危规在奇数年（即通过后第一年）自愿实施，在偶数年（即通过后第二年）起强制实施。由于各缔约国可能选择不同的实施方式，所以在奇数年不同的国家可能根据新旧版危规对同一货物采取不同的管理方式。因此，在奇数年要特别注意新版危规的新规定，并掌握相关港口国实施危规的情况，使货物的运输条件满足港口国主管机关的要求，从而保障危险货物的安全运输。

5.危险货物运输案例及查取示例

某集装箱船某航次载运集装箱进港靠泊某集装箱码头，经查该轮上装载于 071084、071086 BAY 位的两个第 9 类、联合国编号为 UN 2211 的危险货物使用封闭集装箱进行装载，未满足《国际危规》使用敞顶集装箱装载此类货物的要求。该案例说明所有涉及危险货物集装箱运输的各方在使用《国际危规》的时候均存在问题，查阅危险货物一览表时忽视了其特殊规定。下面以 UN 2211 为例说明如何查取危险货物一览表的特殊规定及其他内容。

根据 UN 2211 直接查取危险货物一览表，可以得到上文所述的 18 栏内容，见表 12-5-1 所示。其中：

第 5 栏：包装类Ⅲ，表示该货物所使用的包装可以盛装低度危险的货物。

第 6 栏：特殊规定 382，965。

查阅《国际危规》第 3.3 章：382 内容为“聚合物珠体可由聚苯乙烯、聚甲基丙烯酸甲酯或其他聚合材料制成。当通过《试验和标准手册》第 38.4.4 节第Ⅲ部分试验 U1 可以证明没有易燃蒸气释放形成易燃气体时，可发的聚合物珠体无须分类为本条目。试验仅在需要对该物质进行分类免除时开展”。

965 内容为“当使用货物运输组件运输时，该组件须提供适当的空气交换（即使用通风集装箱、敞顶式集装箱或一个门打开的集装箱），以防止爆炸气体的形成。也可选择在控温下符合 7.3.7.6 规定的冷冻集装箱运输这些条目。当使用有通风装置的货物运输组件时，这些装置须是清洁和可操作的。当使用机械通风时，须是防爆的，以防止释放的易燃气体被点燃”。

第 7a 栏：限量 5 kg 表示包件内每一内包装的重量最大不超过 5 kg。

第 7b 栏：免除量 E1 表示每个内包装最大净重为 30 g，每个外包装最大净重为 1 000 g。

第 8 栏～第 14 栏：分别表示利用通用包装装运该类货物时的包装导则及其特殊规定、利用中型散装容器装运该类货物时的 IBCs 导则及其特殊规定、利用可移动罐柜装运该类货物时的罐柜导则及其特殊规定，具体内容查取《国际危规》第 4 章可得到 P002、PP14、IBC08、B3 和 B6、T1、TP33 的含义和要求。

第 15 栏：F-A 是火灾应急措施总体建议表；S-I 是易燃固体溢漏应急措施表。两者可查取《国际危规》补充本 EmS 指南。

第 16a 栏：积载类 E 表示该类货物在货船上运输时可积载于舱内或舱面。SW1 表示远离热源;SW6 表示在舱内积载时,机械通风须满足 SOLAS 公约 Ⅱ-2/19(Ⅱ-2/54)条关于闪点低于 23 ℃(c.c.)的易燃液体的规定。此时,应查阅 SOLAS 公约,充分了解该通风规定并确定承运船舶是否满足相关通风要求。

第 16b 栏:SG5 表示按第 3 类易燃液体隔离;SG14 表示与除 1.4S 外的第 1 类“隔离”。

二、船舶载运危险货物安全监督管理规定

为了加强船舶载运危险货物监督管理,保障水上人命、财产安全,防治船舶污染环境,依据《中华人民共和国海上交通安全法》《中华人民共和国港口法》《中华人民共和国内河交通安全管理条例》《中华人民共和国危险化学品安全管理条例》等法律、行政法规,交通运输部制定了《船舶载运危险货物安全监督管理规定》(下称《规定》),自 2018 年 9 月 15 日起施行。

1.《规定》内容简介

该规定共分八章、五十二条,包括:第一章总则、第二章船舶和人员管理、第三章包装和集装箱管理、第四章申报和报告管理、第五章作业安全管理、第六章监督管理、第七章法律责任和第八章附则。其适用于船舶在中华人民共和国管辖水域载运危险货物的活动,安全监督管理工作由国家海事管理机构负责。

2.危险货物定义

《规定》中对船舶载运的危险货物做了明确定义,具体包括:

(1)《国际海运危险货物规则》(IMDG 规则)第 3 部分危险货物一览表中列明的包装危险货物,以及未列明但经评估具有安全危险的其他包装货物;

(2)《国际海运固体散装货物规则》(IMSBC 规则)附录 1 中 B 组固体散装货物或同时列入 A 组和 B 组的固体散货,以及经评估具有化学危险的其他固体散装货物;

(3)《国际防止船舶造成污染公约》(MARPOL 公约)附则 Ⅰ 附录 1 中列明的散装油类;

(4)《国际散装运输危险化学品船舶构造和设备规则》(IBC 规则)第 17 章中列明的散装液体化学品,以及未列明但经评估具有安全危险的其他散装液体化学品;

(5)《国际散装运输液化气体船舶构造和设备规则》(IGC 规则)第 19 章列明的散装液化气体,以及未列明但经评估具有安全危险的其他散装液化气体;

(6)我国加入或者缔结的国际条约、国家标准规定的其他危险货物;

(7)《危险化学品目录》中所列物质,不属于前款规定的危险货物的,应当按照《中华人民共和国危险化学品安全管理条例》的有关规定执行。

3.与安全装运包装危险货物相关的要求

(1)从事危险货物运输的船舶所有人、经营人或者管理人,应当按照交通运输部有关船舶安全营运和防污染管理体系的要求建立和实施相应的体系或者制度。从事危险货物运输的船舶经营人或者管理人,应当配备专职安全管理人员。

(2)载运危险货物的船舶,其船体、构造、设备、性能和布置等方面应当符合国家船舶检验的法规、技术规范的规定;载运危险货物的国际航行船舶还应当符合有关国际公约的规定,具备相应的适航、适装条件。

(3)禁止托运人在普通货物中夹带危险货物,或者将危险货物谎报、匿报为普通货物

托运。

(4)取得相应资质的客货船或者滚装客船载运危险货物时，不得载运旅客，但按照相关规定随车押运人员和滚装车辆的司机除外。其他客船禁止载运危险货物。

(5)船舶载运危险货物应当符合有关危险货物积载、隔离和运输的安全技术规范，并符合相应的适装证书或者证明文件的要求。船舶不得受载、承运不符合包装、积载和隔离安全技术规范的危险货物。

(6)船舶载运包装危险货物，还应当符合《国际海运危险货物规则》的要求。

(7)拟交付船舶载运的危险货物包装，其性能应当符合相关法规、技术规范以及国际公约规定，并依法取得相应的检验合格证明。

(8)载运危险货物的船用集装箱、船用可移动罐柜等货物运输组件和船用刚性中型散装容器，应当经国家海事管理机构认可的船舶检验机构检验合格，方可用于船舶运输。

(9)拟交付船舶载运的危险货物包件、中型散装容器、大宗包装、货物运输组件，应当按照规定显示所装危险货物特性的标志、标记和标牌。

(10)拟载运危险货物的船用集装箱应当无损坏，箱内应当清洁、干燥、无污损，满足所装载货物要求。处于熏蒸状态下的船用集装箱等货物运输组件，应当符合相关积载要求，并显示熏蒸警告标牌。

(11)装入船用集装箱的危险货物及其包装应当保持完好，无破损、撒漏或者渗漏，并按照规定进行衬垫和加固，其积载、隔离应当符合相关安全要求。性质不相容的危险货物不得同箱装运。

(12)集装箱装箱现场检查员应当对船舶载运危险货物集装箱的装箱活动进行现场检查，在装箱完毕后，对符合《海运危险货物集装箱装箱安全技术要求》的签署《集装箱装箱证明书》。

(13)曾载运过危险货物的空包装或者空容器，未经清洁或者采取其他措施消除危险性的，应当视作盛装危险货物的包装或者容器。

(14)船舶载运危险货物进出港口，应当在进出港口 24 h 前(航程不足 24 h 的，在驶离上一港口前)，向海事管理机构办理船舶载运危险货物申报手续，提交申请书和交通运输部有关规章要求的证明材料，经海事管理机构批准后，方可进出港口。

(15)拟交付船舶载运的危险货物托运人应当在交付载运前向承运人说明所托运的危险货物种类、数量、危险特性以及发生危险情况的应急处置措施，提交以下货物信息，并报告海事管理机构：

①危险货物安全适运声明书；

②危险货物安全技术说明书；

③按照规定需要进出口国家有关部门同意后方可载运的，应当提交有效的批准文件；

④危险货物中添加抑制剂或者稳定剂的，应当提交抑制剂或者稳定剂添加证明书；

⑤载运危险性质不明的货物，应当提交具有相应资质的评估机构出具的危险货物运输条件鉴定材料；

⑦包装、货物运输组件、船用刚性中型散装容器的检验合格证明；

⑧使用船用集装箱载运危险货物的，应当提交集装箱装箱证明；

⑨载运放射性危险货物的，应当提交放射性剂量证明；

⑩载运限量或者可免除量危险货物的,应当提交限量或者可免除量危险货物证明。

承运人应当对上述货物信息进行审核,对不符合船舶适装要求的,不得受载、承运。

(16)载运危险货物的船舶在装货前,应当检查货物的运输资料和适运状况。有违反本规定情形的不得装运。

(17)海事管理机构发现船舶载运危险货物有下列情形之一的,应当责令立即消除或者限期消除隐患;有关单位和个人不立即消除或者逾期不消除的,海事管理机构可以依据法律、行政法规的规定,采取禁止其进港、离港,或者责令其停航、改航、停止作业等措施。

①经核实申报或者报告内容与实际情况不符的;

②擅自在不具备作业条件的码头、泊位或者非指定水域装卸危险货物的;

③船舶或者其设备不符合安全、防污染要求的;

④危险货物的积载和隔离不符合规定的;

⑤船舶的安全、防污染措施和应急计划不符合规定的。

第十三章 普通杂货运输

船舶驾驶员为确保杂货在海上的安全运输,必须熟悉杂货的海运相关特性,了解杂货舱室的选配要求,掌握舱内货位的选配原则,正确处理货物忌装与隔离的相关问题,合理进行杂货的堆码、衬垫、系固和隔票。货物装卸前,要详细编制货物积载计划,做好货舱的准备工作;装卸过程中要提供良好的作业环境,做好监装监卸工作;航行途中做好货物管理等工作。

杂货(general cargo)是品种繁杂、性质各异、包装形式不一、批量较小的货物的统称。杂货多数由杂货船承运。杂货的海运特点是:航次挂靠港多、在港作业时间长、编制船舶积载计划的难度较大。

第一节 杂货种类及特性

为了便于装运,通常将杂货根据货物性质和装运要求分为件杂货、散杂货物、货物运输单元和其他特殊杂货。

一、件杂货

件杂货是指各种以包装形式运输的货物。根据货物在运输、装卸和储存过程中是否存在特殊危险性,将件杂货分为包装危险货物和一般件杂货,而件杂货按货物性质和装运要求,一般可以分为:

1.包装液体货(liquid cargo in package)

包装液体货指非危险品的包装液体或半流质货,多以桶装形式运输,如桶装的酒类、动植物油、蜂蜜、肠衣、化工产品、酱菜等。该类货物的包装有大小铁桶、木桶、塑料桶、鼓形桶等,单件重量不一,在运输中会发生渗漏,若堆垛系固不牢及堆垛不紧凑可能会发生倒塌和移动。

2.气味货(smell cargo)

气味货指能散发某种异味的货物。气味货有的是货物自身具有强烈的气味,如烟叶、辣椒干、棕榈粉、樟脑、化妆品、香料等;有的是因含其他成分而有特殊异味,如各种皮类、丝绸等内含樟脑,以防虫害。本类货物所具有的特殊气味,会对易感染气味的货物尤其是食品类货物构成危害,应予以合理配装。

3.食品类货物(food stuffs)

食品类货物指各种食品、谷物及饲料,如糖果、奶粉、花生、瓜子、茶叶、调味品、罐头、粮食、药品等。由于本类货物多为供人食用的食品及原料,无论是舱位的卫生条件还是与其他货物的相容关系都应予以充分考虑。

4.易碎货物(fragile cargo)

易碎货物指受挤压、撞击而易于破碎的货物,如玻璃及其制品、陶瓷制品、各种瓶装或罐装货物等,通常为箱装。本类货物主要是自身易于损坏,应选择合适的舱位,防止受到其他货物的挤压和碰撞。

5.扬尘污染货(dusty and dirty cargo)

扬尘污染货指能散扬粉尘并使其他货物受到污染的货物,如水泥、石墨、炭黑、立德粉、颜料等,通常为纸袋、塑料袋等软包装。由于本类货物具有扬尘性而可能污染到其他货物,装运时需与其他货物合理衬隔或单独舱室装载。

6.清洁货物(clean cargo)

清洁货物指除食品类货物以外不允许混入杂质或被沾染的货物,如滑石粉、焦宝石、纸浆、镁砂、生丝等。本类货物一般对其他货物不会造成危害,但应防止被其他货物所沾染或掺混。

7.贵重货物(valuable cargo)

贵重货物指价格昂贵或具有特殊使用价值的货物,如精密仪器、高价商品、历史文物、珍贵展品等。本类货物在装运中,主要应注意防盗。

8.普通货物(general cargo)

件杂货中除上述货类以外的其他货物,它们在运输中通常无特殊要求。

二、散杂货物

散杂货物(neubulk cargo)指散件货物或运量较小的干散货物,一般可分为:

1.散装木材(timber)

散装木材是指散装运输的原木、锯材(成材)及制材(木材制品)。原木是采伐后经修整的不同长度和直径的圆材;锯材是指将原木经过加工,锯成各种不同用途的板条、方木、圆木及其他形状的木料;制材则为经过加工而成为有特殊用途的木材,如胶合板、复合板、软木砖等。木材具有尺寸长大,积载因数大,吸湿、可燃等特点,运输中应注意它们对船舶营运及安全的影响。

2.裸装钢材类(iron and steel)

裸装钢材类货物包括各种类型的无包装成件金属类货物,按形状可分为以下几种:

板型材：其厚度不一，如钢板、镀锌钢皮（白铁皮）、镀锡钢皮（马口铁）等。

型钢材：按其截面和外表形状不同分为圆钢、方钢、角钢、扁钢、槽钢等。它们各自具有不同的用途。

管钢材：按制造方法不同分为无缝钢管和有缝钢管。它们的口径不一，且有的具有较粗管头。

铸锭类：指各种金属铸锭等块状货物，如生铁块、铝锭、铅块等。

丝卷类：指各种细长金属丝线，一般以卷形方式运输，如铁丝、盘圆、电线、电缆等。

其他钢材类：形状未包含在上述范围内的钢材类制品，如铸铁盖板等。

金属类货物具有积载因数小、长型材长度大、易锈蚀和易变形等特点，装运时应注意本类货物对船舶稳性和强度的影响，并确保货物质量。

3.固体散货（bulk cargo）

固体散货指非整船运输的未加包装的块状、颗粒状、粉末状的货物，如散装谷物、矿石、化肥、水泥等。杂货船运输固体散货的若干特性与专用船相同。

三、货物运输单元

货物运输单元（cargo transport unit）是指下列各类货物：

1.车辆

车辆指可在公路及铁路上运行的各种车辆，如拖车、公路列车及组合体、机车、客车或货车车厢。

2.集装箱和货运箱

集装箱和货运箱指非集装箱船装运的各种类型集装箱及用于装运小件货物以便利装卸的货箱。

3.货盘及货物组件

货盘指各种以货板或托盘形式运输的设备；货物组件指将若干包件或散件组合在一起所构成的搬运单位。

4.散装容器和罐柜

散装容器和罐柜指非永久性固定于船上，允许使用机械装卸，其结构设备满足一定要求的容器及罐柜，主要用来装载气体、液体或固体。

5.重质货件

重质货件指积载因数小而重量较大的货件，如通常每卷重量超过 10 t 的卷钢。

6.重大件货

重大件货指尺寸、体积或重量较大的货件，如起重设备、变压器、车辆、桥梁构件等。

货物单元具有重量大、体积或尺寸大、形状各异、装卸困难、需特别固定等特点，在装运中需根据各自特征谨慎处理，以确保船舶安全和货物质量。

四、其他货物

其他货物指未包含在上述三类中的其他特殊杂货，如冷藏货物、活动物等。船舶承运本类货物应满足各自的特殊要求。

应该明确的是，对杂货的上述分类方法仍存在一定的不足，比如不能保证每一票货物属于且仅属于一类；有的货物可能不宜划归其中的任何一类；同一类货物也不一定具有完全相同的配装性质。然而，从便利海运生产角度分析对杂货分类无疑是必要和有益的。

第二节　各类杂货配装要求

货物的合理配装，对保证船舶安全和货物运输质量，提高船舶营运效益具有极其重要的作用。为此，货物在具体配装时应遵循若干基本原则。

一、货物配装顺序

远洋杂货船一般情况下装载的货物种类多，货物性质、包装、批量各异，而且通常多港装载或卸载，因此，在具体配装时应按一定顺序操作。

1.卸货港序不同时，先末港后初港

对于货物卸货港顺序而言，为保证按到达港序卸货，避免翻舱倒载造成货损或延误船期及增加港口费用，应首先配装远程的最末一个港口的货物，最后配装近程的最先到达港口的货物，即按到达港口的相反顺序配装。

2.配装舱室不同时，先下后上，先大后小

对一般杂货船来说，底舱高度可达 8～10 m，载货数量大，配装层次多，无论从不同票货物间的相容性、货物包装的适应性，还是装卸的可行性角度考虑，对货物配装的难度都较二层舱大，因此，在初始阶段货物选配范围较大时对底舱首先配装，各方面要求则较易满足。另外，从卸货港序考虑，也应先配底舱，后配二层舱。

同上述原因类似，对于中部较大货舱，因所需配装的货物数量较多，也应首先配装，然后再配装首尾较小货舱。

3.货物特性不同时，先特殊后一般

如果按整体特性划分，可将杂货分为特殊货物和一般货物。特殊货物是指具有特殊性质、在运输过程中需予以特别对待的杂货，如危险货物、易碎货物、气味货物、污染货物、贵重货物等。在配装时，应首先选定特殊货物的舱位，并视其相容性尽可能合理地集中，然后再根据具体情况适当安排无特殊要求的一般货物，否则最后将会出现许多矛盾，致使特殊货物找不到合适舱位。

4.货物数量不同时，先大量后少量

一般杂货船的航次任务中,总有一票或数票数量较大的货物。为便于理货和装卸,避免货差事故,应首先将其整票大宗货物相对集中配装于一个或两个货舱内,然后再将数量较少的货物根据具体情况选择适当舱位。否则,若先把一些批量较小的零担货物分散于各舱中,那么,最后整票的大批量货物会因找不到合适集中的舱位而被迫拆票配装于多个舱室,从而给装卸货工作带来不必要的麻烦。

二、各类货物的舱位选择

不同性质的货物,配装时对舱位的要求也不尽相同。在选择舱位时,除应满足卸货港序外,还要使货物本身的特性、包装类型等与货舱条件相适应,从而保证船舶安全和货物的运输质量。

1.包装液体货

包装液体货应视包装不同确定相应的舱位,要求配装处所底面平整、稳固,包装坚固的大桶应配装在中部货舱底部打底;包装不太坚固的桶装货物,宜配置在二层舱舱口四周底部,避开舱口位置,同时,在舱底处铺垫帆布,以防因渗漏而污染其他底舱货物;当本类货物数量较少时,宜配装于舱内的后部,以减少破损后对其他货物的污染;在货主同意的情况下,桶装货物可配装于舱面。

2.气味货

如果多种气味货相互不发生抵触,在可能条件下应尽量集中配装于容积较小的首尾货舱,以减小对其他货物的影响范围。配装于舱面的气味货应尽量远离船员居住处所,并将货物置于下风侧。

3.食品类货物

食品类货物要求配装舱位清洁、干燥、无异味、无虫害、无污染、远离热源、通风良好,应根据其装载要求,合理选择舱位。

4.易碎货物

易碎货物应配装在基础平稳、不受挤压、易于装卸的舱位,如二层舱或底舱舱口下方或其他货物上方,尽量后装先卸。

5.扬尘污染货

为防止或减少对其他货物的污染,扬尘污染货应尽量先装后卸,整票集中配装于首尾部底舱或其他货物下方,装后清扫货舱并铺垫,然后装载上面的货物。若由于港序原因需配装在二层舱时,宜配于二层舱底部其他货物下方或与其他货物扎位装载,同时在货物底部及底舱货物上方予以铺垫,以防污染底部货物。

6.清洁货物

清洁货物应配装于清洁、干燥处所,防止混入杂质及被其他货物所污染。

7.贵重货物

贵重货物舱位选择时主要应考虑便于保管及防盗,应尽可能配装于专用的贵重货舱;如无专用舱室,可配装于货舱一角,并用其他货物围堵;数量较少的极贵重物品应由船上专人保管。

8.固体散货

一般情况下,固体散货数量相对较大,宜整票集中配装于容积较大的中部底舱作为打底货,以利抓卸和货物底脚清理。如因港序限制而需装于二层舱时,其底舱货物上方应予以铺盖,以防开启底舱舱盖时残留散货落下而污染底舱货物。另外,多票散货不宜配于同一货舱,以免出现混票从而影响货物质量。

9.裸装钢材类货物

钢材类货物一般配装于底舱作打底货。长度较大的金属线材、型材、管材和板材应配于舱口大、舱形规则的中部舱室,以便于装卸和堆码作业。

10.舱位选择时应考虑的其他因素

杂货在选择舱位时,除考虑其所属类别即考虑货物性质和装运要求外,还需顾及货物的轻重、污染程度、包装情况、装卸工艺等相关因素,具体如下:

(1)货物轻重不同时,上轻下重

积载因数较大的货物一般配在积载因数较小货物的上方,这样可以保证轻货包装不致被重货所压损。另外,从便利装卸及保证船舶稳性角度,重货也应配装于货舱下方。

(2)货物污染程度不同时,上清下污

为防止扬尘污染货对清洁货物的污染,应将其配装在清洁货物的下面,并在清洁货物装载前予以清扫和铺盖。

(3)货物包装强度不同时,上弱下强

就货物包装强度而言,包装脆弱的(如纸袋、纸箱、亮格箱等)货物应配装于包装牢固的(如木箱、铁桶等)货物之上,从而确保脆弱包装不致因压力过大而损坏。

(4)货物包装形式不同时,大、硬居中,小、软首尾

不同包装形式和规格的货物,应选择与其相适应的舱位。从充分利用舱容和货堆的整齐、稳固及便利堆垛等方面考虑,小件货、软包装(如袋装)货物宜配于首尾货舱,而体积较大的硬包装(如大木桶、铁桶)货则配于中部货舱较适宜。

三、各类货物间的隔离

若干不同种类的杂货由于其性质互抵,或对运输条件具有不同的特殊要求,不允许它们混装在一起,需根据具体情况在配装时予以适当的隔离。性质互抵货物混装后,轻者会降低或丧失其使用价值,重者会引起火灾或其他危及船舶安全的严重事故。因此,在货物配舱时,应合理搭配舱内货物,充分满足它们之间的隔离要求。

性质互抵的非危险货物,在积载时也应根据它们之间的影响程度进行必要的隔离。在处理除包装危险货物外的一般互抵杂货间的隔离问题时,主要应明确货物间互抵性的辨别和相应的隔离等级两方面。

1.货物互抵性辨别

货物互抵性主要从理化性质是否影响其他货物或相互影响来分析并予以辨别。为便于辨别,可将这些货物归纳为以下几类:

(1)易引起化学反应的货物

主要包括金属制品、棉皮制品、文具纸张、化肥、水泥、茶叶等,它们与酸、碱、盐等有腐蚀性和潮解性的货物混装时,会使货物因腐蚀、中和等作用而降低或丧失使用价值。

(2)食品类货物

食品类货物如谷物、茶叶、蜂蜜、调味品、果菜、食糖等,不能与气味货、有毒物质混装,对此,应慎重配装。应该注意的是,因货物成分不同,气味货对食品类货物的影响也不同。强烈气味货如骨粉、鱼粉等本身气味极强,对食品影响较大;一般气味货如化妆品、香精、生皮、毛发等,危害较强气味货小些;食品类气味货如茶叶、辣椒干、调料等具有忌味和感味双重性。

(3)忌杂质的货物

粮食、纸浆、耐火材料、金属矿石、滑石粉、焦炭等均忌混入杂质,运输时除应在装载前彻底清扫货舱外,尚应注意与扬尘污染货等隔离装载。

(4)忌油污或污染的货物

棉麻及制品、橡胶及制品均为忌油污货物;清洁货物如丝绸、纸张、滑石粉及食品类均忌污染,配装时应分别与桶装油类、油脂等和水泥、炭黑等扬尘污染货隔离。

(5)忌潮湿的货物

玻璃、棉花、工艺品、烟叶、茶叶、糖类等均为忌潮湿货物,它们均不能与散发水分的货物(如谷物、果菜、矿石、木材等)混装,应尽可能隔离装载。

2.互抵货物的隔离等级

根据货物互抵程度,可分成以下三种隔离等级:

(1)不同舱

性质互抵的货物不能装载在同一货舱,而必须分装在不同的货舱内。

(2)不同室

互抵货不能装载在同一舱室,它们可分别装在同一货舱的二层舱和底舱。

(3)不相邻

在性质互抵的货物之间用非互抵货隔离,从而使互抵货物不直接相互接触。

常见互抵杂货间隔离要求如表 13-2-1 所示。

表 13-2-1 常见互抵杂货隔离表

忌装货名	互抵货名	混装后果	隔离要求
钢材、生铁、金属设备、干电池等	酸、碱、化肥	酸、碱、化肥对钢材、生铁、金属设备有腐蚀作用,会生锈;干电池遇酸碱后会起铜绿作用,会走电,烂掉电池	与贵重钢材、设备、干电池不同舱室;与一般金属制品不相邻堆装
白铁皮、紫黄铜、铝锭、镀锌五金	纯碱	锌遇碱性就会发生中和作用,加重锌皮锈蚀;纯碱腐蚀金属表层,并使金属发绿生锈	不同室
白铁皮、黑铁皮	食盐	白(镀铁)铁皮、黑(镀锡)铁皮遇盐遇溶解,产生黄色锈水而退锌、退锡,加速铁皮生锈	不同室
棉制品、皮制品、文具、纸张	酸、碱	棉制品遇酸碱使棉花纤维脆弱,皮制品遇酸碱使皮面生裂纹,纸张文具遇酸碱受蚀,失去使用价值	不同室

续表

忌装货名	互抵货名	混装后果	隔离要求
橡胶	酸、碱、苯、乙醚、二硫化碳等	橡胶遇前述物质受腐蚀使其表面产生裂纹,失去弹性或溶解	不同室
玻璃及其制品	纯碱及潮湿货	玻璃接触纯碱会使玻璃表面受蚀发毛;受潮后会影响透明度或不易分开	不同室;不同舱
硫酸铵、氯化铵、过磷酸钙等酸性肥料	碱类	酸性化肥与碱作用,起中和作用,失去肥效	不同室
茶叶	酸性物质	茶叶中的茶碱与酸性物质中和使茶叶无味	不同室
尼龙及其制品	樟脑	两者有亲和力,樟脑气体进入尼龙纤维内部,影响其强度和染色牢度	不同室;不同舱
水泥	食糖、氧化镁、氨肥	水泥遇万分之一的糖类会失去凝固作用,食糖混入水泥也不能食用;水泥中如有氧化镁,在使用时氧化镁会与水化合,体积膨胀,影响水泥制品的质量;混入氨肥会使水泥加速凝固,降低其使用价值,混入水泥的化肥也会降低肥效并影响土质	不同室;不同舱
萤石、白云石、方解石	酸类	它们多为散装,萤石遇酸易产生剧毒和腐蚀性的氟化氢;白云石、方解石遇酸会溶解	不同室
食品类货物	气味货	食品类货物混入异味均影响食品的食用价值	不同室;不同舱
	有毒物质	食品类货物染毒便不能食用	不同室;不同舱
滑石粉、膨润土	生铁、矿砂等粉粒状货物	滑石粉混入杂质不能用作造纸、医药、化妆品等原料,膨润土为白色块状物质,用作翻砂模型用,混入杂质会影响翻砂质量	不同室;不同舱
耐火材料(镁砂、焦宝石、黏土、矾土等)	铁、煤、石屑、木块、氧化镁、氧化钙、垃圾	耐火材料混入杂质会影响其制品的耐火温度,失去使用价值	不同室;不同舱
纸浆、木浆及苇浆	生铁、砂渣、纯碱	纸浆、木浆及苇浆是造纸和人造棉的原料,混入杂质会影响其制品质量且会损坏机器	不同室;不同舱
精锌块、铁矿粉	各种矿砂、煤等	混入杂质会影响其产品质量	不同室;不同舱
焦炭	硫化铁	焦炭混入含硫物质会影响炼钢质量	不同室;不同舱
铅块、铝块、铝锭	铁、锌、煤等硬质杂质	铝锭为铜丝电缆的代用品,铅块用作电缆外层的保护层,混入杂质均影响产品质量,铝块也同	不同室;不同舱

续表

忌装货名	互抵货名	混装后果	隔离要求
棉花及棉麻制品	桶装油类、种子饼类、五金机械类（内含防锈油）、火腿、肉类	该类物质油污后易自热、自燃且影响其质量	不相邻
生丝、棉麻及其制品	扬尘污染货	受污染后会影响其质量	一般应不同室，包装封闭时可不相邻
工艺品、棉花及其制品	潮湿货	工艺品受潮会影响其质量甚至失去其使用价值，棉花及其制品受潮会影响其质量甚至会发热自燃	不同舱
茶叶、烟叶、罐头	潮湿货	茶叶、烟叶受潮霉变，罐头受潮生锈	不同舱
砂糖、水泥	潮湿货	砂糖受潮结块发酸；水泥受潮结块影响质量	不同舱

四、货物装卸对配装的要求

货物装卸对配装的要求主要体现在中途港货物的合理配舱及有利于货物快速装卸两方面。

1.中途港货物的合理积载

杂货船每航次一般都要停靠多个中途港进行货物装卸，货物在配装时，应保证中途港货物顺利卸出及在中途港货物装卸后的船舶性能。

（1）保证中途港货物顺利卸出

为确保各中途港货能在目的港顺利卸出而不发生倒载情况，货物配装的舱位应满足后卸货先装、先卸货后装的要求。为此，应按货物到港的反顺序配舱，在底舱由下而上安排，而在二层舱则由舱口四周向舱口处配置。按照此方法，终点港的货物配置在底舱的最下层，前后装载或装于二层舱的最外层；中途港的货物则安排在底舱最上层及二层舱舱口处。当需在底舱装载部分先卸货时，该货舱二层舱舱口处所配置货物的目的港必须不迟于底舱货物目的港到达，并保证当卸去舱口处货物后能顺利开启底舱舱盖。通常，为安全开关舱盖及防止倒垛，在底舱舱口四周 1 m 范围内不应配置后卸货。

为了便于检查底舱舱盖能否顺利打开，设定舱口四周 1 m 以外可供配装后卸货物的二层舱最大货舱容积为防堵装货舱容，而在相应舱位内实际配置的后卸货体积为防堵货物体积，显然，欲使底舱舱盖安全开启，二层舱货物的防堵货物体积应不大于货舱防堵装货舱容。

当需要在上甲板上装载部分货物时，舱盖部位只能配装先卸货，并应使其卸后顺利开舱进行舱内货物卸载；后到港的甲板货可配置在舱口周围甲板上的适当处所，且其系固不能影响其他甲板货的装卸及开舱和舱内作业。

另外，远洋杂货船有时装运一些选港货和转船货。因为选港货在始发港装船时尚未确定其目的港而仅规定了几个可能卸货港，在船舶抵达第一个选卸港前 24~48 h，货方才电告船方其确切的卸货港,所以这种货物应配置在所规定的各选卸港都能顺利卸出的舱位。由于数量不大,可安排在二层舱舱口四周或底舱上部舱口下方附近。同一卸货港的转船货物一般数量也不大,应尽量集中配置,以便于在转船港集中卸出予以保管或转船。

(2)保证各中途港卸载或加载后船舶性能符合要求

船舶在各中途港卸载或加载或两者均有的情况下,作为整个航次的继续,显然仍应保证船舶具有适度稳性、浮态以及足够的强度。

当一个航次有多个装货港时,应统筹考虑货物的性质和到港顺序,应将最后目的港的货物适当分布在各货舱中,并且该货物在二层舱也应占有一定比例;若中途港货数量较大,应分装于几个货舱,以利于满足船舶的强度要求和方便同时进行多头卸货作业,从而缩短船舶在港停泊时间。例如,某船某航次计划在天津装载去鹿特丹的罐头和去汉堡的纺织品、钢材,然后在连云港加装去鹿特丹的罐头、杂货及去汉堡的茶叶,船舶卸货港序为鹿特丹、汉堡,其较合理的一种配载方案如图 13-2-1 所示。

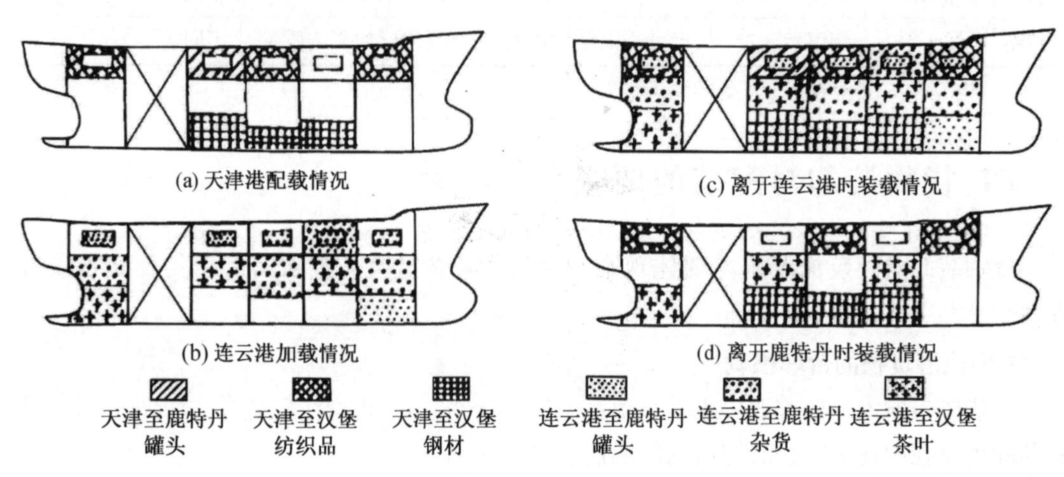

图 13-2-1 多个装卸港时配载方案

2.货物装卸对配装的要求

货物在配装时,应对影响快速装卸的诸多因素给以适当考虑,以加快船舶周转,从而提高船舶营运效益。

(1)便于装卸和安全操作的货位安排

从便于装卸和安全操作的角度考虑,货物在舱位安排时应注意但不限于以下几点:

①单件重量较大的货物,除具有搬运、堆码机械且方便操作者外,一般不宜配于货舱深处,可配置在舱口附近,以利于装卸和安全操作,尤其是对于重大件货物更应如此。

②舱内最上一层货物应在甲板下具有足够的空间高度,以便工人直立操作。若最上层货物数量较少,可同其他货物前后装载;对于舱高较小的二层舱,不宜多层平铺。

③杂货船部分装运的散货常采用抓斗卸船,为便于抓卸,减少人工操作,应尽量将散货配装在中区货舱。

④小批量货物应尽量集中并前后装载,不宜整舱平铺。

(2)缩短船舶在港停泊时间

从货物配装角度,主要应考虑如何缩短船舶在港生产性停泊时间,而生产性停泊时间包括装卸作业时间和不能与装卸作业同时进行的辅助作业时间。

(1)合理选配货物,平衡各舱装卸时间

在货物配置时,应考虑尽量使各舱装卸时间接近平衡,这样才可以避免因个别货舱装卸时间过长而使船舶延迟离港。通常,将船舶各货舱中所需装卸时间最长的货舱称为重点舱。船舶在港装卸时间主要取决于重点舱所需装卸时间的长短。为此,应将装卸效率较高的货物配在重点舱,而将装卸效率较低的货物配于非重点舱,从而达到缩短重点舱装卸时间的目的。

(2)合理选择货位,货物正确堆装

在货舱高度较大的舱位配装批量较大的货物时,应尽可能平铺,以扩大作业场地且便于工人堆垛,既加速作业,又利于安全操作。即使在前后装载时,也应尽量扩大作业范围。例如某二层舱装载四种货物,如图 13-2-2 所示采用前后扎位装载,显然,图 13-2-2(a)更有利于快速装卸。

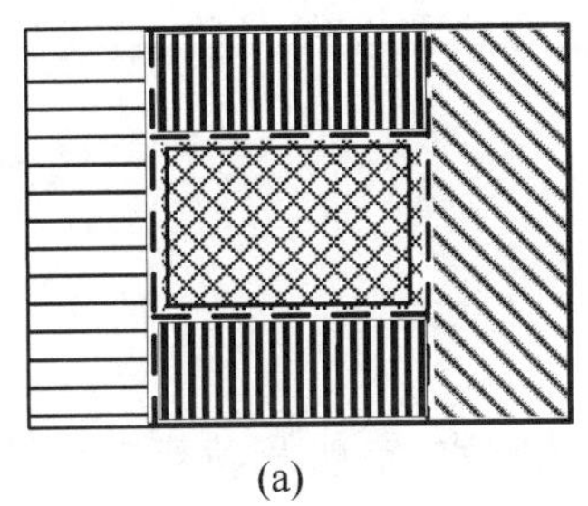

(a)

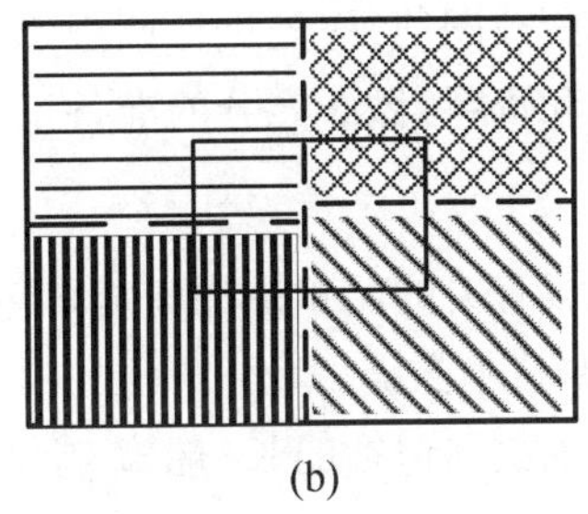

(b)

图 13-2-2 扩大作业场所的配装

(3)需要在专业化码头作业的货物,应尽量集中配装,以免船舶多次移泊。

(4)外舷装卸的货物,尽可能配装在同一货舱,以减少浮吊移动次数及调换吊杆的里、外挡作业次数。如不能配装在同一货舱内,则应隔舱配置,以利于驳船能方便进出挡。

(5)可以使用相同属具装卸的货物,应尽量一次装舱,以减少调换属具的时间。

此外,船舶在装卸作业中应根据现场装卸情况,可能需对货物的配置进行适当的调整,从而提高作业效率。

第三节 杂货船配载图的编制

为了能够有效地组织好货物装载工作,船舶在装货前,应根据装货清单所列航次任务及船舶的技术性能制订一个合理的货物配置计划,将船上各货舱内货物配置及堆装工艺按一定方式填绘在船舶货舱布置简图上,习惯上将该配置计划称为配载图。

一、配载图编制的基本要求

配载图编制的优劣直接影响船舶安全、货物运输质量及船舶营运效益,它必须根据货物种类及配装的基本原则,结合船舶、货物、航线和港口的实际情况,并满足船舶配载的基本要求,在整体上体现在以下几个方面:

(1)充分利用船舶的载货能力；

(2)保证满足船体强度条件；

(3)保证船舶具有适度稳性；

(4)船舶保持适当吃水及吃水差；

(5)保证货运质量,防范货运事故及海洋污染事故的发生；

(6)满足中途港卸货顺序；

(7)便于货物装卸,缩短在港停泊时间；

(8)舱面积载合理可行。

二、编制前的准备工作

在着手编制配载图前,应先进行调查研究,分析和熟悉船舶、货物、航线及港口等与配载图编制有关的情况和资料,做好充分的准备工作。

1.熟悉船舶

需熟悉与配载有关的船舶情况和资料包括以下内容:

(1)船舶主要技术数据

船舶主要技术数据包括船长、船宽、空载及满载吃水、空船及满载排水量、航速及续航能力等。

(2)货舱及装卸设备资料

货舱及装卸设备资料包括:各货舱和舱口位置、尺度、容积、重心;各层甲板许用负荷量;各二层舱防堵配装容积;各货舱吊杆配置、安全负荷及舷外跨距;货舱内各种设备(支柱、地令、轴隧、污水井、电缆、测水管、通风设备、消防设备)的配备及布置情况等。

(3)液舱柜及油水消耗资料

液舱柜及油水消耗资料包括:各燃油舱、柴油舱、滑油舱、淡水舱及压载舱位置、容积、重心;船舶航行或停泊每天燃料、淡水消耗定额;造水机的造水能力。

(4)船舶性能核算用图表

船舶进行全面校核,即稳性、强度和吃水核算时应具备下列资料:静水力曲线图或参数表或载重表;极限重心高度或初稳性高度曲线图;形状稳性力臂曲线图;自由液面修正表;横摇周期与初稳性关系曲线;基本装载状态的稳性总结表;许用静水弯矩值;浮力及力矩曲线或图表;吃水差比尺或图表等。

另外,尚需要在营运实践中总结出的有关数据,如本船适度稳性、吃水差大小、相应的各货舱、各层舱实际舱容比等。

2.熟悉航线和港口

对于航线和港口,应了解和熟悉以下情况:

(1)本航次所经海区和季节期及相应区域航程,以确定允许使用的载重线。

(2)航线及港口水深条件,有无浅水区限制船舶吃水,如有限制,需确定浅水区距始发港的距离及该水域水密度。

(3)船舶所经海区的风浪、气温等变化情况,以使据此合理确定货位及采取必要的防范措

施。船舶航经大风浪区域时，应通过甲板积载风险的安全评估慎重安排甲板货的数量、货种和货位，并应事先做好系固等防范措施；若航经海区气温变化较大，则应在货物通风、衬垫等方面预先采取措施。

(4)港口装卸条件及规定，如港口装卸工具、起重设备能力，同时作业头数、每天作业班次、节假日规定、危险品作业规定等，以便配装时做出妥善安排。

3.熟悉货载

船舶每个航次所装运的货物是以装货清单形式通知船方的。装货清单的内容包括：装货单号、目的港、货名、包装形式、件数、毛重和估计体积。对于有特殊装载要求的货物、危险货物、重大件货物等均在备注栏内附加说明。

在编制配载图之前，船方应首先从装货清单中了解本航次货载的基本情况。不清楚之处可通过代理或港方了解，有时对某些特殊货物还应到现场考察和核对货物尺寸、包装、形状等。对危险货物，应认真查阅《国际危规》及有关资料，从而了解货物性质、装运要求及防范措施。

三、配载图编制的基本程序

一般情况下，编制杂货船配载图的程序如下：

1.核算船舶载货能力

(1)计算本船航次净载重量，查取船舶货舱总容积。

(2)审核装货清单上所列货物的重量、体积、件数、尺码以及它们的总和是否正确。

(3)比较装货清单中货物总重量和包括亏舱的总体积与船舶航次净载重量和货舱总容积。

若货物总重量、总体积分别小于或等于航次净载重量和货舱总容积，则表明货物在重量和体积上均满足船舶载货能力的要求，可以全部装运。若航次货载较少或轻货较多，造成船舶较大亏载或亏舱，则应争取追加或调换部分货载，以充分利用船舶载货能力。

(4)核对船舶条件是否满足货物的特殊性。

有时，即使船舶的净载重量和货舱总容积分别大于货物总重量和总体积，但由于航次货载中互抵性货物过多、危险货物品种过多或有特殊装卸要求的货物过多，而船舶条件无法全部满足，也需要调换或退掉部分货载。这种情况一般要在货物具体配装时才能确定。

2.确定各舱应配货重

为减小货物配舱时的盲目性，应先根据船舶稳性、强度和吃水差的要求确定航次货载在各货舱及舱室应分配的重量。

设全船货舱总容积 $\sum V_{ch}$，航次货运量 $\sum Q$，则具有 V_{chi} 舱容的某货舱应分配的货物重量 P_i 为

$$P_i = \frac{V_{chi}}{\sum V_{ch}} \times \sum Q \tag{13-3-1}$$

在实际装载中，由于受到各种其他因素的影响，有时难以准确达到按舱容比分配货物重量，应允许对所确定的分配重量做适量浮动，其上下浮动量一般可取分配货量的 10%，有时甚

至更大些。必要时,也可以航次净载重量为标准计算各舱应分配重量和上下限重量值。

3.向舱内配装货物

正确合理安排各票货物的舱位,是保证货运质量、减少或防止货运事故产生、提高船舶营运效益的重要环节,是编制配制图的关键环节。

如前所述,在货物配舱时应同时考虑货物性质、轻重、包装、装运要求、船舶到港顺序、装卸作业条件等因素,根据货舱设备条件,合理安排。具体配装时可按如下方法进行:

(1)货物归类

对装货清单中的货物,按到港和特性对所运货物予以归类。

(2)大体确定各港货物的舱位

根据各目的港货物数量及港序,大体确定各港货物的舱位。

(3)配装特殊货物

在对货物归类的基础上,首先安排特殊货物的舱位,如危险货物、贵重物品、扬尘污染货、气味货等均应根据其特性和装运要求安排合理的舱位,同时应注意它们间的合理搭配和适当隔离。不同港口的特殊货,也应遵循先末港后初港的原则配装,以确保卸货港序。

(4)配装普通杂货

一般情况下,船舶每个航次的货载中,特殊货物所占比例不会太大,大部分为普通杂货。在特殊货物配装完毕后,可按港序先将批量大的货物确定好舱位,然后根据所剩舱容及与各舱分配货重的差值选择适当货物逐舱配置。在此配装期间,也应考虑货物包装、装卸操作、普通货物与特殊货物间的适应关系等方面要求。此外,船舶在满载条件下,应在首尾货舱留出一定的机动货载,以便于对吃水差进行调整。所留调整量视船舶大小而异,对于万吨级货船,一般应留 100~200 t 为宜。

4.全面检查初配方案

配载草图完成后,应进行全面检查,以确保配载方案的正确无误。如有不当,应进行必要的调整。

检查项目主要包括:

(1)对照装货清单,核查所有货物是否全部装舱,有无漏配或重配现象,各票货物配装重量和体积是否与装货清单一致。

(2)各舱所配重量是否与分配货重相符。为兼顾货物性质、卸货港序等情况,各舱实配重量在不影响船舶安全的前提下,允许略有出入,一般应掌握在分配重量的 10%范围内。

(3)各舱所配货物能否装入舱内,即保证货物所占舱容不大于货舱容积。

(4)中途港货物能否顺利卸出,是否被堵。

(5)各货舱所配货物舱位是否适当,货物间在性质上是否互抵,是否满足隔离要求。

(6)各层甲板局部强度是否满足要求,特别是二层甲板有重件货前后扎位装载情况时,需对其局部强度予以校核。

(7)对装卸操作是否予以考虑。

5.校核船舶稳性、强度和吃水

经过初配方案检查无误后,应对船舶的稳性、强度和吃水进行核算,并使其满足安全营运的要求。

6.绘制正式配载图

经过检查、校核、调整,认为符合各项要求后,可以绘制正式的配载图。配载图绘制应清晰、整洁、简明、易懂。配载图上应写明船名、航次、始发港、各中途港、终点港及离始发港的吃水。在配载图上方两侧的表格内,应填明航次货载在各货舱、舱室内配装的吨数和件数及各到港货载在各舱的配置重量和总重量等。在舱位图上,标明每票货物在舱内的位置且各货物间以虚线分隔,各货物在图上所占面积比例应大致与其体积比例相当。在各货物标绘的货位处应注明货名、装货单号、卸货港、重量、件数及包装形式等。

在航次中途挂靠港较多时,不同到港货物配舱位置可用不同颜色加以区别;有些货物需专门衬垫或留出通风道等,应予以明显标记;当船舶装运重大件货时,应以附图形式标明具体装载位置。

此外,在配载图下方的备注栏内应扼要注明装载时的注意事项,如衬垫、隔票、堆码及其他需提醒的事项。

(1)为了能清楚地表示出各票货物的配装位置,一般在舱高不大的二层舱舱位以俯视图标示,其标示方法如图 13-3-1 所示。

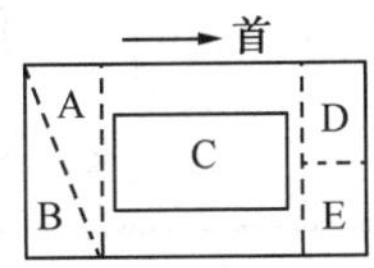

图 13-3-1　二层舱舱位标示图

图 13-3-1 中:A 货物在二层舱后部的上层,B 货物在二层舱后部的下层,C 货物在二层舱的中部,D 货物在二层舱前部的左舷,E 货物在二层舱前部的右舷。

(2)底舱舱位使用侧视图进行标示,其标示方法如图 13-3-2 所示。

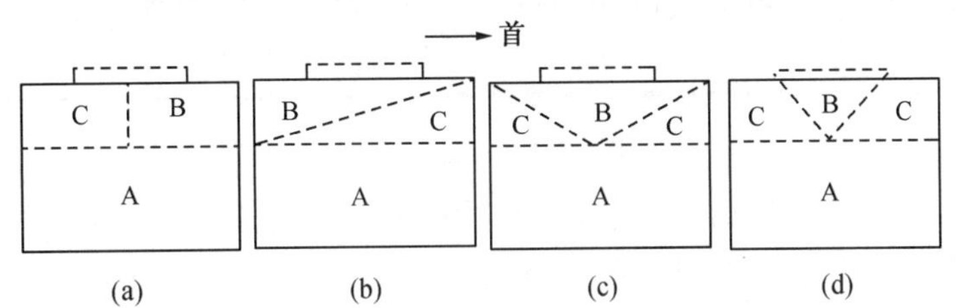

图 13-3-2　底舱舱位标示图

如图 13-3-4(a)中:A 货物在底舱的下层,B 货物在底舱上层的前半舱,以及 C 货在底舱上层的后半舱。

如图 13-3-4(b)中:A 货物在底舱的下层,B 货物在底舱上层的左舷,以及 C 货在底舱上层的右舷。

如图 13-3-4(c)中:A 货物在底舱的下层,B 货物在底舱上层的中部,以及 C 货在底舱上层的两舷。

如图 13-3-4(d)中:A 货物在底舱的下层,B 货物在底舱上层的舱口位,以及 C 货在底舱上层的舱口位四周。

(3)在图 13-3-3 配载简图中,有关货物搭配及舱位选择方面存在的问题主要有:

No.1 舱:底舱中,小麦为食品类货物、滑石粉为清洁货,这两种货物均不允许混入杂质,而石墨粉为扬尘污染货，与前两种货物应分室装载；二层舱中，棉织品为忌油污货，花生油为油污货，两者应不相邻装载。

No.2 舱：底舱中，钢管在煤炭下方易受损，应上下置换装载；煤炭可能含有一定水分，也是污染货，而砂糖为食品且为忌潮湿货，两者应不同舱室装载。二层舱中，氯化铵为酸性化肥并具有异味，与茶叶会发生化学反应及吸收异味，两者应不同舱室装载。

No.3 舱：底舱中，轮胎为忌油污货，与轴承应不相邻装载；轮胎遇火碱易受腐蚀，两者应不同舱室舱装载。二层舱中，钢板易受纯碱腐蚀，应不相邻装载；玻璃与纯碱接触会使玻璃表面受蚀，应不同舱室装载。

No.4 舱：底舱中，如此装载蓖麻子易碎损，应装于底舱的最上层。二层舱中，花生米混入生半夏会对人体有害，两者应不同舱室装载。

No.5 舱：底舱中，柳制品耐压性差，应配在舱室的最上层；大米为忌味货，丝绸为气味货，二者应不同舱装载。

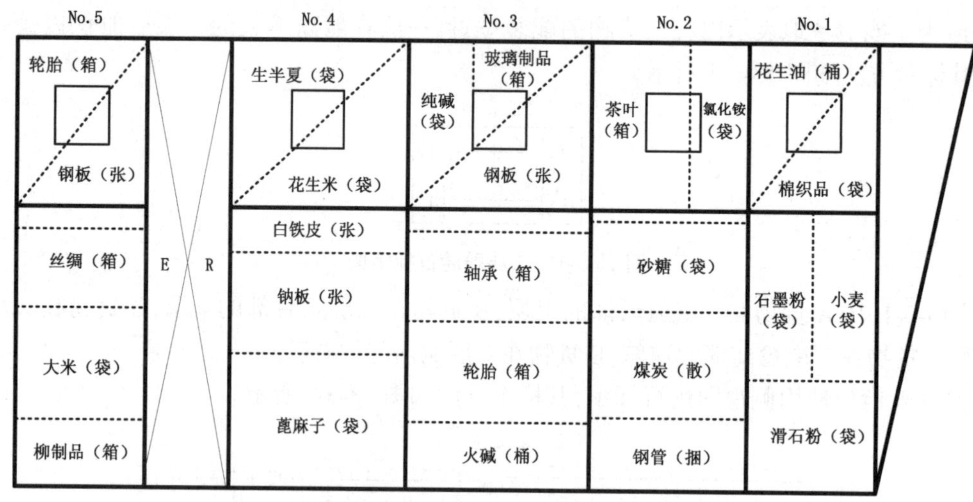

图 13-3-3　配载简图

(4)图 13-3-4 为××公司所属“Q”轮 V18 航次配载图。在各配货舱位中，“乙”“丙”分别表示卸货港为“乙港”和“丙港”，由图可知，该航次的卸货港序为：“乙港”→“丙港”。S/O 表示装货单号。

在 No.1 舱中，底舱装载涂料（重量为 400.2 t，2 001 箱）和对苯二胺（重量为 5.7 t，190 桶）两种货物，其中，对苯二胺装于底舱舱口下方；二层舱装载茶籽饼（重量为 200 t，3 000 袋）、狐狸毛（重量为 35 t，200 捆）和涂料（重量为 302.6 t，1 513 箱）三种货物，其中，茶籽饼装于舱口位下层，狐狸毛装于舱口位上层，涂料装于舱口四周。

在 No.2 舱中，底舱装载钢管（重量为 1 100 t，1 500 根）、白油（重量为 181.6 t，966 桶）和铁丝网（重量为 680 t，4 250 卷）三种货物，其中，钢管装于下层后部，白油装于下层前部，铁丝网装于上层。二层舱装载铁丝网（重量为 120 t，750 卷）和罐头（重量为 630 t，31 500 箱）两种货物，其中，铁丝网装于舱口位，罐头装于舱口四周。当在“乙港”将二层舱的铁丝网卸出后，可以打开底舱舱盖，再将装于底舱的该港铁丝网卸出。

在 No.3 舱中，底舱装载绿豆（重量为 1 200 t，24 000 袋）、花生（重量为 334.4 t，4 500 袋）和厨具（重量为306t，7650箱）三种货物，分别装于下层、中层和上层；二层舱装载厨具（重

目的港	颜色	No. 1	No. 2	No. 3	No. 4	No. 5		甲板货	总 计
乙 港	■	235.0	800.0	510.0	752.0	300.0		0	2597.0
丙 港		708.5	1911.6	1784.4	1439.4	882.0		0	6725.9
总 计		943.5	2711.6	2294.4	2191.4	1182.0		0	9322.9

"××"公司
配载图
STOWAGE PLAN
船名M. V. "Q"轮
航次 V18 自 "甲港"至"乙港"、"丙港"
日期 离港 5月21日 到港
水尺 前 7.98 m 后 8.38 m 平均 8.19 m

舱位	底舱	二层舱		总计 件数/吨数
No. 1	2 191/405.9	4 713/537.6		6 904/943.5
No. 2	6 716/1961.6	32 250/750.0		38 966/2711.6
No. 3	36 150/1840.4	13 850/454.0		50 000/2294.4
No. 4	12 792/1573.2	7 480/618.2		20 272/2191.4
No. 5	13 000/310.0	23 959/872.0		36 959/1182.0
总计	70 849/6091.1	82 252/3231.8		153 101/9322.9

No. 5
丙 S/0 8 精密仪器 60 t 1 000 c/s
丙 S/0 17 罐头 270 t 13 500 ctns
丙S/0 12 服装 120 t 2 000 ctns
乙S/0 2 蜂蜜 300 t 2459d/s
丙S/0 13 玩具 122 t 5 000 ctns
丙S/0 14 玻璃制品 210 t 12 000 ctns
丙S/0 9 医疗器械 100 t 1 000 c/s

E R

No. 4
丙S/0 18 白油
乙S/0 4 焦宝石 270.8 t 5416 bgs
乙 S/0 3 蜂蜜 75 t 615 d/s
272.4 t 1 449 drms
乙S/0 4 焦宝石 406.2 t 8124 bgs
丙S/0 10 豆油 1 167 t 4 668 drms

No. 3
丙S/0 21 石蜡 125 t 2 500 bgs
乙 S/0 7 厨具 27.2 t 680c/s
乙 S/0 5 陶瓷制品 150 t 7500c/s
乙 S/0 7 厨具 26.8 t 670c/s
丙S/0 21 石蜡 125 t 2 500 bgs
乙S/0 7 厨具 306 t 7650c/s
丙S/0 16 花生果 334.4 t 4 500 bgs
丙S/0 20 绿豆 1 200 t 24 000 bgs

No. 2
丙S/0 17 罐头
乙 S/0 1 铁丝网 120 t 750rls
630 t 31500 ctns
乙S/0 1 铁丝网 680 t 4250rls
丙S/0 19 钢管 1 100 t 1500 pipes
丙S/0 18 白油 181.6 t 966 drms

No. 1
丙S/0 11 涂料
乙S/0 2 狐狸毛 35t 200b/s
乙 S/0 6 茶籽饼 200 t 3000bgs
302.6 t 1 513 c/s
丙S/0 15 对苯二胺 5.7 t 190 drms
丙S/0 11 涂料 400.2 t 2 001 c/s

备注 REMARKS: 吊杆安全负荷量为5t。No. 1舱内S/0 6属于4.2类易自燃物质，其上应加木板和塑料薄膜衬垫后再堆装S/0 2狐狸毛；S/015属于6.1类有毒物质。No. 3底舱内绿豆和花生果之间应做好隔票工作。No. 4底舱内豆油上方应使用木板和塑料薄膜衬垫，二层舱内焦宝石下方也应使用塑料薄膜衬垫。装货过程中避免船舶出现过大横倾。

SIGNATURE OF CHIEF OFFICER大副盖章：

图 13-3-4 配载图

量为 54 t,1 350 箱）、陶瓷制品（重量为 150 t,7 500 箱）和石蜡（重量为 250 t,5 000 袋）三种货物,其中,石蜡装于左右两舷并避开舱口位,陶瓷制品装于舱中部并含舱口位,厨具装于陶瓷制品的前后两端。同理,当在“乙港”将二层舱的陶瓷制品和厨具卸出后,可以方便地打开底舱舱盖,将装于底舱的同票陶瓷制品卸出。

在 No.4 舱中,底舱装载豆油（重量为 1 167 t,4 668 桶）和焦宝石（重量为 406.2 t,8 124 袋）两种货物,其中豆油装于下层,焦宝石装于上层；二层舱装载白油（重量为 272.4 t,1449 桶）、蜂蜜（重量为 75 t,615 桶）和焦宝石（重量为 270.8 t,5 416 袋）三种货物,其中,焦宝石装于舱口位,蜂蜜装于焦宝石的前端,白油装于舱的后部及左右两舷。这样,当在“乙港”将二层舱的焦宝石和蜂蜜卸出后,可以方便地打开底舱舱盖,将装于底舱的同票焦宝石卸出。

在 No.5 舱中,底舱下层装载医疗器械（重量为 100 t,1 000 箱）、上层装载玻璃制品（重量为 210 t,12 000 箱）；二层舱蜂蜜（重量为 300 t,2 459 桶）装于大半部舱口位以便在“乙港”第一时间卸出,玩具（重量为 122 t,5 000 箱）装于前半舱下层（舱口位除外）,服装（重量为 120 t,2 000 箱）装于前半舱上层（舱口位除外）,罐头（重量为 270 t,13 500 箱）装于后半舱,精密仪器（重量为 60 t,1 000 箱）装于贵重物品舱。

四、配载图编制范例

“Q”轮船舶资料见表 13-3-1 到表 13-3-5,其中对不太影响配载的复杂船舶资料图表进行了部分列举或未列举。“Q”轮 V18 航次拟“装货清单”见表 13-3-6,在“甲港”装货后开往“乙港”和“丙港”。油水在始发港一次装足,预定开航日期为 5 月 21 日,试编制本航次配载计划。

（1）“Q”轮主要参数

型长 L_{bp} 为 148 m；型宽 B 为 21.2 m；型深 D 为 12.5 m；空船排水量 Δ_L 为 5 565 t；空船重心距基线高度为 9.07 m；夏季满载排水量 Δ_S 为 19 710 t；热带满载排水量 Δ_T 为 20 205 t；冬季满载排水量 Δ_W 为19 215 t；空船重心距船中距离−8.63 m；龙骨板厚度为 0.026 m。

（2）“Q”轮部分载荷弯矩许用力矩表（见表 13-3-1）

表 13-3-1　“Q”轮部分载荷弯矩许用力矩表

型吃水 d_M/m	排水量/t	载荷对船中弯矩值 $\sum \lvert \boldsymbol{P}_i\boldsymbol{X}_i \rvert$/(kN·m)				
		中拱状态			中垂状态	
		允许范围	有利范围		有利范围	允许范围
8.00	16 660	4 046 375	3 017 566	2 436 049	1 854 531	825 723
8.50	17 920	4 412 681	3 383 871	2 803 355	2 220 837	1 192 029
9.00	19 200	4 781 389	3 752 580	3 171 063	2 589 546	1 560 737

(3)“Q”轮部分静水力参数表(见表 13-3-2)

表 13-3-2 “Q”轮部分静水力参数表

型吃水 d_M/m	排水量 Δ/t	总载重量 *DW*/t	厘米吃水吨数 *TPC*/(t/cm)	厘米纵倾力矩 *MTC*/(9.81 kN · m/cm)	横稳心距基线高度 *KM*/m	浮心距基线高度 *KB*/m	浮心距船中距离 x_b/m	漂心距船中距离 x_f/m
8.00	16 660	11 095	24.64	205.60	8.760	4.322	−0.582	−4.250
8.20	17 160	11 595	24.83	209.40	8.786	4.435	−0.697	−4.600
8.40	17 660	12 095	25.01	213.60	8.820	4.535	−0.812	−4.900

(4)“Q”轮最小许用初稳性高度数据表(见表 13-3-3)

表 13-3-3 “Q”轮最小许用初稳性高度数据表

船舶排水量/t	10 000	12 000	14 000	16 000	18 000	20 000
最小许用初稳性高度/m	0.39	0.15	0.15	0.23	0.49	0.83

(5)“Q”轮防堵舱容表(见表 13-3-4)

表 13-3-4 “Q”轮防堵舱容表

舱别		No.1	No.2	No.3	No.4	No.5
舱口位容积/m³		299(462)	531(721)	489(662)	313(447)	479(664)
防堵舱容/m³	舱盖半开时	799	1 429	1 299	1 084	969
	舱盖全开时	568	1 068	968	865	637

(6)“Q”轮货舱容积表(见表 13-3-5)

表 13-3-5 “Q”轮货舱容积表

舱名		包装舱容/m³	舱容中心位置		散装舱容/m³	舱容中心位置	
			距基线距离/m	距船中距离/m		距基线距离/m	距船中距离/m
No.1货舱	底舱	804	6.97	52.38	887	7.04	52.38
	二层舱	1 030	11.85	53.18	1 116	11.92	53.18
	合计	1 834	9.71	52.83	2 003	9.76	52.83
No.2货舱	底舱	3 260	5.51	31.30	3 441	5.58	31.30
	二层舱	1 789	11.42	32.18	1 692	11.47	32.19
	合计	5 049	7.60	31.61	5 333	7.67	31.61
No.3货舱	底舱	3 830	5.35	7.85	4 043	5.42	7.85
	二层舱	1 630	11.18	8.00	1 724	11.23	8.00
	合计	5 460	7.09	7.90	5 767	7.61	7.89
No.4货舱	底舱	3 090	5.37	−13.79	3 262	5.44	−13.79
	二层舱	1 312	11.17	−13.87	1 388	11.23	−13.87
	合计	4 402	7.10	−13.81	4 650	7.17	−13.81
No.5货舱	底舱	1 126	7.24	−54.25	1 241	7.31	−54.25
	二层舱	1 461	11.54	−55.55	1 588	11.60	−55.55
	合计	2 587	9.67	−54.99	2 821	9.72	−54.99
贵重舱	底舱	131	11.63	−68.70	142	11.71	−68.70
	二层舱	128	11.63	−68.70	139	11.71	−68.70
	合计	259	11.63	−68.70	281	11.71	−68.70
总计		19 591	7.87	4.02	20 855	7.95	3.90

(7)本航次货物清单(见表 13-3-6)

表 13-3-6　本航次货物清单

装货单号	货名	件数及包装	毛重/t	估计体积/m^3	目的港	备注
S/O 1	铁丝网	5 000 rls	800.0	1 784.0	乙港	4.2 类
S/O 2	狐狸毛	200 b/s	35.0	84.0	乙港	
S/O 3	蜂蜜	3 074 d/s	375.0	412.5	乙港	
S/O 4	焦宝石	13 540 bgs	677.0	1 150.9	乙港	
S/O 5	陶瓷制品	7 500 c/s	150.0	345.0	乙港	
S/O 6	茶籽饼	3 000 bgs	200.0	380.0	乙港	
S/O 7	厨具	9 000 c/s	360.0	1 530.0	乙港	
Total		41 314 pkgs	2 597.0	5 686.4		
S/O 8	精密仪器	1 000 c/s	60.0	204.1	丙港	6.1 类
S/O 9	医疗器械	1 000 c/s	100.0	310.0	丙港	
S/O 10	豆油	4 668 drms	1 167.0	1 557.2	丙港	
S/O 11	涂料	3 514 c/s	702.8	1 229.9	丙港	
S/O 12	服装	2 000 ctns	120.0	444.0	丙港	
S/O 13	玩具	5 000 ctns	122.0	240.0	丙港	
S/O 14	玻璃制品	12 000 ctns	210.0	777.0	丙港	
S/O 15	对苯二胺	190 drms	5.7	6.5	丙港	
S/O 16	花生果	4 500 bgs	334.4	521.6	丙港	
S/O 17	罐头	45 000 ctns	900.0	1 368.0	丙港	
S/O 18	白油	2 415 d/s	454.0	1 034.2	丙港	
S/O 19	钢管	1 500 pipes	1 100.0	1 162.7	丙港	
S/O 20	绿豆	24 000 bgs	1 200.0	1 872.0	丙港	
S/O 21	石蜡	5 000 bgs	250.0	424.8	丙港	
Total		111 787 pkgs	6 725.9	11 152.0		
Grand total		153 101 pkgs	9 322.9	16 838.4		

1.核定本航次船舶的载货能力

(1)计算船舶净载重量 NDW,核算船舶载货重量能力

根据本轮拟定开航日期及航线,可在《载重线海图》上查得,本航次航行于热带季节区域,但开航时为夏季季节期,故只允许使用夏季载重线,其排水量为 $\Delta_S=19\ 710$ t。本航次装有油 1 447 t、水 322 t,航次储备量中 $G_1=28$ t,即 $\sum G=1\ 447+322+28=1\ 797$(t),船舶常数 $C=220$ t,空船重量 $\Delta_L=5\ 565$ t。所以,本航次船舶的净载重量为:

$$NDW=\Delta_s-\Delta_L-\sum G-C=19\ 710-5\ 565-1\ 797-220=12\ 128(\text{t})$$

经审核,本航次拟定承运货物的总重量 $\sum Q=9\ 322.9\ \text{t}<NDW$,即满足船舶载货重量能力。

(2)查取船舶总舱容 $\sum V_{ch}$,核算船舶载货容量能力

由表 13-3-5 查得“Q”轮的包装舱容 $\sum V_{ch}=19\ 591\ m^3$。

经审核,本航次拟定承运货物的总体积(包括亏舱) $\sum V_c = 16\ 838.4\ m^3 < \sum V_{ch}$,即满足船舶载货容量能力。

(3)核算船舶特殊载货能力,最终核定本航次船舶整体的载货能力

因本航次承运的货物中特殊货物不多,船舶都能满足各类货物的承运要求,即满足船舶特殊载货能力。

经比较分析,初步核定本航次全部货物的承运要求可以满足,即满足本航次船舶整体的载货能力。

2.拟定按照舱容比分配各舱货物重量

表 13-3-7 各舱拟定分配货物重量

舱别		No.1	No.2	No.3	No.4	No.5	合计
舱容比(%)		9.36	25.77	27.87	22.47	14.53	100
各舱分配重量	“甲港”离港推荐货重/t	872.6	2 402.5	2 598.3	2 094.9	1 354.6	9 322.9
	“甲港”离港推荐货重上下限/t	987/759	2 716/2 090	2 936/2 260	2 368/1 822	1 530/1 178	9 322.9
	“乙港”离港推荐货重/t	629.5	1 733.3	1 874.5	1 511.3	977.3	6 725.9
	“乙港”离港推荐货重上下限/t	744/516	2 046/1 420	2 213/1 537	1 784/1 238	1 153/801	6 725.9

3.向各舱分配货物

(1)对航次货物配载进行分类

通过对航次装货清单进行的仔细分析,可以将其所列货物分类如下:

易碎货:S/O 5 陶瓷制品和 S/O 14 玻璃制品,应配装于货舱的顶层。

气味货:S/O 2 狐狸毛,最好与所有食品分舱配装。

贵重货:S/O 8 精密仪器,应尽可能配于贵重舱内。

怕热货:S/O 21 石蜡,应避免配装在靠近机舱的货舱内。

清洁货:S/O 4 焦宝石,应避免与其他散装货配装于同一舱内。

食品货物:S/O 3 蜂蜜,S/O 10 豆油,S/O 17 罐头,S/O 16 花生果和 S/O 20 绿豆。其中S/O 17罐头怕潮湿,应与易散发水分的 S/O 16 花生果和 S/O 20 绿豆分舱装载。

危险货:S/O 6 茶籽饼属 4.2 类易自燃物质,S/O 15 对苯二胺属 6.1 类有毒物质,从包装危险货物隔离表中查得,两者要求“远离”,同时 S/O 15 对苯二胺应与所有食品至少分室配装。

(2)货物分配指导思想

在满足上述各舱配货重量控制数的前提下,根据本航次货物特点确定的配货具体指导思想是:

No.1 舱:危险货物(其中二层舱配易自燃货),气味货,这样可以为其他各舱配装本航次数量较大的食品货物提供条件;

No.2 舱:怕热货,裸装重货食品,怕热货,裸装重货;

No.3 舱:易散发水分的食品货,怕热货;

No.4 舱:食品,非怕热货,清洁货,非扬尘货;

No.5 舱:非怕热货食品,非怕热货。

(3)货物初配方案表(见表 13-3-8)

表 13-3-8　货物初配方案

舱别		货名	目的港	重量/t	体积/m^3	件数
No.1	底舱	S/O 15 对苯二胺	丙港	5.7	6.5	190
		S/O 11 涂料	丙港	400.2	700.6	2 001
	二层舱	S/O 11 涂料	丙港	302.6	529.3	1 513
		S/O 2 狐狸毛	乙港	35.0	84.0	200
		S/O 6 茶籽饼	乙港	200.0	380.0	3 000
	合计			943.5	1 700.4	6 904
No.2	底舱	S/O 1 铁丝网	乙港	680.0	1 516.4	4 250
		S/O 19 钢管	丙港	1 100.0	1 162.7	1 500
		S/O 18 白油	丙港	181.6	413.7	966
	二层舱	S/O 17 罐头	丙港	630.0	957.6	31 500
		S/O 1 铁丝网	乙港	120.0	267.6	750
	合计			2 711.6	4 318.0	38 966
No.3	底舱	S/O 7 厨具	乙港	306.0	1 300.5	7 650
		S/O 16 花生果	丙港	334.4	521.6	4 500
		S/O 20 绿豆	丙港	1 200.0	1 872.0	24 000
	二层舱	S/O 21 石蜡	丙港	250.0	424.8	5 000
		S/O 5 陶瓷制品	乙港	150.0	345.0	7 500
		S/O 7 厨具	乙港	54.0	229.5	1 350
	合计			2 294.4	4 693.4	50 000
No.4	底舱	S/O 10 豆油	丙港	1 167.0	1 557.2	4 668
		S/O 4 焦宝石	乙港	406.2	690.5	8 124
	二层舱	S/O 18 白油	丙港	272.4	620.5	1 449
		S/O 4 焦宝石	乙港	270.8	460.4	5 416
		S/O 3 蜂蜜	乙港	75.0	82.5	615
	合计			2 191.4	3 411.1	20 272
No.5	底舱	S/O 9 医疗器械	丙港	100.0	310.0	1 000
		S/O 14 玻璃制品	丙港	210.0	777.0	12 000
	二层舱	S/O 8 精密仪器	丙港	60.0	204.1	1 000
		S/O 17 罐头	丙港	270.0	410.4	13 500
		S/O 12 服装	丙港	120.0	444.0	2 000
		S/O 13 玩具	丙港	122.0	240.0	5 000
		S/O 3 蜂蜜	乙港	300.0	330.0	2 459
	合计			1 182.0	2 715.5	36 959
总计				9 322.9	16 838.4	153 101

4.核查货物初配方案

(1)核查各舱货物的配置

各舱货物的配置,基本符合各项有关原则,货物搭配基本合理。

(2)核查货物是否全部配置

经核查,本航次装货清单所列货物全部配置完毕,所有数据与装货清单完全一致,并无差错。

(3)核查各舱货物装载重量(见表 13-3-9)

表 13-3-9 货物装载重量核查表

舱别		No.1	No.2	No.3	No.4	No.5	合计
甲港离港	推荐货重上下限/t	987/759	2 716/2 090	2 936/2 260	2 368/1 822	1 530/1 178	9 322.9
	实际货重/t	943.5	2 711.6	2 294.4	2 191.4	1 182.0	9 322.9
乙港离港	推荐货重上下限/t	744/516	2 046/1 420	2 213/1 537	1 784/1 238	1 153/801	6 725.9
	实际货重/t	708.5	1 911.6	1 784.4	1 439.4	882.0	6 725.9

经核查,船舶空载时艉倾较大,故 No.1 和 No.2 舱接近重量上限,No.5 接近重量下限,各舱装货重量在允许范围之内,满足要求。

(4)核查各舱货物体积(见表 13-3-10)

表 13-3-10 货物装载重量核查表

舱别	No.1		No.2		No.3		No.4		No.5		合计
	二层舱	底舱	二层舱	底舱	二层舱	底舱	二层舱	底舱	二层舱	底舱	
货舱容积/m^3	1 030	804	1 789	3 260	1 630	3 830	1 312	3 090	1 720	1 126	19 591
配货体积/m^3	993.3	707.1	1 225.2	3 092.8	999.3	3 694.1	1 163.4	2 247.7	1 628.5	1 087.0	16 838.4

(5)核查各二层舱防堵货物体积(见表 13-3-11)

表 13-3-11 各二层舱防堵货物体积核查表

舱别		No.1	No.2	No.3	No.4	No.5
各货舱二层舱防堵舱容/m^3	舱盖半开时	799	1 429	1 299	1 084	969
	舱盖全开时	568	1 068	968	865	637
各货舱二层舱实际配载防堵货物体积/m^3		0	957.6	424.8	620.5	0

(6)核查驶离甲港时底舱和二层舱货物重量及比例

经核查,二层舱配货重量占比为 34.7%,底舱配货重量占比 65.3%,船舶驶离甲港时稳性可以满足要求。

5.核算及调整船舶稳性、强度和吃水差

(1)“甲港”至“乙港”航段船舶稳性、强度和吃水差核查

①船舶离“甲港”状态下根据初配方案及油水配置,列表计算船舶排水量 Δ_1、垂向重量力矩 $\sum P_i Z_{i1}$、纵向重量力矩 $\sum P_i X_{i1}$、对船中载荷弯矩 $\sum |\boldsymbol{P}_i\boldsymbol{X}_i|_1$、自由液面倾侧力矩 $\sum \boldsymbol{\rho}_{ix1}$ 及船舶重心距基线高度 KG_1、船舶重心距船中距离 X_{g1} 和自由液面对 GM 的修正值 δGM_{f1}。

表 13-3-12　船舶驶离“甲港”装载状况下力矩计算表

项目	重量 P_i/t	重心距基线距离 Z_i/m	重心距船中距离 X_i/m	垂向重量力矩 P_iZ_i/(9.81 kN·m)	纵向重量力矩 P_iX_i/(9.81 kN·m)		对船中载荷弯矩 $\|P_iX_i\|$/(9.81 kN·m)
					船中前	船中后	
No.1 二层舱	537.6	11.85	53.18	6 370.6	28 589.6		28 589.6
No.1 底舱	405.9	6.97	52.38	2 829.1	21 261.0		21 261.0
No.2 二层舱	750.0	11.42	32.18	8 565.0	24 135.0		24 135.0
No.2 底舱	1 961.6	5.51	31.30	10 808.4	61 398.1		61 398.1
No.3 二层舱	45	11.18	8.00	5 075.7	3 632.0		3 632.0
No.3 底舱	1 840.4	5.35	7.85	9 846.1	14 447.1		14 447.1
No.4 二层舱	618.2	11.17	−13.87	6 905.3		−8 574.4	8 574.4
No.4 底舱	1 573.2	5.37	−13.79	8 448.1		−21 694.4	21 694.4
No.5 二层舱	872.0	11.54	−55.55	10 062.9		−48 439.6	48 439.6
No.5 底舱	310.0	7.24	−54.25	2 244.4		−16 817.5	16 817.5
小计	9 322.9			71 155.6	153 462.8	−95 525.9	248 988.7
No.1 燃油舱(左)	203.0	0.77	7.61	156.3	1 544.8		1 544.8
No.1 燃油舱(右)	253.0	0.76	7.67	192.3	1 940.5		1 940.5
No.2 燃油舱(左)	164.0	0.77	−13.88	126.3		−2 276.3	2 276.3
No.2 燃油舱(右)	206.0	0.76	−13.95	156.6		−2 873.7	2 873.7
燃油深舱(左)	83.0	6.25	−43.81	518.8		−3 636.2	3 636.2
燃油深舱(右)	83.0	6.25	−43.81	518.8		−3 636.2	3 636.2
燃油沉淀舱(左)	49.5	7.12	−43.85	352.4		−2 170.6	2 170.6
燃油沉淀舱(右)	49.5	7.12	−43.85	352.4		−2 170.6	2 170.6
燃油日用柜(左)	25.0	10.76	−43.85	269.0		−1 096.3	1 096.3
燃油日用柜(右)	21.0	10.64	−44.00	223.4		−924.0	924.0
柴油舱(左)	94.0	1.01	−30.78	94.9		−2 893.3	2 893.3
柴油舱(右)	116.0	1.02	−32.57	118.3		−3 778.1	3 778.1
柴油日用柜(左)	12.0	10.70	−39.35	128.4		−472.2	472.2
柴油日用柜(右)	12.0	10.70	−39.35	128.4		−472.2	472.2
滑油循环舱	20.0	1.32	−37.60	26.4		−752.0	752.0
滑油储存柜	17.0	10.70	−43.29	181.9		−735.9	735.9
汽缸油柜(左)	7.5	10.70	−43.85	80.3		−328.9	328.9
汽缸油柜(右)	6.5	10.62	−43.98	69.0		−285.9	285.9
污滑油舱	25.0	0.67	−34.50	16.8		−862.5	862.5
小计	1 447.0			3 710.6	3 485.3	−29 364.9	32 850.2
饮水柜	60.0	11.10	−25.50	666.0		−1 530.0	1 530.0

续表

项目	重量 P_i/t	重心距基线距离 Z_i/m	重心距船中距离 X_i/m	垂向重量力矩 P_iZ_i/(9.81 kN·m)	纵向重量力矩 P_iX_i/(9.81 kN·m)		对船中载荷弯矩 $\|P_iX_i\|$/(9.81 kN·m)
					船中前	船中后	
淡水舱(左)	101.0	3.32	-50.80	335.3		-5 130.8	5 130.8
淡水舱(右)	129.0	3.27	-50.69	421.8		-6 539.0	6 539.0
锅炉水舱	19.0	1.07	-40.31	20.3		-765.9	765.9
气缸冷却水舱	13.0	0.92	-27.40	12.0		-356.2	356.2
小计	322.0			1455.4		-14 321.9	14 321.9
粮食	8.0	10.80	-34.00	86.4		-272.0	272.0
船员及行李	10.0	15.50	-30.00	155.0		-300.0	300.0
备品	10.0	13.00	15.00	130.0	150.0		150.0
常数	220.0	10.80	0.00	2 376.0		0	0.0
小计	248.0			2 747.4	150.0	-572.0	722.0
空船	5 565.0	9.07	-8.63	50 474.6		-48 026.0	
符号	Δ_1	KG_1	X_{g1}	M_{z1}	MP_{x1}		$\sum\|P_iX_i\|_1$
合计	16 904.9	7.66	-1.817	129 543.6	157 098.2	-187 810.7	296 882.8

②根据驶离"甲港"时船舶的排水量,由表13-3-1和表13-3-2查得相关数据见表13-3-13。

表13-3-13　船舶驶离"甲港"装载状况下相关数据表

名称	排水量 Δ_1/m	平均型吃水 d_{m1}/m	横稳性距基线高度 KM_1/m	浮心距船中距离 X_{b1}/m	漂心距船中距离 X_{f1}/m	厘米吃水吨数 TPC_1/(t/cm)	厘米纵倾力矩 MTC_1/(9.81 kN·m)	最小许用初稳性高度 GM_{C1}/m
数据	16 904.9	8.10	8.77	-0.638	-4.422	24.73	207.5	0.35

③驶离"甲港"时初稳性高度,横摇周期,首、尾吃水和吃水差的计算

a.未经自由液面修正的初稳性高度 GM_{01}

$$GM_{01}=KM_1-KG_1=8.77-7.66=1.11\ \text{m}$$

b.经自由液面修正的初稳性高度 GM_1

船上各液舱均处于满载或空载状态,故 δGM_1 近似为零。

$$GM_1=GM_{01}-\delta GM_1=1.11-0=1.11\ \text{m}$$

c.船舶横摇周期 T_θ

$$T_\theta=0.58f\sqrt{\frac{B^2+4KG_1^2}{GM_{01}}}=0.58\times1\times\sqrt{\frac{21.2^2+4.7\times7.66^2}{1.11}}=14.4\ \text{s}$$

d.船舶吃水差 t_1

$$t_1=\frac{\Delta_1(X_{g1}-X_{b1})}{100\cdot MTC_1}=\frac{16\,904.9\times(-1.817+0.638)}{100\times207.5}=-0.961\ \text{m}$$

经核验,驶离"甲港"时船舶的稳性符合要求,对船中载荷弯矩 $\sum|P_iX_i|_1$

(2 912 420.3 kN·m)在有利范围内(3 088 791~2 507 275 kN·m)，纵向强度条件满足要求，但尾倾过大。配载时考虑空船尾倾的情况，已经在 No.1 和 No.2 舱配置重量接近上限的货物，在 No.5 舱配置接近重量下限的货物，通过货物已经很难再改善，故拟在首尖舱注入压载水进行调整，使其达到 $t'_1=-0.40$ m。需调整的吃水差为 $\delta t_1=-0.40-(-0.961)=0.561$ m。则首尖舱应压载 P_1 为：

$$P_1=\frac{\delta t_1\cdot 100\,MTC_1}{X_{p1}-X_{f1}}=\frac{0.561\times 207.5\times 100}{69.31+4.422}=157.88(\mathrm{t})$$

e.计算压载后船舶驶离“甲港”时的初稳性高度，对船中载荷弯矩和首、尾吃水

压载后初稳性高度改变量

$$\delta GM_1=\frac{P_1(KG_1-Z_{P1})}{\Delta_1+P_1}-\frac{\rho\cdot i_{x1}}{\Delta_1+P_1}=\frac{157.88\times(7.66-5.91)}{16\,904.9+157.88}-\frac{72.4}{16\,904.9+157.88}$$

$$=0.012(\mathrm{m})$$

压载后对船中载荷弯矩改变量

$$\delta|\boldsymbol{P}_i\boldsymbol{X}_i|_1=P_1X_P=157.88\times 69.31\times 9.81=107\,347.5(\mathrm{kN\cdot m})$$

压载后平均吃水改变量

$$\delta d_{m1}=\frac{P_1}{100TPC}=\frac{157.88}{100\times 24.73}=0.06(\mathrm{m})$$

所以，压载后船舶

$$GM'_1=GM_1+\delta GM_1=1.11+0.012=1.12(\mathrm{m})$$

压载后船舶对船中载荷弯矩

$$\sum|\boldsymbol{P}_i\boldsymbol{X}_i|_1'=\sum|\boldsymbol{P}_i\boldsymbol{X}_i|_1+\delta|\boldsymbol{P}_i\boldsymbol{X}_i|_1=2\,912\,420.3+107\,347.5=3\,019\,767.8(\mathrm{kN\cdot m})$$

压载后船舶的实际平均吃水

$$d'_{m1}=d_{m1}+\delta d_{m1}+0.026=8.10+0.06+0.026=8.19(\mathrm{m})$$

此处 0.026 m 为船舶的龙骨板厚度。

压载后实际船舶首吃水

$$d_{F1}=d'_{m1}+\frac{L_{bp}/2-X_f}{L_{bp}}\cdot t'_1=8.19+\frac{148/2+4.422}{148}\times(-0.40)=7.98\ (\mathrm{m})$$

压载后实际船舶尾吃水

$$d_{A1}=d'_{m1}-\frac{L_{bp}/2+X_f}{L_{bp}}\cdot t'_1=8.19-\frac{148/2-4.422}{148}\times(-0.40)=8.38\ (\mathrm{m})$$

结论：船舶驶离“甲港”时，首尖舱压载 157.88 t，经自由液面修正的初稳性高度为1.12 m，对船中载荷弯矩为 3 019 767.8 kN·m，吃水差为-0.40 m，实际首吃水为 7.98 m，实际尾吃水为 8.38 m。

④由“甲港”至“乙港”航段船舶最不利装载状态下稳性核查

假设：“甲港”至“乙港”航段船舶航程为 1 200 n mile，按“Q”轮油水消耗定额平均航速 17.5 kn计算，则 3.692.86 天中计划消耗然后约 71.5 t，柴油约 5.72 t 和淡水约 57.2 t，油水消耗情况见表 13-3-14。

表 13-3-14 "甲港"至"乙港"航段油水消耗情况表

序号	油水消耗舱室	消耗重量/t	消耗油水设定的重心高度/m	存在自由液面力矩 ρi_x /(9.81 kN·m)
1	No.2 燃油舱(左、右)	71.5	0.76	1 955.4
2	柴油舱(左、右)	5.72	1.01	430.9
3	淡水舱(左、右)	57.2	3.27	195.9
合计		134.42		2 582.2

$$\delta GM_2 = \frac{\sum P_1(KG_1 - Z_{Pi})}{\Delta_1 + \sum P_1} - \frac{\sum \rho \cdot i_x}{\Delta_1 + \sum P_i} = -0.199 \text{ m}$$

即船舶在设定的最不利装载状态下的初稳性高度为：

$$GM'_2 = GM'_1 + \delta GM_2 = 1.12 - 0.199 = 0.921 \text{ m}$$

由船舶排水量 16 928.36 t 查表 13-4 可得：$GM_C = 0.35$ m。

结论：$GM'_2 > GM_C$，故可以确定船舶在"甲港"至"乙港"航段的稳性满足要求。

(2)"乙港"至"丙港"航段船舶稳性、强度和吃水差核查

重复上述"甲港"至"乙港"航段的稳性、强度和吃水差核查过程。

5.绘制正式的配载图

经过上述核查和调整后，货物配载方案已满足各项要求，现可绘制正式的配载图，如图 13-3-4 所示。

第四节 普通杂货装运

杂货品种繁多，包装、性质各异，因此装卸和运送要求也不尽相同。在运输的各个环节中，如处理或操作不当，会产生货损货差或危及船舶及人身安全等货运事故，这就要求船舶在杂货运输的整个过程中，要精心组织，谨慎操作，确保航次货运任务的顺利完成。

一、货物装卸前的准备工作

杂货船在装卸前，应组织船员做好货物装卸所需要的准备工作，通常包括货舱、装卸机械、作业安排等方面的准备，从而保证操作安全、货物完好、节省时间。

1.货舱的准备

货舱的准备工作主要有：

(1)货舱的清扫

前航次所载货物对货舱都具有不同程度的污染，船舶应根据本航次拟装货物的要求进行清扫，一般包括以下各项内容：

①将舱内各部位残留的废垫料、绑扎废料、残留余渣等清除干净；

②除清扫外，根据拟装货物的要求，将货舱冲洗干净，一般先用海水冲洗，后用淡水冲洗，并开舱风干；

③对于旧船，当装运某些精细货物或清洁货物时，若舱内有浮锈存在，应予以铲除，以免航行时落入货物内；

④装卸前，应将污水沟或污水井的污水排放干净，并将盖板打开，清除其内污物，拟装散货时，盖板上应衬垫，以防粉粒落入。

(2)舱内异味的清除

舱内应无油漆味、腥味、臭味等足以影响货物质量的异味。除根据拟装货物的要求进行彻底清扫和洗刷外，残留的异味可用茶叶、大蒜、咖啡豆等除味，或使用漂白粉、次氯酸盐溶液等化学方法处理。

(3)熏舱除虫

为使舱内无鼠、无其他害虫，应按要求定期对货舱进行熏蒸，熏蒸完毕后应注意彻底通风，以排除有害性气体。

(4)舱盖及舱内设备的检修

装货前，应检查舱盖、货舱舷壁、舱底板的水密性，舱内护板、人孔盖、污水沟及污水井盖板、梯道、各种管系是否损坏，通风设备、消防设备是否处于良好技术状态。如有缺陷，应及时修复，防止因货舱不适货而造成货损事故。

2.装卸设备的准备

装卸设备一般应包括与装卸作业有关的起货机、吊杆及附属装置、吊货工属具、系固设备和照明设备等。

(1)检查起货机的动力装置和操作装置是否正常，如有故障，应立即修理；操纵机构保持处于良好润滑状态。

(2)检查吊杆各部位、滑车等是否妥当；钢丝是否需更换和加油。

(3)某些情况下，货物装卸由船方提供吊货工具和系固用具，应准备适当而充足的吊具及系固设备。

(4)检查装货工人的工作场所是否能安全操作，如由甲板攀升至起货机平台的桅房直梯是否安全、起货机平台处钢板是否因锈蚀而影响工作、是否存在油污而易使操作工人滑倒。

(5)检查甲板上固定货灯、舱内照明灯，如有不良，应立即检修。

(6)备有起货设备易损部件的备件、防油污用的清除物品等。

3.装卸作业的安排

装卸作业的安排包括制订装卸计划和装卸期间船员值班安排两项工作。

(1)制订装卸计划

货物装卸计划一般由大副、船长会同代理、工头等商定。装卸计划制订的基本要求是尽可能节省装卸费用、缩短装卸时间、保证船舶及人员安全及确保货物装卸质量等。

①工班的确定及加班的使用

船方应尽可能争取较多的工班数，因为这样有利于缩短船舶的在港停泊时间，节省成本。一般各港口对不同货物配有不同工班，其人数大多固定，装卸效率有一个平均值。船方应注意

不允许港方增加人数和降低装卸效率。

船方可根据具体情况,合理使用加班。加班的使用应综合考虑加班费开支、船期节省、下一航次货运任务等若干因素。

②装卸顺序的确定

确定装卸顺序时主要应考虑缩短在港停泊时间和保证装卸期间船舶的强度、稳性和吃水差,它受到工班数量、装卸效率、货物运抵或运离船边的及时性、油水补给等多方面影响。一般来说,不允许在最后出现一个工班工作较长时间的现象,在装卸过程中船舶出现过大拱垂和吃水差、过小稳性的不利局面。实际生产中,应采用较为有利的方案。

(2)安排船员值班

装卸工作由大副负责,驾驶员轮流负责值班,按需要配备适量普通船员。大副根据需装卸货物和实际情况,向值班驾驶员及其他人员说明及布置装卸计划、值班要求、易发生的问题及应采取的措施等,以保证货物顺利装卸。

二、装卸过程中的值班

装卸过程中的值班主要是监督装卸工人的正确操作,严格执行装卸计划,保证货物的质量和数量。

1.防止货物搬运货损

值班人员必须及时制止装卸工人的下述操作:

(1)吊杆操作忽快忽慢,使货物及吊杆受力过大;在已堆装好的货物上过快地落下重货,使其损坏。

(2)吊杆操作不稳,左右摇摆,使货物撞到舱口围板或其他构件上,造成船、货损坏。

(3)每吊货物重量违章超出吊杆的安全负荷。

2.监督货物在舱内的正确搬运及堆装

工人在舱内搬运货物时,可能会出现以下不合理做法,值班人员应令其改正。

(1)不合理使用手钩。许多货物如袋货、卷纸、精致包货、皮张、篓装货等,使用手钩会造成货损。

(2)拖曳货物。卸货时不是将货物自舱口下方起吊,而是由舱前后两端或两舷深处先将货物拖出后再吊出。

(3)摔货。自车辆上摔卸货物,自舱面向舱内摔货,在舱内将货物自一处扔向另一处,自高处扔向低处,这种现象易造成货物损伤、包装破裂或损坏、捆绑松散。

(4)不合理使用撬棍及其他装卸工具。桶装及其他容器装货物搬运时使用撬棍,轻包装的箱货吊装时使用网兜,轻箱、薄金属板、铜管、贵重木材等使用吊链吊装或吊卸,均会引起货物损坏。

(5)未铺设足够的踏板。堆装轻质弱包装货物时,舱内应铺设足够的踏板,以防过度践踏造成货损。

(6)登高作业时,未设置必要的防护设备。

(7)未根据货物性质、包装按要求堆装。如垛形不紧凑、堆垛方法不当等,易使货物倒塌、移动、挤压而受损。

(8)未按配载图要求进行衬垫、隔票和系固。不同货物应采取不同的隔票、衬垫和系固方式,值班人员应严格监管,督促和检查工人按配载图要求进行操作。

(9)货物装卸不到位。未将货物按配载图要求装卸到指定位置,如未按要求数量将同一票货分舱位装载、舱角或舱顶处少装货物等,其结果将导致配载计划不能实施,尤其是舱容富余量不多时更是如此。

3.监督货物质量、数量及装卸进度

(1)货物装船时,应对货物外表情况予以核查,如发现包装不良、标志不清或其他异状,应拒装、更换及做好现场记录。

(2)对某些价值较高的货物,应组织船员理货,以防出现货差事故。

(3)监督和均衡各舱装卸进度,防止因各舱装卸量相差较大而影响船体强度,或因重点舱进度过慢而延长船舶停港时间。

(4)防止船舶装卸过程中出现过大横倾。如因货物不对称装卸所致,应予以纠正。

(5)严防盗窃。

三、货物的堆装

货物在舱内的合理堆装,对防止货损关系极大,主要应考虑货垛形式、堆垛高度、合理扎位及舱容利用等方面因素,做到堆码整齐、稳固,防止挤压、倒塌,避免混票,便于通风和节省舱容。

1.袋装货物的堆码

袋装货物包括袋装谷物、袋装食糖以及袋装矿粉、矿砂、水泥、纯碱、各种籽仁、淀粉等,它们多采用布袋、麻袋、纸袋、塑料袋、编织袋等包装。袋装货件较为松软,便于有效地利用舱容,故一般多选配在形状不规则的首尾货舱,以便将中部货舱提供给对舱室形状有要求的货物。根据袋装货物的性质和对货堆稳固性的要求,其堆码方法可分为以下三种。

(1)垂直堆码

垂直堆码是指袋口朝一个方向直上直下地堆码。其特点是操作方便、利于通风,适合于长途运输和要求良好通风的货物。为保证货堆的稳固,一般每装六到七层后掉转一次袋口方向,如图 13-4-1(a)所示。

(2)压缝堆码

压缝堆码是指上层货件压在下层货件接缝处的堆码。其特点是垛形紧密、稳固、节省舱容,但不利于通风,适于不需良好通风的货物,如图 13-4-1(b)所示。

(3)纵横压缝堆码

纵横压缝堆码是指上层货件横向压在下层货件纵向接缝处的堆码。此种垛形最为稳固,但不便操作,通常用于堆码垛顶和垛端,以防倒塌,如图 13-4-1(c)所示。

此外,对于集装袋(重量为 1 t 以上的圆筒袋)的堆码,由于单件重量大,可在舱内直立或压缝堆垛,货垛周围如无其他货靠紧时,要做简单系固。

袋装货物在扎位装载时需注意垛头稳固,以防倒垛;整层平铺装载时不一定要求整齐规

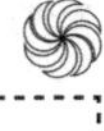

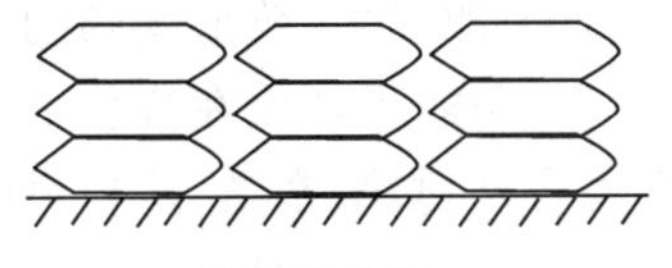
(a) 垂直堆码

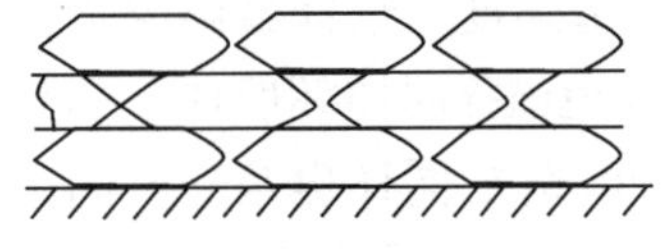
(b) 压缝堆码

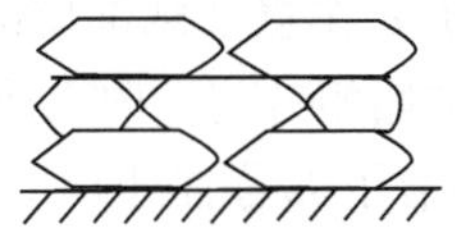
(c) 纵横压缝堆码

图 13-4-1 袋装货物堆码

范，只要求充分利用舱容，紧密堆放、铺平；而对要求通风的袋装谷物则要做到堆码整齐，按规定留出通风道。

袋装货物操作时，应注意防止货袋破损，严禁使用手钩，破损的货袋应及时修复或更换；整舱装载袋装货时，舱底应铺垫帆布，铺垫方法应先中部后四周压叠铺垫，并准备一定数量的空袋，以便卸货后搜集撒落在货舱内的地脚货；对怕潮的货物应注意衬垫，以防汗湿。

2.箱装货物的堆码

箱装货物的堆码方法应根据货物性质、包件的大小、重量、包装的材料及强度等具体情况确定。一般箱装货尤其是大型箱装货物，最好配于形状规整的中间货舱，底部要求平整稳固。

重量大、包装坚固的木箱货件应配于下层，一般可采用垂直码垛，如其上需加载其他货物，应在上层箱装货表面铺垫木板；包装弱、重量轻的箱装货，宜采用压缝码垛，以使垛形牢固，且应视其具体情况，当堆码一定高度时，铺垫一层木板，以使下层货箱受力均匀，避免压损。此外，为了充分利用舱容，还应注意大小货件的相互搭配。在货舱底部不规则部位（如污水沟处）堆码箱货时，要铺垫平整。

在装卸过程中，应按注意标志正确操作，如切勿倒置、平放等；在包装脆弱的箱装货上面进行作业时，应铺垫踏板，避免踏坏货箱；堆装大型木箱时，应衬垫方木和撑木并进行必要的系固。

3.捆装货物的堆码

捆装货物比较复杂，包括捆包、捆卷、捆筒、捆扎等货物。

（1）捆包货物堆码

捆包货物包括棉花及棉织品、生丝及丝织品、禽毛、纸张等。此种包装类型的货物不怕挤压，可以在各舱室任意堆码，但一般宜堆放在形状不规则的首尾舱室，这样既利于保证其他货物的质量，又可充分利用舱容。捆包货在堆码时，应注意衬隔，以防汗湿和污染。

（2）捆卷、捆筒货物的堆码

捆卷货物如盘圆、钢丝、绳索、电缆等，捆筒货物如筒纸、油毡、席子等。金属类的捆卷、捆筒货物除不耐压的矽钢卷外可作为打底货；非金属类捆卷、捆筒不耐压，不能作为打底货。捆卷、捆筒货物易滚动，为防止船舶横摇危及船舶安全，其滚动方向应沿船舶首尾方向堆放，并前后固定塞紧。但当捆卷、捆筒货数量较多时，也可横向铺满舱底直达两舷，铺平并衬垫木板后上压其他货物，仍属安全。舱内部分装载捆卷、捆筒货也可采取立放堆垛。总之，捆卷、捆筒货要在确保船舶安全的前提下，可根据舱内条件、舱内机械的使用、装卸方便等因素决定其堆码方法。捆卷、捆筒货物宜配置于舱形规则的中部货舱。

（3）捆扎货物的堆码

捆扎货物分两类，一类是长度短、体积小的捆扎货，如马口铁、耐火砖、瓷砖、金属铸锭等；另一类是长度长、体积大的捆扎货，如金属线材、管材、木材等。金属类的捆扎货耐压，可作打底货，但要注意装载部位的局部强度。长件金属类货物宜配置于舱口大、舱形规则的中部舱室，应顺船舶首尾方向堆放，以免横摇时撞坏船体。如长度适当，正好可堆放在货舱一端或两舷已顺装了部分捆扎货的中间部位，同样也是安全的，但都要合理衬垫、塞紧，防止可能的移动。当整舱装载捆扎货及钢板时，一般使用铲车在舱内堆垛，应注意最初的堆垛高度，使货物全部装舱后正好能铺平、塞满，这要求在装货开始时，按应装货的总体积估算货物的堆垛高度，避免全部货物下舱后，中间出现空当或铺平后尚余部分货物待装而造成绑扎、固定上的困难。此外，凡带有突出铁箍的捆扎货，如舱底板为钢质的，应适当垫以木板，防止滑动移位。

4.桶装货物的堆码

桶装货物一般为流质或半流质货物，包括各种桶装植物油、矿物油、蜂蜜、肠衣、酒类、盐渍类货物以及各种化工产品等。其包装有大铁桶、小铁桶、木桶、塑料桶、鼓形桶之分。大型桶装货物适宜选配在中部货舱底舱底部作为打底货或配于二层舱底部舱口以外的处所。

桶装货物的堆码，要求底面平稳、直立堆放、桶口向上、紧密交错、整齐排列，必要时每堆码一层铺垫一层木板，以求受力均匀且堆垛稳固。空桶可以卧放；鼓形桶强度为中间弱、两头强，桶口在腰部，因此应按图 13-4-2 的形式堆放，桶口要朝上，其底层和靠近舱壁处的空隙部位用木楔塞紧，以防滚动和坍塌。对大型桶装货物堆码高度的限制，视其单件重量的大小而异，如单件重 200~300 kg 的桶装货，堆码不得超过 5 层；单件重 300~400 kg，堆码不得超过 4 层；单件重 400~600 kg，堆码不超过 3 层；单件重 600 kg 以上，堆码不超过 2 层。上面几层应系固以防倒塌。

图 13-4-2　桶装货物卧式堆码

5.特殊包装货物的堆码

特殊包装货物包括：箩、篓、筐装的水果、蔬菜及各种不耐压的物品（如瓷砖、草篮）等；各种瓶装的酒、化学品等；各种钢瓶装的氧气等；各种坛、瓮装的酒，咸蛋，皮蛋，榨菜，酱菜，酸类等。箩、篓、筐装货物，视所装的内容，可按冷藏货或易碎货的要求正确处理堆码问题。各种瓶装、钢瓶装及坛、瓮装等包装货物，应视所装货物的性质，分别按危险货物、液体货物或易碎货物堆码要求，来正确处理它们的堆码问题。各种钢瓶应平卧堆放；坛、瓮装货物的堆高限度为 3~4 层，每层间须用木板衬垫，既可防止压破，又可使货堆更为稳固。

四、货物衬垫和隔票

1.货物衬垫

合理衬垫是保护货物完好、保证船舶与货物安全的重要措施，因衬垫不当引起的货损事故,船方应负赔偿责任。在装货过程中,值班人员应就货物衬垫提出具体要求,并负责监督和指导。

衬垫材料的选用、衬垫方法和部位,应按货物性质、包装、航行季节、航线及船舶条件等具体情况确定。现就衬垫的主要作用及一般方法简介如下:

(1)防止货物水湿的衬垫

装载袋装、捆包类等怕湿货物,应根据货种、航区温度变化规律及航行时间长短等情况,在舱底、舱壁、舷侧等处加以适当衬垫。

在底舱舱底,视具体情况铺垫1~2层具有一定厚度的木板并在接近污水沟处应留出空当如需铺垫两层,应采取下层横向、上层纵向交叉铺垫的方法,以便顺舱壁、舷壁淌下的汗水及船底污水能畅通流入污水沟。

靠近舱壁、舷壁处的衬垫,主要是防止货物汗湿,一般可用帆布、草席等进行隔衬,但应注意不要阻塞汗水顺流下淌的通路。为防止舱顶汗水滴湿货物,可在货物顶部铺以帆布,或用草席成鱼鳞状依次铺盖。汗水最多之处是舱口边缘、舱口横梁和通风筒下方,靠近这些位置应多铺几层,并注意使其向两舷倾斜,以防积水。

(2)防止货物压损、移动的衬垫

当装运包装不太坚固的货物或其包装虽然坚固但货物堆码较高时,为防止下层货物压损、垛堆倒塌或货物移动,可视具体需要每装一层或几层铺设一层垫板,以保持货件受力均匀;在污水沟附近等底面不平处装载箱或桶类货物、舱内装载重大件货或装载块状钢铁货物时,为防止货物移动或滑动,可用木楔、垫木等垫料予以垫紧或用撑木支撑固定,或在舱底铺设垫料以增加货物与舱底之间的摩擦力。

(3)防止货物撒落、掺混及污染的衬垫

当装载矿砂、矿石等散货及包装扬尘污染货时,应在与其他怕湿、怕污染货毗邻处用帆布、塑料布等严加隔衬;特别是在二层舱装载污染货时,应在污染货物底部和底舱货物顶部铺盖塑料布或帆布,以防货物撒落而污染底舱货物。二层舱装载散货时,其底部不可铺垫帆布、草席等衬垫物,因用抓斗、铲车等卸货时,垫料势必被撕毁而影响卸货,同时,其残渣碎片混入散货会影响货物质量。为防止洒落污染,可在底舱货物顶部严密遮盖。

(4)保证甲板局部强度的衬垫

在舱面或舱内装卸重件货时,需在底部衬垫方木、钢板或木板等,以扩大受力面积,减小甲板负荷量,使其实际负荷不超过许用负荷的要求。

2.货物隔票

为提高理货效率,加快卸货速度,防止或减少货差事故,在货物装载时,对不同卸货港或不同收货人或不同装货单号的同包装、同规格的相同货物采取分隔措施。

隔票的具体方法很多,常见的有:

(1)用包装明显不同的货物隔票

用包装明显不同的货物隔票如箱装货物间用袋货隔票,显然卸货时不易混票。但应注意它们在舱内是否便于堆垛。

(2)专门隔票物隔票

专门隔票物隔票如使用尼龙绳网、帆布、草席、绳索等专门隔票物隔票。箱装货物间用绳网隔票较为方便,某些袋装货物间宜用绳网或帆布,木材、钢材可用废旧钢丝等隔开。

(3)特殊标记隔票

在有的货物包装上或货物表面上做出不同标记,以示区别,如钢材、木材一端处用不同颜色的油漆加以区分是极方便的隔票方法。

五、配载图的调整及积载图的绘制

货物在装船过程中,由于各种原因往往需要对配载图进行必要的调整。例如,装货清单提供的货物尺码与实际尺码不符,以致不能按原计划装舱;计划装卸的货物因未能及时运到船边,需更改货物装卸的舱位或装舱顺序;由于各舱装货进度不平衡,需进行局部调整以平衡舱时;船舶为赶潮出港,需提前结束装货而将少量货物退关;根据具体情况对衬垫、系固方案做了一定的改变等。因此,对配载图进行适当调整是必要的。但这种调整是局部的,并需事先征得船方同意且保证实际装卸满足货物配装的基本要求。

货物装载结束后,理货人员应根据实际装载情况绘制货物积载图,它是各港卸货时的指导性文件,一式多份,并通过代理寄送各卸货港有关部门,以便做好卸货准备工作。

六、海上货运事故产生的原因

1.海上货运事故的种类

海上货运事故通常有货物残损事故、货物差错事故、由于货物引起的人身伤亡事故及货物的逾期运达。

(1)货物残损事故

货物残损事故简称货损事故,是指在装卸、运输过程中所发生和发现的货物原有物理特性、化学特性的改变,如货物的灭失、变形、水湿、霉烂、变质、泄漏等事故。

(2)货物差错事故

货物差错事故是指由于错装、错卸、漏装、漏卸、计数不准等原因所造成的交付货物的数量、品名、标志等与单证不符或单证与货物脱离(如有单无货或有货无单)等事故。

(3)由于货物引起的人身伤亡事故

由于货物引起的人身伤亡事故指因管理不当引起的货物爆炸、失火、中毒等而造成的人身伤亡事故。

(4)货物的逾期运达

货物的逾期运达指未按运输合同规定的日期运达的货运事故。

2.货损、货差事故产生的原因

海上货运事故中,最常见的是货损货差事故。在货物装运过程中发生的货损、货差事故,除根据原始记录证明非船方责任造成者外,其经济损失均由船方承担。货损、货差事故产生的原因,归纳起来,主要有以下几个方面。

(1)货物配载不当

除因装货港未经船方同意,自行变更配载图所造成的货损应由装货港负责外,由于货物配载不当所造成的货损,应由船方负责。

①货物舱位选择不当

货物舱位选择不当指货物性质与其选配的舱位不相适应，从而造成货物损坏。如将易燃易爆危险货物、易熔货物配装于机舱、加热管道等热源附近舱位引发货物燃烧或爆炸、造成货物熔化，将忌湿货物配装于上甲板或易产生汗水处导致货物水湿，对通风要求较高的货物配装在通风不良的舱位使货物发霉变质等。

②货物隔离不当

货物隔离不当指将性质互抵的货物混装一起从而造成货损。如：将污染货物配装在清洁货物附近造成清洁货物的污染，将气味货与食品混装导致食品串味，将重货置于轻货之上而将轻货压损，不同种类的危险货物配装时不满足隔离要求而引发燃烧、爆炸等事故。

③货物堆积、绑扎不当

货物在舱内或上甲板积载时若堆积、绑扎不当，也会产生货损事故。如货物堆码不紧密或堆码过高，造成货物倒塌或移动，对通风要求较高的货物未留出足够的通风道从而由于通风不良导致货物发霉变质，货物尤其是货物运输单元未能良好地系固而发生移动或倾覆，不仅产生货损，而且危及船舶安全。

④衬垫、隔票不当

适当的衬垫，可以防止货物水湿、压损、污染、掺混或移动，若没有衬垫或衬垫材料不适当，或衬垫方法不当等都可能引起不同程度的货损，甚至会导致危及船舶安全的严重事故。

对于不同卸货港、不同货主的种类、包装、规格相同的货物，不适当的隔票方法或隔票材料，极易因货物混票而造成错卸、漏卸的货差事故。

(2)载货处所不适货

载货处所适货是船方应承担的义务之一，由于载货处所不适货造成的货损由船方承担赔偿责任。

货物装船前，载货处所应满足所装载货物的要求，如货舱要清洁、干燥、无异味、无虫害，舱内设备应完好，如舱内护板完整，通风设备、消防设备处于完好可用状态，污水排放系统畅通，舱盖、人孔盖、舱内管系保持水密等。

若载货处所潮湿、不清洁、存有异味，势必造成货物污染、水湿、串味等货损事故；若货物不能有效良好的通风，将导致货物水湿、自燃、变质等现象，当舱盖、人孔盖、舱内管系不能保持水密时，舱内进水不但影响货物的质量，还有可能对船舶安全构成威胁。

(3)装卸作业中的货损、货差事故

①船上起货机械技术状态存在缺陷

起货机的动力装置和操作装置不能保持正常运转，操纵机构未处于良好润滑状态，吊杆各部位、滑车有缺陷，钢丝断股超标、未加油等。因船上起货机械技术状态存在缺陷而发生的货损应由船方负责。

②装卸操作不当、选用吊货索具不当等

如吊杆操作忽快忽慢，使货物及吊杆受力过大；在已堆装好的货物上过快地落下重货，使其损坏；吊杆操作不稳，左右摇摆，使货物撞到舱口围板或其他构件上，造成船、货损坏；吊杆超负荷作业；选用的吊货索具不与货物种类及包装相适应等。

③船员未有效履行值班职责

由于船员值班松懈或不坚守岗位，疏于监装、监卸、监督理货计数，以致造成货物原残而未能及时发现并拒装；未根据货物性质、包装按要求堆装，不合理使用手钩、撬棍及其他装卸工具；拖曳货物、摔货；货物装卸不到位；未按配载图要求进行衬垫、隔票和系固，造成货物损伤、包装破裂或损坏、捆绑松散，货物倒塌、移动、挤压而受损。

④天气影响

未注意天气变化，雨雪天未及时关舱停止装卸作业致使货物受潮或水湿。

(4)运输中货物管理不当

承运人在运输途中应对货物尽到谨慎保管和照料职责，由于保管照料不当造成的货损事故由船方承担责任。

①货舱通风不当

正确的货舱通风，可以降低舱内露点和温度，防止舱内出汗、货物变质及自燃，有效通风还能够提供新鲜空气和排除有害性气体，防止货物腐烂及发生燃烧、爆炸和中毒等事故。航行途中若通风不及时或通风措施不得当，就可能使舱内产生大量汗水，或使舱内缺氧、温度过高、聚集大量有害气体，导致货物受潮、发霉、自燃，甚至发生火灾、中毒等恶性事故。

②货物的状态检查不力

在航行途中应定时下舱检查货物状态，如货物是否移动、温度变化是否影响货物质量、是否汗湿及变质等，必要时应采取通风、加固等措施。

③航行中的防范措施不及时

如对污水井或污水沟的积水未及时测量并排出，因而造成舱底货物水湿；大风浪航行中因船舶摇摆剧烈使绑索松动，未采取加固措施引起货物移动或倒塌等。

④疏于对特殊货物的监管工作

如冷藏货物是否保持要求的冷藏温度、湿度、CO_2 含量，危险货物是否处于安全运输状态，船舶的消防设备是否处于随时可用状态以便尽快扑灭火灾、减少货物损失等。

(5)货物本身的原因

由于货物本身的特性或潜在缺陷所造成的货损，卸货时经鉴定得以证明，船方不承担事故责任。如货物包装的潜在缺陷或货名、数量与内部不符，标志脱落，货物自身变质，动植物病死等。

(6)不可抗力的原因

如海上遇到大风浪，甲板、舱口等的水密性遭受破坏，致使舱内进水货物遭淹，或使甲板货落人海中；因天气恶劣不能进行正常通风，造成舱内货物汗湿、霉烂；雷击、冰冻、疫情等造成货物损坏或灭失等，船方不负赔偿责任。

七、保证货运质量的措施

1.做好装卸准备工作

货物在装卸前，应做好货物装卸所需要的准备工作，通常包括货舱、装卸机械、作业安排等方面的准备。

(1)船舶及货舱的准备

不同的货物对船舶及货舱的要求也不同。

对于普通杂货及散货，要求货舱及其他载货处所清洁、干燥、无异味、无虫害、水密和设备

完好,货舱准备工作主要有:

①货舱的清扫

根据本航次拟装货物的要求进行清扫,清除舱内残留货物及其他物料;根据拟装货物的要求,将货舱冲洗干净并开舱风干;装运某些精细货物或清洁货物时,舱内有浮锈存在,应予以铲除。

②舱内异味的清除

对于装载食品类货物时,舱内应无油漆味、腥味、臭味等足以影响货物质量的异味。

③熏舱除虫

为使舱内无鼠、无其他害虫,应按要求定期对货舱进行熏蒸。

④舱盖及舱内设备的检修

装货前,应检查货舱是否水密,舱内护板及各种管系是否损坏,通风设备、消防设备是否处于良好技术状态。如有缺陷,应及时修复。

散装谷物对货舱的技术要求较普通杂货及散货更严格。欲满足货舱清洁,必须使货舱内无残存货、无油漆皮和锈皮、无异味、无虫害、污水沟畅通且干净等。

⑤检查船舶的技术条件

承运危险货物的船舶,必须具备良好的技术条件。船舶的舱室应为钢质结构,电气设备、通风设备、避雷防护、消防设备等技术条件应符合要求。装载爆炸品或桶装一级易燃液体的船舶,应申请船舶检验部门对其结构、装置及设备进行检验,检验合格后发给检验报告,才准办理装载手续。

(2)装卸设备的准备

装卸设备一般应包括与装卸作业有关的起货机、吊杆及附属装置、吊货工作属具、系固设备和照明设备等。

①检查起货机的动力装置和操作装置是否正常,如有故障,应立即修理;操纵机构保持处于良好润滑状态。

②检查吊杆各部位、滑车等是否妥当;钢丝是否需更换和加油。

③检查甲板上固定货灯、舱内照明灯,如有不良,应立即检修。

2.合理编制货物配载图

配载图是货物装船的指导性文件,通常由大副绘制。经船长审批的配载图成为指导航次货物装运的主要依据,船舶与港口双方应按配载图的要求组织货物装载工作,未经船方同意,他人不得擅自更改。配载图也是发生货运事故时据以查证原因和分清责任的原始依据,具有一定的法律效力。

根据货物装载后各货舱内货物实际堆装情况绘制的货物装载图通常称为货物积载图。货物积载图是货物卸载的指导性文件,由理货员(理货公司)绘制。

3.货物装卸监督管理

货物装卸监督管理总体上包括以下几方面:

(1)监督装卸机械的正确操作

值班人员必须及时制止吊杆操作不稳,使货物及吊杆受力过大或货物与船体碰撞,或在已堆装好的货物上过快地落下。

(2)监督货物在舱内的正确搬运及堆装

工人在舱内搬运杂货时,不允许拖曳货物、摔货、不合理使用手钩,货物装卸不到位,应根据货物性质、包装按要求堆装,按配载图要求进行衬垫、隔票和系固,并将货物装卸到位。

(3)监督货物质量、数量

货物装船时,应对货物外表包括货物包装、标志等情况予以核查,对某些价值较高的货物,应组织船员理货。装载谷物时,注意检查谷物的质量,如谷物有无变质、含水量是否过高、有无虫害、杂质是否过多等。装载集装箱时,检查集装箱箱门铅封的标志和检查集装箱箱体外表状况。装载矿粉时,注意含水量不得超过适运水分限。

船舶在航行中,由于外界气象状况的不断变化势必影响舱内所载货物。为了保证货运质量,应对货物做好一切必要的管理工作,是承运人的责任和义务。

4.货物运送管理

(1)货物运送管理的主要项目

货物在运送中的管理工作主要有:

①检查货物的状况

在航行途中应经常下舱检查货物的状态,如货物是否移动、温度变化是否影响货物质量、是否汗湿及变质等,如任何影响货物质量的因素在持续发展,应采取必要的防范措施。

②测量并排除舱内污水

经常测量污水沟或污水井内的污水存量并及时排除,防止污水过多而浸湿舱内货物。当污水突然增多时,应查明原因并采取相应措施。

③测定并排除舱内有害气体

某些货物在运输中易产生有害气体,引起舱内缺氧、货物自燃、腐烂变质等,应定期检测并采取适当方式予以排除。

④测定舱内温、湿度,防止舱内出汗

通过测定舱内温度和湿度的情况,结合外界气候条件,做好货舱通风工作,以防舱内出汗影响舱内货物。

⑤做好恶劣天气的防范工作

根据气象变化情况,在大风浪等恶劣天气到来之前认真检查货物状况,做好必要的货物加固、通风设备紧固、货舱盖的密闭等防范工作。

⑥保持消防设备的有效状态

货物在运送过程中,由于各种意外原因可能会引起火灾,这就要求船舶的消防设备处于随时可用状态,以便尽快扑灭火灾,减少货物损失。

(2)货舱通风

航行中货舱合理通风对保证杂货运输质量十分重要,船方应根据货物对通风的不同要求及外界气象条件认真做好这一工作。

①货舱通风的目的

货舱通风的目的主要有以下几方面:

a.降低舱内露点,防止货舱周壁和货物表面出汗;

b.降低舱内气温和货温,防止货物变质及自燃;

c.提供新鲜空气,防止货物腐烂;

d.排除有害性气体,防止发生燃烧、爆炸和中毒等事故。

②货舱通风方式及设备

货舱通风方式有自然通风、机械通风和干燥通风方式,其相应的设备为自然通风装置、机械通风装置和干燥通风装置。

a.自然通风

利用货舱通风筒和自然风力进行的通风叫作自然通风,自然通风又有自然排气通风和对流循环通风两种。

自然排气通风——将货舱的通风筒口全部转向下风向,依靠空气的自然流动,使舱内暖湿空气徐徐上升排出舱外,如图 13-4-3(a)所示。该通风方式安全可靠,但通风换气速度缓慢。当天气晴好、甲板不上浪时,还可以全部或部分开舱,加快通风换气速度。

对流循环通风——如图 13-4-3(b)所示,将上风侧的通风筒口转向下风,下风侧的通风筒口转向上风,依靠风压使舱内空气排出舱外。这种方式通风换气速度较快,适用于需大量旺盛通风的情况。但当外界气温较低时,不宜采用此种方式通风,否则会在舱内产生雾气。

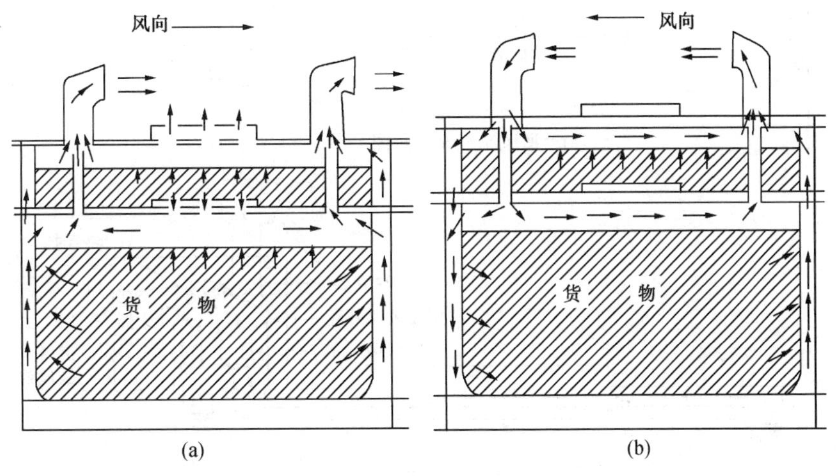

图 13-4-3 自然通风方式

应当注意的是,对于目前船上使用的自然通风装置,因通风筒口的方向所限而无法改变其气流方向,只允许自然排气通风方式,如菌帽式、鹅颈式通风筒。

b.机械通风

利用安装在货舱内的进气和排气通风管道通过鼓风机进行的强力通风方式称为机械通风,远洋船上一般均设有机械通风装置。当受风向、风力影响,其自然通风量不能满足要求时,可开启机械通风装置。根据具体情况,可确定是仅开启进气机械或排气机械,还是进气和排气机械一起运转。

采用机械通风时,可通过调节阀控制通风量。舱内的通风管道延伸至货舱两侧,间隔一定距离开设通风口,可使各处都能得到充分通风。机械通风的通风换气量,以每小时货舱换气5~10次为宜。

c.货舱干燥通风

机械通风虽通风量增大,但受到外界其他气象条件的限制。当外界空气湿度大于舱内空气湿度时,就无法进行必要的通风。为此,目前部分远洋货船上装有空气干燥通风装置(图13-4-4),在外界条件无法满足自然通风和机械通风时,开启该装置进行干燥通风。

干燥通风装置由空气干燥机、通风系统及露点记录仪三部分组成。当外界条件适宜通风时，可将调节器置于“通风”位置上；当外界条件不适于通风时，则将调节器置于“再循环”位置上，并开启干燥空气接口，使干燥空气进入舱内，其输入量可以自由调节。但此时由于向舱内输入了干燥空气，舱内气压必然升高，应将排气管口的调节器适当打开一些，以使增压的气流适当排出。根据露点记录仪自动记录的露点和温度情况，正确选择上述的通风形式。

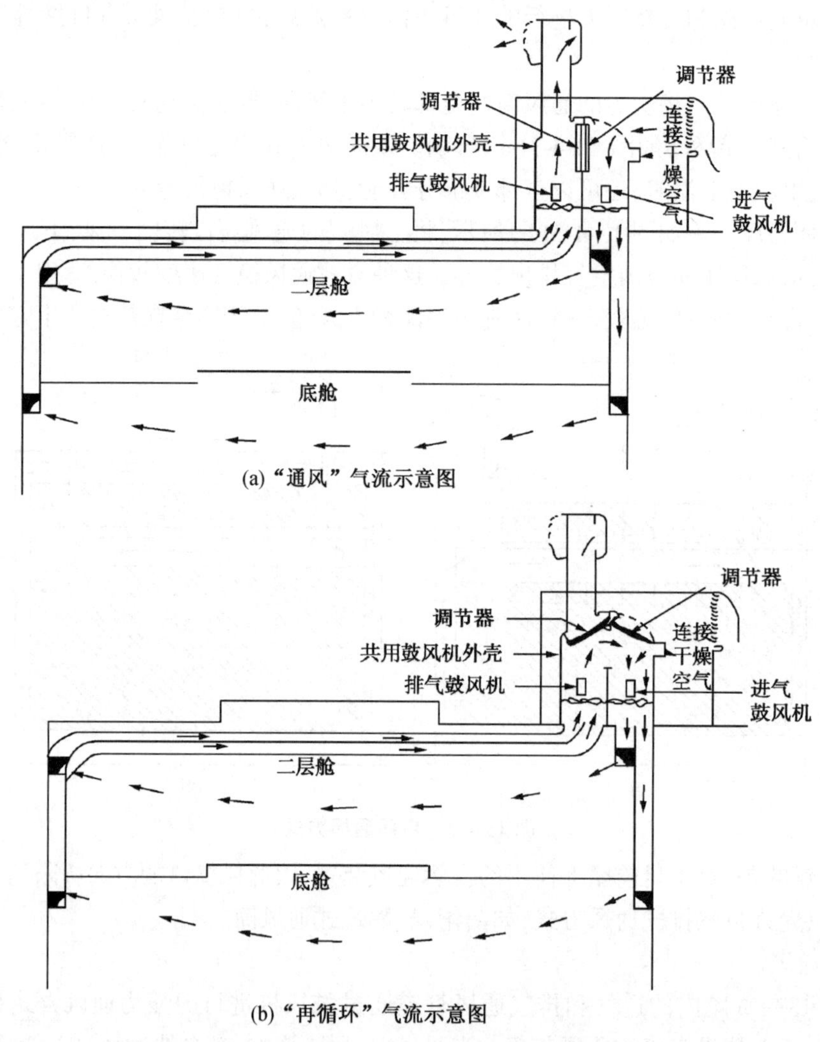

(a)“通风”气流示意图

(b)“再循环”气流示意图

图 13-4-4　空气干燥通风系统

③防止舱内产生汗水的通风方法

a.露点及其测定

空气中水汽的最大含量与空气温度有关，温度升高，水汽的最大含量也随着升高。在一定温度下，空气中水汽达到最大值时，称这种空气处于饱和状态。未达到饱和状态的空气，随着温度的降低也会达到饱和状态。饱和状态时空气的温度称为露点。当空气温度继续下降至露点以下时，多余的水分则会析出而凝结成水珠，附着在固体表面上即为结露，悬浮在空气中即为水雾。

由上可知，露点是衡量空气湿度的指标之一。露点越低，空气越干燥，其湿度越小；反之，露点越高，空气越潮湿，其湿度越大。

露点可利用干湿球温度计来测定，由所测得的湿球温度和干湿球温差值在表 13-4-1 中查取。由表中可分析知：湿球温度越高，干湿球温差越小，露点就越高。

表 13-4-1 露点温度查算表

湿球温度/℃	干湿球温度差值/℃																						
	0.0	0.5	1.0	1.5	2.0	2.5	3.0	3.5	4.0	4.5	5.0	5.5	6.0	6.5	7.0	7.5	8.0	8.5	9.0	9.5	10.0	10.5	11.0
-5	-6	-7	-8	-9	-11	-13	-14	-17	-19	-22	-27	-38											
-4	-5	-6	-7	-8	-9	-11	-12	-14	-16	-19	-22	-26	-33										
-3	-3	-4	-5	-7	-8	-9	-11	-12	-14	-16	-19	-22	-26	-32	-37								
-2	-2	-3	-4	-5	-6	-7	-9	-10	-12	-14	-16	-18	-21	-25	-30	-31							
-1	-1	-2	-3	-4	-5	-6	-7	-8	-10	-11	-13	-15	-17	-20	-23	-28	-36						
0	0	-1	-2	-2	-3	-4	-5	-7	-8	-9	-10	-12	-14	-16	-19	-22	-26	-32					
1	1	0	-1	-1	-2	-3	-4	-5	-6	-7	-9	-10	-12	-13	-15	-18	-20	-24	-29	-39			
2	2	1	1	0	-1	-2	-3	-4	-5	-6	-7	-8	-9	-11	-12	-14	-17	-19	-22	-27	-34		
3	3	2	2	1	0	-1	-1	-2	-3	-4	-5	-6	-7	-9	-10	-12	-13	-15	-18	-21	-24	-30	-40
4	4	3	3	2	2	1	0	-1	-2	-2	-3	-4	-5	-7	-8	-9	-11	-12	-14	-16	-19	-22	-26
5	5	4	4	3	3	2	1	1	0	-1	-2	-3	-4	-5	-6	-7	-8	-9	-11	-13	-15	-17	-19
6	6	6	5	4	4	3	3	2	1	1	0	-1	-2	-3	-4	-5	-6	-7	-8	-10	-11	-13	-15
7	7	7	6	6	5	4	4	3	3	2	1	1	0	-1	-2	-3	-4	-5	-6	-7	-8	-10	-11
8	8	8	7	7	6	6	5	4	4	3	3	2	1	1	0	-1	-2	-3	-4	-5	-6	-7	-8
9	9	9	8	8	7	7	6	6	5	5	4	3	3	2	1	1	0	-1	-2	-3	-4	-5	-6
10	10	10	9	9	8	8	7	7	6	6	5	5	4	4	3	2	2	1	0	-1	-1	-2	-3
11	11	11	10	10	9	9	9	8	8	7	7	6	6	5	4	4	3	3	2	1	0	0	-1
12	12	12	11	11	11	10	10	9	9	8	8	7	7	6	6	5	5	4	4	3	2	2	1
13	13	13	12	12	12	11	11	10	10	10	9	9	8	8	7	7	6	6	5	5	4	4	3
14	14	14	13	13	13	12	12	12	11	11	10	10	10	9	9	8	8	7	7	6	6	5	5
15	15	15	14	14	14	13	13	13	12	12	12	11	11	10	10	10	9	8	8	8	7	7	6
16	16	16	15	15	15	15	14	14	14	13	13	13	12	12	11	11	11	10	10	9	9	8	8
17	17	17	16	16	16	16	15	15	15	14	14	14	13	13	13	12	12	12	11	11	10	10	10
18	18	18	18	17	17	17	16	16	16	16	15	15	15	14	14	14	13	13	13	12	12	11	11
19	19	19	19	18	18	18	17	17	17	17	16	16	16	15	15	15	15	14	14	14	13	13	13
20	20	20	20	19	19	19	18	18	18	18	18	17	17	17	16	16	16	16	16	15	15	15	14
21	21	21	21	20	20	20	20	19	19	19	19	18	18	18	18	17	17	17	17	16	16	16	15
22	22	22	22	21	21	21	21	21	20	20	20	20	19	19	19	19	18	18	18	18	17	17	17
23	23	23	23	22	22	22	22	22	21	21	21	21	20	20	20	20	20	19	19	19	19	18	18
24	24	24	24	23	23	23	23	23	22	22	22	22	22	21	21	21	21	20	20	20	20	20	19
25	25	25	25	24	24	24	24	24	24	23	23	23	23	23	22	22	22	22	21	21	21	21	21
26	26	26	26	26	25	25	25	25	25	24	24	24	24	24	23	23	23	23	23	22	22	22	22
27	27	27	27	27	26	26	26	26	26	26	25	25	25	25	25	24	24	24	24	24	23	23	23
28	28	28	28	28	27	27	27	27	27	27	26	26	26	26	26	26	25	25	25	25	25	24	24
29	29	29	29	29	28	28	28	28	28	28	28	27	27	27	27	27	27	26	26	26	26	26	25
30	30	30	30	30	29	29	29	29	29	29	29	29	28	28	28	28	28	27	27	27	27	27	27
31	31	31	31	31	31	30	30	30	30	30	30	30	29	29	29	29	29	29	28	28	28	28	28
32	32	32	32	32	32	31	31	31	31	31	31	31	30	30	30	30	30	30	30	29	29	29	29
33	33	33	33	33	33	32	32	32	32	32	32	32	32	31	31	31	31	31	31	31	30	30	30
34	34	34	34	34	34	33	33	33	33	33	33	33	33	32	32	32	32	32	32	32	32	31	31
35	35	35	35	35	35	34	34	34	34	34	34	34	34	34	33	33	33	33	33	33	33	33	32

b.舱内产生汗水的原因

当舱壁、舷侧、甲板的温度下降至舱内空气露点以下或舱内空气露点上升至舱壁、舷侧、甲板温度以上时，就会在相应位置处产生汗水；由于某种原因，舱内空气露点上升至货物表面温度以上时，将会在货物表面产生汗水；同理，当舱内空气温度低于露点时，舱内就会产生雾气。

船舶在营运过程中，由于外界温度和湿度的变化，以及舱内货物水分的蒸发，都有可能使舱内产生汗水，根据船舶航经海区气温的变化大致有以下两种情况：

（i）船舶由暖湿地区装货后驶向低温地区

船舶在暖湿地区装货时，船体、货物及舱内空气温度较高，舱内空气露点也较高。当船舶行驶到低温海区时，无论货物是否散发水分，无论舱内空气露点是否增高，由于外界气温的下降而引起舱壁、舷侧或甲板等船体部分的温度迅速下降，即舱内与之接触部分的空气温度随之下降，当下降至舱内空气露点以下时，则在相应位置上会产生汗水。货物不散发水分时，舱内汗水产生较少；货物散发水分时，舱内汗水产生较多。

另外，船舶在低温海区时，由于某种原因造成大量冷空气骤然进入舱内，致使舱内气温降至露点以下，则会在舱内生成雾气，使货物受潮。

（ii）船舶在低温地区装货驶往暖湿地区

船舶在低温地区装货时，船体、货物及舱内气温均较低，且舱内露点也较低，当船舶航经暖湿海区时，船体温度升高较快，而舱内货物温度变化缓慢。若舱外暖湿空气进入舱内或货物散发水分，则舱内空气露点升高。当舱内露点高于货物表面温度时，就会在货物表面上产生汗水。

a.露点通风原则

为了防止舱内产生汗水，除装货前保证货舱干燥外，在航行中必须合理通风，使舱内空气露点保持低于船体部分和货物表面的温度。其基本原则如下：

（i）外界空气露点低于舱内空气露点且外界气温高于舱内空气露点

当外界空气露点低于舱内空气露点且外界气温高于舱内空气露点时，应进行旺盛通风，用舱外低露点高温空气置换舱内空气，使舱内空气露点降低。此时，可以进行对流循环的自然通风，或将机械通风的调节阀调至最大。若使用干燥通风装置，则将调节器放在“通风”位置上。

（ii）外界空气露点和温度均低于舱内空气露点

当外界空气露点和温度均低于舱内空气露点时，应进行缓慢通风，以避免大量冷空气突然进入舱内而生成雾气。因此，此时应进行自然排气的自然通风，或将机械通风的调节阀关小。若采用干燥通风系统，应将调节器置于“通风”位置并追加干燥空气。

（iii）外界空气露点高于舱内空气露点

当外界空气露点高于舱内空气露点时，应断绝通风，以防暖湿空气进入舱内。此时只能采用干燥通风系统，将调节阀置于“再循环”位置并追加干燥空气。

d.三度通风原则

通过上述“露点”通风原则进行货物通风，需要掌握舱内的露点温度，而很多情况下无法精确测量甚至无法测量货舱内的露点温度。在此种情况下，即可选用“三度”通风原则。其基本原则如下：

（i）外界空气的干球温度比装货时货物平均温度至少低 3 ℃时，可以考虑进行通风。

（ii）外界空气的干球温度比装货时货物平均温度低不到 3 ℃或者外界空气的干球温度比

装货时货物平均温度高时,不可以进行通风。

采用"三度"通风原则,船员不需进入货舱测量,只需在装货时获取货物的平均温度即可,但货物在运输过程中平均温度变化不能过大,否则此方法不适用。

⑤某些特殊货物的通风方法

某些货物由于其自身的特性,要求在运送过程中,以适当方式进行通风,从而保证货物质量和船舶安全。

a.易自燃货物的通风

当船舶装运棉花、黄麻、煤炭、鱼粉等易自燃货物时,由于在运输过程中货物不断氧化而放出热量,加之太阳辐射、船上热源热量的传递等影响,若货舱通风不良,会使舱内热量聚积不散而引起货物的自燃。因此,必须进行正确通风以降低舱内空气温度。

对装载易自燃货物的货舱进行通风虽然可以驱散热量,降低舱内温度,但是也会提供大量氧气而加剧氧化,或促使已达自燃点的货物燃烧。因此,此类货舱的通风原则是:既能排除舱内热量以防其积聚,又要避免给货物提供过多的氧气促使其氧化自燃。

棉花:当确认舱内无任何自燃、着火异状(如舱内温度过高,通风筒冒白烟或烧焦气味冒出,或烟雾报警等)且外界条件又适通风时,可以进行连续通风,以排除舱内热量并防止汗湿;如有自燃、着火异状,应立即断绝通风;若因途中天气恶劣,已长时间关闭通风,则应继续关闭通风筒。

鱼粉:根据《国际海危险货物规则》,将鱼粉分为4.2类的未经抗氧化处理鱼粉(UN 1374)和9类的经抗氧化处理鱼粉(UN 2216),其中4.2类的鱼粉不能进行散装运输。由于鱼粉的氧化作用,会产生较大热量,当温度达到30 ℃时,需要对其进行通风降温。同时运输鱼粉最忌的是长时间的微弱通风,因其能有效提供氧气使鱼粉氧化造成热量积累,而不能有效消除热量。当鱼粉温度超过55 ℃时应禁止货舱通风。

b.具有生命的货物通风

装运有生命的货物如水果、蔬菜等时,由于它们在呼吸过程中不断从空气中吸收氧气,呼出二氧化碳,从而使舱内空气的氧气含量减少,造成呼吸不足,引起货物腐烂变质。这类货物在运输时应根据资料的不同要求,进行适当通风换气。

c.易产生有害气体的货物通风

有些货物在运输中能散发易燃、易爆、有毒等有害气体,这些气体与空气混合达到二定浓度遇有明火即会燃烧或爆炸,或造成人员下舱时中毒。因此,在运输此类货物时应进行连续的旺盛通风,不断排除有害气体,不使其聚积于舱内。值得注意的是,有些有害气体的密度较空气大,往往会滞留于舱底或污水沟内或其他角落不易排除,为保证安全,应在卸货前旺盛通风并检验确认安全后才能下舱作业。

第十四章

特殊杂货运输

特殊杂货的自身性质决定了其对装运技术的要求与常运普通杂货差别很大,尤其是积载与系固、装卸操作等环节。为了保证船舶和货物的安全,对船舶营运管理提出了更高的要求。本章将重点介绍货物运输单元、重大件货物、木材甲板货、钢材货物、滚装货物及冷藏货物等特殊杂货。

第一节　货物运输单元积载与系固

一、定义

货物运输单元(cargo transport unit)是指车辆(公路车辆、拖车)、铁路货运车、集装箱、平台、托盘、可移动罐柜、中型散装容器、包装组件、成组货件、重质货件等。未永久性固定在船上的货物装卸设备或部件,也应视为货物运输单元。

根据船舶为其货物运输单元所配备的货物系固系统情况,将货物运输单元分成三类:标准货物、半标准货物和非标准货物。标准货物指船上配备有为其特定种类设计并批准的货物系固系统的货物运输单元,如格栅式集装箱船装载的集装箱、钢材专用船装载的卷钢等;半标准货物指船上装备有能适应于有限种类的货物系固系统的货物运输单元,如滚装船上装载的车辆、拖车等;非标准货物指需进行单独积载和系固布置的货物。本节主要论述非标准货物的积载与系固。

二、货物特性

就货物安全积载与系固而言,以下特性应给予适当考虑:

1.变形或压紧

某些货物在航行中会发生变形或出现压紧状态，造成系索松弛而引起货物移动，船上应及时做好加固工作。

2.低摩擦性

对于金属类货物单元，当将其积载于各层甲板上时，仅产生较小摩擦力，除沿船宽方向紧密积载的情况外，若在积载时未采取衬垫增大摩擦的措施，就难以牢固系固。

3.尺寸及形状的特殊性

某些货物运输单元因其自身尺寸和形状的特殊性，当积载于船上某一位置上时，难于适当系固或仅凭系索难以系牢，需采取特别措施方能保证运输安全。在此类货物选择舱位时，尺寸和形状应是首要考虑的因素。

4.重量及其分布

货物运输单元的重量及其分布影响装载位置、衬垫方案、系固计划及船舶稳性等方面，配装时应统筹安排。

5.危险性

某些货物运输单元自身或其内容属于危险货物，如装运固体、液体或气体的移动式罐柜或容器等。

三、装运准备

1.获得必要的货物资料

在装运前，托运人应提供所有必要的货物资料以确保：

(1)所装运的货物是相容的或适当隔离的；

(2)货物适合于本船运输，本船适合于装运该货物；

(3)在预定航线上可预见的海况条件下，货物能在船上安全积载、系固。

托运人所提供货物资料的内容，应视其货种而异，总体上讲应包含：

(1)货物运输单元尺寸和重量；

(2)货物运输单元重心位置，如需要；

(3)货物是否具有足够强度的提升装置；

(4)系固点及其强度；

(5)基座面积和防护装置；

(6)吊具种类；

(7)货物件数。

若为危险货物，则应按《IMDG 规则》中的要求提供相关资料。

2.检查积载舱位、系固设备及衬垫材料

货物装载前，应对计划积载货物运输单元的舱位、船上系固设备状况等进行检查，对货物装运中的危险情况做出充分的估计。

(1)用于装运货物的甲板区域应尽可能清洁干燥、无油污；

(2)船上的系固设备应满足以下要求:

①数量充足,系固索具具有充分的余量;

②与所运货物包装类型及物理特性相适应;

③有足够的强度;

④便于使用;

⑤得到良好维修。

(3)如需衬垫,应准备好具有符合强度要求且数量足够的衬垫材料。

3.货物配置

货物运输单元的配置,主要应考虑以下因素:

(1)船舶稳性

货物配置后,应使船舶稳性保持在适宜范围内。稳性过小,船舶复原能力太差,不能保证船舶安全;稳性过大,船舶在横摇中会产生较大加速度而使系索受力过大。

(2)船舶强度

货物配置应对船体结构不会造成严重影响或破坏,对那些重量较大且分布不均或与甲板接触面积较小的货物更应给予重视。

(3)货物系固

货物配置应保证系固方案的实施和系固效果的检查。在所配置的位置处,应具有足够的固定系固设备并满足系索系固角度的要求。为便于航行中的检查和加固,应有一定的空间便于人员接近。

(4)减小受力

为减小货件在船舶摇摆时的受力,应尽可能配装在加速度较小处。一般情况下,货物在 $L/2$ 和 $B/2$ 的底舱位置上时,其加速度最小。

四、货物衬垫

货物运输单元衬垫的目的及方法主要有:

1.保证船舶局部强度

在普通货船上装载重量较大且与甲板接触面积较小的货物单元时,为保证船舶局部强度,必须预先核算货物装船后的局部受力情况,确定衬垫方案。一般可采用方木等衬垫材料扩大受力面积从而减小甲板单位面积负荷,或临时添加支柱以实现力的转移或传递。

在确定衬垫方案时应对货物装载位置处的结构、均布及集中载荷的允许负荷量、衬垫方案实施的可行性方面做到通盘考虑,必要时请教有关专家对衬垫方案予以指导或论证。

设货件重量为 W,装载处均布载荷和集中载荷的允许负荷分别为 p_d 和 P,可按下述方法校核局部强度和计算最小衬垫面积:

(1)确定甲板对货件的实际承载面积 A;

(2)校核货件在无衬垫的情况下局部强度是否满足要求,如不满足,则应增加衬垫;

(3)按均布载荷计算最小衬垫面积 A_m

$$A_m = W/p_d \qquad (14\text{-}1\text{-}1)$$

(4) 按集中载荷计算最小衬垫应跨的骨材数 n_m

$$n_m = W/P \qquad (14\text{-}1\text{-}2)$$

(5)货件衬垫方案中，A_m 和 n_m 均应满足。

例 14-1-1：某船某航次在 No.3 舱上甲板舱口外装载一台重为 33 t 的拖拉机，每条履带与地面接触长度为 3.88 m，宽度为 0.55 m，问应如何衬垫才能满足甲板局部强度的要求？已知在该位置处甲板允许负荷量为：均布载荷 22.96 kPa；集中载荷 104.97 kN。

解：

(1)计算货件无衬垫时受力面积 A：

$$A = 2 \times 3.88 \times 0.55 = 4.27(\text{m}^2)$$

(2)校核无衬垫时甲板局部强度：

$$p'_d = \frac{W}{A} = \frac{33 \times 9.81}{4.27} = 75.81(\text{kPa}) > p_d$$

(3)计算最小衬垫面积 A_m：

$$A_m = \frac{W}{p_d} = \frac{33 \times 9.81}{22.96} = 14.10(\text{m}^2)$$

(4)计算最小衬垫应跨的骨材数：

$$n_m = \frac{W}{p} = \frac{33 \times 9.81}{104.97} = 3.08 \approx 4$$

在确定衬垫面积时，还应考虑以下因素：

(1)衬垫物料及系固索具的重量；

(2)系固使货物对甲板的正压力增大；

(3)海上航行时船舶在摇荡过程中货件对甲板的正压力增大；

(4)上甲板梁拱和舷弧的不利影响；

(5)货件装载操作的影响；

(6)船舶浮态对货件装载的影响。

2.增大货件与甲板间、货件与货件间的摩擦

若货件与甲板或结构间、货件与货件间摩擦力较小，就存在滑动的危险，则在系固中需增加系索道数来弥补摩擦力过小的影响。为此，需在它们之间使用适当材料进行衬垫，如钢板、木板、橡胶等。

在确定货件与甲板、货件与货件间的摩擦力时，其相应的摩擦系数 μ 为：木材—木材取 $\mu = 0.4$；钢—木材、橡胶取 $\mu = 0.3$；钢—钢（干燥状态）取 $\mu = 0.1$；钢—钢（潮湿状态）取 $\mu = 0$。

3.防止货物移动和滚动

为防止货物移动和滚动，在货物与舷侧间、货物与舱壁间或货物之间用木支架、支撑、木材填充及塞紧。对圆形或椭圆形罐柜可采用架式底座衬垫，卷材类货物则可根据装载位置应用直立木材、板条、木楔、木支撑等进行综合填衬；车辆用支架或千斤顶作防滚撑衬。

五、货物系固

1.系固设备

(1)系固设备的种类

系固设备可分为固定系固设备和可移动系固设备两种。

①固定系固设备

固定系固设备应视为船体结构的组成部分,包括舱壁、强肋骨、支柱等上的眼板、带环螺栓等,甲板上的固定器、象脚装置、集装箱的角件孔、地令等,天花板上的类似装置。

②可移动系固设备

可移动系固设备包括链条、钢丝绳、纤维绳、钢带、松紧器(花篮螺丝、制链器等)、卸扣、紧锁夹、集装箱扭锁、桥锁等。

(2)系固设备的强度

衡量系固设备强度的指标有破断强度、最大系固负荷和计算强度。

①破断强度(*BS*)

系固设备的破断强度是指设备在拉伸试验中使其达到破断状态时的拉力(kN),制造厂家至少应提供该设备的标准破断强度资料。

②最大系固负荷(*MSL*)

最大系固负荷是用以确定系固设备系固货物时所允许的最大负荷能力,它等于设备的破断强度与相应破断系数 δ 的乘积,即

$$MSL = \delta \cdot BS \tag{14-1-3}$$

各设备材料的相应系数如表 14-1-1 所列。对于木材,*MSL* 取 0.3 kN/cm^2。

表 14-1-1 系固设备系数表

设备及材料	破断系数 δ/%
卸扣、眼环、地令、甲板孔、低碳钢花篮螺丝	50
纤维绳	33
钢丝绳(第一次使用)	80
钢丝绳(重复使用)	30
钢带(第一次使用)	70
链条	50

应当注意的是,当多个设备串联使用时,*MSL* 取其中最小者。

③计算强度(*CS*)

考虑到货物系固时可能存在受力不均匀、系固水平不高或其他因素,应取适当安全因数 F_S来折减最大系固负荷,折减后的 *MSL* 称为系固设备的计算强度。在应用力及力矩平衡法来评价系固效果时,根据不同的核算方法安全因数取 1.5 或 1.35,其中估算法取 1.5,精算法取 1.35,即

$$CS = \frac{MSL}{F_S} \tag{14-1-4}$$

为使各系索有一致的弹性变形,应选用材料和强度相近的索具。

(3)可移动系固设备选用时应考虑的因素

船舶在选用可移动系固设备时,应根据航线、船舶和所运载的货件等具体情况来确定,这些因素具体为:

①航次时间;

②航经的地理区域,尤其是可移动系固设备最低安全使用温度,当外露甲板温度在0 ℃及以下时,应适当提高材料等级;

③可预见的海况;

④船舶尺度及设计特征;

⑤航行中可预计的静外力和动外力;

⑥包括车辆在内的货物单元的形式和包装;

⑦货物单元计划积载方案;

⑧货物单元的重量和尺寸。

2.货物系固的一般要求

(1)各系索松紧适宜且受力均匀

对货件上的系索,既要使其紧固而不致松动,又要防止过紧而崩断,同时还要易于解开,以便发生意外时能立即松开。

同一侧的货件系索,应保持在同一松紧度上,这样才能保证各系索受力均匀,避免因松紧不一导致某些系索破断。

(2)系索尽量横向和纵向对称分布

系索布置对称,可使其左右或前后受力均衡,而不会形成一侧系索因受力过大而失效的不利情况。

(3)系索长度不宜过大

长度过大,系索不宜收紧且可能因弹性变形而松动,更不能一系多道,否则会导致整个系固布置失效。

(4)系索的垂向系固角应适当

系索的垂向系固角过小时不利于防止货物倾倒,而过大则不利于防止货物水平移动。因此,为提高系固效果,系索应选取适当的垂向系固角,一般应取30°~60°。

(5)如需要,使用防滑材料增大摩擦

使用防滑材料增大货件与甲板间的摩擦力,从而减小了货件的水平移动力,系索道数可相应减小。

(6)注意正确操作和使用系固设备

不同种类的货物运输单元在不同的堆装条件下,应使用与之相适应的系固设备,如使用不同的系索、松紧装置等。对各种系固设备应正确操作,防止造成损坏或未达到预定的系固效果。同一地令上应控制系索数量,且方向不能相同;系固钢丝绳不应大角度弯曲,以免破断。

(7)系索与其他方式的联合固定

除采取系索固定外,根据需要可采用木料支撑、木楔塞紧等方式固定。

(8)保证货件不受损伤

为避免系索直接接触货物表面而压损或磨损货件,应在规定的部位进行系固,必要时在系固部位先加铺垫。对怕水湿的货物,除合理选择舱位外在系固前应先铺盖油布,易腐蚀部位应涂上防护油脂。

3.系固效果评判

货物运输单元在装船前,应制订积载与系固计划,提出积载的具体要求和系固的具体方案。在初拟系固方案后,需对其系固效果进行核算,只有经过认真核算并确认系固方案足以抵御船舶在航行中货件所受外力及外力矩作用,确保货件不致滑动和倾倒后才能付诸实施。IMO对于非标准货物系固方案的有效性核查推荐了三种方法。

(1)经验法(rule of thumb)

在应用经验法评判系固效果时,假定横向加速度为1.0g(9.81 m/s^2),适应于任何尺度的船舶,并忽略货件装载位置、船舶稳性、装载状态及航行季节和区域。该方法既不考系固设备中系固力的非均匀分布的不利影响,也未考虑摩擦力的有利影响。系固角大于60°的系索有利于防止货件倾倒,但在经验法评判系固效果时没有计入。

系固效果的经验法评判标准可表述为:以W表示的货件重量不大于货件每一侧系固设备MSL的总和,即

$$W \leqslant \sum MSL \tag{14-1-5}$$

利用式(14-1-5)可方便、快捷地对系固效果做出评判,只要将货件一侧各道系索的最大系固负荷值相加并将结果与货件重量比较,即可得到系固方案是否可靠的结论。另外,若各道系索具有相同的MSL值,则式(14-1-5)可写成

$$W \leqslant N \cdot MSL$$

由此可得出重量为W的货件横向一侧所需系固的道数N,即

$$N \geqslant \frac{W}{MSL} \tag{14-1-6}$$

(2)估算法(advanced method)和精算法(alternative method)

①货物单元所受外力

装于船上的货物单元所受的外力主要由船舶运动引起的惯性力、甲板积载时所受风压力和波溅力组成,其中,惯性力是使货件移动和倾覆的主要外力。按船用坐标系可将它们分解为纵向力、横向力和垂向力,如图14-1-1所示。

横向力或外力的合力通常随货物单元装载位置的高度及离船舶运动中心的纵向距离的增大而增大,因而货物积载于船舶最前端或最后端及每一舷最高处时,所受外力最大;横向力大小随GM的增大而增大,应通过合理配载保持稳性适度值;船舶在航行中操纵不当也会使所受外力增加,因而应选择适当航向和航速,降低摇荡摆幅,提高摇荡周期。

②系固效果的评判标准

通常条件下,货物系固的目的在于阻止货件的水平横移和纵移、防止货件横向倾覆。

利用估算法和精算评判系固效果时,其评判标准可写成

$$\begin{cases} F_y \leqslant [F_y] \\ F_x \leqslant [F_x] \\ \boldsymbol{M}_y \leqslant [\boldsymbol{M}_y] \end{cases} \tag{14-1-7}$$

式中:F_y,F_x——作用于货件上的横向移动力和纵向移动力(kN);

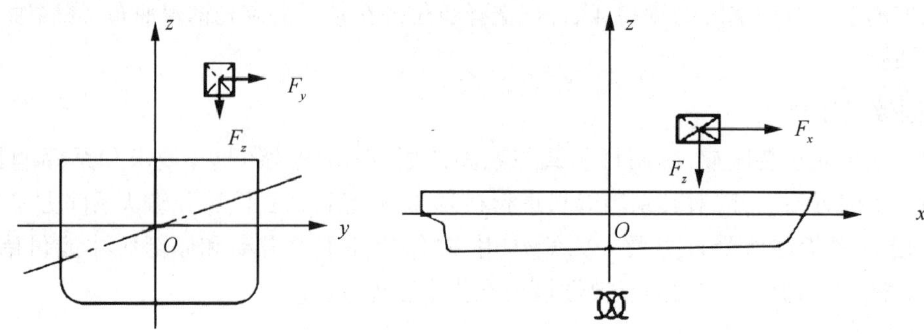

图 14-1-1　货物单元所受外力分解

$[F_y]$,$[F_x]$——阻止货件移动的横向约束力和纵向约束力(kN)；

M_y——货件横向倾覆力矩(kN·m)；

$[M_y]$——阻止货件横向倾覆的约束力矩(kN·m)。

估算法和精算法的评判标准是一致的,其主要区别在于精算法考虑了更精确的水平系固角度,如图 14-1-2 所示。

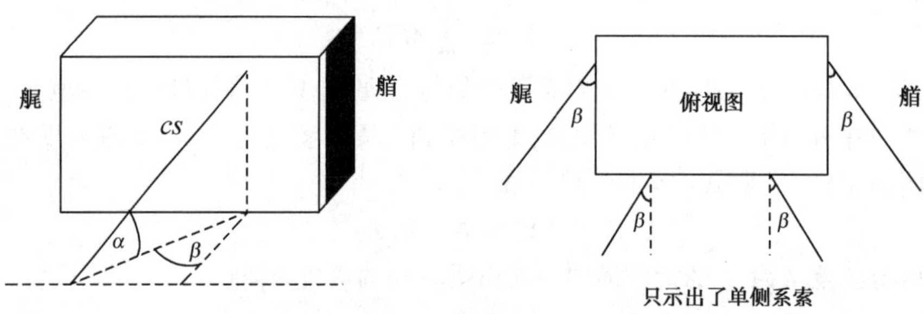

图 14-1-2　系索水平系固角和垂向系固角示图

六、货物积载与系固安全操作规则

为了确保货物运输单元和船舶的安全,IMO 于 1991 年第十七届大会通过了《货物积载与系固安全操作规则》(*Code of Safe Practice for Cargo Stowage and Securing*),简称《CSS 规则》,即 A.714(17)号决议,出版了《CSS 规则 1992 版》,并经 1994 年修改后列入 SOLAS 公约 1994 年修正案,变为强制性规则。2002 年,IMO MSC 第 75 次会议以通过 MSC./Circ.1026 通函的形式接受了对《CSS 规则》的再次修正,并出版了《CSS 规则(2003 版)》。2010 年,MSC 第 87 次会议通过了《CSS 规则》的修正案并以 MSC.1/Circ.1352 通函的形式对其做了进一步的修正,并出版了《CSS 规则 2011 版》。

2020 年,MSC 第 102 次会议审议通过了《CSS 规则》的修正案并发布了 MSC.1/Circ.1623 通函,出版了《CSS 规则 2021 版》;本版规则包含了 2020 年及之前的所有修正案,特别是附则 13(关于半标准货物和非标准化货物系固方案有效性评估方法-MSC.1/Circ.1623)、附录 2(关于货物系固手册的编制修订指南-MSC.1/Circ.1353/Rev.2)以及附录 4(在滚装船上运输公路车辆的系固布置指南-MSC.479(102),该指南取代了经修订的 A.581(14)号决议)。

IMO 制定《CSS 规则》的目的是:提请船舶所有人和经营人注意确保船舶应适合其预定的用途,对确保船舶装备合适的货物系固装置提出建议,提供关于适当的货物积载和系固的一般建议以减少船舶和人员的风险,对在积载和系固上会有困难和造成危险的那些货物提出具体建议,对在恶劣海况下可采取的行动及对货物移动可采取的补救措施提出建议。

1.规则的适用范围及主要内容

现行《CSS 规则》包括 7 章和 14 个附则,主要内容包括:

(1)总则

①规则适用范围

该规则适用于船舶装载的除固体散货、液体散货和甲板木材以外所有货物,特别是实践已证明在积载与系固方面具有困难的货物。

②有关定义

对本规则使用的货物运输单元、IBC、移动式罐柜、公路罐车、公路车辆、公路拖车等相关术语给出了定义。

③运输中系固设备所受到的力

系固设备所受到的力分为横向、纵向和垂向力,而主要是横向和纵向力;离船舶运动中心愈远的位置该力越大。

由于船舶设计的缺陷、不适当的货重、油水和压载水的分布使横向力增大,应通过合理配置货物使船舶初稳性高度保持在既能保证船舶安全又可减小货物受力的适当范围内。

甲板上的货物还受到风压力和波溅力。船舶操纵(航向和航速)不当会使船舶与货物受力增加。

使用规则中的方法对货物受力进行计算,规则推荐使用经验法、估算法和精算法对系固效果进行核算。在此计算中,规则不考虑减摇装置对船舶摇荡性的改善。

④货物的特性

从货物安全积载角度,规则给出了货物单元的相关特性,包括变形、自压实、低摩擦等性质对货物的影响。

⑤影响货物移动可能性的因素

影响货物移动可能性因素包括:货物的尺寸和物理特性;货物在船上的积载位置和形式;船舶对特殊货物的适运性;船上系固设备的适用性;航线上预计的天气和海况;船舶稳性状况;航行地理区域和季节。

根据上述因素确定合理的积载与系固方法,船长只有在认为可以安全运输的前提下,方可接受货物装载。

⑥对货物系固手册的规定、船上系固设备应满足的要求、船舶应获取的货物有关资料等。

(2)货物安全积载与系固的一般原则

①集装箱、公路车辆、铁路挂车中的货物应适当填装与系固,以防造成对船舶的损伤及对船员和海洋的危害。

②为防止货物的移动、倾覆、晃动、倒塌,船长对货物积载与系固方案的制定和监督尤为重要;货物的配置应保证船舶稳性在一定的限度内,尽量减小过大加速度的不利影响;货物配置尚应考虑船体结构的强度情况。

③货物系固设备应尽可能均匀受力,并具有足够的剩余强度。

④使用防滑材料增大货物与甲板间、货物之间的摩擦。

⑤加强装载监督，以防止不当积载与系固；航行中应定期检查货物系固的有效性，但应注意进入封闭处所时的安全。

⑥在装载货物之前，船长应考虑的因素包括：载货处所甲板尽可能地清洁、干燥并无油脂，货物处于适装状态并已有效系固；船上已备有所需要的系固设备并性能良好；货物组件中已适当填装和固定，其内的危险品满足公约和危规的装载要求；装载车辆应由装货人提供货物积载与系固声明书。

(3)标准货物的积载与系固

标准货物积载与系固系统的设计和配备，应满足在预定航次的所有情况下安全运输的需要并配备相应的使用手册；该系统需取得船级社批准。

(4)半标准货物的积载与系固

装载公路车辆、标准的货物列车、汽车等特殊货物运输单元的滚装船上，必须具有紧密布置的系固点，并符合 IMO 相关决议规定。公路拖车应提供货物和拖车安全积载和系固的设施堆装高度、密集程度以及高重心的影响。

船长在确认车辆上具有满足 IMO 相关决议要求的系固点并外观适合滚装船装运后，方可接受该货物的装载。

(5)非标准货物的积载与系固

附则提供具有潜在危险的 12 种非标准货物的安全积载与系固方法。应该强调的是，任何积载与系固的替代做法应能达到 IMO 相关决议、指南、通函所要求的水准。

规则附录 13 推荐使用经验法和力及力矩平衡计算法对非标准货物和半标准货物的系固效果进行评判。

(6)恶劣天气条件下应采取的措施

船长尽可能仔细制订航线计划以避开天气和海况恶劣的海区，是减小过大加速度的方法之一。

在大风浪中航行的船舶应：改向或/和变速，滞航；尽早避开恶劣天气和海况；根据船舶情况加排压载水。

(7)仅在货物移动时应采取的措施

这些措施包括：改变航向以减小加速度；降低航速以减小加速度和振动；监测船舶的水密性；对货物重新堆装或系固，如可能增设摩擦材料；绕航避风或避开恶劣海况。只有在确保船舶稳性的前提下方可注(排)压载水。

(8)附则

14 个附则包括已证明对货物安全运输具有一定潜在危险的 12 种非标准货物积载和系固的建议和方法，非标准货物系固方案有效性的评估方法，甲板集装箱系固安全操作指南。依次为：

①在非专用集装箱船上的集装箱安全积载和系固；

②移动式罐柜安全积载与系固；

③移动式容器安全积载与系固；

④滚动(滚装)货物安全积载与系固；

⑤机车、变压器等重件货物安全积载与系固；

⑥成卷钢板安全积载与系固；

⑦重金属制品安全积载与系固；

⑧锚链安全积载与系固；

⑨散装金属废料安全积载与系固；

⑩挠性中型散装容器安全积载与系固；

⑪舱内原木积载指南；

⑫成组货物安全积载与系固；

⑬半标准和非标准货物系固方案有效性评估方法；

⑭甲板集装箱系固安全操作指南。

对于装运货物单元的船舶，尤其是装载非标准化货物时，应认真阅读整个规则，掌握在运输过程中各环节上为确保船、货及人员安全应采取的有效措施。当装运附则中所列具有潜在危险的货物单元时，可参照其中所述措施积载和系固，并按规则所列方法对系固效果予以核查。

2.货物系固手册

为了确保我国国际航行船舶能够满足相关国际公约的要求，中华人民共和国海事局根据《国际海上人命安全公约》(SOLAS)1994 年修正案及 IMO《CSS 规则》的有关要求，于 1997 年制定并颁布了《编制〈货物系固手册〉导则》，以便各船务公司为其所属船舶编制 1994 年修正案强制要求配备的《货物系固手册》(*Cargo Securing Manual*, CSM)。

除仅装载液体散货和固体散货以外的所有运输指定的货物运输单元的国际航行船舶，自 1998 年 1 月 1 日起必须配备《货物系固手册》，该手册应由主管机关或船级社批准后配备于营运船上，作为货物积载与系固的操作指南。它也是装载货物单元的国际航行船舶必备的法定文书。

自 SOLAS 公约 1994 年修正案生效之日起，国际海事组织对《CSS 规则》进行了多次修改，部分重要内容发生了变化，因此《货物系固手册》也应随之进行了修改，以完全保证船载货物单元的安全积载和系固。

为切实保障船舶航行安全，规范船舶运输货物管理，中华人民共和国海事局决定自 2010 年 12 月 1 日起，从事钢材运输的总吨 500 及以上国内航行海船(含江海联运船舶)需配备《国内航行船舶货物系固手册》。船舶在装载货物时，应取得货物资料，并参照手册的要求，妥善实施货物的积载和系固方案。从事集装箱、重大件、木材、滚装货物等运输的船舶也应配备《国内航行船舶货物系固手册》，但生效时间暂未公布。

《货物系固手册》应根据船舶的具体情况编制，主要内容有：

(1)总则。包括手册编制依据、相关术语的定义、船舶主要参数及手册的使用说明。

(2)系固设备及其布置。包括本船固定式系固设备的布置、固定式系固设备技术参数及设备清单、移动式系固设备的技术参数及设备清单、本船系固设备的有关证明文件及设备检修和保养的具体规定等。

(3)货物单元系固与受力核算。包括货物系固基本原则、货物系固设备使用指南、货物单元受力分析、推荐的货物单元系固方案有效性评估方法及实例、系固方案核算表格等。

(4)IMO 推荐的 12 种非标准货物安全积载与系固的操作方法。

(5)系固设备记录。包括船舶系固设备检查、保养和维护记录、船舶系固设备更新记录及统计记录。

需要注意的是,《货物系固手册》不排除海员的良好船艺,也不能代替积载与系固的经验做法。船长在整个航次中应对船舶、船员、货物的安全及防污染负责,只有在确信货物能够被安全运输时,才能承运该货物。船长在操纵船舶,特别在恶劣气象和海况下操纵船舶时,应充分考虑到货物的类型、积载位置和系固设备等因素的影响。

第二节　十二种非标准货物安全积载与系固

IMO《CSS 规则》附则中给出了 12 种非标准货物的安全积载与系固方案,在装载这些货物时,应按要求进行积载和系固。

一、集装箱

对于在非为运输集装箱而专门设计和装备的船舶甲板上装载集装箱时,其积载和系固应注意以下事项:

1.积载

(1)最好沿船首尾方向积载。

(2)集装箱不应超出船舷。

(3)留有便于人员为积载和系固需要而走近的空间。

(4)集装箱的积载应能保证其甲板或舱口盖的局部强度。

(5)底层集装箱,当不是放在堆码位置上时,应积载在足够厚度的木材上,其布置应能使积载负荷均匀地传递到积载区域的结构物上。

(6)集装箱应积载于系固点数量、位置和强度满足要求的位置处。在积载集装箱时,应视具体情况在集装箱间使用锁紧装置或相似器材;当在甲板或舱盖上积载集装箱时,应考虑到系固点的位置和强度。

2.系固

(1)所有集装箱应有效地系固,使之不能滑动和翻倒。承载集装箱的舱盖应牢固地固定在船体上。

(2)系索用钢丝绳或链条或具有等效强度和特性的材料为宜。

(3)系固可采用图 14-2-1 所示方法之一或其他等效方法,其中(a)适用于中等重量的集装箱且上层箱重小于底层箱重的 70%,(b)适用于中等重量的集装箱且上层箱重大于底层箱重的 70%,(c)适用于重集装箱且上层箱重大于底层箱重的 70%。

(4)撑木的长度不超过 2 m。

(5)两层集装箱之间应使用锁紧装置等固定。在舱内积载集装箱时,底层箱应与舱底板用锁销固定,箱间应用紧固件连接。

(6)钢丝夹应加适量油脂,并拉紧到钢丝绳的自由终端明显受到挤压力(见图 14-2-2);

(7)应尽可能使系索受到均匀的拉力。

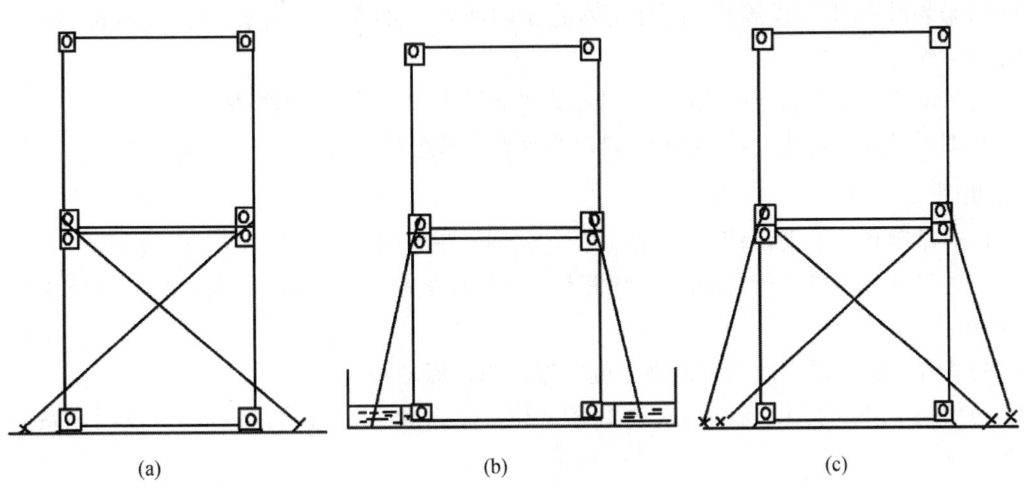
(a) (b) (c)

图 14-2-1 集装箱的系固方法

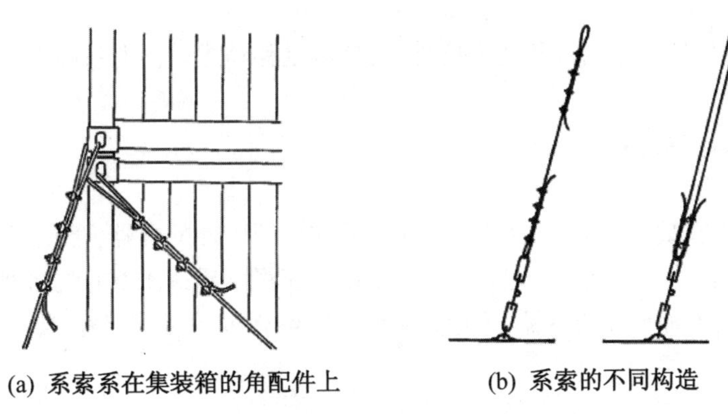
(a) 系索系在集装箱的角配件上 (b) 系索的不同构造

图 14-2-2 集装箱的系固

二、移动式罐柜

移动式罐柜指非永久性固定在船上，容积为 450 L 及以上且外壳装有外部稳定构件和运输货物所必备的维修工具和结构性设备的罐柜，它可用于装运液体、固体或气体货物。装载气体的移动式罐柜的容积应在 1 000 L 以上。

移动式罐柜应能在不拆卸罐柜结构的情况下装满和卸空，并能在装有货物时直接装上船舶或从船舶卸下。移动式罐柜的外部支架可由撑柱或座架构成，罐体可固定在台架式集装箱上，也可固定在国际标准化组织规定尺寸的或非国际标准化组织规定尺寸的框架箱内。

移动式罐柜积载及系固通常应做到：

1.积载

(1)无论是在甲板上积载还是在舱内积载时，移动式罐柜均应沿首尾方向；

(2)积载后，移动式罐柜的外端应不超出船舷；

(3)移动式罐柜积载后，应能使得作业人员安全接近；

(4)积载时应能保证堆装位置的局部强度；

(5)无框架的罐柜积载时应注意衬垫，如必要，可用木楔塞住；

(6)未装满的移动式罐柜，其内液体的晃动所产生的压力可能使箱体受损时，应禁止装运；

(7)移动式罐柜在直立积载时，宜用合适和坚固的木材制成方形框架围紧；

(8)如果是危险货物，应按 IMDG 规则的相关要求进行积载。

2.系固

(1)对系固角的要求：防滑目的的应不大于 25°，防倾倒目的则不小于 45°~60°；

(2)如果移动式罐柜的底部结构为非木材或其他低摩擦系数材料，应在货件与甲板间以木料衬垫；

(3)货件上的系固点应具有适当强度并做出明显标志；

(4)如图 14-2-3 所示，若移动式罐柜上无系固点，则系索应环绕其一周，并使两端系固在罐柜同一侧；

(5)当货件积载于甲板或舱口部位上并在其上进行系固时，应考虑甲板或舱口部件的结构强度；

(6)系固时除应满足系固设备的强度外，尚应满足移动式罐柜上系固点的强度。

三、移动式容器

移动式容器指容量为 1 000 L 及以下、除移动式罐柜以外的容器，可用于装运气体或液体货物。它们有不同的尺寸和形状，包括没有系固点、容积不超过 150 L 的各种尺寸圆筒；容量在 100~1 000 L 的各种尺寸的容器，不论是否装有足够强度的提升装置；装于框架内的圆筒。

1.积载

(1)容器最好在甲板上或舱内纵向积载。

(2)容器应予以衬垫，避免直接与钢质甲板接触。除非容器已装入框架内而成为一个组件，否则，在积载容器时应根据需要用楔子止动。

(3)容器在直立积载时，应密实积载，用合适、坚固木材制作木架围住。木架下部应垫起，避免与钢质甲板接触。木架内的容器应予固定，以避免移动。木架体应用木楔和系索固定，以免移动。

(4)圆筒应在横向垫木上纵向积载。如可行，在货堆下预先横向放置两根或更多钢丝绳，绕经货堆，系在对边的系固点上。钢丝绳应用紧固装置收紧，以使货堆密实。在装货期间，为防止圆筒滚动可使用楔子挤紧。

(5)集装箱中的圆筒

若可行，圆筒应直立积载，使阀口位于顶部，并将护盖盖紧。圆筒应用钢带或类似装置系缚在集装箱底的系固点上。若圆筒不能在封闭集装箱中直立装载，则应装载在敞顶式或框架式集装箱内。

2.系固

应按图 14-2-3、图 14-2-4 所示布置系索；可能时，可利用容器上的提升装置进行系固；装载在船上时，系索应定期检查和定期重新收紧。

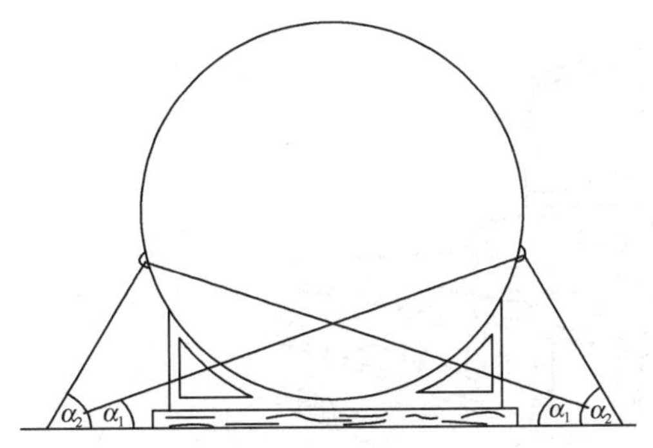

图 14-2-3　移动式罐柜的系固

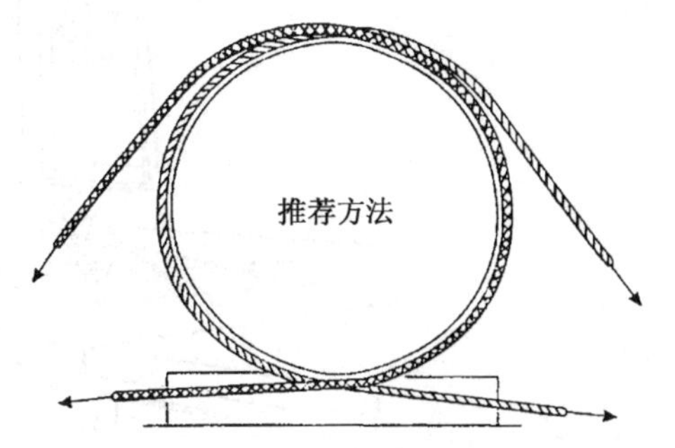

图 14-2-4　无系固点罐柜或容器的系固

四、滚动(滚装)货物

滚装货物是指所有装有轮子或履带的货物,包括用于装运其他货物的轮子和履带,拖车和公路列车除外,但包括公共汽车、带有或不带履带的军用车辆、拖拉机、运土设备和轮式拖车等。

规则中对其积载与系固的主要要求有:

(1)积载滚装货物的处所应干燥、清洁且无油脂。

(2)滚装货物上应设有合适的且做出明显标志的系固点或设有足够强度的等效装置。

(3)没有系固点的滚装货物应将可使用系索的地方做出明显的标志。

(4)无橡胶轮的或履带下表面无摩擦力增加层的滚装货物,应装载在垫木或其他增加摩擦力的材料上,如软板、橡胶垫等。

(5)滚装货物装载在积载位置上时,应使用刹车或止动装置(如有的话)。

(6)滚装货物应用系索固定在船上,系索的强度和拉伸特性应至少等同于钢链或钢丝绳。

(7)若可能,不能满舱装载的滚装货物,应紧靠船舷积载,或积载在设有足够系固点的处所,或在货物处所集中积载。

(8)若可能,为防止没有足够系固点滚装货物的横向移动,这些货物应靠船舷紧凑积载,或由所装载的集装箱等其他货件阻挡。

(9)若可能,为防止滚装货物移动,这些货物应沿船长方向而不沿横向积载。若滚装货物不得不横向积载,则必须加缚具有足够强度的绑索。

(10)滚装货物的轮子应用楔子塞牢止动。

(11)装载在滚装组件内的货物应充分系固在积载底板上,若有合适设施还应系固到其边板上。设置在滚装组件上的杆件、臂状物或转塔等外部活动部件,应锁牢或系固在其位置上。

图 14-2-5 为车辆系固示范图。其中图 14-2-5(a)为非标准货物系固,图 14-2-5(b)和图 14-2-5(c)为半标准货物系固。

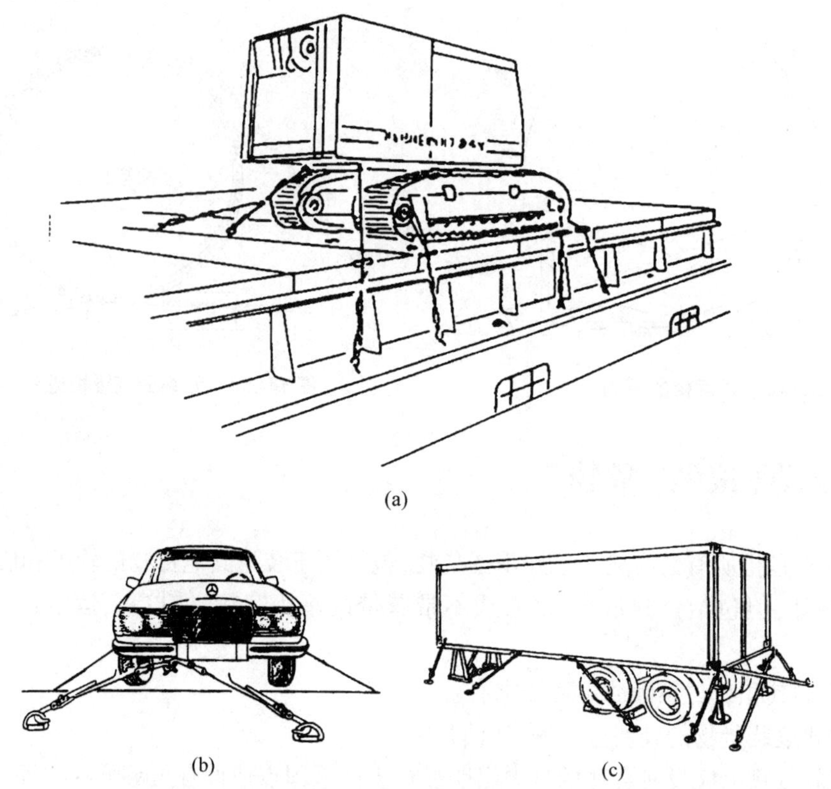

(a)

(b)

(c)

图 14-2-5　车辆等滚装货物的系固

五、机车、变压器等重件货

1.积载

(1)船长应获得的货物资料

该资料至少包括:总重。带有图纸/图片说明的主要尺寸和形状(如可能)、重心位置、基座面积及特定基座的防护措施、提升点和吊货位置、系固点及其强度等详情。

(2)积载位置

应从货物和船舶安全、便利装卸和使用船上重型起货设备等方面考虑车辆的积载位置。

①根据货物具体情况,可以配置在舱内或上甲板。

配置在舱内时,一般应选择中部货舱。若配置在二层舱,注意货件高度是否可以下舱,当配置在甲板上时,应不妨碍甲板正常工作并不影响航行瞭望,但不能配在舱盖上。

②积载位置的选择,应顾及船舶加速度的典型分布。

③无论舱内还是上甲板,舱位选择应有利于货件的系固,如积载处所是否有合适的系固设备、是否会呈现系固角过大现象等。

④保证局部构件不受损伤。在甲板装载重件时,应用足够强度的木材或钢梁将重件的重量传递到船体结构上。

⑤考虑货件的积载对船舶稳性是否有利。

⑥最好纵向积载。

⑦当重件货物在甲板上积载时，如可能应考虑到具体航次"上风舷"的不利影响。

⑧在开敞集装箱、货盘或框架箱中装载重件货，应按本节的规定进行装载。

⑨所使用的国际标准框架箱应为合适的类型，具有足够的强度，并且系固点可承受足够大的负荷。

⑩尽可能在框架箱内均匀分布货件的重量。若有可能，装载在国际标准框架箱内重件货还应系固在邻近箱上或船舶的固定构件上，以策安全。

2.系固

(1)除了货件底部为木支架或橡胶胎等材料外，在积载处所表面与货件装置底部应使用木材衬垫。

(2)如图 14-2-6 所示，保持最佳系固角，防滑动目的的不大于 25°，防倾覆目的的不小于 45°~60°。

(3)若重件是在加了润滑油的滑板上或以降低摩擦力的其他方法拖到位置上，防滑系索数量相应增加。

(4)若因条件所限，仅可以较大系固角系固，则必须用木支柱、焊接配件或其他可行方法防止滑动，但任何焊接应按规定的热工程序进行。

(5)伸出舷外的重货件应另外增加系索，使其作用于纵向和垂向上。

(6)货物上的系固点应具有适当的强度，且具有明显的标志。

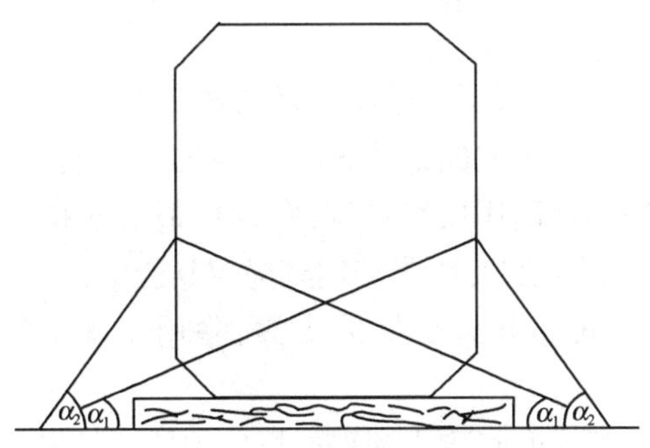

图 14-2-6 重件货的系固

α_1—防滑动有利角度；α_2—防倾覆有利角度

(7)货件上无合适系固点时，系固原理同可移动罐柜和容器。

(8)正确使用钢丝绳、夹具(如图 14-2-7 所示)。

图 14-2-7 钢丝绳夹正确使用

其使用注意事项如下：

①绳夹与钢丝绳直径匹配；

②钢丝绳每端接头处所用绳夹数量与钢丝绳直径有关，直径越大，数量越多，但不少于3个，其间距为6~7倍的钢丝绳直径；

③绳夹的鞍座部分应装在动载段，“U”形螺栓应装在静载段或缩短端段；

④绳夹应先紧至明显卡进钢丝绳中，待系索受力后再上紧。

六、成卷钢板

成卷钢板即卷钢，每卷毛重在10 t以上。本节给出的是卷钢的卧式积载方法。

1.积载

(1)卷钢应从底层堆起，且底部为横向放置的垫木；

(2)卷钢轴线应与船首尾向一致；

(3)紧凑堆积，最下层在装载时为防滚移，可用木楔塞住；

(4)上层卷材应压在下层卷材接缝处；

(5)每排最后一卷放在邻近的两卷上边，该卷质量将起到固定该排其他卷材的作用；

(6)在最高一层卷钢中，钢卷之间的任何空当应加以适当的填塞。

2.系固

卷钢系固是为了将它们系连在一起，使之在舱内形成大的不可移动的卷材组，其常规做法和要求如下：

(1)一般情况下，最高一层的末端3排应予以系固；

(2)建议采用奥林匹克系固法或成组系固法；

(3)对无外包装的顶层不宜使用成组系固法，顶层最后一排应使用垫木填塞和钢丝绳系固，钢丝绳应从一侧到另一侧拉紧，使用附加钢丝绳拉到舱壁；

(4)卷材铺满整个舱室底面并有良好的支撑，除用于固定的卷材外，不再需要用系索固定；

(5)系索通常为具有足够强度和防止利刃损坏保护的钢丝绳或其等效系索。

七、重金属制品

重金属制品系指金属制成的重货件，如棒材、管材、盘条、板材和线材卷等。海上运输重金属制品会给船舶造成下述危险：

——若积载中产生了超过船体许用应力或甲板许用负荷，则船舶结构将承受超限应力；

——由于稳性过大造成横摇周期过短，船舶结构将承受超限应力；

——货物因系固不当而移动，则会导致船舶稳性丧失或船体受到损坏。

1.积载

(1)积载金属重件货物的处所应干净、干燥、无油脂。

(2)货物重量的分布应避免使船体受到过大应力。

(3)积载中，不得超过甲板和舱底的许用负荷。

(4)货件应从船舶一舷向另一舷密实积载，货件间不留空当，必要时货间用木块塞紧。

(5)在可能和可行时,货件表面应保持平整。

(6)对于薄板和小包货件,纵向和横向交替积载的效果较好,层次间应使用足量的干垫木或其他材料以增加摩擦力。

(7)管材、铁轨、型钢和钢坯等应沿纵向积载,以避免货物移动对船舷造成损伤。

(8)线材卷应平放积载,使每卷与邻卷相靠。上层线材卷应压缝叠装在下层卷上。

(9)对卧式积载的线材垛系固时,应特别注意,若顶层未系固则货堆中部的线材卷会因为船舶的运动而被下边的货件挤出货堆。

2.系固

(1)货物表面应予以系固,每根系索应相互独立地对货物表面施加垂向压力,不得留有未受力的货件。

(2)船舶的每根肋骨应设一个撑柱,但间隔不应小于1 m。撑柱应由坚固、无裂纹的木材制成,其尺寸应足以抵御加速度力。

(3)货件尤其是最高一层的货件,可在其上部装载其他货物或用钢丝绳、木楔或其他材料系固。

(4)当金属重件的积载没有从一舷满铺到另一舷时,应特别注意进行充分系固。

(5)线材卷应密实积载,用牢固的系固装置系固。在线材卷间必须留有空当时或在货堆边侧或端部有空当时,货堆应妥当系固。

八、锚链

船舶和海上结构物的锚链通常以捆装或散装形式运输。只要在装载过程中采取一定安全措施,锚链可以成捆地直接装载在积载处所,或沿着船舶整舱长度,或部分舱长纵向积载,而不需做进一步处理。

(1)积载锚链的货物处所应清洁和无油脂。

(2)锚链只应装载在覆有永久木质铺板的、覆有足够厚度垫木层的或覆有其他增加摩擦力材料的表面上。锚链不得直接在金属表面上积载。

(3)成捆锚链可直接吊装到积载处,而不需做进一步处理,吊索应留在锚链上,另用钢丝绳绕在锚链捆上系妥。

(4)不必用垫木等增加摩擦力的材料来隔开锚链层,因为锚链捆会相互夹持。锚链捆的最高一层应用系索系在船舶两舷舱壁上。锚链捆可用系索独立或成组系固。

(5)在可能和可行时,每层锚链的积载应在接近船舷处开始或结束。应注意保证货堆的密实。

(6)无须用垫木等增加摩擦力的材料来隔开散装的锚链层,因为锚链各层会相互夹持。

(7)根据预计的气候和海况、航次长短和特性及锚链上层货物的性质,每一货堆的顶层应利用具有足够强度的系索系固,系索在货堆上的间距要适当,以便固定住整个货堆。

九、散装金属废料

散装金属废料系指因尺寸、形状和质量原因难以紧密积载的金属废料,但不包括金属钻屑、刨屑和切屑等金属废料，后者应按《IMSBC 规则》规定运输。

运输散装金属废料对船舶的危害为：

——因货堆移动造成船舶横倾；

——个别重件移动会戳穿水线下船侧外板而致使船舱严重进水；

——舱底板或甲板间底板超负荷；

——稳性过大造成剧烈横摇。

装货前，货舱壁下部护条应用厚实垫木保护以防舱壁受损，避免沉重锐利的废料与船侧板接触。只用木板防护的空气管、测深管、污水井及压载水管应再做相应保护。

装货时，应注意第一批装入货物的落放高度不至于造成舱底板受损；如轻的和重的废金属在同一舱内装载，则应先装重废金属；废金属应密实、均匀积载，不留空当，不留悬空面；废金属不得装载在金属屑或类似废料上部。

散装金属废料若移动会造成船侧板或端舱壁损坏，因而应在上面加压载或用系索系固。鉴于废料的性质，使用撑木一般无效。应注意避免舱底板和甲板超负荷。

十、挠性中型散装容器(FIBC)

挠性中型散装容器指容量不大于 3 m^3(3 000 L)用于装运固体的挠性移动式包装，使用机械装卸，一般应经检测试验。检测试验分为一次使用和多次使用检测。

1.积载

(1)如可行，积载处所应是矩形的并且没有障碍物。

(2)积载处所应清洁、干燥、无油污和铁钉。

(3)当仅在舱口下舱位积载时，应在货物两侧及前后端用其他货物或物料阻挡。

(4)以船宽与该货物容器宽度之商作为横向积载的容器数，余数即为空当，积载时应从两舷向中间逼近，使空当居于舱口中央。

(5) 堆积应尽可能紧凑，空当应塞牢，以防容器发生移动。

(6) 装妥第一层后，以后各层应以相同方法积载，使其完全覆盖住下边的容器。若后层有空当，也应留在舱口中央，并塞牢。舱内积载的情况如图 14-2-8 所示。

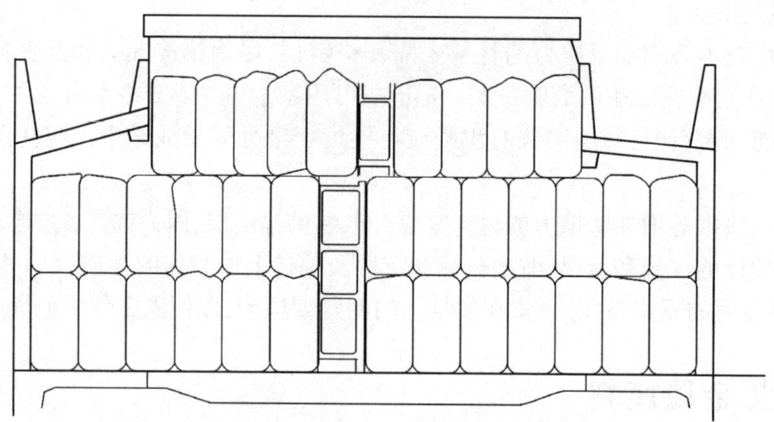

图 14-2-8　挠性中型散装容器的积载

(7) 若舱口间有足够空间可在其下货面上装载另一层容器,则应确定舱口围板能否作为围壁。若舱口围板不能作为围壁,则应采取措施防止因航行中货件下沉而使容器滑移到船侧部位;若舱口围板能作为围壁,则容器应自舱口围板的一侧装载至另一侧。在这两种情况下,空当均应留在中央部位并予以塞牢。

2.系固

(1) 在舱内仅用部分空间用于装载挠性中型散装容器时,应采取措施防止移动,用格板或胶合板抵住容器后使用钢丝绳从一侧到另一侧系固。

(2) 在甲板间或底舱仅装载部分容器时,应采取措施防止其移动。这些措施包括用格板或胶合板撑住容器,并用钢丝绳从一侧到另一侧系固容器货垛。

(3) 航行中,应定期或在恶劣气候前后对系固用的钢丝绳和胶合板进行检查,必要时应重新收紧。

十一、舱内原木

舱内原木积载要求与 IMO 的木材装运规则相同,内容见本章第四节。

十二、成组货物

成组货物指货盘上堆装并系固的货物、放置在货箱等保护性外包装内的货物或作为一吊并永久系固在一起的货物。

1.积载

(1)积载处所应清洁、干燥并无油脂;

(2)积载处所的舱底板或甲板应是水平的;

(3)货物积载处所最好在水平和垂直方向上都是矩形的,首尾货舱应增设支架,将积载区域形状尽可能形成一规则的方形体;

(4)货物与船舶之间不应有任何空当,以防货物倾斜;

(5)如必要,成组货物积载后应能从货堆的所有面上系固;

(6)货物重叠堆积时,应注意货盘强度和货物形状及特性。

图 14-2-9 所示为成组货物在首尾货舱时的积载情况。

2.系固

(1)一边不靠的系固

若货物靠舱壁从一舷侧装到另一舷侧,应抵住货堆垂直安置格板式胶合板,用钢丝绳从一舷侧拉到另一舷侧收紧系牢。

(2)两边不靠的系固

货物积载于舱内一舷的前部或后部即两边不靠积载,应紧贴货堆垂直安置格板或胶合板后将钢丝绳从舷侧绕过货堆至另一侧系固在舱壁上。另外,需在货堆角隅处应安装格板或胶合板以防止货物因系固而损坏。

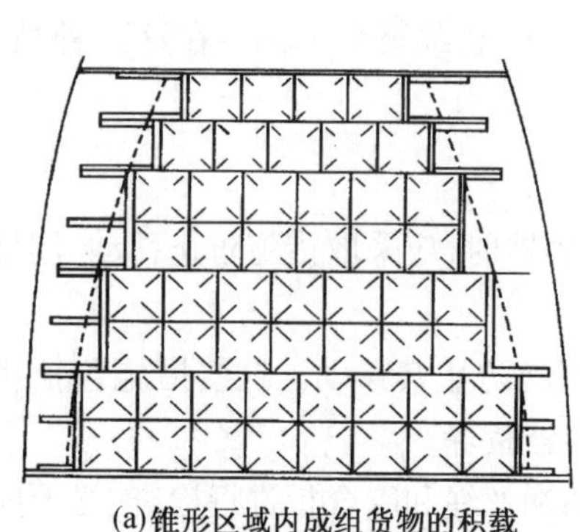

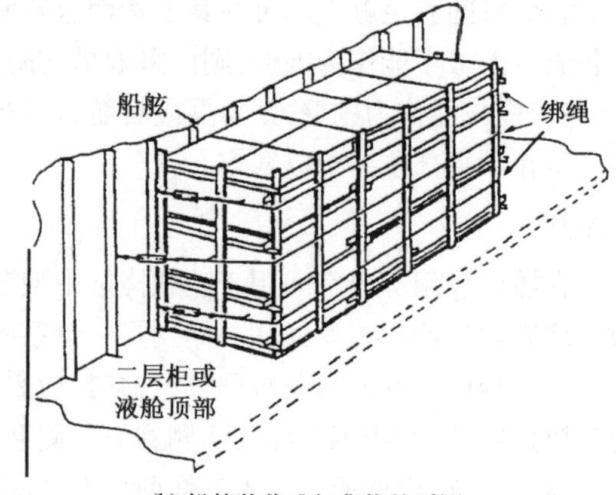

(a)锥形区域内成组货物的积载　　(b)船舷装载成组货物的系固

图 14-2-9　锥形区域内成组货物的积载

(3)三边不靠的系固

货物沿船舷一侧积载,即三边不靠积载,应紧贴货堆系固而垂直安置格板或胶合板。在货堆角隅处,应特别注意防止系索损坏货物。应在不同高度上使用钢丝绳收紧货堆。

可以铝质撑柱或足够强度的板条代替格板或胶合板。

第三节　重大件货物运输

仅从字面上理解,重大件货物指单件重量或体积或尺寸过大或兼有的货物。但是从海运技术角度看,没有明确的量化指标。一件货物是否定义为重大件货物,应综合考虑各方面的因素,包括:

(1)货物因素:自身的重量、尺度或形状给货物装卸、积载与系固、运输和管理等带来困难和额外负担,应给予特别关注的货件应作为重大件对待。我国《国内水路货物运输规则》《港口货物作业规则》(该两规则已于 2016 年 5 月 30 日废止)及《港口收费规则》均规定:沿海运输中单件重量超过 5 t 或单件长度超过 12 m 的货物视为重大件货物;国际上某些港口规定,凡单件重量超过 40 t,单件长度超过 12 m,单件高度或宽度超过 3 m 的货物视为重大件货物,但该标准多从收取装卸费用角度出发定义。

(2)船舶因素:承运船舶的类型、尺度和船吊 SWL 的制约。

(3)港口设施:港口有无装卸设备或装卸能力大小的制约。如卸货码头上无岸吊设备,而船舶克令吊的 SWL 为 30 t,此时超过 30 t 的货物就是重件货物,承运人或其代理人应将重量超过 30 t 的货物情况及时通知卸货港代理,以便卸货港代理联系、安排车吊或浮吊等设备进行卸货作业。

而且,重大件货物判断标准随着时代的发展而发展。仅就货物重量而言,以前海运上习惯定义 40~60 t 的设备为重大件货物;后来,重大件货物已经是指超过 150 t 的设备和结构件了;而在当代全球海运业界通常把重大件货物分为 600 t 以下、600~1 000 t、1 000 t 以上三种。

综合考虑各方面的因素,所谓重大件货物是指单件重量和/或尺寸和/或体积超出相关规

限且又无法分割运输、需要特殊的积载、系固、装卸及运送的货物。

一、重大件货物的分类及海运特性

1.重大件货物分类

根据重大件的用途、特点及装运要求,可将其分为:

(1)海工油气设备,如海底设备、处理模块、完整的钻井平台、FPSO、FSO 等。该类货物往往重量超常、体积庞大,重量达几万吨,高度达上百米。我国“海洋石油 981”深水半潜式钻井平台长为 114 m,宽为 89 m,平台正中是五六层楼高的井架。平台自重为 30 670 t,承重量为 12.5 万 t。

(2)精炼和石化设备,如冷却塔、储罐、管道架、反应塔等类似设备。该类货物往往尺寸大,形状相对规则,可在甲板密集装载。

(3)发电站和发电设备,如大型发电机、变压器和类似设备。

(4)可再生能源设备,如风力发电机叶片、潮汐涡轮机、电力电缆等。风力发电机叶片长度通常在 35~40 m,有的甚至达 64 m 或以上。

(5)船体分段上层建筑,如船体分段、船体上层建筑,甚至整船等。重量大,体积大,外形不规则,对在运输船上积载和系固的要求非常高。

(6)船艇及小型舰艇,如游艇、拖船、渡船、驳船、小型舰艇等。

(7)港口设施及装卸设备,如集装箱龙门起重机(集装箱桥吊),船舶装载机、移动式港口起重机等。该类货物重量大,高度大。有的集装箱桥吊单台重量达 1 400 t,高度达 135 m,轨距达 30 m。

(8)机车车辆和重型机械,如移动式起重机、挖掘机、钻机等。

2.重大件货物的海运特性及运输特点

海运重大件货物的特性主要包括:

(1)高价值、高运费。指货物自身价值高,海运运费高。如有的半潜式钻井平台造价几十亿元人民币,有的半潜船单航次运费高达千万美元。

(2)笨、重、大,不规则。

(3)不可分割性。重大件货物的特殊性之一就是无法分割,只能整体装运。

(4)局部脆弱性。很多重大件货物的不少部位怕碰撞、挤压,更增加了运输的强度。

(5)运输难度大、风险高。货物的特殊性导致其运输难度远高于其他货物运输。货物的价值高,因此风险也大,如海工运输最重要的是做到万无一失。

重大件的上述海运特性导致了其运输的特殊性,主要体现在:

(1)装运及装卸方式迥异。指装运船舶和装卸方式与普通货物和货船差别很大。

(2)对水文、气象条件要求高。不管是装卸期间,还是航行期间,均对风、浪、流等水文、气象条件有很高的要求,防止船舶和货物受影响而发生事故。

(3)积载与系固要求高。

(4)载货航行操船要求高。如半潜船船体宽大、船速慢、坞墙高,受风流影响大,操纵困难、动作迟缓;因此应根据其特点制定正确的操纵避碰措施。

(5)影响船舶的稳性和强度。重大件货物的重量、高度对船舶的稳性、强度影响很大,因此应在装货前、装货中、装货后认真核算,保证安全。

二、重大件货物运输船舶和装卸方式

1.重大件货物运输船舶

根据重大件货物的定义、海运特性及运输特点,能够载运重大件的船舶包括:

(1)多用途杂货船:又称为多用途船,其舱室布置和装卸设备的配备适用于装载一般重大件货物。

(2)重吊船:多指拥有单次起吊能力超过 100 t 重吊的专用船舶,该类船舶多装有位于一舷的一对重吊,一前一后配置,可串联作业。单纯从装载能力来讲,拥有重吊的多用途船也属于重吊船。

(3)滚装船:该船装运的重大件多配装于轮式平台或框架上,但受船舶舱门尺寸和倾斜跳板承重的约束。

(4)半潜船:指具有较大开敞露天载货甲板,首部或尾部有较高上层建筑或甲板室或浮箱,在装卸货物作业过程中呈半潜状态的船舶。该船专门从事运输大型海上石油钻井平台、大型舰船、潜艇、龙门吊等超长、超重但又无法分割吊运的超大型设备。

(5)甲板驳:指设计为仅在甲板上装载重大件货物的具有自航能力或非自航能力的驳船。其船体宽大、吃水浅、载货量大,但无装卸设备。先进的甲板驳带有压载水自动调配系统。

2.重大件货物装卸方式

重大件货物重量、尺寸及形状的特殊性导致其装卸方式与其他货物装卸有很大的不同,根据其海运特性及载运船舶,适用的装卸方式可分为吊装吊卸、滚装滚卸、浮装浮卸、滑装滑卸、浮装滑卸和滑装浮卸。

(1)吊装吊卸

吊装装卸方式指利用起重设备将重大件货物吊上船或吊下船。可以使用的起重设备包括船舶起重设备和岸基起重设备,船舶起重设备是船舶自身所配置的船吊,岸基起重设备包括岸吊、浮吊或车吊。

其特点:对于船舶和码头的高度差要求较低,受潮汐的影响较小,而且占用码头的时间短。但这种装卸方式对于起重设备的吊装能力要求较高,而且需要码头或船舶配有专用重吊,吊装或吊卸的重大件货物重量受起重设备安全工作负荷 *SWL* 的限制,其适用对象多为重吊船或多用途船。

(2)滚装滚卸

该装卸方式是指利用货物自身的滚动或靠拖挂车装置通过船岸倾斜跳板进行水平装卸作业。

其特点:实现了水平装卸,装卸速度快,装卸效率高,提高了船舶利用率,安全度高,货损货差少。其最大优点是不依赖码头的专用装卸设备,码头结构简单,投资少,适合门到门运输。但是作业过程受潮汐影响较大,同时倾斜跳板的承受重量和舱门尺度的大小限制了重大件货物的重量、高和宽。其适用对象多为滚装船。

随着科技的发展,近年来出现了一种新的设备 SPMT(Self-Propelled Modular Transporter)应用于重大件货物在码头的滚装滚卸,而且其承载能力(重量和尺寸)和便捷程度远远超过滚装船。SPMT 称为自行式模块运输车,又名自行式液压平板车。主要应用于重、大、高、异型结构物的运输和装卸,行驶速度为 1~5 km/h,轴载重为 30~50 t。

SPMT 自带动力,采用静液压驱动,可实现多模式独立转向和平台升降功能,遥控控制;可根据装卸和运输货物的特征(外形尺寸、吨位)对车组进行任意合并从而实现重大件货物的装卸和运输。其优点主要是使用灵活、装卸方便、载重量在多车机械组装或者自由组合的情况下可达 50 000 t 以上。该作业方式适用于甲板平整、宽敞且无障碍物的半潜船、甲板驳及港机运输船等。

(3)浮装浮卸

浮装浮卸是半潜船特有的装卸方式,其装卸流程是:自沉—引载—托举—甲板出水—到位—调载下沉—移载离船—自浮。具体过程为:货物装船时,先将压载水打入压载舱,使半潜船下沉浸入水中,直到载货甲板面下沉到预定深度,此时船体除桥楼和尾部浮箱顶部外全部没于水中;然后利用拖船或船舶自带的牵引设备将货物移到载货甲板上方,定位妥当,排出压载水使船上浮,将货物托起置于甲板之上,直至正常吃水状态,最后将大件货固定、系固。运达目的地后,按与装船时相反的程序操作,将货物卸下。

其特点:不依赖码头起重设备,对码头条件要求小;受潮汐影响较小;基本摆脱了船舶对重大件货物重量、长度、宽度和高度的限制,主要适用于具有浮力的海洋工程设备和海上勘探平台的运输。但是装卸过程中受风浪影响较大,存在一定的危险性,同时在浮上、浮下过程中,船舶稳性会随着水线面的变化而发生很大的变化,如果处置不当船舶有倾覆的危险。

(4)滑装滑卸

滑装滑卸是对于放置在码头上的特大件货物,通常先铺设滑道,其中铰接链接船上和岸上的滑道,将货物沿滑道平移至船甲板上。可以从舷侧装船,也可从船尾装船,具体方式应根据实际情况而定。船尾装船方式主要影响船舶纵向浮态,舷侧装船主要影响船舶的横向浮态。为了便于调整船舶的浮态,船上应具备压载水调控系统。

其特点:操作安全,成本相对较低,摆脱了装卸作业对于货物重量和体积的限制,但是它需要使用专门的轨道,并且受潮汐影响较大。船舶的型深和压载舱的调载能力要与装载货物的情况以及码头的标高、水域的潮汐情况等诸多因素相吻合,其中任何一个环节出现问题都会导致滑装过程失败。该作业方式适用于半潜船、甲板驳及港机运输船等。

(5)滑装浮卸和浮装滑卸

这两种装卸方式是浮装浮卸和滑装滑卸的组合,适用于半潜船装卸重大件货物。自身具有漂浮能力的重大件货物,可根据港口的具体情况灵活运用。

三、装载准备

1. 船舶载货能力核查

掌握并核查本船承运重大件货物的能力,尤其是特殊载货能力,包括安全工作负荷、舱位、甲板允许负荷、压载水调控系统等。

2.了解重大件货物信息

充分了解和掌握拟承运的重大件货物的相关信息,包括货物的件数、重量及其分布、尺寸、形状、吊装位置、吊装点强度、包装形式、装卸要求等。必要时须亲临货场观测。

3.起重设备检查

检查本船起重设备的所有部件及其属具,使之处于良好的技术状态。

4.制定正确的积载方案

制订积载方案时应重点考虑:

(1)正确选择舱位和货位,保证船、货、人的安全,积载位置应避免选择在易受风浪冲击的船头部位;便于操作,装卸、系固、检查等;便于使用重吊。

(2)确定货物是否能够叠装,即垂向堆码。

(3)制订正确的衬垫方案,增大摩擦、防止移动,保证船舶局部强度不受损伤。

(4)保证船舶局部强度。

(5)货物配置左右对称,如果可能,尽量左右对称,保证船舶安全,减少压载水调配。

5.明确相关方的职责

重大件货物装运中,明确各方职责和优秀的团队合作是成功的基础,包括承运人、承租人、托运人、收货人、第三方等。船长和船员除了承担保证船舶和货物安全的职责外,还应遵守托运人提出的合理指示和货物保险人现场提出的合理建议。托运人应提供给所有相关方详细的运输手册和运输方案,该文件中应记录有货物安全和适当的运输程序,包括货物详细信息、船舶详细信息、船舶强度及稳性、港口详情、装货程序、积载与系固要求、航次计划(包括应急程序和避难港)、卸货程序等。为保护交易各方的利益,第三方机构可能会参与到特殊重大件货物运输中,通常指的是海事公证鉴定师和货物主管。海事公证鉴定师一般由承保货物的货物保险人指定,他必须确保货物保单中约定的保证条款,且作业项目根据运输手册或运输方案中经认可的程序实施。

6.清理装卸现场

将妨碍装卸作业的杂物清除掉,划出安全作业区,禁止无关人员进出。

7.调整好船舶吃水

使船舶处于正浮状态或需要的浮态。

四、装卸操作

货物安全装卸是装运能否顺利非常关键的一步,尤其是特殊重大件货物。其注意事项主要包括:

1. 制订全面而具体的装卸计划

制订装卸计划要遵循行业规则指导及良好惯例。对于任何重吊作业,应制订起吊方案,方案应明确吊装步骤及重心信息等。

2. 检查货物起吊点的数量和强度

起吊点应数量足够且坚固、结构合理,与货物将承受的主要作用力平行。

3. **起吊作业时应考虑限制条件**

起吊作业应设定限制条件,确保额定设计载荷不会被超过,包括风力条件、船舶摆动、吊车的旋转幅度等因素。当风速大于 15 m/s(7 级)时,应停止重大件吊运作业;在风速大于12 m/s(6 级)时,应停止使用浮式起重机吊运重大件作业。

4.**确保装卸作业过程中船舶稳性满足要求**

应仔细核算装卸过程中的每一个阶段的稳性是否满足规则要求。如重吊起吊作业时,货件最远装吊距离和最高装吊位置的稳性核算,最远距离时船舶产生的横倾角最大、最高位置时悬挂对稳性的影响最大;又如半潜船起浮作业阶段,水线面面积最小时船舶稳性受影响最大,此时船舶初稳性高度很小。

5.**控制装卸作业过程中船舶横倾角**

通常重吊作业时横倾角不超过 3°,过大的横倾会影响船舶稳性,如果此时受强风作用会导致船舶倾覆,因此应通过打排压载水或设置舷外平衡水柜等方式进行调整。

6.**照明要求**

在装卸重大件的各区域内,夜间其照明度应符合有关的要求。

7.**吊装、吊卸作业时吊钩位置**

起吊离地前,吊钩垂直线必须对准货物的重心。

五、重大件货物吊装吊卸过程对船舶稳性的影响

当用船上重型起货设备装卸重大件货物时,货物垂向位置的改变使船舶的稳性发生变化。货物横向位置的移动将使船舶产生横倾。如果船舶稳性过小,则过大的横倾可能使船舶倾覆,或使吊杆支索受力过大而破断。过大的横倾也可能使舱内货物移动造成事故,甚至使船舶倾覆。过大的横倾也不利于机舱的工作,特别是检修工作。因此,应预先计算船舶可能产生的横倾角。计算时可按吊卸和吊装两种不同情况进行,若横倾角过大,则应采取措施加以调整。

1.**吊卸**

如图 14-3-1 所示,当船上重吊将重大件货吊起时,货物即处于悬挂状态。设重大件货重量为 p,积载位置的重心高度为 Z_p,吊杆顶点距基线垂直高度为 Z_b,则此时船舶初稳性高度 GM_1 为

$$GM_1 = GM - \frac{p(Z_b - Z_p)}{\Delta} \tag{14-3-1}$$

式中:GM ——吊卸前船舶的初稳性高度(m);

Δ——船舶排水量(t)。

货物自吊出舱外向舷侧横移直至移至码头上的货物待卸位置,该过程属船内载荷横移。当货物脱离吊钩放至码头地面前,船舶产生的横倾角 θ_h 可用下式计算:

$$\theta_h = \arctan \frac{py}{\Delta \cdot GM_1} = \arctan \frac{py}{\Delta \cdot GM - p(Z_b - Z_p)} \tag{14-3-2}$$

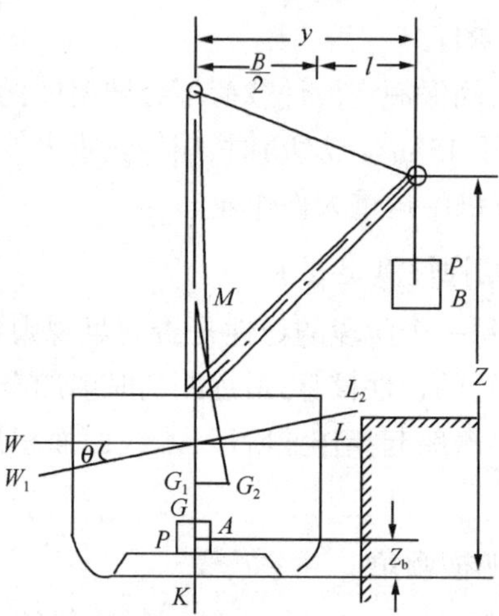

图 14-3-1　重大件货物吊卸

式中：y ——货物水平横移距离(m)。

若货件积载位置重心横坐标为 y_{p}，吊杆舷外跨距为 l，船宽为 B，则

$$y = \begin{cases} B/2 - y_{\mathrm{p}} + l(\text{货物内舷积载}) \\ B/2 + y_{\mathrm{p}} + l(\text{货物外舷积载}) \end{cases}$$

如果考虑重吊吊臂自身横移的影响，则式(14-3-2)可写成

$$\theta_{\mathrm{h}} = \arctan \frac{py + p_{\mathrm{b}} y_{\mathrm{b}}}{\Delta GM - p(Z_{\mathrm{b}} - Z_{\mathrm{p}})} \qquad (14\text{-}3\text{-}3)$$

式中：p_{b} ——重吊臂自重(t)；

y_{b} ——重吊臂重心横移距离(m)，$y_{\mathrm{b}} = \frac{1}{2} \cdot \left(\frac{B}{2} + l\right)$。

事实上，吊卸过程中船舶的最大横倾角和最小稳性并不同时发生，但在生产实际中基本上可将货物即将落放码头时的状态作为最不利状态进行计算。

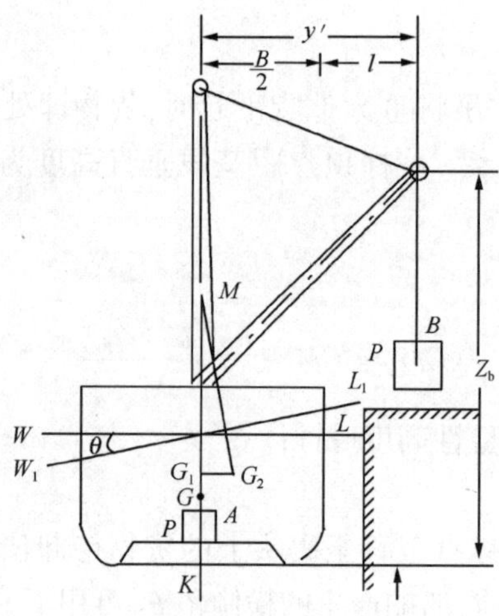

图 14-3-2　重大件货物吊装

2.吊装

吊装重大件货物与吊卸重大件货物不同之处在于:吊卸是将货件由船上装载位置吊至卸载位置未着落之前的情况,在此过程中,船舶的排水量未变;而吊装是将货件从舷外提起再吊至拟装部位未着落的情况,此时,货件的重量由在船外加到了船上,船舶的排水量发生了变化。因此,吊装重货的过程对船舶稳性高度的影响,除了考虑船吊提起重货使之成为悬挂货物的影响外,还要考虑加装少量载荷 p 的影响。综合考虑前两者,相当于将重货装载于重吊吊臂顶端对船舶稳性的影响。

如图 14-3-2 所示,根据少量装载计算公式,重吊提起时船舶初稳性高度为

$$GM_1 = GM - \frac{p(Z_b - KG)}{\Delta + p} \tag{14-3-4}$$

式中:KG ——货件装载前船舶重心高度(m)。

若货件装载前船舶排水量较小,且货件重量较大,为减小计算误差,可按大量情况计算,即

$$GM_1 = KM_1 - \frac{\Delta \cdot KG + pZ_b}{\Delta + p} \tag{14-3-5}$$

吊装时船舶可能产生的最大横倾角 θ_h 可用下式计算:

$$\theta_h = \arctan \frac{py'}{(\Delta + p) \cdot GM_1} \tag{14-3-6}$$

式中:y' ——起吊时货件重心距船舶中纵剖面的横向距离(m),$y' = B/2 + l$。

若考虑重吊吊臂自重横移的影响,吊臂重心横移距离可取 $\frac{y'}{2}$,则有

$$\theta_h = \arctan \frac{p \cdot \left(\frac{B}{2} + l\right) + \frac{p_b}{2} \cdot \left(\frac{B}{2} + l\right)}{(\Delta + p) \cdot GM_1} \tag{14-3-7}$$

当货物自码头地面吊起时,船舶产生横倾角。与吊卸同理,吊装过程中船舶的最大横倾角和最小稳性并不同时发生,但在生产实际中基本上可将货物即将落放码头时的状态作为最不利状态进行计算。

为了确保船舶安全,重大件货物装卸时船舶横倾角不能过大,具体可参照装载手册中有关要求或船舶重吊操做相关规定。在通常情况下,应在装卸重大件货物的同时,在与装卸方向相反的一侧加压载水或通过调拨左右舷的压载水来调整船舶所产生的横倾角。

例 14-3-1:某船在某港使用船上重吊卸一重为 68 t 的重大件货物,该货物配装位置为:$x_p = 8.2$ m,$y_p = -5.0$ m(外舷),$Z_p = 3.5$ m,船舶吊卸重大件货物时排水量 $\Delta = 14\,320$ t,船舶重心高度 $KG = 8.5$ m,$KM = 9.70$ m,吊臂顶端距基线 $Z_b = 21.5$ m,舷外跨距 $l = 4.0$ m,船宽 $B = 23.2$ m,试计算吊卸重大件货物时船舶产生的最大横倾角 θ_h。

解:根据式(14-3-2)并将已知条件代入有

$$\theta_h = \arctan \frac{p \cdot (B/2 + y_p + l)}{\Delta \cdot GM - p \cdot (Z_b - Z_p)} = \arctan \frac{68 \times (23.2/2 + 5 + 4)}{14\,320 \times (9.7 - 8.5) - 68 \times (21.5 - 3.5)}$$

$$= \arctan 0.0878$$

$$\theta_h = 5°$$

例 14-3-2:某船某航次使用重吊装一重量为 60 t 的锅炉,重吊吊臂自重 $p_b = 5.2$ t,其舷外

跨距 l =4.0 m,船宽 B=21.2 m,吊装前排水量 Δ =8 500 t,初稳性高度 GM =1.10 m,船舶重心高度 KG =7.8 m,吊臂顶端距基线 Z_b =17 m,试求吊装时船舶初稳性高度 GM_1 及可能产生的最大横倾角 θ_h。

解:

(1)由式(14-3-4)计算初稳性高度 GM_1

$$GM_1 = GM - \frac{p \cdot (Z_b - KG)}{\Delta + p} = 1.10 - \frac{60 \times (17 - 7.8)}{8\ 500 + 60} = 1.04(\mathrm{m})$$

(2)由式(14-3-7)计算船舶最大横倾角 θ_h

$$\tan\theta_h = \frac{\left(p + \frac{p_b}{2}\right) \cdot \left(\frac{B}{2} + l\right)}{(\Delta + p) \cdot GM_1} = \arctan \frac{\left(60 + \frac{5.2}{2}\right)\left(\frac{21.2}{2} + 4\right)}{(8\ 500 + 60) \times 1.04} = 0.1027$$

$\theta_h = 5.9°$

第四节 木材货物运输

木材是海上运输的大宗货物。其种类较多,按木材形状及加工程度有原木、成材和木材制品。原木形体长大,长度一般为 6~8 m,运输量最多。木材积载因数较大,一般为 1.3~2.3 m^3/t,极易吸收水分和散发水分,干燥的木材易引起燃烧。对于湿材、新伐材及某些树种木材具有一定的气味。由于木材在露天贮存时表面衍生物的呼吸作用,会使封闭货舱内缺氧,木材表层的腐败可产生有毒气体氰化氢(HCN)和易燃的甲烷(CH_4),对船舶安全和人员健康带来不利影响。为保证木材甲板货物的安全运输,IMO 制定并修订了《船舶载运木材甲板货安全操作规则》(简称《2011 年 TDC 规则》)。规则适用于船长等于或大于 24 m 的从事木材甲板货运输的船舶,提出了为安全装运而采取的积载、系固和其他安全营运措施的建议。

一、木材甲板货装运

1.装载准备工作

木材甲板货在装载之前,应做好如下准备工作:

(1)舱盖和该区域其他开口都应牢固关闭或封舱;

(2)有效地保护空气管和通风筒,检查止回阀和类似装置,以确定其防水有效性;

(3)清除装载区域上的积冰和积雪;

(4)备妥甲板系索、立柱等并使之就位。

2.积载和系固的一般要求

现行的《船舶载运木材甲板货安全操作规则》对木材甲板货的积载和系固提出了相关要求。

(1)积载

①应使船员住舱、引航员登船通道、机器处所以及船舶必要运转所经常使用的所有其他区域的通道,在任何时候都安全畅通,使甲板上的安全设施、阀门遥控装置、测深管易于接近。

②货垛尽可能密实和紧凑;密实、紧凑积载是安全运输木材甲板货的基本原则,其目的是防止因货垛松动导致系索松弛,使货垛内产生约束力,降低货垛的渗透率。

③甲板上的露天开口,如在其上堆货则应将其牢固关闭并用压条封住。通风筒和空气管应有效保护。

④装货时,货堆中的包装件之间以及舷墙或门式起重机轨道等和舱口围板之类其他固定结构之间可能出现空当,应尽量避免或减小空当。如空当已形成,应用散装木材填塞或用具有规定强度的 H 形架遮挡以防货物移动。

⑤木材甲板货如有很大部分(包装长度的 1/3)纵向悬于舱口围板或其他结构上方,其外端应由甲板或轨道上积载的其他货物支撑,或由强度足以对其支撑的等效结构支撑。

⑥规则规定:勘划并使用木材载重线的船舶在按船舶《货物系固手册》的规定积载和系固木材时,应遵守载重线公约适用部分的相关要求。

a.积载范围

在勘划和使用木材载重线的船上,其积载范围应满足:

纵向上,木材应分布在上层建筑和首楼之间的全部可用长度内并尽可能靠近端壁;在尾端无限制性上层建筑时,至少应装至最后货舱舱口的后端。

横向上,木材甲板货应尽可能横向分布至船边,对栏杆、舷墙支撑、立柱、引航员进出通道等障碍,要适当留有余地,因此在船边形成的任何间隙应不超出船宽平均值的 4%。

b.积载高度

木材应尽可能紧密地堆装,其堆装高度至少为上层建筑(非任何后升高甲板)的标准高度。冬季航行于冬季季节区域的船舶,木材甲板货的堆装高度不得超过最大船宽的 1/3。

(2)系固要求

①每一系索和系固装置具有足够的强度。其破断强度不低于 133 kN;在初始应力作用下在破断强度的 80%时,伸长不超过 5%;在破断强度的 40%时,无永久性变形。

②每一系索应配备松紧装置或系统,该装置或系统所产生的载荷:水平部分不小于27 kN,垂直部分不小于 16 kN。

③在张紧和初步系固后,松紧装置或系统的螺杆剩余螺纹长度应不小于一半,备用。

④每一长度木材至少应系固两道.并尽可能靠近木材端头;两根系索最大间距为 3 m,高度越大,间隔越小。

⑤如果使用钢丝绳夹作为钢丝系索的接头,应符合下列条件,以防止强度大幅度降低:

a.所用的绳夹的数量和尺寸应与钢丝绳的直径成比例,数量不能少于 3 个,其间距不小于 15 cm;

b.夹子的鞍座部分应装在动载段,U 形螺栓应装在静载或缩短端段;

c.绳夹应先上紧至明显卡进钢丝绳中,然后待系索受力后,再上紧。

⑥正确使用钢丝绳夹,给夹具、卸扣和松紧螺套加润滑,提高它们的夹持能力并防止腐蚀。

⑦根据木材性质、高度以及积载特点,合理安装立柱。立柱由钢或强度足够的其他材料制成,间隔不超过 3 m 且用插座固定,如必要,用金属支架进一步固定在舷墙及舱口围板上。立

柱应牢牢紧固于船舶的甲板、舱盖或舱口围板(如有足够强度),并受到约束时不致在装卸期间朝内倒下。立柱应对纵向积载在甲板上的货堆按其全高予以遮挡。

⑧每一系索都应绕过甲板木材并用卸扣有效地固定在甲板边或其他系固点的眼板中,其布置方式应尽可能保证在整个高度上与木材接触。

3.系固方式

系固方式包括:

(1)拱背系固法

如图14-4-1所示,该方法通常用于第二层和第三层木材的系固。将系索系固在两立柱上并使之拉紧,当上层木材装在这些系索上后,其重量会进一步使其绷紧。

(2)绕行系固法

如图14-4-2所示,除钢链系固外,加用钢丝绳系索,每根系索从货堆一侧绕至另一侧并绕最上层木材货物。

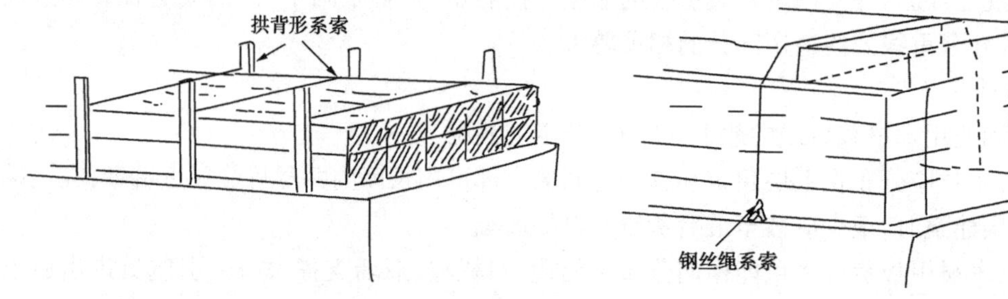

图14-4-1　拱背系固法

图14-4-2　绕行系固法

(3)鞋带交叉系固法

摆绳从货堆上绕过,并穿越一系列扣绳滑轮,由基索固定就位。紧索螺套从基索顶部装入摆绳中,以使其保持绷紧状态,如图14-4-3所示。

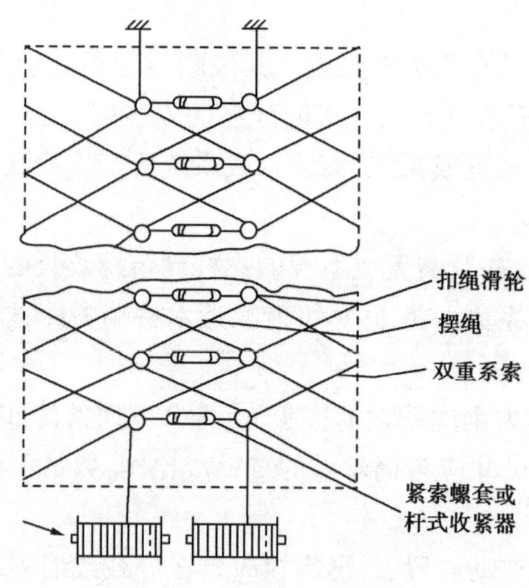

图14-4-3　鞋带交叉系固法

(4)链条围固法

如图14-4-4所示,从货垛顶部绕过并固定到坚固的眼板或舷外其他系固点上。每一系索上需装紧索螺套,以便紧固。

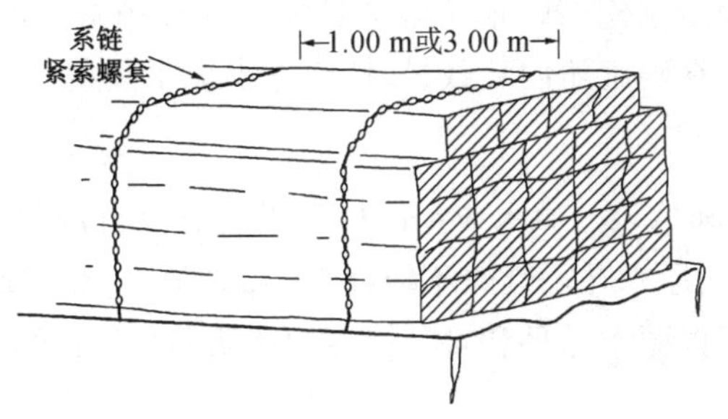

图 14-4-4 链条围固法

应该注意的是,根据不同木材特点及装载的具体情况,应选用适当的系固方式,或由以上系固方式组成系固系统,如图 14-4-5 所示。系固方式不排除已为实践检验有效的海员通常做法。

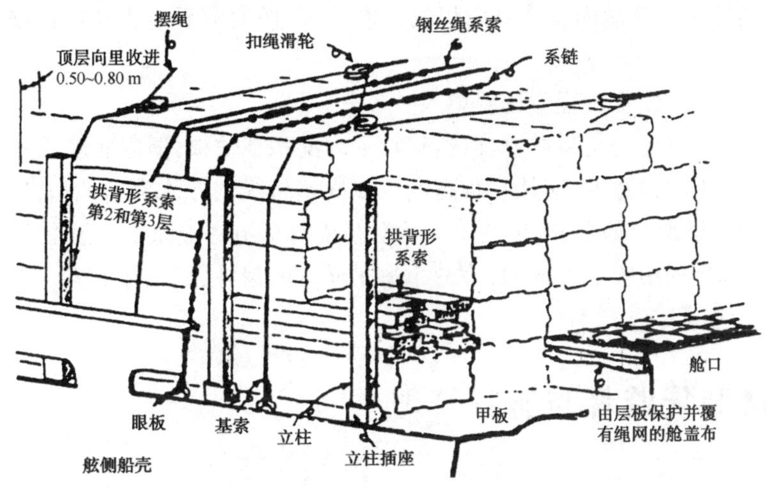

图 14-4-5 四角木材典型系固系统

二、舱内原木装运

1.装货前的准备工作

(1)了解装货舱位及待装原木的特点,如装货舱位的形状、尺寸(长、宽、深)、容积、舱口大小、原木的长度、体积、直径、积载因数等。

(2)使用船吊装载时,应对其进行检查及试操作,如有损坏,在装货前及时修复。

(3)检查货舱及相关设备,以查明舱内构件、骨架和通风、消防等设备的情况是否会影响货物的安全运输。如有损坏,应以适当方式修复。

(4)检查舱底水吸口滤网,保持清洁、有效,防止碎片进入污水排放系统。

(5)确认污水泵处于随时可用状态;为防止污水管系堵塞,船上尚应配备足够功率和扬程的移动式排水泵。

(6)货舱舷侧护板,管道护罩等用于保护内壳的设施,应在其原有位置上。

(7)使顶边压载舱处于无水状态,确保泵阀关闭并得到适当监控,以防止水意外进入压载舱内而造成船舶横倾、甲板货物移动甚至船舶倾覆。

(8)根据船舶和货物的具体情况,制订装载计划。为使甲板上能够承载较多货物,舱内容积应尽可能充分利用。但在确定舱内装载量时,应考虑原木装载过程中的亏舱。

2.装载作业

(1)监督装卸工人正确吊装。原木应在吊杆下垂直起吊,以减少被吊货物的潜在摆动;以防止船舶损坏和人员安全,原木在吊装时不应摇摆,如必要,应将其轻靠在舱口围板内侧后缓慢下放,以便消除摇摆;根据原木品种和直径换算原木重量,从而确定每吊原木根数,监装时注意防止超关。

(2)舱内尽量装满装实,且按上轻下重的原则将最重的原木首先装入货舱,以增大货舱内装载量并尽可能降低货物重心,这样,则有利于甲板木材的装载。

(3)原木在舱内一般纵向堆装,较长者应装在舱的前、后区域。若纵向长度间有空当,应填塞横向积载的原木。若舱内仅能纵向积载一根原木,任何前后空当均应以横向积载的原木填入。

(4)横向空当应在装货过程中逐层填入。

(5)原木粗端应首尾向交替放置,以达到较平坦的积载效果,但内底舭弧过大者除外。

(6)若舱宽大于舱口宽度,应从装货高度至 2 m 始将纵向原木滑入舱口两侧舱位,以尽可能避免货堆呈金字塔形。如必要,可使用活动滑车或滑车组将重原木拖至指定舱位。

(7)当货物堆至约甲板下 1 m 时,应减小每吊原木的尺寸,以便于在余下空间积载。在舱口围内也应尽量装满。

三、木材装货监督与航行管理

1.装货监督

(1)船员在值班中应对来货的质量和包装予以检查,包装木材的捆扎铁皮应结实且未松动。

(2)甲板上使用垫料衬垫时,要注意其铺垫方向应保证负荷落在甲板下的结构上,有助于排除积水。

(3)装货过程中,应监督货物堆积情况,检查货物是否密实紧凑。

(4)监督木材与舱口围板或甲板障碍物间垫材的填塞情况。

(5)装货时,保持船舶无横倾。避免使立柱等承受过大负荷。

(6)在装货过程中,船员应认真监督,以保证不发生结构损坏,如有损坏且影响船舶适航,应予以修复。

(7)监督装卸工人正确吊装。原木应在吊杆下垂直起吊,以减少被吊货物的潜在摆动;以防止船舶损坏和人员安全,原木在吊装时不应摇摆,如必要,应将其轻靠在舱口围板内侧后缓慢下放,以便消除摇摆;根据原木品种和直径换算原木重量,从而确定每吊原木根数,监装时注意防止超关。

(8)装货完成后和开航前,应对船舶进行彻底检查,如检查货物的堆装和系固情况,有无结构损坏造成进水,船舶的安全通道设置情况等。

2.正确设置通道、围栏、步道及救生索

(1)安全通道的设置

甲板木材的堆码中,应留有通往船员居住处所和工作处所的通道;这种通道可由高度不低于1 m、垂向间距不大于0.33 m的安全绳或安全栏构成。另外,在船舶中线处还应设置一道安全线,并用紧固装置拉紧;安全绳和安全栏的支柱的间隔应使其不过分下垂;若货物表面不平,则应在货物表面上设置宽度不小于60 cm的步道,并固定在安全绳的底部或旁边。

(2)围栏的设置

货堆中,甲板上的桅房和纹车等处应设置围栏。

(3)步道的设置

若未设置立柱,则应设置水平的、宽度为1 m、两边至少为3道安全绳或安全栏构成的步道;最下边的安全绳或安全栏应距步道表面不高于23 cm,最上一道安全绳或安全栏的间隔不大于38 cm;安全绳或安全栏应用刚性支柱支撑,间隔不超过3 m;安全绳应用紧固件拉紧。

(4)救生索的设置

在木材上最好使用钢丝绳设置救生索,使装备有吊索保护系统的船员能够钩挂在上面,以便在木材上作业。

(5)木材表面和甲板间梯子或梯道的设置

货堆高度超过一定高度时,应在木材表面和甲板间设置带有安全绳或扶手的梯子或梯道。

3.航行管理

(1)由于船舶的运动和振动会使货物下沉及紧缩,造成系索松弛,航行期间应定期检查系索状态,必要时将其收紧。对系索的所有检查和调整均应记入航海日志。

(2)将楔子、纱头、锤子和活动泵等备用设备和物品放在易取处。

(3)注意下舱安全。下舱前,应先通风,后测定不同高度处氧气含量,如怀疑通风不足,则需使用自给式呼吸器。

(4)定时测定污水,注意船舶浮态变化。

三、木材甲板货运输船的稳性要求

船舶在甲板上装载较大比例的木材,使得船舶重心提高,受风面积增大,加之海况的影响,往往使得船舶稳性过小而不能保证船舶安全。同时也应避免稳性过大,以免船舶在航行中剧烈摇摆而产生过大的加速度,造成系固设备受力增大。因此木材甲板货运输船舶既要满足2008年IS规则的最低稳性衡准要求,也要满足规则规定的*GM*值不宜超过船宽3%的要求。当然还要满足SOLAS公约破损稳性的要求。

1.《2008年完整稳性国际规则》(《IS规则》)对木材甲板货运输船完整稳性的要求

(1)稳性建议衡准

对于装载木材甲板货的船舶,当积载和系固符合规定时,则可以下列衡准代替2008年IS规则普通货船的完整稳性衡准:

①在航程中任何时候的初稳性高度,经液舱柜自由液面影响,以对甲板货吸水和/或露天表面结冰影响做出修正后,应不小于0.1 m。

②静稳性力臂 GZ 曲线下的面积，当横倾角达到 40°或进水角（取小者）时，应不小于0.08 m · rad。

③最大静稳性力臂值应不小于 0.25 m。

④计算船舶抵抗横风和横摇联合作用的能力时，在定常风作用下的横倾角应不大于 16°，但可不考虑甲板边缘浸水角 80%的附加衡准。

（2）稳性计算时应考虑的因素

①计算静稳性力臂时，可计入木材甲板货入水体积的 75%的浮力，即木材甲板货的渗透率为 25%。为此，船舶装载手册中应提供计算资料。

②整个航次中按最不利状况核算船舶稳性：油水消耗且存在自由液面；干的或风干的木材吸水 10%，重心取在甲板货重心处；货物表面结冰，按实际情况或船舶资料计，重心取在甲板货上表面。

2.《法定规则》对木材甲板货运输船完整稳性的要求

《法定规则》对国际航行木材甲板货运输船的稳性要求与《2008 年完整稳性国际规则》的要求相同；对于国内航行的木材甲板货运输船的稳性要求除满足普通货船的一般要求外，还提出了稳性的特殊衡准。

（1）稳性衡准

①运木船所核算的各种装载情况经自由液面修正后的初稳性高度均应不小于 0.1 m；

②静稳性力臂曲线最大值应不小于 0.25 m。

（2）计算条件

①计算静稳性力臂时，可计入木材甲板货入水体积的 75%的浮力，即木材甲板货的渗透率假定为 25%；

②运木船到港情况及航行中途情况应假设木材甲板货的重量由于吸水而增加 10%；

③如结冰，应按实际情况进行结冰计算，若无实际结冰资料，则应按普通货船规定重量的 3 倍计算。

3.保证船舶稳性的措施

（1）配备完整的稳性资料

船上应配备完整的计及木材甲板货的稳性资料，这种资料能使船长迅速便捷地从中获得不同营运条件下船舶稳性的确切指导，包括船舶装载不同积载因数的木材并计及甲板木材渗水、结冰和液体舱柜自由液面等影响后船舶离港、到港时的稳性状况，完整的横摇周期与稳性的关系图表等。

（2）防止货物移位

木材甲板货移动主要是由下列原因造成的：

①航行中货物压实使系索松弛，系固系统的松紧器不合适和/或系索强度不足；

②摩擦力不足，特别是在冰雪状况下货物在舱盖上移动；

③材料性能差使得立柱强度不足和/或过分受力；

④船舶大幅度横摇或纵摇；

⑤汹涛骇浪的冲击。

为此，需采取相应措施防止货物移动：

①无论是甲板上还是舱内积载,都应密实和紧凑,舱内积载时不可避免出现的空当应适当衬垫或填充。为确保紧密积载,应加强值班检查和监督。

②选用形式、规格及强度符合本船系固需要的系固设备,并具有主管机关检测证书。

③对系固设备检查、维修和保养。船上对系固设备的目视检查周期不得超过 12 个月,在装货前,应对船上所有的系固点,包括立柱上的系固点,做目视检查,如有任何损坏,都应予以修复。

④按规定间距设置立柱和系索,并限制甲板木材的高度。

⑤船上应配备一份或数份系固平面图,作为装货后系固布置的参照形式。

⑥装货前清理舱面积雪、积冰和油脂,雨雪天应停止装货作业。

⑦避免稳性过大而使船舶剧烈摇摆,从而导致系固设备受力增大。

⑧编制航行计划,尽可能避开恶劣气候和海况。航行中遇到气候和海况恶劣情况,船长应及早采取减速和(或)改变航线的措施,以便最大限度地减小货物、结构和系索的受力。航行中谨慎操船的重要性怎么强调也不过分。

(3)合理配载,保证船舶具有适度稳性

①不同重量的木材配装时,轻木材配装在上方或甲板上,重木材配装在下方或舱内。

②减少甲板货的装载数量。当船舶在预定航线上可能遭遇恶劣海况时,为确保船舶安全应适当减甲板货装载数量和装载高度。

③在满足载重线要求的前提下向双层底压载舱加注压载水,但应尽量减小自由液面影响。

(4)保持船舶无横倾航行

①甲板上及舱内的木材应均匀装载,使其重量左右均衡,以保证船舶离港前无初始横倾。

②开航前认真检查并收紧所有系索,航行中因货物的沉降及紧缩会使系索松弛,应定期进一步检查并及时将其收紧。

③燃油、淡水等消耗品尽量横向对称使用,避免因此而使船舶产生横倾。

④航行中密切注视船舶浮态,如出现横倾,应查明原因并采取适当措施予以校正。

航行中产生横倾的原因除正常使用燃料、淡水等消耗品所致外,可能由于货物移位、货舱进水和船舶负稳性造成的。

a.经检查确认货物已移动,船长应根据具体情况采取补救措施。在采取一舷压载舱加压载水或调拨燃料来减小或校正货物移位造成的横倾时,应防止货物随后向另一舷移动而造成更大横倾,船长应慎重对待。由于货物移位多发生在不利气象条件下,派人去放松或拉紧已移动的货物或系索具有更大危险。另外,投弃货物的做法也应经认真考虑后才能实施,否则会使螺旋桨遭受严重损坏。如果货物投弃入海,船长应根据《SOLAS 公约》的相关规定,发布航行危险通报。

b.船舱内是否进水应通过测深迅速确定。若发现来路不明的水,应开启所有的可用水泵来控制局面,并尽力查明货舱进水的原因,以便采取其他有效措施。

c.若在发现横倾之前船舶横摇一直缓慢,恢复至初始正浮位置时间较长,说明该船舶稳性很小或无稳性,可采取加装压载水或在甲板上卸载的办法予以调整。压载时应先灌注较低位置的压载舱并逐舱注满,较低一侧的舱室先加载,使稳性立即增大,然后再向较高一侧的舱室加载。

第五节　钢材货物运输

钢材货物是海上运输的重要货物种类之一，其运输方式主要有两种：集装箱装运和散装运输。本节主要就钢材货物的分类、海运特性、散装运输时的积载与系固要求及安全管理进行介绍。

一、钢材货物分类及海运特性

1.分类

钢材制品种类繁多，根据不同的分类原则有不同的分法，如按品质分为普通钢、优质钢、高级优质钢；按化学成分分为碳素钢和合金钢；按成形方法分为锻钢、铸钢、热轧钢及冷拉钢；按用途分为建筑及工程用钢、结构钢、工具钢、特殊性能钢及专业用钢（如桥梁用钢、船舶用钢、压力容器用钢等）等。但从运输角度，多按外形分为型材、板材、管材、钢丝四大类。

（1）型材

型材是通过轧制、挤出、铸造等工艺制成的具有一定几何形状的钢材。按其横截面形状分为工字钢、槽钢、H 型钢、等边角钢、不等边角钢、方钢、圆钢、扁钢、六角钢和八角钢等品种；又可细分为棒材、钢筋、中小型型钢、大型型钢四个品种。直径在 6.5~9.0 mm 的小圆钢又称为线材。

（2）板材

板材是一种宽厚比和表面积都很大的扁平钢材，多为板状或卷状。板材厚度不一，既有不超过 4 mm 的薄钢板，又有 4~60 mm 的厚钢板。在运输中还有热轧钢板和冷轧钢板，镀锌板（白铁皮）、镀锡板（马口铁）、复合钢板及彩色涂层钢板等。

（3）管材

管材是一种中空截面的长条钢材。按其截面形状不同可分为圆管、方形管、六角形管和各种异形截面钢管；按加工工艺不同又可分无缝钢管和焊管钢管。多以单支管或捆管形式运输。

（4）钢丝

钢丝主要包括钢丝、钢丝绳、钢绞线等，是线材的再一次冷加工产品。

海运中最常见的钢材有长型材、卷钢、钢板、钢管、螺纹钢、盘圆等。

2.海运特性

（1）积载因数小

钢材货物积载因数多在 0.30~0.58 m^3/t。船舶装载状态多为满载不满舱，货舱空余舱容较大。由于船舶重心低而初稳性高度很大，造成横摇周期过短，引发船舶在大风浪中发生大幅度的剧烈横摇，导致货物倒塌、移动。此外若衬垫不当，则会造成载货部位受力过大，超过甲板或舱底板的许用负荷，导致局部强度受损。

(2)忌潮湿

钢材货物常采用裸装方式,许多钢材货物受潮后容易发生锈蚀现象而影响其商业价值。研究表明,钢材在相对湿度为40%时开始锈蚀,在相对湿度为40%~50%时,锈蚀速度加快,在相对湿度大于60%时,锈蚀速度急剧增加。因此钢材海运过程中应利用通风等措施将货舱内的相对湿度控制在40%以下。此外,钢材直接与水接触也会造成货损,如雨水、汗水、海水等,因此在运输过程中应控制雨水、包件产生的汗水、舱壁上产生的汗水及海水进入舱内对钢材造成的损害。

(3)忌货物变形

一些钢板因衬垫设置不当,会造成下层钢板在重压下呈波浪状变形;一些卷钢因装卸或堆装不当会引起卷边、开卷等;一些钢管因衬垫、装卸不当造成变形,导致货损。

(4)忌酸、碱、盐类腐蚀性货物

多数钢材货物与酸、碱、盐类腐蚀性货物接触后会发生化学反应,对货物造成腐蚀损害。

(5)摩擦力小,易移位

钢管、卷钢、盘圆等钢材货物,与装载处所接触面小,所以摩擦力小。若其装载部位存在油渍或系固不当,堆装不紧密,船舱内的这类货物在船舶遇风浪时极易发生移位,导致船舶产生横倾角,影响船舶稳性。甚至个别钢材重件移动,会击穿水线下的船侧外板而造成船舱严重进水。应采取良好的积载措施、有效的系固方法,保证钢材货物安全运输。

二、钢材货物安全装运

1.钢材积载对船舶的要求

(1)货舱应具有良好的通风设备。钢材在运输中经常需要通风,控制舱内的相对湿度及防止产生汗水。

(2)货舱应具有良好的水密性。运输途中,若货舱盖不能保持有效的水密性,则海水可能进入舱内对钢材货物造成腐蚀。

(3)货舱内污水排放系统应保持畅通,便于舱内产生的汗水汇集到舱底后及时排出。

(4)货舱内应具有充足的固定系固设备,如不足应临时加设。

2.钢材积载一般原则

(1)积载钢材的处所应清洁、干燥、没有油脂。

(2)应在舱底、舷侧和层间铺设衬垫,不能直接堆积在舱底或甲板上,也不得与船体构件直接接触。

(3)货物的重量分布应避免使船体受到过大应力,且不得超过甲板和舱底板的许用载荷。在舱底完全且良好衬垫的条件下,货舱最大装载重量不应超过舱底面积与许用负荷量之积,即实务中常用的投影计算法。

(4)应考虑船舶稳性过大对钢材货物系固的不利影响,控制船舶重心高度,防止出现重心过低、稳性过大的现象。

(5)适当留有通往系固布置、安全设备及控制设备的通道,以便航行中对货区进行定期检查。

(6)货物表面应尽可能保持平整。

(7)应密实积载,货物间不留空当,必要时用垫料塞紧。垫料尺寸及强度应满足所装载货物的需要。

(8)根据钢材的不同类型和尺度选择适宜的积载方式。

(9)钢材货物不得与散发水分的货物、散发具有腐蚀性气体的货物或气体与水反应生成腐蚀性物质的货物等同舱装载。

(10)钢材货物不得与酸、碱、盐等货物相邻装载。

3.长型材积载与系固

钢轨、槽钢、角钢、圆钢等长型钢材,适于作打底货,积载时可采取顺船长方向或纵横交错堆码方式[见图 14-5-1(a)],采用纵横交错堆码时,应在两舷侧处用方木或木板衬垫,以防船舶横摇时钢材端部撞击船体。钢轨应采取平扣的方法堆装[见图 14-5-1(b)]。长型材积载时要求堆码整齐、紧密、铺平,防止移动及利于上面加载其他货物。

型材系固可采用分体或整体形式。分体形式是指利用系固材料对上部 2~3 层高的型材进行系固,舱内货物不足 3 层时一般采用整体系固。

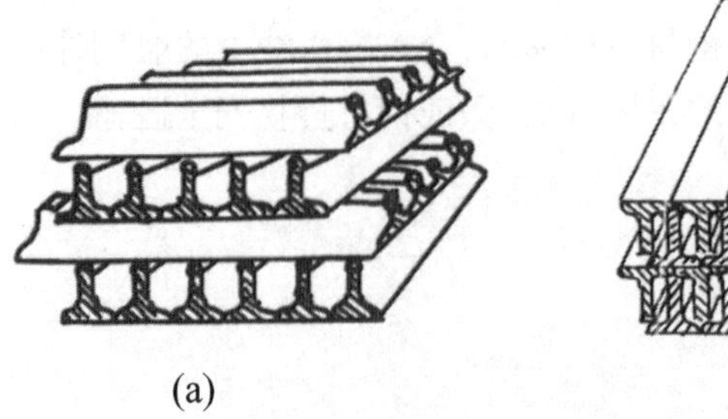

(a) (b)

图 14-5-1 钢轨堆码

3.管材积载

钢管等管材类货物的堆码应利于防止货物滚动和保护管头不受损伤。管材一般应顺船舶首尾方向堆放,在货舱两侧已装货的情况下,短管材可以横向积载在货舱中间;大口径的铸铁管等应注意管头一正一倒交替紧密排列(见图 14-5-2),每层之间应用厚度适合的木条衬垫,以免管头受力而损坏。管材应均匀装载,堆放整齐,每根管材与舱底接触部分在一侧放置 2~4 个木楔,防止船舶航行中下层货物移动。单支薄壁管积载时应注意衬垫方式,防止货损;成捆钢管积载时,应放置垫木且上下垂直。相同直径的管材应尽可能一起积载,确保紧密且平整,减少空当;不同直径管材混装时,管材间空当应用木材塞紧。

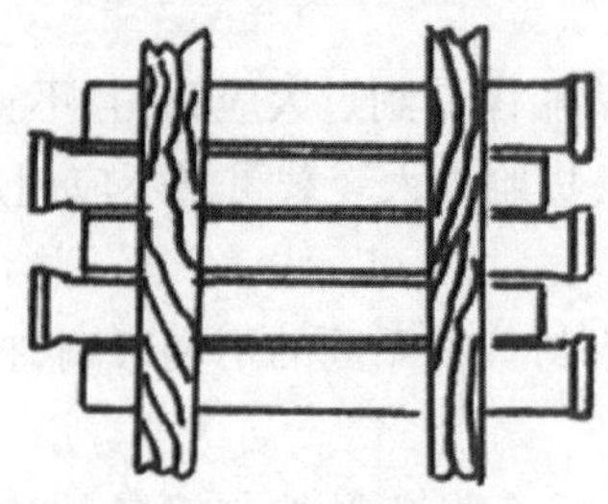

图 14-5-2 钢管堆码

4.钢板积载

钢板多用于打底或用于底层钢材上面压载铺垫,纵向积载和横向积载均可。对于宽度固定而长度不定的钢板,横向积载较好,可以把钢板按照一定的长短顺序来积载,保证每层钢板尽量紧密,减少空洞,如图 14-5-3 所示。无论是横向还是纵向积载,在衬垫时一定要保证垫木上下对直成一线,让钢板上下受力在衬垫点上,以防止货物波浪状变形,如图 14-5-4 所示。

图 14-5-3 钢板堆码

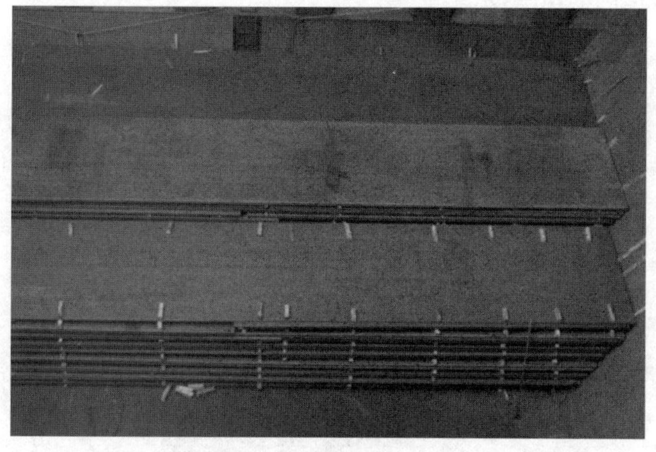

图 14-5-4 钢板衬垫

5.金属块锭

金属块锭等块状货物,一般配于底舱作打底货,经平舱并适当铺垫后,再加载其他货物,并应注意使其与舷壁之间不得留有可以滑动的空间,如图 14-5-5 所示。如果其他货载数量有限,不足以充塞其四周和上部压紧时,则除注意平舱外,尚应在金属块锭下面用木板等进行铺垫,以增加摩擦力,防止货物滑动。

6.卷钢积载与系固

卷钢(steel coil)主要指卷装钢质板材,包括碳素钢板、合金钢板、有色金属钢板及其他金

图 14-5-5 金属块锭堆码

属钢板等。对卷钢进行合理积载与系固对保证船舶安全、防止造成货物损坏，具有至关重要的作用。

（1）积载原则

①尽可能将尺度相同的卷钢积载在同一排，各层之间采用压缝堆垛方式。在纵向上可留出一定缝隙（150 mm）而横向上应紧凑积载在一起。

②积载时应考虑卷钢的重量、尺度，选择适当的位置。重量、直径、长度较大的卷钢积载在下部，而重量、直径、长度较小的则积载在上部。

③为了避免货损，多层积载的卷钢，如果有必要，可在底层卷钢内径孔内做“十”字撑（cross chocking），如图 14-5-6 所示。

图 14-5-6 卷钢内“十”字撑

④卷钢装载时应从左右舷开始往中间进行，并保证整排装货，如舱宽不为卷钢直径的整倍数而出现船宽方向的空当，则应将该空当留在中间。在空当位置的上面放置一个锁紧卷。

⑤在首、尾舱积载卷钢时，一定要保证卷钢前后方向顺直。与底边水柜的三角缝用垫木填实。如果有条件，卷钢积载的第二层尽量装到边水柜位置。

⑥尽可能将冷轧钢卷与热轧钢卷分舱积载，因为前者常露天存放，卷内可能有积水。

⑦多甲板普通杂货船装运卷钢时,卷材应在底舱积载,不要积载在二层舱。

(2)积载方式

卷钢货物在舱内的积载主要有三种方式(如图 14-5-7 所示):

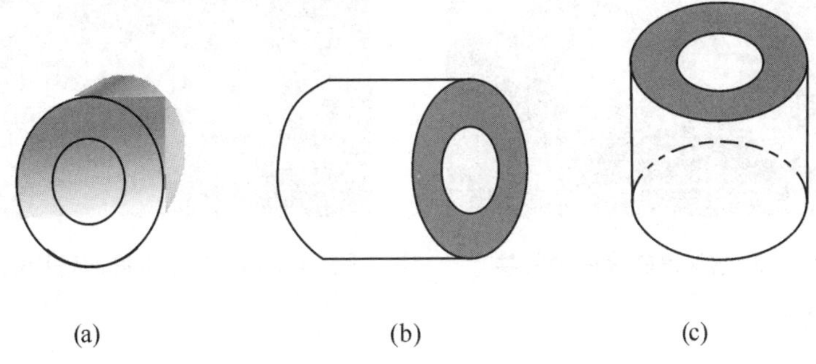

图 14-5-7 卷钢积载方式

①纵向积载

该方式是指卷钢的滚动方向与船宽方向一致,即卷钢的轴向为船长方向。纵向积载适用于所有尺度的卷钢。卷钢实际积载大部分采用纵向积载方式,这有利于使用 C 形货钩、钢卷搬运机和叉车进行堆装,缩小钢卷间的缝隙。

②横向积载

该方式是指卷钢的滚动方向与船长方向一致,即卷钢的轴向为船宽方向。

③垂向积载

该方式是指卷钢直立积载,即卷钢的轴向为垂直方向。该积载方式通常适用于长度小于直径的卷钢,积载层数一般不超过 2 层;单重小于 10 t 的立式卷钢,也可以积载 3 层。

(3)锁紧卷(locking coil)

卷钢纵向积载时每一排应形成一个不可移动的整体。因此每一排的积载中应设置 1 个或 2 个锁紧卷,如图 14-5-8 所示。这样,随着船舶在航行中的颠振,钢卷形成的货堆会越来越紧凑。

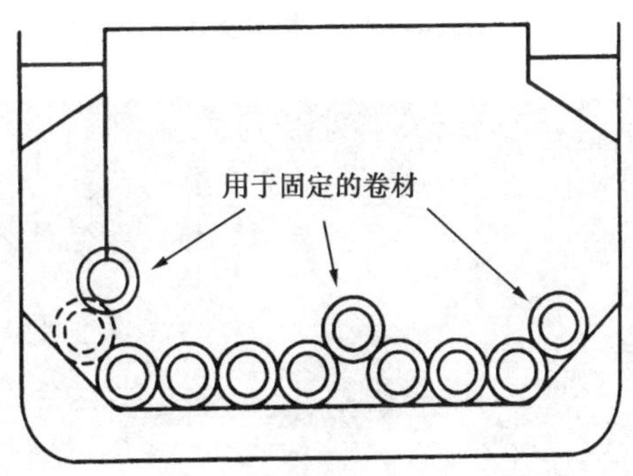

图 14-5-8 锁紧卷的设置

锁紧卷的设置应注意:

①若船宽正好是卷钢直径的整数倍,则应在舷侧加衬垫,以设置 1 个或 2 个锁紧卷。

②锁紧卷的重量不得小于底层卷钢的平均值,但也不应超过卷钢重量平均值的 1.5 倍。

③锁紧卷的压卷深度不应大于其直径的 1/3,若下沉过多(如图 14-5-9 所示),则会失去锁紧的作用。可以将底层一件卷钢适当调整位置,设置两个锁紧卷压缝(如图 14-5-10 所示)。

图 14-5-9　压卷深度较大的锁紧卷

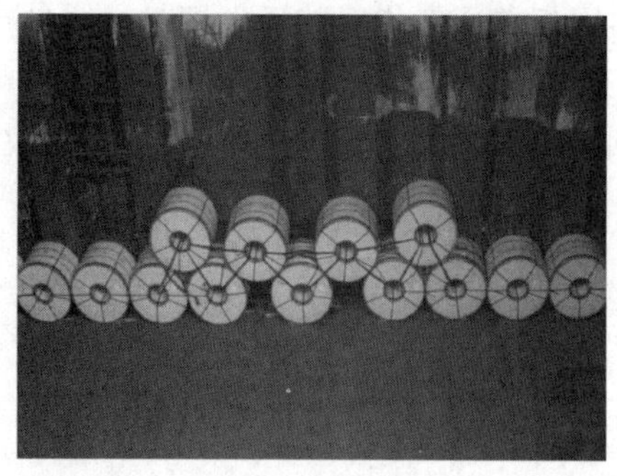

图 14-5-10　压卷深度调整后的锁紧卷

(4)卷钢衬垫

①舱底衬垫

卷钢不得直接堆积在船底板上，也不得直接与船体构件接触。除非卷钢事先积装在木质托盘或木架上，否则在舱底和底层卷钢间必须铺设衬垫。

舱底垫木应该使用硬杂木(果木、杂木等)，规格不得小于 50 mm× 100 mm × 1.5 m。若拟装卷钢的重量较小，可铺 1 层衬垫；若拟装卷钢的重量较大，可铺 2 层垫木。将卷钢装载在衬垫木上后，应用木楔挤妥，如图 14-5-11、图 14-5-12 所示。每只卷钢一般用 2~3 只木楔，同置在钢卷可能移向的一侧。

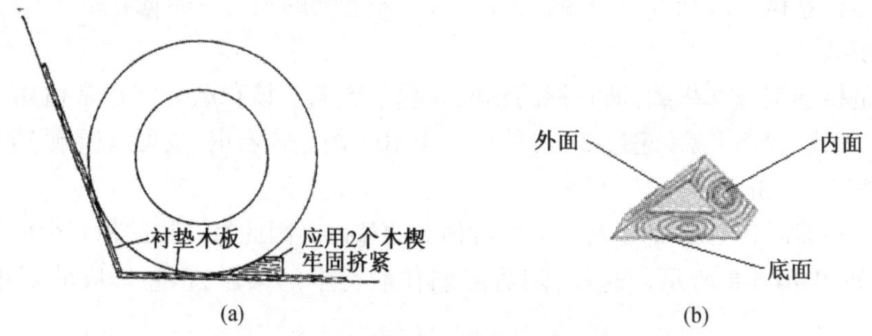

图 14-5-11　木楔及其使用

图 14-5-12　舷侧衬垫及底部衬垫

②舷侧衬垫

对于舷侧的衬垫，可直接用 100 mm× 100 mm ×(1.5~2) m 的软木(白松、红松等)衬垫，或者根据实际情况制作相应大小的木架衬垫。衬垫的主要目的是确保货物与舱壁之间不要直接接触，分散压强及用作支撑、防止移动，如图 14-5-11、图 14-5-12 所示。

③卷钢之间的横向衬垫

卷钢的直径一般并不相同，所以每一层的钢卷之间不一能正好相切，因而会有空当存在。对于最上一层及第二层左右舷部位及钢卷间的空当应用木板或木架撑妥，如图 14-5-13 所示。

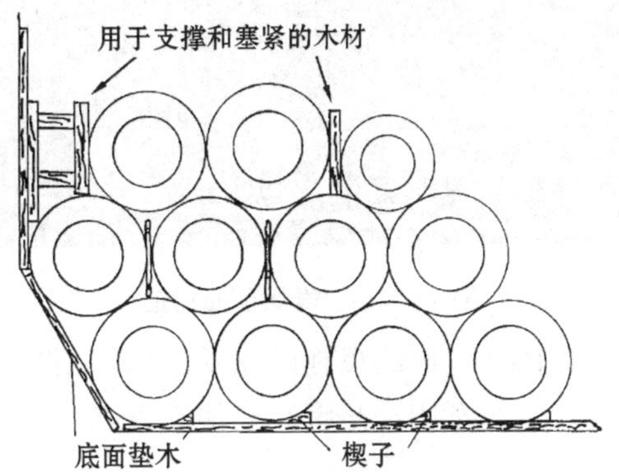

图 14-5-13 卷钢与舷壁及卷钢之间的衬垫

④卷钢排间的衬垫

每一排卷钢之间应用木板或木架撑妥，如图 14-5-14 所示。

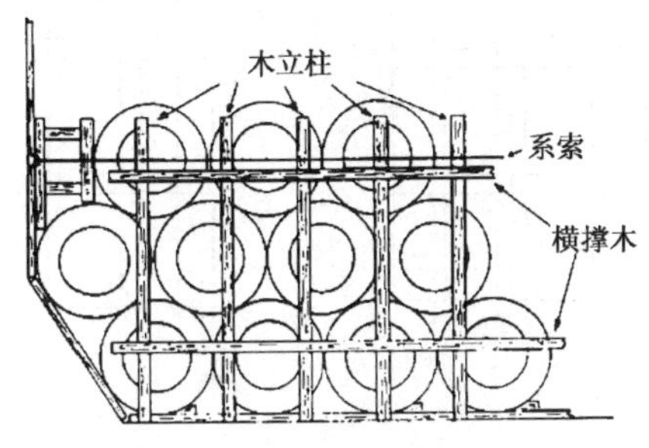

图 14-5-14 卷钢排间的衬垫

⑤顶面衬垫

在卷钢顶面装载钢管、吨袋等其他货物时，为了避免货物接触、保证货物不受损伤及使表面平整，在卷钢顶层表面大面积铺设的衬垫，又称为特殊衬垫。衬垫物料通常用木板、木方等，如图 14-5-15 所示。

(2)系固

卷钢系固是为了将它们系连在一起，使之在舱内形成大的不可移动的卷钢组。对于常规卷钢，通常使用具有足够强度和防止利刃损坏保护的软钢丝绳及附属配件或钢带系固。钢丝绳的附属配件(如花篮螺丝)的最大系固负荷应不小于钢丝绳的最大系固负荷。下面主要介绍纵向积载卷钢的基本系固方法及要求，具体船舶应参照其《货物系固手册》的指导。

①顶层卷钢的系固

一般来说，若卷钢堆满全舱则不必系固。若卷钢未堆满全舱，则最高一层的最后三排应予系固，以防止货件纵向和横向移动。

图 14-5-15　卷钢顶面衬垫

顶层卷钢的系固通常采用 IMO 建议的奥林匹克系固法[如图 14-5-16(a)所示]或成组系固法[如图 14-5-16(b)所示]。成组系固法是将 6 只钢卷系在一起,而奥林匹克系固法是将 9 只钢卷系在一起。

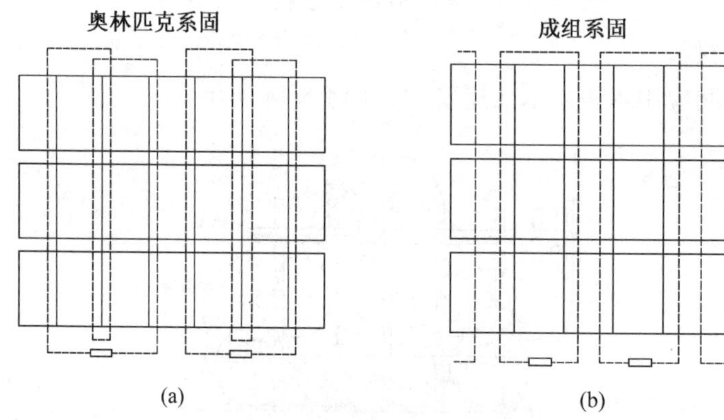

图 14-5-16　顶层卷钢的系固(俯视图)

当卷钢装满整个舱底并布置了良好支撑时,不必再用系索绑扎,但用于锁紧的卷钢除外。

②层间卷钢的系固

15~20 t 的卷钢在舱内纵向积载时,通常积载 1~2 层。

a.单层积载

卷钢单层积载时,一般带 1 个或 2 个锁紧卷,其适宜的系固方法如图 14-5-17 所示。

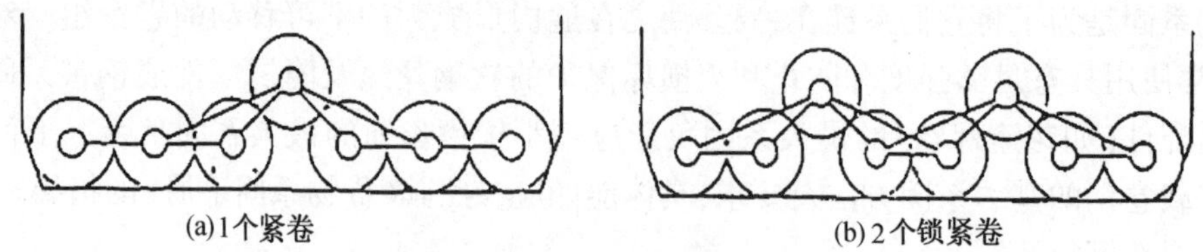

图 14-5-17　卷钢单层积载的系固

b.双层积载

卷钢双层积载时，一般带 1 个或 2 个锁紧卷，针对不同的积载方式，其适宜的系固方法如图 14-5-18 所示。

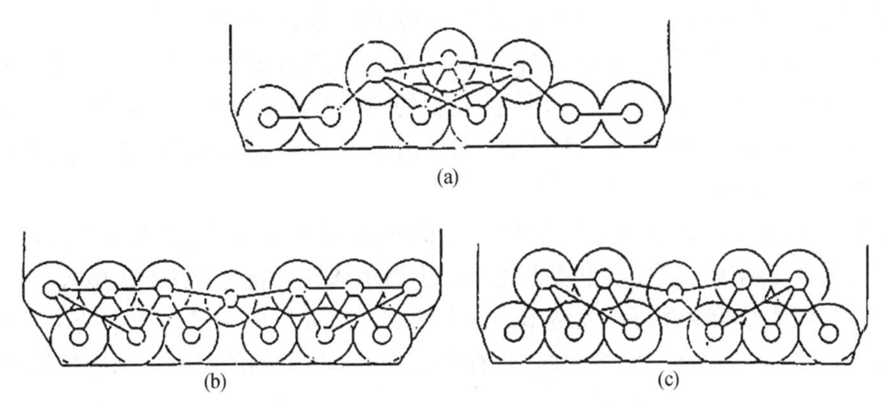

图 14-5-18　卷钢双层积载的系固

第六节　滚装货物运输

滚装货物是指可依靠自身动力，或利用随船或不随船装载的临时移动装置，通过水平移动方式装上船或卸下船的一种货物单元。海运滚装货物多利用滚装船（roll on/roll off ship）完成。滚装船是指一种设计和制造成能装载车辆或使用车辆装卸集装箱或托盘货物的专用船舶，主要包括滚装客船（ro-ro passenger ship）和滚装货船（如 PCTC、PCC）。滚装船运输能减少码头装卸设备的投资，提高装卸效率，降低装卸成本，特别适合于潮差不大的港口之间的短程海上运输。本节主要介绍道路车辆在滚装船上的积载与系固。

较杂货船、散货船、集装箱船等而言，滚装船在营运中对载货能力、稳性、强度、浮态等的要求基本一致，但也有自己的特点。

（1）载货能力：滚装船的载货能力包括重量能力、容量能力和特殊能力。其中，容量能力通常以每层甲板的车道长度、限宽、限高、限重、甲板面积等参数表示，汽车专运船 PCC 的容量能力以 CEU（Car Equivalent Unit）表示。CEU 一般以日本丰田车 Corona-RT43L 的尺寸为标准，其长度×宽度为 4 125 mm×1 550 mm。

（2）稳性：滚装船因甲板层数多，水线以上船体的侧受风面积较大，船舶满载时重心较高，可利用船舶设计的大容量的压载水舱进行调整。滚装货船的完整稳性衡准指标与普通货船的相同，滚装客船的稳性衡准要求既要满足与普通货船一样的指标，还要满足规则对客船的特殊稳性衡准要求。

（3）强度：滚装船的结构特点决定了其横强度较普通货船弱，船舶设计时考虑了总纵强度、弯扭强度、横强度及局部强度。因此营运中的滚装船主要校核船舶总纵强度和局部强度，而局部强度主要包括车辆甲板、车辆跳板、升降平台等。

（4）浮态：船舶进出港及航行时应保持横向正浮，吃水差根据需要调整。

一、车辆配装的一般要求

车辆配装应遵循一定的原则，以保证安全、方便操作、装卸快捷等。

(1)配装前，船方应根据托运人提供的车辆详细资料，如车辆的种类、型号、外形尺寸(长、宽、高)、空车重量、载重量或载客量、总重量、轮轴的纵向距离及轮胎的横向距离等，确保车辆适合于本船运输，本船适合于装运该批车辆；在预定航线上可预见海况的条件下，车辆能在船上安全积载、系固和运输。

(2)车辆配装时应遵循“先重、大，后轻、小”的原则，即先考虑重、大型车辆，后考虑轻、小型车辆。重、大型车辆优先选配在下层甲板，轻、小型车辆尽可能选配在上层甲板，有利于控制船舶重心高度，保证船舶稳性；重、大型车辆优先选配在船舶纵向和横向的中间位置，轻、小型车辆选配在船舶纵向和横向的两端和两边，有利于减小车辆受到的船舶运动产生的惯性力，保证系固安全。

(3)车辆在滚装船甲板上的布置应根据车辆甲板的位置、方向而定，但一般以纵向为主。

(4)配装位置应便于车辆进出。这主要取决于车辆的方向、升降平台或坡道的位置、倾斜跳板的位置和方向等。

(5)车辆之间、车辆与船舶结构或舱壁之间应留有足够的通道，方便船上工作人员进行系固、检查及自由进出。

(6)车辆的配置应保证不得超过升降平台和车辆甲板的许用负荷。

二、车辆积载原则

(1)应保证车辆积载位置清洁、干燥、无油脂。

(2)如果车辆装有包装危险货物，则应该按照《IMDG 规则》的要求进行申报、积载与隔离等，保证安全。滚装船舶载运危险货物或者装载危险货物的车辆，还应当遵守《船舶载运危险货物安全监督管理规定》。取得相应资质的滚装客船载运危险货物时，不得载运旅客，但按照相关规定随车押运人员和滚装车辆的司机除外。

(3)应根据航行区域、显著的天气状况与船舶主要特征来积载车辆货物，并通过限制车辆的移动，限制车辆悬浮装置的自由运动使底盘尽可能保持静态。如为了使车辆牢牢地系固在甲板上，可以压缩弹簧，还可以在系固车辆前将底盘升高，或将压缩空气悬浮装置中的空气压力减小来保持底盘的静态。

(4)考虑到压缩空气悬浮系统可能漏气，如果航程超过 24 h，则应排放每辆装有此类系统车辆的空气。如果实际可行，对较短航程的车辆也应做相应操作。如果不排放空气，则应将车辆顶起以防止由于航行中该系统漏气造成系索松弛。

(5)如果车辆需要使用垂直支撑装置或使用起重器及顶升设备，则底盘的支撑点或支撑区域应予以加强，并将支撑点的位置清楚标明。

(6)车辆积载时，单车或组合的车辆应使用停车制动器并且要锁住。

(7)船舶载运柴油机车辆航行时，该车辆应脱离传动装置。

(8)若车辆横向积载，则应特别注意避免车辆所处的位置受到过大的惯性力。

(9)车辆就位后,应在其车轮下安装楔形垫块装置,防止车轮前后移动。

(10)车辆定位后,其停放间距应满足表 14-6-1 的要求。

表 14-6-1 车辆定位停放间距要求

项目	位置	要求距离/cm
各车辆的左右	门和门之间	≥10
	门和船体结构物之间	≥10
	方向盘侧门与船体结构物之间	≥30
各车辆的前后	保险杠之间	≥30
	保险杠和船体之间	≥30
车门开门宽限		≥30
出入口附近		≥50×50

三、车辆系固

1.车辆系固点设置

(1)系固点设置数量和强度

根据 IMO《CSS 规则》和《在滚装船上运输公路车辆的系固装置指南》,公路车辆两侧应具有相同数量的不少于 2 个但不多于 6 个的系固点,公路车辆设计的系固点最小数量和最低强度应满足表 14-6-2 的要求。

表 14-6-2 公路车辆系固点的最小数量和最低强度

车辆总质量 W/t	每侧最少的系固点数量	每一系固点无永久变形的最小强度/t
$3.5 \leqslant W \leqslant 20$	2	$\frac{1.2 \times 10 \times W}{n}$ 式中:n——公路车辆每侧系固点总数
$20 < W \leqslant 30$	3	
$30 < W \leqslant 40$	4	

说明:(1)对公路列车(全拖挂车)而言,该表数据适用于组成的每一车辆,如分别适用于机动车辆(牵引车)和每辆拖车。

(2)该表不适用于半拖挂车的牵引车。因此要求在牵引车的前部安装 2 个系固点,其强度应能足够防止牵引车前部的横向运动,也可用牵引车前部自身的牵引装置代替这 2 个系固点。但是如果利用牵引车以外的牵引装置来系固车辆,则不能更换或代替表中车辆每侧系固点的最少数量与强度。

公路车辆包括以下车辆与货物最大核准总质量在 3.5~40 t 之间的公路车辆,以及最大总质量不超过 45 t,可由滚装船载运的铰链式公路列车。

①商用车辆,指根据其设计主要用于运输货物的机动车。这类车辆也可以牵引拖车。

②半拖车,指设计为与半拖车牵引车辆相连接的拖车,且其大部分总质量施加在牵引车辆上。

③公路列车,指由牵引挂钩相连的具有一个或多个独立拖车的机动车组。

④铰链式公路列车,指带有半拖车的半拖车牵引车辆。

⑤车辆组,指与一辆或多辆被牵引车辆相连的机动车。

(2)系固点设置要求

①车辆上每个系固点应涂上清楚易见的颜色。

②车辆上系固点的布置应能保证用系索有效地限制车辆的运动。

③系固点应能将作用力从系索转移到公路车辆底盘并且绝不应该安装在保险杠或车轴上,除非系固点是专门建造而且作用力可直接转移至底盘。

④系固点应位于容易及安全使用的地方,特别应位于车上安装侧护装置的位置。

⑤穿孔内沿自由通道不得小于 80 mm,但穿孔的形状不需要是圆形的。

2.船舶甲板系固点设置

中国船级社 CCS《货物系固手册编制指南》规定,经常载运道路车辆且在无遮蔽水域从事远程或国际航行的滚装船,甲板上的系固点布置应满足:纵向不得超过 2.5 m,横向应不小于 2.8 m 但不大于 3 m。每个系固点的最大系固负荷 MSL 应不小于 100 kN。如设计的系固点服务于 1 根以上的系索(如 Y 根系索),则 MSL 应不小于 $Y\times100$ kN。

3.车辆系固一般要求

(1)车辆系固应按照船舶所配备的《货物系固手册》中的系固方法和要求进行操作,并核算系固方案的有效性。我国《法定规则》提供了我国沿海航行的滚装船车辆系固方案的有效性核算方法。

(2)系固使用的系索的 MSL 应不小于 100 kN,它们应用具有合适延伸特性的材料制成。对于不超过 15 t 的车辆,可使用最大系固载荷较低的系索。

(3)系固角度应合理。系索只能系固于车辆的专用系固点上,每一个孔只能使用一根系索。系索的水平系固角最好为 30°~60°,垂向系固角 45°最佳。

(4)系索应松紧适宜,各系索的受力要均匀,系固后的车体应下降 20~30 mm。

(5)各系索之间不应交叉,但因系固件配置等原因的限制而必须交叉时,应注意保证各系索之间在航行中不会产生摩擦。

(6)系带和系索均不得与车体的锐角部位接触,以免航行中产生摩擦而破断。

(7)车辆在积载位置上应拉紧刹车装置,车轮应用楔子塞牢止动。对于摩擦力较小的车轮或履带式滚装货物,应铺垫其他增加摩擦力的材料,如软板、橡胶垫等。

(8)系固作业中,不得坐在或站在保险杠上,以防因产生凹陷而致车辆损伤;在搬运器材时,不要触及车体。

(9)所有车辆系固的操作,应在船舶离泊之前完成。靠港时,船舶在没有安全系泊之前,不能解绑。

(10)在整个航行过程中,应对车辆的系固做定期检查,发现问题及时修正。在大风浪来临之前应加设系索。

第七节　冷藏货物运输

冷藏货物是指要求在低于常温的条件下运输、保管的易腐性货物。这类货物在常温条件下经过较长时间的保管和运输，由于微生物作用、呼吸作用和化学作用等会使其成分发生分解、变化而腐败，以致失去使用价值。在易腐性货物中多数为动物性食品和植物性食品，冷藏运输的目的是使货物在运输期间不致变质、过热或腐烂。

一、易腐货物保藏条件

易腐货物的保藏条件包括对温度、湿度、通风和环境卫生的要求，其中温度是影响货物保管质量的主要因素。

1.温度

温度对微生物的生长繁殖影响极大，微生物生长繁殖的最适宜温度为25~35 ℃，当温度在0~5 ℃时，微生物的生长繁殖基本停止即处于休眠状态。当温度降至-18 ℃以下时，微生物的生长繁殖活动就会完全停止，有部分菌类还会被杀死。温度是影响酶作用的最重要因素之一，温度越低，酶的活性也越低，当温度在0 ℃时，酶的活性基本停止，生鲜食品的生物化学变化速度也降低，因此，低温可延缓果品成熟，低温使肉类、鱼类不易发生自溶等变质变化。温度对呼吸氧化作用的影响也极为显著。在常温下外界温度升高，菜、果等植物食品的呼吸氧化作用就会增加；相反，温度降低，呼吸氧化作用就会减弱。此外，低温还可减少菜果的病虫害，故温度是保藏易腐货物的主要条件。用冷藏方法来保藏易腐货物是目前广泛使用的有效方法。它比其他传统的保藏方法，如腌制、干制、熏制、加防腐剂等，具有更多的优点，如能保持食品的原有色、香、味、营养物质不变，价廉，可批量运输保管等。不同的货物对冷藏温度的要求是不同的，并不都是冷藏温度越低越好。

按其运输的温度要求，冷藏可分为冷却和冷冻两种方式。所谓冷却，是把食品的温度降到尚不致使细胞膜内的水分结冰的程度，即不充分的冷冻状态，通常为0~5 ℃，如鲜蛋、水果、蔬菜等常用冷却运输。所谓冷冻，是把食品温度降到0 ℃以下。在一般情况下，冷冻温度在-20 ℃左右，食品的液态水绝大部分变为冰晶，食品温度降至很低，可以抑制微生物的活动，杀死某些寄生虫卵，使食品中的生物化学变化处于完全停止状态，从而能够使食品在较长时间内不致发生变化，如猪牛肉、鸡鸭、鱼等均采用冷冻运输。若对食品的冷冻速度较慢，则食品细胞膜内层会形成较大的冰晶，使细胞膜破裂、细胞质遭受损失，使食品失去原有的鲜味和营养价值。为消除这一缺陷，可采用速冻方式。

速冻是指在很短的时间内使食品冻结。速冻过程中所形成的冰晶比较均匀和细小，不致造成细胞膜的破裂，因而能保持食品原有的鲜味和营养价值。

另外，冷藏货物的保藏除要求有一定的环境温度外，还要求保持温度的稳定。

2.温度

外界空气的湿度高低对易腐货物的运输、保管质量也有直接的关系。空气的湿度改变会引起货物含水量、化学成分、外形及体态结构发生变化，易腐货物在外界湿度的影响下变化十分明显。如湿度下降，会使食品的含水量降低和减重，水果、蔬菜等会发生萎蔫现象；如湿度过高，则促使微生物迅速生长繁殖和增强食品的呼吸氧化作用，加速食品腐败变质。因此，外界空气的湿度过低或过高均不利于易腐货物的保藏。

3.通风

通风应根据货物所要求的温湿度、需氧量等条件，结合舱内外温湿度、空气成分的对比，有计划地进行。水果、蔬菜、鲜蛋等货物，在储运过程中会不断地消耗氧气，散发出水分、二氧化碳等气体，如不及时通风，时间过长会造成缺氧，产生窒息性气体而加速腐烂变质。普通货船通风时应注意掌握适当的时机，高温季节宜在夜间方能起到通风降温作用，寒冷季节可在阳光充足、温度较高时进行通风升温。通风时间过短不起作用，过长又会对舱内的温湿度、货物质量产生不利的影响。通风换气量以 24 h 内通风换气次数表示。对冷冻货物，因保藏温度低可不必换气。

4.环境卫生

易腐货物大多数是食品，在装运保管过程中，保持环境卫生的清洁十分重要。如因环境卫生条件差，即使其他保藏条件都很好，食品也易腐败变质，食品受到尘土杂质等有害、有毒物质污染也直接影响外观和质量，甚至完全失去食用价值。因此，易腐货物在整个运输环节中必须十分注意清洁卫生。

二、冷藏货物的承运要求

承运易腐货物时，要对易腐货物的质量、包装、温度状况进行检查。如质量不符合要求，包装有破损，温度偏高或偏低，船方应拒绝承运。由于易腐货物的保管和运输时间是有限制的，因此船方应检查所承运的易腐货物是否在容许的期限之内。对所承运的肉类和生油脂类货物，应检查有无检疫证明。

1.肉鱼类冷冻货

肉类长距离运输均采用完全冻结状态，温度为-20～-18 ℃。在这样的温度下，微生物的生长基本停止，肉类表面水分蒸发较小，其营养价值和味道等基本保持不变。如保管期在一两个月内，温度可保持在-12 ℃左右，这样能节省冷藏费用。冻肉在出冷库装运时，温度应低于上述承运温度。在运输保管中必须保持舱内温度的稳定，温度忽高忽低波动，不但能使微生物从休眠状态中复苏，还会引起肉类内部重新结晶，导致肉类失去原有的鲜味、营养价值或变质。

承运的冻肉应是肉体坚硬，用硬物敲击时能发出清脆的响声，色泽鲜艳，割开部位应呈玫瑰色，用手指或温热物体接触时由玫瑰色转为红色，牛肉则呈暗红色，油脂应呈白色或淡黄色。

承运的鱼体应坚硬，鱼鳞要明亮或稍微暗淡，眼睛凸出或稍微凹陷，鳃应鲜红。因鱼含水分多，鱼死以后在常温条件下细菌很快侵入肌体而引起腐烂变质。冷却在水中的鱼不能长时间储运，长距离运输必须冻结，一般以-18～-12 ℃为宜。

2.水果、蔬菜类

承运的水果、蔬菜应鲜艳，凡是干皱、腐烂、压坏、过熟、泥污、有虫害等的果菜均不能承运。果菜的运输包装应适合其本身的特点。常用的有：果箱、板条箱、条筐、竹篓、竹箩、麻袋和网袋等，其中果箱的防护力最强，其他包装防护力较差，易使果菜受到损伤。因此，应特别注意衬垫、堆装方法。果菜因有呼吸作用，包装应有隙缝或通气孔，以利通风散热和换气。

果菜为冷却货物，储运的温度、湿度和通风，对其货运质量有很大的影响。果菜冷却的温度应当是既能维持果菜的正常生理活动，而又不致遭受冷害或冻害的温度。冷害是果菜在接近冰冻点以上的低温条件下对果菜的一种伤害，它们的表面产生凹陷斑点，局部表皮组织坏死，变色且为水浸状。果肉或果心褐变，绿熟的果实丧失后熟能力。冻害是环境温度降至0 ℃以下时因水分冻结而使质量降低，生理活动被破坏的现象。

3.鲜蛋类

承运的鲜蛋必须新鲜、清洁、完好、无腐臭味和无玷污现象。鲜蛋的运输包装主要有木箱、纸箱和竹筐。包装不宜太大且留有通风孔，以防发热腐败。包装应坚固，以免在运输中歪斜、压扁而造成破损。另外，包装内应加衬有弹性的软质材料，填充物应清洁、干燥和无异味。

长距离运输的鲜蛋必须低温冷藏，温度以-2~2 ℃为宜，最低不得低于-3.5 ℃。温度过低会使鲜蛋内容物冻结膨胀使蛋壳破裂，温度过高则鲜蛋易腐败变质。

表14-7-1为各类冷藏货物承运的有关指标。

表14-7-1 各类冷藏食品适宜的保藏条件

食品名称	冷藏温度/℃	相对湿度/%	昼夜换气次数	大概贮藏时间	冰冻点/℃
冻牛肉	-23 ~ -18	90 ~ 95	2 ~ 4	6 ~ 12月	
冷却牛肉	-1.0 ~ 0	86 ~ 90		3周	-0.6 ~ -1.2
冻猪肉	-24 ~ -18	85 ~ 95	2 ~ 4	2 ~ 8月	
冷却猪肉	0 ~ +1.2	85 ~ 90		3 ~ 10天	-2.2 ~ -1.7
冻羊肉	-18 ~ -12	80 ~ 85		3 ~ 8月	
冻家禽	-30 ~ -18	80		3 ~ 12月	
家禽	0	80		1周	-1.7
冻兔肉	-30 ~ -18	80 ~ 90		6月	
鲜蛋	-0.5 ~ -1.0	80 ~ 85	2 ~ 4	8月	-2.2
冻蛋	-18			12月	
冻鱼	-20 ~ -12	90 ~ 95		8 ~ 10月	
鲜鱼	-0.5 ~ +4.0	90 ~ 95	2 ~ 4	1 ~ 2周	-2.0 ~ -1.0
对虾	-7.0	80		1月	
苹果	-1.0 ~ +1.0	85 ~ 90	2 ~ 4	2 ~ 7月	-2.0
梨子	-0.5 ~ +1.5	85 ~ 90	2 ~ 4	1 ~ 6月	-2.0
香蕉	11 ~ 13	85	2 ~ 4	2周	-1.7
橘子	0 ~ +1.2	85 ~ 90	2 ~ 4	8 ~ 10周	-2.2
桃子	-0.5 ~ +1.0	80 ~ 85	2 ~ 4	2 ~ 4周	-1.5
葡萄	-1.0 ~ +3.0	85 ~ 90	2 ~ 4	1 ~ 4月	-4.0
柚子	0 ~ +10	85 ~ 90		3 ~ 12月	2.0
柠檬	+5 ~ +10	80 ~ 90		2月	-2.2
熟菠萝	+4.4 ~ +7.2	85 ~ 90	2 ~ 4	2 ~ 4周	-1.2
韭菜	0	85 ~ 90		1 ~ 3月	-1.4
土豆	+3.0 ~ +6.0	85 ~ 90		6月	-1.8

续表

食品名称	冷藏温度/℃	相对湿度/%	昼夜换气次数	大概贮藏时间	冰冻点/℃
洋葱	+1.5	80		3 月	-1.0
芹菜	-0.6 ~ 0	90 ~ 95		2 ~ 4 月	-1.2
花菜	0 ~ +2.0	85 ~ 90		2 ~ 3 周	-1.1
青椒	+7 ~ +10	85 ~ 90		1 ~ 3 周	-1.0
白菜	0~+1.0	80 ~ 95	2 ~ 4	1 周	
萝卜	0~+3.0	90 ~ 95	2 ~ 4	1 周	
胡萝卜	0 ~ +1.0	80 ~ 95		2 ~ 5 月	-1.7
黄瓜	+2.0 ~ +7.0	75 ~ 85	2 ~ 4	10 ~ 14 天	-0.8

三、装舱准备工作

船公司根据冷藏箱的性能和舱容接受冷藏货的托运后，将冷藏货物的种类、包装、重量、容积、装卸货港以及货物的运输条件（如所要求的温度和湿度）等通知船方。船方在确认本船具备承运条件后，即应着手装舱的准备工作。

1.货舱检查

对货舱进行检查的项目包括：隔热材料是否松软或存在缺陷，隔热板、舱底板、舱口梁有无损坏，排水孔是否渗漏海水，管道连接处有无渗漏现象，如有缺陷或损坏，应认真修复。

将通风筒、污水井和人孔盖的隔热塞堵上，通入冷藏箱的管道应堵塞或完全封闭。如制冷装置需要大修或隔热材料更新，则需在验船师的监督下进行。

2.货舱清洁

装运冷藏货，要求货舱清洁、卫生。舱内的碎木渣、锯末、残留的货物底角要清扫干净。舱内所有表面，包括护舱板、木格栅、船底板、管道槽沟等应清洁干净，用加入清洁剂的高压水冲洗，再用淡水冲净。污水沟要彻底打扫干净、晾干，并消除异味。

清洗后的货舱应该充分通风，并完全干燥。待舱内干燥后，把木格栅按顺序铺好。

3.货舱除臭

若冷藏舱内存有异味，可采用臭氧发生器、粗茶熏舱及醋酸水喷洒除臭。当承运油脂性冷藏货物如冻牛油、高脂含量的鲜鱼、乳制品等时，臭氧可使其氧化变质，不宜采用臭氧除臭。

在进行了上述三项工作后，要经商检部门登船检查是否达到清洁、干燥、除臭的要求，如果合乎要求，在商检师的允许下进行下面的工作。

4.货舱预冷

冷藏舱的空舱在装货前应进行预冷，其冷却温度应比货物所需的冷藏温度低 2~3 ℃，以便货物装入后就具有较适宜的舱温。冷藏员还可以根据预冷舱温随时间变化的快慢来检查隔热结构和冷藏装置是否处于正常的技术状态。

预冷时，必须检查舱内排水孔以及通风换气的进、排气孔的开闭状态。排水孔要封闭油；

在装载水果、蔬菜等需要换气的货物时,通风换气的进、排气管应该打开,只有装载冻肉等不需要换气的货物时才应封闭。

预冷一般在装货前48 h开始,在装货前24 h舱温降到指定的温度。这个温度是根据不同的货物和货主(或商检部门)的要求确定的,预冷温度过低可能被港口装卸工人拒绝,因此要了解港口装卸工人所能接受的温度,再和商检部门商量决定。

预冷前,应把隔票、衬垫用的物料放入冷藏船并同时预冷。待达到预冷温度后,在商检师的指导下,做隔热保温试验。

5.货舱检验

在货舱预冷后,经验舱师检验合格,则取得验舱证书,证明冷藏舱已适货。

6.货物配装

冷藏货物的配装除与一般杂货配装的若干原则相似外,还有一些不同之处,包括:

(1)由于在积载时需留出通风道,因而亏舱率较大,可达10%~20%,计算装载量时应给以充分估算;

(2)散发气味的货物及易感染气味的货物都应单独配舱;

(3)牛羊肉和猪肉不宜混装;

(4)对舱温要求不同的货物不允许同舱配装;

(5)不同目的港的货物应配装在不同舱室,以防装载过程中因舱温升高影响其他卸货港货物;

(6)合理混装不同包装的冷藏货物。

四、货物装载工作

1.装货时间

冷藏货最好选择气温较低的清早、傍晚或夜间进行装船,尽可能避免在烈日或雨天装船,以减少热量和蒸气侵入舱内。若载货量较多而必须在烈日下连续装船,则应在舱口搭上遮阳篷布,并注意舱温,及时打冷气,以防舱温升高而使冷藏货变质。夜间作业时应有足够亮度的照明设备,以便鉴别和防止不合格货物装上船。装船时,要求货源连续,货物从冷藏车上卸下后应立即入舱,快卸快装,缩短装货时间。冷藏舱内有工人进行装卸作业时,冷风冷却式的冷藏应停止打冷。当测得舱温过高时,应停止工作,盖好舱盖并打冷降温。

2.货物验收

冷藏货物的货损,往往是它们在装船时新鲜度已经降低造成的。因此,在装货时谨慎检查货物装船前的质量是很重要的。商品检验部门提供的货物品质证书是货物质量的主要凭证,但如果发现不符合质量要求或包装有缺陷的货物,应由发货人予以调换、修理,否则应加以批注,甚至拒装。除船上监装外,常会同商检机构一起监装,并取得监装证书。

冷藏货物不符合质量要求的鉴别方法如下:

(1)肉类:冷冻肉的肉体柔软、无弹力,色彩为不洁的苍白并有恶臭;冷却肉有黄、黑色霉斑,兽体的颈部易发现这种现象;包装布上有血液渗出或污损或破碎。

(2)鱼类:鱼体柔软,变色,尾鳍折断,包装有血液渗出,穿孔有臭味。

(3)水果:果实柔软,萎缩,皮色不良,切开果心可发现变色而过熟变质。

(4)蛋类:用透视检查,不透明或散黄、有臭水、贴壳等。

(5)箱装冻结货:用木格箱、纸箱包装的冻结货,如包装破损、发霉或水渍,均为质量不合标准。

另外,可现场测量货物内部的温度,判断是否达到承运要求。

3.理货工作

冷藏货是属于比较贵重的货物,而且容易产生货差,因此,装卸冷藏货时进行看舱理货是保证货运质量不可缺少的环节。船方为了防止货物的短缺,可安排船员同理货员一起理货。如有可能的话,船方应当准备理货记录簿,一名船员负责一个舱口的理货工作并做好记录。如果在中途港卸下部分冷藏货,最好安排一名船员在舱内检查,以防工人卸错。负责理货的船员在每装上一冷藏车的货和每一票货卸完以及中途因故停装时,都要与理货公司的理货员核对数字。如有不符(尤其是船方理货数目少)应报告大副,视情况决定是否翻舱检查。如要翻舱,一定要在重新装卸前检查完毕。

4.舱内积载

各种冷藏货在舱内的积载方式因货种、包装及舱内冷却通风方式不同而存在差异。

(1)各种冷藏货物的积载

①冻肉:冻肉积载时应头尾交错、腹背相连、长短对弯、码平堆紧,这种堆码法可防冷气损失,提高装载量。装舱时底层应将肉皮向下,然后一层一层往上装,最上一层使肉皮朝上,以免舱顶上的凝结水落在肉上积留。不同长度、不同厚度的肉片应分开堆码,结束后可在上面加盖一层草席起隔热和防汗水的作用。

②冻鱼:冻鱼按一定规格和重量冻成盘状在舱内紧凑堆垛。

③果菜类:在舱内堆装时应有利于通风,并便于对货物进行检查。箱装水果应在舱内留出风道,一般采用垂直堆垛方式;蔬菜则需根据包装采用不同的堆垛方式,如箱、筐类常用“品”字形堆垛法,袋装类可采用压缝垛法,每隔一定间距加插一道风筒,且货垛高度不宜太大。

④鱼蛋类:堆装时应留有空隙,但要使垛形稳固以防倒塌和挤压。

(2)通风道的留取

货物应排列整齐,在空气流通的方向留有风道,货物与舱顶之间存有空当,与出、回风口也应保持适当距离,不得将风口挡住。

有些货物包装不够规整,在堆装时会自然地在货物间形成缝隙,通风不受阻碍。而箱装冷藏货,因包装规整,在堆装时货物之间没有空隙,必须在货垛间所留出的风道中放置衬垫或垂直撑条。它除了构成通风道外,还可以防止货堆在船舶摇摆时移动。衬垫或垂直撑条的插入方法根据舱内冷却通风方式不同而异。

若舱内采用垂直冷却方式,则在每列箱子位置处放置垂直撑条,构成通风道。在箱的垂向上,每堆装一定数量的货箱后应加垫衬条,将箱体架空,以便气流通过。

当舱内采用水平冷却方式时,可每装两层箱子在其上面放置木衬条,构成平行于气流的风道。

无论何种冷却方式,均应在货物与舱顶之间留有至少 5 cm 的空当。

5.封舱降温

货物装载完毕后，应关闭舱盖并随即打冷降温。当发现漏风严重时，应用封舱带将舱盖板的边沿缝隙封闭。

装入舱内的货物温度总是高于所要求的冷藏温度，在封舱后，首先需要将货物温度降至冷藏温度。因为货物降温时需要很大的制冷量，这一降温过程所需时间较长，即使制冷装置的制冷量有余，货温也不会很快下降，或虽然舱温已下降，货物中心的温度仍然较高。另外，有些水果对从常温降至冷藏温度有特定的时间要求，如杏、鲜枣要求大约为 48 h，苹果、桃、梨、橘子等要求 72 h，应予以注意。

某些冷藏舱在设计时并没有考虑装热货（未经预冷就直接在常温下装入舱内的货物）的情况，因此制冷装置的制冷储备能力很小，不足以将热货降温，这一点在决定能否承运时切勿忽略。

五、运输途中的管理

1.舱温控制

冷藏货物运输管理中的最重要问题是严格保持规定的冷藏温度，对于冷却货物如水果、蔬菜、鸡蛋和冷肉等则尤其如此。

当载运水果等怕冻货物的船舶进入冬季季节区域时，停止打冷后舱温仍可能继续下降，此时应开启加热器加热舱内循环空气，以防货物冻坏。

此外，在装运冷却货物时，若冷藏舱由蒸发盘管或盐水盘管制冷，应停用吊在舱顶的盘管，以防管壁凝水滴到货物上而发生货损。

为了保持冷藏舱内各处温度均匀，必须加强舱内空气的循环流动。通风次数不但影响舱温，而且还会使货物水分散失。在降温期间，货物会散失大量水分，为减少水分散失，避免货物表面风干，在货温高于舱内气温时，应增加空气循环量，尽量缩短降温时间；而当货温接近舱温时，则应减少空气循环量。

2.二氧化碳含量控制

在封闭的冷藏舱内，由于水果、蔬菜的呼吸作用，空气中的含氧量逐渐减小，二氧化碳含量会自行增加。空气中含有较多的二氧化碳和较少的氧气能抑制果、菜的呼吸而使其成熟期延长。但二氧化碳含量过大则会引起水果、蔬菜中毒，还会使苹果和梨等果核变色，以致腐烂变质。某些水果、蔬菜适宜二氧化碳含量如表 14-7-2 所示。在装有二氧化碳测试仪的冷藏舱内，可根据测出的二氧化碳在空气中的体积百分比来进行通风换气，以保持舱内空气的二氧化碳含量适中。

表 14-7-2　果、菜适宜二氧化碳含量表

品名	梨子	青香蕉	橘柑	苹果	柿子	西红柿
CO_2含量(%)	0.2~2.0	1.6	2.0~3.0	8.0~10.0	5.0~10.0	5.0~10.0

在没有二氧化碳测试仪的冷藏舱中，应根据实践经验进行换气。通常，将换气量等于舱容称为换气一次。果、菜类货物每 24 h 需要换气次数详见表 14-7-1。采用水平通风时的换气次

数应多于垂直通风时的换气次数。

3.空气湿度控制

空气的相对湿度过高时，货物容易滋生细菌，过低则又会使货物中的水分损失过多。在运输中需要保持的相对湿度与冷藏温度有关，冷冻货物因温度较低，主要应防止风干，空气中的相对湿度可高一些；冷却货物因温度在 0 ℃以上，相对湿度就要适当低些。

4.防止冷气循环短路

由于货物间可以相互冷却即“货冷货”，舱内装满货物时比装载部分货物的情况更容易保持货物温度。但如果中途港卸下了部分货物，余下的货物只占了部分舱位，要保持该部分货物温度稳定较为困难。货物因未满舱而易造成冷气循环短路，从冷气中吹出的冷气并不流经货物，而是从货舱空位流动，再被吸回到冷却器中。此时可向舱内空位均匀放置一些钢铁类或折叠的帆布等，来消除短路现象。但这些物品应预冷后放入舱内，使其温度与舱温相近。

5.做好记录工作

必须认真填写冷藏舱日志、冷冻机日志，因为这些记录是监督冷藏舱工作状况的依据，是以后发生货损判明责任和今后运输冷藏货时的参考资料。

六、卸货

根据冷藏货物的性质，要求连续、迅速卸货，尽量缩短货物在空气中暴露的时间。

船舶到港前，要通知入港时间，决定开启冷藏舱及交货时间。视载运的冷藏货情况与卫生检疫部门联系，申请检疫。在西欧国家港口卸货时，装卸工人可能会因舱内温度太低而拒绝卸货或要求额外的费用，因此卸货前可以适当地升高舱温。

有的卸货港要查看“验舱证书”和“冷藏设备入级证书”，而有的卸货港只检查“冷藏设备入级证书”，并且询问航行中气候的变化，货舱温度波动情况，查看冷藏舱温度记录，现场测量货温，抽样检查货物的品质等。

交货时，一般应同时提交货物品质、重量证明，对肉类还要提交兽医证明，有时还要提交货物温度证明。若在伊斯兰国家的港口交货时，一定要交付穆斯林宰割证明，因此，在装货港，应该向货主索取这些证明。

第十五章 集装箱运输

现代意义的海上集装箱运输始于20世纪50年代,1966年第一艘集装箱船首次投入北美—欧洲海上国际运输,揭开了世界海运集装箱时代的序幕。此后,海上集装箱运输得到迅猛的发展,进入20世纪80年代后,全世界主要国际航线上均实现了件杂货的集装箱化,形成了一个集装箱国际运输网。目前,海上集装箱运输已成为一种物流中心化、管理电脑化、港口高效化、船舶大型化、运输综合化的现代运输方式,符合世界经济一体化和贸易全球化发展的需要。目前,最大的集装箱船载箱量达20 000 TEU以上,而且还有向更大船舶发展的趋势。与传统的杂货运输方式相比,集装箱运输具有装卸效率高、船舶周转快、货运质量好、营运费用低、便于货物多式联运等显著优越性,因此,目前海上件杂货运输大多由集装箱来完成。

第一节 集装箱分类及标记

一、集装箱分类

1.集装箱定义

国际集装箱安全公约(CSC)中对集装箱给出了如下定义:

集装箱是指满足下列条件的一种运输装备:

(1)具有耐久性,其坚固程度适合于重复使用;

(2)经专门设计,便于以一种或多种运输方式运输货物而无须中途换装;

(3)为了紧固和(或)便于装卸,设有角件;

(4)4个外底角所围蔽的面积应为下列两者之一:

①至少为14 m^2(150 ft^2);

②如顶部装有角件,则至少为7 m^2(75 ft^2)。

1972 年《集装箱关务公约》(CCC)中对集装箱做出了如下定义：

集装箱是指符合下列条件的一种运输设备：

(1)全部或局部封闭,构成一个可供装载货物的空间；

(2)(3)(4)与国际集装箱安全公约基本一致；

(5)设计是为了易于装满和卸空货物；

(6)内部容积为 1 m^3或 1 m^3以上。

集装箱包括其附件和装备在内,但这些附件和装备必须是有关类型集装箱所适当需要,并且是同集装箱一起载运的,集装箱不包括车辆、车辆的附件、备件或包装。

2.集装箱结构及构件名称

通用的干货集装箱是一个六面长方箱体。它由一个柜架结构、两个侧壁、一个端壁、一个箱顶、一个箱底和一对箱门组成。在集装箱的每个箱角上都设有角件,见图 15-1-1。

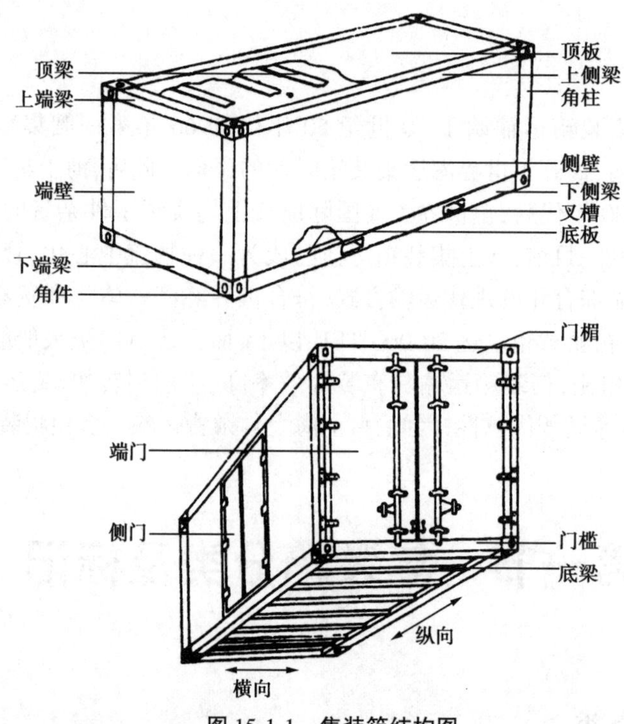

图 15-1-1　集装箱结构图

(1)柜架结构(frame structures)

柜架结构由前后端部柜架和两侧框架构成,它们是承受外力的主要构架,要求在通常运输条件下不致发生永久变形。

(2)端壁(end wall)

端壁一般镇嵌在箱的前端部框架上,应具有水密性,为了保护箱内货物,几乎都设有衬板。

(3)端门和侧门(end door and side door)

端门一般设在箱的后端部,用铰链安装在角柱上,并用门锁进行关闭。通常集装箱不设侧门,特殊需要时才设置。

(4)侧壁(side wall)

侧壁是由壁板和侧柱组成的,侧柱是以一定间距配置在侧板上的加强材料,其内一般都设

有衬板。

(5)箱顶和箱底(roof and floor)

箱顶和箱底分别由上、下桁材、箱顶和箱底横梁、箱顶和箱底板组成。箱底结构的强度应能承受铲车进箱装卸而产生的集中载荷。

(6)角件(corner fitting)

角件是设置在箱角上的三面有孔的金属件。角件用于支承、堆码、装卸和拴固集装箱。

角件和角柱构成角结构,它们用焊接方法连接,是承受集装箱堆码载荷的强力构件。

3.集装箱分类

为适应不同货物的装载要求,出现了多种类型的集装箱。从不同的角度,集装箱有多种分类方法。

(1)按集装箱的外部尺寸分

集装箱运输的初期,集装箱的结构和规格各不相同,影响了集装箱在国际上的流通,亟须制定集装箱的国际通用标准,以利于集装箱运输的发展。集装箱标准化,不仅能提高集装箱作为共同运输单元在海、陆、空运输中的通用性和互换性,而且能够提高集装箱运输的安全性和经济性,促进国际集装箱多式联运的发展。同时,集装箱的标准化还给集装箱的载运工具和装卸机械提供了选型、设计和制造的依据,从而使集装箱运输成为相互衔接配套、专业化和高效率的运输系统。集装箱标准按使用范围分,有国际标准、国家标准、地区标准和公司标准四种。

国际标准集装箱是按国际标准化组织(ISO/TC104)制定的标准《ISO 668—2020 货运集装箱系列 1.分类、外形尺寸和额定容量》而制造的集装箱。

由表 15-1-1 可见,国际标准集装箱按照其长度分为五类 E、A、B、C、D,分别为 45 ft、40 ft、30 ft、20 ft 和 10 ft,宽度均为 8 ft,高度有 9.5 ft、8.5 ft、8 ft 和小于 8 ft 四种。目前,国际海运集装箱中,采用比较普遍的是 1AA 和 1CC 两种。据统计,国际流通的集装箱按 TEU(Twenty-feet Equivalent Unit)计算,20 ft 和 40 ft 合计占总量的 98%以上。

此外,运输中 45 ft 的集装箱也逐渐增多。有的国家或公司也使用 53 ft 等集装箱。

表 15-1-1　货运集装箱系列 1:标准集装箱规格

<table>
<tr><th rowspan="2">集装箱名称</th><th colspan="3">长度</th><th colspan="3">宽度</th><th colspan="3">高度</th><th colspan="2">总重</th></tr>
<tr><th>(mm)</th><th>(ft)</th><th>(in)</th><th>(mm)</th><th>(ft)</th><th>(in)</th><th>(mm)</th><th>(ft)</th><th>(in)</th><th>(kg)</th><th>(lb)</th></tr>
<tr><td>1EEE</td><td rowspan="2">13716</td><td rowspan="2">45</td><td rowspan="2">0</td><td rowspan="18">2 438</td><td rowspan="18">8</td><td rowspan="18">0</td><td>2 896</td><td>9</td><td>6</td><td rowspan="16">30 480</td><td rowspan="16">67 200</td></tr>
<tr><td>1EE</td><td>2 591</td><td>8</td><td>6</td></tr>
<tr><td>1AAA</td><td rowspan="4">12 192</td><td rowspan="4">40</td><td rowspan="4">0</td><td>2 896</td><td>9</td><td>6</td></tr>
<tr><td>1AA</td><td>2 591</td><td>8</td><td>6</td></tr>
<tr><td>1A</td><td>2 438</td><td>8</td><td>0</td></tr>
<tr><td>1AX</td><td><2 438</td><td><8</td><td>0</td></tr>
<tr><td>1BBB</td><td rowspan="4">9 125</td><td rowspan="4">29</td><td rowspan="4">11.25</td><td>2 896</td><td>9</td><td>6</td></tr>
<tr><td>1BB</td><td>2 591</td><td>8</td><td>6</td></tr>
<tr><td>1B</td><td>2 438</td><td>8</td><td>0</td></tr>
<tr><td>1BX</td><td><2 438</td><td><8</td><td>0</td></tr>
<tr><td>1CCC</td><td rowspan="4">6 058</td><td rowspan="4">19</td><td rowspan="4">10.50</td><td>2 896</td><td>9</td><td>6</td></tr>
<tr><td>1CC</td><td>2 591</td><td>8</td><td>6</td></tr>
<tr><td>1C</td><td>2 438</td><td>8</td><td>0</td></tr>
<tr><td>1CX</td><td><2 438</td><td><8</td><td>0</td></tr>
<tr><td>1D</td><td rowspan="2">2 991</td><td rowspan="2">9</td><td rowspan="2">9.75</td><td>2 438</td><td>8</td><td>0</td><td rowspan="2">10 160</td><td rowspan="2">22 400</td></tr>
<tr><td>1DX</td><td><2 438</td><td><8</td><td>0</td></tr>
</table>

(2)按集装箱的用途分

①杂货集装箱(general cargo container)

杂货集装箱见图 15-1-2,也称为通用集装箱,用以装载除液体及特种货物以外的一般件杂货。这种集装箱使用范围很广。一般在一端或侧面设有箱门,也有侧壁全开式、顶开式等不同类型,以适合于装载不同类别的货物。

图 15-1-2　杂货集装箱

②通风集装箱(ventilated container)

通风集装箱一般在侧壁或端壁上设有可以开关的通风孔,适于装载不需要冷藏而需通风、防止汗湿的货物,如水果、蔬菜、兽皮等。如将通风孔关闭,可作为杂货集装箱使用。

③敞顶集装箱(open top container)

敞顶集装箱见图 15-1-3。该类集装箱没有刚性箱顶,但有可折叠式或可折式顶梁支撑的帆布、塑料布或涂塑布制成的顶篷,其他构件与通用集装箱类似。适于装载超高货物,如钢铁、木材,特别是像玻璃板等易碎的重货,利用吊车从顶部吊入箱内不易损坏,而且也便于在箱内固定。

图 15-1-3　敞顶集装箱

④冷藏集装箱(reefer container)

冷藏集装箱见图 15-1-4。该类集装箱适用于装载肉类、水果、蔬菜等货物,主要有两种:一种是箱内设有隔热结构并装设有冷冻机的内藏式冷藏集装箱,装船后只要供给船电即可制冷;另一种箱内只有隔热结构,装船后,由船舶冷藏装置通过导管供应冷气,称为外置式冷藏集装箱。

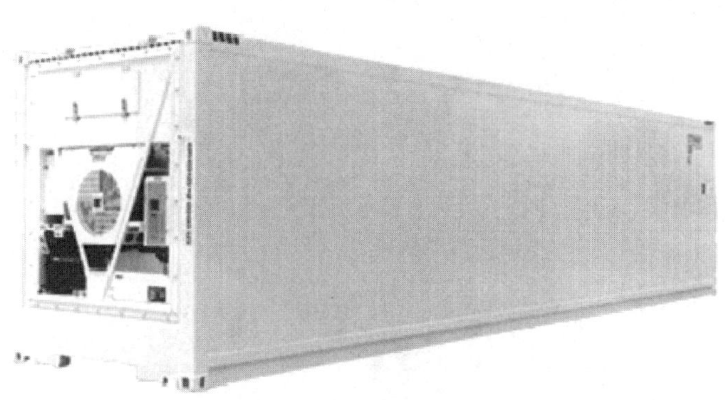

图 15-1-4 冷藏集装箱

目前船舶运输的冷藏集装箱以内藏式居多。冷藏集装箱的造价和营运费用较高,运输过程中应注意冷冻装置的技术状态及箱内货物所需的温度。

⑤台架式和平台式集装箱(platform based container and platform container)

台架式和平台式集装箱见图 15-1-5。台架式集装箱是一种没有箱顶和侧壁,甚至有的连端壁也去掉而只有底板和四个角柱的非水密集装箱,适合于装载尺寸超过标准箱尺度的货物,如机械设备、钢材、木材等。这种集装箱的主要特点是:为了保证其纵向强度,通常箱底较厚,箱底的强度比普通集装箱箱底大,而其内部高度则比一般集装箱低。在下侧梁和角柱上设有系环,可将装载的货物系紧。

图 15-1-5 台架式集装箱

平台式集装箱是仅有底板而无上部结构的一种集装箱。将台架式集装箱的角柱拆除、折叠或不设也可转化为平台式集装箱,该集装箱装卸作业方便,有时可在舱面上将多个平台箱组合在一起,适于装运重大件货物。

⑥干散货集装箱(bulk container)

干散货集装箱见图 15-1-6。该类集装箱除了箱门外,箱顶设有带水密盖子的 2~3 个装货口,端壁下部设有卸货口,适合于装运大豆、面粉、水泥、矿砂等固体散货。使用时应注意保持箱内清洁,两侧保持光滑,便于货物从箱门卸货。

图 15-1-6　干散货集装箱

⑦罐式集装箱(tank container)

罐式集装箱见图 15-1-7。罐式集装箱专门用于装运各种酒类、油类、化学品等液体货物，主要由罐体和箱体框架构成。罐体为圆柱或椭圆柱，箱体框架为箱形。由于所装货物的性质不同，其结构和设备也不相同。通常罐顶部设有装货孔，罐底设有排货孔。

图 15-1-7　罐式集装箱

⑧动物集装箱(pen container)

动物集装箱见图 15-1-8。该类集装箱专为装运牲畜等动物而设计制造的，其结构便于动物喂养、清洁等管理工作，在箱侧设有大尺度提升窗，下方设有清扫口和排水口。其堆码强度只允许装一层，且上面不宜装载其他集装箱。

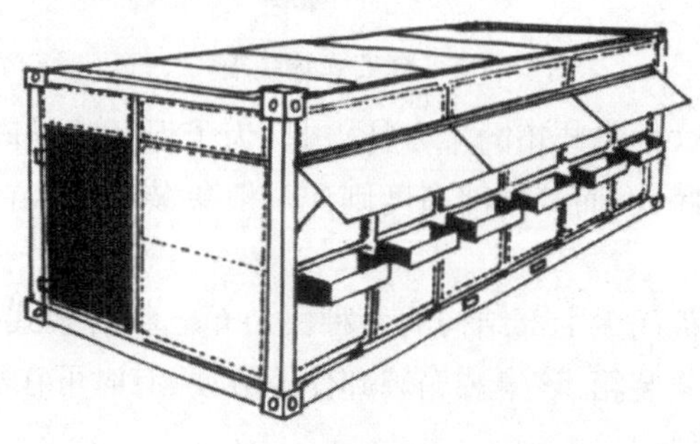

图 15-1-8　动物集装箱

⑨汽车集装箱(car container)

该类集装箱专为装运小型轿车而设计制造。其结构特点是无侧壁，仅设有框架和箱底，可装载一层或两层小轿车。

二、集装箱标记

为便于集装箱的识别、管理和交接，国际标准化组织对集装箱标记制定了国际标准 ISO 6346:2022《集装箱代码、识别和标记》，规定了集装箱标记的内容、标记字体的尺寸、标记位置等。我国的《集装箱代码、识别和标记》(GB/T 1836—2017)的相关规定与国际标准基本一致。集装箱标记分为识别标记和作业标记两类，每一类又分为必备标记和自选标记两种。

1.识别标记

(1)箱主代号、设备识别代码、箱号(顺序号)和校验码(核对数字)

该标记为必备标记，由 11 位代码组成，位于图 15-1-9 的“1”位置。

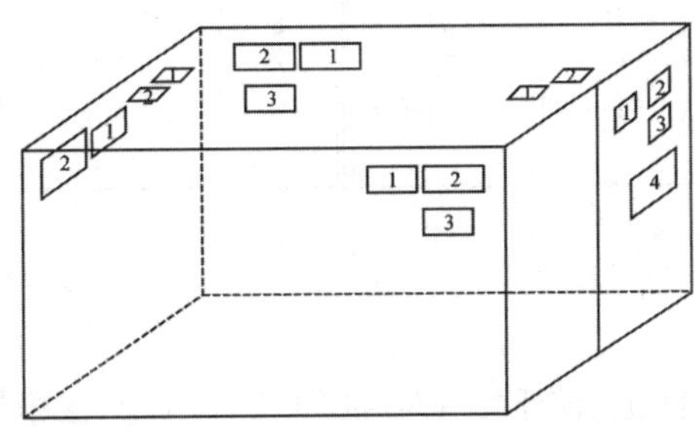

图 15-1-9 集装箱标记位置图

1—箱主代号和设备识别代码;2—箱号和校验码;3—集装箱尺寸及箱型代码;4—集装箱额定总重、自重和净载重

①箱主代号

国际规定，箱主代号由经国际集装箱局(BIC)注册的三个大写拉丁字母组成。凡国内设有 BIC 注册机构的国家，可通过该机构在国内注册，也可以直接向国际集装箱局登记。

②设备识别代码

设备识别代码由一个大写拉丁字母表示。“U”表示所有的集装箱，“J”表示集装箱所配置的挂装设备，“Z”表示集装箱拖挂车和底盘挂车。如“COSU/CBHU”为中远集装箱运输有限公司的箱主代号，“MASU”为马士基海运公司的箱主代号，“CSLU/CCLU”为中海集装箱运输股份有限公司的箱主代号。

③箱号(顺序号)

箱号用于区别同一箱主的不同集装箱，由 6 位阿拉伯数字组成，如果不足 6 位时，应在数字前加 0 以补足 6 位，如箱号为“1234”时，则以“001234”表示。

④校验码(核对数字)

校验码用一位阿拉伯数字表示，用来检验箱主代号和箱号传递的准确性，可按标准中规定的方法，通过箱主代号、设备识别代码和箱号来求得，计算公式为：

$$n = \frac{\sum_{i=0}^{9} 2^i \times N_i}{11}$$

式中：n ——校验码，为箱主代号、设备识别代码和箱号的等效数值与加权系数乘积之和除以 11 后得到的余数。根据规定，余数为 10 时，校验码取 0，与余数为 0 时相同，为避免重复，建议不使用余数等于 10 的集装箱号。

2^i ——加权系数，分别为 $2^0 \sim 2^9$。

N_i ——箱主代号、设备识别代码和箱号的等效数值，见表 15-1-2。

表 15-1-2　等效数值表

箱主代号/设备识别代码						箱号
字符	等效数值	字符	等效数值	字符	等效数值	数字或等效数值
A	10	J	20	S	30	0
B	12	K	21	T	31	1
C	13	L	23	U	32	2
D	14	M	24	V	34	3
E	15	N	25	W	35	4
F	16	O	26	X	36	5
G	17	P	27	Y	37	6
H	18	Q	28	Z	38	7
I	19	R	29			8
						9

注：(1)箱号数字与等效数值完全相同；

(2)表中省略了等效数值 11、22、33。

(2)尺寸和箱型代码

尺寸和箱型代码为必备标记，位于图 15-1-9 的"2"位置。在箱体上标打时，应作为一个整体使用，不得拆开分列。前两位表示集装箱的外部尺寸，后两位表示集装箱的类型。

尺寸代码由 2 位字符表示：第 1 位用数字或拉丁字母表示箱长，第 2 位用数字或拉丁字母表示箱宽和箱高，见表 15-1-3、表 15-1-4。

箱型代码由 2 位字符表示：第 1 位用 1 个拉丁字母表示箱型，第 2 位用 1 个数字表示该箱型的特征，见表 15-1-5。

表 15-1-3　箱长代码

集装箱长度		代码	集装箱长度		代码
mm	ft　in		mm	ft　in	
2 991	10	1	7 450	–	D
6 058	20	2	7 820	–	E
9 125	30	3	8 100	–	F
12 192	40	4	12 500	41	G
13 716	45	5	13 106	43	H
未分配		6	13 600	–	K
未分配		7	未分配		L
未分析		8	14 630	48	M
未分配		9	14 935	49	N
7 150	–	A	16 154	53	P
7 315	24	B	未分配		R
7 430	24　6	C			

表 15-1-4 箱宽和箱高代码

箱高			代码		
			箱宽		
mm	ft	in	2 438 mm	2 438 mm<箱宽≤2 500 mm	>2 500 mm
2 438	8		0		
2 591	8	6	2	C	L
2 743	9		4	D	M
2 896	9	6	5	E	N
>2 896	>9	6	6	F	P
1 295	4	3	8		
≤1 219	≤4		9		

表 15-1-5 箱型代码表

代码	箱型	组代码	集装箱主要特性	细代码
G	通用集装箱（无通风设备）	GP	一端或两端开门	G0
			货物上部空间设有透气孔	G1
			一端或两端开门，加上一侧或两侧全部敞开	G2
			一端或两端开门，加上一侧或两侧部分敞开	G3
			……	……
V	通风集装箱带通风设备	VH	无机械通风系统，货物上部和底部空间设有通风口	V0
			箱体内部设有机械通风系统	V2
			……	……
B	干散货集装箱无压力、箱型	BU	封闭式	B0
			气密式	B1
			后端卸货/猫洞型	B3
			……	……
S	以货物命名的集装箱	SN	牲畜集装箱	S0
			小汽车集装箱	S1
			活鱼集装箱	S2
			……	……
R	保温集装箱			
	冷藏	RE	机械制冷	R0
	冷藏和加热	RT	机械制冷和加热	R1
	自备动力	TS	机械制冷	R2
			……	……

续表

代码	箱型	组代码	集装箱主要特性	细代码
H	保温集装箱			
	设备可拆卸的冷藏和(或)加热的集装箱	HR	设备置于箱体外部,其传热系数 K=0.4 W/(m² · K)	H0
			设备置于箱体内部	H1
			设备置于箱体外部,其传热系数 K=0.7 W/(m² · K)	H2
			具有隔热性能,其传热系数 K=0.4 W/(m² · K)	H5
	隔热集装箱	HI	……	……
U	开顶集装箱	UT	一端或两端开门	U0
			……	……
			具有可拆卸的硬顶	U6
			运载卷状货物的开顶箱	U9
P	平台式集装箱上部不完整	PL	平台集装箱	P0
			有两个完整和固定的端板	P1
	固定式平台集装箱	PF	有固定角柱,带有活动的侧柱或可拆卸的顶梁	P2
			有折叠完整的端结构	P3
	折叠式平台集装箱	PC	折叠角柱,带有活动的侧柱或可拆卸的顶梁	P4
	上部结构完整的平台式集装箱	PS	顶部和端部敞开(骨架式)	P5
	以货物命名的平台式集装箱	PT	运载船上设备的	P6
			运载小汽车的	P7
			运载木材、管材的	P8
			运载卷状货物的	P9
K	有压力罐式集装箱(液体和气体)	KL	非危险品液体罐箱	K0
			危险品液体罐箱,压力不大于2.65 bar	K1
			……	……
			气体罐箱	K8
N	有压力和无压力罐式集装箱(干货)	NH	漏斗型,垂直卸货	N0
			漏斗型,后端卸货	N1
		NN	无压,后端卸货	N3
			……	……
		NP	有压,后端卸货	N7
			……	……
A	空陆水联运集装箱	AS		A0

2.作业标记

(1)额定总重和自重

额定总重是集装箱的最大总重量,自重是集装箱空箱重量,要求同时以千克(kg)和磅(lb)标示。位于图 15-1-9 的"3"位置。标打在集装箱上的最大总重应与国际集装箱安全公约(CSC)所列标牌完全一致。如:

MAX CROSS	30 480 KGS
	67 200 LBS
TARE	3 750 KGS
	8 270 LBS

(2)空/陆/水联运集装箱标记

该标记适用于空/陆/水联运集装箱并指明其堆码限制。由于该类集装箱设计强度较低,所以海上运输时禁止在甲板堆装,舱内堆装时仅限于 2 层,码头堆码时仅限于 3 层。该标记为黑色,位于侧壁、端壁左上角和顶部的适当位置,如图 15-1-10 所示。

(3)登箱顶触电警告标记

该标志形式如图 15-1-11 所示,一般设在罐式集装箱上,位于邻近登箱顶的扶梯处,以警告登箱顶者有触电的危险。

(4)超高标记

凡高度超过 8 ft 6 in(2.6 m)的集装箱均应标打如图 15-1-12 所示的超高标记。通常在箱的两侧标有此类标记。

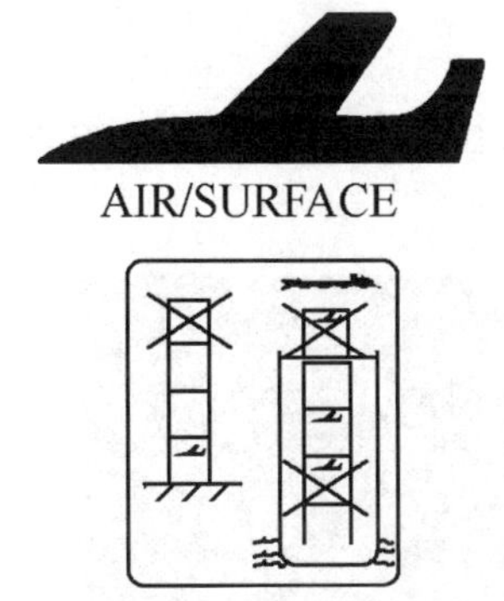

图 15-1-10 联运集装箱标记

图 15-1-11 触电警告标志

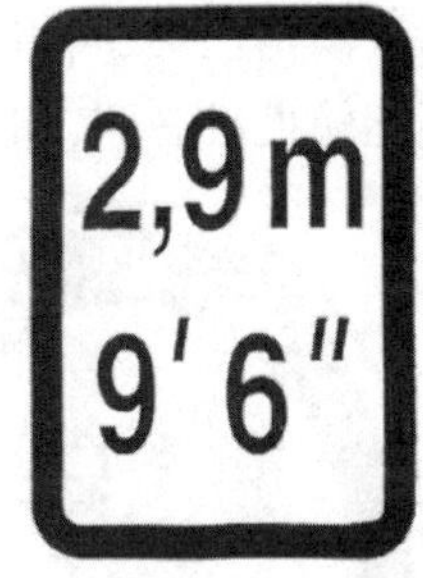

图 15-1-12 超高标记

(5)最大净载货量

最大净载货量等于额定总重与自重的差,标打在额定总重和自重之后,为自选标记,但是对于装运第 2 类非冷冻液化气体危险货物的可移动罐柜及装运非冷冻气体的多单元气体容器(MEGCs)为必备标记。

如:

NET 26 730 KGS

58 930 LBS

上述作业标记中(1)(2)(3)(4)为必备标记,(5)为自选标记。

3.其他标记

（1）国际铁路联盟标记

符合《国际铁路联盟条例》规定的技术条件的集装箱，可获得国际铁路联盟标记，如图15-1-13所示。标记方框上部的“ic”表示国际铁路联盟（法语：Union Internationale Des Chemins de Fer），方框下部的数字表示各铁路公司代码（33 是中华人民共和国铁路代码）。

图 15-1-13　国际铁路联盟标记

（2）船级社徽记

经船级社检验并合格的集装箱上面应具备永久性的船级社徽记、标记和牌照。图 15-1-14 所示为中国船级社 CCS 的徽记。

（3）《国际集装箱安全公约（CSC）》安全合格牌照

根据国际集装箱安全公约的规定，主管机关应对符合人身安全检验的集装箱加贴 CSC 安全合格牌，如图 15-1-15 所示。

（4）海关加封运输批准牌照

对于满足《1972 年集装箱关务公约》（CCC）要求的集装箱以及国际标准集装箱应附有海关加封运输批准牌照，如图 15-1-15 所示。

图 15-1-14　CCS 徽记

图 15-1-15　CSC 和 CCC 铭牌

（5）免疫牌

凡国际集装箱所用的裸露木材按照有关规定经过了免疫处理，则应设置免疫牌。

（6）制造厂铭牌、集装箱制造厂产品编号及箱主铭牌（可选）

免疫牌、制造厂铭牌及箱主铭牌等可单独或与国际集装箱安全公约(CSC)安全合格牌照、海关加封运输批准(CCC)牌照等组合为一块标牌,安装在集装箱易于检查的门端面,如图15-1-15所示。

(7)安全标志

安全标志包括禁止标志、警示标志、指令标志、提示标志及文字辅助标志等。

第二节 集装箱船舶装载能力、稳性及强度

一、集装箱船舶载货能力

集装箱船舶的载货能力包括重量载货能力、容量载货能力和特殊载货能力三个方面。重量能力指航次净载重量,容量能力以箱容量为指标,特殊载货能力表现为船舶能够载运特殊集装箱的能力。

1.集装箱船舶箱容量

箱容量是指给定船舶能够装载集装箱的最大数量,依据装载不同类型集装箱的最大能力,箱容量包括:

(1)20 ft 换算箱容量

20 ft 换算箱容量又称为标准箱容量,指船舶能够装运将各类集装箱换算为 20 ft 箱的最大数量。为了衡量集装箱船舶大小,国际上通常将装载不同尺度集装箱的箱位都换算成 20 ft 箱位,该箱位所装集装箱称 20 ft 换算集装箱(TEU),或称标准箱,如 40 ft 集装箱位,应换算成可装载 2 个 TEU 的箱位。标准箱容量是衡量集装箱船舶大小的主要指标,是集装箱及集装箱船舶拥有量的统计单位。

(2)20 ft 箱容量

20 ft 箱容量指集装箱船所能装运 20 ft 集装箱的最大箱位数。在许多集装箱船上,设计了一些专门装载 40 ft 箱的箱位如船尾部舱面上,其集装箱底座跨距为 40 ft,这种箱位不能装载 20 ft 箱。因此,船舶所具有的 20 ft 箱容量应为仅限装载 20 ft 箱的箱位数与 20 ft 箱和 40 ft 箱可交替装载的箱位数之和。通常情况下,集装箱船舶的 20 ft 箱容量不一定等于标准箱容量。

(3)40 ft 箱容量

40 ft 箱容量指集装箱船所能装运 40 ft 箱的最大箱位数。由于长度限制,部分舱位只能装载 20 ft 箱,或船舶结构制约,在首、尾部舱形变化较大,为充分利用货舱空间,将该部位设计成仅能装载 20 ft 集装箱的箱位。同理,船舶的 40 ft 箱容量为仅供装载 40 ft 箱的箱位与 20 ft 箱和 40 ft 箱可交替装载的箱位之和。通常情况下,集装箱船舶的 40 ft 箱容量的 2 倍不一定等于标准箱容量。

以上箱容量在计算时应满足下列条件:

①满足 SOLAS 公约对驾驶室可视范围的要求;

②船舶平吃水状态;

③集装箱高度 8 ft 6 in。

(4)特殊箱容量

船舶可装载特殊货箱的最大数量,如危险货箱、冷藏箱的箱容量。船舶在设计时,有些货舱的技术条件不满足装载危险货箱的要求,另一些货舱则局限于装载个别类别的危险货箱。集装箱船是否能够装载危险品集装箱、装载哪一类危险品、在什么位置装载取决于船舶的“危险货物适装证书”的要求。冷藏集装箱装船后多数需要船舶电站连续供电,受船舶电站容量和电源插座位置的限制,每一集装箱船的冷藏箱容量和装载位置通常都是确定的。表 15-2-1 为某集装箱船各类箱容量资料。

表 15-2-1　集装箱船载箱资料表

标准箱	20 ft 箱	40 ft 箱	冷藏箱	可装危险箱舱号	箱层数	20 ft 箱排数	40 ft 箱排数
1 668 TEU	甲板 820	甲板 409	甲板 54	No.2~No.5	甲板 4	甲板 22	甲板 11
	舱内 848	舱内 372			舱内 6	舱内 20	舱内 10

(5)巴拿马运河箱容量

巴拿马运河当局规定,过运河的任何船舶不得因舱面堆装的货物而阻挡驾驶台的瞭望视线,从而限制了船舶的箱容量。很多集装箱船的舱面前部有不少箱位将阻挡驾驶台的瞭望视线,所以过运河前这些箱位将不得使用,使船舶的装箱容量减少。

2.充分利用船舶箱容量

在集装箱预配时,根据航次订单所列集装箱的种类和数量,首先应核算是否与船舶箱容量相适应,包括对 20 ft 和 40 ft 和特殊箱容量分别予以核算。订箱单所列的各种集装箱数量不多于船舶相应种类箱容量,是船舶接运航次订箱的必要条件。当航次箱源数量接近船舶箱容量时,为充分利用船舶的箱位容量,在满足上述条件下,还需考虑以下情况:

(1)合理压载,减少退箱

现代集装箱船舶将大量的箱位安排在舱面上,因此必然影响船舶稳性。为保证船舶稳性,同时又使船舶箱容量得到充分利用,需在压载舱内注入适量压载水,避免因稳性不满足要求而不得不退掉部分集装箱,造成船舶箱位的浪费。

(2)适当安排中途港箱位,增加卸箱后的承载能力

当集装箱船舶挂靠多个港口进行装卸时,为了使中途港在卸箱后能够承载该港以后挂靠港的较多集装箱,减少或避免倒箱数量,在箱位选配时,应尽量保持不同卸货港集装箱垂向箱位及卸箱通道的独立性。

(3)合理选配特殊箱箱位,减少箱位的浪费

特殊箱箱位选配时,应当尽量减少承运此类货箱引起的箱位损失数量。如在条件许可时,可以将原安排于舱内占用两个垂向箱位的超高集装箱或占用两个横向箱位的超宽集装箱,选配于舱面的顶层,以减少舱内或舱面箱位的损失;将平台集装箱配置于舱面顶层箱位,避免因该箱上层不能配置其他集装箱而导致浪费。

3.充分利用船舶载重能力

与其他船舶相同,航次订箱单中所列集装箱总重量应不大于船舶净载重量。因此,在编制集装箱船配载图时应首先予以核算。值得注意的是,当预装箱数与船舶箱容量相近时,需打入一定数量的压载水以调整船舶稳性。因此,在净载重量的计算中,除由总载重量中扣除航次储

备及船舶常数外，还应减去压载水的数量，即：

$$NDW = DW_{max} - \sum G - C - B \qquad (15\text{-}2\text{-}1)$$

式中：B——为满足船舶稳性要求而必须打入的压载水重量(t)。

C——船舶常数(t)。包括了船舶所有非固定系固设备的重量，因此数值通常较大。

在集装箱预配时，尚无法准确估计所需压载水的重量，它取决于集装箱重量的分布及配载人员的水平和经验。当各集装箱的箱重接近均匀分布时，可从船舶装载手册或稳性计算书的相应装载状态中查得；否则，应根据经验并借助装载仪进行估算。因此，努力提高船舶配载计划的编制技能，合理确定不同卸货港轻重集装箱在舱内和舱面的配箱比例，减少用于调整稳性所需注入压载水的数量，是充分利用集装箱船舶载重能力的主要措施。

二、集装箱船稳性

集装箱船将大量的箱位设计在舱面上，因此，船舶重心高度比一般货船大，水线以上船体受风面积增加，对船舶稳性更为不利。为保证船舶安全，营运中的集装箱船必须具有足够的稳性。另外，集装箱船的稳性又不宜过大，过大的稳性会使船舶剧烈摇摆而产生较大惯性力，从而对系固设备带来不利影响。

集装箱船舶的稳性应满足相关国际规则和国内规则的要求。

1.IMO 完整稳性衡准

IMO《2008 完整稳性规则》分为 A、B 两部分，其中 A 部分为强制性要求，B 部分为建议性要求。

(1) A 部分衡准要求

见第八章稳性。

(2) B 部分稳性衡准要求

船长大于 100 m 的集装箱船和其他具有可观外漂或大水线面的货船，主管机关可应用以下 6 项完整稳性衡准要求，以代替 A 部分船舶完整稳性衡准要求的前 6 项。

①静稳性力臂曲线在横倾角 0°～30°之间所围面积不应小于 $0.009/C$（C 为船体形状因数）m·rad；

②静稳性力臂曲线在横倾角 0°～40°或进水角 θ_f 中较小者之间所围面积应不小于 $0.016/C$ m·rad；

③复原力臂曲线在横倾角 30°～40°或进水角 θ_f 中较小者所围面积应不小于$0.006/C$ m·rad；

④静稳性力臂在横倾角 30°处的值应大于或等于 $0.033/C$ m；

⑤最大静稳性力臂应大于或等于 $0.042/C$ m；

⑥静稳性力臂曲线在横倾角 0°至进水角 θ_f之间所围面积不应小于 $0.029/C$ m·rad。

上述衡准中的船体形状因数 C 的计算，规定按下列公式求取：

$$C = \frac{d \cdot D'}{B_m^2}\sqrt{\frac{d}{KG}} \cdot \left(\frac{C_b}{C_w}\right)^2 \cdot \sqrt{\frac{100}{L}}$$

式中：d——平均吃水(m)；

KG——经自由液面修正后的船舶重心距基线距离(m),不应小于 d;

B_m——船中剖面 $d/2$ 吃水处的船宽(m);

L——船舶型长(m);

C_b——方形系数;

C_w——水线面系数;

D'——经舱口围板内规定体积修正后的船舶型深(m),可按下式计算:

$$D' = D + h \cdot \frac{2b - B_D}{B_D} \cdot \frac{2\sum l_H}{L_{bp}}$$

式中:D——船舶型深(m);

h——自船中前后 $L/4$ 内每一舱口围板平均高度(m);

b——自船中前后 $L/4$ 内每一舱口围板平均宽度(m);

B_D——船舶型宽(m);

l_H——自船中前后 $L/4$ 内每一舱口围板的长度(m);

B——船舶型宽(m)。

2.我国《法定规则》对集装箱船舶稳性衡准要求

《法定规则》对装载集装箱的国际航行集装箱船舶,采用 IMO 对集装箱船舶的稳性衡准;对沿海航行的集装箱船舶,除要求需满足对普通船舶完整稳性的各项基本衡准指标外,尚应满足以下特殊稳性要求:

(1)经自由液面修正后初稳性高度应不小于 0.30 m;

(2)船舶在横风作用下的静稳性曲线上求得静倾角应不大于 1/2 上层连续甲板边缘入水角,且不超过 12°。

在对船舶稳性各项指标进行校核时,规则规定了如下计算条件:

①每只集装箱重心垂向位置应取在集装箱高度 1/2 处;

②计算船舶在横风作用下的静倾角时所使用的横风风压倾侧力矩,取在计算稳性衡准数 K 时所确定值的 1/2,且假定其不随船舶横倾而变化;

③计算静稳性力矩(臂)时,不计入舱面集装箱浮力的影响。

3.保证集装箱船的适度稳性

集装箱船舶安全营运要求船舶必须具有适度稳性,经验表明,适度稳性范围为(4%~5%)B。具体船舶适宜稳性应视船舶大小、装载状态及天气情况等因素确定。为保证集装箱船具有适度稳性,主要应从以下两方面考虑:

(1)控制舱内和舱面所装集装箱的重量处于合适的比例范围

船舶拟承运的集装箱近满箱位时,往往会使船舶稳性过小,而当集装箱运量不足时,则可能会出现稳性过大的情况。为了使船舶稳性具有适度大小,应将舱内和舱面集装箱重量控制在一个适当比例范围内。对于不同船舶或同一船舶在不同吃水条件下,该比例范围是不同的,可通过计算或长期装运实践的资料积累获得。

欲使舱内和舱面所装集装箱重量具备合适比例,船舶在配装时应:

①集装箱运量充足时,主要是通过集装箱重量在垂向上的合理调配来改善船舶稳性,如轻箱和重箱上下调整,20 ft 和 40 ft 舱内、舱面调整(因两个 20 ft 箱一般比一个 40 ft 箱要重)等。

即使如此,若经计算稳性仍不符合要求,则只得退掉部分集装箱。

②集装箱运量不足时,因甲板箱量减少而出现稳性过大的情况,可适当调整舱内和舱面上集装箱的数量。如需停靠港加载,在可能的情况下,将第一挂停靠港的集装箱全部或大部分装在舱面上。必要时,可将舱内部分箱位空着不配集装箱,以增大舱面集装箱的配装量。

(2)合理利用压载水

当船舶的实际排水量还未达到满载排水量,压载水舱容积还有供调整稳性应用的余地时,可注入部分压载水,使船舶稳性得以改善。若需提高船舶稳性,可向重心较低的双层底压载舱等灌注压载水或/和将重心较高的边压载水舱等处的压载水排出,以降低船舶重心高度。反之,若需降低船舶稳性,可排出低重心压载舱中的压载水及向高重心的压载舱注入压载水。必须注意,在利用压载水调整船舶稳性时,应同时考虑对船舶浮态和总纵强度的影响,做到统筹兼顾。

另外,船舶在横摇过程中,未装满的液体舱柜所存在的自由液面将产生倾侧力矩,它与船舶稳性力矩的作用方向相反,使船舶稳性降低,因此,当船舶稳性过大时,保持液舱内具有一定量的自由液面,亦有利于船舶稳性的改善。

三、集装箱船舶强度

集装箱船舶结构和装载特点与普通杂货船存在较大差异,因而船体强度也具有不同的特点。就船舶营运而言,集装箱船舶主要应考虑总纵强度和局部强度,其中,总纵强度包括总纵弯矩和扭矩合成应力的强度,而局部强度则主要表现为舱内或舱面上集装箱的许用堆积负荷。

1.集装箱船舶总纵强度

(1)总纵强度概念

船舶在营运中存在一扭矩作用于船体上,该扭矩主要由船舶在斜浪中航行而产生的水动力扭矩和船上载荷(货物、压载水、消耗品等)横向分布不均匀所引起的货物扭转两部分组成。对于甲板上具有较大开口的集装箱船,当扭矩作用于船体上时,会使船体产生扭转变形。船舶在设计建造时,采用双层底和双层壳舷侧结构,且在双层壳舷侧的顶部还设置有效的抗扭箱结构,因而,在正常装载情况下,船舶具有抵御通常扭转变形的能力,即船舶的扭转强度通常是得到保证的。

作用于船体上的扭矩除使其产生扭转变形外,还会产生总纵弯曲变形。显然,船舶在考虑静水弯矩和波浪弯矩作用下所产生的弯曲应力外,还应将扭矩作用下所产生的应力叠加在内,即船舶在规定的计算剖面处,在静水中弯曲应力,波浪中的弯曲应力和船舶处于斜浪中的合成应力都应满足建造规范的规定。

(2)保证船舶总纵强度的措施

对于投入营运的集装箱船舶,应通过船舶的合理使用来改善船舶的总纵强度,主要保证措施包括:

①合理配置各排集装箱重量

集装箱船舶在空载和满载情况下一般呈中拱状态,为此,宜在船中部位的货舱中及甲板上适当配装一些重量较大的集装箱,以改善船舶的中拱状态。另外,各排集装箱重量的合理分布,不但在始发港需要考虑,而且各停靠港也应认真对待。各停靠港的集装箱装卸量不等,或装箱量大而卸箱量少,或装箱量少而卸箱量大,易使停靠港装卸集装箱后各排集装箱数量不均衡。因此,应综合考虑各港集装箱装卸量，使船舶在整个航次中尽量保持箱重沿船长的合理分布。

②合理安排各目的港集装箱的箱位

集装箱船通常装运多个目的港的集装箱，特别是跨洋和全球航行的集装箱班轮更是如此。从船舶总纵强度角度考虑，各中途港的集装箱不应过分集中于某一货舱的箱位处，尤其是集装箱过多集中于船中箱位处，在集装箱卸载后会出现较大剪力和弯矩。为此，应将各港集装箱适当地分装于不同箱排处。另外，不同卸货港集装箱的纵向分隔配装也有利于多台装卸桥同时作业，节省在港装卸时间。

③确保船上载荷横向均匀分布

当船上的集装箱、压载水及其他消耗品等载荷横向分布不均匀时，会产生一扭矩作用于船体上，从而增大了原有的弯曲应力。因此，各排集装箱横向上箱重应对称分布，各压载舱及其他舱室载荷重量也应左右舷对称分布，避免采用因首部一舷载荷过多或过少，而将尾部另一舷的载荷减少或增大以保持船舶正浮的做法。

④合理压载

集装箱船舶在空载状态时，船舶存在较大中拱弯矩，应通过合理压载来改善船舶纵向受力状况。由于集装箱船具有较大的压载能力，一般为总载重量的30%~40%，从理论上讲，能够使船舶强度得到改善并符合船舶强度条件，但也需通过确定合理的压载方案来实现。就整体而言，为减小过大的中拱弯矩，船中部的压载水数量应多于其他位置上的压载水。另外，压载时还应考虑船舶吃水状态的改善并满足航行对最低吃水及吃水差的要求。

⑤改变斜浪航行状态，减低船舶横摇

船舶在斜浪中航行，会产生水动力扭矩。通常认为，航向与波向交角为45°，有效波长等于船长且波峰或波谷居于船中时，扭矩接近最大值。另外，船舶横摇剧烈时，也会使水动力扭矩增大。为减小船舶在航行中所受到的水动力扭矩，应采取改变航向或/和航速的措施，使船舶与波浪的相对状态及过大摆幅得到改善，尤其是应避开极值状态。

⑥对实际装载状态的船舶总纵强度予以校核

将船舶所装集装箱、压载水、航次储备等重量输入装载仪后，会自动显示出船舶在静水中、波浪中的剪力和弯矩及扭矩合成强度情况，并校核其是否超出允许值。

2.集装箱船舶局部强度

集装箱船舶局部强度在积载时表现为船舶局部舱位上承受集装箱载荷的能力，即集装箱允许堆积负荷。集装箱允许堆积负荷是指堆放集装箱的每一装箱底座上所能允许承受的最大负荷。根据集装箱装载位置，可分为舱底负荷和甲板负荷。甲板负荷通常指舱盖负荷，但有的船舶设有平台甲板，如该平台甲板的允许堆积表负荷与舱盖不一致时，船舶资料中会另附说明。根据集装箱的不同尺度，允许堆积负荷又分为装载20 ft箱和40 ft箱两种情况。表15-2-2为某4 000 TEU全集装箱船允许堆积负荷表。

表15-2-2 某4 000 TEU全集装箱船允许堆积负荷表

位置	最大装载层数	允许堆积负荷/t	
		20 ft 集装箱	40 ft 集装箱
甲板	4	80	100
货舱底板	8	192	240

在确定集装箱垂向箱位时,应当满足舱内和甲板上每列集装箱总重分别不超过其装箱底座上的允许堆积负荷。当重箱较多时,易出现实际堆积负荷超出允许值的现象,特别是在甲板上或舱盖上,配载时应予以特别注意,必要时可减小集装箱的堆装层数,以防对船舶结构造成损伤。

需要注意的是,船舶资料中并未提供20 ft箱和40 ft箱混装时的允许堆积负荷,而实际装载条件下经常存在两种尺度集装箱的混装现象。根据有关船级社的标准,混装情况下的局部强度可按如下方法进行校核。

如图15-2-1所示,底座A、D按40 ft堆积负荷校核,底座B、C按20 ft堆积负荷校核。底座A的实际堆积负荷为14 t×3+30 t=72 t,底座D的实际堆积负荷为10 t×2+14 t+30 t=64 t;底座B的实际堆积负荷为14 t×3=42 t,底座C的实际堆积负荷为10 t×2+14 t=34 t。

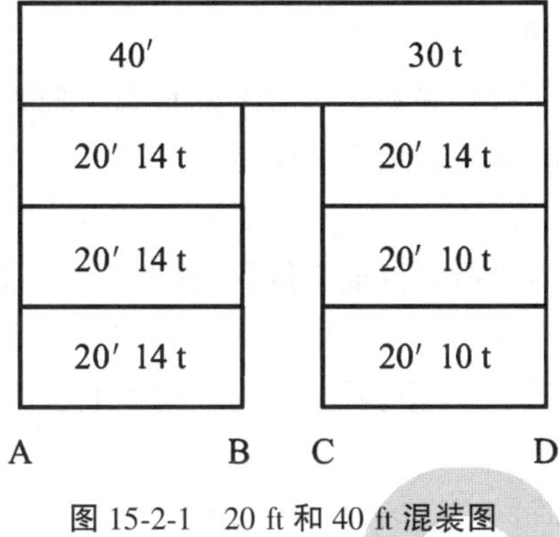

图15-2-1 20 ft和40 ft混装图

第三节 集装箱船舶配载

与杂货配装相似,集装箱配装时所遵循的基本原则是按先末港后初港、先特殊后一般、先舱内后舱面,逐一为每一集装箱选择合适的箱位;同时满足集装箱装卸顺序和快速装卸的要求。

一、确保集装箱称重

集装箱重量的不准确对集装箱船舶的稳性、强度及系固安全有重大影响,为了保证航运安全,SOLAS公约修正案规定自2016年7月1日起,托运人(货主)应为所有出口集装箱申报验证总重量(Verified Gross Mass,VGM),凡无验证总重的集装箱将不得装船,即在没有获取经验证的载货集装箱毛重时,船长(船东)和码头经营人有权拒绝将该集装箱装载到船舶上。

获取集装箱验证总重量的方法有两种:整体称重法和累加计算法。整体称重法是指在货物装箱和箱门关封后,托运人可自行或者委托第三方使用经过国家计量监督部门认证的设备对集装箱进行整体称重。累加计算法是指将货物重量、包装重量及集装箱皮重单独计算后累加。

不管使用哪种方法,托运人所提供的集装箱验证总重量与海事管理机构、承运船舶(承运人)和码头经营人获得的该集装箱经验证的重量间的误差范围不得超过±5%或1 t,两者取小。

SOLAS公约修正案要求托运人用来传递经核实的载货集装箱总重量的单证必须签名。该单证可以是提交给航运公司装船指令的一部分,也可以作为单独文件,如一份包含重量证书的申报单。无论何种情况,该文件应明确申明所提供的总重量为验证的总重量。承运人将提供给托运人有关信息截止时间,在此期限内承运人必须从托运人那里收到要求的集装箱验证重量用于船舶配载计划。

二、合理确定各类集装箱箱位

1.普通货物集装箱的箱位选择

在选配普通货物集装箱箱位时,主要应考虑不同重量、规格和强度的集装箱如何在垂向、纵向和横向上的合理配置,从而保证船舶安全营运。

(1)垂向箱位选配

总体上,应控制各卸货港集装箱的合重心位置,以减少因稳性调整而注入的压载水数量。具体箱位选配时,应注意以下各方面。

①重箱、强结构箱应配于下层,轻箱、弱结构箱应配于上层。舱面应尽量配装新箱、强结构箱,舱内多配旧箱及弱结构箱。

②当40 ft箱和20 ft箱在垂向上混装时,20 ft箱在下,40 ft箱在上,不可颠倒,即40 ft箱上面不得配置20 ft箱,两个20 ft箱上面是否能够配置40 ft箱,取决于纵向两个20 ft箱的底座位置、高度及纵向间距等。

③每一集装箱底座上的允许堆积负荷通常均小于该位置按额定装箱数量及允许最大箱重所计箱重的总和,因此,在确定集装箱垂向箱位时,应注意使在每一箱底座上的各层集装箱重量之和不超过该位置之上的集装箱允许堆积负荷。

④通过苏伊士运河的集装箱船,除交纳通常运河通航费之外,还需按甲板上集装箱堆积层数另交一定比例的额外费用。因此,在可能的情况下,可采取适当降低甲板集装箱最高堆积层数等措施来减少过河费用的开支。

(2)纵向箱位选配

总体上应考虑满足船舶在各离、到港状态下船舶吃水差和总纵强度的要求。另外,在船舶前部甲板上还应考虑适当减少堆装层数,以满足IMO对船首盲区不大于2倍船长(总长)或500 m中取小者的要求,并保证驾驶台具有良好的瞭望视线。

(3)横向箱位选配

在横向箱位选配时,总体上应使船舶装箱后及各离港状态时无初始横倾或较小初始横倾以及船体扭转强度符合要求。为此,应尽量使各卸货港集装箱在各排上重量分布左右均衡,或对船舶中纵剖面的力矩代数和接近于零。

2.特殊货物集装箱的箱位选择

特殊货物集装箱是指在结构和设备上满足装载某些具有特殊性质货物的集装箱,经常运输的有危险货箱、冷藏箱、非标准尺度箱、通风货箱、动物箱等,它们在箱位选择时具有不同的要求。

(1)危险货物集装箱

配装时应严格按照船舶“危险货物适装证书”的要求,同时考虑IMDG规则中对危险货物集装箱积载、隔离等具体规定确定适宜箱位,对不具备防护设备规定的货舱,不得予以装载危险货物集装箱。如果危险货物一览表有关积载、隔离等的要求与“危险货物适装证书”的规定不一致,则以一览表的要求为准。集装箱船危险货物适装证书示例如表15-3-1所示。

表15-3-1 危险货物适装证书

Class	Cargo holds				Weather deck (cargo holds area)
	No.1	No.2	No.3	No.4	
1.1 to 1.6	P☆	X	X	X	P*☆△
1.4S	P	P	P	P	P
2.1	P	P	P	P*	P*
2.2	P	P	P	P*	P*
2.3 flammable	X	X	X	X	P*
2.3 non-flammable	X	X	X	X	P*
3 FP<23 ℃	P	P	P	P*	P*
3 FP≥23 ℃ to ≤60 ℃	P	P	P	P*	P*
4.1	P	P	P	P*	P*
4.2	P	P	P	P*	P*
4.3 liquids	P	P	P	P*	P*
4.3 liquids FP<23 ℃	X	X	X	X	P*
4.3 solids	P	P	P	P*	P*
5.1	P	P	P	P*	P*
5.2	X	X	X	X	P*
6.1 liquids FP<23 ℃	P	P	P	P*	P*
6.1 liquids FP≥23 ℃ to ≤60 ℃	P	P	P	P*	P*
6.1 liquids	P	P	P	P	P
6.1 solids	P	P	P	P	P
8 liquids FP<23 ℃	P	P	P	P*	P*
8 liquids FP≥23 ℃ to ≤60 ℃	P	P	P	P*	P*
8 liquids	P	P	P	P	P
8 solids	P	P	P	P	P
9	P	P	P	P	P

说明:

P表示仅包装危险货物;

X表示不允许装运;

*表示水平距离机舱前端壁3 m以外装运;

☆表示载运12名以上特殊人员时不能装载;

△表示水平距离居住舱室、救生设备、公共通道区域12 m,距离舷侧2.4 m以外装载(1.4类除外)。

①配装一般要求

a.当允许在舱内或舱面积载时,应优先选择舱内

有些危险货物集装箱在积载时既可以在舱内也允许在舱面上,此时应尽量装在舱内。舱内积载的优点:遮蔽条件好,可以防火、防晒、防浪,环境温度较低且相对稳定,一旦发生火灾,可用二氧化碳装置扑灭。

b.原则上舱面积载的危险货箱需积载于舱面的适当位置

对于需要经常检查,特别是接近检查,或易形成爆炸性混合气体,或能产生剧毒蒸气及对船舶有严重腐蚀作用的货箱,原则上应积载于舱面上,且尽可能接近船首部位,同时还应考虑集装箱的稳固性和遮蔽性。装有第 5.2 类危险货物的集装箱,仅限于装在舱面上。

c.远离热源、火源

危险货物中的爆炸品、易燃气体、易燃液体、易燃固体、氧化剂和有机过氧化物、有毒和感染性物质、腐蚀性物质,均需远离火源和热源,包括火星、火焰、蒸汽管道、加热管道、冷藏集装箱和电缆等。舱面积载的装运易燃气体和闭杯闪点低于 23 ℃的易燃液体的集装箱应距离任何潜在火源至少 2.4 m;需要控制温度的非安全型集装箱不能与装运易燃气体和闭杯闪点低于 23 ℃的易燃液体的集装箱同舱积载。

d.尽量远离船员居住工作处所

由于危险货物集装箱在运输中具有一定危险性,同其他包装危险货物一样,应尽可能远离船员居住及工作处所,以便在发生事故时减小其危害性。

e.保证通风要求

危险货箱若配装在舱内,并且具有通风要求时,应安排在机械通风装置处于良好状态的货舱中,某些易燃物品因船舶长时间颠簸会散发出与空气形成爆炸混合物的蒸气或粉尘;某些氧化性货物要求减少日光照射,保持阴凉;对人体危害极大的毒品等应机械通风排除有害性气体,降低舱内温度。

f.满足抛货要求

装有"如有可能卷入火灾,应将货物投弃"这类消防建议的货物集装箱数量较多时,应尽可能远离居住处所和驾驶区域;数量较少时,应尽可能选装于舱面且其箱门易于被打开,以便遇危险时采取开箱抛货的应急措施。

g.装有海洋污染物的集装箱应合理积载

某些危险货物属于海洋污染物,应尽可能选配于舱内;若仅限于舱面装载时,则应选配于舱面防护或遮蔽条件良好的处所。

h.如果使用集装箱运输鱼粉和磷虾粉,装箱后应密封箱门和其他开口,以防止空气进入;并远离热源积载。航行期间每天凌晨应测量温度并记录,如果舱内温度急剧升高并持续,应急时可以使用大量的水,但是应考虑由此带来的对船舶稳性的不利影响。

i.装运硝酸铵(UN 1942-5.1)和硝酸铵基化肥(UN 20615-5.1 类、UN 2071-9 类)的集装箱,应积载在遇到紧急情况时可以开启的清洁货物处所内。在装货前应考虑到如果发生火灾可能需要打开舱盖提供大量通风,而且紧急情况下可能需要注水,注水时也应考虑到其对船舶稳性带来的风险。

j.性质互抵的危险货物应予以有效隔离积载。

②隔离要求

a.危险货物集装箱之间的隔离

根据货箱的结构及对隔离的不同要求，将集装箱划分成封闭式和开敞式两种。封闭式集装箱为采用永久性的结构将所装货物全部封装在内的集装箱；开敞式集装箱为不具备将所装货物封装在内的永久性结构的集装箱。IMDG 规则中规定的集装箱船上危险货物集装箱不同隔离等级的隔离要求如表 15-3-2 所示。表中“一个箱位”是指前后不小于 6 m、左右不小于 2.4 m的空间。

表 15-3-2 危险货物集装箱隔离表

<table>
<tr><th rowspan="3">隔离要求</th><th colspan="3">垂直</th><th colspan="7">水平</th></tr>
<tr><th rowspan="2">封闭式与封闭式</th><th rowspan="2">封闭式与开敞式</th><th rowspan="2">开敞式与开敞式</th><th rowspan="2"></th><th colspan="2">封闭式与封闭式</th><th colspan="2">封闭式与开敞式</th><th colspan="2">开敞式与开敞式</th></tr>
<tr><th>舱面</th><th>舱内</th><th>舱面</th><th>舱内</th><th>舱面</th><th>舱内</th></tr>
<tr><td rowspan="2">“远离”1</td><td rowspan="2">允许一个装于另一个上面</td><td rowspan="2">允许开敞式装于封闭式上面，否则按开敞式和开敞式的要求装载</td><td rowspan="6">除非以一层甲板隔离，否则不容许装于同一垂直线上①</td><td>首尾向</td><td>无限制</td><td>无限制</td><td>无限制</td><td>无限制</td><td>一个箱位</td><td>一个箱位或隔一个舱壁</td></tr>
<tr><td>横向</td><td>无限制</td><td>无限制</td><td>无限制</td><td>无限制</td><td>一个箱位</td><td>一个箱位</td></tr>
<tr><td rowspan="2">“隔离”2</td><td rowspan="4">除非以一层甲板隔离，否则不允许装于同一垂直线上①</td><td rowspan="4">按开敞式与开敞式的要求装载</td><td>首尾向</td><td>一个箱位或隔一个舱壁</td><td>一个箱位</td><td>一个箱位或隔一个舱壁</td><td>一个箱位②</td><td>隔一个舱壁</td><td></td></tr>
<tr><td>横向</td><td>一个箱位</td><td>一个箱位</td><td>一个箱位</td><td>两个箱位</td><td>两个箱位②</td><td>隔一个舱壁</td></tr>
<tr><td rowspan="2">“用一整个舱室或货舱隔离”3</td><td>首尾向</td><td>一个箱位②</td><td>隔一个舱壁</td><td>一个箱位②</td><td>隔一个舱壁</td><td>两个箱位②</td><td>隔两个舱壁</td></tr>
<tr><td>横向</td><td>两个箱位②</td><td>隔一个舱壁</td><td>两个箱位②</td><td>隔一个舱壁</td><td>三个箱位②</td><td>隔两个舱壁</td></tr>
<tr><td rowspan="2">“用一介于中间的整个舱室或货舱作纵向隔离”4</td><td colspan="3" rowspan="2">禁止</td><td>首尾向</td><td>最小水平距离24 m②</td><td>隔一个舱壁并且最小水平距离不小于24 m③</td><td>最小水平距离24 m②</td><td>隔两个舱壁</td><td>最小水平距离24 m②</td><td>隔两个舱壁</td></tr>
<tr><td>横向</td><td>禁止</td><td>禁止</td><td>禁止</td><td>禁止</td><td>禁止</td><td>禁止</td></tr>
</table>

注：所有舱壁和甲板均应是防火防液的。

①—— 对于无舱盖集装箱货船,《国际危规》定义为:“不允许在同一垂线上”;

②—— 对于无舱盖集装箱货船,《国际危规》定义为:“一个箱位且不在同一货舱上”;

③—— 集装箱距离中间舱壁不少于 6.0 m。

根据箱内所装危险货物的正确运输名称或联合国编号,从 IMDG 规则中确定其所属危险品类别编号,并由类别号查 IMDG 规则中包装危险货物隔离表确定其隔离等级;然后,按照该隔离等级查危险货物集装箱隔离表,按照表中规定的技术要求予以有效的隔离。

在使用危险货物集装箱隔离表时,水平隔离应参照如图 15-3-1 所示的要求,凡最外层对角线以外的空白箱位为满足隔离要求的积载箱位。

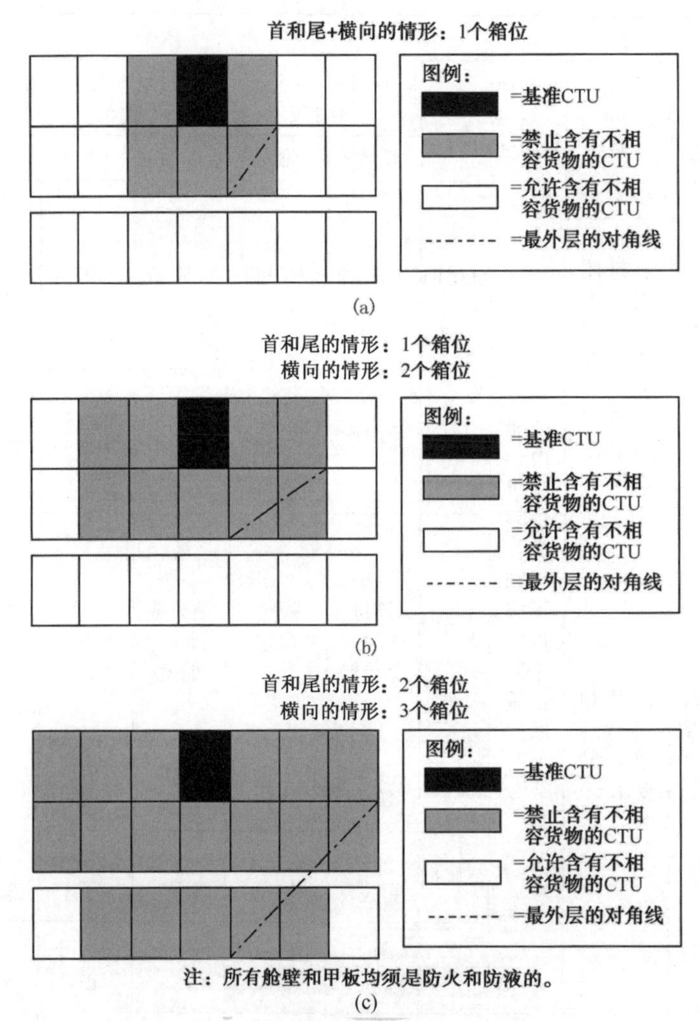

图 15-3-1 危险货物集装箱水平隔离图解

b.危险货物集装箱与包装危险货物之间的隔离

IMDG 规则规定,包装危险货物与开敞式危险货物集装箱之间的隔离,应遵照包装危险货物之间的隔离要求执行;包装危险货物与封闭式危险货物集装箱之间的隔离,除下列情况外,仍遵照包装危险货物之间的隔离要求执行。

i.要求“远离”时,包装危险货物与封闭式危险货物集装箱之间无隔离要求;

ii.要求“隔离”时,包装危险货物与封闭式危险货物集装箱之间按包装危险货物间“远离”

要求执行。

c.危险货物集装箱与食品

危险货物集装箱与食品之间的隔离同包装危险货物与食品间的隔离要求基本相同。

(2)冷藏集装箱

因为需要船上提供外接电源插座和监控插座,所以此类货箱在船上的积载位置和数量是固定的,通常位于驾驶台附近的甲板上。为了方便在运输中对冷藏集装箱的检查和制冷装置的维修,以及防止海浪对甲板上冷藏集装箱的冲击,应避开船舶左右舷最外一列箱位的下面几层。具体箱位可查阅船舶资料。近年来,有的集装箱船在舱内也设置了冷藏集装箱箱位,这对货舱的通风系统提出了很高的要求。

(3)超高集装箱

超高集装箱通常是指带有超高标记的集装箱或在箱内装载货物后其货物高度超过箱顶角配件的高度,使其上面不能再堆装其他货箱的敞顶集装箱或框架集装箱。后者的积载位置,无论在甲板上还是在舱内,都应配在最上一层。若配装在舱内,只要超高的尺度不大于该舱内舱盖和最高一层集装箱的间隙,则不必减少集装箱堆积层数,否则,应相应减少其装箱层数。

(4)超长和超宽集装箱

对于舱内设置固定箱格导轨的集装箱船,因舱内每一箱格通常设有横向构件,一般无法装载超过箱格长度的超长箱。因此,20 ft 的超长箱可以选配于舱内 40 ft 箱位,但 40 ft 的超长箱通常只能配装在甲板上。

超宽集装箱可选配在甲板上,至于能否装于舱内,则应视货舱的箱格结构和入口导槽的形状和尺寸确定。一般对于中部超宽而两端某一范围内不超宽的集装箱,可以选配于舱内;但对于箱格之间设有纵向构件的船舶,则舱内无法装载超宽箱。无论舱内或舱面积载,当超宽尺度不大于相邻箱位之间的空隙时,则该超宽箱不侵占相邻箱位;反之,箱内超宽货物将伸至相邻箱格中,相邻箱格必须留出空位。

为充分利用船舶箱容量,尽量减少超长和超宽集装箱所留空余箱位,应在满足卸箱港序的前提下,相对集中配装;若货物性质允许,尽量将此类货箱配装在最上一层。

(5)平台集装箱

平台集装箱多用于装载重大件货,只能配于舱内或甲板上最高一层,它的上面不能再堆积任何集装箱。另外,配装前应了解该类货箱的最大尺度,当其总长、宽度和高度超出集装箱标准尺度时,除考虑平台箱特点外,尚应按超长、超宽或超高箱予以选配箱位。

(6)通风集装箱

为便于箱内货物的自然通风和在船舶航行中的监控,通风集装箱通常应配装于甲板上且能避免在恶劣海况下海水可能会经集装箱的通风口进入箱内的处所。对于装载兽皮等货物的集装箱,为防止箱内温度过高而引起的货物腐蚀变质,应避免选配于阳光直射的甲板最上一层。

(7)动物集装箱

动物集装箱应配装在甲板上,为减少风浪袭击,周围以其他货箱遮蔽。由于动物集装箱结构和强度的原因,在甲板上只能堆装一层,所占空间相对较大。此外,所选配箱位周围应留出通道,以便做好供水、喂料、清扫等管理工作。最好将饲料箱安置于动物箱的两侧,而且能满足最后装、最先卸和不妨碍其他集装箱作业的要求。

三、满足集装箱装卸顺序和快速装卸的要求

集装箱船通常中途挂靠多个港口,且往往多线作业,装卸同时进行,港口机械作业效率高,船舶在港停泊时间短,因此,对各港集装箱箱位的合理选配以满足装卸顺序和快速装卸的要求,从而确保船期并减少不必要的港日使费具有重要意义。

1.避免或尽量减少中途港的倒箱数量

在确定各停靠港集装箱所配装区域时,应对船舶在整个航线的停靠港顺序及各港集装箱数量、加载情况等方面予以综合考虑。应当避免后卸货港集装箱压住先卸货港集装箱或堵住先卸货港集装箱或堵住先卸箱通道的现象出现,否则将产生倒箱现象。为此,应遵循以下配箱原则确定各停靠港箱位:

(1)各停靠港应视具体情况确定积载模式

不同停靠港集装箱的积载区域安排方式称为积载模式。从满足卸箱港序要求的角度,集装箱的积载模式大体可分为以下几种:

①将各停靠港集装箱配装在不同的 40 ft 箱位排号处。

新式集装箱船上,每一块舱盖的纵向长度多与 40 ft 箱位长度一致,这样,只要将该舱盖上的集装箱卸掉,就可打开舱盖续卸舱内集装箱。因此,在不同 40 ft 箱位排号处的舱内和甲板上装载不同卸货港的集装箱,即可保证各停靠港集装箱能顺利卸出而不发生倒箱现象,同时,该积载模式对在停靠港加载任意其他港集装箱提供了便利。

②先卸货港箱配装于甲板上,后卸货港箱配装于舱内。

该积载模式能确保船舶到港后集装箱顺利卸出,且具有配装简便及先卸箱不需开启舱盖作业等优点,但加载箱位的安排受到舱内货箱卸货港的限制。

③先卸货港箱配装于上层,后卸货港箱配装于下层。

其原理同杂货船配载,无论是在舱内还是在甲板上,将先卸港箱配于后卸港箱之上,可避免发生倒箱现象。该积载模式适用于在配装区域内某停靠港集装箱数量较少的情况。显然,在实际工作中,一般不会对全船集装箱均按不同停靠港采取分层配装的方法。

④在某一 40 ft 箱位上或某一货舱区域上,根据舱盖形式横向分列配装不同停靠港的集装箱。

若在 40 ft 箱位排上,横向设计有几块可独立吊至岸上的箱型舱盖,相当于将一个舱分为无纵隔壁的与横向舱盖数一致的数个小舱,每一小舱可配装不同目的港的集装箱。

如图 15-3-2 所示,某集装箱船货舱的舱盖形式是在纵向一个 40 ft 箱位行上,横向设计 3 块可独立吊卸的箱型舱盖板,将该舱分为 3 个小舱,每个小舱各占 3 列。若设 A、B 为两卸箱港,则该排箱位上较合理的配装方案是:货舱内,左舷 04、06、08 列和右舷 03、05、07 列配装 B 港货箱;中间 00、01、02 三列配装 A 港货箱。舱盖上,中间 01、02 列只能配装 A 港或先于 A 港的集装箱,03、04 列则只可配装 A 和 B 中的先卸港箱或先于 A 和 B 卸货港的集装箱;两舷其他各列则可配装 B 港或先于 B 港的集装箱。

(2)注意舱盖的各种形式,对不同卸货港的集装箱做出合适的舱位配装计划

集装箱船有多种舱盖形式,由于舱盖结构形式不同将对各卸货港集装箱的箱位安排带来较大的影响,在配载前应首先熟悉各货舱舱盖的结构形式。通过船舶资料或现场查看获得所

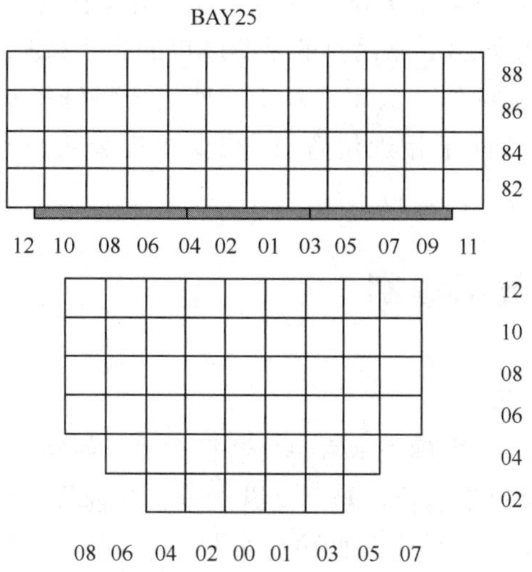

图 15-3-2 舱盖形式对配箱的影响

需要的有关情况。无舱盖货舱,将舱内箱格导轨延伸到甲板以上,不但省去甲板箱的系固作业,而且对保证卸港港序极为有利。

(3)了解港口有关装卸规定,防止发生倒箱现象

有些航线上的某些卸货港,因港内有多个卸箱泊位或采用不同的卸箱方式(如一部分特定箱采用码头卸箱,而另一部分特定箱采用锚地驳卸),在箱位安排时,即使同一卸货港的集装箱也应按港口规定或者惯例合理配装,避免倒箱。对于某些特殊货物集装箱的装卸,有些港口也有专门的要求,可能对特殊箱的箱位配装带来一定的影响,如新加坡当局规定,凡装载当局定义的一级危险货物的船舶,须先在指定的锚地将它们驳卸后才允许靠泊。若该危险货物为过境货,则需要等靠泊作业完毕后再驳回锚地重新装船。

(4)中途港加载集装箱时,不应堵塞其后卸货港的作业通道

中途港加载集装箱可能会遇有多种情况。若箱位近满载时,加载箱位只能安排在该港卸箱箱位处,此种情况最好在始发港箱位配装时做统筹考虑。若箱位未达满载状态,则除在卸箱箱位处加载外,也可在其他空余箱位处加载部分集装箱,但不应堵塞其后卸货港的作业通道。在某些情况下,为了配装中途港集装箱,可能需要进行部分倒箱作业,但应尽量减少倒箱数量。

集装箱船舶的装卸作业多采用岸上高效的集装箱装卸桥大型集装箱船有时采用多达 5 台以上装卸桥并排作业。但由于装卸桥的结构原因,使得两台装卸桥不容许紧靠在一起作业,必须至少纵向间隔一个 40 ft 行箱位。因此,在集装箱箱位选配时,应当考虑这一因素,以满足其快速装卸要求。

当船舶在港作业量较大时,应当根据集装箱泊位的装卸桥作业台数,均衡分配船上各台装卸桥作业区域的集装箱作业量(主要以自然箱数计算),以缩短船舶装卸作业时间。当船舶在港作业量很少时,若条件许可,其箱位应尽量选配于舱面,以减少开关舱作业量。

20 ft 箱和 40 ft 箱在每一行位的舱内和舱面上应当尽量保持各自对船舶纵中剖面的力矩接近于零,以免装卸中为减少船舶横倾角而需多次调整装卸桥自动吊其尺度和装卸桥大车沿岸移动及其对位时间。

当船舶停靠的泊位装卸作业可同时进行时,船上同一泊位卸载箱和装载箱的箱位应选配

于相近位置，以减少装卸桥吊具空运次数和装卸桥大车沿岸移动及对位时间。对于靠泊具备一次起吊一层两个或两层四个20 ft格吊具的某些港口的集装箱船，20 ft集装箱的箱位应当成对选配，以提高这类装卸机械的作业效率。对于一些需要特殊吊具操作的特殊集装箱(如超高箱或平台箱)，其箱位应选配于相近位置，以减少在集装箱自动吊具上安装附属吊具的次数。

四、集装箱船配载图编制

1.集装箱的箱位表示方法

在集装箱船运输管理中，为准确表示每一集装箱在船上的装载位置，ISO制定了国际统一的箱位代码编号方法。它是以集装箱在船上呈纵向分布为前提，每一箱位坐标以6位数字表示，其中前两位为排号(或称行号)，中间两位为列号，最后两位为层号。行号、列号和层号不足10者在前一位加0。

(1)排号(Bay No.)

排号为集装箱箱位的纵向坐标，自船首至船尾按序排列。装20 ft箱的箱位排号依次以01,03,05,07……奇数表示；当纵向两个邻近20 ft箱位上被用于装载40 ft集装箱时，则40 ft箱位以介于所占的两个20 ft箱位奇数排号之间的偶数表示，如02,06,10,14……(如图15-3-3所示)或者04,08,12,16……

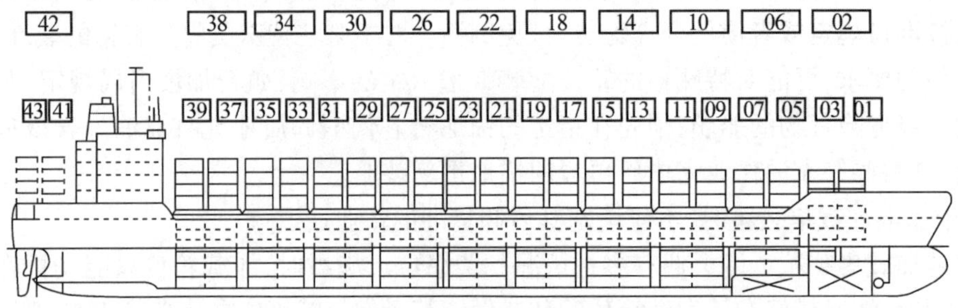

图15-3-3　集装箱排号分布图

(2)列号(Row No.or Slot No.)

列号为集装箱箱位的横坐标。列号表示法通常以船舶中纵剖面为基准，向两舷分别依次排序，自船中向右舷的箱位列号以01,03,05……奇数表示，向左舷的箱位列号为02,04,06……偶数表示。若船舶箱位总列数为奇数，则中纵剖面上存在一列，该列编号为00列，如图15-3-4所示。

(3)层号(Tier No.)

层号为集装箱箱位的垂向坐标。舱内和舱面均自下而上依次排序。舱内以全船各舱中的最低层为基准，其层号以02,04,06……偶数表示；舱面上也以舱面最低层为基准，以82,84,86,88,90,92……表示其层号，如图15-3-4所示。

全船每一箱位都对应于唯一的以6位数字表示的集装箱箱位坐标，每一个集装箱在船上的实际装载位置，根据集装箱的6位数字箱位代码可以明确地表示出来。例如，某一集装箱的箱位号为"190504"，则按照箱位编号的原则可知，该箱为20 ft箱，纵向位于第10排，横向位于

右舷第 3 列,垂向位于舱内第 2 层。

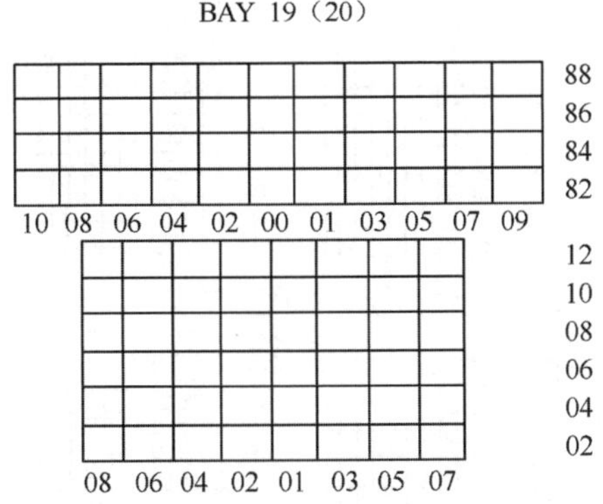

图 15-3-4　集装箱列号和层号分布图

2.集装箱船计划配载图编制

(1)编制集装箱船航次订舱单

航次订舱单是船公司航运部门或代理根据货主的托运申请为特定船舶的具体航次分配待运集装箱的清单。该清单按不同卸货港、重量和不同箱型尺寸分类整理后列出,对特殊箱加有必要的备注。在编制订舱单时往往由于许多货物还未完成装箱,因此,清单上还无法提供集装箱箱号和其他一些细节内容。

(2)预配图编制

集装箱船的航次预配工作是由船公司、船舶代理或船上大副承担,其任务是将航次订舱单上所列集装箱,按集装箱配装基本原则及满足卸货港序和快速装卸的要求,将各港集装箱的箱位做一大致安排,并绘制出集装箱预配图。集装箱预配图通常由全船箱位总图构成。箱位总图是将 20 ft 箱各排箱位横剖面图自首至尾按顺序排列而成的一张总剖面图。在每一箱格中,可对卸货港、箱重,特殊箱箱位等予以标注。箱位总图通常有两种标注方式:

①彩色标绘

在总图的每一箱格内,标注以吨为单位的集装箱重量,并涂以代表集装箱不同卸货港的特定颜色。40 ft 箱仅需在前一箱位上标注,而后一箱位通常标以“×”,表示该箱位已被 40 ft 箱所占用;对特殊箱箱位,则在其箱格上画圈并在适当位置加以标注,如“R”表示冷藏集装箱;“D5.1”表示箱内装有第 5.1 类危险货物的集装箱等。各卸货港的标色,应在图上适当位置予以说明。

②黑白标绘

由于彩色标绘的预配图无法进行通常的复制和传输,需采用黑白标绘的方式。此时的预配图一般由两张排箱位总图构成,一张为字母图(如图 15-3-5 所示),在图上每一箱格内标注一个标注一个字母代表该箱位集装箱的卸货港,航线上各卸货港的代表字母,在图的空白处标出;另一张为重量图(如图 15-3-6 所示),在各箱格内标注集装箱的重量。特殊集装箱可标注在任一张总图上,但当特殊集装箱数量较多时,可以单独使用一张排箱位总图予以标注。

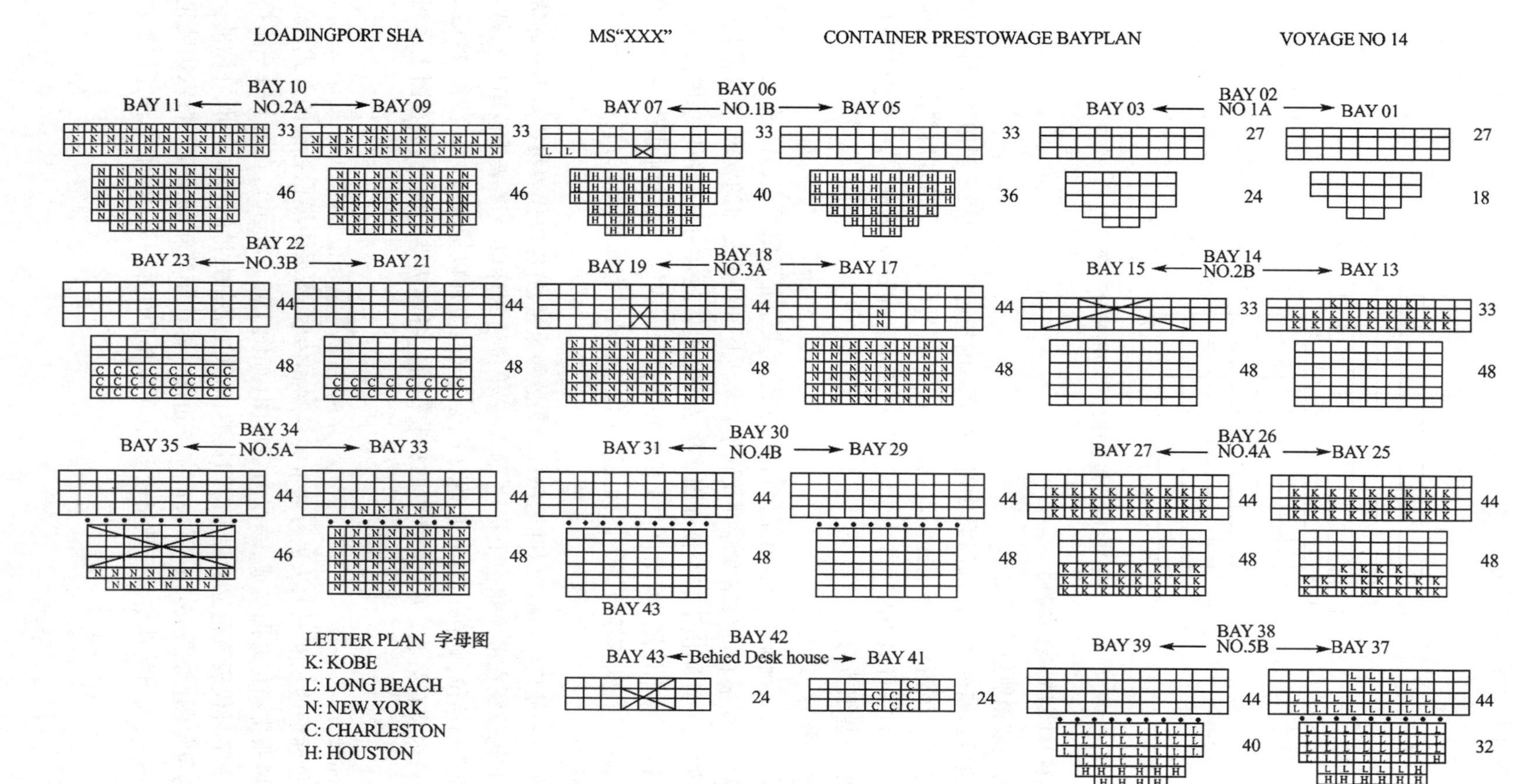

图 15-3-5 集装箱行箱位总图（字母图）

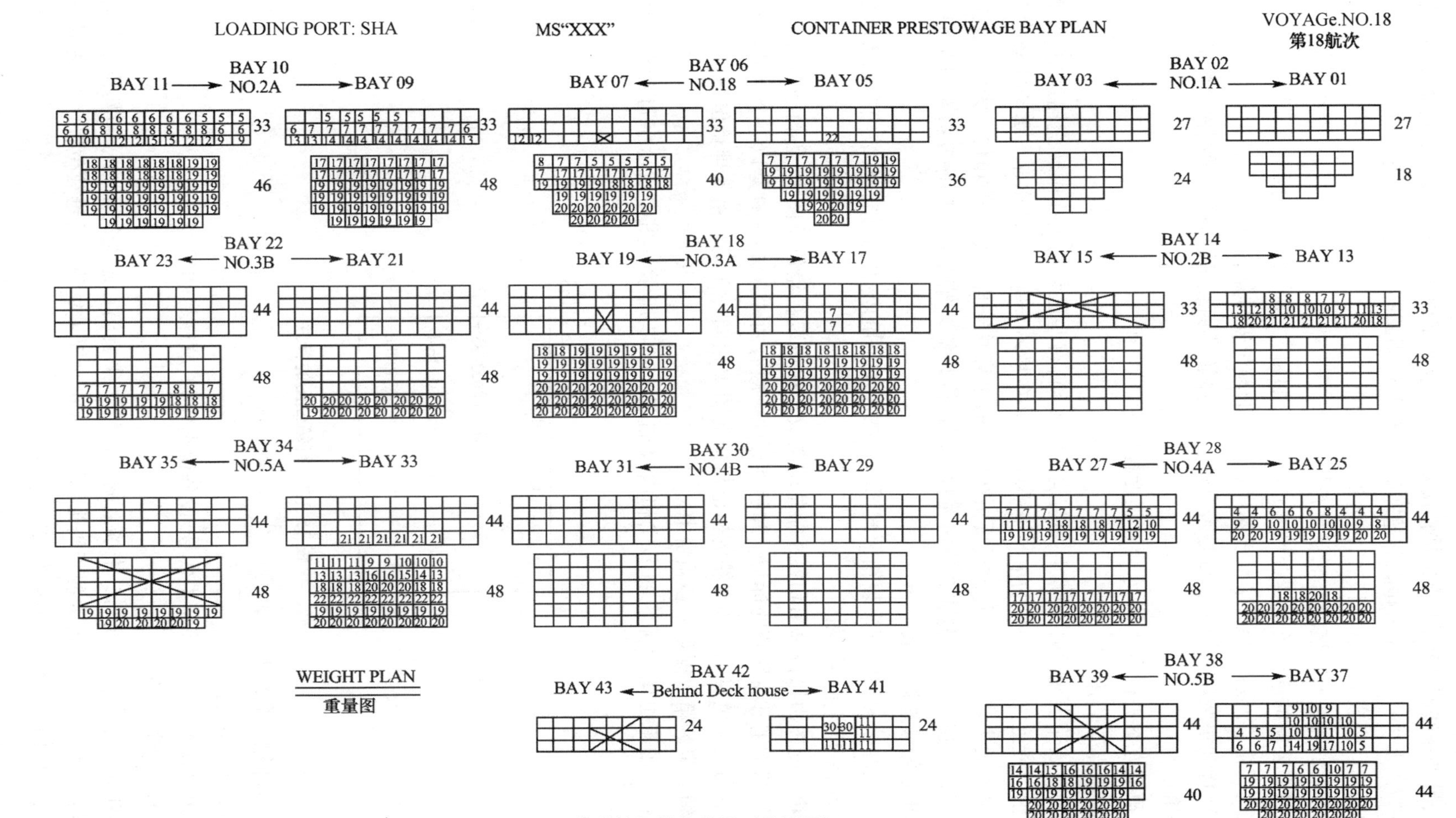

图 15-3-6 集装箱行箱位总图（重量图）

此外，另外一些特殊箱，也应根据情况加以标注或文字说明。如超高箱和超宽箱可在箱格上方标注“∧”及“>”“<”作为超高和超宽的标记，并注明超高、超宽的尺度。

预配图编写完成后应认真核查，内容通常应包括：

①每个港的箱数与集装箱订舱单是否相符；

②每列集装箱的堆积负荷是否超过允许负荷，如超过，应予以调整；

③危险货箱、冷藏箱、超标准尺度箱等特殊箱的箱位安排是否得当；

④各卸货港集装箱的箱位安排是否合理，下一停靠港加载是否方便，后面停靠港卸箱是否会产生倒箱；

⑤对预配方案进行稳性、吃水差和强度校核。

（3）集装箱实配图编制

在编制集装箱预配图时，航次计划装运的集装箱，有些已装箱正在中转运输途中，或者堆存于指定泊位或远离指定泊位的集装箱堆场上，也有些还未完成装箱作业。集装箱装卸公司应掌握航次待运集装箱动态，并负责货箱在码头的聚集并安排在堆场的箱位。为使集装箱装船过程有序且迅速，在装船前装卸公司通常需要将待装集装箱按一定顺序安排于码头特定堆场并编制集装箱装船顺序表。

集装箱装卸公司在收到集装箱预配图后，按照预配图的要求，并结合集装箱在码头堆场的堆放顺序，编制集装箱实配图。

集装箱实配图由箱位总图和各排箱位图构成。在集装箱箱位总图中，各箱格内通常只标注集装箱的卸货港和特殊箱的标记。卸货港标注一般有两种方法：一种是以一个字母表示；另一种是用不同的颜色表示。特殊箱的标记与预配图中相同。在集装箱各排箱位图中，按规定格式将详细的集装箱数据填入各箱格中。

集装箱各排箱位图中标注的形式和内容如图 15-3-7 所示。图中所示字母和数字含义如下：

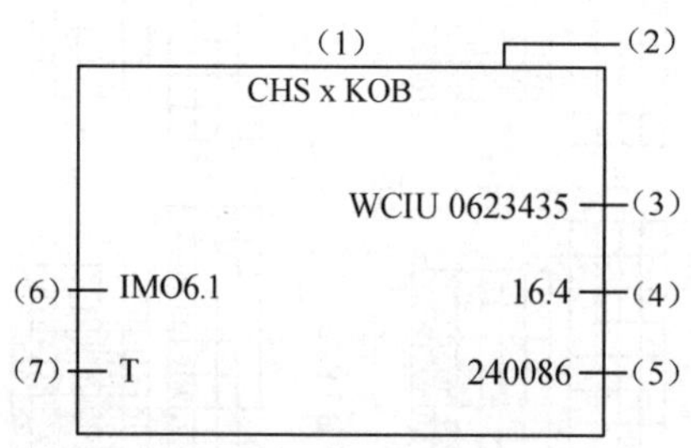

图 15-3-7　行箱位图的标注

①CHS：卸箱港名缩写。

②KOB：装箱港名缩写。

③WCIU 062435：集装箱箱主代号、设备识别代码、顺序号和核对数字。

④16.4：集装箱总重量。

⑤240086：船上箱位号或码头堆场上的箱位号。集装箱在船上的箱位号据其位置很容易确定，因而该项常被省略。但为便于码头调运集装箱时提供集装箱的堆放位置，集装箱装卸公司往往在各箱格内标注集装箱在码头堆场上的箱位号。

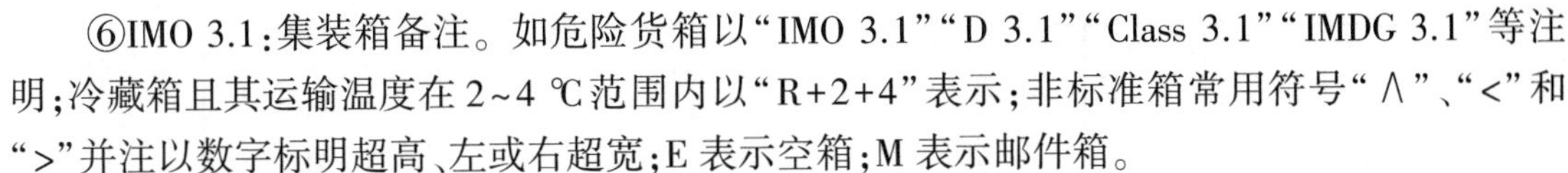

⑥IMO 3.1:集装箱备注。如危险货箱以“IMO 3.1”“D 3.1”“Class 3.1”“IMDG 3.1”等注明;冷藏箱且其运输温度在 2~4 ℃范围内以“R+2+4”表示;非标准箱常用符号“∧”、“<”和“>”并注以数字标明超高、左或右超宽;E 表示空箱;M 表示邮件箱。

⑦T:集装箱类型。F 表示 40 ft 集装箱,T 表示 20 ft 集装箱。

(4)集装箱实配图审核

在集装箱装船前,集装箱装卸公司应将实配图送交船长和大副做全面审核。只有当船长和大副核准并签字后,该实配图才能作为指导船舶装箱作业的正式配载计划。

船长和大副在接到装卸公司的实配图后,根据船舶有关资料,对集装箱的箱位安排是否满足配装要求予以审核,并在船舶的装载仪上对装载状态的船舶性能予以校核。具体审核内容与预配图相同。若对实配图有修改意见,船方应尽量与装卸公司协商解决。为了方便装卸作业,装卸公司事先已根据实配图制定了装船顺序表,并将待装船集装箱按照装船顺序表的先后顺序在集装箱堆场堆码。因此在确保船舶、集装箱和货物安全的前提下,船方应尽量减少对实配图的修改,以免造成集装箱堆场作业顺序混乱,影响作业效率。

3.集装箱船实际积载图绘制

根据实配图进行装船作业过程中,由于某些原因有时对实配图会做一些必要的改动。在装船时,理货员对每一装船集装箱箱号、所装箱位等具体装船情况均做出详细的记录,装船作业结束后,由理货员依据现场理货记录负责绘制实际积载图(final stowage plan),船舶大副则负责对实际装载条件下的船舶稳性、强度和吃水差进行核算。

实际积载图通常包括:

(1)全船行箱位总图(又称为封面图);

(2)集装箱船各排箱位图(如图 15-3-8 所示);

(3)集装箱装船统计表;

(4)船舶稳性、强度、吃水差计算表。

集装箱实际积载图中的箱位总图和各排箱位图与实配图中的形式和内容基本一致,只是将各排箱位图中集装箱在堆场的箱位编号删除。积载图中的箱位总图和各排箱位图是集装箱主要的装载文件,通常由代理发到船舶的各有关停靠港,以便卸货港据此制订船舶卸箱及加载作业计划。

集装箱统计表是用于统计实船装载的不同装货港和卸货港、不同状态货箱(重箱、冷藏箱、危险品箱和空箱)、不同尺度货箱(20 ft 和 40 ft 箱)的数量和重量,以及各卸港和航次装船集装箱的合计数量和重量。

MS. "s domE"　　VOY AGM　No　　BAY NO.29

29 15 33	27 03 33	29 06 86	29 04 86	29 02 85	29 00 86	29 01 86	290388	290688	29 07 86	29 08 36	Tier	Tons
											88	
COSU 41 95 20 20.7 29 10 85	ICSU 39 46 416 19.9 29 08 86	WCIU 25 00 337 13.2 29 06 86	WCIU 28 00 524 44 29 04 86	COSU LGS 80 96 530 9.4 29 02 86	COSU X 41 45 67 8 13.6 29 00 86	KOB IEAU 2408103 16.5 290156	TOLU 27 37 621 7.9 29 03 86	COSU 50 00 920 14.6 29 05 86	HTMU 80 48 132 12.3 29 07 86	IKSU 72 02 103 6.1 29 08 86	86	138.5
LGB X KOB COSU 41 83 071 16.8 29 10 84	COSU 81 87 373 18.3 29 08 84	LGB COSU 81 73 53 3 18.4 29 08 84	SHA CTTU 12 50 771 18.1 29 08 86	COSU 81 47 940 16.9 29 02 84	LGB X KOB GSTU 60 62 67 0 11.5 29 00 84	TOLU 27 61 063 3.9 29 01 84	LGB COSU 81 75 726 17.1 29 03 84	X COSU 81 35 56 4 15.4 29 05 84	SHA SCTU 22 39 32 1 18.4 29 07 84	COSU 82 32 90 7 18.2 29 00 84	84	172.8
LGB X KOB COSU 41 38 94 0 16.8 29 10 82	IKSU 71 52 316 19.9 29 08 82	UFCU 39 45 93 4 19.6 29 06 82	COSU 80 96 52 4 19.8 29 04 82	LGB COSU 83 23 45 0 19.3 29 02 82	COSU X 20 00 103 21.9 29 00 82	SHA COSU 80 74 084 7.2 29 01 82	COSU 50 20 25 9 19.8 29 05 82	COSU 80 92 452 19.6 29 05 82	COSU 80 84 482 19.8 29 07 82	IKSU 90 03 90 2 19.0 29 09 82	82	202.5

								Tier	Tons
29 08 12	29 06 12	SCXU 420 6144 E 29 04 12	SHA COSU 42 03 64 5 12.5 90212	LGB COSU 41 65 32 5 9.6 29 01 12	SHA NVC SCPU 44 13 340 E 29 03 12	29 05 12	29 07 12	12	29.3
SHA SCXU 43 84 010 E 29 08 10	SCPU 44 35 20 9 E 29 06 10	NVC SCXU 43 78 65 8 E 29 04 10	SHA COSU 41 65 14 1 16.0 29 02 10	LGB COSU 41 83 67 8 12.4 29 01 10	SHA SCPU 44 15 88 7 E 29 03 10	SCXU 44 25 24 1 E 29 05 10	NVC SCXU 43 75 33 4 E 29 07 10	10	44.9
SHA COSU 41 13 63 9 10.4 29 08 08	COSU 41 45 46 7 11.1 29 06 08	COSU 41 84 17 8 23.9 29 04 08	COSU 41 93 48 6 23.8 29 02 08	COSU 41 63 55 8 21.1 29 01 08	COSU 41 52 62 0 18.1 29 03 08	SCXU 50 08 43 3 13.0 29 05 08	NVC COSU 41 78 52 1 14.1 29 07 08	08	139.4
COSU 41 79 21 4 11.1 29 08 08	COSU 41 38 33 9 11.1 29 06 08	TIU 20 74 54 1 21.5 29 04 08	COSU 42 00 10 0 23.6 29 02 08	COSU 41 61 56 2 21.5 29 01 08	COSU 41 30 67 9 17.6 29 03 08	COSU 41 52 07 0 15.5 29 05 08	HTML 41 07 37 1 13.4 29 07 08	06	137.1
COSU 41 27 02 0 7.9 29 08 04	COSU 44 55 04 3 8.9 29 05 04	SCXU 30 98 85 7 23.6 29 04 04	COSU 41 45 19 8 23.6 29 02 04	CTIU 47 43 72 2 23.7 29 01 04	ICSU 13 72 75 1 23.7 29 03 04	COSU 41 60 84 1 11.1 29 05 04	COSU 41 65 72 6 19.8 29 07 04	04	141.6
COSU 42 08 54 7 11.0 29 08 02	COSU 41 93 11 0 11.5 29 05 04	COSU 41 27 34 0 11.4 29 04 02	COSU 41 46 34 1 16.8 29 02 02	COSU 41 51 958 15.8 29 01 02	COSU 41 48 445 11.4 29 03 02	COSU 41 93 44 4 10.8 29 05 02	NTMU 41 04 74 7 14.9 29 07 02	02	108.6

1.113.8 TOTAL TONS

DEST.	No. OF CONT
TOTAL	

ON DECK	UNDFR DECR

图15-3-8　某轮某航次BAY 29箱位图

第四节 集装箱装运

集装箱船舶无论在港装卸还是航行途中,都应根据集装箱装运特点做好各环节的工作,确保船舶、集装箱和货物、人员和环境的安全。

一、集装箱装船前的准备工作

(1)船方按已制定的系固方案,整理和安排好数量充足且技术状态良好的集装箱系固索具。

(2)检查货舱箱格导轨、货舱舱盖有无变形,是否影响集装箱的装载及堆码。

(3)检查舱内污水井及排水系统、通风系统是否正常,应使之处于适用状态。

(4)甲板上的固定系固装置如地令等是否损坏,如有损坏,应在装箱前修复。

(5)应使全船压载水系统处于随时可用状态,为此,应检查并对压载泵、管系及阀门进行试操作。

(6)认真检查冷藏箱电源,以免冷藏箱装船后因电源缺陷造成箱内货物升温而影响冷藏质量。

(7)装载危险货箱的舱位,按 IMDG 规则的要求,应使其满足相应的技术条件,如对通风设备、消防设备等的要求。

(8)调整好装箱前的吃水,避免出现过大的纵倾。

二、集装箱装载

集装箱在装船过程中,为确保船舶安全和货运质量,认真履行承运人的义务,应做好船员值班工作,加大集装箱装船监督力度,如果遇到问题,值班人员应随时与大副联系并及时予以处理。

1.均衡作业进度,用压载水调整船舶横倾和纵倾

装载过程中,应当均衡各作业线的作业进度,保证满足船体强度和稳性要求,同时注意调整平衡水舱的压载水,防止船舶在装卸中出现较大的横倾和纵倾,以免集装箱无法顺利地进入箱格导轨。集装箱船在装卸过程中的横倾角和纵倾角通常应不大于3°。

2.监督装卸工人正确进行集装箱的装船操作

集装箱起吊后应稍做停顿,以检查箱的受力是否平衡。当箱稳定后继续起吊,动作尽量平缓。集装箱在快速下降中应避免突然停止,在落到舱面之前,下降速度应减慢。在大风浪恶劣天气下作业时,应使用防荡索控制集装箱的晃动。

监督工人正确堆码,切勿偏置。集装箱在船上堆码时,必须将上下层集装箱的角件对准。根据 ISO 的要求,上下层集装箱的允许最大偏移量纵向为 38 mm,横向为 25.4 mm,凡超过该

偏移量的堆码状态，均称为“偏码”。在长时间的偏码状态下，如上层集装箱均为满载的重荷时，则下层集装箱会产生箱体变形。

偏置是指集装箱装载时扭锁头未插入相应集装箱底角件孔内的堆置状态。这种状态不但可能会把集装箱的箱底戳穿而造成集装箱损坏，而且导致集装箱不能锁定，存在着极大的安全隐患。

3.检查集装箱箱门铅封的标志

集装箱铅封是承运人检查货物转运过程中安全性的媒介，是集装箱交接时衡量货物质量的重要标志。如铅封未完全锁住或受撞击遭受破坏，或已被人为剪断等，则船方对此箱应拒收或重新加封，以免卸箱时承担箱内货物短缺的责任。

4.检查集装箱箱体外表状况

值班人员应认真查看集装箱箱体外表状况是否良好，若发现箱体破损、严重锈蚀、局部或整体严重变形等现象，在区分原残还是工残的基础上，应在现场记录单上用准确的文字记载或图形标注，必要时配以现场照片，并及时送交工头或理货员签认，以免除船方箱损的责任。

5.检查危险货物集装箱箱体外表状况及有关标记

危险货物集装箱装船时，除检查箱体外表状况外，还应检查其箱外两端和两侧是否具有符合 IMDG 规则要求的危险货物标志或海洋污染物标记。若缺少，应及时补贴。此外，还必须带有表明符合《国际集装箱安全公约》要求的“CSC 安全合格”金属标牌。对于装载液体或气体危险货物的集装箱，由于箱内货物堆垛或系固不当、受到猛烈冲击和振动、温度及湿度的剧烈变化等原因造成货物包装破损，可能引起液货或气货的渗漏或外泄。因而，在装船时应认真检查此类货箱箱体外是否有液体渗漏或气体外泄现象。如出现此类问题，船方应拒装，并按危规和当地法规要求采取正确的应急措施，妥善处理泄漏物。

6.监督冷藏集装箱正确装船

冷藏集装箱装载时，为防止航行中上浪海水侵入冷藏箱的机械和电器部分，应将冷藏箱制冷机组一端朝船尾方向，而且该端应留有人员能接近的通道；并尽量避免冷藏箱堆装超过两层，以方便有关人员检查和修理。冷藏箱装船后，应由大管轮和电子电气员负责尽快按舱单的标注检查其设定的冷藏温度并对制冷机械试机运行。若存在故障，则应采取及时修理、临时更换或退关的措施。若对冷藏箱有任何疑问，大副应在冷藏箱设备交接单上签名的同时加上适当批注。

7.监督工人严格按配载图确定的箱位装载集装箱

对配载图中确定的每一集装箱的装箱箱位，未经船舶大副和装卸公司同意，不得随意更改，否则，可能会造成堵塞其他货箱卸箱通道或被其他货箱堵塞而无法卸出的现象。船员在值班过程中，应当督促并监督理货人员对每一装船集装箱的箱号逐一核对并予以准确记录，以防发生错装或漏装现象。

8.监督装卸工人吊装过程中有否对船舶设备造成损伤

集装箱装载过程中，装卸工人因操作不当可能使集装箱碰撞货舱、舱盖、箱格导轨等设备，如造成损失，船方应及时出具现场事故报告并要求工头签认。

9.做好集装箱的系固工作

值班船员应严格按船方制定的集装箱系固方案监督执行，尤其是舱面集装箱的系固对集装箱的安全运输极为重要。如因系固过失造成集装箱灭失，则船方应承担责任。应当特别注意的是，使用非自动扭锁系固舱面集装箱时，由于此类扭锁的开启和关闭难于由视觉直接判断，在监装中，特别是在开航前，应确保舱面系固的每个扭锁处于锁闭状态。

三、集装箱系固

装在船上的集装箱，由于受到船舶运动而产生的力的作用而具有运动的趋势，如不对其合理系固，将会离开初始堆放位置从而造成集装箱的损坏、遗落船外并可能危及船舶安全。为此，应采用适当的系固方式，限制集装箱在船上的运动。

1.集装箱的系固设备

详见第六章第二节标准货物系固设备。

2.集装箱系固要求

国际上许多船级社在海船入级与建造规范中，都提供了集装箱受力计算方法和对集装箱系固及其所用设备的基本要求。我国船级社对集装箱系固的一般要求如下：

(1)甲板上集装箱的系固

堆装在露天甲板上的集装箱的系固应符合下述要求：

①应使用扭锁和(或)绑扎装置进行系固；

②为提高绑扎效率，可将固定系固点布置在绑扎桥上。在此种情况下，绑扎力的计算应考虑绑扎桥结构与集装箱堆垛间的相对位移；

③通常情况下应使用内绑扎形式进行系固，即拉杆向内交叉绑扎。

当然，如果采用箱格导轨装置，则可以更有效、安全地对甲板集装箱进行系固。

(2)舱内集装箱的系固

①无箱格导轨装置

a.可仅用锁紧装置或用锁紧装置、撑柱、单压撑柱或绑扎装置的组合，并参照上述(1)甲板集装箱的系固要求进行操作。

b.若经计算表明在集装箱两层之间出现分离力，则应在该两层间装置扭锁，对其他位置可考虑使用双头定位锥。

c.若经计算表明各层集装箱间均无出现分离力，则扭锁可考虑全部由双头定位锥替代。

d.撑柱与船体结构应牢固连接。若有可能，撑柱与船体结构的连接方式应适合于不同高度的集装箱堆垛。

②有箱格导轨装置

通常，舱内装于箱格导轨间的集装箱，若其长度与导轨间长度一致，则无须设置任何系固索具；每只集装箱和导轨之间的横向间隙之和应不超过 25 mm，纵向间隙之和应不超过 40 mm。

当在装载 40 ft 箱的箱格导轨处装载 20 ft 箱且其中间无支撑时，则应满足：

a.在 20 ft 集装箱层与层之间、20 ft 集装箱与 40 ft 集装箱层间(若混装)安装中间堆锥，

20 ft集装箱与舱底之间安装底座堆锥(锥板)以防止横向滑移。

b.如用前后拉压组件将2个20 ft集装箱前后连接相当于1个40 ft集装箱时,则在20 ft集装箱堆上不需堆装40 ft集装箱。

3.集装箱系固系统

集装箱船建造时,按各国船级社认可的建造规范并结合船舶的结构性能来设计集装箱系固系统。根据集装箱重量、层次、位置、船舶初稳性设定值及所使用的系固设备的安全负荷等计算出船舶在运动中集装箱所受力及力矩值,从而确定应使用的系固设备的数量,最终设计出集装箱的系固系统。初始设计时初稳性高度的最小值可取为0.025B,最大值可取为0.075B,如某集装箱船的初稳性高度GM设定值为2.59 m。集装箱系固系统一般包括如下内容:

(1)集装箱系固图

集装箱系固图提供了集装箱在各箱位上具体的系固方法、堆装要求及使用的系固设备。图15-4-1为某集装箱船甲板上BAY06装载40 ft箱的系固图。系固图包含在经过主管机关的审批船舶系固手册CSM中。

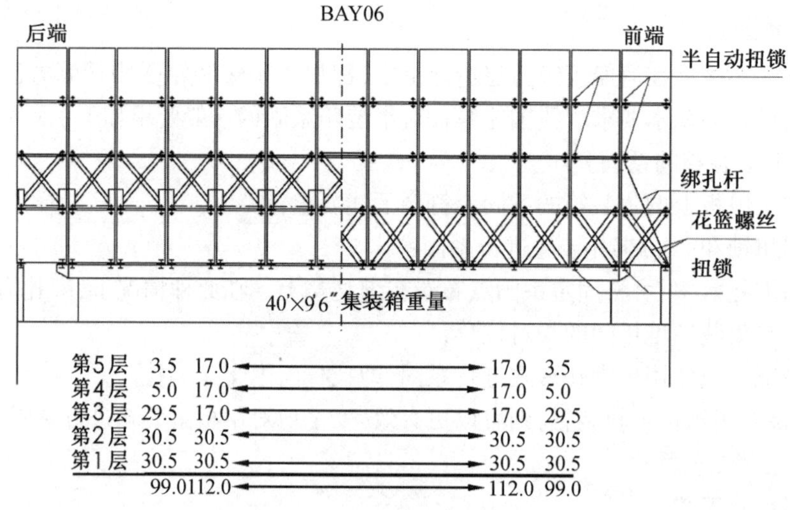

图15-4-1 集装箱系固图

(2)集装箱堆积要求

在设计集装箱系固系统时,所受外力与集装箱堆装的具体状态直接相关,因而提出了装箱的堆积要求。集装箱堆积要求主要包括对不同位置集装箱各层重量的限制,如某船No.3~No.5舱甲板箱的堆积要求为:20 ft集装箱各层重量限制为18 t/14 t/14 t/14 t,40 ft集装箱为30 t/22 t/14 t/14 t;No.1~No.2舱20 ft集装箱各层限制为3×30 t,40 ft集装箱为30 t/30 t/20 t。一般情况下,在堆积要求中各层限制重量之和与集装箱允许堆积负荷是一致的,当两者不一致时,应取其较小值,以确保系固强度及船舶局部强度的安全性。

(3)系固设备的规格和数量

在所确定的系固系统中,还提供了该系统所使用的各种系固设备的规格和安全负荷以及按船舶箱位设计所需要的总数量。

(4)初稳性高度的设定值

由于集装箱受力与船舶初稳性直接相关,从而影响集装箱的系固方式、系固设备的数量和安全负荷的确定。船舶在设计集装箱系固系统时，首先应设定初稳性高度的大小，如某1 700 TEU集装箱初稳性高度设定值为2.59 m。

5.集装箱系固注意事项

(1)经常检查系固设备

如有变形或损坏，应及时修复或更换，对需活络的系固设备如花篮螺丝等，应经常加油使其保持操作的灵活性。

(2)正确使用各种系固设备

船员应熟悉各种系固设备的结构特点及使用方法，如扭锁在何位置分别处于非锁紧状态和锁紧状态；定位锥用于固定舱内40 ft箱位上所装载的20 ft集装箱时，不同卸货港集装箱之间不得采用双头定位锥，否则将造成中途港的卸箱困难。

(3)防止过大稳性对系固设备的不利影响

在设计集装箱系固系统时，船厂根据设定的初稳性值计算集装箱所受外力大小，而当实际营运中的船舶初稳性大于设定值时，使集装箱受力增大，从而导致系固设备不能满足集装箱安全系固的要求，这对于较小初稳性设定值的集装箱系固系统尤其应引起注意。

(4)购置集装箱系固设备时，应与系统要求匹配

除注意设备的规格外，还应注意设备的安全负荷要求，以防那些规格相同但安全负荷达低的设备混入，为此，应向供应商索取经船级社检验的证明文件。另外，购置扭锁时，应特别注意手柄的旋转方向。新增购的扭锁手柄的旋转方向，一定要与原先船上的一致，否则会造成使用混乱而无法判断是否锁紧。

(5)航行中减轻船舶摇摆

集装箱装船后虽然已按要求予以系固，但由于船舶在大风浪中摇摆剧烈而使集装箱受力过大，造成其系固设备的破坏，从而使集装箱甩入海中或导致集装箱箱体损坏。为此，船舶应采取改变航向和(或)航速等措施，减缓船舶摇摆。

四、航行中集装箱的照管

船舶在航行途中，应当对船上所载集装箱认真照管。接到大风浪警报时，应当注意检查和增设集装箱的系固设备。当舱面集装箱系固索具发生松动或断裂现象时，应当及时采取当时条件下力所能及的补救措施，以避免集装箱被甩入海中。当船舶遭遇大风浪时，船长应采取适当措施改变波浪遭遇周期，减轻横摇、纵摇、垂荡和甲板上浪，同时提交海事声明。大风浪过后，对全船集装箱进行检查和必要的加固，发现损坏的，要采取防损措施，做好货损检验准备。

对装载有温度控制要求的集装箱，航行中须定时检查其温度。对集装箱箱内货物产生的任何异常现象，应当尽快查明原因，采取尽量不殃及其他集装箱的处置措施，并注意记录事故发生的时间、环境、气象、温度及观测到的其他各种现象和变化过程及船方的处理措施。当认为必须进入集装箱内部才能查明事故原因或采取确保船、货安全的措施时，经船公司同意后可以打开集装箱箱门，但应考虑其所装货物的性质及渗漏可能产生毒性或易燃蒸气，或箱内存在缺氧的可能性，因此进入集装箱内部时应格外小心。

第十六章 散装谷物运输

谷物的散装运输比包装运输更具有优越性,散装运输能够节省包装费用、提高船舶载货能力和装卸效率、减少装卸费用,因此,大宗谷物一般均采用散装方式运输。然而,考虑散装谷物的自身特性,必须采取一定的措施才能确保船舶安全。

第一节　散装谷物分类及特性

一、散装谷物分类

海上运输中,谷物(grain)是指包括小麦(wheat)、玉米(maize)、燕麦(oats)、稞麦(rye)、大麦(barley)、大米(rice)、豆类(pulses)、种子(seeds)及由其加工的与谷物在自然状态下具有相同特征的制成品。谷物制成品是否属于谷物主要由其是否具有黏性及静止角而定。

二、散装谷物的海运特性

与谷物运输质量及船舶安全有关的谷物海运特性主要有:

1.呼吸性

呼吸作用使谷物中的水和二氧化碳含量增加并产生热量。呼吸强度受谷物的水分、温度、空气成分、籽粒状态等因素影响,其中水分是最重要的因素。在一定范围内,谷物水分增大,呼吸将大大加强。干燥谷物呼吸作用极为微弱,当水分超过安全水分含量时,呼吸强度骤然增强。在温度0~50 ℃范围内,呼吸强度随温度上升而增强,适宜温度为20~40 ℃。空气中氧含量充足时则呼吸强度大。新粮、瘪粒、破碎粒、表面粗糙的籽粒等呼吸作用较强。

为抑制呼吸作用,不同温度下谷物具有不同的相对安全水分含量,如表16-1-1所示。由于谷物的水分含量较低在运输中耐高温而不变质，因此，远洋运输船舶在装载谷物前必须对谷物含水量提出严格要求，凡超过规定标准时应拒绝装载。我国相关部门规定的谷物含水量标准如表 16-1-2 所示。

表 16-1-1　谷物安全水分含量表

粮温/℃	相对安全水分/%		
	稻谷	大米	小麦
0		可达 18	18
5	18 以下	不应超过 16	17
10	17 以下	不应超过 16	16
15	16 以下	不应超过 14	15
20	15 以下	不应超过 14	14
25	15 以下	13~15 以下	13
30	13.5 以下	13 以下	12
35	13 以下	12 以下	11
40		11 以下	

表 16-1-2　谷物含水量标准表

谷物种类	含水量/%	谷物种类	含水量/%
大米	15 以下	赤豆	16 以下
小麦	14 以下	蚕豆	15 以下
玉米	16 以下	花 生 仁	8.5 以下
大豆	15 以下	花 生 果	10 以下

2.发热性

谷物发热的主要原因是粮谷自身、微生物、虫害呼吸作用产生热量积聚的结果。由于谷物导热性能较差，所产生的热量很难散发。同时，粮温增高又为生物体的旺盛呼吸创造了条件，这样就会产生舱内谷物自身促进发热的现象。

为保证谷物运输质量，应抑制谷物发热，如通过降低谷物水分及温度来限制其呼吸作用、谷物熏蒸减少虫害和微生物影响等。

3.吸湿和散湿性

谷物能吸收外界水分和向外散发水分。当谷物比较干燥而外界空气湿度较大时，谷物会吸收水分使其含水量增加，在一定温、湿度条件下会增强呼吸作用，利于霉菌、害虫繁殖，引起发热、发芽、霉变、虫害；当外界空气湿度较小时，谷物会向周围散发水分。船舶在航行中应进行正确通风，以防外界潮湿高温空气进入舱内。

4.吸附性

谷物易感染或吸附异味和有害气体的特性称其为吸附性。一经感染则散发很慢或不能散失，会影响食用甚至不能食用。为防止谷物感染异味而影响质量，装货前应做好货舱准备工作。

5.易受虫害作用

谷物易感染害虫,它们不仅蛀食谷物,引起重量损失和质量降低,而且害虫在蛀食、呼吸、排泄和变态等生命活动中,散发热量和水分,促使结露、生芽、霉变,所产生的分泌物、粪便、尸体、皮屑等还会污染粮谷。谷物的主要害虫是米象、谷象等,还常遭鼠咬吞食。为防止虫害作用,谷物和货舱应用药物熏蒸。

6.下沉性

下沉性指装于船舱内的散装谷物,在受船舶摇摆、振动等作用下,谷物间的空隙逐渐缩小引起谷物表面下沉的特性。谷物的下沉一方面导致舱内谷物重心下降,另一方面使初始呈满载状态货舱内出现一个空当,形成可自由流动的谷物表面。谷物的下沉性与颗粒大小、形状、积载因数、表面状态、含水量等因素有关。

7.散落性

散装谷物在船舶摇摆、振动等产生的外力作用下能自动松散流动的特性称为散落性。

谷物的散落性与颗粒大小、形状、表面状态、含水量、杂质含量等因素有关,其大小用静止角(angle of repose)表示。静止角是指谷物由空中缓缓自然散落到平面上所形成的锥体斜面与水平面的夹角(如图 16-1-1 所示)。显然,静止角越小,散装谷物越易流动,散落性越大。

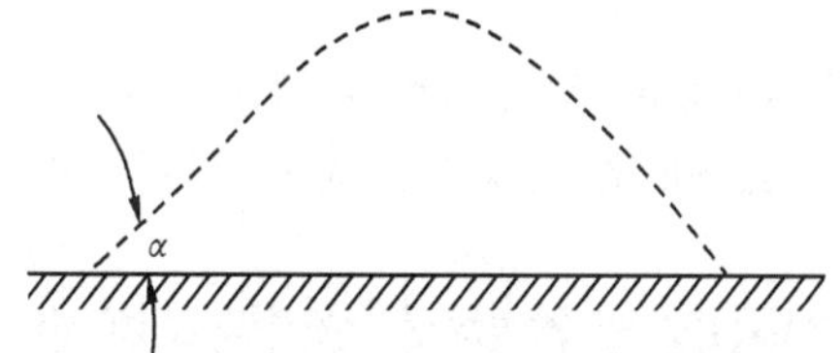

图 16-1-1 谷物静止角

各种谷物的静止角如表 16-1-3 所示。应当指出,由于船舶在航行中的摇摆和升降运动,货舱内散装谷物的静止角明显减小,约为原静止角的一半。实验表明,当静止角为 25°的某种谷物在船舶摇荡中开始移动的角度为 14.4°。

表 16-1-3 常运谷物的积载因数和静止角

谷物种类	积载因数/(m^3/t)	静止角/°	谷物种类	积载因数/(m^3/t)	静止角/°
小麦	1.27~1.42	23~28	蚕豆	1.5 左右	33~43
大麦	1.48~1.70	23~28	小豆	1.53~1.59	27~31
玉米	1.36~1.50	30~40	大米	1.50~1.52	23~35
稻谷	1.39~1.52	34~35	豆粕	2.18~2.26	25~45
大豆	1.35~1.54	24~32	花生粕	2.18~2.26	25~45
花生果	3.20~.3.45	45~50			

三、谷物移动对船舶稳性的影响

散装谷物船舶在航行中因摇摆、振动等原因而引起舱内谷物移动,从而影响船舶稳性,在恶劣海况下船舶因谷物移动存在倾覆的危险性。如图 16-1-2 所示,一方面,由于散装谷物的下沉性使谷物表面下沉至 ab,使得船舶重心略有下降;另一方面,由于谷物的散落性使舱内谷物表面由 ab 移至 cd,此时,相当于舱内 bed 舱位的谷物移至 $ecfa$ 舱位处,其重心由 g_1 移至 g_2,从而使船舶重心由谷物下沉后的 G_0' 移至 G_1'。由图 16-1-2 可知,舱内谷物的移动包括垂向和横向移动两个分量,谷物的垂向移动使船舶重心升高,而谷物的横向移动将产生谷物横向倾侧力矩,使船舶出现横倾角,导致船舶稳性变坏。由此可见,对于散装谷物船舶,仅满足普通干货船的稳性基本要求显然不能保证船舶安全。

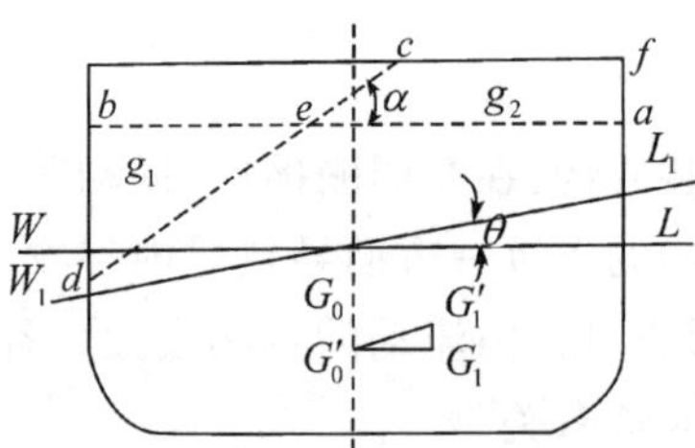

图 16-1-2 谷物移动对稳性的影响

第二节 散装谷物运输规则

为适应散装谷物运输的需要,IMO 及有关航运国家制定了散装谷物船舶运输规则,现介绍现行的国际和国内散装谷物运输的相关规则对载运散装谷物装载要求。

一、IMO《1991 年国际散装谷物安全装运规则》(《1991 谷物规则》)

SOLAS 1960 第六章对载运散装谷物的非专用船和专用船装运谷物,提出了散装谷物的装运和稳性应满足的特殊要求。后来,在《1969 年对 SOLAS 1960 第六章谷物装载的等效条例》(下称《1969 等效条例》)中,根据专家实船测量、模型实验和理论分析,提出了较 SOLAS 1960 第六章更为合理的谷物计算模型假设和稳性衡准。SOLAS 1974 制定时,对《1969 等效条例》的谷物计算模型与稳性计算方法又做了适当修改。

1991 年第 95 届海安会决定对 SOLAS 1974 第六章的内容重新改组,将适用范围由谷物扩大到对船舶及船上人员有特别危害而需采取专门预防措施的货物,并将原散装谷物装运的强制性规定转换成一个新的规则,即《1991 年国际散装谷物安全装运规则》,简称《1991 谷物规则》。该规则于 1994 年 1 月 1 日生效。

1.规则内容

规则分为 A 部分和 B 部分——假定谷物倾侧力矩的计算和一般假定。

(1)A 部分:特殊要求

①规则适用范围

规则适用于从事散装谷物运输的任何尺度、包括总吨位小于 500 的船舶。

②相关定义

定义主要包括谷物、装舱方式(经平舱的满载舱、未经平舱的满载舱、部分装载舱)、专用舱。

专用舱是指舱内至少建有 2 道垂直的或倾斜的纵向谷密舱壁,该舱壁舱口边纵桁重合或设有能有效限制谷物任何横向移动的装置。该舱壁如为倾斜设计,则其与水平面至少有 30°的倾斜角。

③批准文件

对按规则装载的船舶,应由主管机关或其承认的机构或由代表主管机关的缔约国政府签发一份批准文件,附于或合并编入谷物装载手册。

没有批准文件的船舶,在船长向装货港的主管机关证明本航次的装载情况符合下相关条款的规定后,方可装船。

④谷物装载的稳性资料

应提供以手册形式编印的资料,该手册除与普通干货船相同的内容外,还包括:

a.包含 12°和 40°在内的稳性交叉曲线;

b.每个满载舱和部分装载舱的体积、体积中心垂向高度、谷物倾侧体积矩曲线或数值表;

c.谷物许用倾侧力矩表;

d.临时装置的详细尺寸;

e.出港和到港的典型装载情况,以及必要时介于两者之间的最差的营运情况,并建议提供具有代表性的 3 种积载因数,即 1.25、1.50 和 1.75 的装载情况。

⑤稳性要求

规则提出了装运散装谷物的船舶在整个航程中的完整稳性衡准。

⑥装载要求

主要包括:

进行合理平舱以尽可能地减少谷物移动;经平舱的满载舱应对谷物加以平整使得甲板下和舱口范围内装满到可能的最大限度;未经平舱的满载舱应使舱口装满,在舱口范围以外可处于其静止角状态;部分装载舱的所有谷物表面应平至水平。

采取必要的减移措施,以减少谷物移动的不利影响。

⑦减移措施

减移措施包括纵隔壁、托盘、散装谷物捆包、谷面上堆货、谷面捆绑等减移措施的要求。

(2)B 部分:假定谷物倾侧力矩的计算和一般假设

为了计算装运散装谷物的船舶由于货物表面移动产生的不利倾侧力矩,规则对装载谷物的货舱内存在的平均空当深度及谷物移动后的倾侧模型做出了假设,并对假定谷物倾侧力矩的计算做出了规定。

2.谷物水平空当和倾侧计算模型的假设

《1991 谷物规则》中所假设的谷物空当及倾侧计算模型为:

(1)谷物水平空当

①部分装载舱

部分装载舱谷物表面下沉忽略不计,其空当或装舱深度按谷物装载体积由舱容表确定。

②经平舱的满载舱

经平舱的满载舱按舱口内和舱口外两部分计算。舱口外指舱口的前/后两端、左/右两侧部位。

a.舱口内

设定舱口盖最低部分与舱口围板顶端中较低者起向下到谷物表面之间存在一平均深度为150 mm 的空当。此定义意味着舱口范围内的空当至少应为150 mm 与舱口盖内缘深度之和。

b.舱口外

在甲板下方，设定所有与水平面倾角小于30°的边界下存在一个与边界面平行的不小于100 mm 的空当，其平均深度大小取决于货舱有关尺度并按下式计算平均空当深度 V_d

$$V_d = V_{d1} + 0.75(d - 600) \qquad (16\text{-}2\text{-}1)$$

式中：V_{d1} ——标准空当深度（mm），按舱口端或舱口边到货舱边界的距离 e 查表16-2-1获得；

d —— 实际桁材深度（mm）。

表16-2-1　标准空当深度表

e/m	V_{d1}/mm	e/m	V_{d1}/mm
0.5	570	4.5	430
1.0	530	5.0	430
1.5	500	5.5	450
2.0	480	6.0	470
2.5	450	6.5	490
3.0	440	7.0	520
3.5	430	7.5	550
4.0	430	8.0	590

注：如 e 大于8.0 m，则按 e 每增加1 m 空当增加80 mm 线性外差法求取。

③未经平舱的满载舱

未经平舱满载舱按舱口内和舱口外两部分计算。

舱口内的平均空当与经平舱满载舱相同。在舱口两侧，假定装载后的谷物表面以与水平成30°角向四周倾泻到甲板下空间，从而形成平均空当；在舱口两端，假定装载后的谷物表面从舱口端梁下缘以与水平成30°角向前（后）倾泻，从而形成平均空当。

（2）谷物表面倾侧

①部分装载舱

移动后的谷物表面假定与水平成25°角。

②经平舱的满载舱

移动后的谷物表面假定与水平成15°角。

③未经平舱的满载舱

在舱口两侧和舱口范围内，其倾侧谷面与水平成15°角；在舱口两端，其倾侧谷面则与水平成25°角。

3.稳性要求

（1）对有批准文件的散装谷物装载船的稳性要求

①稳性衡准

任何装运散装谷物的船舶在整个航程中的完整稳性特征，在按规则假定计算模型计及由于谷物移动产生的倾侧力矩后，在图16-2-1中，至少应满足下列标准：

a.由于谷物假定移动而产生的船舶横倾角 θ_h 应不大于12°，但对在1994年1月1日后建

造的船舶尚应考虑甲板边缘浸水角 θ_i，取两者中较小者。

b.在静稳性曲线图上，到达谷物倾侧力臂曲线与稳性力臂曲线纵坐标最大差值的横倾角或40°或进水角 θ_f，取其中较小者，该两曲线的净面积或剩余面积 A_d，在所有装载情况下应不小于 0.075 m · rad。

c.经各液体舱柜内的自由液面影响修正后的初稳性高度 GM 应不小于 0.30 m。

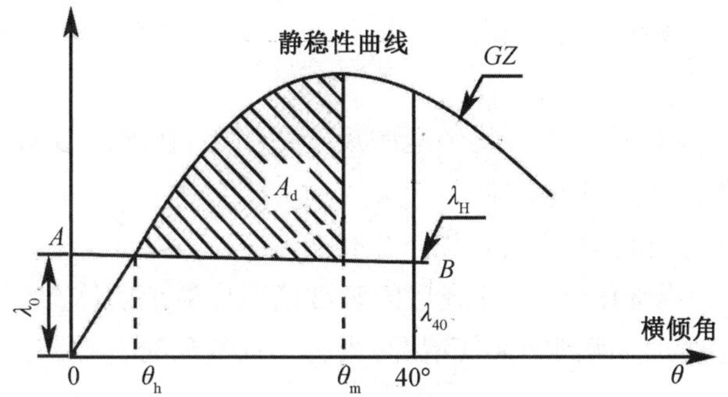

图 16-2-1 散装谷物船完整稳性特征

②在装载散装谷物之前，如装货港的缔约国政府要求，船长应证明该船在任何航程的所有阶段稳性均能符合上述衡准。

③谷物装载后，船长应确保在开航前船舶为横向正浮状态。

(2)对无批准文件的散装谷物船舶的稳性要求

《1991 谷物规则》规定，对无主管当局批准文件而部分装载散装谷物船舶，只有在符合下列条件后才允许装运散装谷物：

①散装谷物总重量不超过该船总载重量的 1/3。

②对经平舱的满载舱，应设置符合规则要求的中纵隔壁；除装运亚麻子和具有类似特性的其他种子外，可用符合规则要求的托盘来代替舱口范围下方的中纵隔壁。

③所有经平舱的满载舱的舱口应关闭并将舱口盖固定就位。

④对部分装载舱内的散装谷物，平舱后还应采取符合规则要求的压包，或者使用钢带、钢索、链条或钢丝网等固定谷面的装置。

⑤整个航程中经自由液面修正后的初稳性高度 GM 应为 0.3 m 或按下式求得的值，取其较大者：

$$GM_R = \frac{L_F B V_d (0.25B - 0.645\sqrt{V_d B})}{0.0875\mathrm{SF} \cdot \Delta} \qquad (16\text{-}2\text{-}2)$$

式中：L_F——所有满载舱的长度之和(m)；

B——船舶型宽(m)；

V_d——按规则计算的舱内谷物平均空当深度(m)。

二、我国《法定规则》对装运散装谷物船舶的稳性要求

我国《法定规则(国际航行)》和《法定规则(国内航行)》分别对国际航行和国内航行的装载散装谷物海船的稳性做出了具体要求。

1.规则内容

(1)国际航行装载散装谷物的海船

国际航行的装载散装谷物海船,执行 IMO《1991 谷物规则》。对于非专用船整船装运散装谷物时,船长应向装货港海事管理机构证明本航次的装载情况符合规则对装载谷物的相关规定后,方可装船。包括航次稳性和装载要求等。

(2)国内航行装载散装谷物的海船

①适用范围

我国《法定规则(国内航行)》对谷物装运的规定适用于:在国内沿海各港口之间航行的海船,包括专用船、多用途船及一般干货船。

部分卸载后散装谷物的船舶,应符合以下条件:

a.船舶应具有足够的纵强度,部分卸载后的装载情况应避免船体产生过大的应力;

b.船长应了解航程中可能遇到的天气情况,当有不良气象时,应及时采取必要措施或暂缓航行;

c.应尽可能减少部分装载舱,以减少谷物倾侧力矩;

d.对部分装载舱进行平舱,并保证船舶正浮。

②相关定义及谷物装载的稳性资料

同我国《法定规则(国际航行)》对散装谷物船舶的要求。

③批准文件

对按规则装载的船舶,应由主管机关或其承认的机构或由代表主管机关的缔约国政府签发一份批准文件,附于或合并编入谷物装载手册。

没有批准文件的船舶(非专用散装谷物运输船舶),在船长向装货港海事管理机构证明本航次的装载情况符合规则对装载谷物的相关规定后,方可装船。包括航次稳性和装载要求等。

④装载要求

同我国《法定规则(国际航行)》对散装谷物船舶的要求。

⑤假定谷物倾侧体积矩与许用倾侧体积矩

计算方法同我国《法定规则(国际航行)》对散装谷物船舶的要求。

2.稳性要求

(1)满足我国《法定规则(国内航行)》中完整稳性对普通干货船的一般稳性衡准要求;

(2)任何装运散装谷物的船舶在整个航程中的完整稳性,应满足我国《法定规则(国际航行)》对散装谷物船舶的相关要求。

第三节 散装谷物安全装运

散装谷物具有与其他货物不同的海运特性,因此,散装谷物在装运过程中,船方应做好各方面的工作,以保证船舶的安全和货物的运输质量。

一、船舶配载图编制

通常情况下,散装谷物船舶具体航次中将装运单一种类的散装谷物,这使得船舶配载图的编制较杂货船大为简化。尽管如此,由于散装谷物的自然特性及具体载货情况的限制,散装谷物船配载仍具有其鲜明的特色。

1.散装谷物装舱的形式

在散装谷物货舱内采用何种装载方案,将直接关系舱内谷物移动状况,从而对船舶稳性产生不同程度的影响。

(1)经平舱的满载舱

经平舱的满载舱指经充分平舱后,使甲板下方和舱口盖下方的所有空间最大限度地充满谷物的任何货舱称为经平舱的满载舱(full filled compartment, end trim)。船舶在此种装载情况下,谷物移动对稳性的不利影响最小。

(2)未经平舱的满载舱

未经平舱的满载舱指应使舱口范围内装满至可能的最大限度,但在舱口以外,专用舱在舱的两端可免于平舱,非专用舱除考虑甲板上经添注孔开口谷物可自由流入舱内形成流入状货堆的影响外,甲板下其他空当处可免于平舱的货舱称为经平舱的满载舱(full filled compartment, end untrim)。船舶在此种装载情况下,谷物移动对稳性的不利影响要明显大于上述经平舱的满载舱。在航次货源和稳性核算许可的条件下,采用这种装载方案可以节约平舱费用。

(3)部分装载舱

部分装载舱(partly filled compartment)又称为松动舱(slack compartment),指经合理平舱后将谷物自由表面整平,但未达到上述两种满舱状态的任何货舱。船舶在此种装载情况下,谷物移动对稳性的不利影响随货舱结构形状及谷物装舱深度而变化,通常要远远超过上述两种满载舱。

(4)共同(通)装载舱

多用途船或一般干货船装载散装谷物时,在底层货舱舱盖不关闭的情况下,将底层货舱及上面的甲板间舱连通后作为一个舱进行装载的货舱称为共同(通)装载舱(compartment loaded in combination)。当谷物装载超过底层货舱舱盖高度时,采用该种装载形式与将底层货舱舱盖关闭(即在底层货舱及其上面的甲板间舱内存在两个自由谷面)比较,前者谷物移动对稳性的不利影响通常较后者要减小许多。

2.船舶配载的基本要求

根据船舶配载的一般原则,结合散装谷物的运输特点,散装谷物船配载的基本原则主要包括:

(1)尽可能多装谷物

由于散装谷物货源充足,船舶航次货运量即等于航次净载重量,对于大吨位散装谷物船舶,当航道或泊位水深限制船舶吃水时,应按限制吃水确定船舶净载重量;当航道及泊位水深对船舶吃水构不成限制时,则按所使用的载重线确定装货量;当运载的谷物积载因数较大时,需按扣除装载空当容积后的货舱容积(未经平舱的满载舱)确定装货量。

(2)保证船舶稳性满足要求

考虑到散装谷物运输的特殊性,IMO及我国均对散装谷物船舶稳性做出了相应规定,船舶在整个运输过程中的稳性至少应符合散装谷物船舶稳性的最低衡准要求。另外,船舶稳性在满足最低要求的前提下,通过合理配载适当增大稳性的各项指标对保证船舶安全无疑是十分必要的。

(3)保证船舶具有合适的吃水和吃水差

考虑到装货港水深限制及尽量多装货物的要求,大吨位散装谷物船舶满载时应平吃水出港;当航线上某处或卸货港的水深受限时,应在考虑油水消耗数量及其分布的基础上,适当分配各舱货重使得船舶在到达浅水区或卸货港时达到平吃水且满足吃水限值。即使整个航程中水深不受限制,从改善航行性能角度,船舶也应具有适当尾倾吃水差。

(4)保证船舶总纵强度

大型散装谷物船舶满载时通常呈中垂状态,因此,应注意谷物重量在各货舱的合理分配,以减小较大的中垂弯矩,保证船舶总纵强度不受损伤。

3.船舶配载图编制流程

(1)计算船舶航次最大货运量

设按航次载重线或船舶限制吃水确定的航次货运量为 $\sum Q_1$，按全船可用散装谷物总舱容 $\sum V_{ch}$ 和谷物积载因数 SF 所确定的航次货运量为 $\sum Q_2$,它们分别由下式求得:

$$\begin{cases} \sum Q_1 = NDW = \Delta - \Delta_L - \sum G - C \\ \sum Q_2 = \dfrac{\sum V_{ch}}{SF} \end{cases} \tag{16-3-1}$$

$\sum V_{ch}$ 的数值取决于满载舱的装舱方式。

航次最大货运量为

$$\sum Q = \min\left\{ \sum Q_1, \sum Q_2 \right\} \tag{16-3-2}$$

(2)分配各舱装货量

在向各货舱分配装货量时,应根据舱容及谷物积载因数尽量将货舱装满。若舱容富余,则留出1~2个货舱作为部分装载舱。部分装载舱的选择原则是:有利于改善船舶纵强度或对船舶纵强度影响较小,便于调整船舶吃水差,且尽量使装卸的谷物表面摆脱货舱最宽处,以利于改善船舶稳性。

(3)吃水差计算和总纵强度校核

吃水差计算和总纵强度校核方法同一般货船。各舱谷物重心可取舱容中心,无论是谷物下沉还是谷物未装满整个货舱,其重心纵向位置误差对吃水差影响不大。经计算若吃水差不合适或剪力、弯矩过大,可通过改变部分装载舱的位置和谷物重量或加排部分压载水等措施予以调整。

(4)稳性计算

根据配载图及散装谷物船稳性计算资料进行稳性计算,应校核船舶在整个航次最不利状态下的稳性。加拿大、美国、澳大利亚等粮食出口国都颁布了专门的散装谷物船稳性标准计算

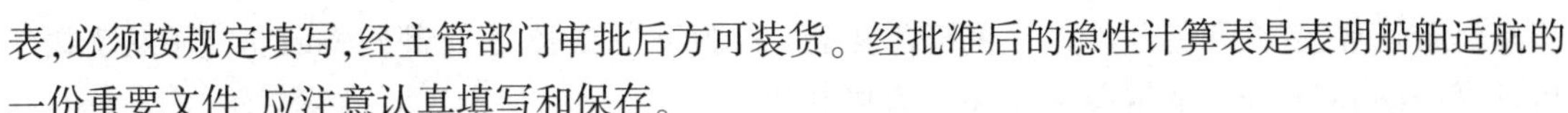

表,必须按规定填写,经主管部门审批后方可装货。经批准后的稳性计算表是表明船舶适航的一份重要文件,应注意认真填写和保存。

(5)配载图的绘制

配载图由通常使用侧视图,如图 16-3-1 所示。在该图上标明货舱、甲板间舱、机舱的位置;各货舱装载谷物的类型和数量,凡满载舱须标"F",并标明平舱方式;部分装载舱则标记"S 或 P",并写明空当高度或谷物装舱深度。对于设置防移装置的货舱,则需标注所设置防移装置的形式、位置及具体尺度等内容。

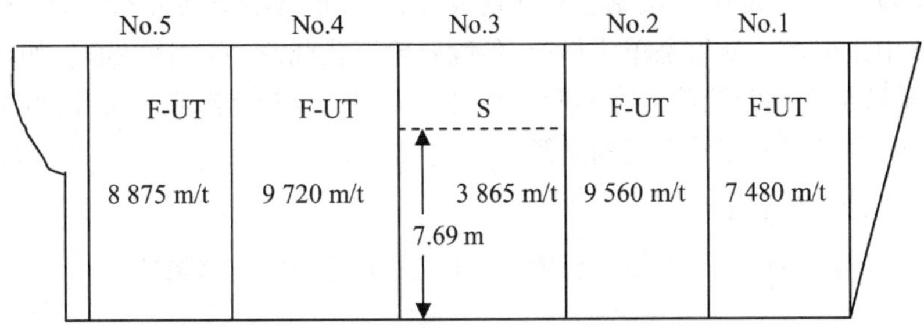

图 16-3-1 散装谷物船配载图

二、散装谷物装前准备

为了缩短船舶在港的停泊时间,减少港口使费,在装货前必须做好准备工作。

1.保证货舱适货

散装谷物船舶装货之前,做好货舱适货是获得装载许可的重要一环。因此应做好货舱的准备工作,主要包括:

(1)货舱清扫。使货舱处于清洁状态,无货物残留、无铁锈、无漆皮等。

(2)保持舱内干燥。排出舱内汗水和湿气,使舱内保持干燥状态;如果有的货舱用作压载舱,应提前将压载舱水排净,并进行清舱及晾舱。

(3)若舱内存在虫害,则需对空舱进行熏蒸,使货舱保持无虫害和鼠害。

(4)舱内应无异味,以防谷物受到感染。如存在异味,可用化学药剂等方法除味。

(5)货舱两舷、舱底及舱盖应保持水密,无渗漏状态,防止货物水湿,为此需事先检查,如发现有渗漏现象,应立即修复。

(6)污水沟(井)保持畅通。检查并疏通污水沟(井),保持其清洁和畅通;检查货舱污水泵并试运行,保证其处于良好状态。

(7)对货舱通风设备做全面的检查并试运行,使其处于良好的状态。

(8)检查货舱进水报警装置,使其处于良好状态。

2.申请验舱并取得验舱证明

当拟装谷物的每一货舱均满足上述要求时,可向装货港有关部门申请验舱,验舱合格后取得验舱合格证明(ship inspection-approved for loading)。

取得验舱证明后,船方还要接受装货港主管部门检查人员的检查。检查项目包括污水泵工作是否正常，装载和稳性计算是否符合规定。检验符合要求，主管部门将向船方颁发装载许可证书（certificate of readiness to load），方可装货。

3.编制配载图并填制散装谷物船舶稳性计算表

大副根据航次货运量及船舶情况编制配积图，并填写装货港所规定的稳性计算表格。各粮食出口国都有自己的标准格式，虽然形式各有不同，但基本内容大同小异。

4.编制装舱计划表

对于大型散装谷物船舶，应编制装舱计划表，以保证船体纵强度不受损坏，避免船舶出现过大的中垂或中拱变形。如果是单头作业，各舱要轮流装载，不能一次装满。如果是两头或多头作业，可隔舱或各舱同时装载。在隔舱装货时，也应分2~3轮装载。同时，为保证压载水顺利、干净地排出，要求船舶保持一定的尾倾。

5.如需要，采取止移措施

经计算表明船舶装载后稳性不符合要求，则应采取适当的止移措施。

三、装卸货及航行途中管理注意事项

在装卸货及航行途中，为了保证安全和货物质量，应注意以下问题。

（1）装货前，安置好舷梯安全网、挡鼠板。

（2）对每批需船运的散装谷物，托运人应提供表明货物质量状态的质量保证书。在质量保证书内应特别标明谷物温度和含水量。装货时，如果发现谷物温度和含水量超过标准应予以拒装。此外，装货过程中应注意随时检查谷物的质量，如谷物有无变质、含水量是否过高、有无虫害、杂质是否过多等。如有问题，应立即停止装货，并采取相应的措施。

（3）要选择好天气时装货。如果遇到雨雪等天气时，应停止装货，立即关舱。为了减少货差，在装货时，甲板上不得有积水，以便将撒落在甲板上的谷物收入舱内。

（4）装货时，值班人员应监督港方严格按照配载图和装舱顺序进行装货。可通过观测吃水等措施检查码头工人是否按照船方制订的装舱计划表的顺序和数量装货，以保证船舶纵强度及适度尾倾。

（5）装货时，值班人员应注意吃水的变化，应防止船舶触底而损坏船体。同时，随着货物的装载，船舶吃水增加，应及时收紧前后缆绳，以防止船离开码头而出现左右摇摆。装货结束前1 h，值班人员应通知大副，并协同大副密切注意六面吃水，当达到所要求的吃水时，应立即通知港方停止装货。

（6）各舱装货过程中尤其在临近结束时，应按要求进行平舱。对任何经平舱的满载舱，应使甲板和舱口盖下方的所有空间装满至可能的最大限度；满载舱未经平舱时，应使谷物在舱口范围内装满至可能的最大限度；部分装载舱的所有自由谷面应平整成水平状态。

（7）装载结束时，应消除船舶横倾，保持船身正浮出港。

（8）核对装货量。散装谷物船舶在国外港口装货时，装船谷物数量多由岸上的计量器提供，并作为计算依据。作为承运人的船方，在装货结束后，应利用水尺计重的方法计算装船货物重量，以核对陆上提供的装货量是否正确。

（9）开航前，应按贸易合同规定进行随航熏舱。

(10)航行途中,应根据外界天气情况和舱内谷物状况适当通风,降低舱温、排出热量,有助于抑制呼吸作用及防止舱内产生汗水。但是需要注意的是,不管是机械通风还是自然通风,对舱内的谷物而言,仅仅是表面通风,通风效果有限。

(11)航行途中,应定期开舱检查舱内谷物的表面状况,以便及时发现问题采取补救措施。

(12)卸货前,货主通常委托有关机构人员上船检查各舱内谷物的状况。只有在确认未发现待卸谷物存在水湿、霉变、虫害、污染等情况时,才准许卸货。

四、船舶熏蒸

动植物产品中的害虫和蛆蛹可随货物进入货舱造成引入传染,也可以从一种产品传至另一种产品导致交叉传染,或残留物造成后来的货物感染引起残留传染。为了防止虫害传播,海上运输粮谷类货物时应采取船舶熏蒸的方式杀虫除鼠,控制传染。

1.船舶熏蒸条件

所谓船舶熏蒸是指采用熏蒸剂在船舶的密闭场所内通过释放烟、气杀死害虫、病菌或其他有害生物的技术措施。符合以下情况时均应对船舶进行熏蒸。

(1)船舶装运粮谷类货物(大米、大豆、高粱、小麦、玉米等);

(2)船舶装运木薯片、豆粕、鱼粉等做饲料的原料;

(3)船舶运输动物,发现有动物尸体时;

(4)船上有不明情况的人员尸体;

(5)来自疫区的船舶;

(6)船上发现老鼠;

(7)港口检疫部门根据相关法律要求熏蒸的船舶。

2.船舶熏蒸方式

对散装谷物运输而言,主要对空货舱和舱内的货物进行熏蒸,称为空舱熏蒸和实舱熏蒸。因为所用熏蒸剂多为剧毒物质,所以船上人员不得进行熏蒸操作,熏蒸作业必须由适任的岸上专业人员进行。

(1)空舱熏蒸

空舱熏蒸多适用于散装谷物装货前验舱时发现货舱内有虫害或鼠害。空货舱熏蒸操作应注意以下事项:

①空货舱熏蒸可用的熏蒸剂主要有二氧化碳、氮气、溴代甲烷和二氧化碳混合物、溴代甲烷、氰化氢、磷化氢等。其中溴代甲烷适用于需要迅速处理货物或处所的情况,但是要求该处所的通风系统应良好且有效。

②空货舱的熏蒸和通风处理应始终在港内进行(在码头或锚地),在熏蒸负责人签署除气证书之前,船舶不得离港。仅当测试显示残留熏蒸剂已从货舱和工作区域附近彻底消散,且剩余熏蒸材料已被清除后,方可签发放行证书。

③熏蒸负责人在船舶被证明除气前的整个熏蒸期间应始终负责工作。

④熏蒸前,船员应撤离到岸上,直到熏蒸负责人或其他被授权人员签发除气证书后方可回船。在此期间,应安排好值班人员防止未经授权人员登船或进入,在舷梯和居住处所入口处应

始终显示规定格式的熏蒸警告牌。

⑤熏蒸结束前，熏蒸人员应采取必要的措施确认熏蒸剂已经消散。若需要船员协助工作，如开启舱盖，应向其提供足够的呼吸保护装置，并严格遵守熏蒸负责人的指示。

⑥船舶通风前，熏蒸负责人应书面通知船长哪些区域已被确认安全并可供关键船员进入。

⑦在整个熏蒸和通风期间，熏蒸负责人应对允许船员返回的区域进行监控。任何地方的有害气体浓度超过了船旗国规定的安全阈值，船员应迅速撤离，直至测量显示安全后才能重新进入。

⑧除非紧急情况，任何人员不得进入正在熏蒸的处所。若必须进入，熏蒸负责人应至少和另一人各自使用适合所用熏蒸剂的保护装置和救生索。每一救生索应由熏蒸处所外的一人看管，该人也应穿戴上述相同的装备。

(2)实舱熏蒸

实舱熏蒸是指对货舱装载的散装谷物进行的熏蒸，可分为在港熏蒸和随航熏蒸。目前可使用的熏蒸剂主要有溴代甲烷和磷化氢。

在港熏蒸是指在装运港口进行投药和必要的监护，在港期间完成密闭熏蒸和散气。熏蒸时间一般为 2~4 天，多使用具有快速挥发性的溴代甲烷。考虑到熏蒸剂对人体的毒害，为了保证安全，除了经过培训的船员看船外，其余人员应安置于岸上住宿，因此该熏蒸方式成本较高。

3.随航熏蒸

随航熏蒸是指在装运港口进行投药和必要的监护，在航行期间完成密闭熏蒸和散气的熏蒸方式。随着造船技术的提高，货舱密闭性越来越好，同时考虑到节约成本，随航熏蒸已经成为散装谷物运输中非常普遍的做法。随航熏蒸一般使用磷化铝作为熏蒸剂。磷化铝与空气中的水分反应释放出磷化氢气体，该气体无色、剧毒、易燃，较空气重，有类似臭鱼的味道，可以逐渐渗入货堆，达到杀死害虫的目的。磷化氢对船员安全造成了一定的威胁，同时随航熏蒸期间货舱不能进行通风，对货物也有潜在风险。熏蒸的效果取决于环境(谷物)温度、空气中水分含量、磷化氢气体浓度和封闭熏蒸时间等，而熏蒸时间又与环境温度等有关，因为在低温条件下，磷化氢产生的速率很慢。熏蒸时间通常由熏蒸机构或熏蒸剂生产商提供。表 16-3-1 是我国规定的磷化铝随航熏蒸粮谷类货物的指标要求，表 16-3-2 为国际上某保赔协会公布的关于谷物熏蒸给出的环境温度与最低熏蒸时间关系表。

表 16-3-1　磷化铝随航熏蒸粮谷类货物的指标要求

粮温/℃	空气 相对湿度/%	磷化铝投药剂量 /(g/m³)	密闭 熏蒸时间/h	最低磷化氢浓度要求 /(mL/m³)
≥25	70~90	3.2	72~96	48 h 时为 450
20~25	70~90	3.8	96~120	72 h 时为 408
10~20	60~70	4.8	120~168	72 h 时为 379
4.4~10	50~60	4.8	168~240	96 h 时为 286

表 16-3-2 环境温度与最低熏蒸时间关系表

环境温度/℃	最低熏蒸时间/h
5	不宜使用磷化铝熏蒸
5~12	240
12~15	120
15~20	96
>20	72

(1)随航熏蒸实施方式

随航熏蒸通常有三种实施方式,依次为表面熏蒸方式(surface application)、沟槽熏蒸方式(trench-in application)和环流熏蒸方式(recirculation application)。

①表面熏蒸方式是将熏蒸剂磷化铝片剂或丸剂以带状、袋状、条状包装后铺于散装谷物货堆表面,便于在熏蒸完成后完整地回收残留物,如图 16-3-2 所示;不要将磷化铝片剂或丸剂直接放置于谷物表面,因为分解后的粉状药物残渣难以消除干净,如图 16-3-3 所示,会影响谷物质量,造成危害或严重的经济损失。

②沟槽熏蒸方式与表面熏蒸方式操作基本相同,唯一区别是以挖沟槽的方式将包装后的熏蒸剂埋设于谷物表面下约 30 cm 处。

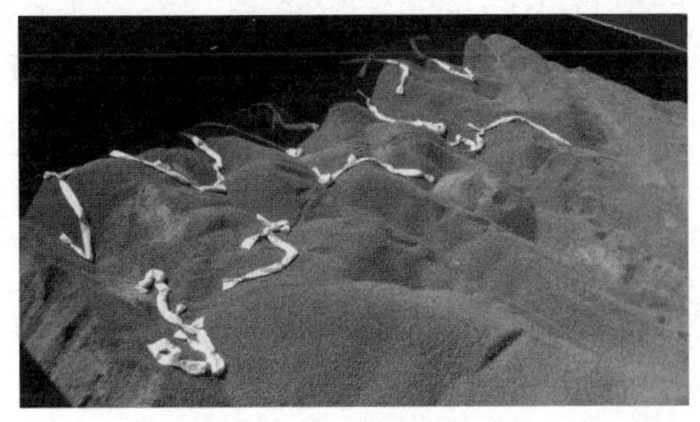

图 16-3-2 表面熏蒸方式

图 16-3-3 熏蒸片剂的粉状残留物

③环流熏蒸方式是将熏蒸药剂包装放置于谷物表面或以沟槽方式埋设于谷物浅表处,然后利用铺设的管路和机械通风系统将释放的磷化氢气体送至货堆底部,使磷化氢气体循环通过谷物。

三种熏蒸操作方式各有特点,表面熏蒸和沟槽熏蒸方式操作方便、成本较低,但不利于磷化氢气体渗透到谷物深层,难以达到全面熏蒸的效果;环流熏蒸方式可以提高磷化氢气体的渗透效率,缩短熏蒸时间,达到全面熏蒸的效果。

因此,不同的船舶、不同的谷物装载深度,其适用的熏蒸方式也有差异。表面熏蒸和沟槽熏蒸方式多适用于灵便型和巴拿马型固体散货船载运散装谷物,环流熏蒸方式多适用于海岬型固体散货船载运散装谷物。美国农业部(USDA)的熏蒸手册给出了不同装载深度、不同积载方式下使用磷化铝随航熏蒸散装谷物所需的最小时间数据,如表 16-3-3 所示。

表 16-3-3 最小熏蒸时间数据表

熏蒸方式	谷物装载深度/m			
	<6	6~12	12~20 (灵便型/巴拿马型散货船)	>20 (好望角型散货船)
表面熏蒸 (磷化铝 45 g/1 000 ft^3)	9 天	15 天	不适用	
沟槽熏蒸 (磷化铝 45 g/1 000 ft^3)	8 天	15 天	18 天	不适用
环流熏蒸 (磷化铝 33 g/1 000 ft^3)	4 天	7 天	9 天	9 天
环流熏蒸 (磷化铝 45 g/1 000 ft^3)	3.5 天	3.5 天	3.5 天	3.5 天

4.随航熏蒸的安全保障措施

谷物随航熏蒸是一个高风险的操作,船方应制定好具体详尽的熏蒸程序,与熏蒸人员良好配合,按计划逐步实施,航行中按部就班认真检查,以保证人员和货物的安全。

(1)在收到熏蒸通知后,应首先召开全船安全会议,编制货舱自查清单,安排船员对货舱进行密闭性彻查,包括舱壁、舱底板、污水井、通风设备、测量孔、电缆导管、下舱通道、道门、舱盖及货舱和舱盖的穿透处等。若发现问题,应及时整改。

(2)熏蒸前,船长与熏蒸人员应按照 IMO“船舶安全使用杀虫剂建议;货舱熏蒸应用”及公司的安全管理体系要求,共同协商制定熏蒸程序,并按此严格执行。

(3)熏蒸前,专业的熏蒸人员和接受过相关培训的船员一起检查全船,确定船舶是否适合熏蒸。货舱应做到完全气密,以防熏蒸剂泄漏到船上的生活区、机舱及其他工作区域。

(4)经熏蒸知识培训的船员应得到并熟悉有关熏蒸剂化学品安全技术说明书(MSDS)中的内容;熏蒸剂标签或包装上的使用说明,如熏蒸剂生产商建议的对空气中熏蒸剂的测试方法、熏蒸剂的作用及有害特性、中毒症状、相应的医疗方法及特殊医疗处理和应急程序等。

(5)熏蒸船舶应配备:用于探测熏蒸剂的气体探测装置和充足的附属设备,船旗国规定的在安全工作条件方面的使用说明和熏蒸剂的职业暴露阈值,关于残余熏蒸剂处理的说明;至少4套合适的呼吸保护装置,一套最新版的《危险货物事故医疗急救指南》(MFAG)并包括适当的药品和医疗设备。

(6)熏蒸前,应清点船员人数,确保船员撤离熏蒸现场,同时确保所有的码头工人及无关人员离船。在熏蒸作业开始后,应通知到位,除特别紧急的情况外,任何人不得进入正在熏蒸的区域。若有熏蒸人员或船员突然患病,绝不能排除有熏蒸气体中毒的可能性。

(7)熏蒸剂施放后,舱盖和下舱道门应被封闭,并设置“禁止入内”标志。向发货人申请封舱胶带,以保证舱盖有更高的气密性。在船上的相关区域,设置醒目的熏蒸警告牌,警告牌上应注明熏蒸剂的特性和熏蒸的日期、时间。熏蒸人员应与经培训的船员一起进行初步泄漏检查,如果发现泄漏应立即进行有效密封;同时,熏蒸人员应在一名经培训船员的陪同下,检查居住处所、机舱和其他工作区,确认没有有害浓度的气体存在。只有当船长对相关预防措施满意时,船舶才可以开航。

(8)盛装熏蒸剂的空瓶及袋子等责令熏蒸人员带走,不要留在船上,以免残留的药品产生中毒、自燃等事故或违反船舶防污染规定。

(9)密闭熏蒸期间,船方应在白天悬挂“VE”旗,夜间应开启“绿红绿”垂直环照灯。

(10)随航熏蒸期间,经培训的船员应间隔一定的时间利用气体检测设备对居住处所、机舱和其他工作区域进行气体浓度安全检查,检查结果应记录在航海日志中。国际上规定至少每 8 h 一次,我国规定每 4 h 一次。如果发现磷化氢浓度超过安全阈值时,应及时将船员疏散到安全处,并查找和封堵漏毒部位。

(11)随航熏蒸中,如果发现有船员出现恶心、呕吐、头痛、胸闷、呼吸困难等症状之一,特别是多名船员同时有疑似症状时应考虑船员可能中毒。一旦发现船员有上述症状,应立即安排健康船员穿戴防护装置,对疑似区域进行气体测量,同时将疑似中毒的船员转移至空旷有新鲜空气处。

(12)除非遇到极端紧急情况,随航熏蒸期间不得开启或进入熏蒸密封处所。

(13)如果航行时间较长,货舱内磷化氢最低浓度和密闭熏蒸时间达到熏蒸要求后,则开始散毒。散毒时,首先打开货舱风筒和通风口,机械通风 4~6 h 或自然通风 24 h,然后开启舱盖和人孔进一步散毒。当舱内谷物中的磷化氢残留浓度降到安全阈值以下时,则散毒结束。散毒结束后和到达目的港之前,经培训的船员应使用安全设备入舱回收磷化铝药物残渣,并将残渣做无害化处理。

(14)船舶到港前至少 24 h,船长应通知目的港主管机关本船正在进行随航熏蒸。通知信息应包括熏蒸剂类型、熏蒸日期、熏蒸的货舱以及是否开舱通风等。

(15)船长应该在熏蒸后开航前签发海事声明,对外宣布由于货物熏蒸在航期间不能对货舱进行通风,由此带来的货物损失船方不负责任,并取得发货人或其代理人的签字确认。根据我国海商法或相关国际法规,货物随航熏蒸不能及时通风而产生变质,可以根据承运人的免责条款进行抗辩。

(16)在熏蒸报告中,船方一般会被告知舱盖被密封的时限。时限过后,在开启货舱通风时,还应格外谨慎,继续监测生活区、机舱及其他工作处所的气体浓度,直至货舱被彻底打开卸货。而到达卸货港口后,即使舱盖被彻底打开,仍然要注意货舱死角可能还有残留熏蒸药剂,所有人员未经许可不得下舱。

(17)熏蒸药剂中大多含有磷成分,在遇水时可能会自燃并可能产生爆炸,因此建议在卸货时,应妥善处理熏蒸使用过的塑料管等材料,最好岸上接收处理,或者将其单独放置于船舶垃圾站内,避免高温潮湿发生危险。

五、散装谷物货损货差及其控制

散装谷物的某些海运特性及运输条件和运输技术的限制使其容易产生货损和货差,造成经济损失。对承运人而言,应了解货损货差产生的原因,掌握避免或减小货损货差的方法,保证货物质量良好、数量完整。

1.散装谷物货损产生的原因及控制措施

(1)受先前运输的货物残留物、船舱脱落的油漆和/或锈蚀造成污损。

(2)舱内谷物由于虫害导致货损。

以上货损可以通过装货前验舱,保证货舱清洁、干燥、无虫害、无异味,使货舱适货来解决。

(3)装货前受其他物质污损。该类货损主要是由于船舶将已经受到污损的谷物装入舱内造成的。因此应在装货前加强对来货质量的检查,检查其是否有褪色、发潮、结块、发芽、发霉、枯萎、污损、不良气味和虫蛀现象。如若发现谷物有以上情形,应当拒绝接收该货物。

(4)由于谷物水分含量过高而导致腐烂、自热、发霉和/或结块。该类货损主要的措施是控制装船谷物的含水量。经研究,大豆的温度不超过 35 ℃、含水量不超过 11.5% 时,可长期安全储存,如果长航程海上运输,应该是安全的;大豆的温度为 25~35 ℃、含水量为 11.5%~14% 时,安全储存期为 20~70 天,如果长航程海上运输,发生霉烂的可能性较大;大豆的温度为25~35 ℃、含水量大于 14%时,安全储存期仅为 20 天,甚至更短,如果长航程海上运输,基本可以肯定会发生霉烂。由此可见,托运人应托运含水量不超过安全值的谷物。

(5)汗损

货舱内外空气露点和温度的变化,会导致舱壁出汗滴下或流下,从而使谷物表面出现汗湿损害。适当而有效的表面通风可以防止汗损,但是应注意随航熏舱封舱的要求而导致无法通风造成的汗损,船方应做好记录,正确应对。

(6)湿损

该类货损是由于舱盖未做到风雨密而导致海水或雨水进入舱内,或水从污水管路和/或泄漏的压载舱进入舱内浸湿谷物造成的。装货前对货舱舱盖的水密检查和舱内设备检查至关重要,只有保证货舱水密和设备完好,才能有效控制湿损。

(7)热损

该类货损是由于谷物靠近机舱舱壁和/或装载高温燃油的舱室因受热而损坏。因此在装货之前,应当将货物的确切性质和将采用的积载计划告知轮机人员,使其能够针对燃油加热使用等采取适宜的安排,从而减少货物遭受热损的风险。如果可行,应使用不与货舱毗邻的燃油舱;如果必须对与货物直接接触的燃油舱进行加热,应当尽可能控制加热程度,加热到燃油可以安全输送即可;应尽可能地只对使用中的燃油舱进行加热。

2.散装谷物货差产生的原因及控制措施

所谓散装谷物货差是指装卸港货物数量与卸货港货物数量不一致。导致货差的客观原因有:

(1)自然损耗导致的货差

散装谷物会在航行途中挥发水分,导致重量不可避免的减少。

(2)装卸港计量方式不同导致的货差

散装谷物船舶在国外港口装货时,装船谷物数量多由岸上的计量器(流量计)提供,并作为计算依据。但是到达卸货港卸货时,却使用水尺计重的方式计算卸船谷物重量。计量方式的不同必然导致货差。因此船方应在装货港利用水尺计重来确定装货量的准确性。

(3)水尺计重方式误差的影响

水尺计重的基本原理是根据观测装货前后或卸货前后船舶吃水的变化,计算船舶排水量

的变化,并扣除其他载荷的变化而得到装货量或卸货量。该计量方式存在吃水观测误差、压载水测量误差、港水密度测量误差、吃水计算误差、排水量计算误差等。虽然为了保障承运人的利益,行业惯例和计量规程给出了0.5%的计量误差,但是船方依然应与检验方密切配合,提高精度,减小误差,保证货物顺利交付。

第四节 改善散装谷物船舶稳性的方法及措施

当船舶稳性衡准中的各项指标不能同时满足要求时,应采取一些必要的手段和措施来调整和改善船舶稳性。

1.减小谷物倾侧力矩

减小谷物倾侧力矩,可使谷物移动引起的船舶横倾角减小并使船舶剩余动稳性增大,它是改善散装谷物船舶稳性的主要措施。散装谷物倾侧力矩是由满载舱和部分装载舱两部分倾侧力矩组成的。对于满载舱,无论是否平舱,其假定移动倾侧力矩为一常值,而对部分装载舱,倾侧力矩随舱别及装舱深度而变化,其值在全船谷物倾侧力矩中占有较大比例。因此,为减小谷物倾侧力矩,首先应考虑部分装载舱的选择及装舱情况。

(1)减少部分装载舱数目

船舶满载时舱容剩余或由于调整船舶强度和吃水差的需要,都会出现舱内部分装载情况;船舶因水深限制在港外卸掉部分货载后进港或多港口卸载时,则可能存在多个部分装载舱。无论装载后还是部分卸载后,为减小谷物倾侧力矩,应尽可能减少部分装载舱数目。

(2)尽可能将宽度和长度较小的货舱作为部分装载舱

由于谷物倾侧力矩与谷物表面宽度的立方成正比,因此,如将部分装载舱安排于舱宽较小的货舱(如首部货舱),就会大大减小部分装载舱的谷物倾侧力矩。另外,在舱宽相同或相近时,部分装载舱则宜选择舱长较短的货舱,但同时应兼顾船舶对强度和吃水差的要求,防止顾此失彼。

(3)谷物装舱深度应避免使该舱谷物倾侧力矩处于峰值附近

各舱谷物倾侧力矩峰值所对应的装舱深度介于底边舱和顶边舱之间的舱宽最大处,其实际装载谷物深度应尽可能远离此位置。如发现配载方案中出现某个部分装载舱的谷物倾侧力矩恰处于峰值附近,则可以考虑将某满载舱的一些谷物移入该部分装载舱。这样,该部分装载舱的谷面深度因避开峰值而减少的谷物倾侧力矩可能会超过原满载舱因谷物移出后而增加的谷物倾侧力矩,从而在总体上使谷物倾侧力矩减小。

(4)视谷面位置确定是否采用共通装载方式

对于多层甲板的干货船,当装载后谷面超过该层舱舱口时,可采用共通装载方式。若谷面未超过该层舱舱口,但当舱内谷面倾侧25°时,谷物有可能流入上层舱时,则应将舱盖关闭,改变共通装载方式为上下各层舱单独装载方式。

(5)采取平舱措施

计算表明,未经平舱的满载舱谷物倾侧力矩远大于经平舱满载舱。显然,按要求对各满载舱进行平舱,可以大大减小谷物倾侧力矩值。对于部分装载舱,装载或卸载后也应使谷面保持水平状,以减少谷物移动的有害影响。

2.降低船舶重心,增大初稳性高度

船舶重心高度减小,可有效地改善船舶稳性。它表现在使静稳性力臂曲线升高,从而增大剩余动稳性值,同时减小了由于谷物移动引起的船舶横倾角。在谷物装载量确定条件下,通过改变装载方案来降低船舶重心是有限的且是小幅度的。除此之外,在条件许可时注(排)压载水、减小自由液面的影响、油水合理使用和配置等亦可适当增大初稳性高度。

3.设置谷物表面止移装置和固定谷物表面

设置谷物表面止移装置和固定谷物表面是作为船舶稳性不足时采用的一种不得已的补救措施。规则提供了实用的谷面止移装置和固定谷物表面的方法。

(1)纵隔壁

纵隔壁适合于经平舱的满载舱、未经平舱的满载舱及部分装载舱。规则规定,纵隔壁必须为谷密且强度满部分足要求。对于满载舱,在甲板间舱的纵向隔壁必须由下层甲板延伸到上层甲板,在货舱内的纵向隔壁必须从甲板或舱盖向下延伸至甲板下或舱口下的纵桁材之下至少 0.6 m;对于部分装载舱,纵隔壁要求位于谷面以上高度和谷面以下深度为该舱最大宽度的 1/8,如图 16-4-1 所示。

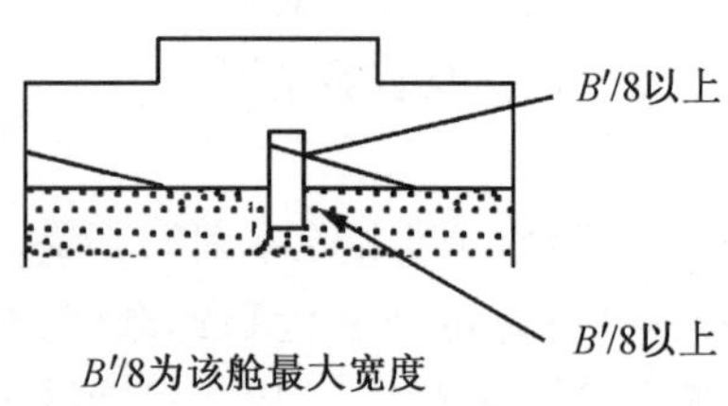

图 16-4-1　部分装载舱纵隔壁

①纵隔壁的材料

两侧受载的木质止移板厚度 h 不应小于 50 mm,其他材料的止移板应具有与木质材料等效的强度。止移板的最大自由跨距 l 随止移板厚度的增大而增大,且为

$$l = 2.5 + 0.05(h - 50) \quad (\text{mm}) \qquad (16\text{-}4\text{-}1)$$

所有止移板两端的应牢固地嵌入具有支撑长度不小于 75 mm 的插槽内。

②纵隔壁的固定装置

纵隔壁可采用立柱、撑柱或拉索予以固定。

a.立柱

木质或钢质立柱需满足规则对其剖面模数的要求,两立柱间距应使止移板的自由跨距不超过式(16-4-1)的限定值。

b.撑柱

当采用木质撑柱时,该撑柱应为整根的,且每一端均应牢固地固定,并应将其根部支撑在船舶永久性结构上,但不应直接支撑在船侧板上。

木质撑柱的最小尺寸与撑柱的长度及剖面形状有关,对于长度不超过 8 m 的撑柱,矩形剖面撑柱的最小尺寸在 150 mm×100 mm ~ 200 mm×150 mm 之间,圆形剖面撑柱的最小直径在 140 ~ 200 mm 之间。撑柱越长,要求尺寸越大。

当撑柱与水平面间的夹角超过 10°时,应按规定加大撑柱尺寸;在任何情况下,其夹角应

不超过 45°。

c.拉索

拉索应为具有满足要求的钢丝绳,并应水平地或尽可能水平地设置且在每一端妥善系牢。

(2)托盘

托盘适合于经平舱的满载舱(图 16-4-2 所示)。除装载亚麻籽和具有相似性质的其他种子外,在舱口范围内设置托盘可以替代纵向隔壁。托盘底部放置隔垫帆布或其等效物,其上堆满袋装货物。

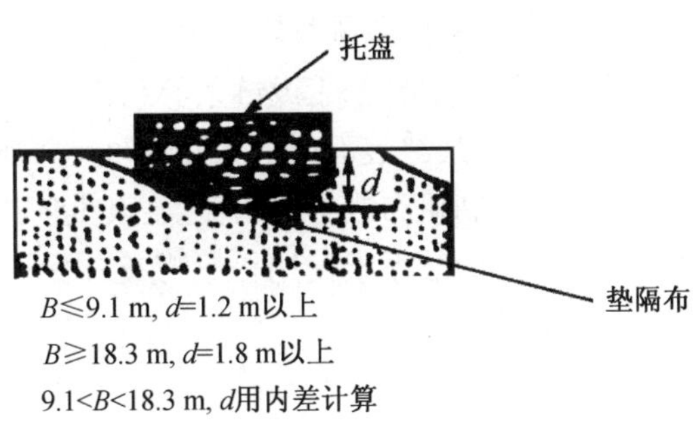

图 16-4-2 托盘

a.托盘深度

从托盘底部量到甲板线的托盘深度 d 根据船舶型宽 B 确定。

b.托盘布置

托盘顶部应由舱口边桁材或围板及舱口端横梁构成。托盘和其上面的舱口应全部用放置在垫隔帆布或其他等效物上的袋装谷物或其他适宜货物填满,并紧靠临近结构堆装,使其与这些结构的深度等于或大于托盘深度的 1/2 。

(3)散装谷物捆包

作为设置托盘的一种替代方法,可用散装谷物捆包代替袋装货物来填装托盘,如图 16-4-3 所示,其形式及尺度与托盘相同,托盘内应有足够抗拉强度的衬垫材料且顶部应有适当的固定装置。

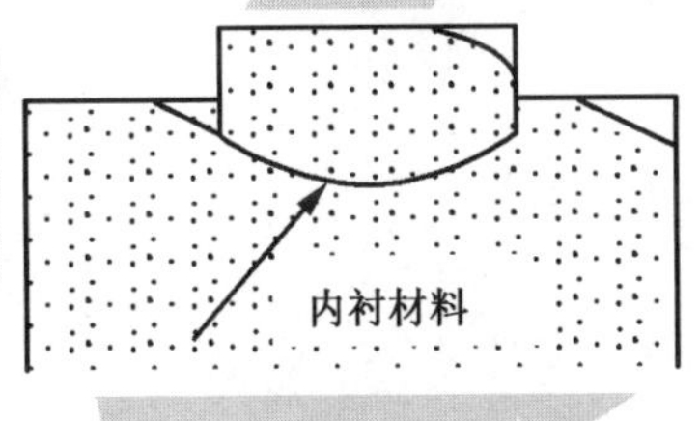

图 16-4-3 散装谷物捆包

(4)谷面上堆装货物

谷面上堆装货物俗称压包,适用于部分装载舱。将自由谷面整平,在谷面上使用隔垫帆布或其他等效物或一适合的平台覆盖,其上堆放为装满且牢固缝口的袋装谷物或其他等效货物,并且堆装高度不应小于谷物表面最大宽度的 1/16 或 1.2 m,取较大者,如图 16-4-4 所示。平台应由间距不超过 1.2 m 的垫木,以及其上放置间距不大于 100 mm、厚度为 25 mm 的木板组成。

(5)钢带捆扎或钢丝绳(或链条)捆绑谷面

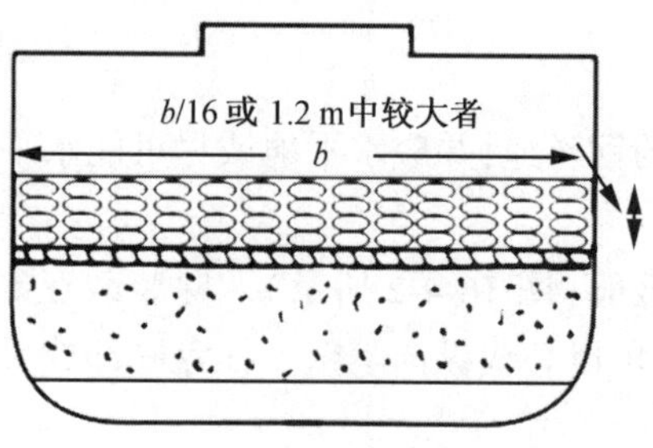

图 16-4-4　谷面上堆装货物

此种方法适用于部分装载舱。当用钢带、钢索或链条等系索固定谷面时，应在完成装载前先将系索用卸扣经一定间距连接在谷物最终表面以下 0.45 m 的舱内两侧船体结构上，将装完后的谷面平整至顶部略呈拱形，并用粗制帆布或等效物覆盖，其上密排底层横向铺设和上层纵面铺设并钉成一体的两层垫木，随后将两舷系索使用松紧螺旋扣紧固。航行中应经常检查系索，必要时应予以收紧。

第十七章 固体散装货物运输

固体散装货物是指除液体或气体以外由粉状、球状、晶粒状、颗粒状或任何较大块状物质等构成的货物，其成分基本均匀，不需要任何包装且不能按件计数，可直接装船运输，如粮谷、矿石、煤炭、水泥、化肥、饲料等。

固体散装货物运输具有运输批量大、货源充足稳定、大多货种单一并采用专用船舶整船单向运输、装卸效率高的特点。在国际航运业中，散货船运输占货物运输的30%以上。由于各类固体散货具有不同的货物特性，它们对安全运输都存在不同程度的影响，若采取措施不当或未采取正确的措施，则会影响货物运输质量、危及船舶及人员安全，此类事故时有发生，应引起足够的重视。

第一节　固体散装货物分类及特性

一、散固体装货物分类

根据固体散装货物在海运中呈现的理化危险特性，《IMSBC 规则》将海运固体散货分成A、B、C 三组。其中，A 组为易流态化或发生动态分离的货物，B 组为具有化学危险的货物，C 组为既非 A 组也非 B 组的固体散货。

1.A 组固体散货

(1)定义

①易流态化货物

易流态化货物是指由至少一部分细颗粒的混合物构成且含有一定水分的物质，若水分含量超过一定比例时，在海上运输过程中，受到外界各种力的作用，水分逐渐渗移而形成货物表面流态化从而导致货物移动。

这类货物往往在装载时可能呈干燥的颗粒状，但却可能含有相当的水分，由于航行中出现的沉积和振动作用使之流态化。

②发生动态分离的货物

动态分离是指在固体物质之上形成液态泥浆（水分及细颗粒）的现象，该现象会产生自由液面效应，影响船舶稳性。发生动态分离的货物是指含有一定比例货物细颗粒和一定量水分的固体散货，如果其实际水分含量 MC（Moisture Content）超过适运水分限 TML（Transportable moisture limit），则在运输中可能会发生动态分离。如铝土精矿。

(2)易流态化的成因及危害

装在船舱中的易流态化货物，由于船体的振动和摇荡，致使货物下沉，颗粒间孔隙减小，当含水量高时，就会产生多余水分。若货物的透水性能好，多余的水分及空气能够渗出到货物表面而形成自由液面；若货物颗粒较小而使得透水性变差，货物下沉的全部压力首先由孔隙间的水分承受，产生孔隙水压力，这意味着货物颗粒间不能很好结合，导致内部摩擦力、粘聚力减小或丧失而使抗剪切强度消失，造成货物流动。

当实际含水量 MC（Moisture Content）超过其适运水分限 TML（Transportable Moisture Limit）时，在航行中可能发生流态化引起货物移动，即使该类货物是黏性的且完货后进行了平舱。

但是需要注意的是，有些易发生水分迁移的货物即使平均含水量 MC 低于其适运水分限 TML，也并不意味着货物一定不会发生流态化，也可能在航行中形成危险的潮湿底层。尽管货物表面可能呈干燥状，仍有可能发生流态化而不被发现，造成货物移动。当货物很浅且有较大倾斜角时，高水分含量的货物特别易于滑动。

如果货物由大颗粒和块体组成，则水可以通过颗粒间的空隙且不会导致水压的增加，因此完全由大颗粒组成的货物不会流态化。

货舱内表层已形成黏性流体状态的货物在船舶横摇时会流向一舷，但在回摇时却不能完全流回，船舶会因此逐渐倾斜乃至倾覆。

(3)分类

A 组货物大致分成两类。一类是积载因数为 0.33~0.57 m^3/t 的各种精矿，如铁精矿、铅精矿、镍精矿、铜精矿、锌精矿、黄铁矿、硫化锌（闪锌矿）等；另一类是与精矿性质类似的其他物质，包括含有足够水分的细颗粒状物质、散装草泥、散装鲜鱼和据报能形成流态化的煤炭（细颗粒状）、煤泥（含水粉砂，颗粒粒度一般小于 1 mm）、焙烧黄铁矿、氟石等物质。

(4)适运水分限的测定方法

易流态化货物的易流态性以流动水分点 FMP（flow moisture point）来表征，它是指货样在规定的试验条件下达到流态时的最小含水量。货物在装运时，其实际含水量必须小于其流动水分点，否则，货物会因其流态化而产生移动，导致稳性减小或丧失。为保证安全，《IMSBC 规则》中取流动水分点的 90%作为该货物的适运水分限 TML。适运水分限是固体散货适合海上运输的最大含水量，普通固体散货船不得承运超过 TML 的货物；我国《水路运输易流态化固体散装货物安全管理规定》要求取流动水分点的 80%~90%作为货物的 TML。

A 组货物的适运水分限 TML 应定期进行测定，即使货物成分均匀，测定试验也应至少 6 个月进行一次。如果货物成分或性质因某种原因发生了变化，则测定频度应增加，试验周期应为 3 个月或更短。

测试含水量 MC 的采样时间和试验时间应尽可能与装货时间接近。除非对货物加以充分

遮盖而使其含水量不发生变化,否则采样/试验与装货时间的间隔不得超过 7 天。如果在装货期间岸上堆场和驳船中的货物遭受了雨雪的侵袭,则在装货港雨雪之后,需要重新检测其含水量。

①《IMSBC 规则》推荐的试验室测定方法

目前,测定适运水分限 TML 有三种通用方法和三种专用方法。

通用方法:

a.流盘试验法(flow table test)

该方法是利用流盘来测定易流态化货物的流动水分点,然后取其 90%作为该货物的适运水分限。流盘试验一般适用于最大粒度为 1 mm 的精矿或其他颗粒物质,也可用于最大粒度不超过 7 mm 的物质,但对于含有较高比例黏土的物质,测试结果不理想。

如图 17-1-1,试验方法是将货样按要求置于流盘上,流盘以 25 次/分钟的频率自 12.5 mm 高处升落 50 次,若水分在紧凑的货样中达到饱和且货样产生塑性变形,出现湿痕,则认为货样的含水量达到了流动水分点,即原定形状的货样会发生变形,形成凸面或凹面。

图 17-1-1 流盘试验

b.插入度试验法(penetration test)

该方法是利用渗透式或沉降式测量仪来测定易流态化货物的流动水分点,然后取其 90%作为该货物的适运水分限。沉降试验一般适用于精矿、类似的物质及最大颗粒为 25 mm 的煤。试验方法是将货样按要求填装于测量仪的圆缸内捣实,以 50 Hz 或 60 Hz 的频率、$2g\ m/s^2$ ±10%的加速度,振动测量仪 6 min,若放在货样表面的沉降杆的沉降高度大于 50 mm,则认为货样已达到流态化(见图 17-1-2)。

(a)

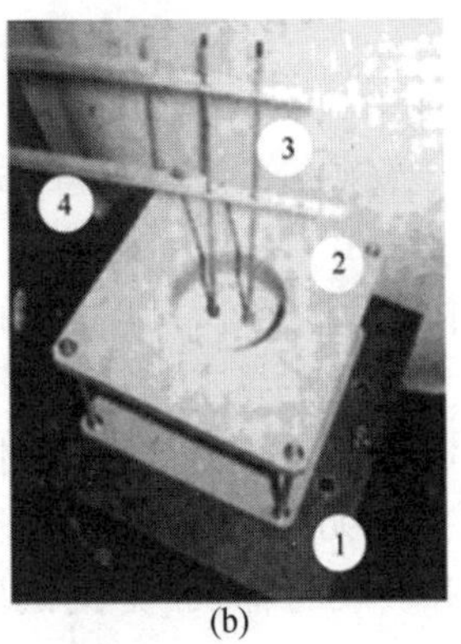

(b)

图 17-1-2 插入度试验

1—振动台;2—圆筒形容器(直径 150 mm);3—沉降杆;4—沉降杆托架;5—夯具

c.葡氏/樊氏试验法(proctor/fagerberg test)

该方法是利用葡氏/樊氏测量仪来测定易流态化货物的饱和含水量,然后取其70%作为该货物的适运水分限。葡氏/樊氏试验一般适用于细粒和粗粒精矿或最大颗粒粒径为5 mm的类似物质的试验,但不适用于煤或其他多孔物质。如果对最大颗粒粒径超过5 mm的较粗物质使用葡氏/樊氏试验法进行检测,则应在使用前进行仔细研究和适当改进。

试验方法是取一定量的干燥的货样加入适量的水,充分搅拌约5 min后均分成5份填装入测量仪的铁模中,每装入一份后,用带有导筒的冲压器反复捶捣25次,冲压器锤头的重量为350 g,每次的升落高度为0.2 m,如此进行直到5份全部完成,然后将铁模内(容积为1 000 cm^3)的货样进行干燥和称重。按上述方法进行5~10次冲压试验,货样的水分含量应从干燥调制到接近饱和。试验完成后,按照规则指定的方法计算出每一次冲压试验铁模内的空当比(空当体积与固体体积的比值)、净含水量(体积比)和含水量饱和度(体积比,净含水量与空当比的比值),以空当比为纵坐标、以净含水量体积比为横坐标参数画在图上,绘制出一条冲压曲线,冲压曲线与饱和度为70%的曲线交点即为适运水分限TML(见图17-1-3)。

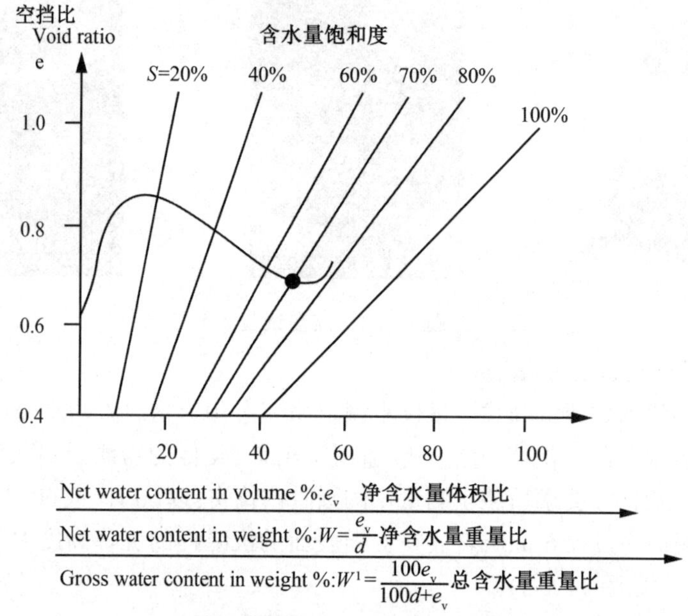

图17-1-3 冲压曲线和饱和度曲线图

专用方法:

a.经改进的适用于铁矿粉的葡氏/樊氏试验法(modified proctor/fagerberg test procedure for iron ore fines)

《IMSBC规则》中针对粒径小于1 mm的粉状颗粒占10%或以上的铁矿粉,及粒径小于10 mm的颗粒占50%或以上的铁矿粉建议采用适用铁矿粉的改进的葡氏/樊氏试验法,取饱和含水量的80%作为其适运水分限。当试验中铁矿粉的最佳含水量(optimum moisture content,OMC)对应的饱和水平为90%或更高时,本测试法适用。

b.经改进的适用于煤的葡氏/樊氏试验法(modified proctor/fagerberg test procedure for coal)

该试验适用于最大标称粒度达50 mm的煤测定其适运水分限TML,取饱和含水量的70%作为其适运水分限。

该测试方法明显不同于现有的葡氏/樊氏试验法,其试验设备中的冲压器锤头的重量和铁模(圆筒)的体积发生了改变;烘箱应强制循环或使用惰气,而不像现有的其他 TML 测试方法要求烘箱无空气循环。同时,该测试方法中也提供了处理粒径超过 50 mm 的样本煤块的新程序。

c.经改进的适用于铝土矿的葡氏/樊氏试验法(modified proctor/fagerberg test procedure for bauxite)

《IMSBC 规则》中针对粒径小于 1 mm 的粉状颗粒占 30%以上的铝土矿,及粒径小于 2.5 mm的颗粒占 40%以上的铝土矿建议采用适用铝土矿的改进的葡氏/樊氏试验法,其适运水分限应按如下要求取值:

当试验中铝土矿的最佳含水量(OMC)对应的饱和水平不低于 90%时,取饱和含水量的 80%;

当试验中铝土矿的最佳含水量(OMC)对应的饱和水平低于 90%时,取饱和含水量的 70%;

如果水分可以从试样中自由流出,使得冲压曲线不能达到或超过 70%饱和度,则说明该货物中的水分可以很容易地通过颗粒间的空隙,因此,该货物不易流态化。

②易流态化货物含水量简易检验法

a.用坚固圆桶或类似容器装半罐货品,从离地面约 0.2 m 的高处猛力摔向坚硬的地面,以 1~2 s 的间隔重复 25 次,若货物表面出现游离水分或流动情况,应对货物进行含水量的正规检验。该方法又称为圆筒实验法(can test),为《IMSBC 规则》中推荐的船员在实践中使用的方法。

b.用手抓一把矿粉,从 1.5 m 高处自由落到地面或甲板上,若着地崩散说明含水量不超过 8%,可以承运;若仍为一团,则说明含水量超过 10%。

c.手抓矿粉成团后,如用手能捏散则说明其含水量低于 8%,否则超过 8%。

d.货品放入平底玻璃杯或其他小容器内,来回摇动 5 min,若明显有液体浮在货物表面,说明含水量太高,应要求进行含水量的正规检验。

e.货品放在一平盘上压成锥形,用平盘敲击桌面,如锥形呈碎块或块状裂开而不流塌,表示适运;如坍塌呈煎饼状,则表明其含水量过高。

f.人踩在矿粉上,如出现松软现象,呈流沙状流动,表明含水量过高。

2.B 组固体散货

B 组固体散货即具有化学基础的化学危险的货物,是指由于自身的化学性质而在运输中会产生危险的固体散装货物。这类货物根据其化学危害可分成三类:已列入《国际危规》的固体散货、仅在散装运输时具有危险的货物、既列入《国际危规》又体现仅在散装运输时具有的危险性的固体散货。

(1)已列入《国际危规》的固体散货(dangerous goods, not possessing additional chemical hazards specified in IMSBC code)

此类货物无论是包装形式还是散装形式运输,因本身的化学性质决定其都属于危险货物,具有相同的分类号,其危险特性符合《国际危规》中相关的规定。但由于其运输方式的不同,有关安全运输的要求存在一定差别,应查取不同的规则。该类固体散货分属于《国际危规》中的类别:

第4.1类：易燃固体，如硫黄。本类物质具有易被火花和火焰等外部火源点燃、易于燃烧、受摩擦时易引起燃烧或助燃等特性。

第4.2类：易自燃物质，如干椰肉、种子饼、氧化铁、金属屑等。本类物质具有易自热并自燃的共同特性。

第4.3类：遇水放出易燃气体的物质，如废铝、锌渣、硅铁等。本类物质具有遇水产生可燃气体的共同特性。

第5.1类：氧化剂，如硝酸铝、硝酸铵、硝酸钙、硝酸镁等。本类物质尽管本身不一定可燃，但与其他物质接触时其产生的氧气或发生的类似反应会增加燃烧的危险和强烈程度。

第6.1类：有毒物质。本类物质如被吞咽、吸入或与皮肤接触，易造成死亡或严重损伤。

第7类：放射性物质。该类物质指含有放射性核素的任何物质，且托运货物的放射性强度和总量大于《国际危规》要求的数值。本类物质能释放出大量射线。

第8类：腐蚀性物品。本类物质具有在原来形态下在某种程度上严重损伤活体组织的共同特性。

第9类：其他危险货物，如鱼粉（加稳定剂）、蓖麻子（蓖麻粉、蓖麻油渣和蓖麻片不得散装运输）等。本类物质具有上述各类未包括的危险。

（2）仅在散装运输时具有危险的货物（materials hazardous only in bulk，MHB）

该类货物仅在散装运输时具有的危险性不满足《国际危规》的相关要求，但是也会造成危害而应予以特别关注。MHB货物的化学危险性主要有易燃、自热、遇湿放出易燃气体、遇湿放出有毒气体、有毒、腐蚀及其他危险性。如果一种物质具有上述定义的一种或几种化学危险性，则应对每一种危险性使用一个符号来标记，具体见表17-1-1。此类货物包括煤（CB and/or SH and/or WF and/or CR）、直接还原铁（SH and/or WF）、氟石（TX）、生石灰（SH and/or CR）、硫化金属精矿（SH and/or TX and/or CR）、石油焦炭（SH）、沥青球（CB and/or CR）、草泥（CR）、煅烧黄铁矿（TX and/or CR）等。

表17-1-1　MHB化学危险性对应符号表

化学危险性	符号
易燃	CB
自热	SH
遇湿放出易燃气体	WF
遇湿放出有毒气体	WT
有毒	TX
腐蚀	CR
其他危险性	OH

（3）既列入《国际危规》，又体现仅在散装运输时具有的危险性的固体散货（dangerous goods，also possessing additional chemical hazards specified in IMSBC code）

该类货物具有的危险性有的满足《国际危规》的相关规定，有的又满足MHB货物具有的危险性，在运输时应同时考虑。如固体散货：砂，精矿，放射性物质，低比活度（LSA-I）UN 2912）；其组别为A和B，类别为《国际危规》中的第7类，同时又属于MHB（TX and/or CR）。

此外，与B组固体散货有关的还有散装固体废物。所谓散装固体废物是指一些固体物质，它们含有《IMSBC规则》中有关第4.1、4.2、4.3、5.1、6.1、8或9类危险货物的规定所适用的一种或多种成分或受其沾染，而且除了倾倒、焚烧或其他处理方法外无明确用途。值得注意的是，含有放射性物质或受到放射性物质沾染的散装固体废物不属于此类，应适用有关放射性物质运输的规定。

3.C 组固体散货

此类物质通常称为普通固体散货。虽然它们当中有的与 A 类散货同名，但其块状较大或含水量较低而不易流态化；有的与 B 类散货同名，但已经某种化学处理或因某些物质含量较小而不具有特别危险性；某些物质虽自身尚具有一定毒性或腐蚀性，但较 B 类散货其危险性大为减小。具体包括水泥、滑石粉、石膏、黏土、硼砂、白云石、苜蓿粉、碳酸钡、重烧镁、盐、沙子、糖等。

该类固体散货在运输过程中应考虑以下特性：

(1)扬尘性

固体散货在装卸时极易扬尘，如水泥、滑石粉、铁矿砂、花生果等，应采取一定措施保证人员健康及船舶设备不因粉尘而受损。

(2)下沉性和散落性

固体散货具有自动松散流动的特性，装舱后颗粒间空隙随航行中船舶振动、摇荡等而减小，由此引起散货表面下沉。对于非黏性固体散货，其散落性以静止角来表征。

静止角的测定，规则中推荐有倾箱法和船上测定法，前者适合于粒度大于 10 mm 的非黏性粒状物质，后者是作为无试验箱时测定静止角的替代方法或船用方法。

倾箱法是将试验箱装满货样并水平放置，将一端抬高使之倾斜，当箱内货物将要流出时，试验箱倾斜的角度即为该货物的静止角。船用方法是将货样缓慢倒至一张置于平面上的粗质纸上，形成对称锥体，均匀测定 12 个锥面角度，并取平均值作为该方法测定的货物静止角，此静止角加 3°则为倾箱试验测得的静止角。

就一般固体散货而言，散落性大小是影响船舶安全的重要因素。对于静止角较小的固体散货，应采取严格平舱等措施预防货物在舱内的移动。

(3)怕杂质

某些耐火材料如重烧镁、矾土、耐火黏土、碳化硅等货物，在装运中应避免混入铁、煤、木屑、氧化镁、氧化钙等杂质，以防降低其熔点。黑钨矿不能混入锡、硫、砷、磷、铜、铝等杂质，否则会影响其品质和用途。

(4)忌水湿

水泥、化肥、糖、磷盐岩等货物，水湿后会结块变硬，使货物质量降低或失去使用价值。

(5)毒性和窒息性

某些固体散货自身具有一定毒性，它们虽未列入具有化学危险的货物，但在装运时亦应引起重视，采取相应的预防措施。如铅矿、铬矿、锑矿呈粉末状，粉尘吸入或吞入会引起铅中毒，锑矿潮湿时会产生锑化氢、砷化氢、磷化氢等有毒气体。有些固体散货在运输中因氧化而使舱内缺氧，易造成窒息中毒。

(6)腐蚀性

化肥等固体散货对船体具有一定的腐蚀性，或在一定条件下具有较强腐蚀性。如在硫酸铵化肥运输中，若货舱内产生汗水，有对肋骨和边板等造成强烈腐蚀的危险；磷酸一铵长时间运输会对船体造成损害，且潮湿时具有强烈的腐蚀性。

(7)磨蚀性

固体散货均具有一定磨蚀性，对那些磨蚀性较强的货物，应选择合适的装卸工具，采用合理的装卸方法和防护措施以减小对船体的磨蚀。

(8)与危险货物的隔离

某些固体散货虽然自身无有害危险，但与某些危险货物接触却能增加危险或产生某种有害影响。如放热型铁铬合金、锰铁合金等，应与易自燃物质隔离；铅矿石应与酸类物质隔离，否则会产生剧毒气体。

在上述分类的基础上，还应注意的是，《IMSBC 规则》中列出的部分固体散货既易流态化又具有化学危险，如氢氧化铝(A 和 B)、草泥(A 和 B)、煤[B(和 A)]、硫化金属精矿(A 和 B)、氟石(A 和 B)等，所以运输这类货物时应兼顾其易流态化特性和化学危险性对安全运输的影响。有的物质在不同的条件下其性质会发生变化，可属于不同的类别，如芥菜籽颗粒(B 或 C)、谷糠颗粒(B 或 C)、酒糟颗粒(B 或 C)等。

二、固体散装货物运输危险性

固体散货在运输中的危险性一般可归纳为：

(1)货物重量分配不合理或平舱不当造成的船舶结构上的损坏

货舱内不适当的重量使承受该重量的结构超过允许负荷而导致变形或损坏；不适当的重量分布亦能使船体剖面上因应力过大导致纵向变形或断裂。未平舱或平舱不当在实质上是货物重量在某一局部上形成过大负荷，如图 17-1-4(a)所示；还应认识到，平舱不当使得在相邻货舱之间的横舱壁上形成压力差，可能导致舱壁的变形或损坏，如图 17-1-4(b)所示。

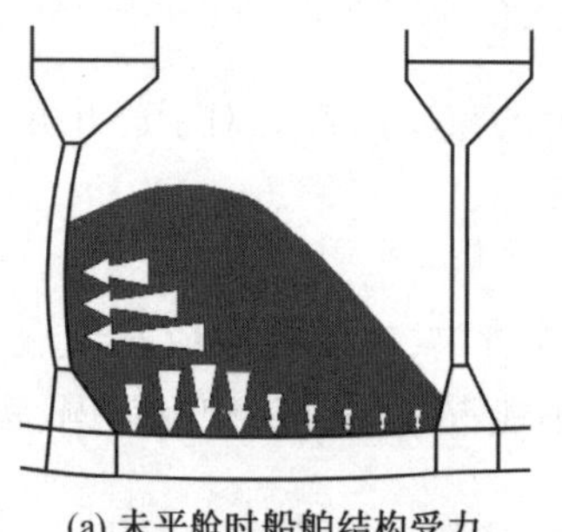

(a) 未平舱时船舶结构受力

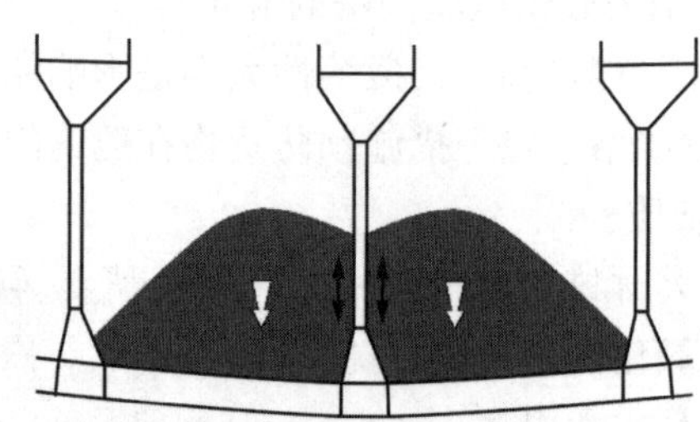

(b) 未平舱时船舶结构受力变形

图 17-1-4　未平舱或平舱不当致使船体结构变形

(2)船舶在航行中稳性减小或丧失造成危险

如图 17-1-5 所示，船舶稳性减小甚至丧失的原因主要有以下两方面：

①未平舱或平舱不当使货物在恶劣天气中移动

从一般意义上讲，船舶无论装载何种固体散货，在航行中都具有移动的可能性。对于粒度较小的固体散货，其移动方式表现为货物表面的滑动；对于粒度较大或块状的固体散货，其移动方式表现为货物的滚动或倾倒。

②船舶在航行中的振动和摇摆，使货物流态化而滑向或流向货舱一舷

此种危险主要是含水量较高的易流态化货物所产生的，即使不在恶劣天气中航行，也存在货物滑动或流动的危险性，应引起足够重视。

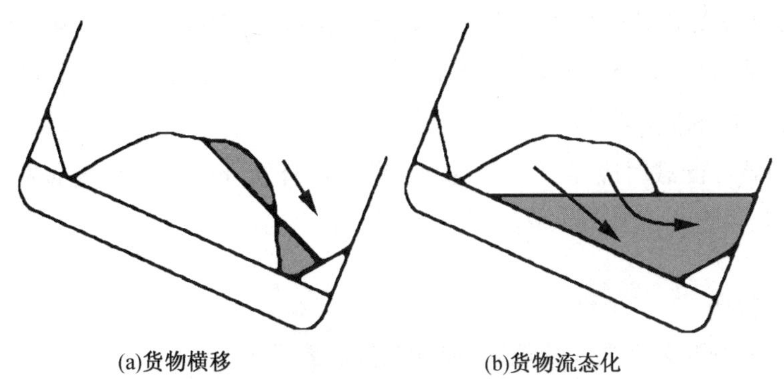
(a)货物横移　(b)货物流态化

图 17-1-5　舱内货物横移和流态化

(3)散货发生化学反应释放有毒或可燃气体,产生自燃或腐蚀等造成事故

此类危险主要发生在具有不同化学特性的 B 类货物中,但应当清楚,不属于 B 类的其他类别货物在某些条件下也存在化学危险性。

第二节　固体散装货物装载计划编制

固体散装货物装载计划包括货物的配装及装载两个方面。结合船舶、货物、航线和港口的实际情况,固体散装货船的装载计划应满足的基本要求包括:充分利用船舶载货能力;满足船体强度要求并改善船体受力状态;保证船舶稳性;保持船舶具有适当的浮态;保证货物质量及防范货运事故发生;便于货物装卸及缩短在港停泊时间。

一、固体散货的配装

不同种类的固体散货,因特性的差异其配装要求也不同。从货物的特殊性考虑,对于 A 类和 B 类固体散货,除满足一般固体散货的配装要求外,在舱位选择及货物相容性方面,规则有特别规定。

1.易流态化货物

配装时应充分考虑此类物质的易流态化特性,意识到其流态化后对船舶稳性的影响,配装时应注意如下事项:

(1)配装 A 类货物的舱室应能防止任何液体流入,即货舱应保持水密性。

(2)避免将除罐状或类似包装的液体货以外的其他液货配装于 A 类散货的上面或附近,否则会增加货物流态化的危险。

(3)易流态化货物含有水分,一般不能与怕湿的包装货物同舱。

(4)尽可能将易流态化货物集中配装,一旦货物形成流态化,可将对船舶稳性的影响降至最低。

(5)注意易流态化货物对某些危险品的影响。有些危险品遇水会发生有害化学反应,如产生易燃气体、有毒气体等,应将此类危险品与易流态化货物有效地隔离。

(6)装有特殊设备和具有特殊结构的船舶装运含水量较高的易流态化货物时,注意核算货物流态化时船舶稳性是否符合安全要求。

2.具有化学危险的固体散货

此类固体散货在配载时应充分考虑到由于货物自身及外部因素影响而发生化学反应,可能产生危及船舶、货物和人员的事故。

(1)配装

①货物的相容性

不同类别的货物配装在同一货舱时,应注意其相容性。

②可能产生的毒气足以危害健康的物质

该类物质不得积载于可能使毒气逸入起居处所或其通风设备与起居处所相连的货物处所。

③腐蚀性物质

腐蚀性足以危害人体组织或船舶结构的物质,在需采取充分的预防措施之后方可在舱内积载。

④第 4.1 类、4.2 类、4.3 类物质

a.装载该类别物质的货舱应"远离"一切热源和火源,尽量保持货物的凉爽和干燥;

b.船舶电器和电缆状态良好,并有妥善的保护,避免短路和产生火花;

c.易散发气体或蒸气并与空气能形成可爆混合物的物质,须配装在有机械通风处所。

⑤第 5.1 类物质

a.应"远离"热源、火源,尽可能保持货物处于清爽和干燥状态;

b.与其他易燃物质"隔离";

c.使用不燃的系固和防护材料,尽可能少用干燥的木材衬垫;

d.应采取防护措施,防止氧化物质渗入其他货物处所、污水沟和含有可燃物质的其他货物处所。

⑥低比度放射性物质(LSA-I)和表面受到放射沾染的物体(SCO-I)

用于装运 LSA-I 和 SCO-I 的货物处所,不得用于装载其他货物,除非消除了放射性污染,使任何表面上非固定污染平均每 300 cm^2不超过规则所要求的标准值。

⑦装载第 8 类物质或具有类似性质的物质时,舱位应清洁、干燥,并确保货物不会渗漏到邻近舱室、污水沟(井)及护板内。

3.隔离

为保证货物安全,不同类别的 B 类固体散货与包装危险货物、B 类散货之间都应适当隔离。

(1)B 类固体散货与包装危险货物的隔离

①隔离种类

隔离 1——"远离":对不相容物质进行有效的分隔以使其发生事故时不能产生危险性反应,但是若最小水平分隔距离能达到 3 m,则可以装在同一货舱或甲板上,见图 17-2-1(a)。

隔离 2——"隔离":舱内积载时,应装于不同的货舱;如果中间甲板是水火密的,垂直隔离即在不同舱室积载,可视为等效隔离,见图 17-2-1(b)。

隔离 3——“用一舱室或货舱隔离”:垂向或水平向隔离;如果甲板不是水火密的,则只能用一介于中间的舱室作纵向隔离,见图 17-2-1(c)。

隔离 4——“用一介于中间的整个舱室或货舱纵向隔离”:仅垂向隔离不符合要求,见图 17-2-1(d)。

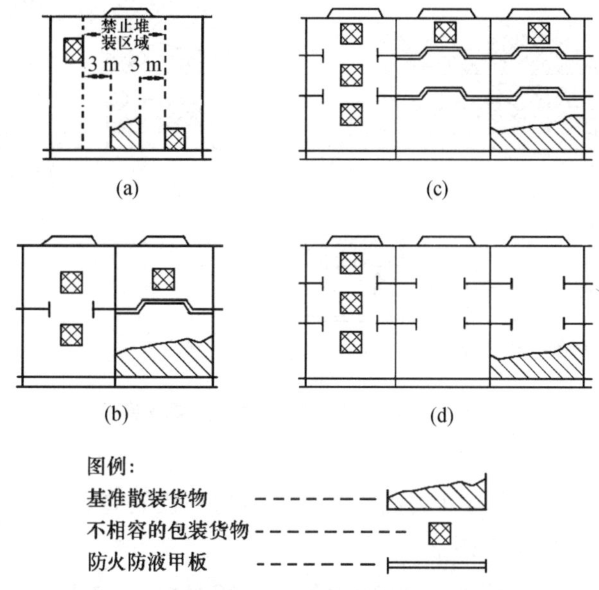

图 17-2-1 B 类固体散货与包装危险货物隔离等级

②隔离表

表 17-2-1 为 B 类固体散货与包装危险货物之间的一般隔离要求。若无特别说明,B 类固体散货与包装危险货物同船积载时应遵循该表的隔离规定。

表 17-2-1 B 类固体散货与包装危险货物隔离表

散装危险货物 \ 包装危险货物		1.1 1.2 1.5	1.3 1.6	1.4	2.1	2.2 2.3	3	4.1	4.2	4.3	5.1	5.2	6.1	6.2	7	8	9
易燃固体	4.1	4	3	2	2	2	2	×	1	×	1	2	×	3	2	1	×
易自燃物质	4.2	4	3	2	2	2	2	1	×	1	2	2	1	3	2	1	×
遇水释放出易燃气体的物质	4.3	4	4	2	2	×	2	×	1	×	2	2	×	2	2	1	×
氧化性物质(氧化剂)	5.1	4	4	2	2	×	2	1	2	2	×	2	1	3	1	2	×
有毒物质	6.1	2	2	×	×	×	×	×	1	×	1	1	×	1	×	×	×
放射性物质	7	2	2	2	2	2	2	2	2	2	1	2	×	3	×	2	×
腐蚀性物质	8	4	2	2	1	×	1	1	1	1	2	2	×	3	2	×	×
杂类危险物质和物品	9	×	×	×	×	×	×	×	×	×	×	×	×	×	×	×	×
仅在散装时有危险的物质	MHB	×	×	×	×	×	×	×	×	×	×	×	×	×	×	×	×

(2)B 类散货之间的隔离

①隔离种类

隔离 2——“隔离”:舱内积载时,应装于不同的货舱;只有中间甲板是水火密的,才可接受垂向，即在不同的舱室积载，见图 17-2-2(a)。

隔离 3——“用一舱室或货舱隔离”：垂向或水平向隔离，如果中间甲板是非水火密的，则只能用一个介于中间的整个舱室作纵向隔离，见图 17-2-2(b)。

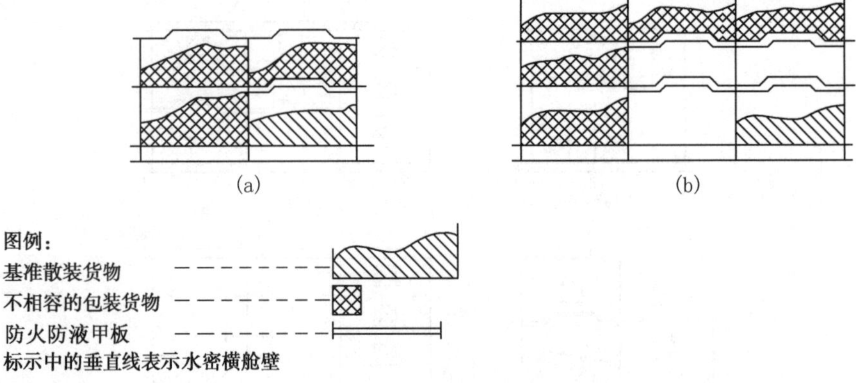

图 17-2-2　B 类散货与 B 类散货隔离等级

②隔离表

表 17-2-2 为 B 类固体散货与 B 类固体散货之间的一般隔离要求。不同的 B 类固体散货同船积载时应遵循该表的隔离规定。

表 17-2-2　B 类固体散货与 B 类固体散货隔离表

固体散货（列）/ 固体散货（行）		4.1	4.2	4.3	5.1	6.1	7	8	9	MHB
易燃固体	4.1	×								
易自燃物质	4.2	2	×							
遇水释放出易燃气体的物质	4.3	3	3	×						
氧化性物质（氧化剂）	5.1	3	3	3	×					
有毒物质	6.1	×	×	×	2	×				
放射性物质	7	2	2	2	2	2	×			
腐蚀性物质	8	2	2	2	2	×	2	×		
杂类危险物质和物品	9	×	×	×	×	×	2	×	×	
仅在散装时有危险的物质	MHB	×	×	×	×	×	2	×	×	×

三、航次货运量的确定及各舱货物重量的分配

综合考虑船舶重量载货能力和容量载货能力，在货源充足的条件下，船舶具体航次最大货运量可根据下式计算：

$$\sum Q = \min\left\{NDW, \frac{\sum V_{ch}}{SF}\right\} \tag{17-2-1}$$

确定各货舱固体散货应分配的重量时主要应考虑船舶稳性、纵强度和局部强度、吃水和吃水差等方面的要求。

1.稳性的适度

当运输高密度散货时，一般宜装于底舱而不装于二层舱，但同时应兼顾防止稳性过大造成船舶剧烈横摇，在分配各舱货物时应统筹考虑。若拟定的配装方案中将货物配置于二层舱或未使货物满舱，如货物具有潜在移动危险，应设置有效的防移装置。如果需要将高密度货物装载在二层舱或较高的货物处所内，应充分注意保证其下的甲板不得超负荷，并且船舶的稳性不得小于提供给船长的船舶稳性信息手册中规定的最小允许值。

专用散装固体货船装运高密度固体散货时，通过隔舱装载可有效提高船舶重心，从而减小过大稳性。

2.强度的保证

由于固体散装货物的密度较大，不合理的重量分布或平舱不当可能会使承载货物的局部结构或整个船体的应力过大。特别是装载高密度固体散货时，更应注意货物重量的分布。由于每艘船舶结构布置千差万别，为包括货物在内的所有载荷分布做出确切的规定是不现实的。

(1)纵强度

在船舶总纵强度校核时，通常是将所校核剖面上实际承受的剪力和弯矩值与该剖面所允许承受的最大剪力和弯矩相比较，只要前者不大于后者，则认为该装载状态下的船舶满足安全营运要求，即剖面实际剪力与许用剪力、剖面实际弯矩与许用弯矩的比值不超过 100%，则认为船体总纵强度满足要求。

(2)局部强度

各货舱货物的重量分布除满足舱底允许负荷外，根据 IACS《散货船共同结构规范》及中国船级社 CCS《钢质海船入级规范》的要求，船长 150 m 及以上的散装固体货船在营运中不但要考虑船体的总纵强度，而且要考虑其局部强度。

一个货舱或两个相邻货舱内的最大允许或最小要求载货量，与双层底上的净载荷相关。双层底上的净载荷是吃水和货舱载货量及双层底舱所装燃油和压载水重量的函数。

为了清楚地表示船舶航行工况和港口装卸时的货舱最大允许载货量和最小要求载货量与吃水的函数关系，IACS《散货船共同结构规范》和《钢质海船入级规范》给出了根据局部强度设计装载衡准绘制的载货量曲线。对于设计装载工况规定以外的其他吃水，最大允许载货量和最小要求载货量应按作用于船底浮力的变化进行调整。浮力变化应按照吃水处的水线面面积计算。

3.吃水差的需求

各货舱货物的重量分布还应满足航行对吃水差的需求。在未满舱条件下，可通过适当改变首尾货舱的重量来调整船舶吃水差，但应注意调整后的舱内货物重量需满足局部强度对装货量的要求。

各货舱的货物重量分配可参考船舶装载手册中的典型装载工况，结合航次货载的具体情况予以确定。

四、装载仪对船舶性能的核算

1.散装固体货船装载仪

SOLAS 1974 第Ⅻ章第 11 条规定：无论何时建造的船长 150 m 及以上的散货船均应配备

装载仪,该装载仪应能提供主船体梁的剪力和弯矩资料。

IMO 还针对散装固体货船装载仪的功能和使用通过了 MSC/Circ(854)决议和 MSC/Circ(891)决议,两决议是关于“船用装载稳性计算机程序指导方针”和“船上计算机使用和适用指导方针”。

装载仪应能迅捷地计算任何指定装载工况下稳性、强度、吃水及吃水差等指标,核实是否符合要求,并提供包括输入、输出数据的图表。

对于 BC-A、BC-B 和 BC-C 船舶的装载仪还应按适用情况确定:

(1)每个货舱装货和其双层底内物品的重量与货舱中部吃水的函数关系;

(2)每两个相邻货舱装货和其双层底内物品的重量与货舱平均吃水的函数关系;

(3)货舱进水工况下,货舱的静水弯矩和剪力没有超过规定的许用值。

所谓 BC-A 船舶是指为运输密度在 1 t/m^{3}以上干散货而设计的能隔舱装运的散货船;

所谓 BC-B 船舶是指为运输密度在 1 t/m^{3}以上干散货且能在所有货舱积载而设计的散货船;

所谓 BC-C 船舶是指为运输密度在 1 t/m^{3}以下干散货而设计的散货船。

需要注意的是,装载仪是船舶规定的船载设备,其计算结果仅适用于其认可的船舶,经认可的装载仪不能取代经认可的装载手册。

2.船舶性能的核算

各舱的货物重量预装后,将货物重量、油水及其他物品、船舶常数等输入后,利用装载仪核算船舶稳性、强度及吃水差等指标是否满足要求。若不满足,则应利用移动货物或打排压载水等措施来适当调整。

船长 150 m 及以上的散装固体货船应使用装载仪校核船体主要剖面的静水剪力和弯矩是否超过相应的许用值,包括各横舱壁对应的横剖面和其他剖面。船舶在港内时按静水中许用剪力和弯矩校核,在航行中按波浪中许用剪力和弯矩校核。

如果船舶非 CSR 规范船舶,则使用者应根据实际情况适当降低剖面实际剪力与许用剪力、剖面实际弯矩与许用弯矩的比值,以策安全。

在装载仪中给出了各装载舱的最大装货量和最小装货量的曲线,以确定实际装货量是否满足要求。

五、货物装/卸货计划制订

散装固体货船一般吨位都较大,靠泊在具有专用装卸设备的码头进行作业,且装卸效率高,停泊时间短,因而在货物装卸前应制订装卸计划,以保证货物的顺利装卸。应从开始装卸到装卸完毕逐步编写。装卸设备每次移至另一货舱,即为一步。每步的内容包括每个货舱装卸货量、压载水排注舱号及数量、每步结束时的最大剪力和弯矩、吃水差及吃水等。表 17-2-3、表 17-2-4 为散货船安全操作规程中提供的装卸货顺序格式表。其中,表 17-2-3 是双头作业卸货顺序表,表 17-2-4 为单头作业装货顺序表。

表17-2-3 双头作业卸货顺序表

装/卸货计划		日期		船舶						航次	
装/卸货港口		货物	IRON ORE	估计的货物积载因数		压载泵的排水量	6 000	港口水密度	1 025	最大允许吃水	17.35	在泊位最大水上高度	60
驶向/来自港口		上次货物	IRON ORE & COAL	装货设备/卸货设备数量	2	装货/卸货速度	1 250			最小允许吃水	7.59	最大航行/到港吃水	17

吨位:	9	8	7	6	5	4	3	2	1
	14 756	16 910	17 382	16 382	16 382	16 900	15 382	15 470	13 050
等级:	FINES	LUMP	LUMP	LUMP	LUMP	FINES	LUMP	LUMP	FINES

合计: 等级：FINES 吨：44 706 等级：LUMP 吨：97 908 等级： 吨： 合计：142 614

注入序号	货物 货舱号	吨位		所需时间（小时）	备注	计算值 吃水 前	后	变形 BM	SF	计算值 水上高度	中部吃水	纵倾	观察值 吃水 前	后	中
1A	2	15 470	GI 1&2 DB'S PI 2 UWT'S	13.1	LUMP 2&6 HOLDS MT	13.82	16.29	-72	48			-2.47			
1B	6	46 382													
2A	5	10 000	GI 4 DB'S PI 4 UWT'S	8.0	LUMP	13.44	14.54	71	56			-1.10			
2B	8	10 000													
3A	3	9 000	GI 3 DB'S	7.2	LUMP	12.19	13.68	77	78			-1.49			
3B	7	9 000													
4A	5	6 382	GI 5 DB'S	5.5	LUMP 5&8 HOLDS MT	12.67	15.22	68	38			-2.55			
4B	8	6 910													
5A	3	6 382	PI 6 HOLD TO 0.5M ULLAGE	6.7	LUMP 3&7 HOLDS MT	11.05	13.94	-91	59			-2.89			
5B	7	8 382													
			DRAUGHT SURVEY & CHANGE GRADE TO FINES												
6A	1	6 000	PI 1&5 UWT'S	4.8	FINES	9.75	14.01	83	42			-4.26			
6B	9	6 000													
7A	4	8 756	GI & PI LOWER FOREPEAK	7.0	FINES	9.38	10.64	80	52			-1.26			
7B	9	8 756													
8A	1	7 050	PI UPPER FORE PEAK&3 UWT'S	6.5	FINES	7.59	11.30	84	-82			-3.71			
8B	4	8 144													

INSTRUCTIONS:
1.Please empty No.6 hold and leave as clean as possible. This will then be used for ballast ballast during stage 4.
2.Grab and bulldozer blades must not be allowed to strike the ship s structure. Please instruct drives to take special care.
3.Please note there are bilge and eductor mates in the after corners of each hold. Care required in these areas.
4.All damage to be reported. Holds to be surveyed on cargo completion.

			SEA GOING CONDITION	7.59	11.30	91	-90			-3.71			
	合计	142 614											

未经事先许可不得违反本计划
当时用两步起货设备时注入号应为：1A、1B、2A、2B 等
缩写： PI:泵入 GI:吸入 f:满 PO:泵出 GO:吸出 MI：空舱
表格内所有空格应尽量填写，表格外可选择性地填写

签名（码头）：

签名（船方）：

*弯矩（BM）或剪力（SF）以在港内和航行中最大允许值的百分比来表示装在计划中的每一个步骤必须保持在每舱船体剪力、弯矩和吨位的许可限度内。为了保持在限度内的适当数值，装卸货操作应可以暂停以允许压在或排压载

表17-2-4 单头作业装货顺序表

装/卸货计划		日期		船舶						航次	
装/卸货港口		货物	IRON ORE	估计的货物积载因数		压载泵的排水量 4 000	港口水密度 1.025	最大允许吃水	17.88	在泊位最大水上高度	N/A
驶向/来自港口		上次货物	IRON ORE & COAL	装货设备/卸货设备数量	1	装货/卸货速度 4 500		最小允许吃水	9.42	最大航行/到港吃水	17.88

吨位:	9	8	7	6	5	4	3	2	1
	14 756	17 000	17 382	16 382	16 382	16 900	15 382	15 766	13 050
等级:	FINES	LUMP	LUMP	LUMP	LUMP	FINES	LUMP	LUMP	FINES

合计：等级：FINES 吨：44 706 等级：LUMP 吨：98 294 等级： 吨： 合计：143 000 吨

注入序号	货物货舱号	吨位		所需时间（小时）	备注	计算值吃水前	后	变形BM	SF	计算值水上高度	中部吃水	纵倾	观察值吃水前	后	中
1	4	10 000	GO 1&3 UWT'S	2.22	FINES	9.99	10.77	73	49		10.38	-0.78			
2	1	7 000	GO UPPER FORE PEAK	1.56	FINES	10.14	10.48	66	53		10.31	-0.34			
3	9	8 000	GO SUWT'S PO AFT PACK	1.78	FINES	9.42	12.15	63	59		10.79	-2.73			
4	4	6 900	PO 1DB'S	1.53	FINES	10.12	12.50	80	43		11.31	-2.38			
5	9	6 756	PO SDB'S	1.50	FINES	9.56	13.74	80	45		11.65	-4.18			
6	1	6 050	PO LOWER PP GO 2 UWT'S	1.34	FINES	9.61	13.57	75	49		11.59	-3.96			
7	7	10 000	GO 6HOLD TO 50%	2.22	LUMP	8.94	14.38	-58	55		11.66	-5.44			
8	5	10 000	PO 6 HOLD	2.22	LUMP	9.63	13.63	-67	49		11.63	-4.00			
9	7	7 382	EDUCT 6 HOLD	1.64	LUMP	9.57	15.24	-64	47		12.41	-5.67			
10	3	10 000	PO 2&3 DB'S	2.22	LUMP	10.41	14.65	-49	38		12.53	-4.24			
11	8	10 000	GO 4 UWT'S	2.22	LUMP	9.58	16.66	-50	43		13.12	-7.08			
12	5	6 382	PO 4 DB'S	1.42	LUMP	10.28	16.24	58	37		13.26	-5.96			
13	8	6 000	EDUCT AS REQUIRED	1.33	LUMP	9.90	17.88	53	38		13.89	-7.98			
14	2	8 000	EDUCT AS REQUIRED	1.78	LUMP	12.51	16.68	-65	46		14.60	-4.17			
15	6	9 000	EDUCT AS REQUIRED	2.00	LUMP	13.14	17.80	42	-21		15.47	-4.66			
16	2	6 000	EDUCT AS REQUIRED	1.33	LUMP	15.06	16.98	33	-14		16.02	-1.92			
17	6	7 382	EDUCT BALLAST LINES	1.64	LUMP	15.59	17.88	48	-30		16.74	-2.29			
18	3	5 382	SHUT DOWN BALLAST	1.20	LUMP	16.95	17.54	44	-27		17.25	-0.59			
					TRIM CARGOS										
19	8	1 000		0.22	LUMP	16.94	17.72	49	-30		17.33	-0.78			
20	2	1 766		0.39	LUMP	17.51	17.51	46	-27		17.51	0.00			
			DRAUGHT SURVEY		SEA GOING CONDITION	17.51	17.51	62	-36		17.51	0.00			
	合计	143 000													

未经事先许可不得违反本计划
当时用两步起货设备时注入号应为：1A、1B、2A、2B 等
缩写：PI:泵入 GI:吸入 f:满 PO:泵出 GO:吸出 MI：空舱
表格内所有空格应尽量填写，表格外可选择性地填写

签名（码头）：

签名（船方）：

*弯矩（BM）或剪力（SF）以在港内和航行中最大允许值的百分比来表示装在计划中的每一个步骤必须保持在每舱船体剪力、弯矩和吨位的许可限度内。为了保持在限度内的适当数值，装卸货操作应可以暂停以允许压在或排压载

利用装载仪制订装货计划时,主要应考虑以下因素:

1.泊位水深和装船机高度

船舶在装货过程中,应使船首吃水或尾吃水不超过泊位水深的限制,以确保船舶的正常浮态和船体不因触底而遭受损伤。船方应通过代理或直接向港口当局了解港口及泊位的有关情况,取得装货当时泊位水深的确切资料。

有的装货港在船舶吃水较小时,会触及岸壁机械或装船机,因此,船舶在装货期间,尤其是装货开始前,必须注意调整船舶吃水,使之不小于装船机高度所允许的最小吃水。

由图 17-2-3 可知,船舶最小吃水可用下式计算:

$$d_{min} = H - h_1 + h_2 + H'_w \tag{17-2-2}$$

式中:H——船底至上甲板可能碰撞位置(舱口或甲板舱室等)顶端的垂直距离(m);

h_1——泊位基准水面至装船机头下端的垂直距离(m);

h_2——装船机下端和船舶碰撞位置间的安全距离(m);

H'_w——装货时的潮高(m),取靠泊期间最大潮高。

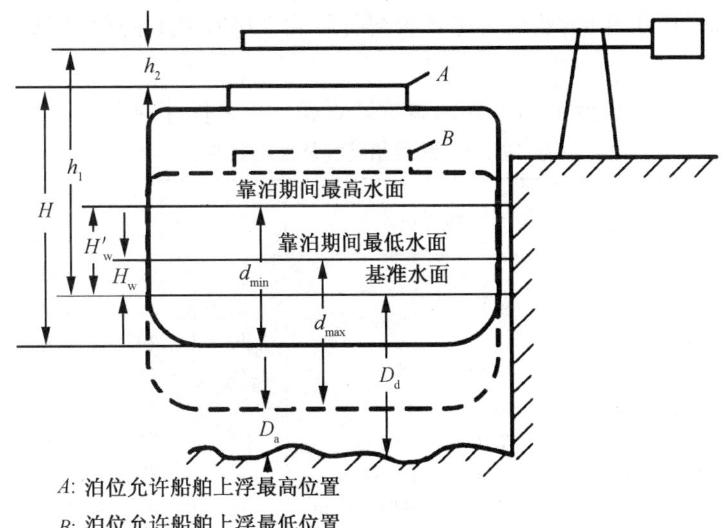

图 17-2-3 船舶最小吃水计算示意图

为了控制靠泊期间船舶的吃水既不超过最大吃水的要求,又不超过最小吃水的限制,一般通过边装货边排压载水的方法来保证。

2.装货速度和压载水排放速度

装货速度是用于计算各舱装货时间及装货量的重要依据,船靠泊时所存压载水通常是在装货过程中排放,压载水排放速度直接影响到船舶吃水变化、装货时间与装载顺序等。在制订装货计划时,应注意装货效率及压载水排放速度可能出现的变化给船舶装载带来的影响。

3.船舶所允许的吃水差及强度状态

货物在装载过程中吃水差及强度状况变化较大,应保证在停泊期间防止船舶出现过大吃水差及过大剪力和弯矩,同时应满足货舱局部强度的要求。通过合理确定货物装载顺序和压载水排放顺序,尽量减小船舶剪力和弯矩,减小装载结束前吃水差的调整量,是装载计划制订时应主要考虑的问题。无论如何，不允许船舶在装货期间其剪力和弯矩超过许用值、吃水差过大而影响船舶正常操作。

4.各舱装载轮数及装货量

各货舱几轮装完所配装的货物及每轮各舱装货量多少，受船舶结构强度、船舶允许吃水变化、码头装船机性能等方面的限制。从便利装载角度考虑，除最后留出吃水差调整舱外，各货尽可能一次装完；但从船舶装载吃水和强度的优化考虑，每舱需分数轮装载。对于岸上固定式装船机的泊位而言，每一轮都需移泊一次，装货轮数越多，移泊也就越频。因此，在确定各舱装载轮数及每轮次各舱装货量时，应利用装载仪模拟并统筹考虑不同轮数及装货量对船舶性能及装载各方面的影响，找到各舱较合理的装载轮数和轮次装货量。

5.同时作业的装船机数

岸上装船机同时开工的台数即同时作业的货舱数，对货物装载顺序的确定影响很大，制订装货计划时应充分考虑。若两台以上装船机同时作业，所装载的货舱应避免相邻；对于大多专业化码头，岸上装船机仅开一条作业线，确定货物装舱顺序的基本原则是先在船舶中部货舱开始装载，以减缓船舶中拱变形，然后首尾货舱交替装载，以使船舶在整个装载过程中不会产生较大的纵倾。

表 17-2-5 为某 15 万吨级矿石专用船装货计划表。该装货计划有如下特点：

表 17-2-5　散货船装货及排水顺序表

装舱顺序	货舱 No.	装货量 /t	装货时间	压载水排放	弯矩 /%	剪力 /%	首吃水 /m	尾吃水 /m	吃水差 /m
1	7	10 000			40	38	6.69	10.67	3.98A
2	3	10 000			35	41	8.97	10.17	1.20A
3	5	10 000			29	49	6.72	9.19	2.47A
4	1	10 000	1.8 h	CH_4 →3 000 t	35	55	8.49	8.18	0.31F
5	5	10 000	1.8 h	CH_4 →0	37	48	8.16	9.21	1.05A
6	9	10 000	1.8 h	WBT1~5 →8 m	63	51	6.42	11.92	5.50A
7	7	10 000	1.8 h	FPT，WBT1 →0	37	40	6.55	12.71	6.16A
8	3	10 000	1.8 h	WBT2 →0，WBT3 →1 m	32	35	8.85	12.18	3.33A
9	7	8 500	1.8 h	WBT3 →0，WBT4 →1 m	28	63	8.70	13.94	5.24A
10	3	8 500	1.8 h	WBT4，5 →0	41	69	10.65	13.49	2.84A
11	9	7 500	1.8 h	排残余压载水	25	59	9.67	15.87	6.20A
12	1	5 000	1.5 h	排残余压载水	46	54	11.42	15.00	3.58A
13	5	8 800	1.5 h	排残余压载水	25	58	12.40	15.60	3.20A
14	1	5 500			23	51	14.30	14.71	0.41A
15	1	1 500			30	58	14.82	14.48	0.34F
16	9	1 500			36	59	14.65	14.95	0.30A
合计		126 800			36	59	14.65	14.95	0.30A

(1)各货舱为 2~3 轮装完，装载顺序是先中部，然后尾、首部货舱交替进行，有利于保证船舶纵强度且不会产生较大尾倾。

(2)压载水舱的排放顺序基本上与装货一致，即装哪个货舱就排放邻近压载舱的压载水。这样不仅可保持吃水差变化不大，而且还保证船舶纵强度。

(3)除 No.1 货舱装货外，船舶均保持一定尾倾，这对压载水的排放有利。

(4)最后控制 2 500 t 机动量，将船调整至平吃水。机动量预留大小，需根据船舶吃水差调整能力及装货中可能出现的纵倾值。

卸货计划的制订原则同装货计划类似,卸货结束时压载水应加到预定数量。

第三节 固体散装货物装运

由于固体散装货物自身的特性及运输保管要求不同,在装运过程中,为确保货物质量及人身、船舶和环境安全,应严格遵守有关国际规则及其他有关规定和要求,认真总结固体散装货物运输的经验,促进固体散货的安全运输。

一、装货准备

1.有关货运资料的获取

装货前,船方应获取有关承运货物性质的一切资料。托运人或其指定的代理人应确切地向船长提供散货中每一种物质的特点和性质的详细资料,包括货物毒性、腐蚀性、是否对海洋环境有害等化学危险性和流动水分点、适运水分限、积载因数、含水量、静止角等物理性质及其他应引起船方注意的性质,以便尽早做好为实施适当积载和安全装运所必需的预防措施做好准备。此种资料应在装船前以书面形式和适当的运输单证予以确认,货物信息表如表 17-3-1 所示。下面列举了几种典型的固体散货在装运前船方应获取的资料。

表 17-3-1 货物信息表

<table>
<tr><td colspan="2">散装货物船运名</td></tr>
<tr><td>托运人</td><td>运输单证编号</td></tr>
<tr><td>收货人</td><td>承运人</td></tr>
<tr><td>名称/运输工具
出发港/出发地点</td><td rowspan="2">指南或其他事项</td></tr>
<tr><td>到达港/目的地</td></tr>
<tr><td>货物一般性描述
(物质种类/颗粒大小)</td><td>总重(千克/吨)</td></tr>
<tr><td colspan="2">散装货物说明,如适用:
积载因数:
散装密度(根据《SOLAS 74 公约》第Ⅻ/10 条的要求)。
静止角,如适用:
平舱程序:
如有潜在危险的,化学特性*:
(*例如:类别和联合国编号或者仅在散装运输中具有化学危险的物质)</td></tr>
</table>

续表

散装货物船运名	
货组类别 □ A 组和 B 组* □ A 组* □ B 组 □ C 组 *易流态化货物(A 组和 A 及 B 组货物)	适运水分极限* *A 和 B 组及 A 组货物 运输时的水分含量* *A 和 B 组及 A 组货物
根据 MARPOL 公约附则V分类 □ 对海洋环境有害(HME) □ 对海洋环境无害	补充证书* □ 水分含量和适运水分限制证书 □ 风化证书 □ 免除证书 □ 其他(需要说明) (* 如有要求的话)
货物的相关特殊性质 (如:可快速溶于水)	
声明 本人特此声明:对托运货物的说明全面而准确。据我所知,所给出的实验结果所给出的实验结果和其他说明准确无误,我也相信如此,该批货物可视为对拟装货物具有代表性	签字人姓名/身份,公司/组织名称 地点和日期 代表托运人签字

(1)易流态化货物:托运人应提供给船长所托运的易流态化货物(如精矿粉等)的含水量 *MC*、适运水分限 *TML*、积载因数 *SF*、平舱方法、运输中存在的危险性及预防措施等。

(2)煤炭:所属种类(属于 B 组或属于 A 组和 B 组)、特性、岸上堆存时间、煤堆温度、湿度、开采季节等。

(3)种子饼:托运人应提供证明说明其实际含油量和含水量、杂质含量、出厂日期及货物在出厂后至装船前是否经过适当陈放、榨油方法(机械压榨或溶剂萃取)等。

(4)鱼粉:托运人应向船长提供一份由装运国主管当局认可的人员签发的证书,详细说明:含水量、脂肪含量、存放超过 6 个月鱼粉的抗氧化处理详细情况、装运时剩余抗氧剂浓度[须超过100 mg/kg(ppm)]、托运货物总重量、出厂时的温度、生产日期等。船上应配备测量货物处氧浓度的合适设备。

如果托运人提供了其所在国际主管机关签发的证书说明其在散装运输时无自热性,则该种鱼粉应属于既不易流态化又无化学危险的货物。

当货物温度不得超过 35 ℃或高于环境温度 5 ℃(取高者),不得接受货物装载。该货物不经风化/固化即可装载。在航行期间,必要时应对载运该货的货物处所表面进行自然或机械通风。如货物温度超过 55 ℃并且继续升高,应停止货物处所的通风;如持续自热,应向货物处所注入二氧化碳或惰气。应尽合理可行地保持货物的冷却和干燥,并应在航行期间每隔 8 h 测量货物温度一次,测量结果应有记录并在船上保存。

(5)硅铁铝粉末、无涂层硅铝粉、废铝、硅铁等:潮湿或发热货物不得装运。托运人应出具证明,说明装运前已以运输时的粒度在遮盖下于露天中存放不少于 3 天。

(6)直接还原铁 DRI:DRI 是在低于铁的流动点的温度下对氧化铁进行直接还原(除氧)而产生出的物质。与水和空气发生反应,产生氢气和热量,引起燃烧爆炸。

在装载该货物前,托运人应向船长提供一份由装货港国家主管机关认可的主管人员签发的证书,说明该货物在装载时适于装运且符合《IMSBC 规则》的要求。如直接还原铁(B),证书应载明所托运货物的微粒和小颗粒含量按重量计不大于 5%,含水量少于 0.3%且温度不超过 65 ℃;每批待装货物的制造日期,以符合有关老化和物质温度的装载衡准。因为根据要求,直接还原铁(B)装运前应存放至少 3 天,或经空气钝化技术处理,或用其他等效方法使该物质的化学活性至少减少至经存放后的水平;若其温度超过 65 ℃或 150℉不得装运。

2.货物适运性鉴定

货物适运性鉴定是指根据货物资料、有关规定及本船的技术条件对是否能够安全装运托运人的货物所做出的估计。托运人应对货物进行采样和测试,并向船长提交适用于该货的相应试验证书。不同种类固体散货的适运性有不同的要求,如易流态化货物含水量应低于适运水分限,某些具有化学危险的货物装运前温度、水分、露天或遮盖堆放时间、化学处理时间的限制条件是否满足,货物通风次数、货位选择条件等,船长应在取得货物资料的基础上,认真查阅有关规则和规定,结合船舶技术条件,做出是否承运的合理决策。

如果装运 B 类固体散装危险货物,则应根据船舶所持有的固体散装危险货物适装证书来确定是否能够承运该类固体散装危险货物。表 17-3-2 为某固体散货船的固体散装货物适装证书附录,附录中列出了该船可以承运的 B 类固体散装危险货物的具体名称及其对应的装载处所。如果托运人托运的具体 B 类固体散货没有列入附录,则说明船舶不能承运该货物。

表 17-3-2 固体散装货物适装证书(符合证明)

CERTIFICATE OF COMPLIANCE FOR THE CARRIAGE OF SOLID BULK CARGOES LIST OF CARGOES					
Bulk Cargo Shipping Name	UN No.	IMO Class	Group	Note*	Cargo Space
ALUMINIUM NITRATE 硝酸铝	1438	5.1	B	4*	All cargo spaces
BARIUM NITRATE 硝酸钡	1446	5.1	B	4*	All cargo spaces
BROWN COAL BRIQUETTES 褐煤砖		MHB	B	2.14	All cargo spaces
CALCIUM NITRATE 硝酸钙	1454	5.1	B	4*	All cargo spaces
CASTOR BEANS or CASTOR MEAL or CASTOR POMACE or CASTOR FLAKE 蓖麻子或蓖麻饼或蓖麻油渣或蓖麻片	2969	9	B	9	All cargo spaces
CHARCOAL 木炭		MHB	B	5	All cargo spaces
COAL 煤		MHB	B(and A)	2.14	All cargo spaces
COPRA(dry)干椰子肉	1363	4.2	B	6	All cargo spaces
DIRECT REDUCED IRON(A) Briquettes, hot-moulded 直接还原铁 A		MHB	B	2	All cargo spaces
FERROUS METAL BORINGS, SHAVINGS, TURNINGS or CUTTINGS 黑色金属钻、刨、旋或切屑	2793	4.2	B		All cargo spaces

续表

Bulk Cargo Shipping Name	UN No.	IMO Class	Group	Note*	Cargo Space
FISHMEAL (FISHSCRAP), STABILIZED 鱼粉(鱼渣),稳定的	2216	9	B		All cargo spaces
FLUORSPAR 氟石		MHB	A and B		All cargo spaces
IRON OXIDE, SPENT or IRON SPONGE, SPENT 氧化铁,废铁或海绵铁,废的	1376	4.2	B	2	All cargo spaces
LEAD NITRATE 硝酸铅	1469	5.1	B	4*	All cargo spaces
LIME(UNSLAKED)石灰(未熟化的)		MHB	B		All cargo spaces
MAGNESIA(UNSLAKED)氧化镁(未熟化的)		MHB	B		All cargo spaces
MAGNESIUM NITRATE 硝酸镁	1474	5.1	B	4*	All cargo spaces
METAL SULPHIDE CONCENTRATES 硫化金属精矿		MHB	A and B		All cargo spaces
PEAT MOSS 草泥		MHB	A and B		All cargo spaces
PETROLEUM COKE(calcined or uncalcined) 石油焦炭(煅烧的或未煅烧的)		MHB	B		All cargo spaces
PITCH PRILL 沥青球		MHB	B	6	All cargo spaces
POTASSIUM NITRATE 硝酸钾	1486	5.1	B	4*	All cargo spaces
RADIOACTIVE MATERIAL SURFACE CONTAMINATED OBJECTS (SCO-I), non-fissile or fissile-excepted 放射性物质,表面被污染物体	2913	7	B	16	All cargo spaces
RADIOACTIVE MATERIAL, LOW SPECIFIC ACTIVITY (LSA-I), non-fissile or fissile-excepted 放射性物质,低比活度	2912	7	B	16	All cargo spaces
SAWDUST 锯屑		MHB	B		All cargo spaces
SODIUM NITRATE 硝酸钠	1498	5.1	B	4*	All cargo spaces
SODIUM NITRATE AND POTASSIUM NITRATE MIXTURE 硝酸钠和硝酸钾混合物	1499	5.1	B	4*	All cargo spaces
TANKAGE 动物下脚肥料(或饲料)		MHB	B		All cargo spaces
VANADIUM ORE 钒矿		MHB	B		All cargo spaces
WOOD PELLETS CONTAINING ADDITIVES AND/OR BINDERS 木球团,含有添加剂和/或黏合剂		MHB (WF)	B		All cargo spaces
WOOD PELLETS NOT CONTAINING ADDITIVES AND/OR BINDERS 木球团,不含有添加剂和/或黏合剂		MHB (OH)	B		All cargo spaces

续表

Bulk Cargo Shipping Name	UN No.	IMO Class	Group	Note*	Cargo Space
WOODCHIPS 木片		MHB	B	10	All cargo spaces
LIST OF NOTE					
2	Electrical equipments and cables in the cargo spaces shall be the safe type for use in dangerous environments.				
4*	Alternatively, water supplies defined in SOLAS Reg.11-2/19.3.1.2 to be provided for cargo spaces.				
5	Charcoal in class 4.2 not to be carried in bulk and the moisture content not to be more than 10%.				
6	This cargo shall not be loaded in cargo spaces adjacent to fuel oil tank(s), unless heating arrangements for the tank(s) are disconnected and remain disconnected during the entire voyage.				
9	Castor meal castor pomace and castor flakes not to be carried in bulk.				
10	Where the cargo with moisture of 15% or more is carried, the vessel may be excepted from the fixed fire-fighting system in cargo spaces.				
14	The cargo shall not be stowed adjacent to hot areas. (For interpretation of hot areas, see MSC. 1/Circ. 1351).				
16	The requirements of Flag State and competent authorities of the port of loading/unloading need to be met.				
Remarks: Nil.					

3.货舱准备

在装货前应检查和准备货舱，保证设备处于良好的可用状态及货舱环境满足固体散货的要求，使货舱适货，必要时应取得验舱证明。高密度散货装舱时具有较大的冲击力，应注意采取措施防止对货舱造成损坏。

(1)货舱检查

①舱口盖设备

a.保持所有舱口盖排水及其止回阀门(如果安装)处于正常的运转状态，注意如果在密封条内侧设有排水管，应同时设有止回阀，以防止甲板上浪的情况下货舱进水。

b.在诸如密封垫、橡胶垫、周边和交叉接头的舱口楔耳等部件更换之后应保持紧固载荷的均衡；如果所载运的货物范围需要不同的密封填料，除其他备件外，船上应备有可供选择的正确规格的密封填料。

c.在舱口盖的每次操作中，舱口盖，特别是承压面和排水沟，应无杂物并应尽可能保持清洁，严防海水进入大舱。

应始终保持舱盖水密、坚固，防止雨水、海水进入货舱导致货损或储备浮力减少或使货物形成流态威胁船舶。实践中，舱盖破损或密封不严使海水进入货舱导致货物液化是易流态化货物安全运输的严重隐患之一。

②污水系统

保证污水沟、污水井处于良好的状态，污水井和滤板畅通无阻并能防止散货流入污水排放系统，装载精矿粉类或煤炭类货物后应立即进行污水测量及抽水试验，以保证其畅通。

③通风系统

通风管道的检查主要保证其畅通性和可关闭性。前者保证管道能对货舱进行有效的通风,如运输鱼粉、种子饼、煤炭、谷物等为了排出热量、降低舱温需要适当通风;后者保证在紧急情况下,能迅速将货舱封闭,如舱内发生火灾需要封舱以窒息舱内火焰、在风浪较大时关闭通风筒以防货舱进水。

④舱内管系及报警系统

舱内管系包括测温管等处于良好可用状态。凡通过货舱的蒸汽管路或机舱等热源处所均须用绝热材料与货舱隔开。舱内各种探测器、报警器系统及管路无损坏、状态良好,可正常使用。

⑤边压载舱

顶边舱的倾斜舱壁完好无破损,防止舱内压载水从破损处渗入大舱。因为顶边舱频繁地更换压载水,导致腐蚀严重,经常出现破损。

⑥电缆、电器设备

电缆、电气设备的技术状况必须良好,并能在含有甲烷或粉尘的空间中安全使用,或有效绝缘保护。照明设备应具有防爆性能。

⑦货舱内消防设备

应对舱内的消防用蒸汽管道及喷口、二氧化碳管道及喷口进行检查。管道的检查一般只用目视即可;进行喷口检查时,在管道中加风,用长杆系飘带在喷口试风,以判断喷口是否通畅。

(2)货舱

普通固体散货对货舱没有特殊要求,但对某些散货由于其特殊性质的影响而对货舱提出清洁和干燥等方面的要求,实际工作中应根据具体货物具体对待,做好准备工作。

二、货物装卸

1.一般注意事项

(1)认真填写散装固体货船装卸船/岸安全检查表,充分了解货物装卸操作一般要求。

(2)对高密度固体散货,装舱时具有较大冲击力,应注意防止货舱设备受到损坏,在货物未全部铺满舱底前,禁止将货物从舱口高处直接落下。装货后应测定货舱的污水深度,以确定船体或舱内管线是否仍处于良好状态。

(3)装卸时,应督促装卸工人及时调整装船机喷口位置,以尽可能保持船身正浮,即使存在短时横倾,也不应超过 3°,并可减少平舱工作量。

(4)装卸时应严格按装卸计划表进行,并应密切注意船舶吃水,如实际装卸效率和压载水排放流量与计划值出入较大时,应及时调整。

(5)防止散货粉尘对船员居住生活区、甲板机械及助航仪器的污染。在装卸期间,若可能,应关闭或遮盖通风系统,将空调系统调为内部循环,遮蔽甲板机械的活动部件及外部助航仪器。

(6)应根据货物静止角大小进行合理平舱。

(7)装货结束前,均应精确测定压载水存量,并估算货物剩余量,以便安排装货结束前的准备工作。

(8)大型散货船满载时,一般均存在一定的中垂变形,它使船中吃水增大,在限定吃水情况下,使装货量减小,故在装货结束前应注意观测吃水,防止吃水超出限定值。

(9)卸货开始时,若船舶富余水深较小,不宜立即用水泵加注压载水,可先利用海水压力自然注入,以防大量海底泥沙被吸入压载舱。

(10)卸货后的压载数量,应根据具体航线条件确定,及早估算出卸货结束的时间,以便安排开航前的准备的工作。

(11)装货时做好货物的取样和样品封存,货物卸载前将货样交付收货人。

2.平舱要求

平舱可以减少货物移动的可能性并最大限度地减少进入货物的空气量而防止自热,规则规定:

(1)货舱尽量装满以防止货物移动,但不超过底舱或甲板的强度货物需尽可能合理地散布到货舱边界。

(2)在考虑船舶特性和航线情况的前提下,当船长所获信息分析认为事关船舶稳性时,有权要求货物平舱平整。

(3)对于多层甲板船,当仅在底舱装载货物时,需进行充分平舱以使货物重量均匀分布在舱底结构上。

(4)在二层舱中装载固体散货时,如果装载资料载明,敞开二层舱盖会使舱底结构的应力超负荷,则须关闭二层舱盖。货物须予以合理平舱并将货面平至两舷,或者利用具有足够强度的纵向隔板进行稳定。须注意二层甲板的安全荷载能力,保证甲板结构不超载。

(5)以平舱为目的,将固体散货分为黏性和非黏性的,静止角 α 是表示非黏性货物稳定性的指标,其对平舱的要求为:

①$\alpha \leqslant 30°$的固体散货,须按适用于谷物积载的规定进行运输。

②$30° < \alpha \leqslant 35°$的固体散货,经平舱后,货物表面的不平整程度即货堆表面最高点与最低点的垂直距离不超过船宽的1/10且不大于1.5 m,或装货中使用经主管当局认可的平舱设备。

③$\alpha > 35°$的固体散货,经平舱后,货物表面的不平整程度即货物表面最高点与最低点的垂直距离不超过船宽的1/10且不大于2.0 m,或装货中使用经主管当局认可的平舱设备。

三、航行中货物管理

固体散货在运送过程中,应做好以下几方面的管理工作,以确保货物和船舶安全:

(1)定期测定舱内的温度和湿度,进行适当的通风,防止舱内产生汗水而影响货物质量,或因汗水使货物发生化学反应而对船舶构成威胁,或因货温过高危及货物正常运输和船舶安全。

(2)按时测定污水深度,及时排出舱内污水,防止水湿舱内货物。

(3)对某些易产生有害气体的货物,航行中应注意适时通风换气,以排出货舱内存在的有害气体。

(4)检查货物在舱内的状况,是否存在某些异常现象,如需要应采取相应的措施。

(5)注意下舱安全,防止人员伤亡。

四、人身和船舶安全

无论何种固体散货，在整个运输过程中，如操作不当，都可能危及人身和船舶安全，为此应注意以下事项：

（1）在装货前、装货、运送和卸货过程中，应遵守所有安全注意事项，包括有关国际规则、国家规定和要求。

（2）某些散货易于氧化从而造成缺氧、散发毒气和自热，也有一些散货不易氧化，但能散发毒性气体，为此应特别注意人身防护，遵守装卸货规定，并采取预防措施。

（3）散装运输时会造成货舱缺氧的固体散货包括谷物、黑色金属、硫化金属、精矿和煤等。装有这类货物的货舱或毗邻货舱中含有的氧气可能不足以维持生命，进入前必须进行充分的通风，并证明全舱氧气已重新达到正常水平。

（4）某些货物可产生足以形成爆炸危险的可燃气体，在一定条件下可与空气形成可爆混合气体，对装有此类货物的货舱及毗邻的封闭舱柜应予以有效的连续通风。

（5）装载可产生毒气和可燃气体的货物时，货舱中必须设有有效的通风系统。

（6）船上应配备可测定货舱气体或氧气浓度的相应仪器，且船上人员应掌握其性能、使用方法并了解其局限性。

（7）紧急情况下进入货舱时，必须在驾驶员的监护下，由经过训练的人员使用自给式呼吸器进入，必要时还应穿防护服。人员下舱时，须遵守以 A.1050(27)决议通过的、经修正的关于进入船上封闭处所的建议案中的建议程序。

（8）有些货物的粉尘不仅吸入有害，就是长时间沾染在皮肤上也有某种有害作用。为了降低粉尘对人体的危害，应减少人体在粉尘中的暴露时间，穿防护服和涂抹防护膏，对身体的裸露部分及时冲洗，对粉尘污染的外衣及时清洗。

（9）某些货物粉尘与空气混合会形成可爆混合物，在装卸或清扫货舱时尤其如此。这期间应进行充分通风，防止空气中充满粉尘。以水冲洗代替清扫，可使爆炸危险减至最小。

（10）每艘船上应备有 WHO、IMO 和 ILO 制定的《涉及危险品事故中应用的医疗急救指南》(MFAG)，其医疗建议可从中查找。

（11）装运散装谷物的船舶，熏舱时应按 IMO《船舶安全使用杀虫剂的建议》规定操作。船上应备有该文件，供船员查用。

五、货物腐蚀性对安全的影响及措施

某些货物潮湿时对皮肤、眼睛、黏膜或对船舶结构具有腐蚀性。在装运这些货物时，须特别注意人身防护以及在装载前、运送途中和卸载后采取必要的特别预防措施。

1.信息的提供

如货物具有腐蚀性，则托运人在向船长或其代表提供货物信息时，须包含此类信息。

2.货舱准备

拟装的具有腐蚀性的货物，须切实可行地尽量保持干燥。

其腐蚀强度足以损害人体组织或船舶结构的物质,须在采取充分的预防措施和保护措施之后方可装船。例如拟装盐的货物处所,诸如内底板、内底边板、舷侧板和舱壁等接触货物的部分须涂刷石灰水或涂上油漆以防腐蚀;对于装载硫黄的货物处所,包括平舱板和内底板的货舱内部,须涂刷石灰水或涂上油漆以防止可能的硫黄、水和钢质结构间发生腐蚀反应,且上部结构的油漆涂层应完好,货舱须可密封。

在货舱准备过程中,须注意清洁拟装此类货物的货舱,特别要确保货舱的干燥,以防货物与水反应产生酸、碱液体腐蚀未被石灰水、油漆等防护涂层覆盖的船体结构。

对于某些具有腐蚀性的货物,如氧化铝和硫酸铵,规则还要求:须采取适当预防措施以防该货物的粉尘进入机器处所和起居处所;须防止货物进入其处所的舱底污水沟(井);须适当考虑设备的货物粉尘防护。

3.装卸过程中

对于某些货物,如氧化铝和硫酸铵,规则要求不得在降水期间装卸;在装卸该货物期间,须关闭装载或拟装载该货物的处所的不在使用中的所有舱盖;可能接触该货物粉尘的人员须戴护目镜或其他等效的防尘护目用品和防尘过滤面罩;此类人员须根据需要穿防护服。

4.载货航行过程中

有些货物(如煤),可能与水发生反应,产生具有腐蚀性的酸液,因此,装运煤炭的船舶,在航行中应定时对舱底污水进行检测,如果检测的 pH 值表明存在腐蚀风险,则必须在航行中经常泵出舱底污水,以防内底和污水系统中积存酸性物质。

5.卸货后

具有腐蚀性的货物卸载完毕时,须特别注意清洁货物处所,因为这类货物的残渣可能对船体结构具有极强的腐蚀性。须考虑用水管冲洗货舱后仔细进行干燥处理。

此外,在对货物进行相关作业时,须防止具有腐蚀性的货物漏入其他货舱、污水沟(井)及舱壁护板间的缝隙。某些货物,如氧化铝,规则要求:卸货后,不得用固定式污水泵吸排舱内积水。须根据需要使用便携泵清除舱内洗舱水。

六、水尺计重

海运固体散货在装货港或卸货港进行货物交接时多使用水尺计重法衡量。水尺计重(draught survey)是利用船舶装卸货物前后水尺变化来计算载货重量的一种方法。虽然水尺计重过程中存在误差,但其简便可行,适用于煤炭、生铁、废钢、矿石、硫黄、盐、化肥等价值较低的散货计重。根据行业惯例和某些计量规程的要求,计重误差应控制在0.5%之内。在船方协助下,水尺计重工作由公证鉴定机构的公估师(Surveyor)承担,计重工作结束后出具船方认可的货物计重证明,作为货物重量交接凭证,出口时作为结汇凭据,进口时可作为到岸计价或短重索赔的依据。

水尺计重是利用船舶吃水与排水量的关系,通过观测船舶载货时和无货时的各自吃水,查得相应的排水量,它们分别表示称重时的毛重和皮重,这两者之差并扣除装(卸)货前后燃油、淡水及压载水等重量的变化,就可得到所载货物的重量。其计算公式为

$$装货港:Q_{load} = (\Delta_a - \sum G_a) - (\Delta_f - \sum G_f) \tag{17-3-1}$$

式中：Q_{load}——装货重量(t)；

Δ_a,Δ_f——装货后、装货前的船舶排水量(t)；

$\sum G_a,\sum G_f$——装货后、装货前的燃油、淡水、压载水等重量之和(t)。

$$卸货港：Q_{unload}=(\Delta_f-\sum G_f)-(\Delta_a-\sum G_a) \quad (17\text{-}3\text{-}2)$$

式中：Q_{unload}——卸货重量(t)；

Δ_f,Δ_a——卸货前、卸货后的船舶排水量(t)；

$\sum G_f,\sum G_a$——卸货前、卸货后的燃油、淡水、压载水等重量之和(t)。

七、易流态化货物的装运

1.装运注意事项

易流态化货物的主要危险在于它们的潜在移动性。另外，对某些物质尚具有某种化学危险性，在装运中除遵循固体散货装运的一般原则外，还应按照《IMSBC 规则》和我国《海运固体散装货物安全监督管理规定》的要求严格操作执行。我国《海运固体散装货物安全监督管理规定》自 2019 年 3 月 1 日起施行，适用于船舶在中华人民共和国管辖海域内从事载运固体散装货物。其对 A 组货物的装运要求与《IMSBC 规则》基本一致，主要体现在对托运人、船长、港口经营人的要求等方面，如易流态化固体散装货物的托运人，应当按照《IMSBC 规则》的规定，制定并实施货物取样、试验和控制水分含量的程序等。

(1)托运人在装货时向船长提交适运水分限证书及含水量证明，并在其中声明，证书中的含水量是证书提交船长时的货物平均含水量。若货物拟装入一个以上货舱，含水量证明应分别说明装入每一货舱的每一种货物的含水量。若按《IMSBC 规则》规定的采样方法证明货物的含水量是均匀的，则允许对所有货舱提交一份平均含水量证明。

(2)船长根据货物外表或状态，对货物是否可安全运输存有怀疑时，则应进行货物取样，并用简易方法(can test)检验其流动的可能性。如有问题，应及时通知货方申请重新检验。一般货船装运易流态化货物时，其含水量不得超过适运水分限。若含水量超出，则应拒装；但对具有特殊结构或装有特殊设备且经主管机关认可的船，其含水量可超出上述界限。

(3)装船前，做好货舱清洁，清除舱内杂物，保持货舱水密；做好舱内污水沟(井)及管系的清理工作，以防堵塞或受损；污水沟(井)上面铺垫透水性好的衬垫物，以利舱底渗水流入且不致堵塞，也可在污水井上设置“木井”排出。装货后应立即进行污水测量及抽水试验，以保证其畅通。

(4)除有特殊规定外，不得在降水天气进行装卸作业。但含水量较低且不会由于降水而可能超过 TML 的情况下或舱内全部货物在一港卸完时，可以在降水天作业。

(5)在装卸期间，关闭装载或拟装载货物的不在使用中的所有舱盖。

(6)为了防止货物移动及降低具有氧化性质货物的氧化作用，不论其静止角大小，都应在装货后合理平舱。经平舱后使货物便面峰谷之间的高度差不超过船宽的 5%，且货物从舱口的边界均匀坡向舱壁，在航行途中不出现剪切面坍塌现象，尤其是对长度等于或小于 100 m 的小船。

(7)装货过程中应防止混入杂质，特别是可燃物质。对铁矿类货物，应严禁铜、锌、磷、矽、砷、铝等物质混入;对锑精矿,应避免砷、硫、铅、铜、锌、铁等杂质混入。

(8)对于易于氧化并有自热趋向的易流态化货物,还应注意其化学危险性。如硫化金属精矿,可压紧货物或用塑料薄膜遮盖以阻止空气进入其内,从而抑制氧化。此类货物航行中更应禁止通风。

(9)航行中应定期检查货物表面情况。若发现货面上存在自由液面或流态货物,船长应采取适当措施以防止货物移动和船舶倾覆的危险,并考虑驶至附近港口避难。

(10)航行中应采取措施,防止液体流入易流态化货物的舱室。对于某些接触海水会引起严重事故或腐蚀船体和机械的货物,采取严格的预防措施更为重要。

(11)当舱内局部起火时,宜用少量水雾喷洒灭火,不允许采用大量海水喷灌冷却方法,因为这样极易使其流态化。

(12)为保证人员安全,在装卸作业时,人员应戴防护口罩等防护用品。

八、具有化学危险货物的装运

1.装运注意事项

由于此类货物具有化学危险特性,它们属于危险货物,在装运中应严格按照规则规定,谨慎操作。我国《海运固体散装货物安全监督管理规定》中明确提出船舶载运B组固体散装货物时除了遵循该规定的要求外,还应当遵守《船舶载运危险货物安全监督管理规定》的相关要求。

(1)不同货物对货舱条件要求不同,因此应据此做好货舱准备。就整体而言,应使货舱清洁、干燥、无油污,水密和舱内设备完好。对第4类货物,电气和电缆设备应处于良好状态,易散发易燃气体或蒸气的货物应能保证机械通风系统正常运转。对第5类货物,应特别注意货舱彻底清扫,尽可能合理地使用非易燃固定防护材料,并仅可使用少量干燥的木质衬垫。对第8类货物,应采取措施,防止货物向其他货舱、污水沟(井)及护板内渗漏。

(2)尽管船长可从规则中查获所承运货物的理化特性及其运输注意事项,但在装货前,船方必须从托运人处获得其理化特性及装运要求的最新资料。如拟装货物未列入规则中,船舶必须持有主管机关对其运输的认可证明。

(3)在货舱及其附近设置醒目的警告标志。

(4)船方应对货物是否适运做进一步的考察,如货物对限制温度、露天堆放或陈放时间、潮湿程度的要求应予满足。

(5)性质不相容的货物不应同时装卸,特别要防止造成对仪器的污染。

(6)在装完一种货物后,应立即关闭装载该货的每一货舱,并在装载其他不相容货物前清除甲板上的残余货物。卸货时也应如此。

(7)对于在紧急情况下需将舱盖打开的货物,货舱舱盖应保持随时可开状态。

(8)必须尽可能地保持货物的冷却和干燥,防止因温度升高或潮湿引起化学反应而导致危害。

(9)根据货物性质确定对装卸时天气条件的要求,如第4.3类和某些MHB,在雨雪天都应停止作业。

(10)装载第7类货物的货舱,不得再装载其他货物。

(11)卸货后应注意清理货舱,尤其是有毒货物和腐蚀性货物。当卸完有毒货物后,必须检查货舱是否被污染,对受到污染的货舱,在装下批货物尤其是食品以前,必须彻底清扫并验舱。腐蚀性货物卸完后,最好用水冲洗货舱再加以干燥处理,因为这些货物的残余物可能对船舶结构具有极强的腐蚀性。

(12)性质互抵的固体散装危险货物与包装危险货物间、固体散装危险货物间、固体散装危险货物与食品间应满足隔离要求。

2.煤炭装运

煤炭(沥青质的及无烟的)是一种由非晶形碳和碳氢化合物组成的天然固体可燃物质。它是重要的能源之一,在海上运输的固体散货中占有较大比例。

(1)煤炭的组别

根据《IMSBC 规则》,煤炭所属类别和组别见表 17-3-3。

表 17-3-3 煤炭所属类别和组别表

类别	副危险性	MHB	组别
不适用	不适用	CB 和/或 SH 和/或 WF 和/或 CR	B(和 A)

海运煤炭所属组别应按下述标准确定:

①煤炭属于 A 组和 B 组货物。

②煤炭仅属于 B 组货物。其必须满足下述条件之一:

a.当按有关当局指定的试验标准确认其仅属于 B 组;

b.满足粒度低于 1 mm 的煤炭颗粒不超过 10%(重量比),且低于 10 mm 的煤炭颗粒不超过 50%(重量比)。

(2)煤炭的主要特性

煤的主要成分是固定碳,挥发物(氢、氧、一氧化碳、硫、磷、甲烷等)、水分、灰分等,与运输有关的主要性质有:

①氧化性

煤在运输、保管中会和空气中的氧发生缓慢的氧化作用,使煤堆发热,如果通风不良,会促使煤温不断升高。同时,氧化使舱内一氧化碳含量增加,氧气含量减少。影响煤氧化的主要因素有:

a.黄铁矿含量:硫化铁在潮湿时容易氧化而产生热量,故煤中黄铁矿含量多则煤的氧化作用强。

b.粒度:块煤与空气接触面积小,易散热,氧化作用较末煤差。

c.水分:水分多的煤容易堵塞空隙,使热量聚积而加剧煤堆氧化。

d.碳化程度:碳化程度高的煤,挥发物和水分含量低,煤的结构紧密,不易氧化。

②自热和自燃性

某些煤因氧化作用而易于自热,使舱内煤温升高,当升到煤的自燃点时,就会发生自燃现象,挥发物含量越高的煤越易自燃,在自热过程中,会产生一氧化碳气体。它具有易燃和有毒的危害性,其可燃极限为 12%~75%;吸入对人体有害,与血红蛋白的亲和力超过氧气 200 倍以上。

③易产生易燃易爆气体

煤炭会产生甲烷气体，它比空气轻，易积存于货舱或其他封闭空间的上部。当空气中甲烷含量达到5%~16%时，遇明火即会爆炸。另外，煤炭粉尘在空气中的含量达到10~30 g/m^{3}时，遇明火也会爆炸。

④与水反应性

某些煤可能易与水发生化学反应，产生腐蚀性的酸。可能产生易燃或有毒气体，如氢。氢是一种无色无味的气体，比空气轻得多，在空气中的易燃范围按体积百分比计为4%~75%。

⑤易流态化

某些煤属于A组货物，在航行途中可能会因为流态化导致船舶发生倾覆。

(3)煤炭的分类

煤的主要成分是固定碳、挥发物及灰分等。通常按照含固定碳和挥发物的多少可分为四类。

①泥煤

泥煤是呈黄褐色或黑褐色的泥状煤，质地很软，固定含碳量不高，一般为26%~31%，挥发物含量高达70%~75%。

②褐煤

褐煤是一种呈棕黑色的煤，质地疏松，固定含碳量最高达75%，挥发物含量最高为75%。

③烟煤

烟煤黑色有光泽或无光泽，结构较细，质地较脆，当受到碰击时会碎裂成块。固定含碳量为75%~95%，挥发物含量为5%~25%。

④无烟煤

无烟煤是碳化程度最深、质地最硬的一种煤，具有黑色光亮的表面，硬度很大。固定碳含量最高可达93%~98%，挥发物含量仅占2%~7%。根据碳化程度可分为次无烟煤和无烟煤(又称为白煤)。

(4)煤的一般装运要求

(1)装前准备工作

a.托运人或其指定代理人应书面向船长提供货物的特征以及有关货物装载和运输的安全操作程序建议。作为最低限度，应说明货物合同中有关含水量、硫含量和粒度的规定，特别是货物是否可能易散发甲烷或自热。

b.所有货物处所和舱底污水井应清洁并干燥。废弃物质或原先以前货物的任何残留物已清除，包括可拆卸的护货板。

c.货物处所和相邻封闭处所内的所有电缆及电器组件无缺陷，能在爆炸性空气中安全使用或已完全隔离。如机舱通过一道未设直接通道的气密舱壁与货物处所隔离，则该要求不必适用于机舱。

d.船舶应有适当装备并携有适当仪器，不用进入货物处所就能测量空气中的甲烷浓度、氧气浓度、一氧化碳浓度，以及货物处所舱底水水样的pH值。

e.测量仪器应定期检定和校准，并应对船上人员进行使用培训。

f.建议船上配备量程为0~100 ℃的测温仪，这种仪器能在装货或航行中不必进入货舱即可测得煤温。

g.船上应配备自给式呼吸器。

②装载过程中的注意事项

a.载货处所的限界应能防火和防液。

b.不得在与热区域相邻之处积载。

c.禁止在该货物的上方或下方积载第5.1类包装货物或第5.1类固体散装物质。

d.该货物应与第1.4类、2、3、4和5类包装货物“隔离”,与第4和5.1类固体散装物质“隔离”。

e.该货物应与第1类(第1.4类除外)包装货物“用介于中间的整个舱室或货舱纵向隔离”。

f.离港前,应将货物表面合理整平至货物处所四周限界,以免形成气穴及防止空气透入煤体。进入货物处所的舱口围壁应充分密封。托运人应确保船长能得到装货码头的必要合作。

③航行中管理

a.在货物区域和相邻处所内应禁止吸烟和使用明火,并应在显著位置张贴适当的警告标志。禁止在货物处所附近或其他相邻处所燃烧、切割、铲凿、焊接或有其他火源,除非该处所已完全通风且甲烷气体测量表明可安全进行这类作业。

b.除另有明文规定外,在离开装货港最初的24 h内应对所有货舱进行表面通风,并应对每一载货处所进行一次气体监测。如果甲烷含量低至可接受水平,则应关闭通风并监测货物处所的空气;否则,应继续表面通风,直至甲烷浓度减到可接受的低水平。

c.应定期监测每一货物处所内货物上部空间的甲烷、氧气和二氧化碳含量,并做好记录。

d.应定期检测物料间、过道、轴隧等封闭处所中的甲烷、氧气和二氧化碳含量,保持这些处所经常通风,防止有害气体积聚。

e.应定期对舱底污水进行检测。如果检测的pH值表明存在腐蚀危险,须在航行中经常泵出舱底污水,以防内底和污水系统中积存酸性物质。

f.如果货物在航行期间的性质和状况与货物申报单所述不符,则船长应向托运人报告这种差异。

(5)可散发甲烷煤的特别预防措施

当托运人已告知货物易散发甲烷,或货物处所空气的分析表明甲烷含量超过爆炸下限(LEL)20%时,应采取下列附加预防措施:

若托运人已说明货物可能发生自热,或舱内气体分析表明一氧化碳含量在上升,则应采取以下附加措施:

①保持对货物表面进行充分通风。

②卸货或其他原因开启舱盖前,应先将积存的气体排出,并小心开启以防产生机械火花而引发事故。

③禁止吸烟和使用明火。

④禁止人员进入货物处所或相邻封闭处所,除非该处所经过通风并经检测查明其所含气体安全且含有足以维持生命的氧气。但在紧急情况下可准许不经通风和空气检测即进入货物处所,但应在一名负责高级船员的监督下,仅由经培训的人员使用自给式呼吸器进入货物处所,并应遵守特别预防措施以确保不将火源带入货物处所。

⑤定时监测物料间、过道等封闭工作处所的甲烷含量,应经常充分通风。使用机械通风

时,应确保该设备能在可爆气体中使用。

⑥自热煤的特别预防措施

若托运人已告知货物可能发生自热,或舱内气体分析表明一氧化碳含量在上升,则应采取以下附加预防措施:

①装载前,应监测货物的温度。该货物应在其温度不高于 55 ℃时方可接受装载。

②货煤装完后应立即关舱,并用封舱胶带密封舱口盖板。

③只允许使用自然表面通风,且通风时间在排出可能积存的所需要的绝对最少时间为限。

④航行期间人员不得进入货物处所,除非在危及人命安全和船舶安全时并使用自给式呼吸器才能进入货物处所。

⑤若一氧化碳含量稳定增加,则潜在的自热可能正在发生。在此情况下,货物处所应完全关闭并停止一切通风。船长应立即征询专家意见。在海上不得用水冷却货煤或扑灭煤火,但可用水冷却货物处所限界。

⑥若任一货物处所的一氧化碳含量达到 50ppm,或连续三天稳定上升,则说明某种自热状况可能正在发生。船长在做出准确评估后,至少应将下列信息告知托运人和船公司:

a.所涉及货物处所的名称;

b.一氧化碳、甲烷和氧气浓度的监测结果;

c.货物温度、测量位置和获取结果所用方法(如有);

d.气体的采样时间(监测程序);

e.通风筒的开/闭时间;

f.所涉及货舱内的煤量;

g.货物资料所述煤的种类及该资料中指出的特别预防措施;

h.装载日期及抵达预定卸货港的预计到达时间(ETA 应具体说明);

i.船长提供的意见或注意事项。

3.种子饼装运

种子饼是含油植物种子经机械压榨或通过溶剂萃取法提取油料后剩余的残渣,它主要用作饲料和肥料。其积载因数一般为 1.39~2.09 m^3/t。最常见的种子饼有:椰子饼、棉籽饼、花生饼、亚麻仁饼、玉米饼,尼日尔草子饼、棕榈仁饼、菜籽饼、稻糠饼、大豆饼和葵花子饼等。常以饼、片、球等形状交付运输。

(1)种子饼的主要特性

由于种子饼内含有油和水,所以会自行缓慢地发热分解,并在遇潮或遇含有一定比例未经氧化的油类时会自燃,在长时间贮运过程中也易发热自燃,并能引起舱内缺氧,产生二氧化碳气体。上述所列种子饼中,葵花籽饼最不稳定、最易发生氧化反应而发热自燃。《国际危规》中将种子饼列为 4.2 类危险货物,《IMSBC 规则》将其归于具有化学危险的货物(即 B 类)。

和其他物质一样,不饱和的有机物质较其饱和状态更易产生化学反应,放出热量。表示有机物质不饱和程度的一个指标是碘值。碘值越大,不饱和程度越高。种子饼是有机物质,因种类不同,其碘值也不同,碘值愈大愈易氧化发热自燃。

不同的种子饼所含油量和含水量不同,《IMSBC 规则》中的种子饼分为五类:

①机械压榨的、含油量高于 10%或含油水量合计高于 20%的种子饼,联合国编号 1386。该类种子饼在装运前应适当陈放,所需陈放时间取决于含油量。只有当主管机关特许时方可

散装运输。

②经溶剂萃取法和机械压榨的、含油量不高于10%的种子饼；若含水量高于10%，含油水量合计不高于20%，联合国编号为1386。但是该标准不适用于以下货物：溶剂提取的油菜籽粕、油菜籽颗粒、黄豆粕、棉花籽粕和葵花籽粕，含油不超过4%，油和水分含量合计不超过15%；机械压榨的柠檬粕颗粒，含油不超过2.5%，油和水分含量合计不超过14%；机械压榨的玉米蛋白粉含油不超过11.0%，油和水分含量合计不超过23.6%；机械压榨的玉米谷蛋白颗粒饲料含油不超过5.20%，油和水分含量合计不超过17.8%；机械压榨的甜菜浆颗粒含油不超过2.8%，油和水分含量合计不超过15.0%。

③经溶剂萃取的、含油量低于1.5%且含水量不高于11%的种子饼，联合国编号为2217。

④种子饼和其他经加工含油植物残渣。该类种子饼属于B组固体散货中的MHB(SH)，不满足以上三类的定义标准，即4.2类危险货物标准。

⑤种子饼和其他经加工含油植物残渣。该类种子饼基本上不含易燃溶剂或其他易燃化学品，属于C组固体散货，不满足以上四类种子饼的定义标准。

(2)种子饼的装运要求

①托运人应按规定提供准确的货物含油量和含水量，且含油量和含水量必须符合船运要求。种子饼应保持干燥。经溶剂萃取的种子饼应完全不含可燃溶剂。对结块、发霉、严重变色及含油量和含水量超过标准的种子饼应予以拒装。

②如果航程超过5天，船舶应装设将二氧化碳或其他惰气引入舱内的设备。

③装运种子饼的船舶应按《国际危规》和《IMSBC规则》的要求，配备相应设备和监测仪器，具有良好的通风设备，具有CO_2灭火系统，货舱内管系、电缆状况良好，通风筒应装防火网罩。

④保证污水沟(井)清洁、通畅，应能随时排放。

⑤货物要保持干燥，不得在雨雪中装卸。

⑥装运第一类种子饼(UN 1386)，当货物的温度高于周围温度加上10 ℃或55 ℃(以低者为准)时，不得装载。

⑦如果货舱底是燃油舱，可垫木板和帆布用以隔热。机舱附近不要配货，如整船装运，应从远离机舱一端开装，并装成斜坡状。装货时要在货舱不同位置和不同深度安放温度计，以便测定货舱温度。装卸货过程中和进入货舱时，禁止吸烟和使用明火。

⑧种子饼本身含有油分，且有气味及具有吸味性，故不能与怕气味的和有气味的货物装在一起。同时应按要求与其他危险货物的隔离。

⑨装卸期间，应显示规定信号。装卸作业区严禁吸烟和使用明火。

⑩航行途中，应每日测定各货舱不同深度处的温度，并做好记录。如果温度超过55 ℃并继续上升时，应封闭货舱，停止通风；如果继续自热，对机械压榨法生产的种子饼，可以充入二氧化碳或其他惰气，并严密监测货物温度。但是对于经溶剂萃取的种子饼，未见明火之前不得使用二氧化碳，避免产生的静电将溶剂蒸气点燃。除非经过测试并确定氧气含量已经恢复到正常水平，否则禁止人员进入货物处所。

⑪航行中应根据外界气温变化，进行通风，天气晴朗可以适时开舱晾晒，以散发舱内热气，避免产生大量汗水而造成货损。种子饼发热现象多是局部的，若发现冒烟，可把焦化冒烟及温度过高的种子饼清除出来抛入海中。

4.直接还原铁装运

直接还原铁(direct reduced iron,DRI)是精铁粉或氧化铁在炉内经低温还原形成的低碳多孔状物质,又称为海绵铁。其未经熔化,化学成分稳定,杂质含量少,主要作为电炉炼钢的原料,常以块状、颗粒状、冷模砖、热模砖、粉末状进行运输。

(1)直接还原铁主要特性

直接还原铁属于《IMSBC 规则》中的 MHB 货物,其主要特性有:

①自热性

在散装状态下直接还原铁易与空气中的氧气发生反应而自热,氧化反应产生的热量预计会使货舱内的货物温度暂时提高 30 ℃,且造成载货处所缺氧。直接还原铁在本质上不是自燃物质,但在 150~230 ℃范围内,直接还原铁有可能会发生燃烧。

②过热性

直接还原铁堆在一起而温度超过 150 ℃时的状态称为过热。这时应将直接还原铁摊开,让其自然散热,而不应在冒热气的产品上浇水。

③与水反应性

直接还原铁与水(尤其是海水)或含有淡水或海水的空气反应产生热量和氢气。氢气是一种可燃气体,当与空气混合的浓度按体积比超过 4%时可形成爆炸性混合物;反应产生的热量可达到很高的温度,足以点燃货物,导致危险的发生。该化学反应的强弱取决于矿石的来源、直接还原铁的种类、反应过程和温度及货物的老化程度。

(2)直接还原铁分类

《IMSBC 规则》根据直接还原铁的形状、密度、性质及生成时的温度将其分为三类:

①直接还原铁(A)

在温度高于 650 ℃时压缩而成的、密度大于 5 g/cm^3的一种灰色枕状金属物质,其中粉末和小颗粒(6.35 mm 以下)按重量比不超过 5%,又称为热模砖、热压铁块。

其高密度和枕状形状使其在处理、运输、储存及溶解过程中具有优势,性质较稳定,与水(特别是含盐水)接触后才可缓慢放出氢气,属于非易燃或具有较低火灾危险的物质。

②直接还原铁(B)

在低于铁的熔点温度下对氧化铁进行直接还原的过程中产生的多孔的黑灰色金属物质,多成块状、颗粒状及冷模砖,其中粉末和小颗粒(6.35 mm 以下)按重量比不得超过 5%。冷模砖是指在低于 650 ℃温度下形成的密度小于 5 g/cm^3的铁块。

③直接还原铁(C)

该类货物是指在(A)和(B)制造和装卸过程中产生的多孔的黑灰色粉末状金属物质,其平均粒度小于 6.35 mm,密度低于 5 g/cm^3。

此外,在实际生产和运输过程中,还存在一种直接还原铁铁粉,也是生产和加工直接还原铁(A)和(B)时产生的粒度较小的副产品。与直接还原铁(C)外形相似,但其含水量一般大于《IMSBC 规则》规定的 0.3%,有时高达 12%,因此直接还原铁铁粉不在规则的货物清单内。

(3)直接还原铁装运要求

①装货前,托运人应向船长提供货物的全面信息和在应急情况下的安全程序,并向船长提交经装货港主管当局授权人员签发的货物适运证书,证明装货时间适合装船并符合《IMSBC 规则》的相关规定;

a.粉末和小颗粒(6.35 mm 以下):直接还原铁(A)和(B)中,数量按重量比不超过 5%;

b.含水量:直接还原铁(A)低于 1.0%,直接还原铁(B)和(C)低于 0.3%;

c.温度不超过 65 ℃(150 ℉)。

若超过上述指标中的任一项,则不得装船。此外,变湿的直接还原铁(B)和(C)不得装船。

②积载时应与包装形式的第 1.4S、2、3、4 和 5 类及第 8 类中的酸类货物"隔离";与第 4、5 类固体散装货物"隔离";直接还原铁(A)与除 1.4S 类以外的第 1 类危险货物"用介于中间的整个舱室或货舱纵向隔离",直接还原铁(B)和(C)不得与 1.4S 类以外的第 1 类危险品同船装运;装载该类货物的货舱舱壁应为防火的,并有液体通道。

③货舱应清洁、干燥,清除盐分和以前货物的残余物。装货前应拆除木质构件如板条、松散的垫舱物料、碎片和易燃物质。

④直接还原铁在存储期间、装货前、装货中及航行的所有时间内应保持干燥,雨雪天禁止装船或过驳,但直接还原铁(A)在装货前可露天堆放。装卸货期间,应关闭已装货或拟装货舱室的不使用的所有舱盖。

⑤装载直接还原铁(B)和(C)前,应按规定在货舱上部引入干燥的惰气,首选氮气;装货结束后,应对所有装货处所进行正确的密封和惰化,惰化结束后,货舱自由空间的氢气浓度应保持稳定且按体积比不超过 0.2%;整个航程中应能达到保持舱内含氧量低于 5%。

⑥装船前,直接还原铁(B)至少应老化 3 天,直接还原铁(C)至少应老化 30 天,且由装货港国家主管当局授权人员签发证书予以确认。

⑦货物装卸期间,应在货物区域及其毗邻处张贴"禁止吸烟"标志,并禁止使用明火。应采取适当措施对机械设备、船员住舱、雷达和暴露的无线电通信设备等进行粉尘防护。

⑧装货期间,必须对货物的温度和含水量进行监测,并做详细记录,记录副本应提供给船长。装货后,装货港主管当局授权人员应签发证书,证明装船的所有货物的含水量和温度均满足规则要求。

⑨船舶航行期间,如必要,仅能进行表面自然通风或机械通风,应保证空气不进入货物内部。使用机械通风时,风扇须为防爆型的且防止任何火花的产生。

⑩船上应配备定性测量氢气和温度的测量仪,航行中对载货处所的氢气含量和货物温度进行监测,监测结果应记录并至少随船保留 2 年。当测量的氢气含量按体积比高于 1%(>25%LEL)或货物温度超过 65 ℃时,按照应急程序采取安全措施,若存在疑问,应征求专家的意见。发生火灾时,应封舱并使用氮气等惰气灭火,不得使用水、蒸汽及二氧化碳。

第四节　国际海运固体散装货物规则

为了保证除散装谷物以外散装固体货物的海上运输安全,国际海事组织 IMO 制定了《散装固体货物安全操作规则》(Code of Safe Practice for Solid Bulk Cargoes,简称《BC 规则》),并于 1965 年开始出版,其后几经修订。

2008 年 12 月,IMO 海上安全委员会 85 次会议以 MSC.268(85)决议通过了《国际海运固体散装货物规则》(International Maritime Solid Bulk Cargoes Code,简称《IMSBC 规则》),并经 MSC.269(85)决议修正的 SOLAS 1974 第四章(货物和燃油载运)和第Ⅶ章(危险货物装运)的引用成为强制性规则,该规则取代了先前的《BC 规则》,并于 2011 年 1 月 1 日起强制实施。

随后,《IMSBC 规则》每两年修正一次,双数年份自愿实施,单数年份强制生效,如第 01-11、02-13、03-15、04-17、05-19、06-21、06-23 修正案等。第 05-19 修正案于 2021 年 1 月 1 日强制生效,各成员国可自愿部分或全部提前一年实施;第 06-21 修正案于 2023 年 12 月 1 日强制生效,各成员国可自 2023 年 1 月 1 日起自愿提前实施部分或全部新规;第 07-23 修正案于 2025 年 1 月 1 日强制生效,各成员国可自愿部分或全部提前一年实施。

一、《IMSBC 规则》的主要内容

《IMSBC 规则》就散装固体货物积载和运输的安全标准向主管机关、船舶所有人、货物托运人及船长做出相关规定及提出相应指导。规则适用于载运 SOLAS 第Ⅵ章中所定义的散装固体货物的 SOLAS 公约适用的所有船舶以及总吨小于 500 的国际航行货船。规则共分 13 节及 5 个附录。具体如下:

前言
第 1 节 一般规定
第 2 节 装载、运载和卸载一般预防措施
第 3 节 人员和船舶的安全
第 4 节 对安全装运托运货物可接受性的评估
第 5 节 平舱程序
第 6 节 测定静止角的方法
第 7 节 可流态化货物
第 8 节 可流态化货物的试验程序
第 9 节 具有化学危害的物质
第 10 节 散装固体废弃物的运输
第 11 节 保安规定
第 12 节 积载因数换算表
第 13 节 相关资料和建议案的引用
附录 1 固体散装货物明细表
附录 2 实验室测试程序、使用的仪器和标准
附录 3 固体散装货物的特性
附录 4 索引
附录 5 三种语言的固体散货运输名称(英语、法语、西班牙语)

1.一般规定

规则指出,对于各国及其他国际上的散装固体货物装运的相关规定,可认可规则的全部或部分内容。因此应该理解为,在船舶在装运散装固体货物时,除遵守规则规定外,也应遵守各国主管机关及其他国际上的相关规定。

(1)对已列入规则通常散装运输的典型货物,在明细表中给出它们的特性和装卸方法的建议。但所述货物性质并非详尽无遗,仅用作指导。因此,装货前需从托运人处获得最新且有效的货物理化性质资料。托运人必须提供关于托运货物的相关详细信息。尚应清楚,明细表中每一种货物的相关规定,是规则中散装固体货物装运规定的补充而必须遵守。必要时,船长应该就有关可能是强制适用的载运要求咨询装货港和卸货港主管当局。

(2)对未列入规则的货物,托运人须向装货港主管当局提供货物的特性资料,由港口主管机当局对货物安全运输的可行性予以评估。若货物经评估属于 A 类或 B 类货物时,应该寻求卸货港和船旗国主管当局的建议,三方商定载运的临时适运条件。若货物经评估在运输中不会呈现特殊危险性时,即属于 C 类货物时,则允许该种货物正常载运,但应该将评估结果和认可通报卸货港和船旗国主管当局。

对未列入规则的货物,装货港主管当局应该向船长签发一份陈述其特性、载运和装卸要求的证书。装货港主管当局自签发证书之日起一年内应向 IMO 提交一份申请,以便下次修订《IMSBC 规则》时将货物列入规则的附录 1 各固体散装货物明细表中。申请表的格式与现行规则附录 1 中货物明细表一样。

(3)一般规定还包括规则的适用和实施、SOLAS 公约第六章和第七章的条款、免除和等效措施做了规定。

虽然规则从法律上根据 SOLAS 公约是强制性的,但是有些内容依然是建议性的,具体包括:

①第 4 节 评定货物的安全适运性:第 4.2.2.2 货物信息必须包括货物是否对海洋环境有害。

②第 11 节 保安规定:11.2 对岸基人员的一般规定;11.3 对后果严重固体散装货物的规定。

③第 12 节 积载因数换算表。

④第 13 节 参考相关信息和建议。

⑤附录 1(各固体散装货物明细表)中"描述""特性(除类别和组别)""危险性""应急程序"中的内容,具体见表 17-4-1。

⑥附录 2 试验室测试程序、使用的仪器和标准。

⑦附录 3 固体散装货物的特性。

⑧附录 4 索引。

(4)规则涉及主要术语定义:

— 散装货物运输名称(BCSN):对于规则中的货物运输名称,以明细表或索引表为准;对于 B 类散装货物的运输名称,凡属《IMDG 规则》定义的危险货物,规则采用与《IMDG 规则》相同的货物名称,即以 PSN 为准。

— 非黏性物质:指在运输期间,由于船舶运动导致易于移动的干燥物质,明细表中给出了该物质的静止角。

— 黏性物质:指除非黏性物质以外的物质,可理解为凡明细表中未给出静止角的物质属于黏性物质。

— 水分含量:指部分代表性样品中所含水分、冰或其他液体占试样潮湿重量的百分比。

— 水分渗移:指由于振动和船舶摇摆,货物中的水分因沉淀和沉积所发生的移动。水分逐渐渗出,可导致部分或全部货物出现流态。

— 流态:指大量的颗粒状物质内液体饱和到一定程度时,由于振动、撞击或船舶摇摆等外部因素影响,丧失其内部抗剪切强度而呈现出同液体一样的特性。

— 流动水分点:指物质的代表性样品在规定的试验条件下出现流态时水分含量的百分比(按湿时质量计)。

— 适运水分限:指货物在普通散货船运输时,安全的最大水分含量。

— 潜在着火源:指不限于明火、机器废气、厨房用火、电源插座和没有经过安全认证的电器。

— 热源:指加热的船舶结构,其温度可能会超过 55 ℃。主要包括蒸汽管路、加热线圈、加热的燃料舱和货舱的顶壁和侧壁、机械处所的舱壁。

— 平舱:指舱内部分或全部货物进行平整。

— 高密度散装固体货物:指积载因数≤0.56 m^3/t 的散装固体货物。

— 通风:指从舱外向舱内交换空气,分为持续通风(所有时间不间断的通风)、机械通风(通过动力进行的通风)、自然通风(不需要动力进行的通风)和表面通风(货物表面进行的通风)。

2.货物装运一般性预防措施

货物装运一般性预防措施包括两部分:

(1)货物分布应防止结构超负荷并维护船舶稳性。

(2)装载和卸载:货舱准备并使其适货;污水系统畅通并状态良好;采取措施防止高密度散货落底对舱内设备的损坏;采取措施注意粉尘对机械和设备的影响。

3.人员与船舶安全

对人身与船舶安全构成危害的主要方面包括:

(1)中毒、腐蚀和窒息危险

对易于氧化物质,可能造成缺氧、散发毒气或烟雾及自热;某些物质虽不易氧化但可能散发有毒气体,尤其在潮湿时;还有一些货物潮湿时对皮肤、眼睛、黏膜或对船体具有腐蚀性,应采取特别措施。很多货物易在舱内造成缺氧。无论何种情况,应按规定的程序进入货舱或其他封闭处所。

(2)粉尘对健康的危害

人体暴露于粉尘中会存在慢性或急性危害,应使用适当的呼吸器、防护服、防护膏,进行人体清洗、外衣清洁等防护措施。

(3)易燃粉尘和气体

某些货物尤其在装卸、扫舱过程中产生的粉尘当浓度较高时具有爆炸危险,应通风降低浓度并用水冲洗货舱而不清扫。

某些货物可能释放大量的可燃气体,足以构成火灾或爆炸危险,应对货舱及毗邻处所进行气体监测并通风。

(4)对通风的规定

①可能释放有毒气体货物,须使用机械通风或自然通风;可能释放易燃气体的货物,须使用机械通风。

②除危及船舶及货物安全时可中断通风外,规则明细表或托运人提供的信息中要求持续通风时,货物装船后须保持该通风。中断通风不应导致爆炸危险。

③通风须使危险性气体不能进入居住处所和工作区域。

④当货物自热时,不得采用表面通风以外的通风,不得将空气直接送入货堆内。

4.评定货物的安全适运性

(1)识别和分类

散装固体货物的正确识别是安全装运的必要条件。须根据货物的名称(BCSN)在规则中确定其类别;当货物未在规则中列明时,须根据 IMO 或原产地国主管机关认可程序进行测试,或由规则附录 2 提供的方法予以测定。

(2)货物信息

托运人应以书面形式提供货物的相关信息,某些货物应提供相关的试验证书,如含水量证书、TML 证书、风化证书及 B 组货物明细表中所要求的证书。

另外,规则中规定了试验货样的采样程序。

(3)载运散装固体危险货物的船舶应配备的文件

①特别清单或舱单,但可用标明货物类别及装载位置的详细配载图来代替;

②EmS 指南;

③运输第 6.2 类和第 7 类以外的固体散装危险货物时,应持有满足 SOLAS 公约第二章要求《固体散装危险货物适装证书》。

5.平舱措施及静止角的测定

规则给出了平舱的一般要求、非黏性货物的平舱的特殊要求;推荐的静止角倾箱法(倾箱试验,适用于粒度小于 10 mm 的非黏性散装固体货物)、船上测定法。

6.易流态化货物

规则在此提请船长和负责货物装运的其他人员关注货物流态化的潜在危险性并采取最大限度地降低此危险的防范措施。

货物移动可分为滑动和流态两种形式,而平舱是防止滑动的有效措施。

该部分描述了货物产生流态化和不会产生流态化的货物自身条件,可归纳为:含有一定比例的小颗粒并含水量超过 TML 的货物可能产生流态化;粉状或微颗粒状/大颗粒或块状、水分含量低的货物不会出现流态化。

应当注意的是,某些易于出现水分渗移的货物即使含水量低于 TML,也可能出现危险的底部渗湿;当货物很浅且有较大倾角时,高含水量的货物特别易于滑动。

规则对 A 组货物的适运条件、配装、航行中货舱水密性保持、化学危险时采取的措施等做了规定。

7.具有化学危险性的货物

规则中包括 B 组货物的类别、积载与隔离的一般要求和特殊要求。B 组货物的类别包括列入《国际危规》中的固体散装危险货物和 MHB。列入《国际危规》中的固体散装危险货物包括:第 4.1 类、第 4.2 类、第 4.3 类、第 5.1 类、第 6.1 类、第 7 类、第 8 类、第 9 类;MHB 货物包括具有以下化学危险性的货物:易燃固体 MHB(CB)、自热固体 MHB(SH)、与湿放出易燃气体的固体 MHB(WF)、与湿放出有毒气体的固体 MHB(WT)、有毒固体 MHB(TX)、腐蚀性固体

MHB(CR)、其他危险性 MHB(OH)。

分类为 MHB 的货物,在每个货物明细表性质表中“类别”栏中的 MHB 分类应有一个符号引用。如果一种物质具有上述定义的一种或几种化学危险性,则“类别”中必须包括对每一种危险性的带标记的引用。如 CB、SH、WF、WT、TX、CR、OH。

8.附录

(1)附录 1 固体散装货物明细表

附录 1 中包含了 300 余种固体散装货物的明细表,各货物明细表的内容如表 17-4-1 所示。

表 17-4-1 各固体散装货物明细表

椰子肉(干的) UN 1363

描述

经干燥的椰子肉,带有渗透性的陈腐脂肪臭味,可玷污其他货物。

特性

物理特性			
尺寸	静止角	散货密度/(kg/m^3)	积载因数/(m^3/t)
不适用	不适用	500	2.00
危险类别			
类别	副危险性	MHB	组别
4.2	不适用		B

危险性

易自热和自燃,特别是在遇到水时。易引起货物处所缺氧。

积载和隔离

积载时不要与受热的表面,包括需加热的燃油舱柜接触。

货舱清洁程度

按货物的危险性保持清洁和干燥状态。

天气注意事项

该货物需尽可能保持干燥。该货物不得在降水期间装卸。在装卸该货物期间,需关闭装载或拟装载该货物的处所的不在使用中的所有舱盖。

装载

按照《规则》第 4 和 5 节要求的有关规定进行平舱。

禁止装载湿的椰子肉。

注意事项

只有在装运前风干至少一个月,或由托运人向船长提供一份由原产国主管机关认可的人员签发的证书,证明该货物的最大水分含量不超过 5%,才能装运该货物。禁止在货物处所和临近区域吸烟和使用明火。在对货物处所进行通风并测试氧气含量前,不许进入。

通风

在航行期间,须根据需要仅对货物表面进行自然或机械通风。

装运

在航行期间,须定期测量和记录货物温度以监测自热。

卸货

没有特别要求。

清扫

没有特别要求。

应急程序

需配备的专用应急设备
无
应急程序
无
火灾时的应急行动
封舱。使用船上固定式灭火装置(如果配备)。气封可以足够控制火灾。
医疗急救
参考经修订的《危险货物事故医疗急救指南(MFAG)》。

(2)附录 2 试验室测试程序、使用的仪器和标准

测试的固体散货的特性试验包括:测定静止角试验、精矿的含水量、流动水分点和适运水分限测定试验;含硝酸盐化肥自续放热分解试验,抗爆试验,木炭自热试验。

(3)附录 3 固体散装货物的特性

内容包括对非黏性货物的货种及是否具有黏性的划分、A 组固体散货特性参数及 B 组货物注意事项的获取等。

本附录中给出了在干燥状态下不具有黏性的 30 余种货物,包括:氟化铝;硝酸铵 UN 1942;硝酸铵基肥料 UN 2067;硝酸铵基肥料 UN 2071;硝酸铵基肥料;硝酸铵基肥料 MHB;硫酸铵;重晶石,浮选化学级;无水硼砂;水镁石;硝酸钙肥料;绿泥石;蛤壳;压碎的花岗闪长岩粉(A 组);磷酸二铵;纯橄榄岩(C 组);纯橄榄岩细颗粒(A 组);电弧炉灰,粒状;镍铁渣(粒状);烟尘,含铅和锌;谷物筛选颗粒;粒状硫酸亚铁;含铅残渣(A 和 B 组);硫酸镁肥料;磷酸一铵;磷酸一铵(M.A.P.),富矿物涂层;磷酸一钙(MCP);橄榄石颗粒和砂砾聚集制品;橄榄石砂;碳酸钾(钾碱);氯化钾;硝酸钾 UN 1486;硝酸钾(C 组);硫酸钾;砂,矿物浓缩物,放射性物质,低比活度(LSA-Ⅰ) UN 2912;种子饼和其他经加工含油植物残渣(B 组);种子饼和其他经加工含油植物残渣(C 组);硝酸钠(C 组);硝酸钠和硝酸钾混合物 UN 1499;硝酸钠和硝酸钾混合物(C 组);锂辉石(精选的);甘蔗生物质颗粒;过磷酸钙;过磷酸钙(三重晶体);合成二氧化硅;木薯淀粉;尿素;含添加剂和/或粘合剂的木屑颗粒;不含任何添加剂和/或粘合剂的木屑颗粒;烘焙木材。在完成装货前,应测取其静止角,以便决定如何平舱。除另有说明外,上列货物以外的其他货物均为黏性货物,静止角对其不适用。

(4)附录 4 索引表

索引表形式如表 17-4-2 所示。

表 17-4-2 索引表

散装货物运输名称	组别	参考
褐煤砖(Brown coal briquettes)	B	
煅烧黏土(Calcined clay)	C	见矾土,经焙烧的
煅烧黄铁矿(Calcined pyrites)	A 和 B	见黄铁矿,经煅烧的

续表

散装货物运输名称	组别	参考
氟化钙(Calcium fluoride)	B	见氟石
硝酸钙(Calcium nitrate) UN1454	B	
硝酸钙化肥(Calcium nitrate fertilizer)	C	
氧化钙(Calcium oxide)	B	见石灰(未熟化的)
芥菜籽颗粒(Canola Pellets)	B 或 C	见种子饼
碳化硅(Carborundum)	C	
蓖麻子(Castor beans) UN2969	B	
蓖麻片(Castor flake) UN2969	B	
蓖麻饼(Castor meal) UN2969	B	
蓖麻油渣(Castor pomace) UN2969	B	
水泥(Cement)	C	
水泥烧结块(Cement clinkers)	C	
沉积铜(Cement copper)	A	见精矿明细表
黄铜矿(Chalcopyrite)	A	见铜精矿
耐火黏土(Chamotte)	C	
木炭(Charcoal)	B	

(5)附录 5 三种语言的散装货物运输名称

三种语言包括:英文、西班牙文和法文。

二、《IMSBC 规则》的使用

船舶在运输散装固体散货之前,为取得所运载货物的装运规定和安全指导,应认真查阅并完整理解《IMSBC 规则》的相关内容。

应该特别强调的是,虽然《IMSBC 规则》为强制性规则,但其中的某些部分仍然为建议性的或非正式性的。在查阅时,凡规则中使用文字“须(shall)”,其规定为强制性的,使用文字“应(should)”,要求则为建议性的,使用文字“可(may)”则为选择性的。

(1)使用者应了解规则的整体内容和编排特点,阅读对整体固体散货运输具有指导意义的内容。

(2)当对拟装货物类别已知时,A 组货物应阅读第 7、8 节的规定,B 组货物相应的为第 9 节;当对拟装货物类别未知时,可由索引表中查得。

(3)根据货物名称 BCSN 查取明细表,获取货物装运的详细信息。

(4)若需获取规则中未包含的其他信息和建议,可首先由规则给出的参考清单(第 13 节)得到 IMO 相关参考文件后,具体查阅这些文件。如对人员防护的规定,可查阅清单列出的《危险货物事故医疗急救指南》(MFAG) 相关条款、《SOLAS 公约》和《FSS 规则》有关章节。

第十八章 液体散装货物运输

海运的液体散装货物包括石油及其产品、液化石油气、液化天然气和液化化学气以及种类繁多的液体散装化学品。本章重点介绍石油类货物的运输特点及注意事项,同时简要介绍散装液化气体和散装化学品的运输。

第一节　石油及其产品的种类和特性

一、石油及其产品的种类

1.原油(crude oil)

原油又称为石油原油,它是直接由油井中开采出来的一种具有特殊气味的、有色的、黏稠的可燃性矿物油,为多种烃类(烷烃、环烷烃、芳香烃)的复杂混合物。

石油的性质因产地而异,密度为0.8~1.0 g/cm^3,黏度范围很宽,凝固点差别很大(-60~30 ℃),沸点范围为常温到500 ℃以上,可溶于多种有机溶剂,不溶于水,但可与水形成乳状液。组成石油的化学元素主要是碳(83%~87%)、氢(11%~14%),其余为硫(0.06%~0.8%)、氮(0.02%~1.7%)、氧(0.08%~1.82%)及微量金属元素(镍、钒、铁等)。由碳氢化合物形成的烃类构成石油的主要组成部分,占95%~99%。含硫、氧、氮的化合物对石油产品有害,在石油加工中应尽量除去。

不同产地的石油中,各种烃类的结构和所占比例相差很大,但主要属于烷烃、环烷烃、芳香烃三类。通常以烷烃为主的石油称为石蜡基石油;以环烷烃、芳香烃为主的称环烃基石油;介于二者之间的称中间基石油。原油经过加工可以提炼出汽油、煤油、柴油、润滑油和其他化工产品。

2.成品油(石油产品)

在油田经过脱盐、脱水的原油,送往炼油厂,进行分馏和加工,才能得到各种石油产品。炼油厂通常把产品分为"白油"和"黑油"两大类。一般来说,白油是直馏轻质组分,又称为清油(clean oil);黑油(dirty oil)是重质组分。在分馏塔内,轻质组分的蒸气上升较高,在塔的上部冷凝成液体,通常称为蒸馏油(distillate fuel),其沸点较低,如汽油、煤油、轻柴油等;重质组分的蒸气在较低的高度冷凝,通常称为蒸余油(residual fuel 或 residual oil),其沸点较高,如燃料油、渣油、沥青等。因此,可从分馏塔不同的高度得到不同的馏分,主要产品依次为:

(1)汽油(petrol or gas oil)

汽油是石油产品中密度最轻、最易挥发的油品,主要包括车用汽油、航空汽油和溶剂汽油。车用汽油是一种不溶于水的、密度在 0.65~0.80 g/cm^{3}之间的油状透明液体,按辛烷值的高低分牌号。辛烷值是衡量汽油在气缸内抗爆震燃烧能力的一种数字指标,其值高表示抗爆性好,常用的辛烷值有研究法辛烷值和马达法辛烷值。车用汽油按照马达法辛烷值可分为 66、70、76、80、85 五个牌号,按照研究法辛烷值可分为 89、92、95 等牌号。牌号越高,表示抗爆性能越好。

(2)煤油(kerosene)

煤油是一种白色透明液体,密度为 0.80 g/cm^{3}左右,闪点在 43 ℃左右(作为航空燃料的煤油闪点在 0~23 ℃)。在低温下着火性能较差,使用时比汽油安全。按用途可分灯用煤油、拖拉机用煤油、航空用煤油和重质煤油。煤油除了作为燃料外,还可作为机器洗涤剂以及医药工业和油漆工业的溶剂。灯用煤油比汽油重,比柴油轻,用于点灯照明,作汽灯和煤油炉的燃料。灯用煤油严防汽油混入,以免点火时发生火灾。混入柴油会降低煤油的质量。

(3)柴油(diesel oil)

主要作为柴油发动机的燃料,分为轻柴油和重柴油。

①轻柴油(light diesel oil):供各种柴油汽车、拖拉机、各种高速柴油机(1 000 r/min 以上)等作燃料用。按凝点高低分+10、0、-10、-20、-35、-50 六个牌号,分别表示其凝点不高于+10 ℃、0 ℃、-10 ℃、-20 ℃、-35 ℃、-50 ℃。牌号越高,凝点越低。

②重柴油(heavy diesel oil):供各种中低速柴油机(1 000 r/min 以下)作燃料用。按凝点高低分为 10、20、30 三个牌号,分别表示其凝点不高于 10 ℃、20 ℃、30 ℃。牌号越高,凝点越高。

(4)燃料油(fuel oil)

燃料油又叫锅炉油,是原油蒸馏出汽油、煤油、柴油后在 350 ℃以上并经精制除杂直接蒸馏得到的油品,其密度为 0.940~0.995 g/cm^3,主要作为船舶、工业和工厂锅炉的燃料。按黏度的大小分为 20、60、100、200 四个牌号。牌号越大,黏度越大。

(5)润滑油(lubricating oil)

润滑油是提取了汽油、煤油、柴油后剩下的重质油,采取减压蒸馏法制成的液体油品。在运输过程中严防混入水分和杂质,混入水分极易乳化而无法分离,使机械锈蚀、润滑性变坏;混入杂质会擦伤和磨损机械,失去润滑作用。

二、石油及其产品的特性

石油及其产品与运输和装卸有关的主要特性有：

1.易燃性

石油及其产品容易燃烧的性能称为易燃性。它可以用闪点(flash point)、燃点(fire point)和自燃点(spontaneous combustion point)来衡量。石油及其产品挥发出来的蒸气与空气混合达到一定浓度(容积百分比)范围时，遇明火就会燃烧的浓度上、下限称为可燃极限，可燃上、下限之间的数值范围称为可燃范围，表 18-1-1 为各种石油气的理论可燃范围表。

表 18-1-1 各种石油气理论可燃范围表

名称	可燃极限(%)		名称	可燃极限(%)	
	上限	下限		上限	下限
甲烷	14.5	5.3	苯	8.0	1.5
乙烷	12.5	3.1	甲苯	9.5	1.27
丙烷	9.5	2.2	二甲苯	6.0	1.0
丁烷	8.5	1.9	原油	10.0	1.0
戊烷	8.8	1.4	汽油	7.6	1.4
己烷	7.5	1.2	煤油	6.0	1.2
乙炔	80.0	2.6	轻柴油	4.5	1.5

为了方便和加强管理，国际上根据油品闪点的高低，将石油划分为挥发性和非挥发性两级。对某一种类油品的性质有怀疑时，则应将其视为挥发性石油对待。当某种非挥发性石油在装卸时的温度已达到比其自身闪点小 10 ℃的温度时，也应视为挥发性石油对待。

挥发性石油是指闭杯闪点在 60 ℃(140℉)以下的油品。包括原油、汽油、涡轮机油、煤油、石脑油、轻质瓦斯油等。

非挥发性石油是指闭杯闪点在 60 ℃(140℉)及以上的油品。包括重质瓦斯油、柴油、燃料油和各种润滑油等。

我国相关规定根据油品火灾的危险性将其分为甲、乙、丙三类。

甲类油品：闪点<28 ℃；

乙类油品：28 ℃≤闪点<60 ℃；

丙类油品：闪点≥60 ℃。

2.爆炸性

石油及其产品挥发出来的蒸气与空气混合达到一定浓度范围时，遇明火就会燃烧，以致压力升高引起爆炸的性能称为爆炸性。

油气混合气体能发生爆炸的上、下限的浓度称为爆炸极限，上、下限之间的数值范围称为爆炸范围。只要混合气体中的油气含量在其爆炸范围之内，遇明火就会发生燃烧爆炸；但是油气过浓或过稀即在爆炸范围之外都不会发生燃烧、爆炸。

为了防止混合气体发生爆炸造成严重的危害，油船运输中采取的主要措施是利用惰气的充入来控制油品的爆炸极限和爆炸范围。试验证明，随着惰气的充入，油品的爆炸下限提高，爆炸上限降低,从而使油舱内的爆炸范围减小,燃烧或爆炸的可能性也随之降低,如图18-1-1所示。

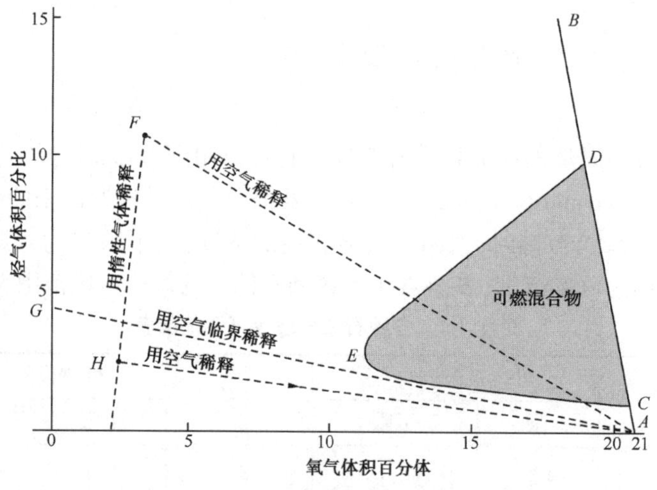

图 18-1-1 惰气影响燃爆性示意图

3.挥发性

石油的挥发性是指当石油液体温度低于其沸点时出现的汽化现象。在储运过程中,石油产品的挥发不但会引起数量减少,而且由于其挥发部分多为轻质馏分而使其质量降低,同时为燃烧、爆炸提供了石油气,而石油气的存在也对环境安全和人类健康具有不良的影响。

石油的挥发性是以蒸气压为特征的,通常用饱和蒸气压和雷氏蒸气压 RVP(reid vapour pressure)来衡量。

盛装于一封闭容器中的液体,其中的分子不断挥发出来扩散到液面上部的空间,而挥发出的分子又会不断地回到液体中,这一过程达到动态平衡时液体的蒸气所产生的压力称为饱和蒸气压。

雷氏蒸气压是指在密封的容器内装入 125 mL 油品,使液体和气体的体积比保持在 1∶4,在容器内温度保持在 37.8 ℃(100℉)的条件下测得的蒸气压。

同一油品挥发的快慢主要取决于温度的高低,温度越高,挥发越快。此外,挥发性还与压力的大小、油品表面积的大小、油品上方气流的速度及油品自身的密度有关。当装运凝固点高、黏度大的油品或遇高温天气时,需采取控制加温温度或在甲板上洒水(外界温度超过 27 ℃时)的措施,以减少油品的挥发。

4.毒害性

石油及其产品中含有大量的碳氢化合物、少量的硫化氢以及某些油品中加入的四乙铅或乙基液等,对人体会有不同程度的毒害。人员的石油中毒大部分是因吸进石油挥发出来的气体所致,小部分是由于皮肤接触侵入体内或吞咽所造成的。石油的毒害性与其挥发性有密切的关系,挥发性越大,毒害性也越大。

石油的毒害性通常采用有害气体最大容许浓度 MAC(maximum acceptable concentration)或浓度临界值 TLV(threshold limit values)来控制。MAC 或 TLV 以空气中含有有害气体(容积比)的百万分率 ppm 为计量单位,其值越大,说明该油品的危险性越小。

5.静电性

石油在管内流动与管壁摩擦;油液中掺入水分;从舱口灌注石油,冲击舱壁;用压缩空气扫线;洗舱作业时用水或水蒸气高速喷射舱壁等,都会因摩擦产生电荷。当静电荷积聚达到一定电位时,会放电产生电火花,给油气的燃烧爆炸提供火源。静电危险基本上由电荷分离、电荷积聚、静电放电三个阶段构成,这是构成静电起火的三要素。

静电积聚的快慢与油品在管内的流动速度、油品温度、管线长短、管内压力等有关。流速越大、油品温度越高、管线越长、压力越大,则静电积聚越快。为了防止静电放电发生危险,主要从防止静电积聚和防止尖端放电两方面采取措施。

根据油品导电率的高低可将其分为两类:

(1)白油类石油:电导率低于 50 ps/m(皮西门子米)的石油;

(2)黑油类石油:电导率超过 50 ps/m 的石油。

6.黏结性

原油及重油、重柴等不透明的石油产品,在低温时黏结成糊状或块状的性能称为黏结性。黏结性一般用凝点(solidifying point)和黏度(viscosity)来表示。凝点是指在规定的冷却条件下油品停止流动的最高温度。黏度是衡量流体流动性的指标,指液体受外力作用移动时,分子间产生的内摩擦力大小的量度。

当装卸高黏度的油品时,需采取加温的方法降低其黏度。但加温应适当,温度过高,不仅会加快油品的挥发,而且还能产生气阻,使流速降低。通常燃料油加温达 75 ℃时就要控制温升,最高不得超过 90 ℃。

7.胀缩性

石油体积随温度的变化发生膨胀或收缩的性质称为石油的胀缩性。石油膨胀时危害性很大,在有限的货舱内膨胀时会造成溢油或油舱破裂,甚至出现燃烧爆炸事故。因此在载运石油货物时,油舱内必须留出足够的空余舱容以允许在温度升高时货物体积的增大,通常每个油舱都预留出舱容的 2%左右。在实际营运中,应根据货物种类、航行区域的气温和海水温度变化等具体情况计算并留出适当的空当高度。

8.腐蚀性

有些油品如汽油含有水溶性酸碱、有机酸、硫及硫化物等,可能引起对船体材料的腐蚀。因此,船舶在装运这些油品后,应清洗油舱并进行有效的通风以减少腐蚀。

第二节 油船结构及设备系统

一、油船的结构特点

1.尾机型船

机舱和驾驶台均设在尾部。布置方式可以保证油舱内和主甲板上管路系统的连续性;使船体中部没有隔离,保证了船舶的纵向强度;防止烟囱的火星进入货油区,有利于防火、防爆。

2.设置货油泵舱

货油泵舱用来布置货油泵、扫舱泵、压载泵等设备的舱室。一般设在机舱之前,可将机舱与货油舱隔离,起隔离空舱的作用。

3.设有隔离空舱

为了防止油气渗漏和防火防爆的需要,货油舱区前后两端应设有隔离空舱,以便与机舱、干货舱、居住舱室等隔离。隔离空舱舱壁间应有足够的距离,以便于进出,至少不小于760 mm,且应遮隔全部货油舱端部舱壁面积。当需要隔离的两个舱室为对角时,可在角隅处设置隔板予以隔离。泵舱、压载舱、燃油舱可兼作隔离舱。苏伊士运河当局仅接受泵舱和能灌水或能装载闪点(闭杯试验)大于66 ℃液货的液舱为隔离舱。

4.设置专用压载舱

专用油船一般是单程载运货油,为使船舶空载回航时达到适宜的吃水及吃水差,保证船舶的航海性能,同时考虑到防污染的要求,大型油船按《MARPOL 73/78 公约》的要求设置较大的专用压载舱。

5.单甲板、双壳体

现代油船均采用单甲板、双壳体结构。

6.设多道横、纵舱壁

万吨级及以上油船的货油舱由1~3道纵舱壁和4~10道横舱壁分隔,以减少自由液面对船舶稳性的影响和货油对舱壁的动力冲击,故货舱尺度较小,见图18-2-1。

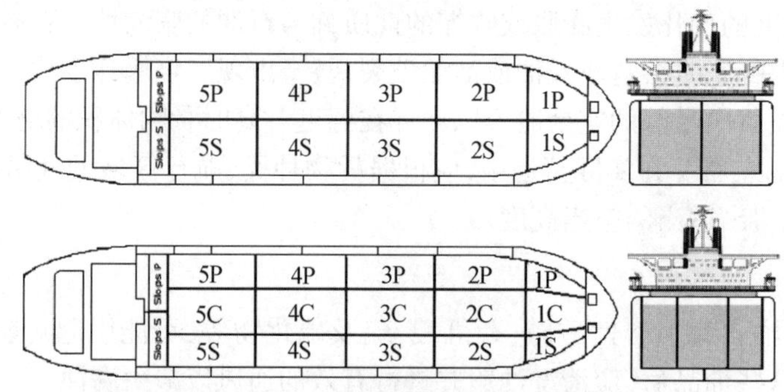

图18-2-1　油船货舱分隔示意图

7.船舶结构采用纵骨架式

油船船体长深比较大,所受的弯曲力矩也较大,所以采用纵骨架式,尤其是超大型油船更是如此。

8.货油舱上部设置膨胀舱口

该舱口为油密的圆形或椭圆形开口,尺度较普通货船的舱口尺度小,舱口盖上设有测量孔和观察孔。

9.核定的最小干舷较其他船舶小

因为油船舱口比较密闭、纵向强度较大和抗沉性好,所以储备浮力偏小。为了人员的安全

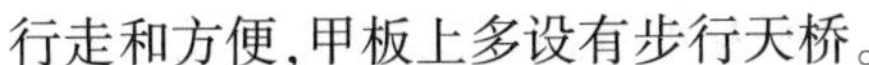

行走和方便，甲板上多设有步行天桥。

10.甲板上设有各种管系和设备

甲板上设有货油装卸、加热、透气、消防等各种管系。油船中部左右两舷对称设有数个干管接口，用于装卸油时连接输油臂或输油软管。

11.设置货油控制室

在该控制室内可监视、控制和操作各类货油作业，操作惰气系统、货油泵、排油监控装置、监视货舱空当高度等。货控室内主要布置有货油控制台、货油泵控制台、惰气系统IGS控制台和排油监控控制台等。

二、油船设备系统

油船装运的货物主要是液体，为便于货油装卸及保证船舶的安全，设置多种系统。

1.货油系统

货油系统主要包括货油泵、货油管路系统、扫舱系统、货油监控系统及其附属设备。货油泵设置在独立的泵舱内，货油管路分布于货油舱、泵间及上甲板，货油舱内管路阀门通过传动装置在甲板开关。设有货控室的船舶可在室内遥控操作。装油时利用码头上的泵或自流，卸油时利用船舶的货油泵。

(1)货油泵

货油泵指装卸油液类货物的泵浦。油船上常见的有离心泵、蒸气往复泵、螺杆泵、回转泵等，现代大型油船上的主货油泵多为离心泵。

(2)货油管路系统

对于不同类型的油船有不同的管系布置。中机型油船采用环形系统，尾机型油船采用线形系统。

(3)货油阀

与货油装卸有关的各种阀统称为货油阀。主要有油舱吸入阀、油舱隔离阀、泵舱隔离阀、泵吸入阀、泵排出阀、腰截阀、出口阀、旁通阀、下舱阀、海水阀、舷外排出阀等。现代油船货油系统中使用的阀门大多为蝶阀，驱动方法以液压居多，也有采用手动或压缩空气驱动的。

(4)扫舱系统

扫舱泵用于清除货油舱内不能用干管抽净的残油，泵浦多为蒸汽往复泵或喷射泵。扫舱泵除了抽吸货舱内的残油外，还能用于卸货完成时清扫管线中的残油，抽除货油泵中的空气，排出泵舱中的舱底污水，在采用装于上部法时用以排出舱内的水分，排出兼用船在运输矿石航次重的舱内污水等。

现代油船上多设置自动扫舱装置，不仅使扫舱作业的劳动强度大大减轻，也使卸货速率有所提高，且省去了专用的扫舱管路。自动扫舱装置有循环式自动扫舱系统、喷射式自动扫舱系统、真空式自动扫舱系统及抽逐式自动扫舱系统。

(5)货油监控系统

货油监控系统是控制、检测货油、污油水、压载水和燃油的一个完整综合装置。其主要作用有连续显示舱内液位或空当读数，连续显示舱内液体读数和惰气压力读数，可发出高/低液位警报和惰气压力警报,可自动检测和计算货油的密度、体积及重量,可自动修正船舶在纵倾或横倾时的液位读数,可自动检测船舶的装载水尺及浮态,可显示装卸货的速率,可控制各种泵浦和阀门的开关,显示管路、集管和泵浦的压力读数,也可检测和显示其他液舱的液体参数和数量等。

2.货油加热系统

货油加热系统用于对高黏度油进行加热,便于卸油。

3.甲板洒水系统

甲板洒水系统的作用是通过洒水达到降温目的,以减少油品挥发。装运一级石油产品的船舶,在外界气温超过 27 ℃时,需对甲板进行洒水降温措施。

4.透气系统

油船透气系统主要作为油舱吸入或排出气体之用。装载货油时,随着液位的升高,舱内气体通过透气系统被排出,防止舱内压力过大而使油舱凸起变形;卸货时,随着舱内液位的下降而吸入气体,防止油舱内压力降低形成真空而造成油舱舱壁凹陷;航行中,各油舱通过透气系统与大气相通,避免因外界温度变化引起舱内气压升高或降低现象的发生,达到舱内外压力平衡的目的。

透气系统主要由透气管路、透气桅管、呼吸阀、旁通阀、防火罩等构成。透气方式根据透气管路布置方式而定,通常有独立式、分组式和共管式三种。

5.灭火及安全系统

由于石油及其产品属于危险品,油船配备有完善的灭火及安全系统。

6.洗舱系统

洗舱是指为了一定的目的而使用泵浦将一定压力的洗舱介质经由洗舱机喷射到油舱内壁,将舱壁及船体构件表面的脏污物质洗掉。洗舱方式包括水洗舱、清洗液洗舱及原油洗舱。

洗舱系统主要包括洗舱泵、扫舱泵、洗舱加热器、洗舱机及附属管路。

7.惰气系统

载重量 20 000 t 及以上的原油船应配置惰气系统 IGS(inert gas system)。该系统的主要作用是在油船装卸、除气、原油洗舱等作业时,提供惰气,防止油气燃烧爆炸。油船上的惰气的来源主要有三个:

(1)船舶主、辅锅炉排出的废气(烟道气):燃料油在锅炉内正常燃烧后所产生的废气经冷却、脱硫和除水汽后的混合气体。因为经济实用,为多数大型油船采用。

(2)独立惰气发生器:指在船上装有专门的惰气制取设备,通过燃烧燃料来获取惰气。这种惰气的含氧量很低,所以质量高,但是成本也高,多安装在对惰气纯度要求较高的 LNG 和 LPG 等船舶上。

(3)辅锅炉或柴油机排气再经辅助燃烧器燃烧(联合式)。

SOLAS 1974 规定,惰气系统在任何规定的气流速率条件下都应能提供含氧量不超过 5%的惰气,在任何时候油舱内都应保持正压状态且舱内含氧量不得超过 8%。

第三节　油船配积载

油船配积载的基本要求及方法与普通货船基本是相同的。但由于所运输货物的特殊性和油船本身的结构特点,在配积载时所考虑问题的侧重点就有所不同。

一、航次货运量的确定

因为油船的货舱容积通常是按照运输密度较小的货油(如 0.68~0.70 g/cm^{3}的轻油)设计的,所以油船的实际装载状态多为满载不满舱。因此航次货运量应等于航次净载重量,即:

$$\sum Q_{max} = NDW = DW_{max} - \sum G - C \tag{18-3-1}$$

结合油船营运的特点,在确定上式中各因素时,应考虑如下问题:

(1)当航道或码头水深限制船舶吃水时,应按航道或码头的最大允许吃水确定总载重量 DW。

(2)在计算航次总储备量 $\sum G$ 时,还必须额外考虑为完成油船的特殊技术作业所需的燃料和淡水的数量,如加温石油货物及清洗油舱等燃料、淡水的消耗。

(3)确定航次货运量时应扣除油舱内留存的上航次残油、残水或污油舱中的污油水 S 。S 包含在船舶常数 C 中。

(4)确定航次货运量时还应考虑船舶压载舱内压载水的残存数量。需要特别注意的是,如果装货速度较快,船舶很难有足够的时间排净压载水,船舶最后残存压载水数量将直接影响船舶最大载货量。

特殊情况下,油船装运密度小的轻质石油产品,可能出现舱容不足,此时应按船舶实际舱容扣除膨胀余量后确定航次最大货运量 $\sum Q_{max}$。有时货源不足,则应根据货源确定航次货运量。

二、膨胀余量及空当高度的预留

应根据航线及港口的实际情况来确定各油舱的膨胀余量 δV 及全船的膨胀余量 $\sum \delta V$,膨胀余量 δV 与油舱容积之比(%)反映了油舱装满的程度。油舱的膨胀余量应力求合理,既要使货油不致因体积膨胀而溢出,又要避免空当过大,浪费运力。当船舶由气温低的港口装油驶往气温高的港口时,应留较大的空当;反之,考虑到气候的反常性或运输高黏度黑油时需要加温,也要留出空当,但可以适当地小一些。根据经验,通常情况下油船留出的膨胀余量应不小于总舱容的 2%,而运输需要加热的黑油(原油、重油、重柴油等)时膨胀余量应不小于总舱容的 3%。

在整个航程中货油温差 δt 、体积温度系数 f 已知条件下,具有舱容为 $V_{o.t}$ 的油舱的膨胀余

量及全船的膨胀余量通常由下式求得:

$$\begin{cases} \delta V = V_{o.t} \cdot \dfrac{f \cdot \delta t}{1 + f \cdot \delta t} \\ \sum \delta V = \sum V_{o.t} \cdot \dfrac{f \cdot \delta t}{1 + f \cdot \delta t} \end{cases} \tag{18-3-2}$$

于是,可得到单一货油舱的最大装油体积 V_t 为 $V_t = V_{o.t} - \delta V$,全船最大装油总体积 $\sum V_t$ 为

$$\sum V_t = \sum V_{o.t} - \sum \delta V$$

实际工作中每个油舱的膨胀余量均用空当高度(油面到测量孔上缘或主甲板下边缘的垂直距离)来表示。各装油货舱的空当高度由装油体积 V_t 查各舱的油舱容量表(见表 18-3-1)即得。

表 18-3-1 No.2C 油舱容量表

空当/m	装油体积/m³	空当/m	装油体积/m³	空当/m	装油体积/m³
…	…	1.050	15 456.95	1.110	15 398.63
1.000	15 503.44	1.060	15 447.55	1.120	15 388.34
1.010	15 494.21	1.070	15 438.12	1.130	15 378.07
1.020	15 484.95	1.080	15 428.68	1.140	15 367.78
1.030	15 475.64	1.090	15 419.18	1.150	15 357.51
1.040	15 466.31	1.100	15 408.91	……	……

三、货油配置应考虑的因素

根据航次货运量,正确选择具体航次需要装载货油的液货舱;计算各货舱可装货油的最大体积,向各舱分配货油,通常用体积表示;根据实际装油体积查取该舱油舱容量表,确定该舱对应的空当高度,填写在配载图中,如图 8-1 所示。

选择装货油舱及分配装货量时应考虑的主要因素包括稳性、吃水差、纵向强度和均衡装载等,一个合理的配载方案应保证船舶稳性、浮态及纵向强度满足相关规则、规范或公约的要求。

1.稳性

(1)完整稳性

根据 IMO 2008《国际完整稳性规则》,2002 年 2 月 1 日及以后交付使用的 5 000 DWT 及以上油船的完整稳性应符合 MARPOL 73/78 附则 I 的要求。油船完整稳性衡准与普通干散货船的主要区别是:油船在港内时,仅限于对船舶初稳性($GM \geqslant 0.15$ m)的要求;在航行中,除对天气衡准不做要求外,其他各项指标相同。

我国《法定规则》对国际航行液货船完整稳性的要求与 2008《国际完整稳性规则》一致;对国内航行液货船完整稳性的要求与一般干散货船稍有不同,除稳性衡准数外,其他一致。

(2)破损稳性

MARPOL 73/78 附则 I 对 1979 年 12 月 31 日后交船的 150 GT 及以上油船的破损稳性提

出了如下要求：

①考虑了下沉、横倾、纵倾后的最终平衡水线，应在可能发生继续浸水的任何开口的下边缘以下。该类开口包括空气管和以风雨密门或风雨密舱口关闭的开口，但是以水密人孔盖和平舱口盖、保持甲板高度完整性的小水密货油舱口盖、遥控水密滑动门及永久关闭的舷窗等开口除外。

②在浸水的最后阶段，不对称浸水所产生的横倾角应不超过25°，但如果甲板边缘无浸没现象，则这一横倾角最大可增至30°。

③在浸水的最后阶段，剩余复原力臂 GZ 曲线的稳性范围对应的横倾角应不小于20°，且剩余 GZ 曲线在该范围内的面积不小于0.017 5 m · rad。

④在20°范围内的最大剩余复原力臂不小于0.10 m。

(3) 自由液面对油船稳性的影响

考虑到石油及其产品的涨缩性影响，所有装载油品的液货舱均应留出一定的空当，导致每个货舱均存在自由液面的不利影响，因此如果舱容有剩余，在满足强度的前提下，应留出空舱，这样既能减少自由液面对稳性的影响，又可以减轻货油对舱壁的冲击。选择空舱时既要考虑保证船舶纵向强度又要便于调整船舶吃水差。

双壳体油船的专用压载舱较多，装货时应尽量将压载水舱的压载水排净，消除自由液面，保证船舶稳性满足要求。

2.船舶纵倾

大型油船满载出港时，一般要求平吃水。航行中，通过合理地使用油水，使船舶具有一定尾倾。装载单一油品时，在舱容富余的情况下，可在首、尾各留出一个油舱不装满，用于调整吃水差；装载多种油品时，既可采用上述方法，也可通过安排不同油品的前后舱位来满足吃水差的要求。

3.船体强度

油船为尾机型船舶，满载时常处于较大的中垂状态，空载时处于较大的中拱状态。因此，装载时应尽量减少中垂弯矩。当需留空舱时，空舱位置应选在近船中部。需留两个以上空舱时，配舱位置应适当隔开。现代油船多在船舶中部设置大型专用边压载舱使船舶的纵向受力均衡。

同时为了保证船舶在装卸过程中的纵向强度，应参照船上的装载手册，或参照以往的航次资料，或利用船上的装载仪进行模拟计算，制定出合理的装卸顺序表。

4.船舶横倾

对大型油船，配装及装载时要注意防止船体横倾，应避免单边配装或装载。大型油船因船宽较大，即使产生极小的横倾角，也会使船体一舷的吃水变化很多，使人员行走和工作不便，同时横倾角的存在也影响船舶稳性。

四、配载图的绘制

油船的配载图用俯视图表示，每一装货的液舱内应填写空当高度、装货体积占舱容百分比、装货体积等，如图18-3-1所示。此外还应说明装货过程中应注意的事项，包括装载的货舱号、排放压载水的压载舱号、装舱顺序、使用哪条管线、开启哪些阀门、各货舱平舱前预留空当值、平舱步骤和顺序、船体所受剪力和弯矩的要求、紧急情况下的处理措施等内容。

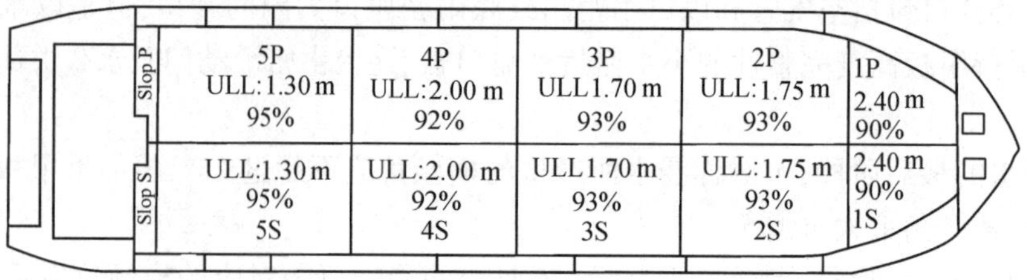

图 18-3-1 油船配载图

五、装卸顺序的确定

油船在装载时,由于受到许多因素的影响,各舱不可能同时装卸,需要合理确定装卸顺序。

1.确定装卸顺序时应考虑的主要因素

(1)保证油船的纵向强度不受损伤;

(2)保证适当的吃水及吃水差;

(3)防止不同油种的掺混,保证货油质量;

(4)尽可能同时使用所有主要的货油干管,加速装卸。

2.合理的装卸顺序

装载顺序:油船装货前,即空载时常处于较大的中拱状态和较大的尾倾,若优先考虑纵强度和吃水差,装货的大致顺序应是先中部货舱,以减轻中拱变形;其次装首部货舱,减小尾倾;最后各舱均衡装载。

在装载单一油品时,通常先由中部货舱开始,一切正常后,进行普装作业。当各个油舱尚有 1 m 左右空当时,停止普装作业,按要求逐舱进行平舱作业。

卸货顺序:油船卸货前,即满载时通常处于中垂状态,并有较小的尾倾。所以卸货顺序与装货顺序相同,即先卸中部货舱,以减轻中垂变形;其次卸首部货舱,以形成较大的尾吃水差,利于卸货和清舱;最后各舱均衡卸货。

六、保证货油质量

为防止不同油品的掺混,保证货油质量及有利于减轻洗舱工作量,多数油船都是运输固定的单一油品。如果不同航次需要换装不同油品,应根据原装油种和换装油种的不同理化特性以及要求的洗舱等级对油舱进行充分洗舱,以保证货油质量。

当油船同时承运多种油品时,应严防不同油品的掺混。船上利用自身设有的多条货油干管,不同油品装卸时使用不同的干管。如果船上只有单一干管,则装油管系的使用顺序一般是先装白油,后装黑油;卸货时按相反的顺序。

七、确定合理的压载方案

油船返航时多为空载,船舶尾倾较大,且处于较大的中拱状态。为了减少过大的中拱弯矩和船体的振动,并有利于获得最大的航速,油船空载航行时必须进行压载。

油船压载时多选中部附近(漂心前)的舱室,不应单独在首部舱装载压载水,否则将使船舶受力处于不利的情况。同时,考虑防污染的要求,《MARPOL 73/78》规定:总载重量不小于2万t的新原油船和不小于3万t的新成品油船应设置专用压载舱,且专用压载舱的容量应使油船在正常情况下不依靠利用货油舱装载压载水而安全地进行压载航行。在所有的情况下,专用压载舱的容量应至少能使船舶的吃水和吃水差在全航程内符合以下要求:

(1)船中型吃水(不考虑任何船舶变形)$d_M>2.0\text{ m}+0.02L_{bp}$;

(2)尾吃水差 $t\leqslant0.015L_{bp}$;

(3)尾垂线处的吃水无论如何不得小于螺旋桨全部浸没所必需的吃水。

除下列情况外,货油舱不得装载压载水:

(1)在天气情况非常恶劣的特殊航次,船长认为必须在货油舱中加装额外压载水以保证船舶安全。

(2)在特殊情况下,由于油船的具体营运性能,使其必须加装超过正常情况下专用压载舱压载容量的压载水,但该油船的这种操作应属于《MARPOL 73/78》规定的例外范畴。

第四节 货油计量

在石油的对外贸易中,船货双方为了分清货物交接的责任,规定有数量和质量的交接条款。质量可以通过选取油样及封存的方式来保证,而数量需要专门的计量标准来确定。

石油计量分为动态计量和静态计量两种方式,船运石油多采用静态计量方式。世界上除了ISO标准外,许多国家也制定了自己的计量标准。如我国的GB/T 1885—1998石油计量表;英国石油协会IP、美国石油协会API、美国实验与材料协会ASTM合作开发了石油计量表,并制定形成IP 200、API 2540及ASTM-D1250系列标准;日本JIS的K2250石油计量表。以上标准中对不同类别的石油产品(如原油、成品油、润滑油等)设置了不同的计量表格。

船方要向计量部门(我国为国家出入境检验检疫局负责)申请对装船的货油进行计量,船上人员应协助做好计量工作,掌握油量的计算方法,以便核对数量及划清责任归属。

一、货油计量中的相关术语

在进行货油数量计算时,为了保证计重的准确性及简化计算,世界各国均采用油量计算换算表。

在各国的石油计量换算表中,常用到一些说明石油液体性质的基本术语,主要有:

1.石油密度（petroleum density）

石油密度是在温度 t ℃时，石油单位体积的质量，我国用符号 ρ_t 表示，其单位为 g/cm^3、g/mL或 kg/L。

2.石油标准温度（petroleum standard temperature）

货油计量时的石油标准温度，中国、俄罗斯及东欧一些国家规定为 20 ℃，日本规定为 15 ℃，英、美等国规定为 15 ℃和 60℉。

3.石油标准密度（petroleum standard density）

石油标准密度是标准温度时的石油密度。我国用ρ_{20}表示，欧美用标准比重。标准比重是指石油在温度 t_1 时的密度与等体积纯水在温度 t_2 时的密度比值。石油温度 t_1 通常取标准温度，纯水温度 t_2 中国、日本常取 4 ℃，英国、美国常取 60℉。

4.石油密度温度系数（petroleum density-temperature coefficient）

石油密度温度系数亦称密度或比重修正系数，指在标准温度下，石油温度变化 1 ℃时密度（比重）的变化量。

在标准温度为 20 ℃、15 ℃及 60℉时，其修正系数分别用符号 γ 、α 及 β 表示。我国的密度修正系数可用公式 $\gamma = \dfrac{\rho_{20} - \rho_t}{t - 20}$ 表示，γ 值也可用石油的标准密度为引数查石油密度温度系数表得到。表 18-4-1 为我国某类石油密度温度系数表。

表 18-4-1　石油密度温度系数表

ρ_{20}/(g/cm^3)	γ/(g/cm^3)	ρ_{20}/(g/cm^3)	γ/(g/cm^3)
0.731 8~0.738 0	0.000 83	0.791 8~0.799 0	0.000 74
0.738 1~0.744 3	0.000 82	0.799 1~0.806 3	0.000 73
0.744 4~0.750 9	0.000 81	……	……
0.751 0~0.757 4	0.000 80	0.995 2~1.013 1	0.000 52

5.石油视密度（petroleum observed density）

石油视密度亦称观测密度，指用石油密度计在非标准温度下所观察的密度计读数。我国用符号 ρ_t'表示，单位同上。石油标准密度是指油品在标准温度下的密度，我国使用 20 ℃油温时的密度为标准密度。我国油量计算换算表中规定，视密度不能直接用于油量计算，但它是石油计重的原始数据。可用视密度和观测油温作为引数，查取标准密度表获得标准密度。我国的成品油标准密度表格式如表 18-4-2 所示。

使用该表时应注意：视密度在表列的相邻两列视密度值之间时应进行内插计算，但是温度不用内插，取其接近的表列温度即可。

表 18-4-2　成品油标准密度表

ρ'_t/(g/cm³) ρ_{20}/(g/cm³) t/℃	0.733 0	0.737 0	0.741 0	0.745 0	0.749 0
39.5	0.750 3	0.754 3	0.758 2	0.762 2	0.766 1
40.0	0.750 8	0.754 7	0.758 7	0.762 6	0.766 5
40.5	0.751 2	0.755 2	0.759 1	0.763 1	0.766 9
41.0	0.751 7	0.755 6	0.759 6	0.763 5	0.767 3
41.5	0.752 1	0.756 1	0.760 0	0.763 9	0.767 6
42.0	0.752 6	0.756 5	0.760 4	0.764 4	0.768 0

6.石油标准体积（petroleum standard volume）

石油标准体积为标准油温时的石油体积。我国用 V_{20} 表示,单位为 m^3。

7.石油体积温度系数 f（petroleum volume-temperature coefficient）

石油体积温度系数亦称膨胀系数,指在标准油温下,石油温度变化 1 ℃时体积变化的比值,单位为 1/℃或 1/℉,我国用符号 f_{20} 表示。

f_{20} 可用标准密度 ρ_{20} 作为引数查表得到。表 18-4-3 为我国某类油品的石油体积温度系数表。

表 18-4-3　石油体积温度系数表

ρ_{20}/(g/cm³)	f_{20}/(1/℃)	ρ_{20}/(g/cm³)	f_{20}/(1/℃)
0.600 0~0.600 6	0.001 79	0.842 6~0.846 6	0.000 80
0.600 7~0.602 2	0.001 78	0.846 7~0.850 9	0.000 79
……	……	……	……
0.838 5~0.842 5	0.000 81	0.864 1~0.868 8	0.000 75

8.石油体积系数 K（Volume Conversion Factor, VCF）

石油体积系数亦称石油体积修正系数,指在标准油温时的石油体积与非标准温度时的石油体积之比。我国用 K_{20} 表示,即 $K_{20}=\dfrac{V_{20}}{V_t}$,可用下式计算:

$$K_{20}=\frac{V_{20}}{V_t}=1-f_{20}\cdot(t-20) \tag{18-4-1}$$

石油体积系数可用货舱内的平均油温和石油标准密度查取石油体积修正系数表得到。表 18-4-4为我国成品油石油体积修正系数表。

表 18-4-4 石油体积修正系数 K_{20} 表

ρ_{20}/(g/cm³) K_{20} t/℃	0.750 0	0.754 0	0.758 0	0.762 0	0.766 0
38.0	0.978 2	0.978 4	0.978 6	0.978 8	0.978 9
38.5	0.977 6	0.977 8	0.978 0	0.978 2	0.978 4
39.0	0.977 0	0.977 2	0.977 4	0.977 6	0.977 8
40.5	0.975 2	0.975 4	0.975 6	0.975 8	0.976 0
41.0	0.974 6	0.974 8	0.975 0	0.975 2	0.975 4

使用该表时应注意:标准密度或温度在表列的相邻两列数值之间时,不用内插,取其接近的表列数值即可。

9.空气浮力修正数值(air buoyancy correction quantity)

石油在计量时,由于受空气浮力的影响,在空气中的重量小于在真空中的质量,两者之差称为浮力修正数值。它可以用空气浮力对石油密度修正值(air buoyancy correction value) B 来表示。

对石油及其产品,空气浮力对其密度的修正值可取-0.001 1 g/cm³。

二、各国石油标准密度(比重)换算

由于各国标准油温的规定不同,对于质量相同的货油,其标准密度可按下述方法进行换算。

(1)我国石油在温度 t 时的密度与标准密度换算

$$\rho_t = \rho_{20} - \gamma_{20}(t - 20)$$

(2)我国石油标准密度与日本石油标准比重换算

$$\rho_{20} = S.G_{15/4} - 5\alpha_{15} \longleftrightarrow S.G_{15/4} = \rho_{20} + 5\gamma_{20}$$

(3)我国石油标准密度与英、美等国石油标准比重换算

$$\rho_{20} = 0.999\,04 S.G_{60/60} - 8\beta_{60} \longleftrightarrow S.G_{60/60} = 1.000\,96(\rho_{20} + 4.44\gamma_{20})$$

式中:α_{15}、β_{60}、γ_{20} 分别为日本、英、美等国和我国的标准比重(密度)时的石油比重(密度)温度系数。

(4)日本等国重与英、美等国的石油标准比重换算

$$S.G_{60/60} = 1.000\,96(S.G_{15/4} - 0.56\alpha_{15}) \longleftrightarrow S.G_{15/4} = 0.999\,04(S.G_{60/60} + \beta_{60})$$

(5)英、美等国的石油标准比重与 API 度换算

API 度是美国石油协会(American Petroleum Institute,简称 API)制定的用以表示石油及石油产品密度的一种量度。美国和中国以 API 度作为原油分类的基准。它与石油标准比重(相对密度)的关系为:

$$\text{API} = \frac{141.5°}{\text{石油标准比重}} - 131.5°$$

由上式可知,API 度越大,石油比重越小,表示原油越轻。目前,国际上把 API 度作为决定

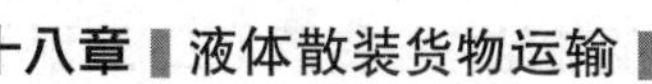

原油价格的主要标准之一。英、美等国的石油比重与API度的关系可表示为：

$$S.G_{60/60}=\frac{141.5}{131.5+API}$$

(6)石油桶与公吨换算

石油桶BBL为美制桶US BARREL的缩写，是石油常用的容积计量单位。国际通用的油品计量与交易，一般是以60 ℉时石油体积为159.98 L(0.159 m^3)作为一桶，即俗称的一桶原油。

桶和公吨(MT)均是常见的原油计算单位。石油输出国组织和英、美等西方国家常用桶，而中国及俄罗斯等国家常用公吨。石油桶与公吨间按1MT=6.29/ρ关系换算。

三、油量计算

(一)我国油量计算

我国采用以空气中的重量计算油量。油船装油量计算的基本方法是：根据油舱内货油的空当高度求出其标准体积，然后与空气浮力修正后的货油标准密度相乘，或从将货油质量与换算系数F相乘，具体步骤如下：

(1)确定各油舱内的货油体积

①测量空当高度

油船装好油后，应逐一测量每个油舱的空当高度。在测量货油空当时，船舶由于受天气、海况等影响而产生摇摆而不准确，因此，应尽可能多测几次，取其平均值。货油舱空当值的测量根据所配置的设备及测量位置的封闭程度有三种方式：开放式测量、限制式测量及封闭式测量，如图18-4-1所示。

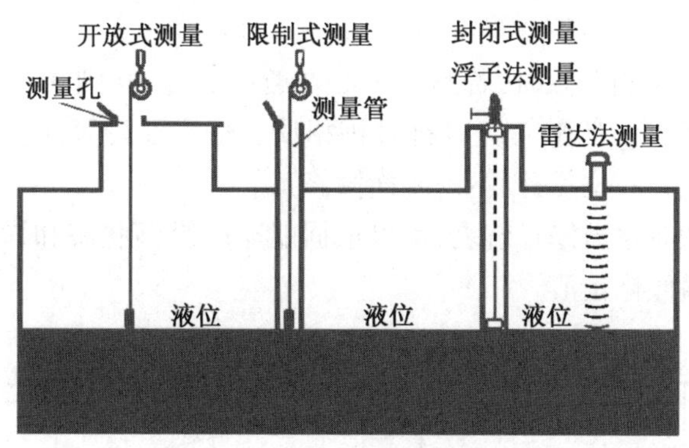

图18-4-1 空当高度测量方式

安装了固定式惰气系统的液货船应装设封闭式的液位测量系统，以免液舱内惰气减压，确保安全。货油舱装设封闭式测量系统时，还应配备限制式测量装置，以便检查封闭式测量系统的有效性和供采样用。

其中人工直接测量属于开放式测量，便携式油水界面探测仪测量属于限制式测量，浮子法和雷达法属于封闭式测量。

a.人工直接测量法：测量利用系有重锤的测深绳或米尺从测量孔测定液舱内油面的空当

高度。这种方法麻烦、误差较大且具有危险性。

b.便携式油水界面探测仪：目前主要有两种，即便携式 HERMETIC UTI 型和 MMC 型。这两种类型的探测仪均由测量钢卷尺、感测头、显示面板等组成。从油舱测量管进行测量，既可以测出液舱的空当高度，又可以探测油水的分解面，同时还可以显示出不同液位上的温度。

c.浮子法测量：浮子随货油在舱内液面的升降而升降，将电信号传到接收器，接收器将电信号再转换成空当高度并在显示器上显示出来。在进行原油洗舱时应注意，避免损害浮子设施。

d.雷达法测量：将简易雷达安装在各舱的甲板上，该装置向货舱内发射雷达波，经油面反射后被接收器接收。测出发出时间和收到时间间隔即可转换成空当高度，并在显示盘面上显示出来。

(2)空当高度修正

当油舱的测孔不在油舱的长度或宽度的中点上，且船舶又存在纵倾或横倾时，测得的空当值存在误差，应进行修正。空当修正分为纵倾修正和横倾修正。

①纵倾修正

对于实船油舱，测孔中心到舱中心的纵向水平距离 AC 已知，由图 18-4-2(a)可见，空当修正值等于 AB 值：

$$AB = AC \cdot \frac{t}{L_{bp}}$$

分析图 18-4-2(a)，当船舶尾倾时，若测孔中心在舱中心后，则空当修正值 AB 取正值；若测孔中心在舱中心前，则空当修正值 AB 取负值。船舶首倾时符号正相反。垫水油脚等深度修正符号与上述正好相反。

②横倾修正

同理，测孔中心到舱中心的横向水平距离 AC' 已知，由图 18-4-2(b)可见，横倾空当修正量 AB 值为 $AB = AC \cdot \tan\theta$。

分析图 18-4-2(b)，船舶左倾时，若测孔中心在舱中心左边，则 AB 取正值；若测孔中心在舱中心右边，则 AB 取负值。船舶右倾时符号正相反。垫水油脚等深度修正符号与上述正好相反。若测孔中心在舱中心位置，则不需要横倾修正。

现代油船上多提供有空当修正值表，可以根据船舶的纵倾状态和横倾角的大小查取空当高度的纵倾修正值和横倾修正值。

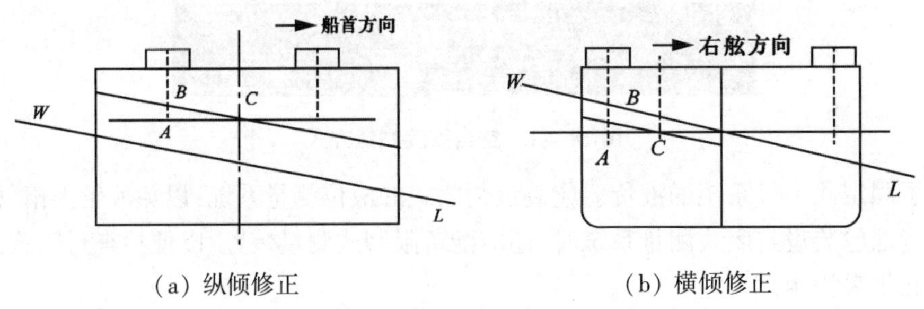

(a) 纵倾修正　　(b) 横倾修正

图 18-4-2　纵倾修正与横倾修正

(3)查算各舱装油体积

根据修正后的空当高度由各油舱容量表(capacity table for cargo oil tanks)，查得各舱的实

际装油体积 V_t。

(4)测量并计算各舱垫水体积:利用便携式油水界面探测仪或量水膏实测各油舱的垫水深度,利用油舱容量表查算出垫水的体积并扣除。

2.测定货舱内的货油温度和货油密度

在测定各个货舱空当高度的同时,应测量货舱内的油温及货油密度。

(1)油温测定

①三层油温测定法:将一油舱分上、中、下三层(上层距油面 1 m 处,中层在油深中部,下层距舱底 1 m 处)测量油温,计算其加权平均值,即:

$$\bar{t} = \frac{t_u + 3t_m + t_d}{5} \tag{18-4-2}$$

式中:t_u ——上层油温(℃);

t_m ——中层油温(℃);

t_d ——下层油温(℃)。

②中层油温测定法:只测定各个油舱内液深中部的温度。

(2)密度测定

用密度计测量各舱货油的视密度 ρ'_t,求出平均值,以便于查取标准密度。

3.计算航次装(或卸)油量

(1)在油量计算中,我国采用的石油计量表适用于原油、润滑油及其他液体石油产品,主要包括:

①表 59A、表 59B、表 59D 依次表示原油、成品油及润滑油标准密度表;

②表 60A、表 60B、表 60D 依次表示原油、成品油及润滑油体积修正系数表;

③表 E1、表 E2、表 E3、表 E4 依次表示 20 ℃密度到 15 ℃密度换算表、15 ℃密度到 20 ℃密度换算表、15 ℃密度到桶/t 系数换算表、计量单位系数换算表。

(2)油量计算步骤:

①根据所测得的各舱货油视密度和货油温度平均值,查取标准密度表得到标准密度 ρ_{20}。

②测量各货舱的空当高度并进行修正,利用修正后的空当高度查油舱容积表得到实际装油体积 V_t;累加后得到实际装油总体积 $\sum V_t$。

③利用标准密度 ρ_{20} 和各货舱平均油温查石油体积换算系数表得到 K_{20},或者利用标准密度 ρ_{20} 查表得到石油体积温度系数 f_{20},代入公式 $K_{20} = 1 - f_{20} \cdot (t - 20)$ 求得。

④利用式 $\sum V_{20} = K_{20} \cdot \sum V_t$ 计算出标准体积 $\sum V_{20}$。

⑤利用下式计算出货油质量:

$$m = (\rho_{20} - 0.001\,1) \cdot \sum V_{20} \tag{18-4-3}$$

如果油舱内有垫水,应予以扣除。

(二)日本的油量计算方法

日本采用日本油量计算表进行油量计算,计算步骤如下:

(1)将货油测定比重换算成标准比重 $S.G_{15/4}$；

(2)将油舱内的货油体积换算成 15 ℃时的体积 V_{15}；

(3)根据公式 $m=(S.G_{15/4}-0.0011)\cdot K_{15}\cdot\sum V_t$ 可得货油在空气中的质量。

（三）英、美等国的油量计算方法

英、美等国是利用 ASTM-IP 的油量计算表进行油量计算。计算步骤如下：

(1)将实测油温时的比重换算成标准比重 $S.G_{60/60}$ 或标准温度 60 ℉时的 API 度。

(2)根据标准比重将体积换算成 60 ℉时的标准体积(立方英尺、美国桶或美国加仑)。

(3)根据公式 $m=\sum V_{60}\times\omega_{60}=\sum V_t\times K_{60}\times\omega_{60}$ 可得货油在空气中的重量。其中，ω_{60} 为标准温度下已经过空气浮力影响修正后的货油密度，可通过查取 ASTM-IP 计量表得到。

需要说明的是，在国际原油贸易中，为了方便交接，多采用 15 ℃时的标准体积(m^3)和 60 ℉时的 BBL。

第五节　石油安全装运

石油的危险性决定了船舶在装运过程中，必须采取严密的防范措施才能将发生爆炸、火灾、中毒、污染环境等事故的可能性降至最低。

一、石油装卸方式

1.船岸装卸方式

在国内外油港，石油装卸方式可分为：

(1)靠泊码头直接装卸

目前我国大部分油码头均采用这种方式，码头规模一般由泊位水深所限定。

(2)通过海上泊地装卸

对于大型油船，一般油船码头的水深和规模已经满足不了船舶吃水和长度的需要，因此出现了海上泊地装卸方式。海上泊地可理解为在离开陆域较大水深地点设置的靠船设施。油船的海上泊地，按其构造形式及输油管方式分类，具体见表 18-5-1。

表 18-5-1　油船海上泊地分类表

结构形式		输油管方式	结构形式		输油管方式
固定式	靠船墩式	海上或海底油管	浮标式	单点系泊	海底油管
	栈桥式	海上油管		多点系泊	海底油管

①单点系泊方式：是将油船的船首系在一个浮筒上的系泊方式。

②多点系泊方式：是将油船的船首与船尾用数个浮筒保持在一定方向的系泊方式。海底输油管与油船的集合管由一根或数根软管相接。

2.船/船装卸方式

在某些情况下,油船需要通过另一种海上运载工具进行货油的交换,包括船/船直接装卸和船/油驳装卸。

二、装油前的准备工作

做好装油前的准备工作,是顺利、安全进行装货作业的保证。

1.船岸双方进行资料信息交换

(1)岸方应向船方提供的资料

岸方应向船方提供的资料包括:货油参数及特性,油舱通风要求,岸方最大的装货速率,正常停泵所需要的时间,船岸连接处可承受的最大压力,输油软管、输油臂的数量及尺寸,输油软管或输油臂的活动范围,货油控制的联络信号包括紧急停止供油信号等。

(2)船方应向岸方提供的资料

船方应向岸方提供的资料包括:上航次所装运的货油品种、洗舱方法、货油舱和货油管线的状态,船舶可承受的最大装货速率,船舶可承受的最大蒸汽压力,能承受的最高货油温度,货油舱的通风方法,压载水的布置、数量、含油量及排放速率,污油的质量、数量及处理方式,惰气的质量,计划配载图及装货顺序等。

(3)船岸双方对所交换的信息进行确认

落实本航次的油种和数量,各油舱装载顺序,装载初始速率、最高速率及平舱作业时的速率,变速及停止装油的联系方式;确定通信和使用的信号,以受油方为主;避免或减少油气在甲板扩散的方法,应急停止作业程序等。

2.编制装载计划

大副应根据航次货运任务编制油船装载计划,并标明装油步骤及注意事项,经船长审批后执行。装载计划主要包括:每一货舱预定装载的油种及数量、空当高度,使用的货油管系,接管数量及规格,初始装货速率、正常装货速率及平舱作业时要求的装货速率,主管的最高压力和正常压力,停止和应急程序,装油及压载水排放顺序,强度校核数据,防止静电的措施、防止货油渗漏的措施、保证货油质量的注意事项,浮态调整和系泊管理等。

编制油船装载计划时,应考虑到保证货油质量。为防止不同油品的掺混,保证货油质量,减少洗舱工作量,一定数量的油船多运输固定的单一油品。如果不同航次需要换装不同油品时,应根据原装油种和换装油种的不同理化特性,以及要求的洗舱等级对油舱进行充分洗舱,以保证货油质量。当油船同时承运多种油品时,应严防不同油品的掺混。利用不同的货油干管,装卸不同的油品。

3.根据需要尽量排净压载水及保持油舱及管系的清洁

油船在满载条件下,按排放顺序尽量排净压载水以有利于增加货油的载货量,减少自由液面对稳性的影响。由重油改装轻油时,应对通过冲洗和通风使油舱及管系达到清洁状态,以保持新装货油的纯净度。

4.接好地线

装油前要先接地线,后安装输油管臂。为了防止静电及杂散电流,国际、国内有的油码头要求油船靠泊后应在船岸间连接一根接合电缆给静电和电流提供电路，该接合电缆应装置一个封闭式的绝缘开关并在装接地线前，将开关放在“断开”位置，装妥后再将开关放置于“连通”位置。国际油船与油码头安全指南（ISGOTT）、我国油船油码头安全作业规程（GB 18434—2001）及我国油码头安全技术基本要求（GB 16994—2020）均不提倡这种做法，而且为了防止静电和船岸间的杂散电流，要求在岸上的输油管臂上安装绝缘法兰。该法兰是由绝缘垫片、衬套和垫圈组成的连接接头（如图18-5-1所示），用以防止电流在管线、输油管臂间的流动，保证安全。

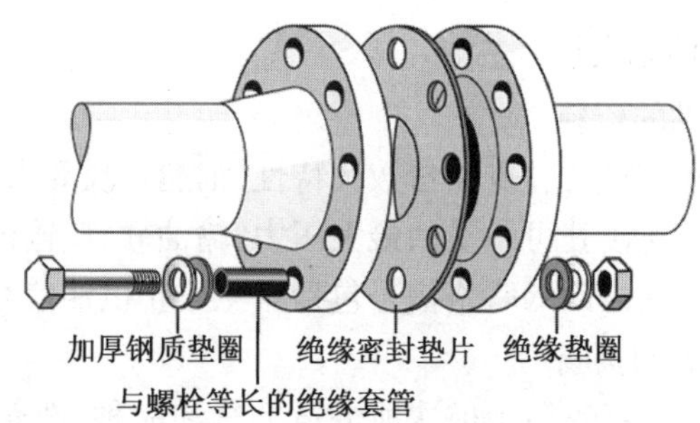

图18-5-1　绝缘法兰示意图

5.连接输油管臂，放好盛油盘和盛油桶

（1）使用前应检查软管

船方有权拒绝使用有任何缺陷的输油软管。软管每年应进行一次压力试验，试验数据应标示在软管上。每次使用前应检查其是否有膨胀、磨损、压扁、泄漏或其他缺陷。

（2）软管连接、起吊和悬挂

软管连接时应谨慎操作。软管不应用力拖拉，不但要防止受到泊位与油船的扭转和挤压，而且应防止弯曲至小于厂家规定的挠曲半径。在软管与泊位或船舶其他结构部件有摩擦及接触的部位应加以防护，同时避免软管与热金属表面接触，如蒸汽管线等。输油软管应有足够的松弛特性，以适应船舶的微小移动。输油软管连接方式如图18-5-2所示。

软管吊起时应绝对避免软管外表面与起吊钢索直接接触，不允许使用软管端头下垂的单点起吊，应采用多点起吊的方式，并使软管具有不小于厂家规定的挠曲半径。对使用悬臂式起货机等单起吊点的情况，整套软管应采用专门的吊索和支架予以支撑，加在货油总管上的重量不得过重。连接好的输油软管应利用适当的方式悬挂起来。

①软管调节

油船随潮汐和装卸货而升降时，应对软管进行相应的调整，避免软管和船舶总管连接处过分受力，发生意外。

②输油臂使用及调节

现在多数的新建油船码头，均使用金属输油臂，在使用时应注意：

a.输油臂应与油船管路成一直线；

b.防止因装卸和潮汐等的影响，使输油臂超过其自由转动限制而造成过载移位；

c.如果装有紧急脱开连接装置，应随时检查，防止发生意外而断开；

d.拆装时应注意防止管内残油流出；

e.船岸接管下方应放置好盛油盘和盛油桶，以收集拆管时滴漏的货油或接头处封闭不严

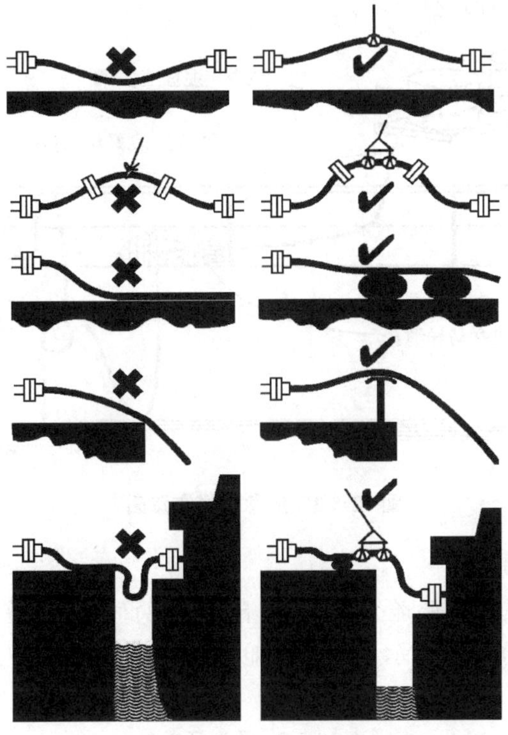

图 18-5-2 输油软管连接方式

而泄漏的货油。

6.防止溢油，备妥消防器材

在装货之前,应把船上所有的甲板排水孔用木塞或水泥堵紧,防止溢油时流出舷外。应关闭通海阀,并始终监视,杜绝货油从通海阀漏出。

装油前,应把消防器材(包括灭火器、锯末、驱油剂等)放在接管处,并在附近接妥两根消防皮龙。

7.接好应急拖缆（防火拖缆）

应急拖缆一般在油船外舷的首、尾部各带一根,一端系固在拖缆桩上,而带有连接眼环的另一端通过导缆器至舷外,且在眼环上系一根引缆回甲板上进行操作,如图 18-5-3 所示。应急拖缆规格尺寸最低标准如表 18-5-2 所示。

表 18-5-2 应急拖缆规格尺寸最低标准表

船舶载重量/t	最小破断拉力 BML/t	拖缆长度/m
20 000 以下	30	25
20 000~100 000	55	45
100 000~300 000	100	60
300 000 以上	120	70

8.悬挂规定的号灯及号型

由于石油及其产品属于危险货物,油船在港期间,应按规定悬挂相应的号灯及号型,通常在白天悬挂“B”旗,夜间悬挂红灯。

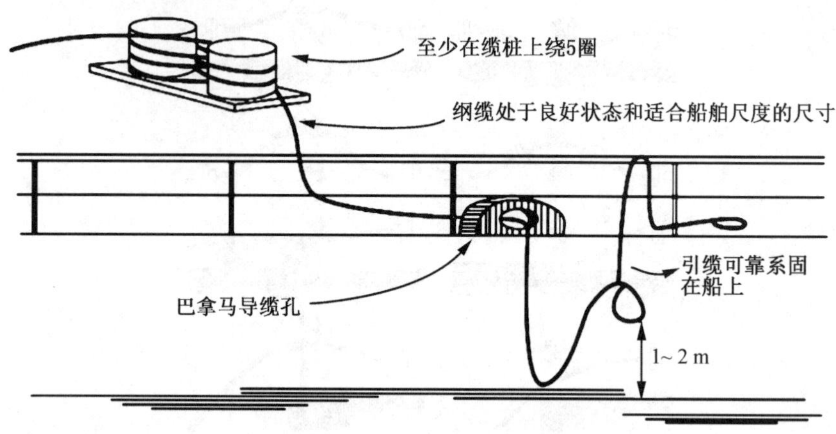

图 18-5-3 应急拖缆布置图

9.会同商检人员进行验舱

大副应陪同商检人员进行验舱工作,验舱合格后由商检人员签发给船上干舱证书(dry certificate),其格式如表 18-5-3 所示。如发现舱内残存货油或水分,要签发 OBQ(on board quantity)和货舱适货证书。

表 18-5-3 干舱证书

DRY CERTIFICATE

M/T:____________ Voyage Number:____________
船名: 航次:
Port:____________ Date:____________
港口: 日期:

DRY CERTIFICATE
(BEFORE LOADING)
干舱证书
(装货前)

The undersigned certifies that the vessels tanks have been inspected and found clean, dry and in good order to receive the designated cargo.
下面署名确认船舶货油舱已检验并发现清洁、干舱、适于接受所承载货物。

Tank No.:____________
检验舱别:
The Terminal Representative:____________ Surveyor:____________
码头代表: 商检:
C/O:
大副:

OBQ 是指装油前留在船舱内及管路系统中可测量的残油物质,包括水、油、油水、油气混合物等。

通常 OBQ 的数量仅包括货油舱底部自由流动的油、水以及残渣,而不考虑舱内壁附着的油泥、沉淀物及管路油泵内自由流动的油和水等。

10.进行船/岸安全检查

船方应派人陪同港方主管人员按照“船/岸安全检查表”的内容对船舶情况进行检查、确认,并由双方主管人员签字。“船/岸安全检查表”共有三部分:A 部分适用于普通散装液体货,即油船、散化船、液化气船必须填写;B 部分为散装液体化学品增加检查项目,散化船应加填该部分;C 部分为散装液化气增加检查项目,液化气船应加填该部分。

三、油船装货作业

油船在装货过程中,通常应注意以下事项:

1.掌握装油速度

装油全过程中应掌握“慢—快—慢”的装油速度。开始送油时速度要慢,检查输油管臂是否有油流入、管线连接处是否有泄漏、货油是否已进入拟装的货舱、泵浦间是否有货油泄漏、船边是否有油迹、透气系统是否处于正常状态等。当检查、确认一切情况正常时,通知岸方加速至双方商定的最大装货速度,为防止静电积聚过多,该速度应加以控制。装油结束前要放慢速度,通知岸方做好准备,及时停泵避免溢油。

国际和国内相关指南和标准均规定,装油开始时的初始速度应不超过 1 m/s,最大作业流速应不超过 7 m/s。

2.注意装油进度，正确换舱操作

装油过程中要经常测定各舱装油进度,避免货油溢出舱外。值班船员应严密监视各舱液位变化,通常每小时记录一次并计算装货速率,每 2 h 实测货舱液位和船舶所配备的固定液位测量系统与装载仪比较。

应按规定的装油顺序进行换舱操作,当进油的一舱接近满舱(距离空当高度约 1 m)时,应及时通舱,避免造成油管爆破事故。

3.严格执行装载计划

装载计划的实施,依赖于船岸双方的协调。在此期间,双方应认真执行装载计划的装舱顺序及装货数量,保证船舶装载过程中各剖面的剪力和弯矩不超出允许的范围。船方应对实施情况给以有效监督。

进行装货作业的同时排放压载舱内的压载水,应尽量将压载水排空,以保证最大装货量。

4.注意装油过程中船舶稳性的变化

船舶稳性报告书通常只提供了船舶到/离港的稳性状态,事实上,在装/卸货或货物内部转驳过程中也可能存在船舶稳性不足的问题。

也可能存在船舶稳性不足的问题。货舱较宽的大型双壳油船在装、卸货油过程中会排放或根据需要打入压载水,在某一时刻压载舱内压载水产生的自由液面和货油产生的自由液面对稳性的影响可能导致 *GM* 值过小或为负值,船舶可能出现短暂的较大横倾,特别是在多数货油舱和压载水并存的状态时,如图 18-5-4 所示。因此应采取相应措施,避免出现此种危险状态。

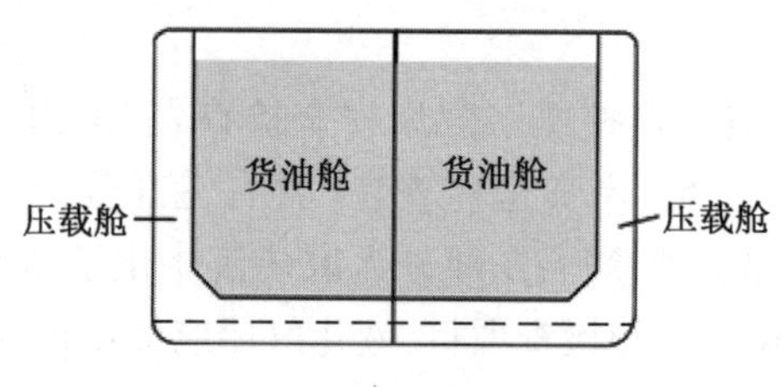

图 18-5-4 自由液面影响

5.调整缆绳

随着船舶吃水的增加,缆绳会出现松弛现象,值班人员应及时调整系岸缆绳,避免船舶外移,拉断或拉裂输油管臂,造成油污事故。

6.意外情况应停止作业

装油或卸油作业时,如遇规定的特殊情况或意外情况,应立即停止作业,并将全部阀门关闭以防发生危险。

7.平舱作业

在进行平舱作业前 10 min 至 0.5 h,船方应通知岸方减速到双方约定的平舱速度,并确认岸方已经减速至平舱速度,关闭其他油舱阀门留待平舱。当装载即将达到规定的空当高度时,应谨慎、正确地操作阀门,通常是先打开下个预定进行平舱作业的油舱的阀门,然后再关闭平舱结束的货舱阀门。平舱时通常一次平一个货舱,最多可同时平两个货舱。平舱的顺序为先边舱,再中舱,为了便于调整吃水差,一般首部和尾部的中舱各留一个最后平舱。平舱时至少应备一个大空距的货舱常开,以防溢油。平舱时要注意观察已平完液货舱的空当是否有变化。

8.扫线

当货油装载结束后,应进行拆管工作。在拆管之前,将进行吹扫输油管线内残油的作业。岸方借助于高压气体向船舶吹管线,一般可分为两种情形:一是在装完货后,只是简单地把输油臂内货油吹向船舶货舱,便于拆管;另一种情形是装完货后,岸上需把货油管内的货油全部吹到船舶货舱内。因此在装货前,大副一定要与码头的装油监督长(loading master)确认装完货后岸上是否吹管线及吹到船上的货油量,防止最后少装货或装不下。

9.拆除地线与输油管臂

装油结束后,应先切断地线的气密开关,然后拆除管臂,最后拆除地线。拆管前应先排除管内的残油,以防止残油泄漏到甲板上。可开启进气阀和排泄管路上的阀,利用岸上的压缩空气将管线内的残油吹入指定的油舱内。

10.货油计量

装货结束后,码头计量人员会同船上工作人员一起测定油舱的空当高度、货油的密度和温度,并按照规定的程序计算货油装载量。货油装载量多使用油舱空当报告书(ullage report)来计算,表 18-5-4 为国际上常用的空当报告书。

表 18-5-4 空当报告书

ULLAGE REPORT										
After LOADING/Before DISCHARGING										
VESSEL'S NAME:		M.T.				VOY No.:				
CARGO GRADE:		BADIN C.O.				PORT :				
A.P.I./60 ℉:		44.5				DATE :				
TANK	OBS	CORR	T.O.V.	FREE WATER		G.O.V.	TEMP	V.C.F.	G.S.V.	METRIC
	ULLAGE	ULLAGE		DIP	VOL			TABLE	60 ℉	
No.	MTRS	MTRS	BBLS	CM	BBLS	BBLS	(℉)	6B	BBLS	TONS
1C	14.00	14.174	3 826.4	Nil	Nil	3 826.4	87.8	0.986 0	3 772.8	481.1
1C	14.00	14.174	3 826.4	Nil	Nil	3 826.4	87.8	0.986 0	3 772.8	481.1
3C	15.00	15.176	1 899.6	Nil	Nil	1 899.6	87.8	0.986 0	1 873	238.9
ULLAGE REPORT										
4C	1.16	1.341	30 342.9	Nil	Nil	30 342.9	87.8	0.986 0	29 918.1	3 815.2
1P	15.00	15.120	764.4	Nil	Nil	764.4	87.8	0.986 0	753.7	96.1
1S	14.00	14.133	1 840.3	Nil	Nil	1 840.3	87.8	0.986 0	1 814.5	231.4
2P	1.16	1.310	23 268.4	Nil	Nil	23 268.4	93.2	0.983 5	22 884.4	2 918.2
2S	1.14	1.290	23 299.8	Nil	Nil	23 299.8	87.8	0.986 0	22 973.6	2 929.6
4P	13.00	13.177	3 145.7	Nil	Nil	3 145.7	87.8	0.986 0	3 101.7	395.5
4S	12.00	12.176	4 336.5	Nil	Nil	4 336.5	89.6	0.985 3	4 272.8	544.9
SP	1.15	1.189	5 539.1	Nil	Nil	5 539.1	87.8	0.986 0	5 461.6	696.5
SS	1.19	1.229	5 523.5	Nil	Nil	5 523.5	91.4	0.984 3	5 436.8	693.3
TOTAL			107 612.9		0.0	107 612.9	88.7	0.985 6	106 035.8	13 521.7
Draft(Meters)			T.O.V.		107 612.9		Vessel's Experience Factor Applied Figures			
Fwd	6.50		Less Free Water		0.0		Vessel's Experience Factor			
Aft	9.30		O.O.V		107 612.9		G.S.V.@ 60 ℉			
Mid			G.S.V.		106 035.8		Metric Tons			
Trim	2.80		Less OBQ		117.52		Long Tons			
			G.S.V. Barrels @ 60 ℉		105 918.3		Bill of Loading Figures			
Ship/Shore Diff			WCF TABLE-13		0.127 52		Gross Barrels @ 60 ℉			
Barrels			WCF TABLE-11		0.125 51		Metric Tons			
% of B/L			Metric Tons		13 506.7		Long Tons			
Ship Great			Long Tons		13 293.8		B.S.&W. Percent			
Remarks:										
CARGO SURVEYOR							CHIEF OFFICER			
Name in Block Letter							Name in Block Letter			

11.油样选取及封存

油船装油时应以适当的方法选取货油样品加以封存。船舶在卸货港卸货前,要选取货油样品进行化验。经过化验后,如果收货人对货油质量没有异议,则开始卸货;如果收货人对货油质量提出异议,则可以开启装船时封存的油样再次进行化验,以判别船方是否在航行中尽到了责任。油样作为质量交接的依据,具有法律效力,所以油样选取和封存应有代表性并应由质量检验机关负责完成,且船方和货方必须共同参与。

(1)油样选取方式

油样选取在装油港通常有两种方法:

①在装油过程中,从油码头装油管道末端的小开关处取样。装油开始取一次,以后每隔1~2 h取一次。

②从油舱中选取油样。一般油船至少要从25%的油舱内选取,其中首部和尾部各占5%,中部占15%。

在卸货港通常采用第二种方法选取油样。

(2)油样封存

已选取的油样经充分搅拌均匀后装入两只容器内,其中一份用船上的火漆密封后交给收货人,作为发货的质量凭证;另一份用发货人的火漆密封后由船方保存,作为船方收货的凭证。

四、油船卸货作业

油船在卸货作业过程中应注意的事项,除同装货过程相同的要求,在某些方面还存在差异,主要体现在以下几方面:

1.计量货油及分析油样

在货物卸载之前,应首先对货舱内进行油品取样分析以判明货物质量,并进行油量计算。在油量计算和油样分析结束前,不得进行卸货作业。

2.安排货油扫舱作业

货油扫舱一般与卸油同时进行。通常先普卸至卸油的1/2左右阶段时开始进入扫舱作业。为了加快卸货速度及便于卸净货油,扫舱时油船应保证较大的尾倾和一定的横倾。

3.进行扫线作业及检查舱底油脚

在扫舱卸油完毕后,利用扫舱泵将主管线、扫舱管线、与喷射泵相连管线中的货油一起扫至岸罐中。扫线完成后,利用顶水法或扫气法将输油管臂内的残油顶到岸上的油罐中去。

大副应会同岸方人员检查油舱是否卸空,签发干舱证书。卸货结束后,若货舱内有残余物(ROB,remainming on board),应按照《MARPOL 73/78》的要求将其记录在货物记录簿上。

ROB指卸货后滞留留在船上的、可测量的油状残留物,包括油泥渣、沉淀物、油、水以及附在舱底的油状残留物。

五、原油洗舱

原油洗舱(crude oil washing,COW)是指利用船上所载货油中的一部分原油作为洗舱介质,在卸货的同时通过洗舱机以较高的压力喷射到货油舱内表面,依靠原油本身的溶解作用,将附着在舱壁、舱底及各构件上的油渣清洗掉,并同货油一起卸到岸上。

根据《MARPOL 73/78》的规定,总载重量 20 000 t 及以上的新建原油船和 40 000 t 及以上的现有原油船应装有原油洗舱系统和备有《原油洗舱系统操作与设备手册》。

原油洗舱具有以下特点:减少残油量;消除油脚,增加载货量;防止海洋污染;减少进坞前海水洗舱时间和费用;卸油时间变长;船员劳动量增加(因为在卸货期间额外增加了原油洗舱作业,所以导致船员的劳动量增加)。

1.原油洗舱方式

原油洗舱主要有两种方式:一段式和多段式。选择哪种方式应以卸油时间延迟最短为准,同时考虑卸货港的受货能力、卸货港的数目、卸货港的顺序及原油洗舱机的型式等来决定。

(1)一段式:指在油舱卸空后,由舱顶洗到舱底,即上部和底部一起连续进行清洗的方式。

(2)多段式:指在卸油作业的同时,随着油舱内液位下降,同时从上部向下部进行清洗的方式。

不管哪种方式,洗舱的顺序都是从最前油舱开始向后洗。

2.原油洗舱注意事项

因为原油洗舱是与卸货同时进行的,所以较海水洗舱而言是一项具有一定危险性的作业,操作者应严格按照相关规范的要求进行。

(1)通常情况下,每个货油舱每四个月进行一次原油洗舱或每航次洗舱的数量为货油舱总数的 1/4。

(2)根据 IMO 的要求,采用原油洗舱的油船必须装设惰气系统(IGS),目的是防止油船因原油洗舱而发生爆炸事故。

(3)进行原油洗舱的油船必须装设固定洗舱机和固定的附属管路,并与货油管系和机器处所隔离。原油洗舱时必须使用上述固定设备,防止因洗舱系统由于承受高压而发生漏油。

(4)原油洗舱不应在装货港和最后的卸货港进行,即不应在压载航行的航次进行。

(5)当决定在卸货港实施原油洗舱后,船长应及早向港方以电报方式申报。申报的内容主要包括:船舶安全构造与设备证书和 IOPP 证书的号码、有效期限和签发地点,主管操作人员的相关信息,船舶具备的经船级社批准的《原油洗舱系统操作和设备手册》等。

抵港后船方应向港方提交一份“原油洗舱与卸货计划”。

(6)原油洗舱应由主管操作人员根据本船《原油洗舱系统操作和设备手册》,并结合本航次货载情况、港口卸货速率、预定洗舱数目及洗舱目的等编制“原油洗舱与卸货计划”,交由船长或监督员审核签字后实施。

(7)原油洗舱主管操作人员一般由持有主管机关签发的“原油洗舱监督员资格证书”的大副或船长担任,当该船主管操作人员不具备任职资格或该船为一艘新接船舶时,船公司或码头应指派一名监督员到船负责指导、监督原油洗舱作业。

其他参与原油洗舱的作业人员,至少应有 6 个月的油船工作经历,而且在船期间,应从事过原油洗舱作业或经过原油洗舱的训练,并熟悉船上《原油洗舱操作和设备手册》的相关内容。

(8)原油洗舱作业开始时间为日出到日落。洗舱油尽可能是新鲜原油,一般应将预定用作洗舱油的油舱卸掉 1 m 深度的货油后使用。

(9)原油洗舱过程中,舱内氧气浓度应始终保持在8%以下,充入的惰气中氧气含量不超过5%。

(10)为防止发生燃烧、爆炸以及保护人身健康,从货油舱放出的气体应尽可能少,以减少油气对大气的污染。

(11)应注意不要因原油洗舱使船体和船上任何设备受到损坏。

(12)原油洗舱过程中如果发生意外情况必须立即中止洗舱作业,若要重新开始,必须确认危险局面已经消除,原油洗舱作业和条件已经恢复,必要时须征得港方的同意。

(13)在进港前、原油洗舱开始前、原油洗舱过程中及原油洗舱结束后这四个阶段,应按照《MARPOL 73/78》及IMO的要求进行安全检查、确认。

六、油船安全防范

为了确保油船安全生产及防止油船对海洋环境的污染,在油船的装卸、运输及洗舱过程中应做好防火、防爆、防毒及防污染工作。

(一)燃爆及中毒防范

1.严禁烟火

禁止外来人员随身携带火种和易燃物品上船;在指定房间内吸烟;厨房不得使用明火;烟囱要定期除灰,防止冒火。

2.防止金属摩擦或碰击发生火花

严禁使用钢丝绳;甲板和泵舱不得使用铁器工具;装卸油或压载水时,禁止在甲板上敲锈;洗舱时洗舱机不能碰击金属舱壁或构件;船上严禁穿带铁钉的鞋。

3.防止电器火花

禁用明火,必须使用防爆式灯具;未经许可不得随意开启电器设备,在装卸、压载、除气作业时,不准进行无线电通信(可收不可发)及禁止电瓶充电。

4.防止静电放电

防止静电放电的措施是减少静电积聚和防止尖端放电。

(1)减少静电积聚的措施:装油前排尽舱内残水;防止油水混合;装卸前接好地线;控制装油速度;切忌采取灌装作业方式;禁止工作人员在装卸油现场穿着和更换尼龙化纤服装;装载挥发性油品时,不用压缩空气将管内残油吹入油舱内(扫线);洗舱时洗舱机接地良好。

(2)防止尖端放电的措施:装油完毕后,应静置10 min,再进行采样、测温、检尺等操作。若油舱容积大于5 000 m^3时,应静置30 min后作业;且必须使用非导电及不吸油和水的量油工具;伸入油舱的金属构件必须与油舱绝缘;消除舱内漂浮的金属物体。

5.防止人员中毒

人员进入油舱或其他封闭场所前要进行彻底通风,并经仪器测定确认舱内氧气浓度足够(一般要在18%以上);下舱工作时,应戴防护手套、口罩,穿工作靴及工作服;进入未经排气的舱内工作,还必须戴好呼吸面具,使用保险带和救生索具。

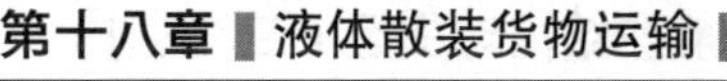

（二）水域污染防范

1.船舶造成海上油污的原因

(1)操作性排油

操作性排油包括向海上排放含油的压载水、含有大量污油的洗舱水和机舱含油污水。

(2)事故性溢油

造成事故性溢油的主要原因包括：

①船体的损坏

由于油船发生搁浅、触礁等海事事故，造成大量货油流入海中。

②装卸设施失效及作业操作失误

油船在装卸过程中，由于气候条件、设备及管系等的技术原因或工作疏忽而造成的跑、冒、滴、漏油事故，导致水域污染。主要包括气候因素、设备因素、油品因素、船员因素等。具体原因可能是：

a.卸油中，海底阀未关或未关。

b.由于输油管系内的压力过高，导致输油软管爆裂或法兰头脱落造成跑油。

若装油刚开始就发生溢油，原因可能是：受油方的进油阀门尚未开启；由于天气寒冷，输油软管中残油冻结；输油管受损或老化，经受不起压力；输油软管法兰头连接不善。若装载过程中，原因可能是盘舱失误。

c.另一舷装油管阀门盲板未关或未关紧造成跑油。

d.油舱或空气管溢油。这种情况常分为满舱溢油和未装满而由空气带出两种。

满舱溢油常见的原因有：供油量超过受油方的申请，造成溢油；受油方值班人员擅离职守；受油方量油不及时，造成满舱；装油中开错或关错阀门，导致满舱溢油；舱容计算错误或油舱中存油测量不准确，造成超量而溢油。

舱未满溢油的原因有：泵压过大，造成气体来不及排出；因船体倾侧，导致量油不准确；空气管堵塞，造成透气不畅；油温太高，油料产生气泡；船员责任心不强，相互间没有良好的联系和沟通。

2.防止船舶污染水域的设置及措施

(1)以公约及法规约束操作性排油

严格执行《MARPOL 73/78》及各国对有关油类和油性混合物的排放规定。

(2)设置船舶、港口接收与处理含油污水的设施和装置

油船应具备的防污染设施及装置包括：

①专用压载舱 SBT(segregated ballast tank)

该舱应与货油及燃油系统完全隔绝并固定用于装载压载水。

②污油水舱

污油水舱是指专用于收集舱柜排出物、洗舱水和其他油性混合物的舱柜。油船应设置足够容量的污油水舱，一般不小于液货舱容积的 3%。

③设置滤油设备及排油监控装置

总吨 400~10 000 的船舶应装有经主管机关认可的、保证排出物含油量不超过 15ppm 的滤油设备。

总吨 10 000 及以上的船舶除滤油设备外,还应装设当排出物的含油量超过 15ppm 时能报警并自动停止排放的装置。

④原油洗舱(COW)系统

(3)防止操作性排油及事故性溢油

①防止操作性排油措施

a.使用专用压载舱和清洁压载舱(clean ballast tank,CBT):清洁压载舱是现有油船作为专用压载舱的临时替代措施。该舱是指船舶在营运中根据船型、航区特点及吃水要求,划定的某几个经清洗后专门用来装载清洁压载水的货油舱。

清洁压载水是指这样一个舱内的压载水,该舱自上次装油后经清洗到若在晴天从一静态船舶将该舱中的排出物排入清洁而平静的水中,不会在水面或邻近的岸线上产生明显的痕迹,或形成油泥或乳化物沉积于水面以下或邻近的岸线上。如果压载水是通过经主管机关认可的排油监控系统排出的,而根据这一系统的测定查明该排出物的含油量不超过 15ppm,则尽管出现有明显的痕迹,仍应确定该压载水是清洁的。

b.采用装于上部法(load on top,LOT):是指油船卸油后,直接向未经清洗的油舱内打入压载水,在压载航行中将货油舱底部含油量较低的压载水排放入海,将剩余的含油量较高的压载水和洗舱水集中到污油舱中。经静置后,靠自然的重力达到油水分离,再将含油量低于100ppm的水排出舷外。经过两三次静置处理后剩下的含油量高的污油水保留在污油舱内,在装货港将货油直接装在它的上部,一起在卸油港卸掉。

c.采用原油洗舱法。

d.在装油港把污油水排到岸上的污油处理中心,在卸油港洗舱后打入清洁压载水。

②防止事故性溢油

a.油船设置双层底和双层侧壁,在船体外板或船底损坏后,避免货油溢出。

b.设置专用压载舱保护位置(segregated ballast tank/protection location,SBT/PL):它将专用压载舱合理地布置在船体易损坏的部位,当油船发生事故时,它能最大限度地起到保护油舱的作用,它同专用压载舱是一个整体,也是双层底的一种替代措施。

c.正确进行装卸油、加油及驳油作业,防止货油的跑、冒、滴、漏。

d.谨慎驾驶,避免碰撞或触礁等事故的发生。

3.污染事故的处理

(1)污染事故报告

①国际公约要求:

a.发生或可能发生排油船的船长或其他人员,应及时将该事件报告给最近的沿岸国主管机关。

b.船长或船上其他人员发现其他船舶或海上平台排油,或发现海面出现油渍,应及时报告最近的沿岸国主管机关。

②按我国《防止船舶污染海域管理条例》,船舶在我国管辖的海域发生污染事故,应尽快向就近的海事局报告,在船舶进入第一港口后,应立即向海事局提交报告书,并接受调查处理。

③船长在向主管部门报告的同时,也应尽快向会员公司和中国船东互保协会报告,报告的内容包括:发生污染事故的时间、地点及事故发生前后附近海域气象、潮流等;货油/燃油的名称、特性;跑油或误排油数量以及污染情况;污染的范围、污染程度及采取的措施;船舶及当地

代理的联系方式等。

(2)污染控制

①船舶发生污染事故后,应迅速有效地向主管部门报告,并立即采取控制和消除污染的有效措施,将污染损害降至最低程度。

②本船造成污染事故,船长应当立即指示有关船员,按溢油应变部署表中规定的职责,防止污染扩散,清除、回收污染物。如属于严重污染事故,中国船东协会将派员或聘请专业人员、律师赴现场协助处理。

(3)消除污染的方法

消除污染的方法主要有围栏法、燃烧处理法、化学处理法和生物处理法。

①围栏法

用围栏设备将海面浮油阻隔起来,以防油面蔓延,然后用吸油设备把浮油吸回。它适用于少量油污染事故。

②燃烧处理法

燃烧处理法是将水面溢油通过燃烧来减少存在于水域的溢油量,它适用于大量溢油事故。

③化学处理法

化学处理法即使用消油剂来处理溢油。

④生物处理法

生物处理法是利用天然存在的微生物具有较大的氧化和分解石油的能力来消除浮油的方法。它适用于被污染的海岸和水域的净化和复原。

第六节　散装液体化学品运输

为了保证安全及促进散装液体化学品的海上运输,使其对船舶、船员及环境所造成的危险降至最低,IMO 制定了相关规则和公约,为散装液体化学品的安全载运提供一个国际标准。主要包括:

(1)《国际散装运输危险化学品船舶构造及设备规则》(简称《IBC 规则》,适用于 1986 年 7 月 1 日或以后建造的散装化学品船)。

(2)《散装运输危险化学品船舶构造及设备规则》(简称《BCH 规则》,适用于 1986 年 7 月 1 日前建造的散装化学品船)。

(3)《MARPOL 73/78》附则Ⅱ“防止散装有毒液体物质污染规则”。

此外,中国船级社(CCS)依据《IBC 规则》制定了《散装运输危险化学品船舶构造及设备规范》(简称《散化船规范》)。

一、《IBC 规则》

IMO 海上安全委员会(MSC)第 101 届会议(2019 年 6 月 5 日—14 日)和海洋环境保护委员会(MEPC)在其第 74 届会议(2019 年 5 月 13 日—17 日)上分别以 MSC.460(101)号和

MEPC.318(74)号决议批准了《国际散装运输危险化学品船舶构造及设备规则》修正案，并于2021年1月1日生效。

现行的《IBC规则》在SOLAS 1974和MARPOL 73/78下均为强制性规定，适用于各种尺度(包括总吨小于500)从事散装运输危险化学品或有毒液体物质的船舶；但不包括载运石油或下列类似易燃货物的船舶：

(1)具有重大火灾危险性的货物，其危险程度超过石油产品和类似的易燃货物；

(2)除具有易燃性外，还有其他重大危险性的货物，或虽然没有易燃性但有其他重大危险性的货物。

规则共21章，涵盖了船舶残存能力要求和液货舱位置的设计标准，船舶布置和货物围护系统，货物驳运要求，船舶构造、防护衬垫及涂层材料标准，货物温度控制和液货舱透气、除气要求，船舶设备配置及检查标准，人员保护和安全操作要求，适用的货物清单及运输注意事项，运输货物索引等内容。

其所列的液体是指在温度为37.8 ℃时，其蒸气压力不超过0.28 MPa绝对压力的散装液体，具体货物名称列入规则第17章(最低要求一览表)和第18章(不适用规则的货物清单)，其中第17章中的散装液体化学品包括具有安全危害性的货物、具有污染危害性的货物及同时具有安全危害性和污染危害性的货物，共800种；第18章中的散装液体化学品包括经审查并确定其安全性和污染危害性尚不足以列入规则适用范围的液体物质，共32种。

第17章最低要求一览表共包括16栏，见表18-6-1。

表18-6-1　最低要求一览表部分内容

No.	a	c	d	e	f	G	h	i′	i″	i‴	j	k	l	n	o
711	蜡 Waxes	Y	P	2	2G	Open	No	–	–	Yes	O	No	AB	No	15.19.6,16.2.6
712	白节油，低于(15%~20%)芳香物 White spirit, low (15%~20%) aromatic	Y	P	2	2G	Cont	No			No	R	F	A	No	15.19.6,16.2.6
713	二甲苯 Xylenes	Y	P	2	2G	Cont	No			No	R	F	A	No	15.19.6,16.2.6
714	二甲苯/乙苯(10%或以上)混合物 Xylenes/ethy7lbenzene (10% or more) mixture	Y	P	2	2G	Cont	No	–	–	No	R	F	A	No	15.19.6
715	二甲苯酚 Xylenol	Y	S/P	2	2G	Open	No		ILA	Yes	O	No	AB	No	15.19.6,16.2.6
716	烷基锌二硫代磷酸盐(C7~C16) Zinc alkaryl dithiophosphate (C7-C16)	Y	P	2	2G	Open	No			Yes	O	No	AB	No	15.19.6,16.2.6
717	烷基锌甲酰胺 Zinc alkenyl carboxamide	Y	P	2	2G	Open	No			Yes	O	No	AB	No	15.19.6,16.2.6

表中栏目的注释如下：

(1)No.栏：所列货物序号

(2)a栏：货物名称

(3)b 栏:联合国编号(已删除)

(4)c 栏:污染类别

字母 X、Y 或 Z 是指按防污公约附则Ⅱ所确定的每一货物的污染类别

(5)d 栏:危害性

S 指本规则所包括的具有安全危害性的货物

P 指本规则所包括的具有污染危害性的货物

S/P 指本规则所包括的同时具有安全危害性和污染危害性的货物

(6)e 栏:船型

其中的数字 1、2、3 分别代表代表 1 型船、2 型船和 3 型船

(7)f 栏:舱型

舱型代表数码分别表示:1—独立液货舱;2—整体液货舱;G—重力液货舱;P—压力液货舱

(8)g 栏:液货舱透气

栏中,Cont.为控制式透气,Open 为开式透气

(9)h 栏:液货舱环境控制

其中,Inert—惰性法;Pad—用液体或气体作隔绝的方法;Dry—干燥法;Ven—自然或强力通风法;No—规则无特殊要求。

(10)i 栏:电气设备

本栏细分为:i′—温度等级 ;i″—设备分类 ;i‴—闪点,其中:Yes 代表闪点超过 60 ℃、No 代表闪点不超过 60 ℃,NF 代表非易燃货物

(11)j 栏:测量

测量方式包括:O—开式测量;R—限制式测量;C—闭式测量

(12)k 栏:蒸气探测

F:易燃蒸气;T:有毒蒸气;No:规则无特殊要求

(13)l 栏:防火。A:抗乙醇泡沫;B:普通泡沫,包括所有非抗乙醇泡沫,其中包括氟化蛋白质和水膜泡沫(AFFF);C:水雾;D:化学干粉;No:规则无特殊要求

(14)m 栏:构造材料(已删除)

(15)n 栏:应急设备

Yes:见规则第 14.3.1 款;No:规则无特殊要求

(16)o 栏:特殊要求及操作要求

当专门参照第 15 章(特殊要求)和/或 16 章(操作要求)时,这些要求应为任何其他栏内的附加要求。

第 18 章是不适用规则的货物清单,具体内容见表 18-6-2。

表 18-6-2 不适用规则的货物清单部分内容

序号	货物名称	污染类别
1	丙酮 Acetone	Z
2	含酒精饮料,n.o.s Alcoholic beverages,n.o.s	Z
3	苹果汁 Apple juice	OS
4	正-丁醇 n-Butyl alcohol	Z
5	仲-丁醇 sec-Butyl alcohol	Z
6	黏土泥浆 Clay slurry	OS

二、散装液体化学品

散装液体化学品主要包括石油化工产品、煤焦油产品、碳水化合物的衍生物（糖蜜与酒精制品，动、植物油）、强化学剂等。

1.特性及危险性

散装液体化学品具有多种理化特性，其中可能具有一种或多种危险特性，如易燃性、毒害性、腐蚀性和反应性及对环境所带来的危害。

（1）易燃性

散装液体化学品通常都具有易燃性，可用闪点、燃点、自燃点、沸点（汽化点）及可燃范围来衡量。

（2）毒害性

散装液体化学品的毒害性将会造成人员由于直接接触而产生的健康危害性，或由货品溶于水中或混入空气中造成间接接触而产生的水污染或空气污染的危害性。直接接触毒害性可用半数致死量 LD_{50} 及半数致死浓度 LC_{50} 来衡量；间接接触毒害性可用紧急暴露限值 EEL（指一次临时性接触的允许浓度）、货品的水溶性、挥发性等来衡量。

对海洋污染危害性包括：生物积聚性造成危害，缺乏生物易降解性造成危害，对水中有机体的急性毒性作用，对水中有机体的慢性毒性作用，对人类健康具有长期的不利影响，引起货物漂浮或下沉的物理特性并因此造成对海洋生物的不利影响。

（3）腐蚀性

部分散装液体化学品具有很强的腐蚀性，不仅与人体皮肤接触会造成严重损伤，而且对货舱结构材料也有严重的腐蚀作用。货舱结构通常采用不锈钢材料，不能使用黄铜、青铜或铝等材料。

（4）化学反应性

散装液体化学品的化学反应性主要包括自身的分解、聚合、氧化、腐蚀反应并产生毒气和大量热量，与水发生反应，与空气发生反应，与其他化学品发生反应作用等。

（5）黏度大，凝点高

部分货品装卸时需要加温降低黏度，保证货物顺利装卸，减少卸货后的残余量。但加温应适当，以防止加温过高产生气阻，导致流速降低。

（6）具有热敏感性

有的化学品因受热会发生氧化、老化等反应而变质，如鱼油、糖浆、豆油等会因过热变质而影响品质。

（7）忌杂质

液体散装化学品在使用过程中对纯净度有严格的要求，如果被杂质污染，则会导致货品丧失使用价值。

2.散装液体化学品分类

（1）MARPOL 73/78 中的类别划分

MARPOL 73/78 附则Ⅱ“防止散装有毒液体物质污染规则”中，根据散化品的毒性和操作

排放对环境污染造成的影响将其分为 4 大类:

①X 类

X 类指排放入海后将会对海洋资源或人类健康造成严重危害的有毒液体物质,因此有必要严禁将此类物质排入海洋环境。

②Y 类

Y 类指排放入海后将会对海洋资源或人类健康造成严重危害或对舒适性或其他合法利用海洋造成损害的有毒液体物质,因此有必要对排入海洋环境的此类物质的质量加以限制。

③Z 类

Z 类指排放入海后将会对海洋资源或人类健康造成较小的危害的物质,因此有必要对排入海洋环境的此类物质的质量加以限制。

④OS 类

《IBC 规则》第 18 章污染类栏中所示的物质 OS 经评估后发现其并不属于 X 类、Y 类或 Z 类,将其排入海中后不会对海洋资源或人类健康造成危害或不会对舒适性或其他合法利用海洋造成损的物质,因此排放含有 OS 类物质的舱底污水、压载水其他残余物或混合物不受附则Ⅱ和《IBC 规则》要求的约束。

(2)美国海岸警卫队(USCG)按化学反应性的分类

美国海岸警卫队根据散装液体化学品的反应性不同,将其分为 5 类:

①0 类

0 类指几乎不发生反应的物质,但在某种条件下能与 4 类物质反应,如饱和烃等。

②1 类

1 类指仅与 4 类物质反应的液体化学品,如芳香烃、烯烃、醚和酯等。

③2 类

2 类指不能与 0 类和 1 类物质反应,或本类物质不能互相反应,但能与 3 类和 4 类物质反应的液体化学品,如醇、酮、聚合物等。

④3 类

3 类指能与 2 类和 4 类物质反应,且本类化学品能相互反应的液体化学品,如有机酸、液氨、环氧衍生物等。

⑤4 类

4 类指本类化学品可以相互反应,并能与所有其他类的化学品反应的液体化学品,如无机酸、强碱、磷、硫等。

(3)美国海岸警卫队(USCG)按化学相容性的分类

根据散装液体化学品的相容性,将其分为 36 类,1~22 为反应类,30~43 为相容类,如表 18-6-3 所示;并编制了货物相容性表,如表 18-6-4 所示。

表 18-6-3 散装液体化学品分类表

反应类		相容类	
1	非氧化性无机酸	30	烯烃
2	硫酸	31	链烯烃
3	硝酸	32	芳香烃
4	有机酸	33	其他烃类混合物
5	苛性碱	34	酯
6	氨	35	卤代乙烯
7	脂肪胺	36	卤代烃
8	醇胺	37	腈
9	芳香胺	38	二硫化碳
10	酰胺	39	硫醚,二硫化物
11	有机酸酐	40	乙二醇醚
12	异氰酸盐	41	醚
13	醋酸乙烯酯	42	硝基化合物
14	丙烯酸盐	43	其他水溶液
15	烯丙基类取代物		
16	烷撑氧化物		
17	表氯代醇		
18	酮		
19	醛		
20	醇,乙二醇		
21	酚,甲酚		
22	已内酰胺溶液		

表 18-6-4 货物相容性表

	1	2	3	4	5	6	7	8	9	10	11	12	13	14	15	16	17	18	19	20	21	22
1		×			×	×	×	×	×	×	×	×	×			×	×		A	E		
2	×		×	×	×	×	×	×	×	×	×	×	×	×	×	×	×	×	×	×	×	×
3		×			×	×	×	×	×	×	×	×	×	×	×	×	×	×	×	×	×	
4		×			×	×	×	×	C			×				×	×			F		
5	×	×	×	×							×	×				×	×		×	×	×	×
6	×	×	×	×						×	×	×	×			×	×		×			
7	×	×	×	×							×	×	×	×	×	×	×	×	×	×	×	×
8	×	×	×	×							×	×	×	×	×	×	×	B	×			
9	×	×	×	C							×	×							×			
10	×	×	×			×						×									×	
11	×	×	×		×	×	×	×	×													
12	×	×	×	×	×	×	×	×	×	×					D					×		×
13	×	×	×			×	×	×														
14		×	×				×	×														
15		×	×			×	×				D											
16	×	×	×	×	×	×	×	×														
17	×	×	×	×	×	×	×	×														
18		×	×			×	B															
19	A	×	×		×	×	×	×	×													
20	E	×	×	F	×		×					×										
21		×	×		×		×			×												
22		×			×		×					×										
30		×	×																			
31																						
32			×																			
33			×																			
34		×	×																			
35			×																			×
36		G	×		H		I															
37		×																				
38							×	×														
39																						
40		×										×										
41		×	×																			
42					×	×	×	×	×													
43		×																				

注：“×”为两者不相容；空格为两者可以装载；以下为反应性有偏差的注解：

A 丙烯醛(19)、丁烯醛(19)和2-乙基-3-丙基丙烯醛(19)与第1类非氧化性无机酸不相容；

B 异佛尔酮(18)和甲基异丁烯基酮(18)与第8类醇胺不相容；

C 丙烯酸(4)与第9类芳香胺不相容；

D 烯丙基醇(15)与第12类异腈酸酯不相容；

E 呋喃甲醇(20)与第1类非氧化性无机酸不相容；

F 呋喃甲醇(20)与第4类有机酸不相容；

G 二氯乙醚(36)与第2类硫酸不相容；

H 三氯乙烯(36)与第5类苛性碱不相容；

I 乙二胺(7)与二氯乙烯不相容。

三、散装液体化学品船

《IBC规则》中，散装液体化学品船是指建造或改建成用于散装运输本规则第17章所列任何液体货物的货船(简称“散化船”)。

本规则适用的船舶，应能承受某种外力作用下船体遭受假定破损后浸水的正常影响。此外，为了保护船舶和周围环境，船舶的液货舱应加以保护，以防船舶与码头或拖船等接触后产生较小破损而引起渗漏，并且应采取保护措施以防止船舶碰撞或触礁而引起破损，即把液货舱布置在船内距船体外板不小于规定的最小距离处。假定的破损以及液货舱与船体外板之间的距离，均取决于所装货物的危险程度。假定的最大破损范围见表18-6-5。

表18-6-5 散化船假定破损范围表

<table>
<tr><td rowspan="3">舷侧破损</td><td>纵向范围</td><td colspan="2">$L^{2/3}/3$ 或 14.5 m，取小者</td></tr>
<tr><td>横向范围</td><td colspan="2">$B/5$ 或 11.5 m，取小者(在夏季载重水线平面上从舷侧沿垂直于船体中心线的方向向船内量取)</td></tr>
<tr><td>垂向范围</td><td colspan="2">向上没有限制(从中心线的船底外板型线量起)</td></tr>
<tr><td rowspan="4">船底破损</td><td></td><td>距船舶首垂线 $0.3L$ 范围内</td><td>船舶的其他部位</td></tr>
<tr><td>纵向范围</td><td>$L^{2/3}/3$ 或 14.5 m，取小者</td><td>$L^{2/3}/3$ 或 5 m，取小者</td></tr>
<tr><td>横向范围</td><td>$B/6$ 或 10 m，取小者</td><td>$B/6$ 或 5 m，取小者</td></tr>
<tr><td>垂向范围</td><td>$B/15$ 或 6 m，取小者(从中心线的船底外板型线量起)</td><td>$B/15$ 或 6 m，取小者(从中心线的船底外板型线量起)</td></tr>
</table>

1.船舶类型

根据所运输散装液体化学品的危险程度，散化船分为以下三种类型：

(1)1 型船舶

1 型船舶用于运输对环境或安全有非常严重危险的散化品，该船型的结构要求能够经受最严重的破损，并需要用最有效的预防措施来防止货物的泄漏。因此1型船的液货舱舱壁与船外板之间要求的间隔距离最大，左右间距不小于 $B/5$ 或 11.5 m，取小者；下边与船底板的间距不小于 $B/15$ 或 6 m，取小者；离船体外壳的任何位置处的距离都不得小于 760 mm，如图18-6-1(a)所示。

(2)2 型船舶

2 型船舶用于运输对环境和安全有相当严重危险的货物的化学品船,它需要用有效的预防措施来防止泄漏。因此 2 型船舶的液货舱舱壁与船舶的外板之间,左右间距不小于 760 mm;下边与船底板的间距不小于 *B*/15 或 6 m,取小者;离船体外壳的任何位置处的距离都不得小于 760 mm,如图 18-6-1(b)所示。

(3)3 型船舶

3 型船舶用于运输中对环境或安全有足够严重危险的货物的化学品船,它需要用中等程度的围护来增加破舱条件下的残存能力。船上液货舱的位置没有特殊要求,基本上与油船相同,如图 18-6-1(c)所示。

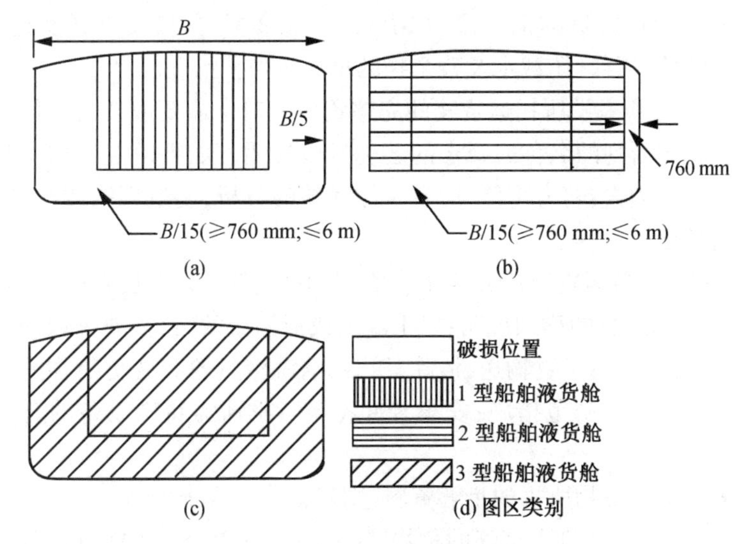

图 18-6-1　散化船类型

2.液货舱类型

根据《IBC 规则》的规定,散化船液货舱的种类从与船体结构的关系及舱顶设计表压力的不同分为两组。

(1)按液货舱与船体结构的关系划分

按与船体结构的关系,散化船液货舱分为独立液货舱和整体液货舱。

①独立液货舱

独立液货舱指不与船体结构相连接或不是船体结构的组成部分的货物围护容器。建造和安装独立液舱是为了在所有可能的时刻,能够将因相邻船体机构的应力或移动对液货舱所造成的应力消除或降至最小。独立液舱对船体结构的完整性不是必需的。

②整体液货舱

整体液货舱是指构成船体结构的一部分的货物容器,且以相同方式与邻近的船体结构一起承受相同的载荷。它对船体结构的完整性是必需的。

(2)按舱顶设计表压力划分

根据舱顶设计表压力大小,散化船液货舱分为重力液货舱和压力液货舱。

①重力液货舱

重力液货舱指舱顶设计压力不大于 0.07 MPa 的液货舱。它既可以是独立液货舱,也可以是整体液货舱。对重力液货舱的建造和试验应按照认可的标准，且应考虑货物的载运温度和相对密度。

②压力液货舱

压力液货舱指舱顶设计压力大于0.07 MPa的液货舱。它只能是独立液货舱，对其结构的设计应按照经认可的对压力容器的设计标准。

四、散装液体化学品装运要求

(1)散化船应具备规定的适装条件，持有有效地满足《IBC规则》要求的"国际散装运输危险化学品适装证书"(COF)、货物记录簿(CRB)等有关文书，并按要求如实记录有毒货物装卸、转驳，液货舱的洗舱、压载、压载水及残余物的排放等作业情况。

(2)承运前，货主必须提供所托运货物的完整资料。对于需要散装的任何货物，应在运输文件上用《IBC规则》中所列的名称或暂定的名称予以标明。如果是混合物，则还应标明使货品产生危害的主要危险因素；若有可能，应有一份完整的分析，制造厂家或经主管机关认可的专家对此分析进行核证。

(3)船上应备有安全载运货物所必需的资料，以供一切有关人员查阅。如所载运货物的物理化学性质(包括反应性)的详细说明；发生溢出或泄漏事故时，需要采取的措施；对各种货物的相应消防程序和灭火剂；货物输送、清除、压载、清洗液货舱和变更货物的程序；防止人员由于意外接触而造成伤害的防范措施；安全装卸特定货物所需特殊设备的有关资料；应急措施等。

如果得不到安全运输货物所需的足够资料，则对该货物应予拒运。

(4)凡是放出察觉不到的剧毒蒸气的货物，除非在货物中放入了能觉察到的添加剂，否则一概予以拒运。

(5)对于易改变形态或化学特性的散装液体化学品，应加入稳定剂延缓反应速率、保持化学成分平衡、防止氧化、保持颜色和其他成分的乳化状态或防止胶状颗粒受到冲击。对于托运人在托运时加入稳定剂的货品，托运人应提供稳定剂证书。

(6)装货前，应对液货舱进行环境控制。其方法有：

①惰化法：用不助燃也不与货物反应的气体或蒸气充入液货舱及其管系、液货舱周围空间，并维持这种状态。

②隔绝法：将液体、气体或蒸气充入货物系统，使货物与空气隔绝。

③干燥法：将无水气体或在大气压力下其露点为-40 ℃或更低的蒸气充入液货舱及其管系。

④通风法：进行强制通风或自然通风。

(7)各舱装货量不超出其最大允许载货量：1型船舶的任一液舱所装货物数量不得超过1 250 m^3；2型船舶的任一液舱所装货物数量不得超过3 000 m^3；液货舱在环境温度下载运散装液体化学品，应考虑所装的货物所能达到的最高温度，以避免在航行期间液货舱被液体胀满。

(8)装卸开始时应以低速进行(1 m/s以下)，待经检查确认作业正常后才能按正常流速进行装卸。为防止产生静电，装卸的正常流速应限制在3 m/s以下。

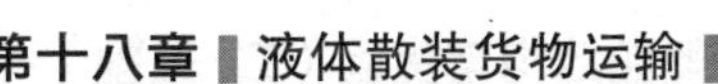

(9)当风速超过 1.5 m/s、浪高超过 1.5 m 时,不得进行靠泊和装卸作业。

(10)装卸前准备好应急缆,置放危险标志,与其他船舶保持 30 m 以上的安全距离。

(11)散化船在装卸散装液体危险化学品期间禁止进行以下作业:

①检修和使用雷达、无线电发射机和卫星导航仪;

②从事可能产生火星的作业及明火作业;

③供受油(水)作业;

④进行吊运物件及其他影响安全的作业;

⑤其他影响船舶靠离泊及船舶、装卸货安全的作业。

(12)为保护从事装卸作业的船员,船上应有合适的保护安全设备,包括大围裙、有长袖的特别手套、适用的鞋袜、用抗化学性材料制成的连衣裤工作服和贴肉护目镜或面罩、自给式空气呼吸器、防爆灯具等。用于保护人体的衣服和设备应围罩人体全身皮肤,使全部人体受到保护。保护安全设备应放置在易于到达的专用储存柜内。进入作业现场的船员,应按照规定穿戴防护服和配置安全设备。

(13)2007 年 1 月 1 日或以后建造的散化船,经排放压载以后的舱内或有关管系内的残留物的最大允许残留量,对 X、Y 和 Z 类物质均为 75 L。

(14)散化船在港期间进行洗舱、污水排放、冲洗甲板、驱气等可能导致污染的操作,均需向主管机关提出申请,批准后方可作业。

(15)船方应逐项检查并填写“船/岸安全检查项目表”中的 A 部分和 B 部分。

(16)按照规定的计量方法进行货物计量。

第七节 散装液化气体运输

为确保海上运输散装液化气体的安全,将其对船舶、船员及环境所造成的危险降至最低程度,IMO 和散装液化气体运输国主管机关制定了相关规则和公约,主要有:

《国际散装运输液化气体船舶构造及设备规则》,简称《IGC 规则》,适用于 1998 年 7 月 1 日或以后建造的液化气体船舶;

《散装运输液化气体船舶构造及设备规则》,简称《GC 规则》,适用于 1998 年 7 月 1 日前建造的散装化学品船。

此外,中国船级社(CCS)依据《IGC 规则》制定了《散装运输液化气体船舶构造及设备规范》(简称《液化气船规范》)。

一、《IGC 规则》

IMO 海安会第 102 次会议于 2020 年 11 月 11 日以 MSC.476(102)号决议通过了《国际散装运输液化气体船舶构造及设备规则》修正案,并于 2024 年 1 月 1 日生效。

现行的《IGC 规则》在 SOLAS 1974 下为强制性规定,适用于各种尺度(包括总吨 500 以下)从事散装运输本规则第 19 章所列的温度为 37.8 ℃时,其蒸气压力超过 0.28 MPa 绝对压力的液化气体和其他货物的船舶。

《IGC 规则》共 19 章，涵盖了船舶残存能力要求和液货舱位置的设计标准，船舶布置和货物围护系统，处理用受压容器及液体、蒸气和压力管路系统的设计要求，货物驳运要求，船舶构造材料标准，货物压力、温度控制及透气系统要求，船舶设备配置及检查标准，人员保护和安全操作要求，液货舱充装极限，用货物作燃料的要求及最低要求一览表等内容。

其中，第 19 章为最低要求一览表，表中共列出了 37 种液化气体。一览表共有 15 栏，见表 18-7-1。

表中各栏的内容是：

（1）a 栏：货物名称

（2）b 栏：联合国编号

（3）c 栏：船型

（4）d 栏：是否要求独立 C 型液舱

（5）e 栏：液货舱内蒸气空间的控制、干燥或惰化

（6）f 栏：要求的蒸气探测

F——易燃蒸气的探测；T——有毒蒸气的探测；O——氧气分析仪；F+T——易燃和有毒蒸气探测。

（7）g 栏：测量

指所许可的测量类型，类型 I：规则 13.2.2（1）和 13.2.2（2）中所述的间接型或封闭型；类型 C：规则 13.2.2（1）、13.2.2（2）和 13.2.2（3）中所述的间接型或封闭型；类型 R：规则13.2.2（1）、13.2.2（2）、13.2.2（3）和 13.2.2（4）中所述的间接型、封闭型或限制型。

（8）h 栏：医疗急救指南（MFAG）表号

任何所列货物在低温运输时可能发生霜冻，MFAG620 是适用的。

（9）CCSj 栏/CCSk 栏：相对密度 *K*

给出的数据表示货物液态/蒸气相对水或空气的可能最大相对密度参考值。未列出者表示货物资料附件中没有提供相对密度值。在所有情况下，应依制造厂提供的货物相对水或空气的密度资料为准。

（10）CCSl 栏：沸点（℃）

给出的数据表示货物可能的最低沸点参考值，未列出者表示货物资料中沸点不确定。在所有情况下，应依制造厂提供的货物沸点资料和载运要求为准。

（11）CCSm 栏：临界温度（℃）

给出的数据表示货物可能的最高临界温度参考值，未列出者表示货物资料中临界温度不确定。在所有情况下，应依制造厂提供的货物临界温度资料和载运要求为准。

表 18-7-1 最低要求一览表部分内容

序号	a	b	c	d	e	f	g	h	i	CCSj	CCSk	CCSl	CCSm
	货物名称	联合国编号	船型	要求C型独立液货舱	液货舱内蒸气空间的控制	蒸气探测	测量	医疗急救指南表(MFAG)编号	特殊要求	液体相对密度在大气压力沸点下 $K_{水}=1$	气体相对密度 $K_{空气}=1$	沸点/℃	临界温度/℃
1	乙醛 Acetaldehyde	1089	2G/2PG	/	惰化	F+T	C	300	14. 4. 3;14. 4. 4;17. 4. 1;17. 6. 1	0. 7827	1. 52	2. 08	
2	氨;无水的 Ammonia anhydrous	1005	2G/2PG	/	/	T	C	725	14. 4. 2;14. 4. 3;14. 4. 4;17. 2. 1	0. 683	0. 597	-33. 4	132. 4
3	丁二烯 Butadiene	1010	2G/2PG	/	/	F+T	R	310	17. 2. 2;17. 4. 2;17. 4. 3;17. 6;17. 8	0. 653	1. 88	-5. 0	161. 8
4	丁烷 Butane	1011	2G/2PG	/	/	F	R	310		0. 600	2. 09	-0. 5	153
5	丁烷/丙烷混合物 Butane-propane mixtures	1011/1978	2G/2PG	/	/	F	R	310					
6	丁烯 Butylene	1012	2G/2PG	/	/	F	R	310		0. 624	1. 94	-6. 1	146. 4
7	氯 Chlorine	1017	1G	是	干燥	T	I	740	14. 4;17. 3. 2;17. 14;17. 5;17. 7	1. 56	2. 49	-34	144
8	二乙醚 Diethyl ether	1155	2G/2PG	/	惰化	F+T	C	330	14. 4. 2;14. 4. 3;17. 10;17. 11				
9	二甲基胺 Dimethyl amine	1032	2G/2PG	/	/	F+T	C	320	14. 4. 2;14. 4. 3;	0. 6615	1. 55	6. 8	
10	乙烷 Ethane	1961	2G	/	/	F	R	310		0. 540	1. 048	-88. 6	32. 1
11	氯乙烷 Ethyl chloride	1037	2G/2PG	/	/	F+T	R	340		0. 9	2. 2	12. 3	

二、液化气体

液化气体包括液化石油气、液化天然气和液化化学气。

1.液化气体特性及危险性

(1)易燃易爆性

液化气体沸点低、挥发性大,一旦泄漏,其危险性比石油类物质更大,所以液化气必须在其可燃范围以外的状态下运输和装卸。

(2)毒害性

液化气体的蒸气与人的皮肤、眼睛接触或被人体吸入会引起中毒。

(3)腐蚀性

有的液化气本身具有腐蚀性,有的液化气能与容器、船体材料及其他物质发生反应产生不同程度的腐蚀性。腐蚀性不仅对人体有害,而且还会对船体机构产生损伤。

(4)化学反应性

化学反应性包括货物自身的分解、聚合反应,货物与水的反应,货物与空气的反应,货物与货物之间的反应,货物与冷却介质之间的反应,以及货物与船体材料之间的反应。

(5)低温和压力危险性

低温运输液化气时,低温会对船体、设备造成脆性破坏,对人员则会有冻伤的危害。

2.液化气分类

(1)按液化气的主要成分划分

液化气按主要成分可分为:

①液化石油气(LPG):其主要成分为丙烷和丁烷。

②液化天然气(LNG):其主要成分为甲烷。

③液化化学气(LCG):其主要成分除了碳氢化合物外,还有氧化丙烯和聚氯乙烯单体等。

(2)按液化气的沸点和临界温度划分

液化气按沸点和临界温度可分为:

①高沸点液化气体:指沸点不低于-10 ℃的物质,如丁二烯、二氧化硫等。

②中沸点液化气体:指沸点在-55~-10 ℃之间且临界温度在45 ℃以上的物质,如氨、丙烷等。

③低沸点液化气体:指沸点低于-55 ℃或临界温度低于45 ℃的物质,如甲烷、乙烯、氮等。该类物质必须采用低温或低温加压方式贮运。

三、液化气船

《IGC规则》和《液化气船规范》规定:从事运输温度为37.8 ℃时,其蒸气绝对压力超过0.28 MPa的液体的船舶为液化气体船(简称液化气船)。

1.按货物的危险程度划分

根据所运货物的危险程度,液化气船可分为:

(1)1G 型船

1G 型船用于运输危险性最大的货品,《IGC 规则》中要求采取最严格的防漏保护措施。对液货舱的位置有严格的要求,对这种船破损后的残存能力要求最高,要求达到相邻两舱(包括机舱)同时破损情况下仍有一定的残存能力,即要满足有关破舱稳性的要求。该船舶的结构要求能够经受最严重的破损,船舶的液货舱舱壁与船舶的外板之间要求的间隔距离最大,横向上距离舷侧外板的距离不小于 *B*/5 或 7.5 m,取小者;垂向上距离船底板的距离不小于 *B*/15 或2 m,取小者;但其任何部位与外板的距离都不得小于 760 mm。结构图示基本同 1 型散化船。

(2)2G 型和 2PG 型船

2G 型和 2PG 型船用于运输危险性次于 IG 型船运输对象的货品。船上的液货舱舱壁与船舶外板之间要求的间距垂向上不小于 *B*/15 或 2 m,取小者;其他部位与外板的距离不小于 760 mm。结构图示基本同 2 型散化船。其中,2PG 型船舶是指船长不超过 150 m 的具有 C 型独立液舱的船舶。

(3)3G 型船

3G 型船用于运输危险性最小的货品。其货舱在船上的位置与 2G 型相同,但其船体结构经受破损的能力略低于 2G 型船舶。

2.根据运输对象被液化的方式可分为:

根据货物液化的方式,液化气船可分为:

(1)压力式液化气船(亦称全加压式液化气船)

该型船主要用于运输液化石油气和氨,其液舱为圆柱形、球形或具有纵隔壁的双圆柱形及三圆柱形。

该型船的优点是液舱管系不需要绝热、船上不需要设置再液化装置且操作简便,缺点是船舶的空间利用率低、载货量较少、液舱的厚度随设计压力的增大而增加,所以规模一般较小。

(2)低温式液化气船(亦称冷冻式液化气船)

低温式液化气船指装运在常压下将气体冷却至其沸点以下而液化的气体货物的船舶。该型船用于运输液化石油气时,其冷却温度为-55 ℃;用于运输乙烯时,其冷却温度为-104 ℃;用于运输液化天然气(只能采用常压低温方式运输)时的冷却温度为-162 ℃。目前世界上专门运输液化天然气的船舶根据货舱围护系统的不同共有三种形式,薄膜液舱型(membrane type)、球形液舱型(moss type)、SPB 棱形液舱型(self-supporting prismatic shape IMO type "B")。

该型船舶因液舱多为棱柱形或梯形而使船舶的空间利用率提高,由于低温使液货的密度增大而使船舶载货量增加,从而提高其经济性。但该型船因液货舱必须采用耐低温材料并要求采取相应的绝热措施,液舱周围需用惰气保护且需设置再液化装置。

(3)低温低压式液化气船(亦称半冷冻式液化气船)

该型船是压力式和低温式两种液化方式的折中方案,它采用在一定的压力下使气体冷却液化的方法。一般设计压力为 0.3~0.7 MPa,而冷却温度则随运输对象不同而异,较多的是在-10 ℃左右。由于设计压力减小,液舱舱壁厚度可以相应减小,对材料的耐高压和耐低温的要求也降低,从而使建造成本降低。其液舱形状有圆柱形、圆锥形、球形或双凸轮形。

四、液货舱围护系统

1.独立液货舱

独立液货舱即自身支持的液货舱系统。该液货舱本身是独立的，它不是船体结构的组成部分。液货舱本身并不直接固定于船体的结构上，而是在受热时可自由伸长滑行于支撑座上，并由支撑座将力传递至船体，对船体强度不起作用。

根据其设计蒸气压力的不同，可分为以下三种类型：

(1) A 型独立液货舱

它为棱柱型重力液舱，其设计蒸气压力不超过 0.07 MPa，货物在常压下以全冷冻方式运输，见图 18-7-1。

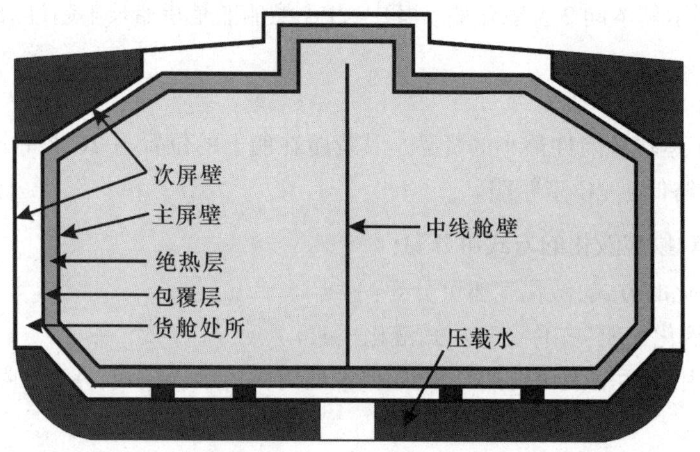

图 18-7-1 A 型独立液货舱

(2) B 型独立液货舱

其形状为球形罐状，液舱可以是重力液舱也可以是压力液舱，其设计蒸气压力不大于 0.07 MPa或大于 0.07 MPa，前者用于运输液化石油气，后者用于运输液化天然气，见图18-7-2。

(3) C 型独立液货舱

C 型独立液货舱是设计蒸气压力高于 0.2 MPa 的球形或圆柱形压力容器，主要用于半冷冻式或全加压式液化气船上。用于全加压式船上时，其设计的最大工作压力应不小于 1.7 MPa；而用于半冷冻式或冷冻式船上时，其设计压力为 0.5 ~ 0.7 MPa 及 50% 真空，见图18-7-3。

2.整体液货舱

整体液货舱为非自身支持的液舱，它构成船体结构的一部分，并且以相同方式与相邻船体结构一起受到同样载荷的影响。整体液货舱可用于载运其沸点不低于-10 ℃的货品，设计蒸气压力通常不应超过 0.025 MPa，如果船体构件尺寸适当加大，设计压力可增加，但不要超过 0.07 MPa。

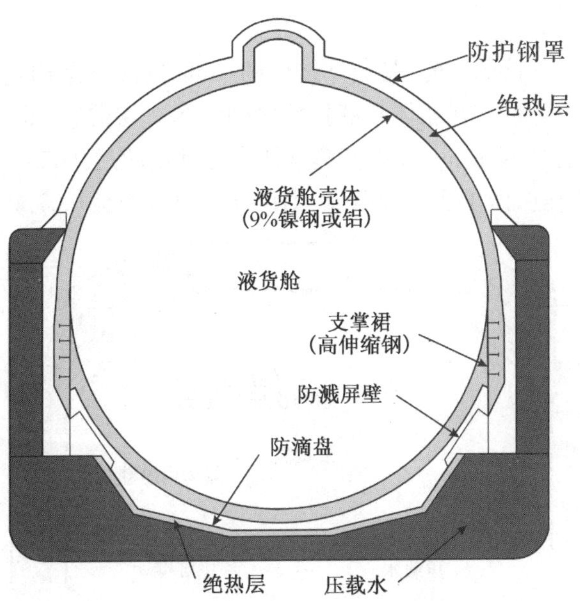

图 18-7-2 B 型独立液货舱

(a) 圆柱形结构

(b) 双球体结构

(c) 三球体结构

图 18-7-3 C 型独立液货舱

3.薄膜液货舱

薄膜液货舱为非自身支持的液舱，是船体结构的一部分，液舱结构直接固定在船体上，船体直接承受液舱及货物的重量。在船体和液货舱之间设置一层薄膜，液货舱依靠此隔热薄膜支撑。薄膜厚度一般不超过10 mm。其设计蒸气压力通常不超过0.025 MPa，如果船体尺寸有适当增加，并对支持的绝热层做了适当的考虑，则设计压力可增至0.07 MPa，见图18-7-4。

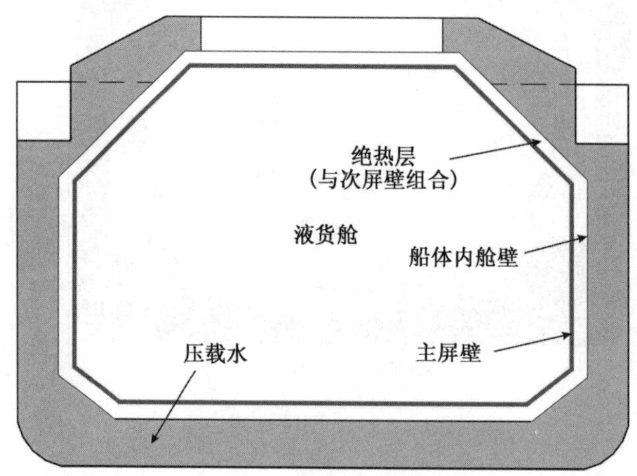

图18-7-4　薄膜型液货舱

4.半薄膜液货舱

半薄膜液货舱在空载时为自身支持，在装载状态下为非自身支持。其设计蒸气压力通常不超过0.025 MPa，如果船体尺寸有适当增加，并对支持的绝热层做了适当的考虑，则设计压力可增至0.07 MPa。

五、液化气装运要求

(1)液化气船应具备规定的适装条件，持有有效地满足《IGC规则》要求的“国际散装运输液化气体适装证书”。

(2)为了保护从事装卸作业的船员，在考虑了货品的特性后，应对船员提供包括眼睛在内的合适的保护设备。

(3)船舶承运前，托运人必须提供所托运货物的完整资料。

(4)船上应备有可供所有有关方面使用的资料，这些资料能为安全装运货物提供必要的信息。其具体项目如下：

①关于货物安全围护所必需的理化特性详细说明书；

②发生溢漏事故时所采取的措施；

③人员偶尔与货物接触的防范措施；

④灭火程序与灭火剂；

⑤货物安全驳运、除气、压载、清洗货舱剂更换货物的程序；

⑥内层船体钢材的最低需用温度；

⑦用于特殊货物安全操作所需要的特殊设备；

⑧应急程序。

(5)为了防止货物发生聚合反应,装运需要进行抑制的货物时,船上应备有生产厂家提供的证书,证书中应说明所添加的抑制剂的相关情况。若托运人不能提供证书,则不得装运该类货物。

(6)做好货舱的准备工作。受载前,必须对货舱进行以下特殊作业:

①惰化:用惰气替换货物系统中的空气或货物蒸气,降低含氧量。惰化后,一般要求货物系统中的含氧浓度不超过5%。

②驱气:装货前用待装货物的蒸气替换货物系统中的惰气或上航次装载货物的蒸气。

③预冷:在装载低温液货之前先将液货舱及管路系统慢慢冷却。

(7)装载时应注意各液货舱的允许充装极限不要超过液舱容积的98%。

(8)卸货时应防止液舱产生负压和超压。

(9)装卸作业应在白天进行,装卸期间应禁止一切明火作业并注意附近水域的安全。

(10)当风速超过15 m/s、浪高超过0.7 m时应停止装卸作业。

(11)船舶白天应悬挂“B”字旗,夜间显示红色环照灯,装卸作业时显示国际信号“RY”旗,甲板两舷醒目处放置告示牌。

(12)船舶生活区面向货物区域的门、窗与空调,通风入口应予关闭。烟囱上的火星熄灭器或金属网处于良好状态。

(13)卸货完毕后,必须进行扫线作业,把液货从所有甲板管路、岸上管路和软管或装卸臂中吹扫掉,然后才能排空和拆管。

(14)船方应逐项检查并填写“船/岸安全检查项目表”中的A部分和C部分。

(15)按照规定的计量方式进行货物计量。